工商管理优秀教材译丛

管理学系列——▶

采购与供应链管理
第6版

[美]
罗伯特·M. 蒙茨卡（Robert M. Monczka）
罗伯特·B. 汉德菲尔德（Robert B. Handfield）
拉里·C. 吉尼皮尔（Larry C. Giunipero）
詹姆斯·L. 帕特森（James L. Patterson）
著

刘亮　冯婧　石学刚　译

清华大学出版社
北　京

北京市版权局著作权合同登记号 图字：01-2017-8674

Purchasing and Supply Chain Management, 6th Edition
Robert M. Monczka, Robert B. Handfield, Larry C. Giunipero, James L. Patterson

Copyright © 2016, 2011 Cengage Learning
Original edition published by Cengage Learning. All rights reserved. 本书原版由圣智学习出版公司出版。版权所有，盗印必究。

Tsinghua University Press is authorized by Cengage Learning to publish and distribute exclusively this Simplified Chinese edition. This edition is authorized for sale in the People's Republic of China only (excluding Hong Kong, Macao SAR and Taiwan). Unauthorized export of this edition is a violation of the Copyright Act. No part of this publication may be reproduced or distributed by any means, or stored in a database or retrieval system, without the prior written permission of the publisher.

本书简体字翻译版由圣智学习出版公司授权清华大学出版社独家出版发行。此版本仅限在中华人民共和国境内(不包括中国香港、澳门特别行政区及中国台湾)销售。未经授权的本书出口将被视为违反版权法的行为。未经出版者预先书面许可，不得以任何方式复制或发行本书的任何部分。

本书封面贴有Cengage Learning防伪标签，无标签者不得销售。
版权所有，侵权必究。举报：010-62782989，beiqinquan@tuptsinghua.edu.cn。

图书在版编目(CIP)数据

采购与供应链管理：第6版/(美)罗伯特·M.蒙茨卡(Robert M. Monczka)等著；刘亮，冯婧，石学刚译.—北京：清华大学出版社，2021.3（2024.3重印）
（工商管理优秀教材译丛·管理学系列）
书名原文：Purchasing and Supply Chain Management
ISBN 978-7-302-56545-1

Ⅰ.①采… Ⅱ.①罗… ②刘… ③冯… ④石… Ⅲ.①采购管理 ②供应链管理 Ⅳ.①F25

中国版本图书馆CIP数据核字(2020)第201206号

责任编辑：高晓蔚
封面设计：何凤霞
责任校对：王凤芝
责任印制：杨　艳

出版发行：清华大学出版社
　　网　　址：https://www.tup.com.cn, https://www.wqxuetang.com
　　地　　址：北京清华大学学研大厦A座　　邮　　编：100084
　　社 总 机：010-83470000　　邮　　购：010-62786544
　　投稿与读者服务：010-62776969，c-service@tup.tsinghua.edu.cn
　　质量反馈：010-62772015，zhiliang@tup.tsinghua.edu.cn
印 装 者：北京鑫海金澳胶印有限公司
经　　销：全国新华书店
开　　本：185mm×260mm　　印　张：38.5　　插　页：2　　字　数：941千字
版　　次：2021年3月第1版　　　　　　　　　　　　印　次：2024年3月第8次印刷
定　　价：108.00元

产品编号：075702-01

前 言

采购与供应链管理
Purchasing and Supply Chain Management

本书反映了不断变革的供应链管理,以及其在各行各业管理组织中认可度的提升。当今社会,对具备多种能力的新型供应链管理人才的需求已成为企业面临的挑战。寻求供应链管理职业生涯的学生可以选择聚焦于以下一个或多个领域进行深入探索。

- 内部顾问——能够沟通、收集信息并向内部利益相关者传递,从而创造商业价值。建立一个强大的 P2P(point to point,点对点)系统,以促进采购交易的完善,并推动业务成果的完成。
- 市场情报与成本建模分析——构建总成本分析模型和服务成本功能,应用成本分析模型进行决策支持,并提供市场情报数据收集和知识传播功能。能够对宏观经济作用有深刻的认识和理解,并能将其与未来市场走势和预测进行联系。
- 财务敏感度——具备货币、资本市场的相关知识,清楚采购对损益表和资产负债表的贡献。具备为首席财务官(chief finance officer,CFO)和其他财务领导层的讨论和辩论作出贡献的能力。能够建立物流成本模型,了解供应管理对资本化、设施生产率和其他关键指标的贡献。
- 风险缓解——具备了解不同的风险来源和建立风险档案的能力,能够将风险识别与风险缓解和情景规划联系起来,并知道在意外发生时如何进行管理。能为风险缓解计划构建业务案例。
- 供应商辅导——能够制订并实施供应商开发计划以推动高需求类别或区域的供应链升级,特别是在需要国产化的新兴国家。成为首选客户并推动供应商能力的提高,利用供应商的创新和制定解决方案来满足利益相关者的需求。
- 关系经纪人——管理多元文化环境中的团队和虚拟团队,并了解不同组织模型(集中式与分散式)的优缺点。与全球工程团队合作,了解技术知识,负责管理外包关系和服务,并能够与内部团队进行沟通,推动供应商创新。
- 法律专业知识——建立关系合同,了解合同语言、条款、条件,法律条款以及当地语言。为合同建立良好的价格和成本模型指标,并通过改进合同结构来管理风险和收益。在合同执行管理中实践最佳模式,处理合同签订后出现的冲突,并能处理与供应商的知识产权问题。
- 人才管理——形成一套完整的供应管理知识体系、人才监管制度以及人才培养计划。

本书在介绍愈发重要的传统能力的基础上,又通过新材料强调了以上能力。本书新版更新和涵盖了美国采购协会(American Purchasing Society,APS)采购管理职业资格认证项目 CAP/CPP/CPPM 的知识体系和专业能力要求,可作为其资格认证考试的培训教材。新版包括了许多新的内容,加入了医疗保健、石油、天然气、金融服务等行业的案例,这些行业过去一直在淡化供应管理战略的作用。

此外，本书中新增加或进行扩展的一些内容包括：
- 跨职能部门团队
- 采购分析
- 移动通信技术在供应链中的应用
- 供应商参与新产品开发
- 采购服务软件
- 社交网络和云应用
- 大数据在采购中的作用
- 供应商开发
- 成本建模和市场情报
- 采购物流在全球化中的作用
- "应该成本"模型
- 供应商协作以节省成本
- 模拟谈判
- 合同与互联网法律
- 供应链风险管理
- 供应链的可持续性
- 劳工和人权在采购合同和行为准则中的重要性
- 交通基础设施和政府监管在全球物流中的作用
- 公共采购与收购
- 众包与开放创新
- 采购策略对企业收入、资本资产管理和股价的影响
- 类别管理部署
- 扩展的综合案例、专栏文摘，与高级采购主管直接面谈中获得的典型案例

本书呈现给读者许多在全球产业界刚刚出现的新内容。

课程介绍

"采购与供应链管理"是专门为高等院校开设的课程，也被称为采购、物料管理、供应链管理、采购管理、供应管理或其他类似的名称。本书适用于采购人员的培训，为美国采购协会(American Purchasing Society, APS)职业资格认证 CAP/CPP/CPPM 指定培训教材。在针对管理层的教育论坛上也用到了本书的部分内容。在为本科生和工商管理硕士(MBA)开设的采购、电子商务、运营管理和物流等课程中都可用到本书内容。同时，本书的部分章节还被教师用于运营管理的本科生或研究生课程。

本书适合作为必修课或选修课用书，满足 AACSB(国际商学院协会)要求(AACSB 要求涵盖供应链管理问题)。本书中所包含的大多数案例都有事实依据，所有的案例都经作者在课堂上使用并进行过调整和修改。

课程目标

根据课程安排或教学原则，学习本书可以达到以下不同目标：
(1) 学生应明白公司内外部利益相关者对采购与供应链经理的要求；

（2）作为未来的管理者，学生需要明白采购和供应链管理对现代企业能否在竞争中成功以及盈利大小的影响；

（3）学生应了解采购和供应链专业人员面所临的道德、合同、风险管理、可持续性和法律等问题；

（4）学生必须明白采购日益重要的战略地位，更要知道采购远不只是购买货物和服务；

（5）即将参加工作的学生和在职人员必须明白采购对其他重要职能活动的影响，这些职能活动包括产品设计、信息系统设计、电子商务、生产计划和管理、库存管理、人力资源开发、财务计划、预测、销售、质量管理和许多其他领域的活动。

本书的特点

本书所包含的许多见解和话题都基于实例，这些例子是通过与高层管理人员进行讨论获得或来自不同的研究结果，其中包括美国高级采购研究中心发表的研究成果、北卡罗来纳州立大学物流资源协会的工作成果，以及由美国国家科学基金会就供应商整合开展的项目。此外，本书每章都有一定的结构，其中包括"开篇案例"、一系列的"专栏文摘"和结尾的"实践范例"。每章的案例和讨论都展示了最新的概念，同时提出了很多前沿的或拓展性的论题。

本书强调了跨职能团队和协同的概念。许多案例练习都要求学生进行小组合作。建议教师让学生就这样的项目进行团队合作，以帮助他们为适应大多数组织的团队环境作准备。

本书结构

本书由6篇19章构成，涵盖了采购与供应链管理的详细内容。

第1篇 概述

第1章向读者概述采购与供应链管理。本章首先定义采购管理，接着介绍供应链的概念，然后总结了作为一项组织活动，采购与供应链管理的发展过程。

第2篇 采购运作与结构

通过学习第2篇各章节内容，可以对运营活动——供应管理的基本构成有更加深入的了解。这些章节主要侧重采购作为职能活动的基本构成。如果对其没有扎实的理解，那么理解采购的重要作用会很困难。

第2章描述了世界级采购组织的目标，专业采购人员的职责、采购周期、各类采购文件及采购类型。本章还加入了医疗服务采购管理案例和专栏文摘，更新了购买—支付周期的研究成果。

第3章阐明了不同的采购类别和不同的采购政策、流程。本章特别讨论了采购中的道德问题，加入了最新的企业社会责任和可持续性发展问题，将其视为企业采购政策和流程的一部分，列举了采购管理中推行社会责任和多样化政策的最优企业。

第4章将采购作为一种跨边界职能进行描述。采购所涉及的活动需要与其他职能领域或供应商进行交流和合作。本章说明了采购部门与其他团队，包括供应商之间的公司内部联系。

第5章的重点为采购和供应链组织，其中包括采购部门在整个组织结构中的地位、采购部门的组织状况及采购权限的分配，包括集中引导型的模式。同时，本章还描述了将团队作为组织结构的方法。

第3篇 战略采购

本书的一个重要前提条件是：采购是一个关键流程，它与生产、营销、设计一样为实现公司的战略目标作着重要的贡献。有创新意识的企业相信,采购会对总体质量、成本、配送、技术和对外部客户需求的响应产生影响。第 3 篇主要论述企业为了从采购流程中获得竞争优势应采取些什么措施。这些优势的取得需要我们改变对采购的认识:从关注对策性或履行任务式的活动转变为专注于战略供应管理的活动。战略供应管理包括制定战略、实施方式和方法以及从采购流程中获得竞争优势,尤其是通过与供应商进行直接的交流与合作。

第 6 章主要论述了企业如何制定品类战略。这个流程应当包括在采购活动中为实现企业最终目标和具体目标提供必须执行的预测和计划。显然,品类战略发展流程应当作为任何有关战略供应管理讨论的出发点。本章对品类战略进行了更新,反映了该领域的最新进展,以波音公司为例讨论了内包与外包,说明经济衰退如何影响品类战略。本章还增加了新内容,讨论如何在品类管理中进行市场信息收集和风险评估,以及促进利益相关者参与的新信息。

第 7 章主要介绍当前企业最重要的流程之一,即供应商评估、选择和考核。选择正确的供应商有助于确保买方能够依照自己的质量、成本、配送和技术要求,接收到正确的物料。选择正确的供应商还能为将来与供应商建立密切的合作关系打下基础。正确执行供应商选择流程为与供应商紧密合作并不断提高绩效打下基础。

第 8 章描述了不断改进的、积极的采购公司如何将供应商质量问题纳入供应商选择和供应商绩效评估流程。改进供应商质量可能会为它们带来竞争对手所不能获得的实质性的战术和战略竞争优势。同时,更新了六西格玛(Six Sigma)、ISO 9000 和 ISO 14000 的应用程序,并有关于七大浪费(本田的 BP 管理)和供应商质量手册的基本内容。

第 9 章重点讨论企业管理和改善世界级供应基地的绩效,重点是供应商开发、管理供应基地的风险和供应链的可持续性,本章还新增了管理供应基地风险和管理供应基地的可持续性等内容。

最后,第 10 章关注全球采购。随着公司开始在全球寻找最好的资源,全球采购也成为战略供应管理中很重要的一部分。

第 4 篇　战略采购流程

第 11 章的重点是战略成本管理、成本与价格分析及目标定价。先进的企业将与供应商之间的成本控制作为随时间推移改善采购价格的方法。本章详细描述了不同类型的成本和成本分析技巧,并讨论了影响供应商价格的因素。同时,本章还讨论了总成本分析、基于成本的定价以及其他用于提供精确且及时的成本数据的创新技巧。本章还介绍了本田美国公司的战略成本管理和目标成本法,以及不同商品的定价指标和战略成本管理最佳实践。

采购专业人员依靠一系列工具、技术和方法来管理采购和供应链流程。

第 12 章介绍了购买者在解决问题和追求绩效改进时使用的各种量化工具。流程图、价值分析、价格构成分析和学习曲线帮助采购人员实现特定目标,如降低成本/价格、提高质量、缩短时间或提升供应商配送服务质量。

第 13 章主要讨论了供应管理谈判。合格的供应管理人员懂得如何制订合同计划和进行谈判,这些都能够给买卖双方创造价值。逐渐地,采购合同不再仅仅关注采购价格,买卖双方可能会就成本降低、交付条件、质量水平、支付条款、技术获取或其他任何对双方重要的要素进行谈判。本章对供应管理一节的谈判框架部分进行了修订,对"电子媒介对谈判的影响"部分进行了更新和扩充。

第 14 章讲述了签订合同的基本原理。正式的合同签订流程构建了在两个或多个企业之间进行商务活动的框架。因此,理解合同签订原理对管理买卖双方的成本是很重要的。

本章还从近年事件和供应链风险角度讨论了合同管理的最佳做法。

第5篇 关键供应链要素

第5篇描述了与供应链管理有关或为供应链管理提供直接支持的主要活动。一些活动涉及具体的领域，如库存管理或运输；另外一些活动与开发供应链支持系统有关，这些系统包括绩效考核系统和计算机信息技术系统。这部分所介绍的活动可能是也可能不是采购企业的正式组成部分，但是它们却是采购与供应链管理的关键构成要素。没有它们，采购部门可能无法有效地实现其最终目标和具体目标。因此，学习采购的学生必须熟悉与供应链相关的一系列活动。

第15章的重点在于供应管理中的精益思想，包括企业库存投资管理。公司在库存上的开支金额通常占其财务资源的很大一部分。本章讨论了公司内库存的作用，造成库存浪费的因素，建立精益供应链、管理公司库存投资的方法，以及库存管理的未来发展趋势。

运输和其他服务的购买是供应管理另一个重要的因素。我们目睹了过去20年运输的重大变化，其中许多都影响了供应管理，自从20世纪80年代美国国会对运输行业解除管制以来，采购人员的作用也产生了急剧的变化。采购部门比任何时候都更积极地参与到运输承运人的评估、选择和管理过程。即使采购人员不直接参与到运输中，掌握这个充满活力的领域与运营相关的知识也非常重要。

第16章强调了采购部门在购买运输服务及其他服务时所起到的作用，介绍了运输采购战略决策制定框架，讨论了管理和影响入库运输的方法，并评估了影响运输服务采购的趋势，如以绩效为基础的物流服务。本章有4部分进行了修订或更新。

信息技术系统不断变化，采购也能从现代信息技术的开发中获益。

第17章讨论了供应链信息系统和电子商务的作用。本章还描述了公司间以互联网为基础的电子链接和传统的电子数据交换系统（electronic data interchange，EDI）。本章也讨论了社交网络、博客和云计算等的影响，以及其对未来电子采购和供应系统应用软件的作用。信息技术（IT）的应用大大提高了采购部门以最高效率和质量进行运营的能力。

第18章主要论述了绩效考核和评估，并关注创新性采购和新趋势。企业必须不断开发有效的考核系统来考核公司绩效水平，其中包括采购与供应链管理工作的绩效。这些系统应与公司的整体目标相联系。考核系统通过提供精确且及时的绩效数据为采购决策的制定提供支持。本章涉及的内容包括：考核企业绩效的原因；确定不同的采购绩效考核方法；如何开发采购绩效考核系统（包括平衡计分卡）等。本章对采购战略绩效结果数据进行了更新。

第6篇 未来展望

第19章主要论述了采购与供应链管理的发展前景。这些趋势根据对全球不同组织的关键执行经理的最新调查和研究而获得，有助于学生识别采购与供应链管理领域正在发生的变化，以及应对这些变化所需具备的技能。本章还包括美国高级采购研究中心（CAPS）、美国采购协会（APS）、美国供应管理协会（ISM）和 A. T. Kearney 针对未来十年供应战略的最新研究成果。

案例研究和教师资源

《采购与供应链管理》全书中贯穿新的或经过修订的案例，这些案例在教学中经过了全面测试，并已经在行业中实践。该书的配套网站上有测试库、PowerPoint 演示文稿和其他辅助教学资料，可帮助教师更好地使用文本和案例。

美国采购协会(APS)简介

美国采购协会(American Purchasing Society,APS)是全球第一个为专业采购人员进行专业资格认证的组织,是全球最具权威的采购管理领域的培训认证专业组织之一。从其1969年设立以来,协会的认证工作得到了持续的发展和提高,其国际资质认证得到世界多个国家的认可。美国采购协会的采购知识体系完善、职业标准先进、操作技能全面,具备良好的通用性,具有广泛的代表性和国际权威性。随着就业要求的不断提高,经过认证的专业采购人员已经从众多工作竞争者中脱颖而出。

美国采购协会的职业采购资格主要分为三个级别,分别是注册职业采购助理(Certified Assistant Purchaser,CAP)、注册职业采购专员(Certified Purchasing Professional,CPP)和注册职业采购经理(Certified Professional Purchasing Manager,CPPM)。

注册职业采购经理(CPPM)认证项目是美国采购协会(APS)为提升个人和团体采购技能而设的一种认证项目。该项目致力于提高采购技能、增加采购知识,以达到国际采购水平。项目于2002年由美国认证协会引进中国,获得了社会的广泛认可,并于2005年获得了中国劳动和社会保障部的审批注册。

美国采购协会(APS)职业道德准则和行为规范

对于采购从业人员,美国采购协会提倡以下道德准则和行为规范。遵守这些准则和行为规范,是取得资格认证的最低要求。

道德准则

1. 对雇主保持忠诚。在不违反国家和地方法规的前提下,雇员应以与本道德准则相符的精神去完成所在单位的目标。
2. 不带个人偏见,在考虑全部因素的基础上,从提供最佳价值的供应商处进行采购。
3. 坚持以诚信作为工作和行为的基础。谴责任何形式的不道德商业行为和做法。
4. 规避一切可能危害交易公平性的利益冲突。
5. 诚实地对待供应商和潜在的供应商,以及其他与自己有商业来往的对象。
6. 保有高水准的个人操行。
7. 拒绝接受供应商或潜在供应商的赠礼。

行为规范

1. 不断努力提高对影响采购绩效的方法、材料和流程的知识水平。
2. 在交易中采用和坚持良好的商业准则。
3. 善于接受同事的建议,并愿意与人分享自己的专业知识。

美国采购协会(APS)职业资格证书认证的具体目标

1. 提高人们对采购职业资格证书持有人专业地位的认可度。
2. 开发采购管理工作标准和工作指南以提升采购效率和效力。
3. 提倡和贯彻采购工作中应遵循的道德准则。
4. 提升个人从事采购工作的职业满意度和自豪感。

目录

采购与供应链管理
Purchasing and Supply Chain Management

第1篇 概 论

第1章 采购与供应链管理导论 ·· 3
- 1.1 介绍 ··· 5
- 1.2 新的竞争环境 ·· 6
- 1.3 采购的意义 ··· 7
- 1.4 采购与供应链管理的基本概念 ······································ 9
- 1.5 采购与供应链管理的效益 ·· 14
- 1.6 供应链伞——管理活动 ··· 15
- 1.7 采购与供应链管理的四大影响因素 ······························ 17
- 1.8 采购与供应链管理的演变 ·· 20
- 1.9 展望 ··· 24

第2篇 采购运作与结构

第2章 采购流程 ·· 33
- 2.1 引言 ··· 34
- 2.2 采购目标 ··· 35
- 2.3 战略性供应管理的角色与职责 ···································· 37
- 2.4 优化升级 P2P 流程 ·· 41
- 2.5 批准采购、签订合同以及前期准备 ······························ 53
- 2.6 采购类型 ··· 60

第3章 采购政策和程序 ··· 70
- 3.1 引言 ··· 71
- 3.2 采购政策概述 ·· 71
- 3.3 采购政策——提供指导和方向 ···································· 73
- 3.4 采购程序 ··· 88

第 4 章 整合供应管理,提高竞争优势 ········· 92

- 4.1 引言 ········· 94
- 4.2 整合的定义 ········· 96
- 4.3 内部整合 ········· 97
- 4.4 外部整合 ········· 101
- 4.5 跨职能采购小组的重要作用 ········· 106
- 4.6 整合采购管理、工程部门和供应商以开发新产品和服务 ········· 113

第 5 章 采购和供应管理组织 ········· 124

- 5.1 引言 ········· 126
- 5.2 采购/供应管理组织结构 ········· 127
- 5.3 集中式或分散式采购权力的位置 ········· 127
- 5.4 采购部门在企业组织结构中的地位 ········· 134
- 5.5 采购与供应管理部门的职责范围 ········· 136
- 5.6 采购/供应管理部门的工作 ········· 137
- 5.7 战略性采购和操作性采购的区别 ········· 139
- 5.8 将小组团队作为组织结构的一部分 ········· 139
- 5.9 供应链管理的组织结构 ········· 141
- 5.10 未来组织架构的发展趋势 ········· 141

第 3 篇 战 略 采 购

第 6 章 品类战略发展 ········· 149

- 6.1 引言 ········· 150
- 6.2 协调供应管理与企业目标 ········· 151
- 6.3 什么是品类战略 ········· 154
- 6.4 品类战略开发 ········· 162
- 6.5 供应管理策略的类型 ········· 180
- 6.6 在线逆向拍卖 ········· 184
- 6.7 供应管理转型演进 ········· 185

第 7 章 供应商评估和选择 ········· 190

- 7.1 引言 ········· 191
- 7.2 供应商评估和选择过程 ········· 192
- 7.3 确定关键采购需求 ········· 193
- 7.4 确定潜在的供应来源 ········· 193
- 7.5 采用优先认证或合作过的供应商 ········· 204
- 7.6 选择供应商并达成协议 ········· 205

7.7	关键供应商评估标准	205
7.8	开展供应商评估和选择调查	211
7.9	缩短供应商评估及选择的周期	216

第8章 供应商质量管理 … 221

8.1	引言	222
8.2	供应商质量管理概述	223
8.3	影响供应管理对供应商质量管理作用的因素	225
8.4	供应商质量管理中全面质量管理观念的应用	226
8.5	追求六西格玛供应商质量	238
8.6	采用ISO标准和波多里奇国家质量奖标准评估供应商质量体系	240
8.7	供应商质量手册的基本内容	245

第9章 供应商管理与发展：创建世界级供应基地 … 248

9.1	介绍	249
9.2	供应商绩效考核	249
9.3	合理优化供应基地：打造一个易管理的供应基地	256
9.4	供应商发展：改进策略	262
9.5	克服供应商开发的障碍	265
9.6	供应基地的管理风险	270
9.7	供应基地的可持续性管理	276

第10章 全球采购 … 280

10.1	全球化——顺应多变的世界经济形势改变供应策略	282
10.2	复杂多变的国际形势带来的新挑战	283
10.3	全球采购周期	284
10.4	制订全球采购计划	290
10.5	转向全球采购理念	305

第11章 战略成本管理 … 312

11.1	引言	313
11.2	降低成本的系统分析方法	314
11.3	价格分析	318
11.4	成本分析技巧	326
11.5	建立合理成本估算模型	333
11.6	总拥有成本	339
11.7	协同成本管理法	343

第 4 篇　战略采购流程

第 12 章　采购和供应链分析：工具和技巧 ········· 353
- 12.1　引言 ········· 355
- 12.2　项目管理 ········· 355
- 12.3　学习曲线分析 ········· 366
- 12.4　价值分析/价值工程 ········· 369
- 12.5　数量折扣分析 ········· 372
- 12.6　流程图 ········· 375
- 12.7　价值流图 ········· 377

第 13 章　谈判和冲突管理 ········· 383
- 13.1　引言 ········· 384
- 13.2　谈判的定义 ········· 385
- 13.3　谈判结构 ········· 387
- 13.4　制订谈判计划 ········· 391
- 13.5　谈判能力 ········· 395
- 13.6　让步 ········· 397
- 13.7　谈判对策：努力达成协议 ········· 398
- 13.8　双赢谈判 ········· 400
- 13.9　跨国谈判 ········· 403
- 13.10　选定的国家 ········· 405
- 13.11　电子媒介对谈判的影响 ········· 407

第 14 章　合同管理 ········· 411
- 14.1　引言 ········· 412
- 14.2　合同要素 ········· 414
- 14.3　如何谈判和起草合同 ········· 417
- 14.4　合同的类型 ········· 419
- 14.5　根据预期调整的固定价格合同 ········· 420
- 14.6　固定价格合同附加激励机制 ········· 420
- 14.7　长期合同 ········· 423
- 14.8　非传统合同 ········· 427
- 14.9　解决合同争议 ········· 432

第 5 篇　关键供应链要素

第 15 章　精益供应链管理 ········· 441
- 15.1　引言 ········· 442

15.2	理解供应链库存	443
15.3	投资库存的合理原因	449
15.4	投资库存的错误原因	451
15.5	打造精益供应链	454
15.6	六西格玛原则	455
15.7	库存投资管理	460
15.8	最佳客户订单交付	465

第16章 采购服务 469

16.1	引言	470
16.2	运输管理	470
16.3	将物流外包给第三方物流服务供应商	486
16.4	服务和非生产性物料的采购	489
16.5	采购专业服务	493

第17章 供应链信息系统和电子采购 501

17.1	引言	503
17.2	电子化供应链管理（E-SCM）系统的发展过程	504
17.3	电子供应链概述	505
17.4	新的供应链系统及应用的驱动因素	510
17.5	内部信息系统——企业资源规划（ERP）	511
17.6	采购数据库和数据仓库	515
17.7	电子数据交换（EDI）——开拓外部电子通信	516
17.8	电子采购基础模型	518
17.9	电子采购程序组——供应商关系管理（SRM）	519
17.10	内外部系统的整合	525
17.11	SCM中的信息可视化	529
17.12	协作和大数据	530

第18章 供应绩效考核和评估 536

18.1	介绍	538
18.2	采购与供应链绩效考核和评估	538
18.3	采购与供应链绩效考核的分类	540
18.4	开发绩效考核和评估系统	552
18.5	绩效标杆管理：与最佳绩效进行比较	555
18.6	采购考核及评估的特征总结	559

第 6 篇　未　来　展　望

第 19 章　采购与供应链战略发展趋势 ………………………………………… 565
- 19.1　拓展业务、提升目标和提高绩效预期 …………………………………… 566
- 19.2　制定商品战略会变得更广泛、更复杂 …………………………………… 569
- 19.3　供应链延展部分中的供应商管理 ………………………………………… 571
- 19.4　设计并运行多个供应网络满足客户要求 ………………………………… 574
- 19.5　更多关注电子系统技术的应用 …………………………………………… 576
- 19.6　内外合作会更具战略意义 ………………………………………………… 577
- 19.7　吸引、开发和留住供应管理人才会成为成功的关键 …………………… 578
- 19.8　管理并保证未来供应管理组织和测度系统 ……………………………… 581
- 19.9　12 项关键采购和供应链战略 ……………………………………………… 583

案　　例

- 案例 1　阿维恩公司的问题 ……………………………………………………… 586
- 案例 2　全球线圈采购决策 ……………………………………………………… 588
- 案例 3　管理供应商质量：集成设备公司 ……………………………………… 590
- 案例 4　谈判——波尔图公司 …………………………………………………… 592
- 案例 5　内包/外包：FlexCon 活塞决策 ………………………………………… 593
- 案例 6　电子邮件练习 …………………………………………………………… 602

第1篇 概论

第1章 采购与供应链管理导论

采购与供应链管理
Purchasing and Supply Chain Management

第 1 章

采购与供应链管理导论

学习目标

- 理解采购和供应链管理的区别；
- 理解供应链和价值链的区别；
- 识别供应链管理活动；
- 认识供应链管理者的重要性；
- 识别采购发展的历史阶段。

开篇案例

CSX 采购与供应：驾驭变革之风

迈克尔·奥马利（Michael O'Malley）是伊利诺伊大学的毕业生，他在家乡芝加哥（又称风城）时已经对变革之风了如指掌。几个月前奥马利被任命为 CSX 运输公司采购与供应链管理副总裁，他觉得只有改变才能让他的采购团队发展得更快更好。上任后，他带领采购部门成为 21 世纪全球最优秀的采购团队。

CSX 是四家美国一级铁路公司之一。2013 年，公司销售总额超过 120 亿美元，净利润 18.6 亿美元（每股 1.83 美元）。过去三年间，石油价格在每桶 70～125 美元浮动，汽油价格达到每升 2.50～3.00 美元，因此铁路成为很多托运人的首选运输方式。美国铁路低廉的费率使得其在与其他运输方式竞争中占据优势。铁路公司既拥有土地，也拥有支持机车和有轨电车运输货物的铁轨。然而，若想让一条现代铁路持续运行，就必须将大量资金投资于基础设施的建设。公司计划在 2014 年花费大约 50 亿美元，这就需要一个成熟的采购与供应链团队合理安排支出。

如何在支撑业务良好发展趋势、保持高水平服务的同时控制物料成本，成为 CSX 采购与供应链部门所面临的难题。更糟糕的是供应基地在不断变化。奥马利说："铁路数量的减少和随后的并购导致了国内供应基地减少。"随着美国一级铁路公司运力的增加，国内供应商匮乏成为大问题。

奥马利和他的采购部门每年将 50 亿美元用于一系列广泛的产品和服务采购。CSX 采购与供应链管理部门负责超过 10 万件物品的采购，以保障 2.1 万英里铁路的正常运行，其中包括 10 万个铁路货车、超过 4 300 个货运机车头。采购的地理范围非常广，包括美国

23个东部州、哥伦比亚地区以及加拿大的两个省。CSX运输公司服务数以千计的客户,铁路线路连接超过70个海港、河港和湖港。CSX的多式联运业务通过卡车和码头将客户与铁路连通起来。CSX还通过与大约240条短线和区域性铁路的轨道连接,为数千个生产和配送设施提供服务。这个广泛的网络覆盖了美国近2/3的人口。

奥马利认为:"运行环境的要求、供应基地的减少,以及为公司增加价值的需要,要求采购部门拥有更全球化的视角。"他的目的是提高自己团队的技能水平以满足全球化及21世纪供应职能变革带来的挑战。为了达到这一目标,奥马利要求所有现有员工和新员工进一步学习相关技能,并获得注册职业采购经理认证(Certified Professional Purchasing Manager,CPPM)。目前,他团队中的供应管理专业人员有超过70%是通过CPPM认证的。"随着我们向一个更具战略意义的重点前进,CSX必须继续提高标准,把资源集中用于培养高素质专业人才上。"奥马利说。

奥马利介绍道:"由于供应基地实现了从国内到全球的转变,同时我们供应组织更加注重战略,使我们的团队能够产生重大和持久的影响。"迈克尔重新整合其资源并组建了一个专门负责开发现有供应商和培育供应基地的团队。新团队的任务是运用自己的采购经验甄别物料,然后从全球视角出发发展新的或现有供应商以满足公司的需求。

该团队曾经成功地在东欧开发了一家新的铁轨供应商。通过这种方式,CSX公司现在的供应源包括两家国内铁轨制造厂、一家日本制造厂和最近开发的一家在捷克共和国的制造厂。工程副总裁助理托马斯·霍姆斯(Thomas Holmes)领导的团队发现了这一新的机遇,他指出:"CSX一直努力确保我们有一个强大的供应商基地,包括全球和国内的供应商,他们准备满足我们所有的铁路基础设施需求。"

关于机车业务,奥马利有他的副总裁助理弗兰克·卡蓬(Frank Carbone),他从全球各地采购车轮、刹车片和货车配件。卡蓬(Carbone)说:"在我们参与的市场上,所需配件的生产越来越国际化。"所以,为了提升采购团队,培养更多国际采购技能,CSX让采购经理和核心采购人员参加一些国际研讨会,他说:"专业研讨会让我们的团队对全球采购问题和所需的关系有了更深入的理解。"迄今为止,该部门就管道问题提出了几个全球采购方案。一些方案正在申请标准机构(如美国铁路协会)的许可,另外一些要求物理、冶金或服务方面的测试,以确保质量。

"我们不走捷径。"奥马利说。为了支持这一说法,公司整合了CSX周围的资源以提高供应商质量和产品性能。在机械(货车与火车)部门和工程(轨道与结构)部门的合作与支持下,公司最终实现了集中采购和供应链管理的目标,并将范围扩展到所有核心物料的内部关键客户。

CSX还广泛参与电子商务领域,为其全球性扩张提供了支持。铁路公司在电子商务方面有着悠久的历史,开始于尝试使用EDI(electronic data interchange,电子数据交换)技术与客户联系。CSX还进一步使用电子工具以使采购更加便捷。流程改善部门主管尼尔·维斯提格(Neil Versteeg)说:"公司采购支出中的98.6%目前由电子方式支付。"尼尔进一步指出:"公司的Oracle系统每天要处理大约2 000个项目。"

在这些相互迥异但彼此相关的领域建立合适的组织架构并不容易。"我觉得我的核心团队有点脱节,这限制了我快速决策的能力。"奥马利说,"公司需要精简组织,需要能够迅速地识别和抓住市场机会。"奥马利希望能够形成一个机构精简、反应迅速的供应管理组织以预测并满足CSX公司的采购需求。"我希望它像Home Depot一样,能够获得高品质产品,在合适的地点,得到合适的价格,在与供应商及内部客户共事的同时能够提供高水平的协作及售后服务。"

奥马利鼓励他的采购团队提升自己在行业中的地位,为他们的商业伙伴提供更多的高附加值服务并且支持公司的增长目标。奥马利说:"在如今迅速变化的环境下,我们需要专业的、思想开放的供应专家,无论经济环境如何,他们都能将任何领域的预算反馈到采购部门。"他强调:"我认为我们的采购与供应部门为公司作出了很大的贡献,这对我们铁路公司服务水平的提高至关重要。"完成这一使命需要一批敬业的专业人员确保火车头、货车、轨道及维护配件的供应,以确保CSX公司的运营能力。奥马利很乐观,他认为自己的采购团队将继续保持佳绩。虽然企业变革之风是强劲的,但在CSX公司采购与物料部门,他的员工拥有成功驾驭这些变革之风的技巧和能力。

资料来源:L. Giunipero, Interview with E. Michael O'Malley and CSX supply management personnel, June & September 2013.

1.1 介绍

正如CSX公司的案例所说,在瞬息万变的商业环境中,采购方法的战略性发展可以帮助公司维持甚至提高其竞争地位。事实上,直到最近,经理们才把"战略"和"采购"这两个词联系在一起。在21世纪以前,许多采购专员的生活是很惬意、很有前途的。当有客户需要商品时,采购专员向供应商发出竞争性招标邀请,根据价格制定短期合同,享受一顿免费的午餐或与销售人员一起看球赛,考虑如何应对不太苛刻的绩效评估。虽然采购专员这个职位没有很高的声誉,但却是一份稳定的工作。

在没有来自全球市场的竞争对手参与之前,这种模式相对来说运行得还是挺好的,竞争对手的到来表明在管理采购和供应基地方面还有更好的方法。新的、更好的方法帮助这些竞争对手大大削减了成本,提高了质量指数,并在缩短新产品的开发时间方面取得了前所未有的成功。新模式的特点包括:和主要供应商建立更亲密的关系,在签订长期合同前走访供应商,在全球范围内寻找最好的供应源,在产品和流程开发中加入供应商的参与。此外,执行主管也开始要求采购专员实现严格的绩效改进。然而,真正改变采购者舒适生活并终止其免费午餐时代的是全球竞争。借用托马斯·弗里德曼(Thomas Friedman)的一句话,地球是圆的,竞争是每天24小时、每周7天,无处不在,无时不在。

正如CSX公司的案例所示,全球采购已经成为一种现时的要求,不再是某些企业的特权。本章向读者介绍采购和供应链管理这一变化的世界。进入21世纪的以来,世界发生了巨大的变化,并将继续加速向前发展。本章第一部分描述我们现在所处的新的竞争环境——一个影响所有行业的环境。第二部分讲述采购变得越来越重要的原因。第三部分阐明一些容易混淆的采购与供应链管理的专有名词。接下来将介绍供应链管理的部分活动,讨论采购与供应链卓越性的四种驱动因素,并回顾采购与供应链管理的历史演变过程。最后一部分概述本书的内容。

1.2 新的竞争环境

当今,越来越多来自国内和国外的世界级竞争对手开始涌现,为了保持竞争地位,公司迫切需要改善内部工作流程。精明的客户,包括工业企业和消费者,永远不会讨论价格提高的问题——他们要求的是降低价格!通过互联网人们可以很容易地获取信息,从而打破了买方和卖方的信息不对称。大量的竞争对手和选择使得客户有条件追求质量更高、交付速度更快、总成本更低并为其量身定制的产品和服务。"社交媒体"(如推特、博客)的广泛使用,以更快的速度传播产品和服务的信息。如果一家公司达不到这些要求,客户会找另一家适合自己要求的公司。

在工作环境中,移动设备的推广,使得每天 24 小时、每周 7 天都能够与购买者保持联络。增加流动性的主要原因之一是存储和检索数据的成本显著下降。这种高效率部分是由"云计算"存储系统驱动的,该系统以非常低的成本为所有规模的公司和个人提供访问大量数据的途径。工作、娱乐、购买和促销之间的界限既模糊又指向个人。这些变化趋势对采购工作的地点和时间产生了重大影响。

曾经信息传播的速度比现在要慢,但公司仍然重视客户的忠诚度。从 20 世纪 60 年代到 70 年代,企业开始着手制定详细的市场战略,旨在建立并维持顾客的忠诚度。不久,企业认识到市场需求需要得到来自技术、设计、制造等各个职能部门的强大支持。设计工程师需要把客户的要求转化为具有一定规格的产品或服务,然后以合理的成本生产出高质量的产品。随着 20 世纪 80 年代人们对新产品需求的增加,企业必须灵活、及时地变更既定产品、服务和流程,或者开发新的产品来满足客户不断变化的需求。

20 世纪 90 年代,随着组织能力的进一步提高,管理者开始意识到从供应商处采购物料或服务的投入对他们满足客户需求的能力有极大的影响,这使得企业越来越重视供应基地和采购部门的责任。同时,管理层也意识到仅仅生产高质量的产品是不够的,必须把正确的产品或服务在正确的时间、以合适的成本送到正确的目的地和客户手中,并确保数量的正确,这就构成了一项全新的挑战。21 世纪出现了一整套可以节约时间的信息技术和物流网络,旨在迎接这些新的挑战。

低成本替代品的可用性导致了前所未有的转向外包和离岸外包。中国作为世界主要竞争者,其影响力对美国的制造业和服务业提出了巨大的挑战。由于目前美国服务业创造的价值占国内生产总值(gross domestic product,GDP)的 70% 以上,因此美国企业需要采取新的战略来有效地管理该行业的供应。最近中国工资的经济趋势、供应链的复杂性,以及广为人知的质量问题都给企业带来了影响,所以需要重新评估中国采购策略的经济性。2012 年,中国的劳动力价格上涨了 14%,自 2008 年以来上涨了 71%。供应策略目前需要评估回流(re-shoring)和近岸(near-shoring)的经济性。"回流"包括将一些资源带回美国,而"近岸"则包括评估美国附近的供应商,这些供应商可能位于墨西哥和中南美洲。

上述变化使 21 世纪的企业认识到积极管理供应基地是多么重要。供应基地由所有提供和管理物料及服务的供应商组成。在一些企业中,这种供应基地参与到下游公司的网络体系中,负责向终端客户配送产品和进行售后服务工作。竞争优势可以通过管理上游(供应商)和下游(客户)来实现,重点是供应链和供应链管理。

一些因素使供应链管理得到高度重视。第一,供应链企业间若能以低成本且较容易的途径得到信息资源,将有利于企业间建立联系,进而消除网络系统中时间延迟的可能性。第二,国内和国际市场的竞争水平要求企业必须做到快速、敏捷和灵活。第三,客户的期望变得更高,要求也更加苛刻。第四,企业识别供应链和降低风险的能力可以将供应商和下游企业间产品及服务中断的可能性最小化,以减轻对销售的影响。随着客户需求的增加,企业及其供应商必须做出反应,否则将面临失去市场份额的风险。当今的竞争再也不只是单家公司间的竞争,而是公司的供应链之间的竞争,那些拥有最好的供应链的公司才会成为市场的赢家,获得竞争优势。

1.3 采购的意义

1.3.1 增加企业价值,节省成本

当某些公司努力通过提高绩效来提高客户价值的时候,许多公司把它们的焦点转移到采购与供应管理上。以本章开篇案例提到的 CSX 公司为例,CSX 公司 45% 的销售收入用于购买原材料与服务。因此,所有人都意识到供应商对一家公司总成本的影响。此外,最终产品的好坏也取决于供应商。供应基地是供应链非常重要的一部分。供应商供货能力的提升有助于使生产商的最终产品或服务差异化,提升对最终客户的价值。

在生产环节,采购成本占销售额的比重平均在 55% 左右。这意味着,从商品和服务销售中挣的每一元钱,有一半以上将返回给供应商。不难看出,采购对节省成本非常重要。除此之外,节省成本还包括尽早地鼓励供应商参与设计,并主动地响应供应商提高价格的要求。

1.3.2 与供应商建立伙伴关系,推动创新发展

如上所述,节省成本有很多途径。传统的方式是努力地讨价还价以降低价格,而目前有种新的方式是与供应商建立良好的关系,共同降低产品与服务的成本,以期望供应商能够不断创新,不断努力为企业的产品与服务增加价值。

与供应商建立良好关系的例子在很多行业都存在,比如惠普是壳牌终端用户服务、服务中心和硬件的一流供应商,作为壳牌关注的供应商关系管理的一部分,几年前双方高管开会共同讨论其商业价值。由于两家公司都注重创新,对话最终转向了研发领域的创新。惠普高管谈到了对一种新型无线打印机头的研究,这种打印机头有邮票那么大,通过感知振动(使用传感技术)来工作。这一信息引起了壳牌的兴趣,因为其深水石油勘探项目正是通过利用传感技术发现在海洋下数英里处储存石油的岩层。这段简单的对话激发了两家公司的合作,它们共同开发了一个探测、收集和存储地球物理数据的系统。

大卫·康明斯(David H. Cummins)是位于休斯敦的壳牌全球项目美国分部的高级供应商经理,负责战略采购。他说,这个例子证明,致力于发现供应商的价值和能力是一个永无止境的过程。他说:"双方高管针对目前所提供的服务进行了商讨,但被发现的价值并非源自这个话题。发现潜在的能力就是将对方的智慧用于应对挑战,并想出一些新的、切实可行的东西。当你们就共同的兴趣进行深入交谈时,能力往往会显露出来。"

要使这种关系良好运转,买方与供应商必须就投资回报的分配情况达成一致,这样他们才能意识到合作是有利可图的。如果供应商的战略目的是成为买方的优质供应源,就需要提供必要的技术以协助买方。在双方合作的基础上,买方与供应商之间会形成一种彼此信任的氛围,为创新思维的提出奠定基础。

1.3.3 优化产品质量,提高企业声望

采购与供应管理对产品和服务的质量也有很大的影响。很多情况下,公司为了专注于自己的专业领域,会提高从公司外部外包配件和服务的比例。这进一步强调了采购、外部供应商及产品质量之间关系的重要性。下面的例子说明了供应商质量与产品质量之间的紧密联系。露露柠檬(Lululemon Athletica)是一家专门为女性提供高端瑜伽裤和其他运动装备的公司。该公司运动服的销量一直保持着强劲的增长势头,直到出现供应商质量问题,给该品牌带来了噩梦般的影响。2013年3月,该公司生产的瑜伽裤材质太过轻薄,并不适合支付高价购买产品的高端消费者,尽管露露柠檬的供应商声称其生产的裤子是合格的,但是公司不得不因此召回这批产品。由于从市场上召回该款瑜伽裤比预期要困难得多,即使公司采取多种方法解决问题,但仍然给公司造成了巨大的损失。2013年6月,CEO 克里斯汀·戴(Christine Day)宣布离职。由于受到此类事件影响,露露柠檬的股价从当年早些时候的每股79美元下滑至61美元。这个例子说明了在选择供应商的过程中,供应商质量的重要性,以及低质量供应商对成品、品牌声誉乃至整个供应链的影响,也更进一步说明了忽视供应商质量可能会严重损害公司的声誉。

1.3.4 缩短上市时间

采购不仅是连接供应商和工程师的纽带,也有利于改进产品和优化流程。比如,与没有引进供应商的公司相比,在早期就与供应商建立合作关系的公司在物料成本方面会有平均20%的下降,物料质量平均提高20%,同时产品开发时间也会缩短20%。包括供应商在内的研发小组也报告说,与不包括供应商的团队相比,他们会得到更多来自供应商的改进建议。因此,供应商参与到早期的设计过程中是采购部门开始增加新价值和提高竞争力的一种方式。

1.3.5 管控供应商风险

每次向供应商下订单采购时都会产生潜在的风险。这种风险可能是轻微的延迟交货,也可能是由于银行破产或自然灾害(如火灾等)给供应商带来的全部损失。上述例子说明了产品劣质对企业产生的主要影响。然而产品劣质只是众多供应威胁中的一种,其他因素还包括自然灾害、金融环境动荡、运营事故、交通延误等。这些危险因素在强调全球采购、单一采购和准时制(just in time,JIT)库存的采购策略的企业身上被放大。虽然这些战略也带来了一些好处,但是企业往往缺少减轻和管理这些额外风险的意识。例如,2011年日本海啸导致本田(Honda)和丰田(Toyota)出现数月供不应求的现象,使其损失了数百万美元的销售额。作为一名优秀的供应经理,必须时刻监管供应基地的状况,并制订连续的业务计划来减少风险。

1.3.6 影响经济发展

采购人员的影响力是非常明显的。美国供应管理学会(ISM)商业报告是较好反映经济活动的指标之一,这一针对制造业和非制造业采购经理人的月度调查受到财政部门的密切关注,其报告的结果会影响金融市场。ISM 报告是一个动态指标,通常指数超过 50 预示着经济在扩张。关于 ISM 商业报告的详细讨论可在 http://www.ism.ws/ISMReport/ 上查询。

1.3.7 有助于形成竞争优势

许多总经理都一致认为,有效的采购是取得竞争优势的关键。高效的采购管理可以提高公司的地位、声望,也会给采购专业人员带来更高的收入。根据近期《内部供应管理》(Inside Supply Management)的调查显示,采购专员的平均年收入为 103 793 美元。初级采购人员平均年薪为 51 600 美元,供应经理为 102 300 美元,副总裁为 217 100 美元。有学士学位的员工比持有大学肄业证的员工工资高出 13%,比持有高中学历的员工工资高出 20%。通过认证的成人教育也会提高工资收入。有供应管理职业资格(Certified Professional in Supply Management,CPSM)证书或注册职业采购经理(Certified Professional Purchasing Manager,CPPM)证书的采购人员比没有证书的工资高 9%。该项研究还显示,奖金是根据公司、部门和个人的表现确定的,平均超过基本工资的 13%。

人才管理这项工作需要不断地集中精力去发现、培育和提拔人才,使其为供应管理部门成为企业的战略贡献者增砖添瓦。一家大型综合性石油公司为其采购和供应链管理团队(PSCM)制订了核心培训计划,以培养人才。该计划包括四个阶段的方法和公认的经验差异。这四个阶段是:①PSCM 常见的采购流程;②包括合同、谈判、战略成本管理等方面的PSCM 课程;③CPSM、CPPM、CISCM、MBA 等专业认证和培训;④培养领导力的针对性课程。该计划可区分有一到三年工作经验与四年以上工作经验的人才之间的差异。发现、培育和留住顶级人才,对于进一步提高供应管理对公司战略和竞争力的影响至关重要。

1.4 采购与供应链管理的基本概念

任何一个写过有关采购和供应链管理方面文章的人都为相关的术语下过定义,但由于定义各有不同,理解起来难免会很困难。例如,采购与供应管理有何不同?供应链和价值链是否相同?什么是供应链管理?什么是扩展公司?在阅读这本书之前,定义不同术语的必要性不言而喻。

1.4.1 采购和供应管理

我们要认识到采购与供应管理之间的区别。采购,是指一个职能小组(企业组织结构中一个正式的团体),同时也指一项职能活动(购买商品和服务)。采购小组履行许多职责,来保证为公司带来最大价值,这些职责包括供应商的识别和选择、采购、谈判、签订合同、供应市场调查、供应商评估和改进,以及采购系统的开发等。采购被称作"五正确":在正确的时间,从正确的源头,以正确的价格,确保正确的质量,获得正确的数量。在本书英文版中,穿插使用了 purchasing 和 procurement 两个术语,中文都译为"采购"。

供应管理不仅仅是采购管理的新名称,它包含更为宽泛的内容。我们认为供应管理是一种战略方法,是通过有效管理供应基地来满足组织当前和未来需求、获取资源、充分利用流程导向的跨部门小组来实现组织目标。与我们的定义相似,供应管理协会将供应管理定义为:识别、获取、接近、定位、管理组织需求或潜在需求的资源、能力,以实现战略目标。如图 1-1 所示,给出了供应管理的关键要素。

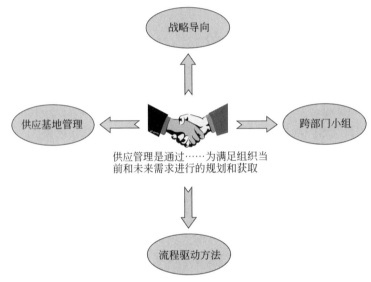

图 1-1　供应管理的定义

供应管理应该肩负起对公司长期绩效产生重大影响的战略性责任。这些长期责任并不是孤立存在的,应该与组织的整体使命和战略目标保持一致。与传统采购管理部门不同,这些战略不包括那些常规的、简单的、冗长的决策,常规订单和随后的基本运作都不属于战略任务。然而,开发能够满足内部用户日常供应需要的订购系统,更加重要。

供应管理是一个比采购更加广义的概念。供应管理通过渐进式的方法来管理供应基地,这种方法有别于传统的和卖方交易时使用的正常交易法或对抗法。它要求采购专员直接与供应商合作,而这些供应商必须能为公司提供世界级的服务并为公司创造优势。我们可以把供应管理看作是一个战略,同时也是传统采购的超级版本。

供应管理通常采用流程式的方法来获得所需商品和服务。我们可以将其流程分为以下五个部分:供应商的识别、评估、选择、管理和开发。整个流程可以实现比竞争对手更好的供应链绩效。在本书中,我们将穿插使用"采购""供应管理"和"战略采购"这几个术语。

供应管理是跨职能部门的,意味一个团队从早期工作到实现共同目标的整个过程中,都将参与到采购、设计、供应商质量保证及其他相关职能中。不同于传统采购的对抗关系,供应管理以采购公司与精心选定的供应商所建立的长期双赢关系为特征。如果不考虑所有权问题,供应商几乎可以称为采购公司的扩展公司。为了得到供应商大力且持续的绩效改进,包括稳定的价格优惠,供应管理也需要采购方对供应商提供实质性的、现场的且经常性的帮助。总之,供应管理是一种新的运营方式,它涉及公司内部的运营及外部的供应商。供应管理的目标是,实现企业在成本管理、产品开发、缩短周期及总质量控制方面的优势。

战略供应管理的一些主要的、协调性的任务很大一部分已成为"采购"这个职能小组的责任,通常一些业内专家会交叉使用"供应管理"和"采购"两种表述。通过上述讨论,我们应该意识到良好的采购和供应管理可以对企业的整体绩效产生重大影响。

1.4.2 供应链和价值链

到目前为止,研究者和从业者已经给出了许多描述供应链及其管理的定义。一些研究人员认为既把供应链管理视为哲学体系,又将其看作是一系列的经营活动,会使问题更加复杂。这些研究人员将这一概念分解为三个领域:供应链、供应链定位、供应链管理。

供应链是指有直接联系的3个或更多的一系列企业组织,产品、服务、资金或信息从源头向客户端向下或向上流动,把各家企业组织联系起来,供应链无处不在。供应链定位是对供应链内部或供应链之间管理运营活动和流动的战略价值的更高层次的认识。供应链管理与供应链定位是一致的,涉及积极管理商品的双向运动,并协调产品、服务、信息和资金从原材料到终端用户的流动。由上文的定义可知,供应链管理要求协调企业间的活动和产品、服务等的流动。支持供应链定位的企业往往也会重视供应链管理。

无论供应链的各种定义和观点是什么,我们应当认识到,供应链是由有内在联系的活动所构成的,这些活动既有公司内部的,也有外部的。并且,这些活动不只在范围上有所不同,活动的参与者和支持者也常常来自不同的地方,往往拥有不同的文化背景。

尽管许多活动都属于供应链管理的范畴(后面的部分将对此进行讨论),仍有一种进步的观点认为,供应链是由许多连续的流程组成的,而非由间断的、连续性很差的各个单独活动构成的。而一个流程又是由一系列有内部联系的活动或任务构成的,这些活动和任务都是为了实现一个具体的目标和结果。关键的企业流程包括新产品的开发、客户订单的执行、供应商评估及选择、需求和供给的计划等,而这些又都属于供应链管理。最近消费品(如汽车、玩具、花生酱和狗粮等)的召回事件,使人们对供应链有了新的认识。逆向供应链目标转换为通过供应链迅速识别、退回受污染的产品。丰田公司最近出现的加速器、刹车问题导致大量车被召回,迫使丰田公司短期内停止了该款汽车的销售。在这种情况下,有必要建立逆向供应链,以解决这些问题,修复有缺陷的刹车和油门踏板并恢复大众对丰田品牌的信心。

如何区分价值链和供应链是人们经常提起的问题,但这个问题并没有确切的答案。20世纪80年代的迈克尔·波特(Michael Porter)首先提出"价值链"这一概念,他认为一个公司的价值链由直接活动和辅助活动构成,如果安排合理的话,这些活动会给企业带来一定的竞争优势,长期将增加公司的总价值。如图1-2所示为修正过的波特价值链模型,图中展示了供应链相关的重要术语及其逻辑关系。

我们可以将供应链看作是价值链的一部分,以区分某一条价值链和某一条供应链,因此企业内部所有人员都属于价值链的一部分,但这对于多条供应链是不适用的。直接活动(如图1-2中的水平部分)表示价值链中的运营部分,或者是有些人所指的供应链。从企业角度而言,价值链比供应链所包含的范围更加广泛,因为它包括所有的直接活动和辅助活动。此外,最初的价值链定义重点聚焦于内部参与者,而供应链对内部和外部参与者都比较

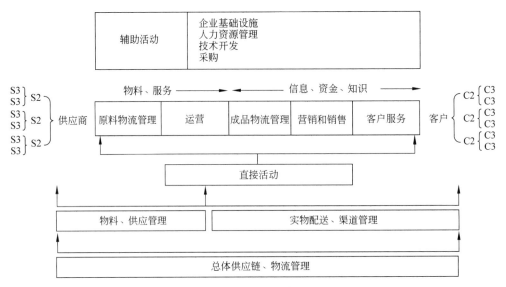

图 1-2 扩展的价值链

关注。

为了阐明现有的看法或观点,需要扩展原来的价值链模型,将处于上游或下游的关键供应商和客户也包括在内,而之前的模型主要关注的是内部参与者。不同等级的供应商和客户构成了扩展价值链或扩展企业概念的基础。概念指出,企业成功与否和能否有效地管理企业上下级供应商和客户组成的企业团队有关。实际上,先进的公司明白,对成本、质量和交付进行管理需要注意那些与制造商相差好几级的供应商。扩展企业概念清楚地阐释了竞争不再只存在于企业之间,更存在于企业间协调的供应链或网络中。

值得注意的是,如图 1-2 所示,将采购作为一种辅助活动,这就意味着采购部门为内部客户提供了一种服务。尽管采购是企业与供应商进行联系的重要中间环节,如图 1-2 中上游或左侧所示,但是其能够满足所有内部团队对物料及服务的需求。直接生产物料是指由供应商提供并在生产或服务交付过程中直接使用的物品。采购部门也逐渐负责采购内部团队所需的非生产物料和服务,如个人电脑、办公及清洁用品、医疗保健合同、运输服务、广告和媒体、旅行等。虽然非生产物料不是生产所需要的原料,但它们对于企业的正常运营非常重要。如图 1-2 所示,右侧表示供应链中的客户或供应链下游。因为满足或超过消费者预期是企业生存的关键,因此也应该属于供应链管理的核心。

图 1-2 以比较直接且线性的形式,说明了价值和供应链,但是事情往往不是这样。首先,供应链上的物料流、信息流、资金流及知识流往往是分隔开且没有进行协调的。从一个团队到另一个团队或从一家企业到另一个"接力"点,通常会存在优化的机会。其次,价值链模型说明供应商先后与原料物流管理和运营建立联系。尽管这种情况通常出现在直接物料管理运营环节,但是间接项目或从外部采购的成品可能导致供应商向供应链的任何部分交货。

1.4.3 图解供应链

随着供应链管理重要性的日益提升,迫使企业重新考虑其采购战略应如何符合并支持其业务以及实现供应链目标。供应链涉及从上游的物料供应商到下游的最终客户等多家企业。简单的供应链包括这样一个流程:从物料原产地获得物料,对其进行加工、包装然后运送到客户。

以下,通过麦片的生产及销售流程说明简单的供应链(如图1-3所示)。一方面,麦片公司需要从农民那里采购粮食将其加工成麦片。

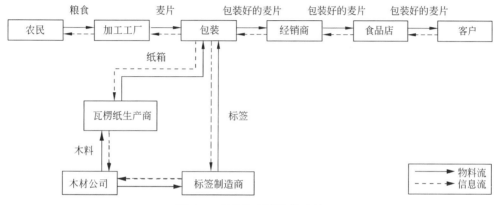

图 1-3　麦片生产商的供应链

另一方面,需要从造纸商那里采购纸箱。造纸商采购木材并从标签公司采购标签来生产纸,而标签公司通过采购半成品标签来完成标签生产。然后,麦片公司对麦片进行包装并将其运送至分销商处,接着分销商把产品运送至食品商,最后出售给终端客户。即使对像麦片这样的简单产品而言,也会涉及大量的交易、物料和信息流。

麦片生产商供应链的特点是拥有一个广泛的配送网络,这个网络直接参与将包装好的麦片运送至最终客户的过程。在供应链的下游部分,物流负责不同地区间物料的实际转移。物流的一个重要内容就是运输管理,其中包括选择和管理外部承运人(汽车运输公司、飞机、铁路、海运公司)或管理承运人对内部自有的船队。配送管理包括对包装、存储的管理及在接收区、仓库和零售店对物料的搬运。

但是像汽车这样的产品,会涉及多种产品、技术和流程,其供应链会更加复杂。如图1-4阐明了汽车公司的物料、计划和物流供应链。该图表明了包括从汽车经销商到不同等级供应商的供应链的复杂性。汽车公司的供应商网络包括提供原料(如钢和塑料)及复杂的组件和装配组件(如变速器、制动器和引擎)等的公司。

只有当供应链成员间相互信任时,才会乐意共享这样的信息。因此,管理与其他成员之间的关系非常重要,拥有有效供应链的企业致力于形成资源共享的关系(有时称为伙伴关系或联盟)。

例如,企业可能会向供应链上的其他成员提供专用技能、特殊信息、技术能力甚至直接的财务支持,这样整个供应链都会从中受益。

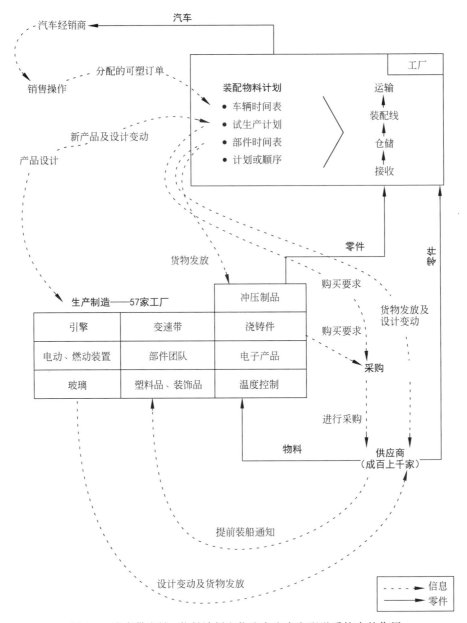

图 1-4　汽车供应链：物料计划和物流在生产和配送系统中的作用

1.5　采购与供应链管理的效益

当所有的环节都结合在一起时，将正确的活动类型和供应链定位相结合，能否真正带来预想的结果？以苹果电脑公司的重生为例。1997 年，《商业周刊》的封面标题以问句开场："苹果一盘散沙？"苹果通过一系列令人印象深刻的创新产品强势回归，例如 iPod、iPod Nano、iPhone、iPad 以及新款 iPhone 和更便宜的 iPad。苹果已经实现从一个被认为"一盘散沙"的公司转变成现在这样强势的公司。目前尽管由于安卓手机和其他移动设备的竞争使苹果公司的增长速度减缓，但该公司仍是一个强大的企业。基于高德纳公司内部分析师的观点、同行的观点、加权的三年资产回报率、存货周转率和加权的三年收入增长率这五个评级标准，苹果公司连续六年被高德纳公司评为全球最大的供应链公司。苹果公司进行了一系列令人印象深刻的采购及供应链活动来管理产品需求、库存投资、分销渠道及供应链关系。公司始终拥有一个可管理的产品线，以每周预测取代了之前的每月预测，并每天对生产进行调整，而且依靠供应商对标准零部件库存进行管理。与此同时，苹果公司还与一家供应商建立了正式的合作关系，在公司工厂附近生产部件并进行准时交付（just in time，JIT），并且利用网络重新建立了一个船舶分销网络，简化了其成品的分销渠道。苹果公司甚至通过将部分产品送回美国实现"回流动"。

1.6 供应链伞——管理活动

除了采购，供应链还包括大量其他的活动。如前所述，管理者需要具备排序、协调、整合和同步各种活动以及物流、信息流和资金流的能力。那么，供应链管理中包括哪些活动？如图 1-5 所示，将在下面的段落中简要阐述供应链伞所涵盖的管理活动。

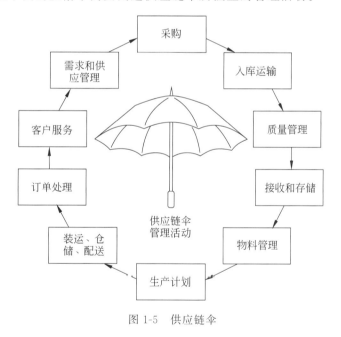

图 1-5 供应链伞

1.6.1 采购

大多数公司都将采购视为一项重要的供应链活动。由于采购是整本书的重点，因此，在此不再赘述，下文将做专门讲解。

1.6.2 入库运输

大公司通常都设有专门的交通运输部门来管理供应商与买方之间的实物和信息联系。对许多公司来说，由于运输部分所消耗的成本最多，通常有机会协调优化采购运输服务。

1.6.3 质量管理

正如前面的例子所示,质量管理对所有企业来说都是至关重要的。目前对供应商质量关注的侧重点已经从接收货物或使用时发现问题,转向在物料采购流程的早期预防问题的出现。先进的企业与供应商直接合作共同制定合适的质量管理工序和流程。

1.6.4 需求和供给计划

通过需求计划能够识别对产出的所有需要,其中包括对预期需求、库存调整、已接受但未完成的订单、零部件以及售后需求的预测。供给计划是指收集需求相关的数据资料,并开发能够满足需求要求的供应、生产和物流网络。

1.6.5 接收、物料处理和存储

所有从供应商转移到采购商处的物料都必须进行实物的接收。即使是非准时交付,也必须存储或安置物料收货、物料处理和仓储负责对库存进行管理,用户的收据表明订单结束后,顾客通过发票付款完成交易。

1.6.6 物料或库存管理

"物料管理"和"库存管理"这两个术语有时会交替使用。然而,有些企业认为两者具有不同的含义。物料管理团队往往负责根据预计的需求确定适当的订购数量,然后向供应商发放物料。这包括统一发放物料,与随时变化的供应商联系,以及监控入库货物的情况。库存管理小组通常负责确定成品库存水平以满足客户需求,这就强调了供应链实物配送(即出库或向下游运送)。

1.6.7 订单处理

订单处理有助于确保客户能在其要求的时间和地点收到物料。订单处理是供应链管理中非常重要的部分,是生产商和外部客户之间沟通的桥梁。

订单处理涉及的问题有:在未判定是否有足够的生产能力前就接受了订单,没有协调订单与订单处理流程,根据内部生产日期而非客户期望的日期来安排订单。

1.6.8 生产计划、进度及管理

生产计划、进度及管理活动涉及确定以时间为基础的生产计划,制定短期生产进度安排和管理在制品的生产。生产计划往往依靠从营销中得到的预测来估计近期内物料的需求量。由于运营活动负责实施生产计划,并按客户要求的时间履行订单,因此处理订单、生产计划和运营三项工作应该紧密联系在一起。

1.6.9 装运、仓储、配送

运输是指将准备好的产品运送给客户。运输活动包括:①防止损坏进行适当的包装;②符合任何有关标签的特殊要求;③完成所要填写的装运单据;④安排指定承运人的运输。显而易见,装运和出库运输这两项活动必须紧密结合在一起。

在产品到达客户之前,可能会在仓库或配送中心存储一段时间,特别是那些根据对未来预期销售量的预测进行生产的公司。由于各个公司逐渐趋向于在接到客户订单后才进行生产,以及信息系统变得越来越复杂,这部分内容在供应链中可能变得不再像以前那么重要。

1.6.10 出库运输

许多公司已经将运输环节外包给他们的客户。第三方物流(third party logistics providers,3PLs),即提供全面运输服务供应商,正在为他们的客户设计和管理整个分销网络,例如大家所熟知的UPS、DHL、CH Robinson和Ryder。

1.6.11 客户服务

客户服务包括一系列活动,这些活动旨在使客户对企业的产品或服务满意。客户服务的3个主要构成要素包括交易前、交易中和交易后的活动。

1.7 采购与供应链管理的四大影响因素

既然我们对采购与供应链管理相关的名词术语有了更好的了解,就要认识到在这些领域取得杰出成就并非偶然。将获得真正收益的企业与那些没能获得任何收益的企业区别开的关键在于能否有效利用采购与供应链的四大影响因素(如图1-6所示)。这些驱动因素可以为制定渐进式战略和方法提供支持。后面的章节将详细介绍。

这四种驱动因素表明公司具备的指导原则和商业要求构成了所有供应链活动的基础,这些指导原则和要求可能涉及全球化、客户反馈或供应链整合等各方面。这四个影响因素反过来又支持制定战略和方法,这些战略和方法不仅符合组织的理念和要求,而且还支持实现采购、供应链和公司的目标和战略。

1.7.1 专业人才

任何企业成功的关键是雇员的素质,采购管理也是如此。如图1-6所示,基于若干研究提出当前专业供应管理人员需要掌握的知识和技能。之前的研究表明,采购人员最应具备五个方面知识:①供应商关系管理;②总成本分析;③采购策略;④供应商分析;⑤竞争市场分析。有效的供应链管理要求与供应商紧密协作,与内部的工程人员、采购人员、物流管理人员、客户和营销人员相互配合,以协调整个供应链的活动和物料管理。采购策略的基础是培养与重要供应商的关系。百森学院的最佳案例说明了供应商和学院可以从发展与重要外包供应商的紧密关系中获益。在百森学院,为维持这种紧密的关系需要每两周召开一次会议,寻找提高价值的方法。

成本管理已成为采购与供应链管理的重要组成部分。由于不能提高客户的采购价格,所以从长期来看,成本管理对成功至关重要。例如,在美国一家大型的化工公司里,采购专家从供应商及其他途径获取数据,利用总成本模型评估主要的供应决策。另一家企业要求研究组越过一级供应商找到背后的成本驱动因素,并提出改进方法。这样的总成本分析就能和市场状况以及供应商能力相结合,从而实现整体采购战略。

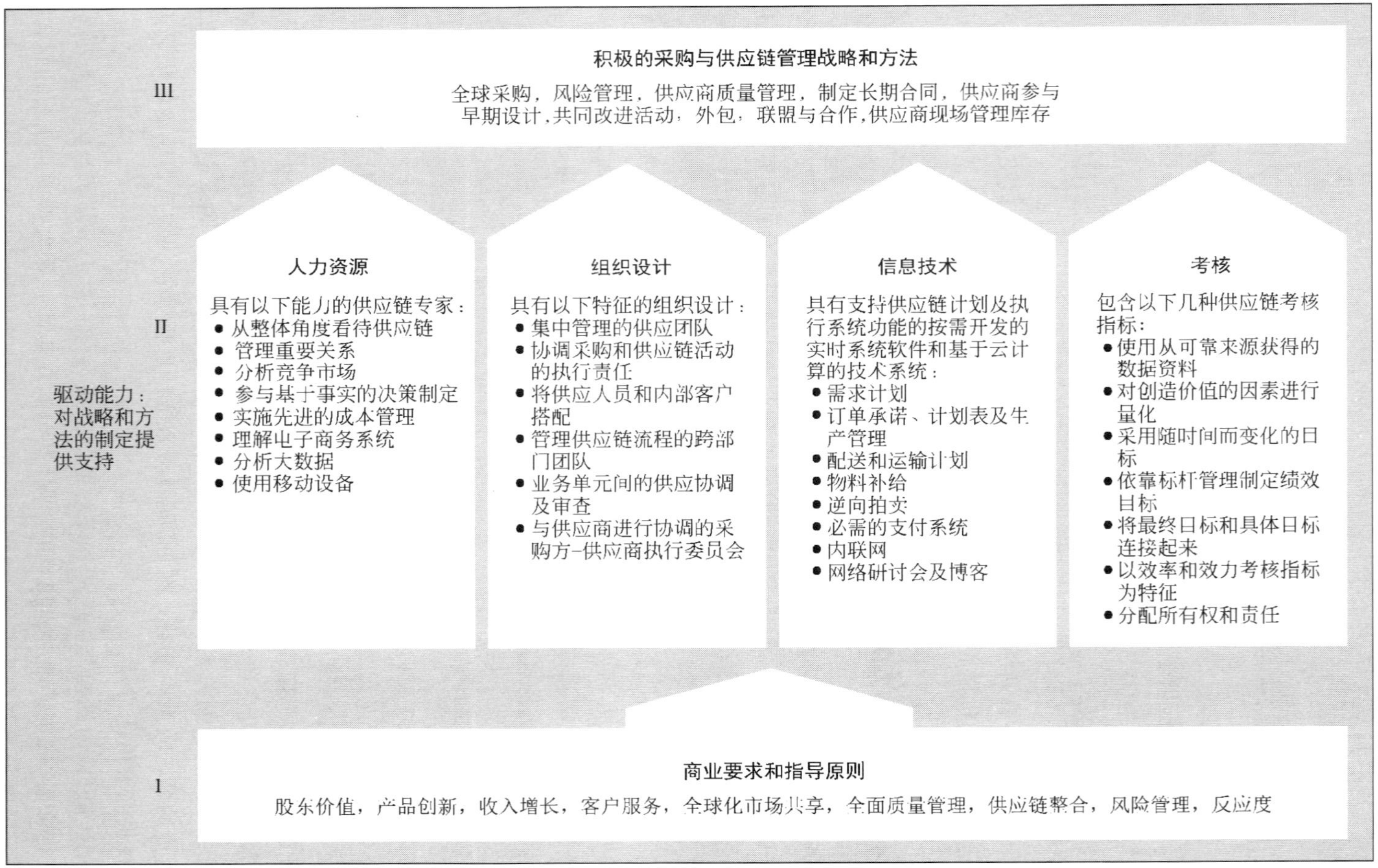

积极的采购与供应链管理战略和方法

全球采购，风险管理，供应商质量管理，制定长期合同，供应商参与早期设计，共同改进活动，外包，联盟与合作，供应商现场管理库存

III

人力资源

具有以下能力的供应链专家：
- 从整体角度看待供应链
- 管理重要客户关系
- 分析竞争市场
- 参与基于事实的决策制定
- 实施先进的成本管理
- 理解电子商务系统
- 分析大数据
- 使用移动设备

II

组织设计

具有以下特征的组织设计：
- 集中管理的供应团队
- 协调采购和供应链活动的执行责任
- 将供应人员和内部客户搭配
- 管理供应链流程的跨部门团队
- 业务单元间进行协调审查
- 与供应商进行协调采购方-供应商执行委员会

信息技术

具有支持供应链计划以执行系统功能的按需开发的实时系统软件和基于云计算的技术系统：
- 需求计划
- 订单承诺、计划表反生产管理
- 配送和运输计划
- 物料补充
- 逆向拍卖
- 必需的支付系统
- 内联网
- 网络研讨会及博客

考核

包含以下几种供应链考核指标：
- 使用从可靠来源获得的数据资料
- 对创造价值的因素进行量化
- 采用随时间变化的日标
- 依靠标杆管理制定绩效目标
- 将最终日标和具体目标连接起来
- 以效率和效力考核指标为特征
- 分配所有权和责任

I

驱动能力：对战略和方法的制定提供支持

商业要求和指导原则

股东价值，产品创新，收入增长，客户服务，全球化市场共享，全面质量管理，供应链整合，风险管理，反应速度

图 1-6 采购与供应链管理的四大影响因素

获取正确的技能需要良好的人才战略,其中包括公司内部培训具有很大潜力的员工,从其他职能团队或公司招募人才,以及聘用有前途的大学毕业生。

1.7.2 适当的团队协作

团队设计指为实现企业目标和目的(包括供应链目标)所需的沟通、分工、协调、控制、权力和责任的分配和正式体系的评估和选择过程。正式的图表只能够阐明组织工作的一部分,例如许多组织现在正在采用中心主导的供应管理结构。这些混合的组织形式利用各种不同的协调机制,但这些机制不是正式组织结构图的一部分。

将团队作为供应链设计的一部分仍然很重要,不过,管理者们应该有选择性地使用团队。证实团队合作与更高的绩效之间存在明确联系的研究并不多,评估团队合作对企业绩效影响的定量研究就更少了,采用团队协作的方法可以支撑采购和供应链目标,但并不能保证有更高的效率。

1.7.3 实时共享的技术能力

21世纪,支持端到端供应链的信息技术软件和平台发展迅速,包括基于云计算的存储系统,可以进行可视会议的新一代移动设备,以及面向所有规模的供应链合作伙伴的共享软件平台。同时快速发展的还有识别技术,如射频识别技术(radio frequency identification,RFID)和声音识别系统。例如,电子供应链公司 ULTRIVA 在官网宣称:"Ultriva 的解决方案可帮助管理供应链,并提高在 20 个国家拥有 150 家工厂的龙头企业的库存周转速度。这个基于云计算的电子解决方案每年被用于处理超过 20 亿美元的物料花销,为其客户节省了超过 4 亿美元的库存。"基于云计算的解决方案将继续不断地获得供应管理者的认可。云计算是指用户通过网络共享软件和信息。用户不是将信息存储在自己的服务器或计算机硬盘上,而是依赖由云计算软件供应商(例如 IBM Smart Cloud)维护的服务器。根据加特纳公司的数据,以下系统在合作领域的使用率最高:①物料采购;②需求规划;③全球贸易管理(global trade management,GTM);④运输管理系统(transportation management systems,TMS)。

以上类别分为计划和应用两个通用软件类别。计划软件旨在提高预测的精确度,优化生产计划,降低营运资金成本和运输成本,缩短周期和改善客户服务。应用软件有助于获取物料并管理从供应商到下游分销商的物流,以确保客户在正确的地点、时间以合理的成本接收到正确的产品。可以将其概括为"精益物流""精益运营"和"精益供应"。

无论使用哪种信息技术平台或软件,供应链系统都应实时或接近实时地在各个职能部门和企业间获取信息并进行共享。这可能包括利用全球定位系统传达运输车辆的位置,使用基于互联网的系统向供应商传达物料需求或使用条形码技术监测能否及时收到来自供应商的货物。越来越多的应用程序采用射频识别技术,以捕获供应链上有关物料和产品移动的实时数据信息。

有关信息技术和成熟供应链之间关系的例子并不难找到。作为利用闪存存储技术解决方案的全球领导者,SanDisk 公司通过使用 JDA 的软件将其准时交货率提高到 90% 以上,加强与合作伙伴的合作。SanDisk 公司之所以能较好地完成交付工作是通过减少库存使周转率从 3PB 增加到 8PB 实现的。

1.7.4 合理的考核评价体系

合理的考核指标和考核系统是第四个影响因素,为采购和供应链的卓越发展提供支持。然而,大多数企业还没意识到考核和绩效改进之间的重要关系。其中包括:①考核标准太多;②对正确标准争论不休;③经常更换标准;④数据陈旧。克服这些障碍首先需要企业明确测评对象,制定适当的测评流程,获取正确的数据。下一步就是要采取措施测评数据。最后,像所有计划工作一样,修订目标来反映市场、竞争环境和组织目标的真实状况。

绩效考核为什么如此重要?首先,客观的考核有助于做出以事实为基础的决策而非主观决策。其次,考核也是一种理想的方法,是可以将需求传达给其他供应链成员,并促进持续改进和变化的理想的方法。如果供应商知道自己的绩效受到监控,就会表现得更好。许多企业不仅用测评系统提高未来供应商的绩效,还会找出杰出的供应商代表进行表彰。例如,洛克希德马丁公司授予西南研究所(Southwest Research Institute,SwRI)"星级供应商"称号。在洛克希德电子系统公司的 4 700 家供应商中,只有 38 家获得了星级奖励。另外,测评系统可以通过将关键测评和期望的经营结果联系起来判断哪些活动更重要,也可以帮助判断新方案是否实现了预期的结果。最后,考核可能会是管理采购与供应链活动和流程最佳的方法。

尽管不存在决定性的或规定的供应链考核指标,也不存在考核供应链绩效的最好办法,但我们可以确定,有效的考核指标和考核系统会满足一定的标准。如图 1-6 所示,对这些标准进行了总结,并提供了一些评估供应量考核标准和考核系统的原则。

这四种影响因素有助于推动渐进式方法和战略的制定,这些方法和战略可以用来解释采购和供应链的优点。如果组织忽视了这些因素,会导致在制定积极战略和方法方面落后于重视这些因素的竞争对手。

1.8 采购与供应链管理的演变

正如本章所述,在过去的 10 年中,环境的剧烈变化影响了采购的发展。要想知道如何发展到了今天这种状态,我们需要对采购与供应链管理的发展过程有个大概的了解,但有些人可能会将过去的 10 年视为一场革命,整个发展过程包括 7 个阶段,跨越 160 年。

1.8.1 第一个阶段:发展初期(1850—1900 年)

一些观察者认为采购的历史开始于 1850 年。然而,有证据表明,在这个阶段之前采购职能就受到了关注。查尔斯·巴贝奇(Charles Babbage)在 1832 年出版的有关机械和制造商的经济的书中提到了采购职能的重要性。巴贝奇还提到了一个负责几个不同部门的"物料供给人"。他这样写道:"负责运营煤矿的重要职员就是一名负责挑选、采购、接收和配送所有需求货物的物料供给人。"

在纺织品行业,销售代理人往往会进行采购并对布料的产量、质量和种类负责。代理人负责制定所有的采购决策,因为所采购的棉花等级是决定生产出的布料质量的一个重要因素。客户订单首先转变为棉花的采购订单,然后投入计划生产。

采购最受瞩目和发展最迅速的时期是在 19 世纪 50 年代后。在此期间,铁路的发展成为促进美国经济迅速发展的主要原因之一。作为国家的主要运输工具,铁路需要将货物从较发达的东部和中西部地区运送到欠发达的南部和西部地区。1866年,宾夕法尼亚州的铁路公司在供应部门下设立了采购职能部门。采购部门对整家企业的绩效起了至关重要的作用,以至于采购主管拥有最高的管理地位。几年之后,铁路公司的采购主管便可以直接向铁路公司的总裁报告。

1887年,芝加哥西北铁路(Chicago and Northwestern Railroad)的审计长编写了第一本专门以采购职能为主题的书——《铁路供应的搬运——采购与处置》。他在书中讨论的问题至今仍有重大意义,其中包括采购代理人具备专业技术和在个人控制下的采购部门集中化管理的必要性。作者还就大家在挑选采购代理人员时缺乏关注这个问题进行了评论。

铁路行业的发展主导了早期采购的发展。在此期间,铁路行业对采购历史产生的主要影响包括:对采购流程的早期认识及其对整家公司盈利能力的贡献。19世纪末,采购部门逐步分化为一个具有专业技能的单独的职能部门,而在此之前,根本就不存在这种划分。

1.8.2　第二个阶段:基础发展期(1900—1939年)

采购发展过程的第二个阶段大约处于20世纪初,一直持续到第二次世界大战初。铁路贸易期刊之外的出版物上,也开始定期出现越来越多的与工业采购职能相关的文章。尤其是工程杂志,特别关注对合格的采购人员的需求及物料规格的发展等。

在这个阶段,基本的采购程序和观念也得到了发展。1905年,第二本有关采购的书出版了,这本书也是第一本与铁路无关的采购类书籍。这本《采购手册》共有18章,每一章都由不同的作者编写。此书的第一部分主要用来陈述采购的"原则",第二部分则描述了不同公司不同的采购系统所采用的形式及程序。

因为采购在获取重要战争物资中发挥了重要作用,使其在第一次世界大战期间得到了重视。这主要归结于,在那个时候,采购主要关注的是对原材料的购买(而非成品或半成品)。具有讽刺意味的是,在第一次世界大战期间没有出版过任何具有重要意义的采购书籍。哈罗德·T.刘易斯(Harold T. Lewis)是20世纪30年代至50年代期间一位受人尊敬的采购专家。他注意到,是否真正认识到采购对公司的重要性这个问题存在很大的争议。他指出从第一次世界大战到1945年,人们至少逐渐认识到合理的采购对公司运营是非常重要的。

1.8.3　第三个阶段:战争时期(1940—1946年)

第二次世界大战将采购历史带入了一个崭新的发展阶段。战争期间对所需求的(也是稀缺的)物资的重视增加了人们对采购的兴趣。1933年,只有9所大学开设了与采购相关的课程。到1945年,这个数量增加到了49所。美国国家采购代理协会的成员数量从1934年的3 400人增加到1940年的5 500人,到1945年秋季达到9 400人。在此期间进行的一项研究显示,76%的请购单没有对品牌的详细规格进行说明。这表明了公司内的其他部门已经意识到采购代理在确定供应源方面所起的作用。

1.8.4　第四个阶段:停滞时期(1947年—20世纪60年代中期)

第二次世界大战期间,采购的意识有所提高但并没有延续到战后。著名的采购专家约翰·A.希尔（John A. Hill）是这样评论那一时期的采购状况的："对许多企业来说，采购只是它们在进行交易时无法避免的一项成本，而对此他们又不能做些什么。就美国工业的长度和广度而言，采购职能尚未得到应有的关注和重视。"

另一位受人尊敬的采购专家布鲁斯·D.亨德森（Bruce D. Henderson），也对采购所面临的问题发表了评论。他说："采购被认为是一项起负面作用的职能——如果做得不好会阻碍公司的发展，即便做得好也很难为公司的发展做出贡献。"他指出，在大多数企业中，采购都是一项被忽视的职能，因为相对主流问题而言，它并不重要。接着他还提到，企业高管们很难想象公司会因其出色的采购绩效而比其竞争者更加成功。

在此期间开始出现一些文章，描述一些不同的公司为了做出采购决策而安排员工收集、分析和介绍数据。福特汽车公司是最早成立货物研究部的私营机构之一，该部门提供货物短期和长期的信息。同时，福特还成立了一个采购分析部门，为买家提供产品和价格分析方面的帮助。

第二次世界大战后，阶段价值分析方法得到了发展，该方法由通用电气公司于1947年首创。通用电气所采用的方法主要是评估，然后判定哪种物料或规格及设计上的变动能够降低产品的总成本。尽管在这个阶段内部采购有了很重要的发展，但不可否认的是，其他领域如营销和财务的重要性依然超过了采购。第二次世界大战之后，整个20世纪60年代关注的重点都是满足消费者的需求和不断增长的工业市场的需求。此外，公司面临持续的竞争并能获得充足的物料——这些都是一直以来削弱采购整体重要性的因素。在采购历史上的这段沉寂期，未发生任何会提升采购重要性的事件。

1.8.5　第五个阶段：物料管理成长期（20世纪60年代中期至70年代后期）

20世纪60年代中期，物料管理的概念得到了迅速发展。如果对物料管理的兴趣在这个阶段得到了提升，那么物料管理这个概念的出现可以追溯到19世纪。19世纪后半叶，美国许多铁路公司都开始以物料管理概念为基础，它们将相关的职能（如采购、库存管理、货物接收、存储等）都交由同一个机构进行管理。

外部事件的发生会对公司运营产生直接的影响。例如，越南战争造成了物价上涨和物料稀缺的压力。20世纪70年代，美国公司经历了与石油"短缺"、禁运等相关的物料问题。企业只能提高效率，尤其是在物料采购和管理方面，从而产生了"物料管理"这一概念。

物料管理的整体目标是从总体的角度，而非单独的职能或活动出发，解决与物料相关的问题。包括物料计划和管理、库存计划和管理、物料及采购研究、采购、进料运输、货物配送、进料质量管理、存储、物料运输和废料处理。

这个阶段的采购行为值得注意。采购经理通过竞争性投标报价获得多个采购源，但并不把供应商视为增值伙伴。采购方与供应商始终保持正常的交易关系。价格竞争是决定供给合同的主要因素。

总体来看，采购人员在很多公司被视为二等员工。迪恩·阿默尔（Dean Ammer）在1974年《哈佛商业评论》上发表的经典文章将顶尖管理人员对采购管理的看法描述为消极的、避险型的、没有出路的工作。他认为改变这一观念的做法就是采取更为积极的采购战略，衡量标准是满足公司整体目标、为提升盈利能力做出贡献。他指出，采购经理应该参与非采购决策,因为如果公司的重大决策没有来自采购部门的支持,企业会损失惨重。最后,他提议采购部门应该获得足够高的地位,向总经理或部门经理汇报。但在受访企业中,只有37%的企业是这样安排的。

1.8.6　第六个阶段:全球化时代(20世纪70年代后期—1999年)

由于20世纪80年代初的经济衰退和外国竞争对手的出现,使过去半个世纪形成的采购战略已经过时。美国在质量方面已经失去优势,因此研究人员和专家提出"控制统计过程"和"全面质量管理"等方法作为补救措施。

全球时代及其对采购的重要性、结构和做法的影响已经被证明不同于其他任何历史时期。这些差异包括:

- 在工业史上从来没有出现过如此激烈、如此迅速的竞争;
- 来自全球的公司逐渐从美国本土公司手中赢得了市场份额,与美国竞争对手相比,它们更强调不同的战略、组织结构及管理方法;
- 技术变革的传播范围之广和速度之快是前所未有的,同时,产品生命周期也变得更短;
- 具备了利用国际数据网络和互联网(通过局域网)协调国际采购活动的能力。

在这个竞争激烈的时期,供应链管理得到了发展。现在,公司开始用比以往更加协调的方法来管理从供应商到客户的货物、服务、资金和信息流。管理层人员开始将供应链管理视为一种应对激烈的竞争和其他改进压力的方法。

1.8.7　第七个阶段:整合供应链管理发展期(21世纪)

如今的采购与供应链管理反映出对供应商重要性的日益重视。与供应商的关系正从对抗性转变为与选定的供应商建立合作关系。21世纪采购企业必须进行的活动与之前几年相比有很大的不同。如今,供应商开发、供应商参与设计、与提供全面服务的供应商合作,利用总成本选择供应商、供应商关系管理、战略成本管理,企业资源计划(enterprise resource planning,ERP)搭建的云盘系统以及每天24小时、每周7天可用的集成网络连接和共享数据库,都被看作是供应链创造新价值的方法。然而,新的观点不断涌现,如供应基地创新和收入增长,使用移动设备监控全球供应链的供应和风险管理。采购行为正在发生巨大的变化,以满足新时代的绩效要求。

我们将21世纪的采购总结为以下三点:第一,随着全球经济的变化,为应对全球竞争、快速变化的技术和客户期望所带来的挑战,采购的作用也开始发生改变。第二,特别是对那些在全球竞争和快速变化的行业中竞争的公司而言,采购职能的整体重要性正在提升。第三,采购必须继续加强与客户需求、运营、物流、人力资源、财务、会计、营销及信息系统的整合。发展过程需要很长的时间才能完成,但整合是必然的。

采购和供应链管理的历史和演变为该领域在过去150年的成长、发展和地位的提高提供了宝贵的经验。每一个历史时期都为采购的发展作出了独特的贡献,包括那些使人们开始关注整合供应链管理的事件。

1.9 展望

本书共19章,共分6篇。本篇为概论。本书接下来的重点,侧重于介绍采购人员在动态的供应链领域内运营时所面临的主要任务及挑战。

第2篇——采购运作与结构,由第2章到第5章构成。这部分为理解采购这种职能活动奠定了基础。如果对基本的采购流程、政策和企业没有一个很好的理解,将很难理解采购在供应链中的重要作用。供应链管理整合是当今供应链管理专业人员重点关注的领域,将在第4章进行讨论。

第3篇——战略采购,主要论述如何评估、选择、管理和改进供应商绩效。第6章至第10章介绍了战略性采购活动,这些活动会影响企业的竞争力。要想从采购和供应获得优势,需要改变对采购的认识——从对策性或履行任务式的活动转变为专注于战略供应管理的活动。

第4篇——战略采购流程,说明采购专员在改善供应链绩效方面发挥的重要作用。第11章至第14章介绍了一系列用来管理采购流程的工具、技术和方法,包括对合同制定和法律方面问题的理解。

第5篇——关键供应链要素,涉及从供应商到客户的一体化供应链的关键要素。第15章至第18章中所介绍的活动和主题可能是也可能不是采购企业的正式组成部分。然而,它们却是实现有效的供应链管理所不可缺少的基本构成。

第6篇——未来展望,介绍了根据许多企业的调查研究和经验所得出的未来的发展趋势。第19章中所描述的趋势帮助我们识别采购和供应链管理领域正在发生怎样的变化,促使这些变化发生的原因是什么,以及最好的应对方法又是什么。随着21世纪的到来,我们要随机应变,以准确反映采购与供应链管理中正在发生的动态变化。

实践范例

百森学院的企业式采购方法

百森学院商业服务总监特蕾莎·皮塔罗(Teresa Pitaro)及其采购经理团队凭借像企业家一样的做事风格改变了百森学院的文化制度。在2006年加入百森学院之前,特蕾莎先后在雷神、TJX和史泰博等公司担任越来越重要的职位。她毕业于百森商学院,拥有本科和MBA的学位。

皮塔罗采购团队的注册采购经理安妮·克鲁格(Anne Krueger)、凯莉·邓恩(Kerrie Dunn)和洛丽·沙利文(Lori Sullivan)共同策划了打印店、书店和运输生意,使自己成为建筑采购(construction sourcing)工作中不可或缺的一部分。这项工作以前是由设备经理负责,很少甚至几乎不需要采购物品。最终他们找到了新的解决办法,可以利用大学财团来采购办公用品,所有活动通过自助购买完成,以便给他们的内部客户(如教职工)提供更完善的服务。

《美国新闻与世界报道》评述,百森商学院在美国拥有一流的创业项目,其供应团队的做法非常符合当地的文化。传统意义上的学术界遵循已经沿用了几十年的传统规章制度,显得有些死板和官僚主义。采购活动也不能例外,也充斥着事务性、文案工作。特别是考虑到百森商学院的文化,皮塔罗认为企业家精神使之相信总有创新机会。皮塔罗说:"百森商学院要求我们不断挑战旧有的商业模式。"采购经理安妮·克鲁格补充说:"采购通常可以分为采购流程和内部客户群两个部分。"皮塔罗的团队由克鲁格、邓恩和沙利文组成,重点考察三个采购流程及相关客户群。

(1) 流程推动型采购使客户能够从采购组已协商的合同中选购。办公用品采购就是这类采购方式中的典型案例。一个由15所波士顿地区的大学组成的团体通过与波士顿财团合作,与一家主要的办公产品供应商就一份非常有吸引力的合同进行了谈判,这次谈判相比之前节省了5%~8%的费用。此外,采购卡(P-Card)合同由采购小组协商达成,当采购数量达到一定标准后会提供价格折扣。回扣被纳入百森商学院的预算中,以满足额外的运营需求。软件商店是一个由联盟支持的电子采购工具,具有在未来为百森商学院进一步优化自助采购流程的潜力。

(2) 非传统的采购流程包括将采购的影响力扩大到传统意义上由其他职能部门进行采购的消费类别,例如建设和更新项目。一份可信度较高的咨询报告证实之前与建筑有关的采购活动是由几乎不涉及采购活动的设备部门管辖。最近,邓恩在百森商学院设备管理团队的支持下,能够在新建筑项目的计划阶段初期就参与采购,其中包括已经中标的改造两栋校内建筑的施工项目。

(3) 总承包服务集中采购过程包括利用与学院合作的供应商所具备的专业知识提供日常用品。皮塔罗一直致力于与用户面对面交流,以此把握机会在降低成本和改善服务的同时降低风险。这类典型案例包括:复印/印刷服务、公共汽车运输、餐饮和书店服务。这些合同大多涉及与供应商和内部客户的持续合作。

特蕾莎说:"我们的采购部门和大多数私营企业没有什么不同。"在她看来,今天的挑战有两个方面:

(1) 集中采购以获得不同用户的完整使用情况,然后与供应商合作,不断降低总成本。

(2) 精简技术和自动化重复性的活动,同时获取、传播知识。

"我们不能忘记,教职员工想在采购过程中获得最大限度的自由,所以我们面临的挑战是尊重他们的独立性并且改善我们每年管理学院运营所支出的1.61亿美元。"皮塔罗通过分析百森采购部门的计划提供应对这些挑战的方法。

1. 流程的改善——采购卡系统

采购卡系统现在是许多企业的标准,使用户能够用较少的钱从已经签订的合同中购买物品。百森的采购卡系统虽然已经存在了好几年,但它已经不再升级优化。采购部对该计划进行了全面审查,并通过与一家新供应商谈判达成了一项新的采购卡项目。他们集中在三个关键领域:服务;报告能力;回扣结构。结果令人印象深刻。首先,他们把信用卡的折扣提高了一倍,从0.75%提升到了1.5%。其次,他们进一步简化了项目流程,以提供更好的服务。因此,采购卡的使用者数量从310人增加到403人(在650多名教职工中)。通过采购卡计划购买的商品已经增加到700万美元,增加的回扣为百森带来了额外的收入。沙利文、克鲁格和皮塔罗正在探索使文书工作自动化的方法。特蕾莎表示:"我们希望进一步实现自动化,这样我们就可以减少目前每月收到300~400份对账报告所涉及的文书工作。"

根据与财团谈判达成的办公用品合同,总共节省了5%~8%的费用。此外,供应商以百森的风格建立了一个门户网站。皮塔罗认为,下一步是将采购卡系统整合到办公用品中。

洛丽补充说:"采购卡计划大大简化了购买小额物品的流程,允许我们的内部客户随时订购。"

另一个正在评估的自动化工具是被称为"软件商店"的电子采购工具。该工具由波士顿财团成员使用,由外部供应商运营,提供服务和维护系统。目前主要针对买方和部分付费会员,包含科研实验室设备、计算机、办公用品供应商的产品,计划改善自动付款方面的流程,目标是打造一个完整的采购付款系统。皮塔罗的团队时刻监控系统开发的进程,以及监测它在百森的潜力和应用。除此之外,皮塔罗的团队还在继续调查市场上其他可用的系统,以及其他机构可能使用的系统。

2. 非传统消费的影响

以前,采购只在设备经理选定供应商后才下订单。特蕾莎说:"过去,典型的采购流程是设备经理选定承包商后再进行采购。"一旦皮塔罗的团队强调竞标过程的重要性,并与相关机构合作实施,他们就能针对竞标过程制定更多的规定,这确保能够更好地管理高成本项目上的花费。在迄今为止的合同谈判中,凯莉已经成功地完成了一系列的项目,从改造到选择施工经理和施工项目。现在出价是合理的,承包商们在重要方面的比较,以及谈判和最后选择供应商的过程都是连续的。可能会增加规定的想法在一些项目中得到了证明,例如邀请最终角逐者(3~4个承包商)参加投标评审会议,其结果是简化了正式的施工招标、中标和合同管理流程。另外一个好处是降低了风险,因为采购和风险管理部门共同对承包商进行"尽职调查",以确保财务稳定性和可信性。考虑到百森正在规划未来六年的发展计划,这是一个最好的可以参与进来的时机。凯莉知道,在可预见的未来,百森将致力于管理建筑物资的采购工作。

3. 集中采购

皮塔罗最初的想法之一是在提供有效服务的基础上强化集中采购理念和效益。特蕾莎说:"创建一个高效的流程需要全体的支持。为了实现这一目标,我们的采购部门必须得到客户的认可,使其能够降低复杂性,增加流程价值、知识和技能。"与此相关的两个例子是公共汽车运输和印刷及复印的管理服务合同。

皮塔罗:"我们在调查交通领域之前,让每个部门都给他们最喜欢的公交公司打电话表达自己的交通需求。"在我们这样的校园里,运动员、学生团体、各种需要课堂实地考察的人员等都有乘坐公交的要求。首先,我们学校相关的管理部门确定公交需求。当然,最大的需求用户是运动员,他们每年将为此花费15万美元。

除了运动员,安妮还考虑了其他需要乘坐公交往返于各种赛事的用户(不仅仅是运动员)。为了获取满意的数据,她收集了一学年期间他们在百森搭乘公共汽车或者包车出行的次数。此前,田径队是不包括在谈判的合同内容中的。安妮说:"如何确保他们乘坐公交车是关键,因为在我们的统计中他们占据了很大的比例。"

接下来,克鲁格将准备的询价单发给14家包车公司,邀请所有相关人员出席问答会,通过评估最初的提案,供应商数量缩减为3家。同时对公司财务、运营和风险进行了评估,以及对价格和能力的加权评分矩阵进行了分析。另外,百森希望获得有关紧急安全程序、驾驶员选择政策和实际安全记录的详细信息。例如,在雇用司机之前进行了哪些背景调查、司机对在开车时不允许发短信或使用手机这一规定是否了解等。当然,责任保险和赔偿事项也很重要。其次,对运输队伍进行了分析,通常学生活动需要一辆可容纳15名乘客的小型客车或大型客车。最后对车队的运营时间、维修程序和更换周期进行了分析。

如果潜在供应商通过了以上初选,那么就会对其价格进行分析。根据出行种类,将燃料附加费和各种出行费用,按里程、天数、过夜成本进行定价。经过几个月的谈判和完善,最终敲定一份为期三年的合同,这为百森节省了不少成本。

除了节省成本,用户还可以通过电话、电子邮件或线上预订巴士。然而,被选定的巴士承包商和百森采购公司更希望用户使用在线系统。因此,采购部与新公交车供应商联合举办了校园活动开放日,以确保用户能够了解在线流程,与新供应商代表面对面沟通以及可以查看新公交车。

打印及复印工作涉及用于打印、复制、扫描和传真的多功能设备,在百森有超过90个这样的设备。现任供应商至今仍在提供这种设备,并且管理运营复印中心至少15年。皮塔罗说:"我们觉得这是义不容辞的责任,他们却把这项业务视为理所当然,服务越来越差。我们想更好地服务客户和机器,然而服务质量是校园里的一个痛点。"特蕾莎表示:"现有供应商失去了价值,因此我们需要看市场能提供什么。"采购部门针对存在的问题迅速采取行动,要求三家新供应商和现有供应商提出解决建议。结果是,为所有集中化的打印及复制业务选择了一个新的供应商,最终的谈判价格比目前具备高水平服务的供应商的价格低几十万美元。这家新供应商还致力于将可持续发展理念引入印刷业务。皮塔罗说:"他们衡量的是如何减少印刷所造成的污染。而百森关注的是可持续发展,目前我们有能力做到这一点。但是以前供应商不会将可持续发展纳入优先考虑事项。"

皮塔罗说:"我们有能力就这些集中管理的合同进行谈判,以更低的价格为用户提供更好的服务。"

克鲁格认为,她与波士顿财团的合作主要由来自波士顿地区15所大学的首席财务官参与,这将使她有更多机会采用集中花费这一策略,从而实现一项重要的办公用品交易已经完成,同时更多的交易正在进行中。该财团的执行董事菲尔·迪希亚拉(Phil DeChiara)位于富兰克林欧林工程学院校园内,距离百森的采购点很近。尽管迪希亚拉并不认为采购是集团的主要业务,但他确实意识到校园内存在很多购买机会。

4. 协作

在大学校园里,采购部的各种客户都很挑剔,满足他们的不同偏好具有一定的挑战性。百森商学院的校园内有许多零食自动售货机,尽管采购部门已将这些机器统一承包给某一供应商,但仍需要考察客户的满意度。安妮·克鲁格和史蒂夫·希斯利普(Steve Heaslip)(零食自动贩卖机的管理者)共同编制询价书,并且针对学生们对零食自动贩卖机的需求组织了一个讨论小组。其中一个供应商建议自动售货机提供完全健康的食物,学生却希望可以同时提供健康食物和传统零食。因此,自动贩卖机改为提供健康食物和传统零食,不再提供"完全健康"的零食替代品。

安妮和史蒂夫还测算了居民和办公室职员的人数,研究了交易数量,并将他们的研究结果与其他学校进行了对比。克鲁格说:"与内部客户合作是实现自动售货机合同的一个关键要素。"

特蕾莎说:"我们并非精通百森各个领域的采购业务,例如书店和校园餐厅这两个领域。在这些领域,签订业务需要公司采用一种更具协作性的方式。"

无论是在原材料检测还是第三方履行和分销方面,具备供应商的专业知识是书店经营成功的一个主要条件。普遍的看法是,外包降低了选择供应商和服务管理的灵活性,皮塔罗则不这样认为。她说:"实际上可以通过外包利用百森和供应商的才能、技能和资产,从而提升整体的能力。"为了使这种"外包和内部运作"的模式有效运转,需要改变管理文化。供应商既需要自由也需要管控,以及类似于内部部门的激励政策和指导方针。

皮塔罗说:"我尽量不落入内部客户永远是正确的或者认为供应商总是可以做得更好的陷阱。如果你把'我们'和'他们'换成'咱们',结果会事半功倍。"当时的书店供应商已经在校园里经营了好几年,这种状态使得它基本上成为品牌商品、书籍和其他方面商品的唯一来源。皮塔罗的团队与一位熟悉书店运营的咨询公司合作,为三家供应商起草了一份询价书。结果是与现任供应商继续合作,但是对条款进行了重新协商,并专注于改善服务。皮塔罗说:"我们认识到市场已经发生了变化,但现任供应商已经不再关注市场的变化。"一方面,与供应商携手翻新书店提升其价值。作为新的六年合同的一部分,向百森进行了一次性捐赠。另一方面,百森还能够重新谈判销售佣金的占比,目前年销售额接近300万美元,这个数字是可观的。因此,保证书店与时俱进对双方都是有利的。

每隔一周,皮塔罗会见书店经理和百森学生事务部主任。他们会回顾一些问题,比如如何使书店环境更有吸引力,如何向学生、校友和其他人推销百森品牌,以及如何持续分析和提供学生想要的商品和服务。他们还根据自己的观察和学生的体验来确定其他学生的需求。然后他们要求供应商提出一个创造性的解决方案。皮塔罗说:"一旦我们就必要的改变达成一致,我们就完全授权给供应商。我们尊重并支持供应商的权利,鼓励他们进行公司驱动的实验,并在改进产品方面进行合作。"

也许校园里没有一项服务比餐饮服务更受关注。百森与Sodexo的合作已经持续了超过25年,他们会定期审查并重新协商伙伴关系。重新谈判的重点是提高效率,从而降低年度运营费用。目前的合同涵盖管理费用以及利润分配。任何运营盈余都由百森和Sodexo共享。销售包括饮食计划、零售业务和餐饮服务。营业报表包括来自饮食计划、餐饮服务和零售业务(即随走随付)的收入,以及不太可控和不可控的支出。内部审计小组将定期根据发票金额审核食品服务合同费率。

Sodexo的总经理、特蕾莎和Residence Life的总监每两周举行一次合作会议。皮塔罗说:"这个校园部门了解它的特定客户,也就是这个案例中的学生,而且这个与供应商的对接改善了双方的流程。"

例如,Sodexo餐厅记录每天每15分钟有多少学生就餐,每天提供多少份餐食。我们的目标是加入用户经理提供的信息、客户调查和研究数据,以确保我们能够在最合适的时间、地点以及以学生满意的需求方式提供最好的食物。这些数据也使得供应商能够确定他们可能考虑的各种人员选择、服务和材料更换、展销、广告和促销计划的益处、风险和效果。Sodexo在百森的总经理不仅每学期会与学生会代表会面两次,讨论校园食品服务,包括质量、品种和其他需要改进的地方,还会每年两次(分别在春秋学期)教授组织有效管理(organizational effective management,OEM)课程。

水过滤装置体现了一种独特的方式,采取获得认可的可持续解决方案,从而减少塑料瓶的使用量。采购和可持续发展办公室的安妮确定了5家供应商,为位于校园的另一边的水站提供水过滤设备。组织学生们测试各种过滤设备,并选出最好的"口味",与其中获胜的供应商签订合同,结果是增加了可回收容器的使用量。

总体而言,通过与供应商一起明确目标、制定衡量标准以及搭建沟通系统,确保对行动步骤和时机有清晰而持续的理解。皮塔罗补充说:"在这个层次上的合作和沟通导致绩效要求不再神秘。"

5. 专业化

克鲁格、邓恩和沙利文组成了一支经验丰富的团队,拥有广泛的大学采购经验。皮塔罗说:"我很幸运,我的员工不仅有才华和经验,而且有服务意识。"她还要求大家交流知识和专业经验。邓恩和克鲁格都是注册采购经理,特蕾莎的目标是提升整个团队的知识、经验和友谊,同时显示他们不断提高职业修养的愿望,未来还将争取获得注册职业采购经理认证(CPPM)和供应管理职业资格认证(CPSM)。

她说:"显然,我们周围的人都非常看重专业性,但专业性不仅仅靠教育获得,还需要动力来提高其可靠性,我们应该不断提高知识水平、职业素养和服务能力。"

"我们希望被视为快速而灵活的企业,拥有创新的采购解决方案。"

皮塔罗总结她的观点说:"在今天这个时代,最大限度地发挥每一美元学费的购买力是至关重要的,我们必须用更少的钱做更多的事!"

为此,皮塔罗正在努力实现她的目标:"最大限度地发挥我们部门的能力,利用全校范围内的购买力、基础资源,协商制定更好的条款,消除重复支出和管理合同服务。"

资料来源:L. Giunipero, Personal interviews with Teresa Pitaro, Anne Krueger, and Phil DeChiara 2013.

(作者注:百森供应管理的基础始于2010年离职的前董事彼得·罗素。特蕾莎、安妮、凯莉和洛丽在这个基础上继续发展,同时通过实施新项目发展了自己的哲学。)

思考讨论

1. 为什么越来越多的执行经理开始认识到采购和供应管理的重要性?
2. 采购和供应管理的区别是什么?供应链定位与供应链管理之间的区别是什么?
3. 供应链和价值链的区别是什么?
4. 企业的采购员应该像企业家一样行事吗?为什么?
5. 哪些因素可能会影响采购对企业是否成功的重要性?
6. 采购专员需要具备哪些知识和技能?
7. 为什么供应经理的共同行为会对经济趋势产生如此大的影响?
8. 为什么供应基地创新和风险管理这两个领域未来将耗费供应经理更多的时间?
9. 讨论采购和供应链的四个驱动因素。
10. 你是否同意各个供应链管理活动的重要性随业务类型(例如采购与进货运输)变化而变化,举例说明。
11. 简要讨论采购和供应管理发展过程中的7个阶段。你对未来的发展有什么预想?

第2篇

采购运作与结构

第2章 采购流程
第3章 采购政策和程序
第4章 整合供应管理，提高竞争优势
第5章 采购和供应管理组织

采购与供应链管理
Purchasing and Supply Chain Management

第 2 章

采 购 流 程

🎯 学习目标

- 理解各供应管理部门的主要目标；
- 理解供应管理部门的职责；
- 理解采购流程及电子采购工具在流程中的作用；
- 了解不同企业不同类型的采购；
- 理解企业如何改善采购流程。

开篇案例

蒂森-克虏伯：工业材料服务领域的新"亚马逊"

欧洲最大的钢铁生产商之一，蒂森-克虏伯（Thyssen Krupp）公司准备将其供应链转为一种全新的模式。该公司参与欧洲的钢铁、美洲的钢铁、材料服务、Inoxum、电梯技术、工厂技术、组件技术和船舶系统等多个领域的竞争。董事长海因里希·希辛格博士（Dr. Ing. Heinrich）说公司正处于巨大变革时期，他在讲话中指出："我们希望企业的发展符合未来的趋势。一方面，公司 1/4 的股份将被出售；另一方面，我们取得了重大进展，并且合并了我们的公司，同时我们正在出售巴西和美国的钢铁公司。我们需要将自己视为一家工程公司，公司的核心竞争力是我们的专有技术。在未来几年，我们将成为一家完全不同的公司，钢铁份额将仅占总收入的 30％。其他领域正变得越来越重要，比如为电梯、自动扶梯、化肥和 90％的钻石生产提供服务，甚至是服务于制造业。"

后者代表了真正的供应链创新。希辛格曾谈到了打造"材料服务领域的亚马逊"，材料服务和物流管理将成为蒂森-克虏伯公司的核心业务。公司在全球 40 个国家和地区拥有 500 家分支机构，在全球范围内销售塑料、铜、铁矿石等原材料。分销业务越来越多地涉及仓储和一般库存管理，仅在德国就有 150 万件商品用来现货供应。此外，他们还有仓储、物流和物流信息系统，其中包括枢纽型和辐射型仓库。"就像亚马逊一样，中小型企业下订单，我们尽量在 24 小时内发货。目前，钢材分销仅占该部门销售额的 15％。大部分需求是由最终客户的需求驱动，随着我们退出钢铁生产，物流行业就会产生一种新的商业模式。"

在此过程中，希辛格谈到了物流对于传统公司的深远影响，以及对公司成功起到的决定性作用。将商业模式从一个笨重的钢铁生产商转变为一个灵活的网络供应商，再到工业企业并非易事。他指出："将 IT 和人联系起来至关重要。联通全球意味着我们的客户希望我们将他们连接到各个服务地点,因为我们在全球拥有130家工厂,约2 000个服务站,2/3的员工都在国外工作。为了保持全球网络的平稳运行,制造业与工业之间不再有区别。由于物流与各个公司息息相关,这使得更加容易获利。对我们来说,网络连接至关重要,以利用IT和自动化为目的开展任务绝非易事。我们中的许多人都是传统的钢铁制造工程师,因此他们很难理解以IT为基础的供应链的概念。我们知道一旦我们实现连接,就可以针对变化无常的环境随机应变。服务可能会在德国开展,但为了完成项目我们需要与世界其他地区建立联系。"

普遍认为:"生产与物流之间不再存在区别,这种想法与全球经济的现实相去甚远,因为生产性公司创造的价值越来越低。如今,客户满意度更多地取决于物流,尤其受到最初几天或几周的影响,而不仅仅是产品本身的技术因素。在交货前一味地把重点放在客户身上,将会失去提升价值的机会。生产不再是造成问题的源头。"

以上言论确实令人信服,这预示着工业制造业将迎来新的变革。

2.1 引言

许多刚接触采购或供应管理的人通常会低估这一职能的复杂性。一个典型的回答是"你为什么不出去买我需要的东西呢?我所有的购物都是在亚马逊网上完成的,为什么我在工作中不能这样做呢?"事实上,与圣诞节前在亚马逊、百思买或塔吉特百货上进行圣诞节购物相比,公司采购要复杂得多。采购对企业竞争力有深远影响,供应经理需要不断努力提高采购效率和效益。如开篇所讲,采购和采购自动化在企业战略中扮演着重要的角色,可以为经济全球化背景下的企业创造新的市场模型。

本章主要介绍供应经理的主要职责和活动,并探讨信息技术对实现这些目标的重要性。如图 2-1 所示,采购流程用于识别用户需求,快速、高效地评估用户需求,识别能满足需求的供应商,与这些供应商达成协议,建立采购机制,确保即时支付,确保有效满足需求,并推动

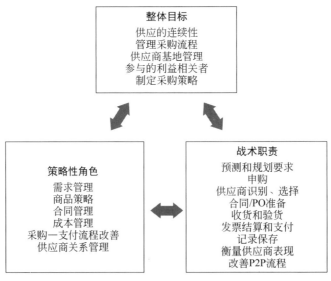

图 2-1 采购的角色和职责:战略与战术

持续改善。在此过程的每个步骤中,管理者都要确保内部用户对过程和结果感到满意。本章根据不同行业的采购情况,分别介绍如下主要内容:
- 采购目标
- 采购职责
- 电子采购和采购—支付流程
- 采购类型
- 采购流程的改进
- 可口可乐公司的经典案例

2.2 采购目标

世界一流采购企业的目标已经远远超越了确保"物有所值"的传统观点。为了更好地理解其作用的变化,我们先回顾一下世界一流采购企业的主要目标。

2.2.1 目标1:保障运营需求

采购时必须完成一系列的活动以满足内部客户的运营需求,这也是采购部门的传统职能。并且,采购部门常常通过采购原材料、零部件、零配件、维修项目和服务来支持和满足运营需求。采购甚至还可以满足货物配送中心的需求,而这些配送中心主要负责为最终消费者存储和配送更换零配件及成品。采购也会为工程技术小组(例如IT部门)提供支持,特别是在新产品研发阶段以及需要将关键的流程进行外包时。正如一位高管所说:"之所以存在采购,是因为可以将一些本需要在内部完成的工作外包出去。"实际上,采购的发生是因为若不管理外包的产品或服务,将会影响绩效。

随着外包的快速发展,企业越来越依赖外部供应商所提供的物料、产品及信息技术、财务服务、设计策划等。当企业将大部分关键性业务流程的管理外包给供应商时,采购部门必须通过向内部客户源源不断地提供其所需的高质量产品和服务来确保这一外包活动的顺利进行。为了做到这点,要求采购部门在采购产品和服务时:

(1) 以合理的价格购买产品和服务;
(2) 从正规合法的渠道购买;
(3) 产品规格符合用户的要求;
(4) 确保准确的数量;
(5) 在规定的时间交到正确的内部客户手中。

对于内部用户(有时也称内部消费者)对物料和相关服务的需求,采购部门必须快速及时地做出反应。否则用户将对该部门失去信心,并可能会试图自行寻找第三方供应商,进行磋商谈判(这种做法被称为"后门购买")。

2.2.2 目标2:高效管理采购流程

采购部门必须有效地管理其内部运作,具体做法如下:
- 确定员工人数;
- 制定并坚持行政预算;

- 为员工提供职业培训和发展机会；
- 在采购—支付系统中引进先进的采购渠道，提升花销透明度，使发票与支付证明更有效，以及提高用户满意度。

由于采购部门资源有限，因此必须充分利用有限的资源来实现整个采购流程的最优管理。有限的资源包括部门内的员工、外部咨询、培训、旅行和 IT 预算限制、其他预算资金、时间、信息和知识。因此，公司需要经常招聘一些人才，这些人才必须具备处理采购部门各种问题的能力。采购人员要注重通过有效的采购系统不断提高工作能力，以确保供应商满意，从而减轻内部用户的负担。随着全球对合格采购人员的需求日益增长，人才管理已经成为采购工作的一项重要任务。随着企业将生产范围扩大到巴西、俄罗斯、印度、中国和亚洲其他地区等新兴国家，在这些地区寻找人才面临着越来越大的挑战。

2.2.3　目标3：供应商绩效管理

采购部门的一个重要目标就是对供应商进行选择、发展和维持，这一过程有时被称为供应商绩效管理（supplier performance management，SPM）。采购部门必须掌握供应市场的最新发展状况，以确保：①选择有竞争力的供应商；②识别可以提供优质服务的供应商并与之建立更加密切的合作关系；③改进现有供应商；④发展缺乏竞争力的供应商。这样，采购部门才能选择和管理优质的供应基地。这样的供应基地能够提供包括在产品成本、质量、技术、配送或新产品研发等方面具有优势的产品或服务。

供应商绩效管理要求采购部门能够与外部供应商建立更好的合作关系，并建立可靠、高质量的供应源。实现这一目标还要求采购部门直接与供应商合作，以完善现有能力并开发新能力。在某些情况下，供应经理必须面对那些想为供应基地增加新的但不合格供应商的内部客户带来的挑战。本章大部分内容都将集中探讨采购部门应该如何有效地实现以上目标。

2.2.4　目标4：与内部利益相关者树立一致的发展目标

那些仍保留传统组织结构的行业，往往缺乏职能部门之间的联系及不同领域之间的交流。采购部门必须加强与其他职能部门，即其内部消费者之间的沟通。组织内的利益相关者在采购绩效有效性方面，有很大的话语权。因此，很大程度上采购活动由利益相关者的需求驱动产生。如果一家供应商提供的零部件有瑕疵，并在生产过程中出现问题，那么采购部门必须设法提高供应商质量。同样，营销部门可能会花费大量精力在广告和促销上，那么采购部门必须了解供应商的能力，辅助签订有效的服务水平协议和制定合理的价格。为了实现这一目标，采购部门必须与营销、生产制造、工程、技术、财务等内部部门建立良好的关系并进行密切的交流。

2.2.5　目标5：制定支持企业组织目标的综合供应策略

供应管理最重要的目标就是支持企业的最终目标和具体目标。虽然这听起来很容易，然而采购目标并不总与企业目标一致。这就说明采购部门可以直接影响（积极或消极地）企业的整体绩效，如长期增长速度、总收入、运营绩效和内部客户的计划。假设企业目标是降低整个供应链的运营资金，采购可以与供应商合作，通过减少每次的配送数量、提高配送次数的方式来降低库存,减少营运成本。这些做法可以改善绩效,而且会在企业资产负债表和收入报表中体现出来。如此一来,采购部将成为为企业提供强有力竞争优势的战略资产。

遗憾的是,供应管理部门往往不能制订匹配或支持企业战略或其他业务部门目标的战略计划。原因有很多,首先,由于采购部门通常被视为"策略性"支持部门,采购人员可能从来没有参加过讨论企业战略规划的高层会议。其次,行政管理层往往不能及时意识到世界一流采购部门所能带来的收益。随着上述两个观念的改变,供应管理人员逐渐被提升到更高的职位,并被邀请参与战略规划。例如汽车、消费品、电子产品和制造业,这些行业已经认识到战略性供应的价值。积极参与企业战略讨论的供应管理人员可以为制定企业战略性规划提供市场决策情报、预算计划等其他有效的信息,包括:

- 观察供给市场及其趋势(如物料价格的上涨、市场短缺、供应商方面的变化),并解释这些趋势对公司战略的影响;
- 识别关键领域中支持公司战略所需的重要物料和服务,特别是在新产品研发阶段;
- 制订供应方案和应急计划以降低风险;
- 为建立一个多样化且具有全球竞争力的供应基地提供支持。

2.3 战略性供应管理的角色与职责

每个职能部门代表企业履行不同的职责,我们称之为部门责任或权限范围。采购部门同样在其权限范围内拥有合法的决定权,而这些权限范围是按照高级管理层的政策和相关支持划定的。虽然内部消费者会影响许多重要决策,但某些事情的最终决定权还得交给采购部门。本部分将详述采购部门可以自主做出决策的领域。对大多数公司而言,这是采购部门所拥有的合法运营权的一部分(至于影响高级管理层确定采购部门权限的因素,我们将在第 5 章进行更深入的详细介绍)。

专栏文摘

Healthcare 医疗采购公司的使命

中西部地区的一家大医院 Healthcare 新聘请了一位采购总监,他曾经在石油和天然气公司的相关部门工作。他一上任,就与连锁医院的 CEO 举行了首次会谈,CEO 与他分享了高层统计数据。医疗系统年收入大约有 20 亿美元,在两个州拥有 12 000 名员工,在该地区拥有并运营 15 家医院和 30 多家诊所,是中西部地区最大的综合医疗网络之一。采购总监问 CEO 管理费用是多少,他回答是大约 2 亿美元。"这听起来不对。"采购总监自言自语道。果然,经过进一步调查,采购总监发现医院的总开支是 6 亿美元!经过与职能部门的进一步开会讨论,采购总监制订了供应管理小组的工作计划,设定了责任和成本节约目标。

每年 Healthco 要从三大供应商处采购 6 亿美元的物资,综合支出分析显示了 Healthco 支出的主要类别。因此,采购部门集中对 4~6 个主要类别的产品进行战略管理,达到管理供应风险和改善财务业绩的目的。因为每个业务部门独立管理物料和服务支出,所以管理花费耗资巨大,这一问题可以通过协调支出、改善供应战略来进行调整。首先,必须确保所有业务部门了解具体的合同,并最大限度地使之协调;其次,因为大量花费并不包括在协议中,所以我们有机会签订新的、更好的合同。

据估计,有计划、有重点地改进管理不仅可以减轻供应链的风险,还可以节约 4%~10%的成本。通过建立更深层次的供应商合作关系,可以节约额外 10%~30%的总成本,从根本上改变 Healthco 购买和利用物料及服务的方式。

最终目标并不容易实现,它需要整家企业协调一致地努力,坚持不懈地实施稳健策略,并对现行做法进行结构性审核,借鉴最新思想完成工作。只有从根本上改变供应链模型所需的时间和资源,才能获得更好的投资回报。正如引领变革管理专家所指出的:"精神错乱的定义是做法从未改变,却期待不同的结果。"

资料来源:Michael DeLuca, Interview by Robert Handfield World Health Congress, January 25, 2010, Dallas, TX.

如图 2-2 所示,显示了一些较为常见的战略角色和责任,我们会对它们进行简单介绍,然后在后面章节中详细阐述。

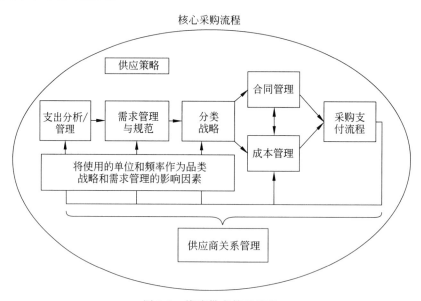

图 2-2 战略供应管理流程

2.3.1 支出分析

支出分析是产品历史数据收集过程,不包括人员开支、出租和管理支出。数据应该精确到适当水平以满足分析和商品管理的需要。并且,应该在总体水平上精确到支出的每一单位。可以通过明确和自动化的支付系统收集准确信息来得到支出的历史数据。支出分析使人们对关系到组织内每个终端用户需求的历史支出达成共识。支出分析要求将所有支出精确到每一消费单位和消费频率。支出分析的结果可以用来推动需求管理、商品管理和风险管理战略。其根本目的在于与商业伙伴沟通以确保了解钱花在哪里,以及花钱的原因。

2.3.2 需求管理与规范

需求管理就是用消费单位和消费频率水平来预测和估计未来内部职能用户的消费水平,引导用户优化使用。需求管理活动包括(但不限于)以下几个方面:

- 优化采购战略应基于采购项目的数量；
- 积极建立规章、流程和评估系统，以控制每个类别的消费和支出总额；
- 确保供应基地所需的适当水平以使风险最小化；
- 建立一套固定的标准来限制选择，并限制供应基地只包括符合风险标准和遵守规定的优质供应商；
- 挑战产品和服务规范，以降低成本，同时确保同水平的性能。

虽然内部利益相关者有时会质疑这项权利，但是有关部门的审查权限要在管理需求控制的范围内。采购人员应努力培养对各种物料和服务的知识，使其转化为企业的利益。可以在审查过程中质疑，但在服务中，采购部门要确保正在执行的工作能正确记录和执行。例如，采购人员可能会质疑低成本的物料能否满足工程师的要求，也可能质疑顾问公司或维修服务供应商对特定的工程或活动的报价，并据此修改任务书。审查不同的采购单可能会发现不同用户实际需要相同的材料或服务，结合采购要求可能发现采购管理往往可以实现较低的总成本。

2.3.3 品类管理、评估和选择供应商

品类管理是采集外部行业信息并进行分析，了解内部需求、供应基地容量和经营风险的过程，也是了解市场并把企业需求和供给相匹配的方法。采购活动是一项具体活动，属于判别竞争性价值的市场开拓战略。这个战略的重要组成部分是策划案，包括减低风险计划和战略的商业价值。商品战略可用以制订合同谈判计划，用于监测关系供应商计分卡，以及为内部用户战略沟通制订采购工作计划。

许多情况下，品类管理要求高管认同采购部门最终承担评估和选择供应商的战略责任。重要的是要保留权利，避免卖家尝试直接联系并销售给最终用户（采购的内部客户）。相反，采购部门应与利益相关者合作，并把他们纳入商品管理团队，以确保他们投入商品管理战略，从而评估和选择与利益相关者要求一致的供应商。例如，工程部通过评估供应商产品及流程绩效状况，可以为商品管理团队提供支持和帮助。同时，该权限范围的划定也并不意味着销售商就不能和非采购人员进行交流。但是，非采购部的人不能单独对销售商做出承诺，或者在没有采购部门的参与下，与之签订采购合同。在采购团队中，所选择的供应商必须得到所有组员的一致认可。

2.3.4 合同管理

采购部门一项重要的责任在于签署采购协议。采购部门是采取竞争性招标的方式来签订采购合同，还是采取谈判的方式，或两种方法相结合的方式？如果采用的是竞标的方式，需要多少供应商参与竞标？采购部门应该引领供应商进行谈判或者协调双方之间的谈判？同样，这并不意味着采购商不可以借助其他部门的人员来推进协商过程的顺利进行。也就是说，采购部门仍然保留着以下几项权力：控制整个流程，作为公司代表与供应商签订合法协议，商议采购价格。因为采购流程涉及内部用户、采购部门、销售部门和供应商内部各部门多方面的沟通，在协议阶段，采购部门一般主要与供应商时刻保持联系。但其他部门人员参与进来可以使交易双方更好地沟通与交流。

传统上，采购部门认为供应商只能与采购部门交涉。尽管这样做便于控制流程，但很多

企业已经放弃了这一做法。今天,我们意识到采购部门应该首先与供应商洽谈,其他部门也应该在需要的时候直接与供应商见面。无论如何,采购部门都应对选择供应商、签订合同负最终责任。因此,"合同管理是与合同定义、确认双方角色与义务、建议修订时间和保障促进有关的过程"。为此,采购部门应该确保合同条款的准确性,保证其与品类战略、服务水平要求一致,进行复核确保所供货物与合同要求一致。此外,合同管理还要求在合同结束前自发启动相关流程。很多企业常常有一个协议方数据库,内部用户可以查询有备案的协议关系,也可以使合同保持在有效期内,进行保护,接受查询。如果供应商提供的与协议条款不符,还可以就不符事项采取补救措施。

2.3.5　成本管理

合同签订之后,采购部门的工作并没有结束。实际上,工作才刚刚开始。此刻开始的最重要的工作就是成本管理,即了解所购产品的真正成本。这项工作包括对所支付的价格进行分解,了解产品或服务整个生命周期的其他价格要素,计算目标成本和单位费率以判断价格在市场上是否有竞争力。成本管理可能用到不同的决策工具和数据库以得到以下结果:

- 支持某流程或产品的成本。
- 成本驱动因素和设想中的企业状况的差距。
- 辨别企业问题。例如,交付给客户后,费用是否合理。
- 提供某服务的总成本,包括整个生命周期过程中接收、使用、处理费用。
- 与供应商进行谈判之前,在类别管理的初始阶段搭建成本模型。

2.3.6　采购—支付流程管理

改进采购—支付(procure-to-pay,P2P)系统需要将从购买产品或服务,到发货、支付款项的所有相关交易活动自动化,包括:

- 授权;
- 请求信息、建议和报价(RFX);
- 合同签订;
- 订货;
- 通过;
- 接收;
- 支付。

本章还会对此进行详细说明,P2P流程改进包括对前端流程加以控制以减少对后端流程监控的必要,提高效率,将资源用于更具有战略性的项目。有效的 P2P 系统保证以自动化方式获取清楚、有用的费用、发票、绩效、待支付费用、一般分类账数据,并成为未来支出分析、需求管理、品类战略制定、成本管理的基础信息。

2.3.7　供应商关系管理

供应商关系管理(supplier relationship management,SRM)是在整个采购周期,从起点到终点流程对供应商进行管理,包括最初判别能提供内部客户相应服务的特定供应商,洽谈协议,执行订单,到进行支付,是全方位的关系管理,具体包括以下内容:

- 日常交易；
- 判别和减少营运风险；
- 业务连续性计划；
- 理解供应商所面临的挑战；
- 找出提升价值、降低成本的机会；
- 为实现目标,制定计分卡的标准,以改进、评价进步；
- 确认合同条款；
- 权衡关键性内部人员与供应商之间的信息流,创造价值。

当出现问题时,供应商关系管理还可以推动供应商发展方案,使用六西格玛方法帮助供应商达到质量和成本目标。供应商发展计划一般用于现有供应商能达到一定水平,但出现有缺陷的情况(可以缩小绩效方面的差距),或者当供应商关系无法产生预期成本节约时,这是针对少数供应商的关键步骤(后面一章将讨论)。

2.3.8 制定供应管理战略

供应管理战略是一项长远计划,包括设计组织框架,分配、协调资源以满足供应链上业务的需要。供应战略由组织高层负责,制订工作计划,使不同业务部门协作,通过稳定、高效的流程满足组织需要。

成熟且设计良好的供应战略应满足以下要求：

- 有一个可重复且设计良好的流程,可用来为企业识别、计划、管理、接收产品和服务制定策略并加以监督；
- 和企业愿景、内部用户特殊的目标一致；
- 基于来自供应商市场的充分信息,以及行政管理人员、内部客户的要求；
- 制订短期项目计划目标和衡量标准,确定 5 年计划；
- 建立采购转型计划,其中涉及改善采购职能的成熟度,以提升战略价值和影响力；
- 建立沟通计划,以告知高级管理层,并根据既定的目的和目标每季度更新和审查所有业务。

在下一节中,我们还会详细论述这些组成部分。因为涉及很多外部支出日常交易管理,这些常常被视为采购活动的"策略"部分。但不能因为这些活动是"策略性"的,就认为不够重要。

2.4 优化升级 P2P 流程

本部分将详细考察采购流程,包括当组织内部成员需要某产品、原料或服务时应经过的所有步骤。正如在前面章节中介绍的,采购管理由识别需求、定位并选择供应商、洽谈条件、跟踪来保障供应商绩效的所有相关活动构成。尽管存在与管理和开发供应商相关的高级流程,衡量其绩效,建立新的绩效计划等相关的战略活动,但事实仍然是,采购部仍必须管理购买产品和服务的"日常"活动,并有效地处理这些交易。这些购买活动在图 2-3 中有重点介绍。这些通常称为采购到付款周期,购买到付款流程(或有时简称为"P2P"流程)。该术语包括从要求的最初确定到物品的采购或者购买,通过收货到最终到达收货后的供应商付款所需的所有步骤。

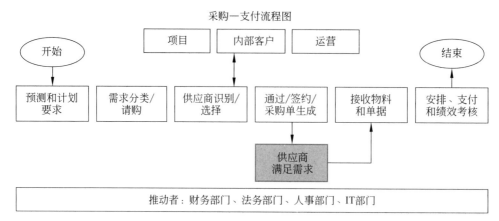

图 2-3 采购流程

在介绍 P2P 过程中需要牢记两点。首先,企业在这些活动中投入的资源差异很大。采购 300 亿美元的军用飞机项目和购买办公用品的常规项目完全不同。因此,有必要决定对采购项目投入的适当资源和时间。其次,采购部门常常人手短缺,没有足够的额外资源。有效的 P2P 流程对保证充分利用现有人员至关重要。

如图 2-3 所示,人们意识到如果企业能比竞争对手在这些方面做得好,就可能赢得竞争优势。例如,很多组织利用信息系统对日常采购订单的准备活动进行自动化处理,而另一些利用采购管理团队改进供应商评估和选择的结果。最后,有效的 P2P 能提供更为"清楚"的数据,这对于良好的支出分析是非常重要的,反过来也可以使采购战略活动效力更高。

本节将 P2P 过程描述为一个由六个主要阶段组成的循环:
(1) 预测和计划要求;
(2) 需求分类(请购);
(3) 供应商识别/选择;
(4) 签约/采购单生成;
(5) 接收物料或服务、单据;
(6) 安排、支付和绩效考评。

这些环节在不同的组织中可能会有所不同,取决于属于采购新商品还是重复采购商品购买,以及超过一定金额是否有详细审批程序。新商品要求采购人员花费更多时间预先评估潜在资源。重复购买通常有了已授权的供应商。如图 2-3 所示,写出了许多企业使用的典型采购流程,某些属于意外开支。

在整个采购到付款过程中,除了订单和物料的移动还有单据的流动。从历史上看,准备和管理采购单证一直是一个耗时的过程。大多数公司简化了文件流程,以减少每次购买所需的文书工作。用于提高购买交易效率的方法被定义为电子采购。公司使用电子采购工具管理单据流,将单据生成过程自动化,将采购文件传输给供应商的过程电子化。以电子方式生成和传输与采购相关的文档的好处包括:
(1) 几乎不再需要文书工作和文书交付;
(2) 确认需求到接收订单之间的时间间隔缩短;

(3) 企业内部,以及企业和供应商之间的沟通得到改进;

(4) 错误率下降;

(5) 采购阶段的管理费用下降;

(6) 采购人员在采购订单、发票上花费的时间减少,有更多时间放在战略价值增值的采购活动中。

本流程常用的电子单据如图2-3所示。

专栏文摘

罗克韦尔·柯林斯 P2P 和供应商门户

罗克韦尔·柯林斯(Rockwell Collins)是一家成长中的公司,向政府和商业客户出售通信和航空电子系统,销售额超过40亿美元。该公司为波音787梦幻飞机驾驶舱提供飞行员控制。

2005年,罗克韦尔·柯林斯公司的物料和供应管理已足以赢得最优采购奖章。公司物料与供应部副总裁罗杰·威斯(Roger Weiss)不是一个故步自封的人,他采取措施使公司的运营更具战略意义,使其在公司未来的发展中发挥更加重要的作用。该角色在很大程度上取决于其供应链的成功。

"我们真正依赖于我们的供应链来实现这一目标,并继续以我们一直在增长的速度增长。"威斯说,"政府和商业行业推动的计划迫使我们变得更加关注供应链,因为我们无法自己进行所有工作。"

精益供应总监菲尔·克罗茨(Phil Krotz)表示,罗克韦尔·柯林斯获得采购奖后,关键的材料和供应战略都运行得很好。团队降低库存水平的努力是非常成功的。他们还将缺货率减少了30%,使得公司在全美的工厂有充足的物料供应。

自动化的采购管理抵消了公司增长带来的问题,2005年材料和供应方面的资源没有增加。他说:"我们利用流程和系统完成工作"。

实际上,采购团队现在将精力集中在更具战略意义的工作上。例如,企业采购高级总监凯文·梅耶正在研究组织的计划流程。

克罗茨说:"我们相信如果关注前端的物料计划流程,我们将能够从资产管理和库存中获得更多收益,并拥有更稳健的供应链。"这涉及更多的制度,和与市场和销售部门的更多整合。

物料和供应门户网站 www.supplycollins.com 的使用自2005年的月均25 000次访问增加到如今的日均40 000人次的访问量。超过1 700个供应商已登录使用该网站,采购额占公司直接采购额的95%以上。

采购团队已将公司超过75%的采购流程自动化,罗克韦尔·柯林斯公司在2006年供应管理年会中,因其技术领域供应管理方面的领导力和创新获得 R. Gene Richter 奖。

采购团队同样重视控制成本和战略采购。克罗茨说,在原材料和能源价格上涨的通货膨胀市场中,他们能够维持成本甚至减少成本是因为采用了一种新的采购方法,例如将目光放在整个系统而不是某一特定环节。他说:"我们组建团队找到系统中的成本推动因素,然后与我们的供应商合作,一起研究价值工程或收益,看能从哪里入手降低总体成本。"

作为敏捷供应负责人,克罗茨的职责之一就是开发供应商。通过与供应商一起采用六西格玛技术,他使公司的精益计划更进一步。"通过我们的敏捷管理工具,我们建立了流程,减少了其中的波动性,例如性能、尺寸或零件的变化很小。"这将有助于进一步降低成本。

物料和供应团队还创建了一个供应商档案,克罗茨称之为提供供应商信息的一站式商店。该档案是罗克韦尔·柯林斯员工和供应商合作开发的,其中的数据是从 www.supplycollins.com 收集的,公司的 SAP(systems applications and products)系统和供应商信息通过邓白氏集团获得。克罗茨说:"与人打交道时,你所掌握的信息越多,结果就越好。"

他们还开发了一个展示绩效指标的展示板,所以威斯星期一早上可以第一时间了解公司的经营状况,决定他和团队需要做什么才能满足公司的需要。现在,质量和配送指标都会显示在展示板上,并且库存和购买价格差异度量即将建立并运行。展示板包括三层信息,第一层提供四个指标的概要信息,第二层和第三层提供详尽的数据。

"好处是,现在我们都在寻找从相同数据源以相同方式计算出的相同指标。"克罗茨说,"过去,我们必须调和数据,并确保以相同的方式从每个位置提取数据,而展示板帮助我们用更积极的方法管理关键业务指标。"

资料来源:Avery, S. (2006) "Rockwell Collins Builds on Success," Purchasing, October 19.

2.4.1 预测和计划要求

购买周期始于确定需求。在大多数情况下,采购人员有年度或者半年度的计划流程,通过支出分析来审查组织的支出模式。在某些情况下,采购人员可能会面临一系列意料之外的新要求,如新产品的采购要求,因此需要与内部客户讨论来年计划。在世界知名的企业中,供应管理是唯一可允许的外部产品或服务投入的来源渠道,通常计算采购/管理支出所占的百分比(percent of spend captured/managed),以实现管理所有第三方支出的目标。供应管理需要与众多利益相关者合作,包括市场营销、运营、工程、研发、财务、信息技术、人力资源和其他内部消费者。通过系统化沟通,采购部将了解并计划这些客户将要购买的商品,将作为预测信息与供应商共享。(在第3章中,我们将讨论如何选择可以满足相关需求的供应商)

计划需求可能是以下形式的其中之一:配件(如一组纽扣)。原始材料(如树脂)、子组件(如发动机)或者是完整的物品(如计算机)。在其他情况下可能需要提供服务,例如需要与广告代理商就新的市场推广方案签订合同,客户会议的机票和酒店,或者在企业食堂提供餐饮服务。因为采购负责为整个组织机构获取产品和服务,所以采购职能部门与组织其他部门之间的信息交流是非常广泛的。

当然,并非所有需求都可以提前预测。当内部消费者突然有某种需求,这种情况无法提前计划,因此可能无法提前确定供应商是否可以提供所需的产品或服务。此类需求通常通过当场购买方法,这也在P2P流程中进行了讨论。例如,市场营销可能会突然通知采购人员,他们需要购买一套笔和杯子以进行特别促销活动。如果采购人员没有计划,这时就必须与市场营销部门一起快速确定供应商,在短时间内以尽可能低的成本提供这些产品,且保证质量和交货时间。

当预测所需的产品或服务时,内部消费者可能无法始终准确地表达他们在将来的某个时间点所需要的东西。例如,化工厂维护部门可能会说他们需要为其设备更换零件,但他们可能无法提这种零件的具体细节,或需要的确切时间,在这种情况下,采购人员可能会与分销商就零件供应协议进行谈判。在其他情况下,一些内部成员可能会要求与特定的服务提供商合作以提供临时服务,比如咨询服务或软件编程,但他们无法提前准确地讲明所需的服务类型,这种情况下,采购部门就会以预先确定的价格和不同人签订合同,要求他们尽快提供服务。

2.4.2 需求说明：具体要求

在某种程度上，内部消费者识别他们对某产品或服务的需求，然后与采购部门进行充分、精确的沟通，以明确他们需要什么、何时需要。

内部消费者的需求可以通过多种方式传达，包括工作描述、采购需求申请、预测、客户订单、常规再订购系统、库存盘点以及在新产品开发阶段中识别的物料需求。接下来将详述把内部客户需求传达给采购部门的电子(或纸质)单据。

2.4.3 采购申请或工作描述

传达采购物料需求的最常用方法是采用请购单，如图 2-4 所示。用户还可以通过打电话、口述或用电脑沟通来传达他们的需求。

尽管采购需求申请的格式多种多样，但一般都应包含以下主要内容：
- 对所需的物料或服务的具体描述；
- 需求的数量、何时需要；
- 估计单位成本；
- 相关运营费用；
- 请购日期(追踪周期的起点)；
- 所需时间；
- 授权签名。

尽管存在多种格式，请购单的内容至少应该包括对材料或服务的详细描述、数量、所需日期、估计成本和授权，这类包含具体需求信息的文书就是请购单，可以是电子形式或纸质形式，它提供了详尽的需求信息。典型的请购单提供产品的品名(如阀门)、材料和颜色(如铜质、红色阀门)、所需数量(如 20 个红色铜质阀门)、用途(如 20 个红色铜质阀门，用于设备 XYZ 的维护保养项目)、需要的交货日期(如 3 周)。

有时公司会需要某些服务。例如，营销部也许需要一次广告宣传，研发部需要一次临床试验，人力资源部需要打印一份宣传单。在这种情况下，用户需要完成一份工作说明书(statement of work，SOW)，以确切说明工作的主要内容、何时需要该项服务以及要求何种类型的服务提供商。需要注意的是，SOW 可能需要包含有关对各种标准的预期详细信息，包括所需的培训、现场安全、责任和保险、制服、背景检查以及其他相关问题。

SOW 适用于日常的，不是特别复杂的产品，这些商品越来越多地通过连接用户与采购部门的网上请购系统传递，而这个内部系统主要是通过高效的沟通和需求物料跟踪来节省大量时间。用户只有在进行与采购有关的活动时才能使用此系统。同时，用户也可以登录其他系统，如公司采购卡，这些系统将允许他们直接从供应商处购买商品，此种情况无须提交采购申请。

不同的部门在电子请购系统质量和使用情况上存在很大差异。只需要用户向采购部电子传输其需求的系统，与电子邮件非常相似。这类系统只是加快了购买请求的速度，并没有增加多大的附加值。相反，曾经有一个系统由于过于复杂，而导致用户不敢使用。他们避免使用网上请购，转而依靠电话或公司内部邮件。

虽然用户可以推荐供应商，但是采购部门拥有最终的决定权。例如，对于现成产品的需

×××公司				请购单	
致：采购部门，请提供如下类型的产品			我方订单号	编号：36010	
账户代码/AFE 号码/AFM 号码/WO 号码/EQUIP 号码			需求方	商号	
日期	规定的交货日期	FOB 装运港船上交货	部门或地址	价格	
使用方			估计成本	批准	
			审批规定		
建议的供应商		船舶规定			
		□ 应税			
		□ 免税			
项目号	数量	零件号	项目描述		价格
交付至			规定的检查		
□确认订单	至	日期	经由	方法	
抄送采购单至			□确认函副本	□ 采购部门对规定发票的批准	
授予原因					
□低投标价		□总括订单		□优先采购	
□唯一投标		□唯一认可的供应源		□非采购部门做出的承诺	
□唯一可用资源		□急用		□没有被接受的低价竞标者（附原因）	
□大客户或承包供应商		□小批量采购		□其他（或补充意见）	
公司表格管理					

图 2-4　请购单

求,请购单中一般会包含采购部门所要求的所有信息。而对于技术复杂或非标准化的产品，除了请购单,采购部门可能还会需要额外的信息或规格要求。此类规格可能包括物料等级、加工制造方法以及详细的尺寸要求和允许误差。采购部会向需求方发出收到请购单的确认函。该确认函可以是一个单独的表格,通知用户购买请求已经收到并正在处理该申请,也可以是原始申请的副本。这种确认函核实了用户物料需求的准确性。

2.4.4　流动性请购单或条形码

物料需求信息是通过流动性采购需求申请交给供应商的,这种形式由标签或条形码组成,其中包含了何处购买物品的信息。卡上或条形码关联的数据库条目上的信息可以包括以下内容:

- 产品描述;
- 经核准认可的供应商清单;
- 付给供应商的价格;
- 再订货点;
- 使用记录。

流动性请购单非常有用,因为在重新订购常规物料和供应品时,可以节省很多时间。当库存水平达到指定的再订货点时,员工就会以维持存货水平为由提交流动采购请购单,或者通过扫描条形码,将其相关信息输入订购系统,来提醒采购部。员工必须注意当前的库存水平和期望的交货日期。

为了避免收集信息的麻烦,流动性请购单应包括买方处理订单所需的信息。该系统之所以节省时间,是因为对于每类采购产品,印刷目录(或数据库)都能提供相关信息,否则买方就需自己收集这些信息。例如,流动性请购单可以包括批准的供应商名单、价格清单、使用和订购记录,以及提前期信息。历史订购信息一般是在一段时间内直接记录下来的。随着库存系统在不断地计算机化(即使在小型的公司里),流动性请购单的使用频率也降低了。如果使用自动系统,买家只需输入订单要求,系统便会生成采购申请或自动下订单。

2.4.5　客户订单和市场预测

客户订单可以引致对物料的需求,特别是当对现有产品的改变需要新的零配件时。客户订单也是对现有物料需求的一种标志。出于公司越来越多地定制产品以满足每位客户的需求,采购部门必须随时满足新的物料需求。市场预测也能表明对物料的需求。例如,预测某种产品需求增加,则相应的额外物料或新物料也会增加。如果已选定供应商提供所需物料,则自动订购系统,如物料需求计划(material requirements planning,MRP),就会自动向供应商发出物料需求。

2.4.6　补货点系统

补货点系统是一种广泛用来识别采购需求的方法。此类系统利用与订购量及需求预测相关的信息进行操作,而这些信息对库存中每种产品或零件来说都是唯一的。通常,在被计算机化了的补货点系统中,每种产品都有预设订购点和订购量。当库存降低到一定水平时,系统就会通知物料控制部门(或某些企业的采购者)以确保向供应商发出了补货需求。提醒的信号可能是屏幕上的闪光点,可能是将信息以电子邮件的方式发送到物料控制部门,也可能是一份计算机报告。大多数的补货点系统都是自动使用某些预设订购参数(诸如考虑了库存持有和订购成本的经济订货量)。电子系统(如 MRP)可迅速地计算出再订购点参数值。大多数系统还可以计算出库存持有成本、订购成本和预测需求量之间的成本取舍关系。该系统可应用于生产型和非生产型产品。

一个自动化的补货点系统可以有效地识别采购需求。此类系统可以定期地提供当前库存水平数据,以及数以千计的零部件的需求情况。现在很多公司都在使用补货点系统来传输常规物料订购需求信息,特别是那些拥有备件配送中心的公司。

2.4.7 盘点存货

盘点存货(或循环盘点存货)指实地检查库存状况,以验证系统记录(也被称为现有记录)(record on hand,ROH)是否与实现现有库存水平一致,又或被称为现有实物(physical on hand,POH)。如果某产品的实际库存低于系统记录数,则对该产品记录的调整会引发更多的订购申请。为什么现有实物库存水平会低于系统计算机化的系统记录水平呢?将物料放置错误,没有进行适当记录的损坏、偷窃,采购部门没有发现的断货现象等,这些都有可能导致现有实物水平低于现有记录。例如,在某个主要的硬件零售件店内,货架上丢失的库存产品可能被放在了零售店的其他地方,或者仅仅是因为系统上输入错误的产品而出现丢失现象。

那些依靠标准的、容易获得的产品的小公司通常利用盘点库存来决定物料订购需求。在这种情况下,库存盘点一般包括实地参观某个区域,确定当地库存能否满足用户需求。当然,如果库存量能够满足所有预期要求,就没有必要重新订购了。

> **专栏文摘**
>
> **专家对 P2P 流程的见解**
>
> 作为研究的一部分,研究者采访了一些来自不同行业的高级采购主管,以分析他们针对与 P2P 周期相关的同一问题的反应。虽然每位被采访者就如何改进 P2P 流程提供了不同的观点,但结合众多供应商的实践经验就以下几点达成共识。
>
> **1. 运行良好的流程和培训**
>
> 所有行业的专家确定的一个关键要素是需要围绕 P2P 流程制定标准化的流程和培训。具体来说,必须明确界定流程中不同人员的角色和职责,培训应强调如何处理发票和请求,以及偏离流程的原因和偏离的后果。这不仅可以确保每个人遵守规则,而且使员工了解遵守规则的必要性和原理。流程重新设计的部分工作还应侧重于简化流程,以降低复杂性。如果不需要特定的采购渠道进行采购,就不要做出此规定。
>
> **2. 现场关系管理**
>
> 许多受访者提出,需要围绕现场关系管理设立专职管理人员,这些管理者来自现场采购部门,负责管理发票、提供服务等。事实是许多维护人员和项目管理人员没有从采购的角度想问题,而是专注于人员、设备和进度;他们没有时间或耐心来理解 P2P 流程的要求。关系管理人员也应该扮演供应商和维护部门之间的联络人,以确保及时付款、解决问题和改进流程。

3. 简化在线门户网站,减少人为介入

很多中小型企业提到应当避免未经培训的人员介入信息系统(如 SAP)。许多 ERP 系统有用于采购和工厂维护的模块,但对于组织结构有很多要求。另外,一些软件包随时可用,但中小型企业并不建议使用,因为很有可能存在界面问题,以及随之而来的重组问题。

4. 改进维护预测,改善应急准备的灵活度以应对不同情况

改进预测流程是确保满足维护需求的重要步骤。尽管维护工作通常是紧急情况,但有许多定期维护可安排计划,并传达给供应商。即使在紧急情况下,如果事先研究方案,与指定供应商联系也可以避免在下游出现的许多问题。由于缺乏基本规划和预测,数据、发票、服务或其他关键要素通常会出现错误,这些都需要纳入新的 P2P 流程的设计中。

5. 减少商品和购买渠道的复杂性,简化采购流程

许多专家还强调,需要通过预先设定的采购渠道降低接口系统的复杂性,这对于改善整个 P2P 流程至关重要。用户无须有多个采购渠道,但是想让用户相信,依赖这些渠道,还需要管理人员的充分支持。

资料来源:Handfield,"Best Practices in the Procure-to-Pay Cycle," Practix, March 2006, Center for Advanced Purchasing Management,http://www.caps.org.

2.4.8 跨部门采购团队

用户与某特定部门讨论某特定需要时,采购部门的工作属于反应型。当采购直接与内部利益相关者合作,预估未来需求,如在新产品开发期间或与医疗保健提供商的医生委员会合作时,采购部门的工作就是积极主动型。预测需求意味着什么?如果采购部门是新采购需求团队,就有机会在前期接触客户,了解产品设计或服务需求。前期参与流程,采购人员可以开始筛选潜在的供应商,而不必在项目需要给出时短时间内做出反应,从而导致结果不理想。预测需求有助于缩短周期,改善供应商评估和选择的质量。随着公司继续被迫缩短新产品的开发时间,越来越有必要组建跨部门团队,以确认、预估物料需求。尽管需求很明确,但请购单还是由请购人填写。请购人是指被授权完成需求确认环节的人。在某些情况下,提出需求建议的人就是请购人。如果供应商通过资格审定有需要的人可以通过进入供应商的网站订购商品或服务(例如亚马逊),并使用公司购买信用卡支付项目费用,在这种情况下,采购成本一般较低,因此没必要填写整个请购单,经过整个 P2P 流程。

2.4.9 需求描述

在申请过程中,最重要的是要阐明需要买什么。因为如果不花时间来描述产品或服务,采购人员将根本不知道如何去做。描述产品和服务的方法因事而异,满足用户要求的方法有很多种。按市场等级描述或按行业标准描述对标准产品而言是最好的办法,因为大家对需求非常了解,供应链合作伙伴之间就某些术语的含义达成了共识。按品牌描述用于产品或服务特殊化的情况,或者使用特定供应商的产品或服务具有明显优势。例如,民宅建筑商可能会告诉采购人员购买 R21 绝缘材料,这是用于墙壁的业内标准材料;还要购买木材,用于装饰和壁炉;此外,还需要买特定的品牌如 Georgia-Pacific 的卡托巴硬板材、科勒水龙头和 Trugreen Chemlawn 的家庭草坪护理设备。正如你所了解的,品牌、市场等级和行业标准为采购人员提供了一个有效和准确的途径,将用户的需求传递给潜在供应商。

当要购买的产品或服务更加复杂、不存在标准或用户的需求很难说明时,需要更详细和耗资更多的描述方法。通常有以下三种方法:描述规格、绩效特征、使用样品或模型。

在某些情况下,公司可能需要提供对项目或服务特征的详细描述,我们称之为按规格描述。规格描述可以涵盖所使用的材料、生产工艺或服务步骤,甚至包括产品的尺寸。相反,按绩效特征描述侧重的是客户想要的结果,而不是产品或服务的具体特征。假设供应商知道满足客户需求的最佳方式,一家从戴尔公司购买数百台个人电脑的企业要求:①24 小时电话或在线服务;②对缺陷产品 48 小时内退换。戴尔如何选择满足这些要求,可以在其详细提案中加以说明。

企业常常与供应商共享模型和样本。模型可以提供有关产品或服务视觉和触觉方面的关键信息。这种信息往往难用图形或文字描述。要注意模型或样本不仅仅用于产品描述。最佳实例是企业和潜在的软件供应商共享信息系统的模型,包括屏幕呈现的样本结果和报告。通过模型,公司可以让软件供应商更清楚地了解公司期待用户使用的界面。

2.4.10 供应商识别和选择

一旦确定了需求和对需求的描述,随后就要:①由采购公司现有的合同关系的供应商满足需求;②由现在还没有资格的新供应商满足需求。

在第一种情况下,P2P 流程运转顺利。通过需求预测流程,采购人员已经确定了与哪些供应商接洽进行购买,采取步骤评估和预估供应商。资格很重要,因为采购公司必须确定供应商是否符合若干标准,并评估其是否有资格开展业务,能否满足内部客户的需求。第 3 章将详细介绍此评估过程。

在第二种情况下,如果供应商未确定,或者内部客户要求由其选择的特定供应商满足其需求,则采购流程会更加复杂。由于与供应商没有协商,他们可能会在选择供应商的时候犹豫不前。如果内部客户直接从未经选定的供应商那里购买,绕过采购流程时,就成为"特例"。也就是说,客户是特立独行的,他们不希望使用选定的供应商来满足需求。尽管在组织中总会发生某种程度的特例,但当这个比例过高时,可能会出现重大风险。

如果这种采购风险很小,那么特例是可以接受的。例如,如果有人需要购买打印纸,内部客户去当地的文具商店用公司的采购卡买一箱打印纸几乎没有风险。事实上,采购部门通常会鼓励他们这样做,因为如果小金额采购都需要经过整个采购流程,不利于有效地利用时间。但是,当公司内反复出现大量"特例"时,可能导致公司失去对成本和对采购流程的控制。

假设合格的供应商能够提供产品或服务,并且已经通过了评估。对于某些产品,公司可能会列明首选供应商。首选供应商通过以前的采购合同证明其绩效能力,因此在供应商选择过程中获得优先选择。通过保有首选供应商列表,采购人员可以快速识别选定供应商。

如果没有首选供应商可用,采购部门需要选择所需的供应商。采购部门完成供应商评估阶段工作后,可以进行最终供应商选择。供应商选择也许是公司最重要的活动之一。如果出现错误,可能造成长久的损害。在没有首选供应商的情况下,企业通常选择竞争性招标和谈判两种方式选择供应商。

2.4.11　招标还是谈判

识别潜在供应商不同于与供应商签订合同或协议。竞争性招标和谈判是选择供应商时常用的两种方法。在私营企业中，竞争性招标是指买方向有意与其合作的供应商发出招标邀请。此过程通常从采购部门经理向供应商发出报价请求（request for quotation，RFQ）开始，其目的是将业务授予最佳投标人。采购方通常根据价格来评估投标。如果报价最低的投标人没有得到采购合同，买方有义务向该供应商解释不授予其合同的原因。竞争性投标在以下几种条件下有效：

- 采购量达到采购竞标的数量。
- 项目规格要求明确，卖方必须知道或有能力准确估计产品的生产成本。
- 市场是竞争性的，即有许多合格的供应商希望获得此项业务。
- 买方只向技术合格的供应商发出招标函，这样才能保证价格的竞争性。
- 供应商有充足的时间来评估询价。
- 不存在首选供应商。如果存在首选供应商，买方只需选择与该供应商协商采购合同的最后细节。

当价格是主要评判标准，并且所需产品（或服务）具有明确的材料规格要求时，买方采用竞争性投标。此外，竞争性投标通常用于国防行业和大型项目（如建筑工程或信息系统开发）。如果存在重要的非价格因素，买卖双方通常进行直接谈判。在进行合同谈判之前，竞争性投标也可用于缩小供应商数量。

当竞争性投标不能作为供应商选择的适当方法时，选择协商谈判是比较合理的。在以下情况下，面对面谈判是最佳的方式：

- 如果缺少前面所提的竞争性投标的标准时，如采购的是新产品或技术性非常复杂的产品，没有明确的采购规格；
- 当采购协议需要涉及大量绩效因素时，如价格、质量、交货、风险共担和产品支持；
- 当买方需要供应商早期参与时；
- 当供应商无法确定风险和成本时；
- 当供应商需要很长时间来开发和生产所采购的产品，这往往使预估供应商的采购成本变得困难。

随着公司与选定供应商继续建立进一步的合作关系，谈判成为以合作的方式达成协议的过程。可以确定的是：根据所需采购产品的不同及买方与供应商之间关系的差异，买方选择供应商的流程也会千差万别。对于某些产品，买方可能在制定最终材料规格之前就已经知道应该选择哪家供应商。对于标准项目，竞争性投标过程仍将是一种有效的采购方法。在买方开始耗时且成本高昂的谈判之前，投标有利于减少参加谈判的潜在供应商的数量。第14章详细论述谈判问题。

在收到投标或进行协商后，采购团队将选出一家供应商，然后通过采购审批流程批注此次采购。

2.4.12　询价

如果请购单要求项目金额较高，且没有现成供应商可以选择，则采购部门可能会从潜在供应商获得报价或投标。采购部门向供应商发送报价请求,邀请他们提交采购合同的投标书。该表单中有足够的地方可以填写供应商制定完整报价所需要的信息,包括产品描述、所需数量、所需日期、交货地点以及买方是否考虑替代产品。采购部门还可以就提交供应商报价的时间做出具体规定。供应商通过提供姓名、联系人、单位成本、净总量和合理的付款条款来完成表单。然后,供应商将询价单递交给买方,以便与其他报价一起进行。一般买方至少要接受三种报价。采购部门评估报价,并选择最有资格的供应商供应产品。

2.4.13 规格或计划

如果所需的产品很复杂,或者需要使用未经测试或新的生产流程,采购部门可以通过额外的信息或设备来协助供应商。这可能包括详细的计划、样本或技术制图。基于云的系统还允许使用计算机辅助设计(computer aided design,CAD)系统以电子形式共享这些文档。此外,买方可以使用询价作为初步方案,以确定潜在供应商是否有能力生产新的或技术复杂的产品。在提出竞标细节前,买方首先要识别供应商是否具有所要求的生产能力。然后,可以进行进一步的报价和评估工作,以确定最佳供应商。

如果采购合同需要买方和卖方之间的谈判(而不是竞争性投标),采购部门会向供应商发送出需求方案说明书(request for proposed,RFP)。在许多公司中,RFQ和RFP意义相同。但是,在RFP中,产品的复杂性要求供应商的答复中包括除价格外的一系列问题。

2.4.14 评估供应商

如图2-2所示,当采购规模表明对新产品的采购需要详细的评估时,可能就需要对供应商进行评估。对供应商的潜在评估始于确定存在(或可能存在)采购需求和材料规格的制定之后。对于已建立合同或选定的供应商的常规或标准产品要求,无须进一步进行供应商评估和选择,并可能生成审批流程。但是,新项目的潜在来源,尤其是复杂的项目,需要进行彻底调查,以确保采购部评估的都是合格的供应商。

供应源评估过程需要开发潜在供应商名单。此名单可能从各种来源生成,包括有与供应商接触经验的市场销售代表、信息数据库和贸易杂志。

在评估潜在供应商时,买方有许多不同绩效考核标准,其中包括供应商的生产能力及过去在产品设计方面的表现、产品质量、管理能力及保障措施、技术能力、成本节约情况、交付情况及优化生产流程和产品技术的能力等,这些因素在对供应商进行评估的过程中都会被考虑到。第8章在介绍供应商评估过程时将会详细介绍这种考核方式的具体例子。最后的评估步骤是到供应商的厂房或生产车间实地调研。由于进行这样的实地调研的资金非常有限,因此买方必须仔细斟酌需要参观哪些潜在的供应商。

近年来,企业逐渐开始采用电子竞标的方式,称为逆向招标或电子招标。这些方法与招标完全一样,只是逆向进行。即采购商指定潜在的合格供应商在指定时间登录特定的网站参加竞标。在这种情况下,采购商通常能得到最低的价格,因为供应商看到其他的供应商在竞价,他们为赢得合同就会报低价。尽管会有些冷酷无情,但在充满竞争的市场,逆向竞标可以大幅度地降低成本。

2.5 批准采购、签订合同以及前期准备

选择供应商或收到标准物料的请购单后,采购部门将批准购买产品或服务。根据不同的制度,完成该程序的方法不同。

2.5.1 采购订单

采购订单有时也称为采购协议,通常在确定供应商后开始起草采购订单。采购订单通常包含大量有关政策的详细信息,它实际上是一份具有法律约束力的文件。因此,大多数采购订单都包含订单(即合同)必须遵守的标准法律条件的详细信息。信息可能包括:物料数量(或服务数量)、物料规格的详细信息、质量要求、价格、交付日期、交付方式、交付地点、采购订单号、订单截止日期。这些信息包括采购方的公司名称和地址,一般在订单的正面。如图 2-5 所示,给出了一张采购订单的具体例子;如表 2-1 所示,展示了一系列经典的条款和说明。

表 2-1 采购订单的典型条款

1. 除非买方书面接受,否则卖方(承包商)确认此订单的任何不同或附加条款均不具约束力。
2. 卖方应遵守所有州、联邦政府和地方法律、规章制度。
3. 卖方明确承诺所有供应的商品或服务应与供应商的订单一致,具有可适销性,符合特定的预期目的,无损坏现象,无留置及专利侵权问题。一旦卖方未履行上述责任,其将保证买方不受任何损失或索赔。买方可以检查并拒收不符合规定的货物。买方有权选择由卖方负责承担所有费用的条件下退换拒收的货物,或者在得到卖方合理的解释之前保留这些货物。
4. 在此明确规定卖方按照约定的日期、规格和数量交货,这是卖方履行订单的核心责任。如果卖方没能按规定交货,买方可以取消订单。同时,买方要承担由于违约而带来的任何损失或对买方的赔偿。
5. 对于买方还未实际履行的订单,如果由于罢工、劳工争议、停工、暴乱、火灾、不可抗力等,或者其他任何类似或不类似的买方自身无法控制的因素造成买方业务的中断时,买方有权撤销全部或部分订单。
6. 此处保留的补救措施是可以累计的,并且是在法律或公平原则的基础上,对其他补救措施或进一步补救的补充。
7. 本采购订单的规定应按照乔治亚州颁布的《统一商法典》进行解释。
8. 政府法规:
(1) 买卖双方的义务必须遵守任何适用的、现在或者自此以后生效的、政府颁布的法律法规、制度、行政指令、优先权、条例、限制,包括但不限于:(a)《公平劳动标准法》的 1983 年修正案;(b)《民权法》1964 年修正案第七章;(c)1967 年《雇佣法》中的年龄歧视法;(d)1973 年《康复法》第 503 条;(e)第 11246 号行政法令;(f)1974 年《越战退伍军人的重新适应援助法》;以及与上述相关的法规、法则和命令。
(2) 卖方同意:(a)机会平等条款;(b)第 11246 号行政法令中规定的非隔离设施证书;(c)利用少数民族工商企业和少数民族企业分包工程条款;(d)扶持措施中的残疾工人条款;(e)越战时期的伤残和退伍军人的扶持条款,在这里同时被包括进来,并成为其中的一部分。
(3) 卖方同意:(a)每年按照标准格式 100(EEO-1)准备一份完整的、及时的、准确的报告;(b)对每个机构,推广并维持与扶持措施一致的活动,同时符合 41C.F.R.60-1.40 的规定,以及第 4 号修正单的规定(下文所述的 41C.F.R.60-2.1)。

对于那些使用传统纸质流程体系的公司,其流程较为麻烦,如图 2-3 所示。每份采购订单中一般都会附有 7~9 页副本。基于云计算,会向公司各部门电子邮箱发送一份包含采购

公司表格管理					
账号/A.F.E.号/A/F/M号			需求方	申购单号	商号
×××公司				采购订单	
				号码：	
				采购订单号必须出现于以下所有单据中：确认函、货运票据、装箱单、包装、发票和信函	
				发票一式三份 注意：应付账款	
出单期	交货期	FOB	部门或地址	术语	
至			运输说明 □应税　　　□免税		
本订单受背面条款约束					
项目号	数量	产品描述			价格

—重要—
如果你无法在规定日期内交货
或提供服务，请立即通知我方。

×××公司

采购代理人　　助理　　买方

注意
此合同的项下的设备、物料或服务必须遵守所有相应的州及联邦工作环境安全法，包括美国职业安全与卫生管理局颁布的法令。

一个给予平等就业机会的雇主

图 2-5　采购订单

订单副本的文件，而供应商则会收到采购订单的原件和一份文件副本。供应商在订单原件中签名并将其发送给买方，以证明供应商已收到采购订单并同意订单内容。从法律的角度来讲，采购合同的发出称为合同要约，而供应商的承诺构成了合同承诺。要约和承诺是一项受法律约束的协议的两个关键构成要素。

采购部门将订单副本（通过人工或电子方式）提交到会计部门（应付账款）、需求部门、接收部门和运输部门。采购部门一般会保存几份该记录的复印件。而对于为什么其他部门也可以获得采购订单和收入收据的相关信息，有如下原因解释：

- 会计部门通过了解采购订单，预测将来的应支付额，并且一旦所需物料到达，就要拨出与发票金额相匹配的款额；

- 采购订单为需求部门提供了订单号,以备记录;
- 如有人要询问需求情况,需求部门就可以参照采购单号;
- 接收部门在物料到达时可以参照订单记录进行核对,也可以通过典型的订单情况预测其将来的购进工作量;
- 运输部门可以了解公司购进需求,和承运人一起合理安排运输或利用公司车队确定物料交付日程;
- 采购部门可以通过采购订单副本跟踪和监控未结订单;
- 在买方公司确认收到订单并声明订单符合质量和数量要求之前,订单将会持续在各个部门间进行流通;
- 同时要注意到,采用电子采购系统和推行办公室"无纸化"已经逐渐成为执行这些流程的发展趋势,大多数主要的 ERP 系统,如 Oracle、SAP、Red Prairie 等都具备电子采购系统模块。

2.5.2 总括订单

对于某些经常订购的产品或系列产品,采购部门可以制定总括订单,即一份开放式的、有效期为一年的而且包括所有重复采购的产品或产品系列的订单。如图 2-6 所示,给出了该类订单的例子。总括订单减少了每次采购所需产品时下订单的程序。一旦买方与供应商订立了总括订单,产品的订购就只是固定的订单发放,因为买卖双方已经就采购合同条款达成协议。有了总括订单,物料采购就成了买卖双方间的例行工作。

基本上所有的公司都会与供应商订立总括订单。事实上,总括订单一直都是改善采购流程效率和方便性的有效方法。一般来说,买方在第一次采购或一次性采购中,会使用采购订单,采购方面的专家称之为现货买卖。对经常订购的生产型产品或定期供应产品的供应商来说,则适用于采用总括订单。例如,维修用品分销商的一份订单可能包括几百种产品。买方或卖方通过修改订单来反映新价格、新的数量折扣计划、增加或减少产品,这些做法都很常见。

总括订单与普通订单在内容上大体相似,并且也同样会发送到收取订单副件的部门。两者最大的区别在于交付日期和收货部门不同。这两项信息在总括订单中一直都是公开的,因为对于不同的订单,这两项内容往往也会有所不同。

在签订采购合同时,买卖双方会对某产品或产品系列未来的需求情况进行估算。双方就合同条款达成一致,其中包括数量折扣、质量水平要求、交货前滞期问题,以及其他重要条件。在合同有效期内,总括采购订单会一直有效。合同期限通常为半年到一年,但也有例外。现在,越来越多的美国公司开始签订长期合同。大多数买方享有随时取消总括订单的权利,尤其在供应商表现不好时。这需要签订一个"免责条款",即当供应商总是提供低质量产品、延迟交货或存在其他表现不佳行为时,买方有终止合同的权利。

2.5.3 物料采购的核发

买家通过物料审核来订购总括订单中的产品。采购部门首先明确所需采购的零部件号、数量、单价、收货期、需求部门、运送地址和运货方法,并将其转发给供应商。并且采购此表单的副本分别转发给供应商、会计部、收货部和运输部,并自留几份复印件以做记录。接

公司表格管理				
账号/A.F.E.号/A/F/M/号参考总括订单审核		需求方：吉姆·史密斯	申购单号 20659	商号 02867
×××公司 国家，城市，街道地址， 公司采购部，电话			采购订单	
			号码： 34833	
		发票送至： 注意：应付账款	采购订单号必须出现于以下所有单据中：确认单、货运票据、装箱单、包装、发票和信函	
写单日	交货日期	FOB	部门或地址	价格
1/3/13	根据要求	我方工厂	各种类型	2% 10，净额 30
送至： ×××国家，×××镇 1616 S.E. 第三大街 米勒铅管供应公司，邮编：90641			运输指示 ☑ 注意：供应室 ☐ ☑ 应税　　☐ 免税	
项目号	数量	项目描述		价格
		总括订单 　　本总括订单涵盖从 2011 年 1 月 3 日至 2011 年 6 月 30 日期间，本公司从你方订购的阀门、管道及相应配件。本期订单的价格将不超过你方于 2010 年 12 月 5 日提出的价格水平。 　　本订单将不受任何物料采购的约束，除非该订单经授权的×××公司职员在我公司标准总括订单审核表上#GP-3809 审核通过，并已在本表下方签名。 　　所有装运、交货和提货行为都必须持有运输票据或装箱。 　　所有有关本订单的装箱单、运输票据、发票和其他文件都必须附有总括订单号或可用的总括订单审核号。 　　×××公司有权随时撤销本订单，且不承担任何费用，并对未通过本订单审核项目不承担任何责任。 　　人事部授权负责人对本总括订单进行审核。 　　以此总括订单来代替 2009 年 7 月 1 日的#40019 采购订单。	

　　— 重要 —　　　　　　　　×××公司
如果您无法在规定日期前交货　　*John M Doe PURCHASING*　　采购代理　　☐ 助理　　☐ 买方
或提供服务，请立即通知我方。
　　　　　　　　　　　本订单受背面条款约束

注意：此合同项下的设备、物料或服务必须遵守所有相应的州及联邦工作环境安全法，包括美国职业安全与卫生管理局颁布的法令。

一个给予平等就业机会的雇主

图 2-6　总括订单

下来采购部门将该表格复印件分别发送给供应商、会计部、接收部和运输部，并自留几份复印件以做记录。发给供应商副本是为了告知其需求产品，发给会计部是为了核对接收的数量与订购的数量，以正确付款。收货部通过了解订购情况，可以帮助审核订购和实收数量的差异。与其他表格和单据一样，这部分流程也逐步电子化。

目前,存在不同的物料核发类型。企业常常通过物料核发使供应商了解对未来物料需求的预测及实际物料需求等情况。例如,一家美国汽车制造商向其供应商提供了18个月的更换零部件数量的预测。前3个月的核发为实际订购需求,而余下9个月的数量则为需求预测。这样做有利于供应商合理地安排生产计划。

其他情况下,除简单的采购订单外,还需要详尽的合同。如果采购规模超过事先确定的金额(如1 000美元),或者采购前没洽商,可能导致与供应商的潜在纠纷或麻烦,此时就需要签订合同。因为采购专员以购买产品或服务为职业,自然经常处理合同,所以采购经理们了解商务合同的法律问题,提高管理日常合同的能力是十分重要的。一旦合同谈判成功并签约,真正的工作就开始了。从签约那一刻开始,采购经理的职责就是保证合同所有条款得到履行。如果出现违约,采购人员会负责解决纠纷。在理想情况下,不会有矛盾,所有交易都能顺利完成。但合同是管理买卖双方关系的重要部分,因为合同明确了双方的角色和职责,也指出了发生纠纷时(常常发生)的解决方法。

采购合同可以根据其特点和目的有不同的分类。几乎所有的采购合同都基于某种定价机制,因此可以分为两类:固定价格的合同和以成本为基础的合同。固定价格的合同,在合同中注明价格不变,不考虑一般性经济环境的起伏、行业竞争、供给水平、市场价格或其他环境因素的变化。以成本为基础的合同一般用于采购价值高、复杂、对采购方十分重要的产品或服务、劳动力和原料不确定情况下的采购。在这种情况下,供应商要求按实际成本加协议的运营毛利和管理费用支付货款。第14章还会就不同的合同类别进一步阐述。

2.5.4 验收采购需求

在采购周期中,本阶段主要包括采购需求的实物转移(图2-1、图2-7)。此阶段虽然不是最高效率的一步,但却是采购周期中例行的一部分。有些公司通过电子方式传送订单,有的则通过邮寄或传真的方式传送物料核发单。采购部或物料规划部应尽量缩短核发订单和接收物料的时间。电子确认与接收包括买卖双方采购文件的电子转换,并能缩短采购周期。采购部或物料控制小组必须随时监控开放式采购订单状态。有时需要采购方直接发出订单或者与供应商合作以避免延迟装运的问题出现。通过选择最优秀的供应商、进行有效的需求预测,并建立高效的订购系统,买方可以简化订单跟踪工作。验收货物的过程,可通过利用条形码验收并入库,从而尽可能提高效率。

此外,货运和接收程序还需要其他一些重要文件(可以是电子文档形式),其中包括物料装箱单、提单和收货误差报告。

2.5.5 物料装箱单

物料装箱单是由供应商提供的,详细记载了所运输货物的内容,其中包括了所运输产品的描述和采购数量。物料装箱单通过参考采购订单号、物料审核号,可以达到追踪和审计的目的。当买方收到物料时,装箱单是重要的参考依据。收货员利用装箱单,可以核对实际收货数量与卖方装箱单载明的数量。装箱单里载明的数量一定要和物料审核单里的数量一致。两者之间的核对至关重要,它可以识别供应商是溢装还是短装了货物。

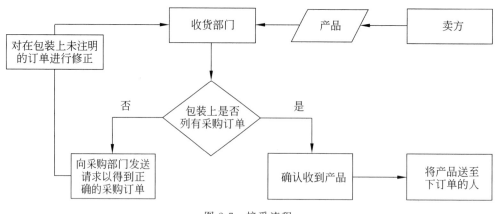

图 2-7 接受流程

2.5.6 提单

承运人利用提单来记录交付到工厂的货物数量。例如,提单会说明 ABC 承运人在规定日期将三箱货交至买方。这样就避免了一周后采购方抱怨只收到两箱货的情况发生。不过,如果提货单只注明了箱数或装箱数,那么供应商则需要负责详述每个集装箱装载的货物,相关信息都应记录在物料装箱单中。

提单有利于保护承运人避免不合理行为的指控,例如承运人被认为在转运中损坏、丢失或伪造等。当然提单的作用不一定总是保护承运人规避隐形损坏责任。用户在打开运输集装箱后可能会发现产品存在隐性损坏,但这往往很难确定哪方应该对隐形损坏负责。收货公司可能会归咎于承运人,承运人可能归责于供应商,或者坚持认为损坏是在完成物料运输之后发生的。而供应商可能为自己辩解,认为自己不需要承担责任,应由承运人负责。在责任辩明之前,买方必须再次下达该物料的紧急订单。而这些都有可能影响对消费者的服务以及对他们的承诺。

2.5.7 收货误差报告

收货误差报告载明了由收货部门详细记载的有关运输或收货时出现的任何误差,通常由采购部门或物料控制组对出现的误差进行调查,并给出解决方案。物料误差通常是由于发货数量错误造成的,也可能是收到错误的零部件号,或者正确的零部件号被贴上了错误的标签引起的。

2.5.8 发票与付款

一旦产品或服务交付完毕,买方就会授权向供应商支付货款,相应的部门进行付款。现在,越来越多的企业采用电子支付。供应商通常通过电子转账系统(electronic funds transfer,EFT)向供应商付款,即从买方银行账户自动转付到供应商银行账户。越来越多的企业利用整合系统,所有采购订单、收货和付款都采用电子支付的方式。

2.5.9 保留交易记录

在交付产品或服务并给供应商付款后,与采购相关的关键事件就会记入供应商绩效数据库。供应商绩效数据库在较长时间内积累关键绩效数据,帮助采购部门识别供应商绩效的发展趋势或模式。

为什么获取与所有采购计划关联的交易数据很重要?后面章节会回答这个问题。具体而言,企业必须随时间的变化通过支出分析的过程找到成本节约的机会。支出分析是制定采购战略的关键要素,也是下一章的论题。

2.5.10 持续考核与管理供应商绩效

确定最佳供应商的一种方法是在授予合同后对绩效进行追踪评估。对供应商的评价和管理是采购周期的关键组成部分。如图 2-2 所示,买方不应假定采购周期以收到所订购物料或选择供应商而结束,持续的评估对识别改善的机会或找出供应商不作为行为是非常必要的。

对供应商绩效考核的目的是改善供应商的绩效表现。如果不进行正式的评估,买方将始终对供应商的表现一无所知,并且也不可能对供应商的大力改善措施进行追踪观察。如果没有测评体系,那么对于未来的采购决定,买方将缺乏相关的量化数据。

评估供应商绩效时关心的主要问题是评估和反馈的频次。例如,买方收取的供应商质量绩效报告应该是以每天、每周、每月还是每季度为基础?尽管大多数公司都认识到在出现问题时需要立即通知供应商,但对供应商的例行或定期评估的频率问题,鲜有达成一致观点的。很多公司对供应商的整体评估一般都是一年只进行一次或两次。除了评估频次问题,供应商绩效评估也是采购流程周期中相当重要的一部分。

2.5.11 优化 P2P 流程

许多公司的 P2P 流程是不完整的,需要改进。在流程再造过程中,供应商和专家建议执行团队采用以下方法:

(1) 得到最高管理层支持,为项目设预算。列举改进后能实现的主要收益和达成的目标。估算延续当前不完善的流程所导致的成本。

(2) 绘制当前流程图,找出现有问题及产生原因。

(3) 了解用户群需求。包括维护、预测、项目管理、供应商应付款、采购部门等的多人涉及其中,而现有系统没能将他们纳入进来。此外,一些特定站点可能存在的问题需要在设计新系统时考虑周全。

(4) 利用团队再造研讨会,召集各部门专家,以及邀请供应商参加,因为他们可能有面对其他客户时所采用的解决方案,这些方案可能既有效,又简单实用。

(5) 挖掘 ERP 系统现有技术和可用软件。制定业务需求以确保它们与可用的技术方案保持一致。着手成本估算,确保在此环节进行充分的规划和认真的考虑。

(6) 在研讨会之后,定义新流程,开始新技术试运行。保证其在实际环境中运行,在进入到下一个流程之前,让未经培训的用户参与试验。

(7) 基于新流程和新系统训练和分派人手。确保培训针对特定的职能部门和用户群。

（8）监管、升级和优化系统，更新目录。与供应商和用户群定期召开会议，征求意见、找出系统问题。

随着技术和业务需求的发展，P2P 流程可能需要不断重新调整以满足内部客户需要，满足供应商要求。

2.6 采购类型

企业会购买各种不同的产品和服务。所有的采购都需要企业权衡哪些应该由企业自己制造，哪些应该从外部采购。对于大多数产品而言，公司做出自制或外购决策很容易。几乎很少有公司能够制造自己生产所需的设备、电脑或铅笔。然而，所有公司都需要这些产品来维持生产运营。难题在于，对于那些需要从外部采购的产品，公司应该选择哪家供应商才能得到最好的产品或服务。下面概述了一个典型采购部门应该负责购买的各类产品和服务。需要注意的是，对于每类产品，公司都应该建立相应的指标以监控实际库存中的商品数量。

2.6.1 原材料

原材料采购类别包括石油、煤炭、木材等物品，以及铜和锌等金属。它还可以包括农业原料，如大豆和棉花。原材料的一个关键特征是没有经过供应商的任何加工而变成一种新形式的产品。所有的加工程序都可以使原材料变得具有适销性。例如，铜需要冶炼以去除金属中的杂质。原材料的另一个关键特征是质量差异较大。例如，不同类型的煤在硫含量上就可能不同。原材料往往有不同的等级，以表示不同的质量水平。这样就可以根据所需的等级水平进行相应的采购。

2.6.2 半成品和零部件

半成品和组件指所有从供应商那里采购的用于支持企业最终生产的产品，其中包括单件号零件、部件、组件和系统。一个汽车生产商购买的半成品和部件可能包括轮胎、座椅组件、车轮轴承和汽车车架。

半成品组件的采购管理是一项非常重要的采购任务，因为零部件会影响产品质量和成本。惠普从佳能购买激光喷射打印机引擎，该引擎是制成品的关键部件。惠普在采购此部件时十分的谨慎，并与供应商保持密切的合作。无论是基本零部件采购，还是复杂组件和系统的采购，这些产品的外购都增加了采购部的负担，因为采购部必须选出合格的供应商，才能保证最终产品的质量和成本要求。

1. 成品

所有公司都会从外部供应商处采购成品供内部使用。采购的产品也可能包括在转售给最终消费者前不需要深入加工的产品。企业可能会将别家制造商生产的产品贴上自己的标签进行销售。为什么公司会购买成品进行转售呢？因为有些公司具有出色的设计能力，于是集中精力在设计上，而将产品生产外包给专门的生产商。典型的例子有 IBM、惠普、思科、通用汽车等。外购成品可以使公司提供全系列的产品。采购部（或工程部）必须与成品生产商密切合作，以制定合理的物料规格。虽然采购部门不生产最终产品，但是仍要保证在技术规格和质量要求上，其采购的产品符合工程部和最终消费者的要求。

2. 维护、维修和运行设备的物料和服务

维护、维修和操作（maintenance，repair and operating，MRO）的对象是那些在生产过程中不直接构成产品的物料和服务。但是，这些物料和服务对于运行业务至关重要，主要范围包括备用零件、办公和电脑用品以及清洁用品。这些产品通常分散在整个企业或组织的各个角落，这使得监控MRO库存状况变得困难。一般，只有在用户提交MRO请购单时采购部门才会知道何时进行MRO产品采购。由于所有部门和地方都使用MRO项目，因此典型的采购部门可以接收数千份小规模的采购申请。有些采购人员将MRO物品称为麻烦物品。

过去大多数企业很少关注MRO。因此它们对MRO库存投资的关注程度没有像对生产性采购那样重视；它们的MRO供应商太多，并且它们为小订单所花费的时间不成比例。随着计算机化库存系统的发展，以及公司越来越意识到MRO采购成本总是很高的现象，企业开始正视如何控制MRO库存的问题。联邦快递与史泰博公司签订的协议使采购部免去了对办公用品进行追踪的负担。取而代之的是，史泰博公司在网上列出所有用品和相应价格，消费者只需点击需要的产品，供应商在第二个工作日就会将商品送至消费者处。

2.6.3　消耗品

消耗品是指包装和装运最终产品所需的物料，如托盘、箱子、主装运容器、胶带、袋子、包装、插件和其他包装材料。消耗品将直接支持组织的生产活动，这也是将消耗品与MRO物料区分开来的关键区别。第19章专栏文摘中的戴姆勒－克莱斯勒汽车公司的案例就为如何管理此类产品采购做出了榜样。

2.6.4　服务

所有的公司都依赖外部承包商为其提供某种特殊的服务。企业组织可以雇用草坪修理工来维护办公建筑周围草坪的整齐，或聘请制热或制冷专家来处理维修人员无法处理的问题。其他常见的服务包括机器维修、除雪、数据录入、咨询和自助餐厅服务管理等。与MRO产品一样，整家公司内部都会对服务进行采购。因此人们越来越趋向于从整家企业而不是仅局限于一个工厂或一个部门的角度来考虑服务采购。几年前，美国电话公司的一项研究显示，该公司每年在咨询方面的支出超过10亿美元。与其他任何采购类别一样，谨慎且专业的态度可以让企业以最低的总成本获得最佳的服务。越来越多的公司就像对待高价值物料的采购一样，开始与服务供应商签订长期合同。

2.6.5　资产设备

资产设备采购是指购买拟用超过一年的资产。资产设备的采购包括多种类型：第一种类型是指标准的普通设备，无任何特殊需求。常见的例子有用于一般用途的物料搬运设备、电脑系统和家具等。第二种类型是指经过特殊设计用于满足采购者特定需求的资产设备，如专门化的生产机器、新制造厂、用于专门用途的机床及发电设备等。对于第二种类型设备的采购就需要买卖双方彼此给予紧密的技术支持和合作。

资产设备的采购所具有的几个特点使其有别于其他采购：第一，资产设备的采购频率低。例如，一台生产机器可以持续使用10~20年，一个新的工厂或变电所也许30年后仍在使用,而办公家具甚至可以用10年以上。第二,资产设备的采购成本很高,范围可能从数千美元到数亿美元。高额采购合同需要财政和行政部批准。考虑到会计记账的目的,大多数资产设备都会随时间产生折旧。第三,资产设备的采购极易受到整体经济环境的影响。

买方很少在一个大型工程进行的中途改换供应商。同时,在资产设备送达却不满意时,买方也很难将其处置。此外,由于买卖双方之间的合作关系可能会持续很多年,因此买方必须首先考虑卖方为设备提供服务的能力。选择一个不合格的供应商来提供资本设备,其影响可能要持续很多年;反之,选择一个高效率的供应商,其益处和优势也会持续很多年。

2.6.6 运输和第三方采购

运输是一项重要的专业化服务采购。20世纪80年代初,很少有采购部门亲自处理运输问题。但是,20世纪70年代末和80年代初,航空运输业、公路运输业及铁路运输业都相继出台了法律,放松了行业管制。法律允许采购方和个体运输承运人签订服务协议,并就费率折扣进行谈判。此前,美国政府通过洲际商务委员会,确定了运输承运人收取的费率(简称为关税)。通常供应商会为采购者安排运输,并将运输成本作为采购成本的一部分。

采购部门不但要管理采购的运输问题,还要管理物料出库和入库问题。通常,采购部门评估和选择供应商的方式和评选生产性供应商的方式相似。买方也会选择那些为整家公司提供合作运输和物流服务的供应商,其中包括仓储、包装甚至装配。由于大多数承运商现在提供的运输服务遍及整个美国,因此买方只需少数的承运人。从控制和管理物流中获得成本节约是非常重要的。

2.6.7 优化采购程序

大多数公司往往花费太多的时间和资源来管理商品及服务的订购,特别是那些低价值产品。有些采购部花费80%的时间管理占其总购价值20%的物料。例如,近期的MRO的采购研究报告中指出,MRO发票的平均价值为50美元,而处理MRO采购交易的总成本大概是150美元。又如,一位美国政府官员报告说每年政府处理110万美元的交易,处理成本大概是每笔交易300美元!当处理订单的时间成本远大于订单本身的价值时,公司如何通过采购程序来创造价值?

特伦特(Trent)和科尔钦(Kolchin)就公司如何减少采购过程中耗费的时间和精力来改善低价值商品与服务的采购绩效发表了相关研究报告。该研究随机选择了169家企业机构,其中77家为工业公司,92家为非工业公司或企业。未来几年中,企业改善低价值物料采购程序的一些方法和途径参见表2-2。

表2-2 降低价值采购成本和交易量的方法或工具

方法或工具	总样本数百分比(%)	工业百分比(%)	非工业百分比(%)
来自用户的在线请购系统	66.3	64.9	67.9
发给用户的采购卡	65.1	59.7	69.6
借助互联网的电子采购	60.9	68.8	54.3

续表

方法或工具	总样本数百分比(%)	工业百分比(%)	非工业百分比(%)
总括采购合同	57.4	63.7	52.2
长期采购协议	54.4	58.4	51.1
在线订货系统	61.0	46.7	53.3
采购流程再造	53.3	50.7	55.4
电子数据交换	52.7	58.4	47.8
利用电子目录的在线订货	51.5	49.4	53.3
允许用户直接与供应商接洽	49.7	54.5	45.7
用户的在线订货系统	49.1	51.9	46.7
	N=169	N=77	N=92

注：数据表示期望采用某一方法或工具的受访者占总数的百分比。
资料来源：Trent and Kolchin,1999.

2.6.8 从用户到采购部门的在线请购系统

在线请购系统是一个内部系统，主要通过高效快速的信息交流节省采购时间。用户只有在需要采购部门辅助参与物料或服务的采购时，才会使用该系统。如果用户不需要帮助，那么他们就应该访问其他不需要采购部参与的低价值物料采购系统。

在一些优秀企业中，如果用户需要采购部的参与，那么一般是通过内部电子系统来接收用户低价值的采购需求，而那些较为落后的企业一般是通过公司邮件或电话的形式接收用户的低价值物料的申购信息。对于需要采购部参与的产品采购，用户则需要依赖高效的请购系统。企业长期关注的重点应该是研发新系统和流程，使用户能够直接从供应商处获得低价值的商品。

2.6.9 向用户分发采购卡

大多数企业都认可的改进采购程序的一个重要工具或系统是使用采购卡，该卡实质上是一种提供给内部用户的信用卡。当用户有低价值物料的采购需求时，他们只需直接联系供应商并使用该卡进行购买。采购卡特别适用于那些不是由专门供应商提供的产品或未被其他采购系统覆盖的物品。用户可以自行采购（采购费用来自本部门的预算），不经采购部门的批准。一般采购卡可以购买的都是价值相对较低的产品。因为如果让采购部参与进来，或者进行一次全面的供应商筛选的程序，其总费用可能远远超过这些产品本身的价值。

特伦特和科尔钦的研究发现，使用采购卡后，每笔采购交易的平均成本从80美元以上降到了30美元以下。使用采购卡的主要优势有：对用户需求能够做出快速反应，降低交易费用及缩短整体交易时间。对大多数公司而言，采购部负责采购卡的引进和维护。

2.6.10 电子商务采购

网上采购电子商务包括一系列多式多样的活动。虽然在未来几年内，电子商务采购将

日益盛行,但现在真正采用网络电子采购方式的公司还不是很多。电子商务采购中最有发展潜力的领域包括:
- 将采购订单传送给供应商;
- 对订单状况进行跟踪;
- 将询价表传送给供应商;
- 对供应商下订单;
- 使用电子资金转账进行支付;
- 建立电子数据交换系统。

2.6.11 长期采购协议

长期采购协议通常为1~5年,并基于供应商满足绩效预期的能力给予相应的续约。这些协议由于省去了耗时的每年重新签订协议的手续,从而降低了低价值物料的交易成本。此外,一旦购买者和供应商达成协议,物料核发责任就转移到用户身上。理想情况下,低价值的物料也采用电子方式而非人工方式进行核发。

尽管这两种方法在概念上相似,但仍存在不同点。这两种方式都是针对特定产品或服务而签订的合作协议,都可以延长合同期限,都是合法协议,且都是管理低价值采购产品的方式之一。但是,相对而言,总括订单方式比长期采购协议更经常用于低价值产品的采购。而且,与总括订单相比,长期采购协议对合同中产品的规定更加详细具体。

2.6.12 基于云计算的在线订购系统

在线订购系统是指利用常见的现代或其他网络相关的技术,将供应商系统和采购商系统通过电子方式直接联系起来的系统,其最大特色是通常供应商要承担开发联系消费者系统软件的责任。如果公司已经与供应商签订了总括订单协议或长期协议,则在线订购方式就是非常合理的选择。采购流程中战略性步骤包括识别、评估和选择供应商。在线订购系统是采购方或用户能够进入供应商的在线订购登录系统,直接下订单。在线订购系统的优势包括:
- 可以立即得知延期交货产品的信息;
- 缩短订单录入时间,同时又能缩短订单周期;
- 减少订购的出错率;
- 可以对订单进行跟踪;
- 从供应商处得到订单确认函,通常会附有承诺装货日期;
- 可以将单个在线订单的不同用户对多种产品的需求批量化;
- 缩短了从订购到交付的时间周期。

供应商通过建立在线订购系统,使采购者拥有进入供应商在线订购系统的专有登录权。这样的系统使企业与企业之间建立了紧密的配合以及联系。第三方软件供应商,如阿里巴巴公司(一家软件信息技术服务公司)所提供的交钥匙方案,将有助于在线订购系统的进一步发展。

2.6.13 重新设计采购流程

大多数公司承认采购流程再设计工作往往先于低价值产品采购系统的发展。恰当的采购流程再设计可以缩短周期时间并简化流程,从而降低交易成本。

采购过程由许多子流程组成,这意味着绘制流程图和再设计流程能够改善整个流程的效率。低价值产品采购流程可以对整家企业内数百甚至数千人产生影响——每个部门、办公室、工厂和设备用户,应付账款,收货和搬运人员,采购人员,系统,以及供应商。任何对低价值商品或服务有需求的人都是低价值采购流程的一部分。

专栏文摘

匹兹堡大学医疗系统流程再造

匹兹堡大学医学中心(University of Pittsburgh Medical Center,UPMC)是一个大型医疗单位,年收入 80 亿美元,医疗用品采购支出超过 10 亿美元。整个中心拥有 5 万名员工、20 家医院、5 000 名医生和 4 200 张病床。两年前,医院认识到供应链管理在推动营业收入方面的重要性。管理高层认为,如果提高利润,可以将资金再投资于医院,投资于技术,吸引更多病人选择 UPMC 作为紧急或常规治疗的医院。

2009 年,UPMC 的供应管理团队面临许多挑战。中心的采购管理失控,有成千上万的供应商,数十万笔交易,还有无数的人工方式处理的应付账款。采购过程中产生的数据有效性非常差,因此有必要在医生购买时做出一致要求。供应链经理麦克·德卢卡(Michael DeLuca)认识到以下几个重要问题。第一,数据质量差且采购文件众多,表明采购的产品数量日益增加。所有请购单都是纸质的,以人工方式传递到应付款负责人。第二,与供应商联系不够。尽管许多供应商都有网站和在线目录,但大多数交易都是人工进行的。第三,采购的用户体验不好。一位医生抱怨:"我可以在圣诞节前登录亚马逊买东西,为什么买医疗供给时不能这样?我记不住所有产品代码、供应商代码,何必用这种过时的技术?"因此,有必要改进数据质量,使得采购过程更加轻松有效(如类似亚马逊的"购物车"模式)。第四,资源有限。不仅因为经济低迷有大量人员被迫停工,而且停工潮常常始于采购部门,理由是如果采购部门能精简流程,那么就不需要这么多人处理交易,也就可以节约成本,创造利润,并进行再投资。

德鲁卡也想有能力实施"战略采购"。这需要七个步骤,使得产品团队专注于医院和非医院采购,将更多的精力集中在这些流程上,而非交易本身。他的理由是,"如果我能用一位优秀的战略采购经理取代 3 个 AP(account payable,应付款管理)经理,就能节省大量成本。"他还认识到,许多内部服务,包括餐饮、印刷店和电信,都没有得到充分利用。在大多数情况下,UPMC 主要依靠集团采购组织来管理其所有采购项目,以便获得足够的谈判能力。他明白,集团采购组织并不是万能的,而只在某种情形下有益。

采购团队开始将电子采购系统并入企业的 PeopleSoft ERP 系统,基本指导原则是改进数据管理。最初是跟踪系统中的库存,经由医院系统得到不同地点每日的补给数据。随后指派专人负责支持运营组,要求向运营部门展示产品的用途,减少对不经常使用的物品的采购,并将这些产品置于库存之外。产品基础数据库中的产品数从 10 万件减少到 5.3 万件,并计划进一步减少。IT 部门还开发了一种称为"冲压"的工具,集团 ERP 用户可以登录供应商网站,搜索需要的产品。该网站显示了产品的图片、价格和产品描述等。用户可以将需要的产品从签约供应商(如 McKesson、Grainger、Airgas 或其他供应商)那里找到并加入购物车,网站名为 UPMC 商城,用户可以在网站中搜索产品和服务(如餐饮、印刷、电信和其他)。德鲁卡指出:"我们创办了 UPMC 商城,这是针对所有采购需求的唯一入口,任何人都可以使用。用户不仅可以选好的产品加入购物车,而且也更容易了解商品。在后台,团队通过使用标准的 UNSPSC 码处理采购订单。商城中产品丰富,用户可以迅速筛选出产品,为特定的医院用途找到相应

> 产品。供应商进入系统由单个采购人员控制,也就是说无法选择不在系统内(未批准)的供应商,这样提升了合规性。供应基地生态系统的规模不断扩大,供应商逐渐认识到,他们需要改进网站上的内容,以赢得用户。2010年的目标是所有采购订单的30%交给幕后团队,也就意味着不需要AP经理或采购人员接触订单,订单以电子方式进行"。这一成果非常显著,UPMC每年可节省300万美元,执行率提升了40%,实现了100%电子申请,特殊的采购人员辅助的采购订单减少40%,清理产品基础数据库的时间减少了40%。在24个月内,有35家供应商加入进来,约占总支出的60%。德鲁卡指出:"我们成功的最大因素是高层的带领。每家医院都需要一位培顿·曼宁式的引领者,他带领团队前进,研究问题,召集讨论,并推动实施。"
>
> 资料来源:Handfield, Robert, Interview with Michael DeLuca, presenter at World Health Care Congress, January 25, 2010, Dallas, TX.

2.6.14 电子数据交换

电子数据交换(electronic data interchange,EDI)是指支持组织机构间进行商业文件和商业信息电子化交流的一种通信标准。EDI是买卖双方通过简化沟通流程,提高生产效率的一种合作方式。EDI可以消除传统通信流中的某些步骤,从而减少时间,降低成本。

虽然在20世纪90年代EDI的实际使用率有所增加,但仍低于公司计划的预期使用率。例如,1993年,采购专家预测有60%的供应商、70%的总购价值和65%的采购交易都将通过EDI系统进行,而1997年的实际情况是只有28%的供应商、38%的采购价值、32%的采购交易采用了EDI技术。造成差距的部分原因是自动传真技术的引进。对于许多企业(尤其是小型企业或机构)来说,自动传真是一种更快、更实惠的交流方式。一旦买方有了相关物料需求,自动传真就会自动将其需求传真给供应商。同时网络也可能抢占了部分电子信息传输业务,而这部分业务原本是由第三方EDI提供者完成的。

2.6.15 使用具有电子目录的在线订购系统

越来越多采购者将这种方法与其他低价值产品采购系统结合使用。例如,某企业允许用户通过互联网识别供应来源,然后使用采购卡处理订单。使用电子目录的好处是其强大的低成本搜索功能,如果用户直接下单,而不是依靠供应部门,那么还可以缩短整体采购周期并降低订购成本。在线订购的最大缺点就是提供电子目录的供应商数量非常有限,而且也存在安全和控制问题。

2.6.16 允许用户直接与供应商取得联系

此方法涉及不同类型的低价值产品采购系统。采购卡在技术上可以被称为一种这样的系统:它使得用户可以直接与供应商取得联系。在线订购系统也有同样的作用。换句话说,该系统仅仅涉及多个部分组成的表单,例如用户填写的限量采购订单。美国联邦快递将用户与供应商之间取得直接联系的系统形象地称为"拿起电话"系统,并将其称为简便的购物系统。

允许用户直接联系供应商的方法将交易的相关责任从采购部门转移到用户。即使对于没有指定供应商的项目,采购部也只是承担有限责任或不完全参与,除非采购额超过预设限定水平或活动水平。如果某种产品变成了经常性的采购项目,那么采购部就要考虑是否需要总授予其使用总括订单的权利。在产生物料需求时,总括订单允许用户与供应商直接联系。下面的"典型案例"就描述了在限定金额水平下,能够使用户与供应商直接联系接触的系统。

为什么获得 P2P 流程各部分的交易数据很重要?第 6 章将会进行讨论。公司还应不时通过支出分析找到节约成本的机会,支出分析是制定采购战略的重要前提。

 实践范例

重新设计可口可乐的采购—支付系统:CPO 视角

在 2013 年 4 月于旧金山举行的 Coupa Ispire 采购会议上,可口可乐公司(位于北卡罗来纳州夏洛特市)的首席采购官(chief procurement officer,CPO)帕特里克·霍普金斯(Patrick Hopkins)分享了他对"采购的四个真理"的见解以及他是如何采用 P2P 软件进行管理运营的。

可口可乐公司位于北卡罗来纳州格林斯伯勒市,后来其总部迁至北卡罗来纳州夏洛特市,成为仅剩的一家拥有自己装瓶厂的公司。从那以后,可口可乐公司多次创新,包括引进樱桃可乐等。如今,可口可乐公司是全国 64 家瓶装企业之一,有 6 000 名员工,每 4 秒钟就销售一箱可乐。

谈到"采购真理",霍普金斯分享了他认为在部署任何类型的采购—支付系统时需要考虑的关键问题。他基于可口可乐公司在实施 COUPA 软件平台版本时的经历发表了以下见解。

(1) 产品必须录入目录。
(2) 用户必须能够找到他们需要的东西。
(3) 数据必须正确。
(4) 用户必须愿意使用本系统。

在可口可乐公司最初研究电子采购系统时,他们质疑自己为什么要放弃目前在使用的 ERP 系统。他们制定了一份清单,列出了在考虑不同的 P2P 系统时需要满足的 48 项标准。可口可乐公司与软件开发商 COUPA 公司进行了会面,并与其签订了使用该系统的意向书,决定保留 SAP 的前端系统,使用 COUPA 的软件采购搭建 P2P 流程所需要的东西。COUPA 系统会向提供商发送采购订单(PO),在 SAP 中备份。部署工作开始于 2012 年 12 月 1 日。与可口可乐的四大真理相比,得出以下结论:

(1) 产品必须录入目录。从最初试用开始所有项目最终都应录入目录。目录可以使用 COUPA 内部托管,也可以使用 SAP 系统以"冲出"模式进行托管。这两种模式都可以查询项目。但是基于 Grainger 的材料系统存在一些问题,Grainger 提供的折扣定价在目录定价表中没有显示,因此用户认为他们能够获得"更低的价格"。另一个问题是将目录中的 Office Max 项目数量从 10 000 个减少到 3 000 个,但仅仅节省了 10%。

(2) 用户必须能够找到他们需要的东西。在系统实施前,团队对员工进行了良好的培训,因此,他们较快地适应了新系统。用于确定是否满足此条件的指标是"二进制规则",如下所示:用户首次使用 ONE SEARCH 就能够找到其所需要的东西或所有备选方案,这归结于搜索引擎在描述字段中使用关键字查找内容的能力。在使用系统时,用户能够找到他们需要的东西且不出错,以确保正确的物品在正确的位置交付给需要的人。

(3) 数据必须正确。该系统能够提高物料的可见性和库存可用性,并确保主要数据文件的准确性。

(4) 用户必须愿意使用本系统。这是一个关键因素,成功的主要因素在于用户是否满意 P2P 系统。通过 iPhone 和 Android 等各种手机都可以使用该系统,并且操作简便。帕特里克指出:"在实施之后,运行一切正常。"

总的来说,该系统实现了每一笔花销可见的目标,因为通常被存储在云盘中,它很容易操作和简化旅行和费用报销过程,并且很容易添加新的供应商。后一个功能是很重要的,就像每个人使用该系统一样,当人们希望添加一个新的供应商时,他们首先指向已经销售产品的现有供应商,从而限制了增加新的供应商。无论怎样,实施工作一直在进行,霍普金斯指出,"这是自我们推出采购卡以来最成功的电子采购计划"。采用云端管理的解决方案使其易于实现并且便于与现有 SAP 系统整合。

问题

1. 采购过程中哪些程序是采用电子方式而不是纸质方式?
2. 在这件事上,你认为帕特里克·霍普金斯所说的具备"四个真理"的用户是谁?
3. 为什么在这种情况下,你认为不同的系统被改编了,而不是 SAP 和 ERP 系统?你认为理由是什么?你同意"四个真理"吗?能否举出 P2P 系统在你自己的购买历史记录中无法正常工作时遇到问题的示例?

资料来源:Handfield, Robert, blogpost, Supply Chain View From the Field, http://scm.ncsu.edu/blog/2013/04/10/patrick-hopkins-at-coupa-coca-colas-four-truths-of-procure-to-pay-in-action/. April 10, 2013.

本章小结

本章概述了采购流程,包括世界一流采购部门的目标、采购部门的权限范围、采购周期以及用于管理采购流程的各类文件。这些内容为之后介绍在竞争市场中采购企业所使用的工具、采用的技巧和制定战略打下了基础。详细论述了 P2P 流程,尽管 P2P 流程有时被视为一种战略,但我们在这里强调的是,如果没有可靠的交易流程,供应管理就很难推动战略活动。

本章也归纳了各种不同的采购类型。除了采购生产性物流和产品外,采购部还可以负责采购运输、服务、包装用品、MRO 项目、资产设备,甚至飞机。没有任何一种系统或方法适用于所有产品或服务的采购。根据产品类型、重要性、质量影响程度、交货时间表以及采购金额的大小,采购可以分为很多类型。我们很少发现采购人员精通各类采购方式,因此一般采购部门内部又分为不同专业方向的采购员。然而这些人员都有一个共同点,即有机会通过采购流程管理大量资源。通过利用电子采购工具,采购部既可以满足用户要求,又能够最大限度地减少非增值时间,这样就能集中精力部署采购战略,从而真正为企业创造价值。

思考讨论

1. 一个有效的采购部如何对企业绩效产生影响?
2. 讨论内部客户的概念,哪些是采购部的内部消费者?
3. 讨论采购部门对公司战略规划流程的贡献。

4. 列出采购部的管理权限范围,解释为什么采购对每个领域拥有控制权非常重要。

5. 描述采购部是如何了解采购要求的。

6. 通过采购部参与新产品研制小组来主动预测物料要求或需求,与采购部对物料的需求做出被动反应,两者之间有什么区别?

7. 在授予采购合同时,为什么有些不再依赖竞争性竞标方式?

8. 列出在电子采购流程中涉及的主要文件。

9. 讨论买方和卖方之间以电子方式传递和接收采购文件的优点。采用电子采购可能遇到的问题有哪些?

10. 对供应商绩效改善状况进行持续的考核和监督有什么重要性?

11. 准时制采购和生产体系如何减少对某些采购单据的需求?

12. 为什么采购部越来越多地参与运输服务采购和其他非传统采购领域的采购?

13. 讨论资产设备采购与日常用品采购的区别。

14. 列出非采购人员可以和供应方相应人员讨论的话题,列出只有采购部人员才可以与供应商讨论的话题。

15. 采购订单和总括订单之间的区别是什么?使用总括订单有哪些优势?

第 3 章

采购政策和程序

🎯 学习目标

- 理解采购政策的重要性；
- 了解不同类型的采购政策；
- 掌握不同类型的采购程序。

开篇案例

确保化工公司合同的合规性

1. 问题陈述

一项全球主要农作物科学研究项目包含多份直接或间接物料采购合同，分别以纸质版和电子版两种格式保存。一方面，电子版合同储存在系统的不同位置；另一方面，纸质版合同和电子版合同之间存在大量的数据差异，由于不同的储存方式，致使系统中合同的处理效率不高。

2. 方法

某学生研究小组审查了此公司与五家选定的配方材料供应商签订的所有有效合同，首先对比分析了纸质版合同和电子版合同信息，其次分析从2012年1月至8月的所有订单中企业资源规划（enterprise resource planning，ERP）系统包含的交易数据，并与采购订单（purchase order，PO）进行比较，以确保符合合同条款。分析中参照大纲协议对项目管理文档（program management document，PMD）中处理的销售点数量进行比较，并评估迄今的发票总额。

他们还审查了公司的合同政策和流程文件，以评估合同和合同处理流程是否规范，并且与战略采购、采购解决方案和交易采购三个部门负责人进行了主题专家访谈。此外，学生小组研究了国际合同与商务管理协会提供的文章、教材以及其他有价值的资料。

3. 分析

在审查了有效的合同之后，研究小组判定当前的合同处理方法没有准确反映公司关于定期审查合同条款和合同终止评估的合同管理政策。目前的合同管理部门并未按照政策文件的要求设置必要的设施或者提供信息以便审查。虽然根据所提供的交易信息，他们正在定期采购，但仍然无法找到五家配方材料供应商中的纸质版和电子版合同。

这增加了出现通信缺口和数据错误的可能性。研究小组针对存在的问题提出了相关建议。另外,研究小组还指出不仅缺少关于合同管理的地位与明晰责任的专项文件,也缺少详细描述关于从合同签署和上传至各个系统到监督合同履行和终止流程的文件。这些问题会造成沟通脱节和数据错误。建议采取下列方法改进合同管理程序:

- 将合同号(在将合同加载到该系统时生成)记录到 SAP/PMD 中适用的联合国法律事务厅(office of legal affairs,OLA)中的引用字段中;
- 建立详细的流程文档,并确保合同管理人员每半年进行一次认证;
- 创建一个清单/流程,以确保责任正确转移;
- 修改企业管理解决方案(system application and products,SAP)的通知系统,以确保适时的合同监管;
- 为新员工设计和实施正式的培训,并对现有员工进行标准化流程的再培训;
- 确保所有订单符合联合国法律事务厅规定,以及供应商收到的任何订单都使用一致的价格和付款条件。

从长远来看,建议该团队对可能的软件解决方案进行详细审查,以全面整合公司的合同管理。该解决方案将支持跨组织的合同生成、存储、监管和分析。

3.1 引言

开篇案例阐述了采购政策的一个重要观点:要根据要求经常对采购政策进行评估和更新。由于公司的环境是不断变化的,因此考虑这些变化对员工工作方式的影响,紧跟这些变化并为员工提供新的工作准则和指导是十分有必要的。一方面政策为采购专员的行为提供了基础,另一方面为妥善处理新情况提供了方针指南。并且随着采购和技术环境的变化,政策和程序必须与时俱进。

大多数公司都会制定一套政策,概述或详细说明执行管理层在各方面的指令。这些指令在提供指导的同时也约束个人的行为。本章分为三个部分,主要讨论在当今商务环境下,采购政策和程序的作用。第一部分概述和讨论了采购政策,包括政策的定义、政策的特征、政策的优缺点以及政策的等级划分;第二部分聚焦采购政策的分类,特别强调"单独采购"的概念;第三部分介绍了采购程序,为职能部门履行职责和任务提供了详细的指导。

3.2 采购政策概述

政策包括所有明确和隐含的指令,用来说明公司目标及为达到目标所使用的适当方法。

政策是指一系列指导组织的目标、原则和行为的准则。行为准则是指有相应规章制度的标准运营方式。虽然策略通常以书面形式记录,但也可能存在不成文的或非正式的策略。非正式的策略会随着时间的推移而被理解,并最终成为组织文化的一部分。一般政策以书面形式记录,但也有非书面或非正式的政策形式。非正式政策通过长期潜移默化被大众认可,最终成为公司文化的一部分。

3.2.1 采购政策的利弊

在制定书面或暗示政策之后,可以进一步明确高级管理层的目标。政策声明是执行管理层传达其指令和意见的一种手段。执行管理层应制定一系列高级别的政策声明,为各级员工提供指导。

另一个优点是,政策为一系列的决策和行动提供了框架。事实上,制定政策的主要目标之一是确保员工的个人行为与管理层或职能部门的预期一致。最后,有效的政策有利于制定针对所有员工的规章制度和操作流程。

然而制定政策也存在潜在的弊端。首先,在规模较大的公司中,政策的推广与执行比较困难。其次,员工有可能错误地认为政策可以替代有效的管理。政策声明是一种指导方针,用来描述管理层对某个问题的立场或看法,它们并不是为每个商业决策提供特定答案的操作指南。最后,制定政策也会限制创新和灵活性,过多的政策和烦琐的程序可能会影响公司的发展。

3.2.2 有效采购政策的构成

政策的几个特性可以保证政策的有效性。有效的政策通常专注于为行为准则提供指导。有效的政策为相应的政策提供了足够多的细节来引导人们实现特定的目标或目的,但这些细节指示不会详细到使人们不愿意遵守该政策的地步。

一项有效的政策应当紧扣主题(避免琐碎或不重要的问题)、简洁明了(用最少的字阐述立场)。一项有效的政策是指向明确的,人们在理解政策意图和方向时不会产生任何质疑。那些使人们有不同理解的政策在一段时间之后会产生几种可能的结果,而那些晦涩难懂的政策可能会使人们忽视该政策,这可能会进一步导致产生和预期不一致的结果。

专栏文摘

德国和俄罗斯调查惠普是否存在不道德的行贿行为

德国和俄罗斯当局最近对惠普公司高管是否为在俄罗斯赢得合同而行贿数百万美元事件展开调查。德国检察官调查惠普官员是否为了赢得一份约 4 500 万美元的计算机产品合同通过德国子公司向俄罗斯联邦总检察长办公室行贿约 1 090 万美元;一方面,俄罗斯调查人员负责搜查惠普的莫斯科总部;另一方面德国检察官负责调查惠普的行政主管是否通过一家皮包公司收集可能的受贿者信息,并在遍布全球的多个国家设立账户。但具有讽刺意味的是,计算机系统原本是为了使用最先进的技术,通过俄罗斯为检察官提供安全的通信渠道。由于《反腐败实践法》禁止美国公司向外国官员行贿,因此美国证券交易委员会可能会采取进一步行动,同时美国证券交易委员会还要求上市公司在其申报中披露调查细节。惠普在案发时提交的最新文件只提到"在外国,非法商业行为是常见的,而且这种行为违反了我们的政策,可能对我们的业务产生很大的不利影响"。在德国,如果一家公司被发现因犯罪行为而获利,那么德国法院可以下令没收其非法利润。调查人员正在筛选数千封电子邮件和文件,以判断这 10 名惠普嫌疑人是否有违背职业道德以及违法的行为。

资料来源:Crawford,David,"Germany and Russia Investigate H-P," Wall Street Journal, April 15,2010,B1.

有效政策的另一个特征是与时俱进,前提是该政策定期被审查,以确保其清晰、适宜。

如果一项政策的表述令人困惑、被人们忽视或者已经过时,这样的政策就是无效的甚至是适得其反的。例如,在开篇的案例中,每个水泥厂都有各自的规则,所有人都忽略了一个事实:一套共用的政策或程序已经过时。政策的制定和审查应该是每年至少进行一次的动态活动。有些政策可能是既及时又正确的,但管理执行中没有被很好地实施。在这种情况下,管理层有责任对员工进行有关政策意图的再教育,这些举措有利于员工明确自身的工作职责,其产生的效果是不可替代的。

有效政策具有如下特点:
- 以行动为导向;
- 紧扣主题;
- 简明扼要;
- 表达清晰或容易理解;
- 与时俱进;
- 有助于解决问题。

3.3 采购政策——提供指导和方向

采购管理部门制定政策,从而为专业采购人员和助理人员提供指导和支持。这些政策明确了采购管理层对于某件事的立场和看法。采购政策种类繁多,但大多数政策可分为以下五类:
- 定义采购部门角色的政策;
- 界定采购人员行为的政策;
- 支持社会和少数民族事业目标的政策;
- 明确买卖双方关系的政策;
- 解决运营问题的政策。

当然,下文所述不能涵盖所有的采购政策。企业需要制定相应的政策以满足特定的营运需求。

3.3.1 定义采购部门角色的政策

定义采购部门角色的政策定义了采购部门的权限,通常包括对采购部门目标的陈述以及明确该部门对不同购买层次所应承担的责任。这些政策通常作为一个普适的或广义的政策声明,并会衍生出更详细或者具体的政策。

1. 采购权力的起源和范围

各级人员只有充分了解采购部门的权力,才能进行商业活动,代表企业的利益。通常由执行委员赋予这一权力,并由其制定相应的政策。该政策也可能包含采购部门如何分配某些工作给其他部门的详细权限规定。

在此类政策比较重要的部分阐述哪些领域采购部门有权管理,哪些领域无权管理,其中可能排除房地产领域、医疗保险政策或其他采购部门没有相应专家的领域(然而,采购部门逐渐涉及各类采购领域,包括这些非传统领域)。这类政策概述了执行委员会授予的采购部门的权力范围,同时对权力进行了限制。

2. 采购部门的目标

正如第 2 章所述，对于某些开支，采购部门有最终决定权，通常会在讲述指导采购过程的一般目标或原则的政策中加以阐明。以下是公司采购部门的主要目标或原则：

- 选择符合采购和绩效要求的供应商；
- 采购符合工程和质量标准的物料和服务；
- 促进买卖双方关系，鼓励供应商积极主动履行自己的职责；
- 公平合理地对待所有供应商；
- 与其他部门紧密合作；
- 履行采购业务，以加强与员工的关系；
- 支持公司所有的目标和政策；
- 拥有合格的采购人员，提高其专业素质。

虽然这些目标或原则看起来很宽泛，但是非常重要，因为它们以书面形式阐明了管理层对达到专业水平的承诺。同时，在这些原则的指导下，产生了直接支持采购活动的其他政策。

3. 企业采购办公室的职责

了解总部或公司采购办公室的职责也很重要（如果设有总部采购办公室的话）。该政策可能详细说明公司办公室与设置在部门、业务单位或工厂等的采购中心之间的关系。企业采购办公室通常是指用以指导、支持和协调采购工作的人员机构。此政策就公司采购人员的作用提供了以下几个方面的指导：

- 贯彻行政政策；
- 制定和实施功能型采购和物料采购政策和程序，以保证各个层次上采购工作的有效运行；
- 协调采购部门或采购中内部战略的制定，最大限度地提高采购关键性产品的杠杆效应；
- 评估采购行为的有效性；
- 为采购部门提供专业支持（例如国际采购援助、合同谈判、系统开发）；
- 执行其他任务，一般是与公司助理有关的工作。

表 3-1 举例并详细说明了公司采购办公室的职责。

表 3-1 功能性采购策略的示例

ABC 技术公司的采购政策

政策编号：2　　　　　　　　适用对象：公司员工、采购部门、工厂买方
日期：2004 年 1 月 1 日
主题：企业采购办公室的职责

本政策概述了公司采购办公室及其员工的职责和权力，并且明确了采购办公室与采购部门和买方之间的关系。

行政政策 E-7 阐述了用以支持 ABC 技术公司及其运营部门的组织和管理的原则：

根据行政政策，ABC 技术公司是由生产线和员工以及大量分散的运营部门构成。公司政策的任务是将有关运营方面的责任和权力分配到相应部门的执行管理层。所有没有分配到相应部门管理层的职责仍然由公司办事处的员工承担。

续表

企业采购人员是行政政策 E-7 中提到的一类公司员工。他们承担下列职能、活动和责任：
- 负责执行并确保每个部门和采购单位遵守执行管理层制定的各项公司政策；
- 负责制定和发布职能性采购和物料采购政策和相关程序，以支持整个公司内部采购活动的高效运行；
- 协调部门采购和其他买方单位之间的战略制定，以提高全公司的运作效率以及减少重复工作；
- 开发评估整个公司的采购绩效和运营效率的系统；
- 为公司所有采购部门和采购单位提供专业知识支持；
- 负责通常与公司助理员工相关的任务，以及不直接分配给分支采购部或工厂采购部的任务。

本政策重申了各采购部门和其他采购中心执行业务采购职责和职能的自主权。同时，再次肯定公司致力于通过强大的公司助理人员的努力实现全公司采购业务有效运行的决心。

3.3.2 界定采购人员行为的政策

界定采购人员行为的政策规定管理人员应该遵守伦理道德，诚实守信，对遇到困难的员工给予指导。因为某些商业行为虽然是合法的，但是有不道德或有待商榷的可能。

因此，采购管理部门必须制定政策，以指导这类灰色区域。采购人员作为法定代理人和代表，必须严格遵守行政政策和法律规定。

1. 道德政策

大多数企业，特别是大中型企业，都有一套书面政策用以阐述管理层对采购道德行为所做的承诺。采购道德问题会在第 15 章详细讨论。

2. 互惠政策

通常存在一种正式的政策来详细阐述管理层对签订互惠采购合同所持有的反对意见。在第 15 章的采购道德部分中讨论的互惠，发生在供应商迫于压力购买买方的产品或服务，以作为签订采购合同的条件。互惠政策通常阐述了管理层对此行为的反对，并列出应避免的行为类型。采购人员应避免以下行为：
- 买方优先考虑从买方企业采购的供应商；
- 以供应商购买买方公司的产品作为签订采购合同的条件；
- 对于供应商的竞争性投标，买方偏好于购买过自己企业产品的供应商。

因为针对该话题可能存在争议，所以需要行政管理政策的约束。一旦管理层就此问题做出了政策规定，互惠相对而言就便于管理。

 实践范例

能源行业的可持续供应基础管理

采矿和石油提炼行业涵盖的领域是丰富多样的，在世界各地都有业务。许多公司都面临着与供应链管理、劳工和人权以及可持续发展相关的问题，并取得了不同程度的成功。作为一个整体，该行业赞助了一系列与劳工、人权以及可持续发展相关的项目和活动。尽管有些公司缺乏明确的措施确保工作环境和员工受到保护，但是能源行业的公司对此有更明确的标准（包括合同在内）。

维护劳工和人权以及实现可持续发展非常容易受到公司对其供应链的总体控制的影

响。研究表明,那些高度重视供应链关系管理的公司在保护环境方面表现得更好,与他们有业务关系的公司员工也受到尊重。采矿和石油精炼行业面临着许多其他行业没有的挑战,因为它们的业务遍及全球——这一事实可能使其在本质上难以控制。然而,在很大程度上,该行业内的企业已经加大了力度,以确保它们能够追踪资金的使用地点、使用方式,并最终确保它们的运营不会产生负面影响。

1. 能源公司面临的可持续发展问题

能源公司面临如下可持续发展问题:

- 依靠煤炭;
- 对来自政治动荡地区的国外化石燃料能源的依赖,使得供应商的可持续性比其他行业更难衡量和监控;
- 天然气作为国内能源的出现及与其相关的政治、环境、经济效益;
- 供应商数量有限;
- 对燃料和开采资源的需求日益增加;
- 化石燃料各提炼阶段的效率(例如,将原油运送至经批准的炼油厂,对关键输油管道的争议等);
- 建设新核电站或水电站的费用;
- 新替代能源技术的出现(如风能和太阳能)、实施的相关法律要求和经济影响;
- 资源所在地区的其他地缘政治障碍。

北卡罗来纳州立大学供应链资源联盟(http://scm.ncsu.edu)的学生研究小组利用供应链可持续性指数对16家资产排名500强的采矿和能源精炼企业进行了供应链成熟度评估,包含供应商关系管理、劳工和人权管理以及环境可持续性三个部分。根据小组讨论的结果,每个指标从1到5排名。公司研究是通过查阅公司网站、公共媒体和第三方研究进行的。

2. 雪佛龙公司

- 雪佛龙拥有最前沿的供应商管理系统,无论供应商身在何处,都能够对其进行监督和控制;
- 雪佛龙有一个供应商识别机制,突出其供应商的成功和最佳实践成果;
- 雪佛龙长期以来关注其业务所在区域的需求,这包括为非洲的学校和医疗中心以及南美洲的环境改善工作提供资金;
- 由于与小型企业和多样化的供应商合作,多次被奖励,同时雪佛龙专注于与当地供应商合作来满足其许多供应需求。

3. 弗里波特·麦克莫兰(Freeport McMoran)

- 麦克莫兰全球供应链已开发出一项独特的项目,称为"沙漏",这要求他们及其供应商共同审查供应链流程,以减少浪费和增加利润。
- 自2005年以来,麦克莫兰已经找到对其年度可持续性报告进行独立验证的方法,包括关于流程和成就,以及符合全球报告倡议(Global Reporting Initiative,GRI)准则的选定性能数据报表。他们正在采用国际矿业和金属理事会可持续发展框架,包括在整个公司实施10个可持续发展方案。

- 自2000年《安全与人权自愿原则》颁布,麦克莫兰一直坚守准则,这为他们的运作提供指导,促进其参与保护人权、认识人权、尊重人权。

4. 陷阱、机遇和行业建议

由于矿业和炼油行业本身的危险性,它们面临着巨大的挑战。此外,现实中不同的地区,不同的人权、劳工和环境限制使得他们在整个供应链中实现可持续性工作变得更加困难。若发生重大事故或供应链中断,公司会因此受到广泛关注,这样的事件不仅会给公司带来灾难性影响,也会影响环境甚至造成人员伤亡(例如2010年英国石油公司在墨西哥湾的漏油事件)。由于这些原因,这些公司有严格的健康和安全规范。由于这些公司规模庞大,它们拥有广泛的资源用于发展合作伙伴和供应商。通常在欠发达地区工作时,他们会在社会发展项目上投入大量资金,大多数公司也会斥巨资致力于大规模发展绿色项目(比如雪佛龙计划在5年内种植25万棵树,打造绿色走廊),其他行业的一些公司也有能力这么做。从积极的方面来看,这个行业已经表现出愿意投资其正在开发的技术,这不仅有利于他们目前的业务,而且从长远来看也有益于社会(如英国石油公司生物燃料全球技术中心)。

这些公司承诺参与开发与其合作地区,而这些地区往往是世界欠发达的区域,如果他们能够继续以平等的方式探索利润最大化的机会,为全社会做出贡献,这必定会带来一个进步的、可持续性发展的地球。

资料来源:R. Handfield, MBA Student Project, Supply Chain Resource Cooperative, http://scm.ncsu.edu/articles, Spring 2013.

3. 联系并拜访供应商

通过对供应商或潜在供应商进行直接访问或建立其他沟通联系,采购人员必须对其有所了解。这一政策不仅关系到采购人员,而且与访问或联系供应商的其他部门也有关系。采购部门希望控制对供应商未经授权或过度的接触或访问,以此减少供应商不必要的负担。

此外,非采购人员未经批准访问或接触供应商,会损害采购部作为与供应商的主要商业联系的合法权威性。采购部门希望尽量避免这种情况,供应商可能会将非采购人员做出的声明或提出的意见视为买方对自己的承诺。

4. 公司的前任员工作为供应商代表

有时候,员工可能会离开现在的企业而到供应商公司工作。这样的前任员工可能由于掌握原企业的商业计划或其他机密信息而处于优势地位。解决该问题的一种方法是制定相关政策以禁止与雇佣了解己方机密信息的前任员工的供应商进行合作。根据员工和具体情况,这种排除政策可能持续几个月到几年不等。另一种方法是在员工的最初雇佣合同中添加条款,禁止员工在一定期限内与公司的竞争对手或供应商建立雇佣关系。这就可以消除前员工从其前雇佣公司那里得到的优势。

5. 举报与供应商的非正常交易

这类政策可为买方或其他雇员建立一种举报机制,报告非正常的业务往来。违规交易的例子包括收受供应商贿赂、任人唯亲、接收延迟的投标、持有供应商公司的股份以及其他不属于正常商业往来的行为。该类政策会指定适合的人员专门汇报这些非正常商业交易,并为其安排保护措施,同时强调了尽早报告有所怀疑的非正常商业交易的重要性。这一政策传达的信息是:管理层将不会容忍任何涉及本公司员工的不正常商业交易行为。

下面的专栏文摘显示,即使是知名的500强企业,也有通过行贿赢得竞标的不道德行为。这种不道德行为在经常有秘密交易的国家尤为普遍。无论如何,不道德行为的后果都是非常严重的,受到的惩罚远远超过了潜在的利益。

> **专栏文摘**
>
> ### IBM 使供应商对环境负责
>
> IBM 于 2010 年 4 月 13 日声明,将要求其在 90 多个国家的 2.8 万家供应商安装管理系统,以收集其能源使用、温室气体排放、废物和回收利用方面的数据。
>
> 反过来,如果这些公司的转包商的产品或服务作为 IBM 400 亿美元全球供应链的重要组成部分,那么转包商也必须这么做。供应商还必须确定环境目标,并公开它们在实现这些目标方面取得的进展。
>
> "即使不能做到第一,我们也一定会成为最优秀的公司之一,因为我们有着非常广泛的供应商基础。将来,我们会提供给他们足够的时间与投资,以达成互利共赢的合作。"IBM 的全球供应的副总裁及首席采购经理约翰·彼得森(John Paterson),在香港的一次电话采访中这样说道。
>
> 彼得森补充道:"很明显,对于全球各地的采购人员来说,与供应商共同创新是有真实的财务收益的。从长远来看,随着地球资源的消耗,价格将会上涨。我们已经看到因水资源涨价而产生的问题了。"
>
> "我们全面关注的是在全球供应链中进行系统化、可持续性的环境管理,从而帮助我们的供应商以一种不仅有利于环境,而且有利于商业运作的方式构筑其产能,"供应经理贝尔塔先生说道,"这是要建立一个系统,此系统不论谁处于领导地位和实现什么样的角色,都能正常工作。"
>
> 彼得森承认最大的挑战是与世界上一些地区的供应商合作,那里的人们不像美国和欧洲一样重视可持续发展问题。但他指出了中国最近的成就,他说,IBM 帮助了某供应商——一家货运公司——重新设计了自己的供应链,将其碳排放量减少了 15%。
>
> 尽管最后期限尚未确定,但彼得森表示,他希望供应商在 2011 年年初能够达到环境方面的要求。
>
> "最终,如果供应商不能满足环境和可持续发展方面的要求,我们将停止和他们的合作。"他这样说道。
>
> 资料来源:Woody, Todd, "I.B.M. Suppliers Must Track Environmental Data," NY Times, B1, April 14, 2004.

3.3.3 支持社会和少数民族商业目标的政策

从长远来看,用自己的力量支持社会和少数民族事业的目标符合采购方的最大利益。这可能包括支持和发展当地供应来源,以及将合同授予合格的少数民族供应商。

采购部门的这些行为有助于塑造良好的企业公民形象。为了实现这些社会目标,需要明确界定管理层地位。在下文"专栏文摘:与多元化供应商签订合同的最佳公司"中列出了鼓励与少数民族供应商合作的公司。

> **专栏文摘**
>
> ### 与多元化供应商签订合同的最佳公司
>
> 尽管其他奖项和"排行榜"会根据总体经济增长和股东回报等指标,列出"最佳公司",但 Div50 是一个测评哪些企业是与多元文化公司签订了最好和最多的业务的指标。"在一个对多样性像对收入一样敏感的市场,对采购多元文化的产品和服务的前几名的企业进行奖励,正逐步成为新型社会经济架构自然延伸的一部分。持续从多元化企业购买更多产品和服务的企业,以及与多元化供应商保持互利互惠商业关系的企业,不仅应得到商界的认可,也应得到社会公众的认可。这就是我们创造 Div50 所取得的成就。"肯顿·克拉克(Kenton Clarke)这样说道。

第 3 章　采购政策和程序

　　随着多元文化和女性管理的企业购买力的增强,他们逐渐富裕,多元文化市场的经济实力不断增长。这反过来又吸引了更多争夺市场份额的公司。因此,Div50 清单已成为女性和少数民族消费者的消费指南。"作为一个多元化企业的老板,我很感激一些企业与我们合作。因此,当我需要采购产品和服务时,无论是为我个人还是为我的公司,我更有可能从那些支持我们业务或正在支持我这样的业务的公司购买。"伊利诺伊州埃尔姆赫斯特沙漠玫瑰设计公司的负责人海伦·莱文森(Helen Levinson)这样说道。

　　Div50 列举了全美排名前 50 的多元文化企业和采购公司。它代表了美国 130 多万家多元文化企业(女性、非洲裔美国人、西班牙裔美国人、亚洲人、印第安人和其他群体)的声音,涉及技术、制造、食品服务和专业服务等领域。它已经成为其成员及其相关企业的黄金标准,覆盖了数以百万计的消费者。在短短 13 年的时间里,它已经成为一个衡量企业在多元文化领域卓越表现的指标。

　　2013 年 4 月 24 日至 26 日,第 13 届多元文化商务大会在内华达州拉斯维加斯的永利度假村举行。

2013 年最佳公司			
排名	公 司 名 称	排名	公 司 名 称
1	沃尔玛公司	27	美国沃尔格林公司
2	美国电话电报公司	28	太平洋燃气电力公司
3	国际商业机器公司	29	塔吉特公司
4	诺斯罗普·格鲁曼公司	30	高露洁棕榄有限公司
5	欧迪办公公司	31	美国富国银行
6	思科系统公司	32	通用汽车公司
7	威瑞森公司	33	美国家得宝公司
8	雷神公司	34	美国强生公司
9	戴尔公司	35	诺德斯特龙
10	苹果公司	36	康卡斯特公司
11	洛克希德·马丁公司	37	美国通用电气公司
12	时代华纳	38	辉瑞公司
13	丰田	39	卡夫公司
14	波音公司	40	美国医药公司
15	可口可乐公司	41	微软公司
16	美国克罗格公司	42	米勒康胜公司
17	福特公司	43	特纳建筑公司
18	美国彭尼公司	44	荷兰阿霍德集团
19	阿尔特里亚公司	45	埃森哲咨询公司
20	惠普公司	46	第一资本金融公司
21	蓝十字和蓝盾协会	47	希尔顿酒店
22	美国联合包裹服务	48	纽约人寿保险公司
23	联合技术公司	49	安飞士巴基特集团
24	超级价值公司	50	OfficeMax 公司
25	百事公司	51	美国大都会人寿保险公司
26	克莱斯勒公司	52	诺维逊公司

资料来源:http://www.diversitybusiness.com/news/supplierdiversity/45201336.asp.

1. 支持少数民族供应商

支持少数民族供应商不仅是正确的选择,也是非常明智的做法。随着美国人口结构和劳动力性质的不断变化,企业需要雇用和培训具有多元文化背景的人,同时促进与来自不同文化背景的供应商和消费者之间的关系。同时,企业必须认识到少数民族供应商是一个特殊的供应商群体。由于特殊的身份地位,他们需要面对很多特殊的问题,同时也面临着许多非少数民族供应商同样面临的问题。主要问题包括缺乏资金、大型企业不断地优化供应基础、无法吸引合格的管理人员和专业人员以及少数供应商企业规模相对较小,这就可能导致其对大型买方公司的过度依赖。

关于与少数民族企业供应商进行交易,管理层的态度给采购者提供了指导。少数民族企业供应商是那些被美国政府列为少数民族的个人经营或部分由其经营的企业。该类政策通常规定,少数民族供应商享有公正平等地参与采购流程的权利。同时,政策还会概述若干实现此政策目标的步骤,包括:

- 明确管理层为实现此目标所应履行的义务;
- 评估小型和处于不利地位供应商的绩效潜力,以识别那些符合援助条件的供应商;
- 邀请小型及弱势的供应商参加采购合同的竞标;
- 制定授予合格的小型和弱势供应商的最小业务比例值;
- 根据小型和处于不利地位供应商的需求,制订培训计划。

扶持弱势供应商的政策在与美国政府签订的合同中很常见,因为美国政府鼓励将分包合同授予小型和弱势供应商。另外,有些公司针对少数民族供应商会制定更加正式的政策。

专栏文摘

你的组织真的执行其劳动和人权标准吗?

说在你们的供应链中没有侵犯人权,以及能够证明你们真的没有侵犯人权,是两个不同的问题。审查和追踪遵守或侵犯人权的情况比听起来要复杂,因为在低成本国家审查人员可能会因此获得额外的报酬。即使是诚实的审计人员,也可能会在宣布审计结果的前夜被人收买,以此掩盖不合规的行为。一个更有效的方法是评估采购全过程。该过程包括对供应商合同和绩效进行评估。这样做更具可靠性。企业不仅可以避免与不遵守劳动和人权标准的供应商订立合同,而且为那些企图有违法行为的供应商建立持续监测和惩罚措施,更加确保其合规性。

但是,如何判断是否违反劳动和人权标准?国际劳工组织(International Labor Organization,ILO)提供的框架是目前最重要的标准之一,它提供了一些评估是否遵守公平劳工标准的关键准则,如下所示。虽然国际劳工组织(ILO)框架是有用的,但将其应用到采购过程中会产生很多问题。因此,有必要制定经过深思熟虑且适用于采购流程(选择、订约和业绩衡量)的准则。

有许多明确的准则可以阐明一个组织是否真正认真地维护其供应链中涉及的人权。这些必须在组织的政策和程序中明确地标识,并纳入供应经理的日常工作。其中包括与战略采购和全球供应管理最佳实践相一致的内容,如下所述。

- 行为准则:本企业是否有针对供应商的行为准则,明确表示符合国际劳工组织标准的可接受和不可接受的劳工行为?是否有适当的惩罚措施以强制执行?
- 合同:与全球供应商签订的所有采购合同是否都包含对违反行为的处罚条款?

- 报告：是否有内部绩效跟踪系统，配有单独的审查员以落实行为规范的要求？高级管理人员是否按标准审查这些措施？
- 供应商执行：是否对供应商进行现场培训，并清楚地说明行为规范的要求？供应商是否也需要在他们自己的管理体系中采用一致的行为准则。
- 二级供应商：许多供应商只是将侵犯人权的行为转嫁给规模较小的二级分包商。这些一级供应商是否有自己的审查体系，以确保这些二级供应商也符合行为准则的要求？
- 评价：是否有内部审计系统定期（每年）对大多数供应商进行审查？这些是否由独立的、权威的审查人员进行，审查员报告是否保存在与主要供应商和外部各方共享的数据库中。
- 人力资源：是否有培训计划以确保供应商了解如何更好地遵守国际劳工组织要求？是否有其他机制让当地社区参与支持这些措施？
- 诉讼：该组织是否有良好的处理劳动和人权诉讼的记录？

这些模块提供了清晰和明确的标准，高层领导可以应用这些标准来衡量组织是否真正致力于供应链中的人权保护。这些标准还提供了明确的基准准则，不仅可以用来衡量单个企业是否遵循LHR（labor and human rights，劳动和人权）标准，还可以用来衡量一个行业或世界上某个地区是否遵循LHR标准。

资料来源：Handfield, Robert, and George, Seena, "Labor and Human Rights in the Supply Chain," Working paper, Supply Chain Resource Cooperative, http://scm.ncsu.edu, 2010.

例如，一家大型制药公司开发了一个识别少数民族供应商的程序，其中包括下列几个问题：
- 该供应商是否完全合格？
- 该供应商是否符合美国政府规定的少数民族供应商标准？
- 该供应商是否符合公司标准绩效要求？
- 该供应商提供的价格是否具有竞争力？
- 鉴于供应商的生产能力，我们应给予其多少业务量？

有关少数民族企业发展的链接和信息，请访问 http://www.mbda.gov。

北卡罗来纳州立大学供应链资源联盟最近进行的一项关于最佳实践的最新研究强调：许多行业的公司都在少数供应商开发项目上取得了很大的进步。然而，除非各企业能聚焦供应商发展，能够投入更多的资源，积极改善少数民族供应商，否则少数民族供应商的增长将仍然面临很多问题。

研究还表明，几乎所有行业的供应商都将有限的资源投入到供应商多样化项目上。一个有趣的发现是，那些普遍存在财务困难的企业不会将多余的资源浪费在供应商多样化的项目上。然而，研究发现，不存在财务困难的行业，往往缺乏高管的支持，这导致了同样的结果：多样化项目得不到足够的重视或足够的预算。所有供应商发展倡议都有两个特点：流程改进、管理人员/企业承诺。许多主管认为这些因素对任何少数民族供应商发展倡议来说都是重要的基本因素。以下为某些行业关于如何制定政策和程序的优秀实践：

- 要求一级供应商有针对二级供应商的多样性预算，并将相关条款纳入合同。一级供应商应该能够通过用户的网站在线记录多样化支出/少数民族供应商支出。在一定程度上，可以抵消由于全球采购和离岸合同的增加所引起的少数民族供应商的商业机会减少的影响。对二线供应商在少数民族供应商支出方面的在线追踪系统也加强了供应链的可视性和合规程度。

- 将全部少数民族供应商涵盖在RFQs(请求报价单)中,可以根据彼此认可的商业单位和企业供应商多样化委员会之间的条款来制定政策。RFQs的奖励在所有情况下都应该与绩效挂钩。
- 将供应商多元化目标与供应链管理策略和供应链工作岗位联系起来。商业单位也应该有与业绩挂钩的多样化目标,从而鼓励大家参与项目,并为之努力。
- 将供应商多元化项目纳入公司的采购组织,并将供应商多元化倡导者分配到特定的业务部门。这些倡导者可以为采购人员提供培训和支持。这一方法也能巩固公司供应商多样化项目开发和少数民族供应商的开支。
- 促进企业的所有职能部门参与供应商选择的采购承诺。企业供应商多元化委员会应包括所有跨职能领域的管理代表人员(如广告部、公关部、财务部、法律部、研发部、人力资源部、工程部、房地产部、运输和分配部、销售部以及企业办公管理部)。这表示供应商多元化不仅仅是某一家公司的责任,而是涉及整条供应链。

2. 企业社会责任

低成本国家(low-cost country,LCC)采购现在是一种常见的战略,以降低消费品行业的劳动和物料成本,包括服装、鞋类、玩具等行业。企业不断在全球市场寻找更加低廉的劳动力,从中国西部到珠江,现在又转移到越南、印度尼西亚、马来西亚、柬埔寨和北非。随着海外工厂迁移到劳动力成本更低的新地区,监督工作情况、保护环境和质量控制成为重大挑战。在"企业社会责任"的大标题下,破坏环境的行为通常受到国际媒体的大量关注。然而,最近企业社会责任(CRS)组织和可持续性发展协会也将"人为因素"隐含在"企业的社会责任"的定义中。人类也是环境的一部分,尽管许多企业试图在其企业社会责任倡议中淡化侵犯劳动和人权(labor and human rights,LHR)的重要性,但这种情况正在开始改变。

一系列与环境问题有关的政策越来越重要了。此外,各国政府现在正在要求将这些政策法律化,包括可回收材料的利用,严格遵守地方、州和联邦政府的管制,正确处理废物材料。1990年的清洁空气法案对排放破坏臭氧层物质和难闻气体的制造商处以巨额罚款。因此,采购方必须将供应商是否服从环境法规管制作为供应商选择的一个条件,这包括但不限于危险废弃物的处理。

环境政策的最佳实例就是化工业,化工业历来是工业污染的一个主要来源。这个产业明白如果不制定一套环境政策,那么政府监管机构将实施更加严格的监管。例如,陶氏化学认为环境问题是其政策和程序的一个重要问题。作为化工制造商协会的一名成员,陶氏化学公司是"责任关怀"项目的倡议者,该项目旨在解决化工业的环境问题,包括生产、运输、使用和安全处理;健康和安全问题;及时报告环境事故;客户咨询。供应商评估涉及评估供应商(主要是其他化工公司)的环境政策。一项重要评价内容是了解和评估与所采购的特定化学品有关的环境风险。陶氏根据行业标准来评价对方是否符合"绿色"供应商的标准。

通过政策监管违反劳动法规和侵犯人权的活动会更加烦琐。传统观点认为大多数公司在供应商选择方面都有以人道方式对待政策,但情况并非总是如此。例如,耐克、阿伯克龙比和阿迪达斯等公司大肆宣扬他们的价值导向。然而,最近的研究表明,在低成本国家的工厂里,这些企业实际上很少真正监督侵犯劳动者权利和人权的行为。为了安抚人权积极分子,一些企业发布了夸大其词的企业行为准则,并在网页或彩色宣传册中印上面带笑容的儿童和绿色牧场的照片,大肆宣扬。但是这些企业真的监督这些情况了吗?未来10年,这些企业将被更严格地监督,而那些没有关注这些问题的公司会为此付出代价。

当前,越来越多的压力来自那些价值驱动的社会团体(联合国、无国界医生组织、人权积极分子、客户和媒体),他们迫使企业将人权视为社会责任管理的一个组成部分。这也是机构投资者(加利福尼亚政府员工退休系统、美国劳工总会与产业劳工组织和养老基金经理)的要求,这些投资人担心自己的投资的走向以及投资项目是否违反了利益相关者的道德准则和本机构的使命。在当前经济环境下,股市受到经济衰退的严重影响,基金经理们再也不能只关心盈利情况,而要越来越多地关注劳工和人权问题背后的可持续发展问题。因此,企业再也不能忽略现存的弊端和问题,而必须能够通过评价指标,以行动满足社会要求和更好地进行供应链审核来证明自己正在做正确的事情。下面的专栏文摘详细介绍了这些准则,高层管理者可以在其战略性供应链布局以及与全球商业团体和工业协会的未来合作展望中运用这些准则。

> **专栏文摘**
>
> **卡特彼勒的行为准则**
>
> 卡特彼勒(Caterpillar)是一家有百年历史的公司,总部位于伊利诺伊州皮奥里亚市,从一家中西部农业设备制造商成长为全球化大型设备制造商。随着公司在不同国家、不同文化和不同市场中的发展,公司也难以保持中西部本土文化的一体化。为此,首席执行官吉姆·欧文斯(Jim Owens)提出了一套适用于所有员工的行为准则,并以"一体化是公司之本"为原则。此外,公司制定了一系列附加声明来指导采购人员的行为,包括:
> - 言行一致,言出必行。我们通过建立信任提升公司声誉。我们不以不恰当的方式影响他人或让别人不恰当的行为影响我们。简而言之,企业的声誉反映了在这里工作的人的道德表现。
> - 诚实正直。坚守正直的品格,努力履行自己的诺言。我们公司的股东、客户、经销商、与我们做生意的人以及我们的同事必须能够相信我们所说的话,并相信我们将永远信守诺言。
> - 公平竞争。卡特彼勒认为公平竞争是企业自由发展的根本。在与竞争对手、合作伙伴、供应商和客户的关系中,我们避免与竞争对手协议来影响价格、产品销售,或影响生产数量和产品类别。
> - 确保财务报告和会计报告的准确性和完整性。适用于外部财务报告的诚信标准也适用于我们用作内部管理工具使用的财务决策。
> - 公平、诚实和开放的沟通。我们及时公开发布公司财务信息以及其他信息,通知投资者、债权人、证券交易市场、员工、经销商、供应商和公众。在发布信息时,我们尽一切努力确保向所有人全面披露,不偏袒任何个人或集团。
> - 妥善并合法处理"内部消息"。卡特彼勒的员工如果掌握了供应商、客户或竞争对手的信息,就不会买该公司的股票,也不会对他人提供这方面的建议。
> - 拒绝支付不当款项。在与政府官员、其他公司、供应商和普通公民交易时,我们坚守商业道德规范。
> - 拒绝通过行贿或回扣,或任何不道德的有损我们诚实正直声誉的其他手段,直接或间接地影响他人。这类行为必须被禁止。
>
> 资料来源:Caterpillar Code of Conduct,http://www.cat.com.

3.3.4 明确买卖双方关系的政策

有关买卖双方关系的政策涉及很多方面的问题,然而,每个主题都与供应基础有关。

1. 供应商关系

指导买卖双方关系的方针原则通常包含在政策规定中,买卖双方关系对经济合作成功至关重要。此外,采购活动必须以双方相互信任和尊重为基础。该政策通常会描述一系列的方针、原则以促进达成积极合作关系,其中包括:

- 公正诚实地对待供应商;
- 支持和发展那些致力于提高质量、交货、成本或其他绩效标准的供应商;
- 及时支付供应商账款;
- 鼓励供应商提出创新想法,双方共享由此带来的利益;
- 开展开放式的沟通渠道;
- 告知供应商没有得到采购合同的原因;
- 制定公平授予采购合同的程序。

2. 资质及供应商选择

买方评估潜在供应源或评估现有供应商以确定其能否提供非传统采购商品时,需要与绩效评估标准有关的方针政策指导。管理层希望确保采购部在彻查了所有标准之后再选择供应商。供应商选择标准包括:

- 价格或成本竞争力;
- 产品质量;
- 交货情况;
- 财务状况;
- 工程技术及制造技术能力;
- 对自己供应商的管理;
- 管理能力;
- 与客户合作的能力;
- 创新潜力。

同时,本政策概述了管理层对单笔和多笔采购或使用长期采购协议的看法或观点,指出了在选择供应商的过程中,采购部需要依靠非采购人员帮助其评估技术或财务标准。

3. 授予采购合同的原则和指导方针

选择和授予采购合同的过程是有效采购的核心。这项政策涵盖了许多关键方面:

- 买方在一定金额范围内,具有授予合同的权利;
- 竞争性投标过程中可接受和不可接受的条件;
- 使用竞争性投标的条件;
- 分析密封性投标的流程;
- 不从最低竞标价的供应商采购产品的条件;
- 再招标的条件;
- 适用于与供应商进行谈判从而达成合同的操作方针。

虽然现在的趋势是减少对竞争性投标的依赖,更多地依靠谈判达成的长期协议,但仍有许多合同是通过竞争性投标程序生成的。一般来说,可以从许多不同的采购源得到的常规产品都是通过竞标的方式采购的。对于采购部来说,制定一套授予供应商采购合同的标准政策方针是很重要的,因为它确保了采购合同是在平等的方针指导下授予的。

4. 供应方出现劳工或其他问题

当出现供应商罢工或其他劳工问题时,管理层对供应或劳工供应中断的看法以及可能采取的行动方针提供了政策指导。该政策可以解决的一个问题是,在罢工期间,买方能够合法地更换供应商,以便买方可以在混乱期间找到额外的供应源。关于此问题,该政策进行了详细说明,其中规定在供应商罢工期间,买方可以暂停与罢工供应商的任何采购合同或未履行的订单。该政策可以作为供应商合同的一部分。自"9·11"事件以来,制定紧急政策以应对供应链的突然中断已经变得非常重要。例如,丰田公司的唯一供应源的某个供应工厂被烧毁,而该公司却没有处理此类问题的正式政策。最后通过与其他主要汽车公司包括本田和尼桑合作,采购零部件,才使得丰田度过此次危机。

下面介绍处理买卖关系的其他政策。

对于那些希望与采购人员建立商业合作关系的供应商所提出的建议,企业必须谨慎对待接受和使用该建议所应承担的责任和义务。政策规定:买方只有在公开的基础上,且对供应商不承担任何责任或义务时才能接受来自有合作意向的供应商所提供的建议。此时,供应商甚至可能需要签署一份弃权证书,以保证采购方不承担任何责任。

对于参与新产品前期开发的供应商,有种政策阐明了管理层对这些供应商应承担的财务责任的观点。在新产品研发前期,买方可能需要供应商为其提供节约成本的建议。这一政策规定了供应商应承担的责任限度,特别是那些提出建议但未被接受的供应商。

许多公司制定了由工程、营销、生产和采购四部门联合编写的政策手册,以备采购部让供应商参与新产品开发过程。该手册具体阐明了新产品开发的步骤,以及在此过程中影响供应商加入时机和方法的因素。该政策还规定了使用的保密协议的类型、共享专利的准则及其他合作开发产品的政策。

3.3.5 解决运营问题的政策

在采购政策类型中,为运营问题提供指导的政策涉及的范围最广。这里的运营问题是指买方在日常履行采购职责时遇到的问题。

专栏文摘

沃尔玛致力于采购管理的可持续性原则

沃尔玛(Walmart)宣布:要在2015年年底前从其全球供应链中减少2 000万吨温室气体排放。这是公司预计中下一个五年全球碳排放量增长的1.5倍,相当于每年从大街上减少38万多辆汽车。

"能源效率和碳减排是当今世界的最重要的事情,"沃尔玛总裁兼首席执行官迈克·多克(Mike Duke)说,"我们已经在这些领域(在我们自己的和供应链管理的碳排放量工作中)取得一些成绩,未来我们有机会,也有能力做得更多。"

沃尔玛的全球供应链系统比其运营部门的碳排放要多出很多倍,并且该公司的供应商遍布世界各地。这比供应商单一的企业对全球碳排放产生更大的影响。

"就像我们在沃尔玛所做的每一件事情,能否实现这一承诺最终要靠我们的顾客。"多克补充道,"在我们产品的生命周期中减少碳排放往往意味着减少能源使用,意味着更高的效率。随着能源成本的上升,也意味着更低的成本,从而使我们的业务更强大,更具竞争力。就像我们帮助供应商减少能源使用、成本和碳排放那样,我们也将帮助我们的客户做同样的事情。"

沃尔玛与环境保护基金(Environmental Defense Fund,EDF)合作,提议在全球视角下看供应链的新模式。其他外部倡议者包括普华永道会计师事务所、ClearCarbon Inc.、阿肯色大学的碳公示项目和可持续发展实践中心。该团队将会确定项目、量化减排、敦促供应商保证以适当的流程履行碳减排的承诺。

"现在全球最大的公司启动了一场全球碳减排竞赛,"环境保护基金总裁弗莱德·克拉普(Fred Krupp)说道,"沃尔玛的大胆举措将帮助企业判断碳减排项目和成本。这个项目一旦开始,它将改变美国国内乃至全球的许多供应链。"

减少温室气体排放的创新项目包括三个主要部分:

- 选择——沃尔玛将专注于碳含量最高的产品类别。定义是:产品生命周期中每单位的碳排量乘以公司销售的数量。为了明确产品碳排量,可持续发展实践中心研究了沃尔玛所有产品类别相关的碳排量。这种方法可以确保项目团队将重点放在最具减排意义的产品类别上。产品生命周期的任何一个阶段都可能会减排。
- 行动——作为一个项目,必须在产品的原材料采购、制造、运输、客户使用或废弃物处理过程中减少碳排量。沃尔玛必须表明其在减排方面有直接的影响,并说明如果没有沃尔玛的参与,减排就无法实施。
- 评估——供应商和沃尔玛将共同为减排负责。沃尔玛将进行质量保证检测,以确保减排的方法、完成的情况和减排量的正确性。普华永道将按标准评估程序做出是否持续遵守量化减排的声明。

资料来源:walmartstores.com/greenhousegas,accessed April 19,2010.

1. 危险物料

采购者必须在处理危险废弃物方面采取积极措施。在过去 10 年中,出台了许多恰当处理有毒有害物料的新的法规和政策。1899—1950 年,美国政府通过了 7 部涉及环境保护的法律。1976—1978 年,国会通过了 9 部环境法。最近出台的法规进一步要求企业对环保倡议有更深思熟虑的反应。另一个重要的趋势是要求企业必须通过 ISO 14000 认证才可以从事全球商业交易。ISO 14000 认证要求企业建立环境管理系统(Environment Management System,EMS)来处理环境问题。EMS 要求企业做以下工作:

- 制定环境政策;
- 设定恰当的目标;
- 帮助设计和实施实现此目标的项目;
- 监督并考核该项目的有效性;
- 监督并考核公司内部总体环境管理活动的有效性。

由于采购废旧物处理服务通常是采购部的任务之一,因此参与制定 EMS 成为采购部的一项重要责任。对于经常使用或生产危险物料的公司,法律要求其必须制定一项政策,详细列出处理危险物料的法律要求和条件。若没有制定这样的政策,企业会被视为触犯了联邦法律。该政策还详细说明了只能选择符合当地、州和联邦法律的承包商。在授予危险材料运输和处置合同前,一些政策要求承包商提供以下详细信息:

- 有效的许可证和执照的证明;

- 对许可承包商提供的处置服务类别的描述；
- 防止事故发生的保障措施，以及针对发生危险泄露的应急方案和准备工作；
- 详述一旦危险物质离开买方工厂所应采取的具体的控制流程；
- 证明承包商有恰当的保险责任；
- 证明废物转运商使用的是经证实的恰当的废物处理站。

选择一个合格的危险废物承包商是至关重要的。当规模较大时，就要制定一项表达清晰的环境政策，而政府和公众环境意识逐渐提高也推动着解决这个问题的步伐。

2. 供应商对不合格的物料所承担的责任

本政策概述了供应商对不合格的物料装运或其他类型的不履行行为应承担的责任。这些政策通常会列明，在不履行行为发生时，供应商应承担由于采购商拒绝支付而产生的各种成本。这些成本可能包括物料返修成本、运回货物的再包装费、额外物料处理成本、货物返运成本或与之相关的生产损失、生产延误成本等。采用准时制供应方式的采购者对由供应方导致的物料问题都有非常严厉的罚款规定。在准时制物料生产环境下，一次存在问题的货运就可能导致整个生产流程的停滞，在某些情况下甚至导致每分钟 10 000 美元的罚款（如汽车原始设备制造商）。

关于不合格物料制定的政策也会表明采购部与供应商进行谈判或解决对供应商提出的索赔等权利。这需要采购部谨慎地调查每次不履行行为，以得出公平合理的解决方式。对于由供应商造成的问题，该政策为买方提供了保护措施。

3. 已购商品的比较

另有政策指出，管理层应对所购产品进行持续性评估。评估可能要求买方定期审查购买的物品或服务，以确定现有供应商是否仍然保持市场领先地位；评估可能包括成本、质量、交付和技术方面的比较。

对于通过竞标采购的产品，对其进行比较的方法通常意味着要求合格供应商对项目进行重新招标。该政策通常会指定管理层所希望的进行竞争性比较的频率，以及进行比较的大体程序。对于通过长期采购合同购置的产品，就与主要竞争对手在标准或成本方面进行比较。

4. 其他运营政策

还有很多其他的运营政策能够为采购部门提供指导，如：

- 遵守美国法律法规；
- 非采购部门选择供应源所受的限制；
- 妥善处置物料资产；
- 终止采购合同或订单的合法权利；
- 供应商承担运输过程中产生的额外成本；
- 要求供应商就合同条款做出变动；
- 供应商使用的商标或标识。

以上列出的所有政策都有一些共同点：对于某一问题，政策在为负责人员实施政策提供指导的同时，还阐明了管理层应该扮演的角色；对于处于各地或不同机构层级的工作人员，在这些政策的指导下产生的应该是一致的行为；概述管理层就不同领域起的不同作用的一系列基础政策声明，必须能够随时被使用或发布；所有政策都应被定期地检验和更新。目前,已经有越来越多的公司将政策发布在自己的内部网页上。

3.4 采购程序

程序是一系列的操作运营指示,其中详述了各部门应如何履行职责或任务。程序手册实际上是一个"如何运作"的手册。一个大型的采购部门可能有上百种操作程序,用来阐述开展某一个活动所应采取的合理做法。

本书不可能逐一详述所有的采购程序,特别是在不存在能够为所有采购程序的制定提供指导原则的情况下。因此,我们仅概述一下采购程序。每家企业会根据自己的具体需求制定适合自己的采购程序。

程序手册有许多重要的用途。首先,该手册是采购人员的参考指南,尤其对于需要培训如何完成不同活动或任务的新员工来说非常有价值。对于有经验的人员,通过该手册可以进一步确定运营程序,或者用来加强对各个领域运营知识的记忆和理解。其次,该手册通过记录执行任务所需的步骤和活动来提供一致性和有序性。认真编纂的程序手册有利于提高运营效率,并且通常比政策手册更深入、更具体。同时,程序手册还可能包括可以遵循的行业最佳做法——它们都是通过与领先公司进行基准比较后得到的。

简化程序在任何情况下都应该是企业追求的目标,重点应放在制定一套简洁、准确和完整的操作指示手册上。需要注意的是,如果规定了太多的步骤而无法执行,或者太注重不必要的细节,那么这个操作指示就会失去效率。许多公司也渐渐发现开发新产品的传统程序不利于部门间的合作。现有的采购程序应该逐渐被注重及时性和反应速度的精简采购程序所替代。为了和政策相统一,管理部门必须审查和评估其采购程序,以确保其及时性和准确性,并努力提高绩效水平。

表 3-2 描述了一家大型技术公司的采购程序。该程序包含前述各个部分内容,并确定了采购部选择供应源的权利。与其他所有程序一样,这一程序今后需要进行审查,以核查其及时性和有效性。为了缩短产品开发周期,工程部和采购部的办公室越来越趋向于选择临近的区域。当两部门确实位于相邻的区域时,供应源的选择就不再是哪个部门的问题,而是一个团队需要履行的职责。一旦精心设计的流程发生变化,现有的程序可能就不再适用。

表 3-2 功能采购过程的示例

ABC 技术公司采购程序

程序编号:4.3
日期:2010 年 10 月 1 日
主题:来自工程部门的采购需求
Ⅰ.背景介绍
本程序概述了当采购部门收到来自工程部门的带有指定来源表格(表格 SS-1)的材料请求时应遵循的步骤。处理具有指定的供应源的采购申请与处理一个提供建议性供应商名单的采购申请不同。制定本程序的目的是公平、及时和全面地评估工程部所指定的供应源。
Ⅱ.相关政策
行政政策授予采购部采购材料、配件和其他产品的权利,但在采购过程中应满足公司对交货、质量、最低成本以及其他竞争性方面的要求。如果对此权利进行限制,可能会对采购部履行职责和任务的能力产生重大影响。但是,在有些情况下,是由采购部门以外的其他部门保证供应源的产品或服务规格的。

续表

Ⅲ. 职责

买方的直接主管或经理有责任根据以下程序接收指定供应源的申请表,以此对采购申请做出评估并决定最终处置方法。

Ⅳ. 程序

A. 在收到工程部门提交的 SS-1 表格后,采购部门的管理人员需要确认该表的各个部分是否都已正确填写完整。

B. 采购经理必须核实请购产品不是目前正在采购的产品。如果是,采购部应立即通知工程部。

C. 对于目前未采购的产品,采购管理部门必须评估工程部门指定请购产品供应源的原因。如果发现给出的理由违反了可接受的采购或市场原则,采购部门也有权确定和评估同样合格的供应源。

D. 如果工程部的采购请求被接受,采购管理部门将签署指定的采购表单,并及时处理采购订单。

E. 将被否决的申请附上被拒绝的理由返给工程部。为了促进采购部门和工程部门之间的合作,采购部将在合理的时间内对指定供应源的采购申请做出答复。此外,采购部门同意与工程部门合作,在满足公司商业需求的同时,确定满足工程技术要求的供应源。

采购程序涵盖采购所涉及的任何方面。大多数采购程序都会涉及以下某个领域。

(1) 采购周期。采购周期程序通常都会用文件的形式规定采购周期或采购流程中每个采购步骤都必须遵循恰当的做法。采购过程详见第 2 章。

(2) 恰当使用采购表格。一个典型的采购部门依赖于许多形式的表格来进行其业务。回顾第 2 章提供的常用的采购文件和表格的例子。其中大多数是电子格式或邮件,并保持在数据库中。然而,需要认识到的是许多公司仍然依赖手工表单和传真表单,并没有实现所有部分的自动化。在处理表格时,流程手册是一个很有价值的资源,它包括对每个表单的正确使用的描述(无论它是手工生成的还是电子生成的),表单上每个信息字段的详细含义,以及对每个表单的正确处理和存储的描述。对于第三个作用,通常还会说明包括关于存储位置和存储时间的信息。

(3) 法律合同的签订。签订法律采购合同可能需要几十页的篇幅,并涉及许多方面的问题。大多数企业都有一套签订合同的具体程序。采购方有义务熟悉和遵守法律合同的程序。法律合同程序中讨论的一些问题包括:

- 标准采购合同的基本特征;
- 合同基本原则;
- 协议的执行和管理;
- 合同的基本要素;
- 遵守合同条款和绩效考核;
- 达成竞争性合同的正规程序;
- 签订合同流程;
- 样本协议的例子;
- 法律定义;
- 使用正式的合同条款。

关于法律采购协议和合同的签订、实施和执行的程序,流程中通常都有详细的规定(就像合同本身一样)。采购部可能需要专门的员工帮助其处理程序中这个复杂的部分。

(4) 运营程序。运营程序提供各个方面的指导和细节规定。任何遵循一系列具体步骤就能获益的运营问题都可以制定一套相关程序。当然,履行这样的程序时需要保证行为的连贯性，以促进效率和一致性。程序还会涉及部门或行政政策中的指令。在一家《财富》500强企业的物料手册中，包括以下运营过程中所涉及的问题：

- 对提供给供应商的物料进行管理；
- 采购单据的存储；
- 供应商资格认证流程；
- 使用计算机化的采购系统；
- 分析竞争性投标；
- 使用唯一供应源选择方式；
- 订单定价和需求分析；
- 成本分析程序；
- 可接受的降低成本的技术方法和文件；
- 公司内部事务；
- 处理超载运输问题；
- 供应商确认采购订单；
- 对已采购不合格产品的处理；
- 撤除提供给供应商却属于本公司的工具。

运营过程中许多不同的问题都要求使用有文件记录的程序，这里只列举了其中的一小部分。采购程序涉及的内容很广，有的只是常见问题。然而，一套有效的采购程序可以有效地利用采购专业人员的时间，同时还可以为一系列问题提供现成的参考，并确保员工在执行相似任务时可以遵循相似的基本程序。

本章小结

了解政策和程序对理解企业如何运营操作是至关重要的。政策是基于这样的理念制定的：方针指导被整理成文件并适用于处理企业内部和外部的各种关系。政策所涉及的指导的适用范围应非常广，既可以指导决策者行使决定权，也可以帮助员工就某一问题做出判断。一项好的政策和程序有利于进行高效、有效和一致的采购。反之，过时、包含太多不必要的细节或不能解决现有问题或争议的政策将不会提高采购的有效性。当企业扩大其全球采购规模时，要重新审视他们的采购政策和程序，以确保能应对工作中所面对的快速变化。

思考讨论

1. 写一份能够表明如何看待"单独开支"的简短的政策声明。你的政策声明应该具有哪些特征或特点？
2. 为什么在政策中介绍采购部门权利来源和范围很重要？如果没有这样的政策会怎样？
3. 为什么管理层要定期审查其采购政策及程序？如果管理层不审查政策和程序会有什么潜在后果？
4. 全面完整的政策和程序手册会带来哪些好处？手册太全面有什么不好的地方吗？
5. 讨论道德的概念。为什么采购专员对这个话题特别敏感？
6. 沃尔玛和IBM等企业都在供应基地执行环境绩效，你认为它们这样做的动机是什么？这种决策会给企业品牌带来什么影响？

7. 在当今的供应链环境中，劳动者权利和人权的重要性如何？为什么这二者很重要？这对全球供应环境下的公平贸易、海外采购和政策采纳方面有何影响？为什么对违反劳动者权利和人权准则的供应商进行监控如此困难？

8. 后门购买（"单独"，即绕开采购人员直接与供应商联系，或直接与最终用户联系）和销售存在哪些风险？为什么采购部对控制此业务行为感兴趣？

9. 回顾本章"专栏文摘：卡特彼勒的行为准则"中行为准则的相关要素。列举一些违反这些要素的采购行为。

10. 本章列出了一些不同的运营程序。列举和讨论可能受益于书面程序的其他3个业务领域。

第 4 章

整合供应管理，提高竞争优势

学习目标

- 理解采购部整合的重要性及采购部在企业内外整合过程中所起的作用；
- 理解跨部门职能部门小组对整合所起的促进作用；
- 理解采购部是如何与工程部和供应商进行合作来开发新产品和服务的。

开篇案例

采购和整合的关键作用

1. 背景

大型跨国公司 Electro 的一条新生产线需要设计一个完美的控制台，也可以是其产品的电子"控制中心"。虽然从传统意义上讲，新控制台的设计是影响产品发布的最关键因素，但在以前的产品发布中，Electro 公司始终未能满足控制台的成本、可用性和质量的目标。Electro 公司控制台设计的内部过程过于复杂，基本上有十多个不同的小组参与。因为用户可以看到并触摸控制台，所以从美学角度来看，控制台是产品的重要组成部分。

Electro 公司曾自行设计过控制台，然后要求供应商对那些设计进行投标。由于希望采用完全不同的方法，并将控制台作为测试新业务方式的初始项目，该公司选择实现跨功能流程来定义设计需求，包括功能、特性和成本。跨功能团队的主要目标是与供应商协作，并在控制台的设计阶段考虑供应商的投入和反馈意见。具体来说，团队希望通过确保最佳设计以提高可制造性，实现质量和成本控制目标，并构建控制台的最优供应链。

2. 方法

新产品线的设计为 Electro 公司提供了一个供应商合作项目试点的机会，为问题不断的控制台提供了理想的测试平台。此外，转向开发新产品的跨职能项目管理方法是产生理想结果的最终因素。Electro 公司要求供应商提出一个关于控制台盖弯曲度的设计概念，这对关于电子和装饰的供应商来说都是设计和制造上的挑战。Electro 公司也利用这个机会在开发新产品时应用项目管理技术，并建立了一套适用全公司范围的严格标准来评估供应商的概念方案。

在以前的产品发布中，Electro 公司的供应管理团队通常在产品发布前有 14 到 18 个月的准备时间。在最初的三个月里，市场营销和工程将独立运作，而当供应管理部门介入后，再做设计上的改变就太晚了，此时满足产品发布的最后期限和成本已经确定了。

公司内部协作涉及市场营销或产品管理、设计、工程、采购（商品和品类经理）和质量监管部门共同开发新产品。外部协作包括与供应商们的合作，以实现共同的设计目标。主要的供应商网络包括一个系统集成商，负责开发产品的触摸面板、屏幕控制和装饰性模压盖。系统集成商还负责选择和管理子层组件供应商网络，包括电子产品供应商，该供应商将作为电子产品集成商，同时与系统集成商合作。

通过这种方法，Electro 公司要求供应商提出设计概念、材料需求和概述制造过程，这些工作应该在产品开发的概念阶段纳入产品设计。一般来说，Electro 公司会对供应商的设计和技术要求十分明确。在这个项目中，Electro 公司向供应商提出关于概念、功能和成本目标的基本需求，然后要求供应商创建详细的设计。通过这种方法，设计不再简单地是从一个内部组到另一个或者是 Electro 公司到供应商。

一级供应商将扮演系统集成商的角色，选择和管理 Electro 公司的下级供应商。对 Electro 公司来说，采用这一新的经营方式是适时的。采购组正在把产品发布的责任分成项目管理和商业两个部分，增强了对项目管理的重视程度。该公司认为，它拥有"在正确的时间、正确的地点、由正确的人"来尝试产品设计的新方法。

Electro 公司采用了几个专门术语来描述这种与供应商合作的新方法。首先，公司利用"价值管理团队（value management team）"的方法，组建一个专门负责开发技术和采购路线图的团队，以满足公司对未来五到七年消费者需求的预测。虽然供应商没有在这个团队中扮演正式的角色，但 Electro 公司允许供应商参与个别项目。与合作相关的第二个术语是"早期供应商参与（early supplier engagement，ESE）"，指供应商在产品设计过程中较早参与的特定过程或项目。

Electro 公司采用两阶段合作策略：
(1) 通过严格的供应商选择流程，确定合作的供应商；
(2) 产品设计、开发和制造过程的优化完善。

3. 供应商选择流程

基于一套由员工制定且具有代表性的内部评估标准，相较于以往的控制台设计项目，Electro 公司能够更早地解决供应商选择问题。这让我们有时间对潜在的供应商进行彻底的资格审查。

由来自不同职能部门的员工代表组成的约 20 人组成的 Electro 小组，对供应商的建议进行了评估。这种透明的选择流程有助于获得最终选择决策的支持。

供应商设计方案的评估体系包含 18 个客观标准，主要分为三大类：合意性（desirability）、活力（viability）和可行性（feasibility）。

- 合意性——能够解决或适应问题解决的主流方案、可靠或可销售。
- 活力——快速进入市场、质量、服务。
- 可行性——开发风险、采购配合、开发成本、物流、成本。

鉴于建议和评估结果，确定了几个明确的供应商。最终，Electro 公司选择了 SI Industries 作为其系统集成商，并指定了一家供应商提供二级电子产品。电子供应商是电子元件供应商的集成商。控制台项目是第一次与该供应商合作，这符合 Electro 公司的战略，即让一级供应商负责上游供应商的决策和业绩。

4. 产品设计流程的优化

与系统集成商进行合作的方式需要调整 Electro 公司的商业运作方式。首先,在设计和开发过程中,Electro 公司必须比传统方式更早地进行合作。此外,现在的设计是由内部设计师和供应商合作完成。与更有序的或"传统"的产品开发方法相比,除了 Electro 公司的市场营销和工程部门之外,还需要另一组内部团队在早期就参与进来,例如采购、成本管理(建模和做预算)和生产部门。

在产品开发过程中,工作人员会进行大量的沟通交流,Electro 公司和供应商可以通过计算机辅助设计(computer-aided design,CAD)系统共享数据和图纸。Electro 公司希望探索使用各种辅助软件辅助项目推进。对于这个项目,Electro 公司没有规定供应商使用特定的软件。

5. 结果

项目建设稳健推进,持续向好。众多员工直接参与了供应商选择,他们把握选择流程,掌握大量的数据,致使他们更容易接纳决策结果。供应管理和工程部门负责供应商的选择,营销部门从供应商那里获取成本结构等有价值的信息(例如,在什么情况下增加颜色的数量会导致成本的变动?),这满足或超出了各部门的需求。

采购经理认为,通过内部跨职能小组参与产品开发和发布与供应商协作的方式是成功的,产品上市时的可用性、质量水平和成本都达到或超过了预期目标。

资料来源:Value Chain Strategies for the Changing Decade:Collaboration Across the Extended Value Chain,CAPS Research,2013.

4.1 引言

开篇的案例说明了供应管理、跨职能部门与供应商合作在影响企业绩效方面的重要性。产品的成功发布和风险的有效管理,逐步成为全球供应链管理中的重要环节。供应链上的一个小问题,比如产品发布推迟或预算超支,以及如下"专栏文摘:危机四伏的苹果公司 iPod 供应链"里所描述的地震,都可能会造成多家组装厂停工,影响向全球客户的交付、销售、公司发展和企业利润。在这个全新的全球采购环境中,为尽力节约成本,减少突发事件和风险,向客户提供创新的产品和更高的价值,供应管理与业务部门的紧密合作比以前任何时候都重要。

采购办公室曾经犹如一潭死水,挤满了那些并不渴望升职的员工。许多采购人员认为自己是行业中的官僚,他们和熟知的、位置相邻的供应商签订采购单,避免复杂的评估潜在供应商的流程,尤其是那些评估海外供应商的流程。

如今,顶级供应经理需要掌握不同的技能并志存高远。他们中的一些人是受过财务培训的工程师或者拥有运营经验的人,这些经验使他们对公司的产品和服务是如何开发和生产的有更深入的了解。

相比十年前,现在的公司开始利用计算机系统记录每笔交易,技术的突破使得当今采购职能的转变成为可能。然而,计算机技术的运用通常会揭示出令人惊讶的弊端。例如,许多公司发现不同片区,甚至是大厅里一间挨着一间的办公室,有时会为了从外部供应商购买的相同商品和服务支付不同的价格。

> **专栏文摘**
>
> ### 危机四伏的苹果公司 iPod 供应链
>
> 一场台风能影响该地区青少年的圣诞礼物吗？
>
> 许多高科技产品都产于菲律宾群岛，包括苹果公司的 iPod 音乐播放器。苹果公司的供应链依赖其在菲律宾的链条：2007 年的第三季度（6 月到 9 月），苹果几乎销售了 900 万台 iPod。
>
> 当年 9 月，研究员纳撒尼尔·福布斯（Nathaniel Forbes）调查菲律宾工厂的突发事件，这家工厂为 iPod 组装 1.8 英寸磁盘驱动器（下文称该工厂为"Pod 配件厂"）。
>
> 在调查过程中发现，Pod 配件厂只有一家生产磁盘驱动器的工厂，即菲律宾的这一家。如果这家工厂出现问题，那么就需要花费数月、数亿美元来重新组建一家新的生产 1.8 英寸磁盘驱动器的组装生产线。
>
> 假设 iPod 不需要磁盘驱动器，苹果公司每天也需要至少 50 000 个磁盘驱动器，甚至更多。如果 Pod 配件厂不能生产这些磁盘驱动器，那么会产生怎样的影响（包括对苹果公司以及 Pod 配件厂和苹果公司之间关系产生的影响）？磁盘驱动器还可以在另一家工厂生产，该供应商坐落于拉古泰克农公园街大约 1 千米外。实际上，在这条街上还有其他 4 家制造商为 Pod 配件厂提供磁盘驱动器配件。至于生产效率，这些工厂相距较近是一个明显优势。然而，对供应链的可持续性来说存在潜在风险。一场自然灾害并非只会影响这条街上的某一家制造商，而是所有工厂都可能会在同一时间受到影响。
>
> 他们会被某一场灾难摧毁吗？Pod 配件厂拥有经过备案执照和测试的应急系统、一个积极的应急团队和一支随叫随到的保安部队。另外，在那条街上还有市政防火部门，在工厂周围也安放了充足的灭火器。Pod 配件厂对火险或其他类似事件做好了充分准备。但是如果全国范围的灾难发生了呢？考虑以下数据：
>
> （1）塔尔火山。距离 Pod 配件厂 30 千米处，是十六座"十年期火山"之一的塔尔火山。这些火山被地球内部火山和化学国际联合会视为定居点的重大潜在风险。2006 年 9 月的一天，塔尔火山喷发了 29 次。2006 年 10 月的某个周末，菲律宾发生过 4 次地震，包括发生在拉古娜的 4.7 级地震。
>
> （2）菲律宾有定期的热带风暴和台风。
>
> 另外，这条街附近的区域定期受风暴带来的洪水灾害，这迫使人们提早下班。
>
> 一般，Pod 配件厂仅存储大约两天的最终产品，等待交付装运。
>
> 这些驱动器太贵了，不能保有存货。而再建设一条生产线极其昂贵，从而将配件厂置于竞争劣势。
>
> Pod 配件供应的中断可能会对苹果在 48 小时内生产 iPod 的能力产生直接和严重的影响。
>
> 如果突发事件发生在 10 月，将会大量削减圣诞节期间 iPod 的供应，两年前就曾出现这样一场毁灭性的台风。
>
> 资料来源：Forbes, N., (2006, October 28) "Tuning Out Supply Chain Risk," Retrieved from http://www.zdnetasia.com/blog/bcp/0,39056819,61963177,00.htm.

采购经理像高效的成本削减者一样，尽管这两类人的工作存在细微的差异，但可以肯定的是，采购人员通过搜索新的、低成本的供应源，能够帮助公司省下一大笔钱，当然这是许多跨国公司成长的重要原因。但在这样一个时代，商品稀缺或充足，企业面临着恐怖分子袭击、码头工人罢工或供给瓶颈带来的供应链风险，它们必须选择可靠的供应源，这可能意味着要选择要价更高但可以保证没有突发事件的供应商。

任何企业的不同职能部门或团队都必须通过合作来实现一系列的共同目标，包括降低产品成本、改进产品质量、改善交货情况以及研制新型产品,而采购部门在辅助完成绩效目标、与企业内外团队沟通和协作方面起到了积极的作用。采购部门是怎样做到这些?答案是供应整合(supply integration),包括采用专业的方式管理供应商,以及不同的内部组织间建立密切的合作关系。本章的主旨是要求采购部必须与企业内外部门紧密合作,以增强改善竞争绩效的能力。可以整合的领域很多,包括财务、工程、物流、服务、运营、生产、新产品开发和客户服务等。

本章第一部分介绍整合。接下来要解决供应管理中重要的问题,即与不同团队的内部和外部建立联系。第三部分讨论了为了提升外部整合能力而需要建立更紧密和更合作的采购商—销售商关系。第四部分介绍采购团队的交叉功能,为整合供应管理所采取的一种越来越重要的方法。最后将重点放在开发新产品和完成顾客订单所涉及的供应管理上。

4.2 整合的定义

整合(integration),这个术语总是频繁地出现在大众报刊上,而大多数情况下都没有对整合给出个很好的定义。本书中我们将整合定义为:正式地或非正式地,实际地或通过信息技术方式,合并各不同团队、部门或组织,或者使其合作来完成当前的某项与商业有关的任务或目的的过程。虽然整合的含义非常广泛,但它包含一些特定因素。首先,人们要通过合作来制定战略或解决问题。正所谓"三个臭皮匠,赛过诸葛亮",通过合作解决问题是一种很好的方法。但是许多公司都不会采用这种方式:让持有不同观点的人进行合作来解决同一个问题。特别是在国际环境下,小组成员可能分布在世界各地,召集在一起非常困难。此时就要使用其他方式进行整合,如通过地域合作方式或通过信息系统将小组成员联系到一起。最后,整合要求人们就最终目标或目的达成共识,正如下文所述,这将是整合战略成功的一个重要因素。

最近的一项针对美国和欧洲的高级行政人员的研究表明,整合正是这些行政人员最想做的事情。当被问到2010年供应管理的管理人员所需要具备的关键性技巧时,他们没有列出如流程管理、财务分析或者工作效率等通常的技能。他们追求的关键是关系管理技能(relationship management(RM)skills),即有能力做符合道德规范的行为,有效地聆听、交流,并创造性地解决问题。经营关系的能力对企业试图与内部和外部业务部门进行更多整合来说是最重要的。

整合的方式有很多种。可以是各功能部门之间,如采购部门或新产品开发部门;也可能是跨地域小组之间,来自不同业务单元的人进行合作。不过,最困难的和最富有挑战性的整合方式是跨职能小组。这种方式涉及与供应商或消费者,甚至与二者同时进行合作。将不同人员集聚到一起来解决同一个问题可以带来巨大的收益,不同的人员可以为合作做出不同的贡献,具体如下。

- 信息:关于市场的信息;关于计划或需求的信息。
- 知识或技能:产品或服务知识和技术;流程知识和对"如何发挥其效果"的理解。
- 商业优势:能使消费者受益的有利的成本结构;能帮助降低成本的规模经济;对某问题的不同观点,这将使小组成员从崭新的角度来考虑问题。

采购部可以使用以下几种不同的方法来实现整合目的:

- 成立跨职能或跨组织委员会或小组；
- 通过诸如视频会议和网络邮件等信息系统进行沟通交流；
- 能够促进实现最终共同目标的具体整合目标和措施；
- 注重流程的企业，致力于某些特定流程；
- 将供应商和客户安排在相同的地点；
- 成立买方—供应方协会，为督导委员会提供资料和指导。

然而，良好的供应链商业实践正是成熟的公司成本管理文化的基石，其中包括从供应商关系管理（supplier relationship management，SRM）中的基础关系到公司能否取得更大成功。

其中一个突破点与供应链管理人员的个人效率有关。供应链管理人员必须在一开始就和内部其他部门合作，而不是和这些部门唱反调。这意味着整合的关键基础（组建团队、交流和关系管理）将比以往任何时候都重要。我们先行讨论整合过程中最重要的问题之一，也是采购部门一直努力的一个方向：在本企业中，实现各部门之间的内部整合。

4.3 内部整合

采购部必须与内部组织保持经常的交流和联系。图4-1表明了采购部和其他关键部门间的双向联系，并列举了这些组织之间交流的信息。随着采购部门作用的不断深化和提高，采购部与其他部门之间的联系将会得到增强，而且会越来越重要。

为促进内部整合，采购部门与内部其他部门间进行了大量重要的交流联系或接触。内部整合的需要在过去5年急剧增长。许多组织已经积极地转向外包（但是现在，有选择地将外包产品内包），并且在某些情况下，在低成本国家采购所有的产品或联系制造商。这些环境与北美的采购商—销售商的情形非常不同，供应部门必须在签订协议和识别全球需求方面发挥关键作用。采购部门必须努力成为全球谈判小组的成员之一，并参与供应商质量管理、合同管理和物流管理，需要和公司内部许多部门合作，包括财务、法务、物流、营销及运营等部门。

1. 运营部

采购部一直都是运营团队的重要支持者。由于两个部门之间的关系很密切，因此采购部直接向业务部门汇报并不稀奇。两者主要是通过制定采购战略建立联系。因为采购部直接支持运营部，所以对于生产或服务战略，采购部必须拥有自己的见解。采购部通过制订销售和运营计划（sales and operations，S&OP）来明确需要向运营部（和营销部）投入关键性要素的领域。其中，S&OP主要用来识别6个月或一年内的生产和销售水平。当然，采购部的战略和计划必须与销售和运营计划保持一致。例如：采购部门计划满足客户对产品或服务的需求时，必须知道运营部门的零部件和服务需求。这当中包括物料、软件、服务、商务旅行、旅馆、信息技术及劳务外包。由于采购部要负责采购要素以支持运营部的计划，因此采购经理们一定要和运营部协调好计划的实施。

采购部门和运营部门也通过员工的直接联系来保持彼此的沟通交流。现在很多公司直接将采购部门人员安排在运营部门的经营地点，这样采购部门可以对运营部门的需求做出快速及时的反应。例如：在许多财务机构，供应人员和战略部门在同一办公地，这样就可以在供应商和机构之间联系时作为第一联系人，这些供应管理人员能够识别问题，提出解决方

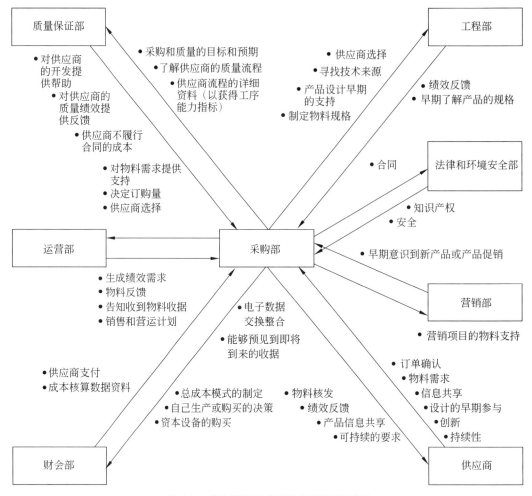

图 4-1 采购部门的交流沟通流程及联系

案,并作为相互讨论或服务管理的联系人。

2. 质量监管部

过去 10 年中,采购部门和质量监管部门之间关系的重要性越来越凸显。由于公司需要从外部采购越来越多的制成品,因此采购部门和质量保证部门必须进行密切的合作以确保供应商按预期行事。这两个部门的合作项目包括供应商质量培训、工序能力研究及纠正行为规划。采购和质量之间的关系如此重要,以至于有的公司将供应商质量管理的任务直接交给采购部门负责。许多公司现在拥有尽职的供应商质量管理部门,同时向质量部门和供应部门汇报。

3. 工程部

也许最重要和最具挑战性的联系存在于采购部门和工程部门之间。随着时间的推移,对在较短时间内开发高质量产品的需求,使得采购部门和工程部门联系得更加紧密。但是这两个部门之间联系的紧密程度仍然存在继续发展的空间。

企业可以通过多种方式在采购部门和工程部门之间建立更加牢固的合作关系。工程部和采购部人员可以通过共同致力于产品开发或成立供应商选择小组来进行开放式交流。采购部也可以把采购人员安排在工程部团队中,这样采购员可以直接与产品和流程工程师进行联系,及时对他们的需求做出反应。公司还可以选出一个联络员,随时协调部门之间的交流,确保每个部门都知道彼此的进展状况。两个部门可以定期举行例会向对方报告共同关心的事项。最后,许多采购企业都会招聘具有扎实技术背景,并且在与工程部进行合作时能够"说到做到"的采购经理。采购部和工程部建立牢固关系的重点是进行公开、直接的交流。同时,领导者之间的交流也会增强团队合作和彼此间的信任。

工程部希望采购部能够完成一些工作以支持工程部的工作。例如,工程部希望采购部能够为某种产品寻找合格的供应商,要求该供应商在具备很强的技术能力和优秀的财务状况的同时,又能够满足工程部的质量和交货要求。另外,工程部希望采购部能够评估供应商的生产能力,在早期就积极地邀请其参与到产品设计过程中来,并与供应商建立良好的合作关系等,以此鼓励供应商提供其创新想法。同时,工程部也期望采购部能够开发新技术,并将其融入新产品和服务中,从而销售到全球市场以满足不同的需求。非常重要的一点是供应部和工程部必须紧密合作来解决可能在新产品中出现的质量风险,如"专栏文摘——保证质量需求:索尼公司的电池"中所述。

最后,由于在产品生命周期的这一阶段不可避免地会出现问题,生产和流程工程部希望确保在产品发布和客户订单履行期间提供持续的技术支持和服务。

专栏文摘

保证质量需求:索尼公司的电池

外包有风险。供应商可能将其能力表述得不恰当,其工艺流程可能已经过时了,或者其性能可能无法满足采购商的期望。在其他情况下,供应商可能没有能力按要求的质量水平生产产品。最明显的例子就是索尼电池危机。戴尔(Dell)、苹果(Apple)和IBM等主要制造商将其笔记本电脑的电源供应外包给了索尼(Sony)。然而,电池存在的缺陷很快被发现了。当电池被制造出来时,电池的金属外壳会发生卷曲,微小的金属碎片会留在电池中,导致短路,引发过热,在某些情况下还会引发火灾。在几次这样的事件之后,戴尔召回了410万块电池,苹果召回了190万块电池。索尼的供应商不得不召回960多万块笔记本电脑电池,这个问题打击了人们对公司形象的信心。索尼宣称为召回锂电池而付出了巨大的成本。

4. 财会部

采购部还与财会部保持战术和战略联系。战略联系侧重年度成本削减目标、检测和已经取得的削减认证。固定设施的决策也和财务部门有着紧密联系。此外,采购部和财会部之间的通常是战略性沟通,通常采用电子通信方式。例如,如果采购部要将物料核发单传送给供应商,那么它也将同时传一份内部物料需求信息给财会部。一旦收到被订购的物料,物料控制部门就会及时更新采购文件信息,从订购中或在运输途中的状态,改为已收到状态。接下来应付账款系统接收到已收到货物的信息,它将对比订购的数量和实际收到的数量,以确定需要支付的款项。

采购部可能需要成本核算体系中的数据资料。例如,采购部必须明晰由于供应商较差的表现所产生的处理成本和物料再修复成本。采购部通常不保存会增加总成本的个人活动的数据资料。采购绩效考核系统通常需要成本会计员提供数据来帮助其计算某产品的总成本，而这对做出自制或外购决策非常重要。

5. 营销或销售部

采购部与营销部保持着间接的联系。很多采购部必须支持的新产品概念都来自营销人员，他们的建议或意见代表了企业终端消费者的呼声。营销部对销售的预测可以转变为生产计划。采购部必须选择能够同时支持营销和生产计划的供应商和物料供应。

6. 法务部

采购部常常与法务部进行商讨，就合同的具体内容征求法律顾问的意见，涉及新产品开发中的专利所有权条款、知识产权、产品责任索赔、反垄断问题、附有免责条款的长期合同等其他法律问题。电子商务同样也会出现很多这样的法律问题，需要采购部与法务部进行协商。下面的章节会详细讨论法律问题。下文"专栏文摘——采购部门在合同管理中的新角色"概述了一些可能存在的重大挑战，尤其是关于合同管理和法务部责任交叉部分采购部门所起的作用。

专栏文摘

采购部门在合同管理中的新角色

最近，国际商务和合同管理协会美国分会（www.iaccm.com/americas）的300多名代表齐聚一堂，讨论与合同管理相关问题，一起制定未来的管理框架。来自全球顶尖院校和商学院的代表们在学习和研究中寻求合作。

新的商业环境需要企业具有更强的全球意识和能力，更好地整合外部供应商，在关系管理方面采取更加合作的方法。采购或专业谈判的作用是什么？为了取得成功，最好的商业模式是什么？我们如何将技术、技巧和企业资源整合从而创造出成功典范？

本次会议对这些问题进行了讨论。国际商务和合同管理协会美国分会的首席执行官提姆·卡明斯（Tim Cummins）强调了全球合同管理环境的动态变化：

协会领导者们必须将关注点从节约物流和采购成本、风险等方面转移开来，理解全球网络经济背后整个价值链的含义。他们应避免因为痴迷于机械，而从事汽车总体设计。为此，他们应该与国际商务和合同管理协会美国分会及其所代表的更多社团合作。目前存在的一个问题是没有人真的认为这是一个专业化团队，所有角色和头衔明显是随意安排的。研究显示我们拥有很多相似的知识和技巧，这并不能展现我们的差异性。的确，律师和医生与我们相比有很大的不同，在他们中间各级别之间有很大差异，但他们的整体地位是差不多的。为此，我们将"承诺管理"作为我们的工作准则。我们的工作是在与外部世界（供应商、客户、配送渠道、战略联盟等）的关系管理中识别、谈判、备案、管理这些协议以成功实现企业目标。

另一个关键的问题是不应再受制于以工作中的交易为主的模式（导致高管层对此毫无兴趣，从而视而不见），相反应该尝试推动战略绩效的提升，引起关注。那意味着我们必须开始收集数据，承担业务中更多责任。那么，我们应该介入哪些流程？监管哪些成果？应改变哪些部门的流程、规则和能力，从而保证企业具有更强的竞争力、更好的质量或更高的效率？

最后，市场将决定哪家企业会存活下来。我们的重点是必须以更快的速度、改革和创新来提升企业的竞争力。我们必须管理风险，寻找新的、更好的方法，从而降低风险，而不是规避那些历史和经验告诉我们有风险的事情。

7. 环境管理、卫生及安全部门

采购部也可以与环境、卫生和安全部门的人员协商,以确保供应商使用安全的运输方法,并遵守职业安全与卫生管理以及安全条例。采购部也需关注环境的可持续性。采购部应与公司可持续发展办公室合作,制定战略和实践,以提高供应商的可持续性。

4.4 外部整合

采购部作为企业的对外形象代表,当然也是整合外部供应商和其他企业实体加入本企业的一个主要渠道,这是通过建立和维持与外部组织的联系形成的。在有些方面,外部联系甚至比内部联系还要重要。

4.4.1 采购部的外部联系

采购部与外部团体的联系体现在许多方面,包括物料、新技术、信息和服务。这些团体包括供应商、政府和当地社区。

1. 供应商

采购部的主要外部联系是与供应商的联系。与其保持开放式的交流,并选择合适的供应商。虽然采购部应该是供应商的主要联系对象,但是当非采购人员希望就某个问题或疑问与供应商取得联系时,采购部会成为他们联系的中间桥梁。

采购部负责选择供应商,同时也是供应商商务贸易的主要联系方。它还负责处理有关采购协议条款的所有问题和其他重要事项。非采购部门不可以选择供应商,也不得单独与之合作,或者就产品或服务与潜在的供应商直接进行谈判。

2. 政府

采购部有时也会与不同级别和不同地域的政府保持联系。例如,在国际对销贸易中,采购部起着积极的作用;在制定对销合同时,通常采购部也会与外国政府直接进行谈判。采购部还会向政府机构咨询各种问题,包括国家环境保护局、国防部、外事部等其他对公共政策问题具有法律权威的机构。

3. 当地社区

采购部还可以与当地社区或领导进行联系。由于采购部掌握了大笔资金预算,因此很有可能会影响社会目标。这些目标包括从当地供应商处进行采购,将一定的业务量授予少数民族供应商,以及在所有的交易中制定商业道德行为规范等。

4.4.2 买卖双方的协作关系

大多数采购者和卖方都开始逐渐意识到通过合作改善成本、质量、交货和时间等问题的必要性。从 20 世纪 80 年代开始,优秀的采购者着手从自己的供应源中逐渐淘汰处于劣势或边缘地位的供应商。目前,很多采购方都希望与余下的供应商建立相互协作的关系或联盟。

协作是指两个或两个以上的当事方进行高水平、有目的的合作形式。这种关系是双向的:双方都有权利决定未来一段时间内协作的性质和发展方向。双方对未来的承诺及平衡的权利关系是该流程成功发展的关键。虽然协作关系中也会存在冲突,但通常都有一套解决冲突的机制。

以下是满足协作性买卖关系的一些特征。

- 对于每种产品或产品系列都只有一家或数量有限的供应商,余下的供应商往往会根据长期合同供应物料,合同中包含双方协商好的绩效改进目标。
- 以双赢的方式共享报酬。
- 在所有的关键绩效领域,双方通过合作改善供应商绩效。
- 双方共同努力解决争议。
- 信息的公开交流。这些信息可能包括新产品、供应商成本数据、生产日程计划及对所采购产品的预测。
- 做出在困难时期进行合作的可信承诺。也就是说,一旦出现问题,采购者不会归结于旧的操作程序。
- 质量保证。在供应商生产能力允许的情况下,根据可生产的规格生产出无缺损的产品。

表 4-1 对比了传统与协作方式下买卖关系的特点。虽然并不是所有的采购者和供应商都是协作关系,但是协作关系正得到普遍的认可和应用。

表 4-1 买卖双方的关系特征

	传 统 方 式	协作的方式
供应商	发挥多种渠道相互竞争	少数供应商成为每个主要项目的首选
成本分摊	买家需要节约成本,供应商隐藏成本的成本	双赢奖励
协作共赢	小或没有	由共同的独立性驱动的合作性的提高
解决争端	买方单方面解决争端	冲突解决机制的建立
交流	很少或没有双向信息交流	公开并全面的信息交流
市场位置转换	买方确定响应不断变化的条件	买方和卖方共同努力以适应不断变化的市场
质量	买方检查收据	被设计为典型

4.4.3 买卖双方建立密切合作关系的优势

通过与供应商建立紧密的合作关系,可以为企业带来很多优势。相互信任是所有牢固关系的基础。

1. 信任

信任是无形的,它是指一方对另一方性格、能力、优势及真诚度的信任。例如,信任使得卖方可以与买方共享成本数据。反过来,双方通过互相交流意见,可以进行合作以降低供应商的成本。信任还可以促使供应商在新产品设计早期阶段就开始与采购商进行合作。

2. 长期合同

长期合同买卖双方紧密合作的另一个优势是能够更好地考核与哪家供应商签订长期合

同。采购方和卖方都能从长期合同中获益,长期协议可以激励供应商投资建立新工厂或购置新设备。这将有利于提高供应商的效率,从而也会降低采购方的成本。此外,长期协议还有利于双方的技术进步,共同承担风险,并提高供应商的生产能力(见"专栏文摘——Suncor能源公司和钻井供应商的合作")。

4.4.4 买卖双方建立密切合作关系的障碍

有很多障碍可能会阻碍买卖双方间建立密切的合作关系,企业必须评估是否存在这些障碍。为实现企业间更密切的合作关系,更需要找出克服这些障碍的方法。

1. 企业机密

对企业财务、产品和流程信息进行保密的必要性是最经常用来解释不能与供应商建立密切合作关系的理由。机密是很多合作关系都会担忧的一个问题。采购经理有时不愿意与那些可能也会为其竞争对手的供应商共享这些重要信息。同时,也存在这种情况:供应商本身可能就是或将来会成为其直接的竞争对手。

2. 供应商的有限兴趣

建立更加密切的合作关系并不是对所有供应商都有诱惑力。在一些关系中供应商可能拥有影响力或权利,尤其是那些在某个行业具有垄断或寡头垄断地位的供应商。在这样的情况下,仅仅由于两公司的相对规模或相对市场势力悬殊,就会使买方可能不能够与供应商建立密切的合作关系。

3. 法律障碍

在某些行业,反垄断问题可能会阻碍买卖双方建立合作关系(第14章主要讨论与采购有关的法律问题,将对相关内容进行详细的解释)。

4. 变革的阻力

如果企业几代采购专业人员都是在采用保持关系距离的方式下成长起来的,那么让其转向采用更加密切的合作方式并不容易。企业需要花费时间,培养耐心,并且开展培训,才能消除这些强大的变革阻力。此外,采用传统供应链管理的企业员工可能也不具备与供应商建立更加密切的合作关系的知识或技能。

在接下来的"专栏文摘——Suncor能源公司和钻井供应商的合作"中,将说明尽管可能发生上述问题,与供应商的合作仍能使双方都从中获利。

专栏文摘

Suncor能源公司和钻井供应商的合作

在石油和天然气采掘行业,要想成功开采和开发钻井项目,需要多学科团队的卓越表现,需要来自供应商和承包商的积极参与和支持。Suncor能源公司是一家总部设在亚伯达卡里的石油和天然气公司,公司业务多元化。作为战略性供应商关系管理的一部分,公司成立了"Suncor山麓钻井资产小组"。该小组包括来自钻井部门和资产小组的工作人员,也包括承包商和供应商。该小组主要在加拿大落基山脉的山麓钻井。

> 传统上,钻井业务有很强的周期性,而且往往保密,真正的钻井作业常常外包给提供专业服务的供应商们。工作不稳定会对服务质量和专业化水平产生很大的负面影响。通常,钻井工作的人员分配根据员工的时间表而定,而不是看谁最适合做。供应商本就缺乏有关计划、预测和工作量评级方面的信息,保密的要求更是加大了供应商的工作难度。为了打一口井,需要从大约20家不同的供应商处获取物料和服务。常用供应商的信息会经常变动,从而导致信息不准确。时间安排或设计的变化会严重影响每一家供应商。
>
> 除了以上这些协调问题,与打深井相关的技术问题也非常重要。Suncor已经累计打了6 400米深的井,水平方向的长度将近2 000米。在最近的5年中,山麓钻井资产小组在亚伯塔达山麓一带已经打了将近50口井。在山区,成功钻井需要专业技术和相关领域的经验。尤其是在条件困难的山区,必须利用钻井技术向下打孔。决策不善将会导致安全隐患、增加成本、降低资本回报率等问题。即使钻井技术运用得当,公司所面临的挑战也会导致进度出现变化,甚至影响整个供应网络。
>
> 为了克服这些困难,需要提出整体目标以提升绩效,从而促成了企业设立包括范围更广的团队,该团队有共同的核心目标和全面的协作。钻井团队和山麓钻井资产小组的团队合作比之前本行业其他团队更广泛。合作范围也扩展到提供服务的承包商。更强的团队理念营造了高度信任的工作环境,从而使得员工快速学习,提升合作技术。主要服务供应商和来自Suncor的不同团队之间共同合作,就好像他们效力于一家有着共同目标的公司。
>
> 在整个生命周期的每一阶段,还营造出了开放、信任、共赢的氛围。合作推动进步。根据一份2003年的成本研究报告,该小组已经取得了以下成绩:①钻井成本降低18%(140万美元/井);②计划时间缩短42%(5个月);③钻井时间平均节约20%;④钻井成功率超过80%。另外,产品数量已经在过去5年中翻了3倍。这些成果是在通货膨胀减少5%的背景下取得的。在服务供应商看来,在其营运区域内,Suncor公司的山麓钻井资产小组已经成为备受青睐的雇主之一,这种地位还会继续得到提升。
>
> 资料来源:McCormack, K., Cavanagh, P.H., and Handfield, R. (2003) Foothills Drilling Team White Paper, Suncor Energy.

4.4.5 供应商关系管理的核心要素

最近由沃德(Ward)、汉德菲尔德(Handfield)和考辛斯(Cousins)所做的一项研究揭示了有效建立供应关系的核心要素,该研究成果是通过访谈高级管理人员获得的。

供应管理在产品或服务层面上专注于物品的交付,而非抽象层面上集中化的关系管理,未能深入到详尽的企业绩效指标。供应关系管理经常以全球合同或更宽泛的合作伙伴营销方案作为开场白,尽管这样很诱人,但很少产生充足的短期成果来确保所需的资源投入以维持管理活动。某集团的项目经理说道:"你需要在做别的事情之前提供最基本的短期成果。我们的工作是拉动,而不是推动这些工作。"

- 从业务部的业务成果开始。这意味着达到某项特殊的绩效指标,这对利益相关者的流程改进非常重要(如营运成本的节省、供给的持续性、设计流程改进提案、获取新技术或流程创新)。
- 通过启动追求绩效的项目来让业务成果驱动关系管理、行动方案和投资水平。
- 总体关系(大关系)产生于满足不同关系中对于不同产品和服务的需求,同时也契合不同交易往来(小关系)所产生的结果。
- 项目群管理(大关系)推进各种解决方案、总体利润、不同业务之间的机会分析。

商业方案应该被各级管理人员清楚理解,并能够引起他们的兴趣。虽然由于某些项目非常直观,来自管理人员的主观努力非常明确,但在困难时期这些努力在起步阶段非常关键。明确记录时间、投入和投资信息是成功的关键。管理小关系的现场采购人员说:"你要理解他们的重点和每天的压力,要确保能清楚地看到要求他们所做的工作和支撑他们的绩效目标之间的关系。"

- 列举供应商和采购商的具体收益,并清楚说明成功的标准,还要有切实可行的时间表来估算超前和滞后指标。
- 需要将效益与采用不同工作方式的实际成本评估以及实现效益所需的时间和资源投资进行权衡。
- 应该评估采用另一种方式工作带来的成本,权衡收益和为实现收益而投入的时间和资源。
- 对业务部门有益的隐性收益也应该以可信的方式进行度量。用以评价的不应只是财务指标,也应该包括重要的、战略性指标。
- 评估指标应该和现有可得数据相匹配,收集数据不应成为额外负担。

外部关系管理从内部关系管理开始,内部协作是关键。供应关系管理将会暴露甚至放大组织结构和协作中的缺点。虽然对供应关系管理的模式已经进行了深入探讨,但其经常被用来掩盖责任和义务的矛盾或缺口。在当今模块化环境下,完美的协作既是不可能的,也是不可取的。但是,采购主管需要关注热点问题和紧张形势,并想出解决之道。

某个愤怒的供应经理讨论公司失败的原因时说道:"公司有意愿改变企业文化吗?是否有行动方针、计划共享、进行真正的对话,投入时间和资源在每个层面组建团队,进行开放式交流了吗?在我们公司,答案是'不'。"为了避免类似的消极结果,供应关系管理起初就应该考虑如下方法。

- 从公司内部互动开始:职能部门在哪里?在每个层级上谁是关键的决策者?谁制定行动方针?
- 一旦明确,首先解决内部不同职能部门利益相关者的矛盾冲突,然后尝试改变或聚焦企业外部关系管理。
- 一旦确定,采购部门应该作为最初联系人,决定并履行对供应商的承诺,应该将关系管理渗透到每个业务领域、每笔交易中。
- 关系管理部门需要尽职的关系管理人员。理想状态下,业务主管部门关注"小关系"的结果,而采购资源的领导者和高级业务主管集中关注"大关系"的协调。

保持动态的结构和关键绩效指数:将变化加入到设计过程中。从定义上看,至少在"大关系"层面上,供应关系管理需要好多年的长期努力。但是业务部门多数只有管理短期成果的指标。不要试图扭转乾坤,供应关系管理倡导大家记住:对许多商业主管来说,如果短期没有效果,那么长期可能也不会有效果。实现短期目标是成功项目管理的重要组成部分;每项关系都必须适应新兴的和转型中的核心业务。

否则,正如一位采购主管所说:"领导不再出席会议。如果你继续做没人在意的事情,那么就成了不重要的事。"

在管理内部和外部关系中,需要记住以下几个重点:

- 供应关系管理的不同阶段需要不同的人员和技巧、不同级别的投资和努力;启动这个项目的人不一定是培育、管理和维持其的最佳人选。

- 从业务部门招募人员。最好的供应关系经理是在这家公司内工作的、了解每天的压力并使用相同技术术语进行交流的人们。这些人能够使利益相关者和供应商有机会实现其业务目标。
- 注意内部和外部的变化,建立便于调整功能定位、衡量标准和项目成果的机制。
- 定期与供应商和利益相关者召开现场会议,重新评估和修订关键绩效指标,反映当前业务重点。
- 鼓励人们洞察关系并投入工作。正如一位主管所说:"这是业务关系,不是婚姻。"要积极调整与战略方向相违背的人员安排和走势。

4.5 跨职能采购小组的重要作用

改进的压力(目前已经很大)在未来几年中将会越来越大。很多公司应对这一压力的方式是建立组织结构,以促进跨部门和跨组织的交流、合作和协调。为了支持这一工作,特别是随着企业越来越强调和追求先进的采购战略和业务做法,跨职能采购小组显得越来越重要。

跨职能采购小组,由来自不同部门的人员构成,而且越来越多的公司开始将供应商纳入采购小组中,来完成采购或供应链的相关工作。具体工作包括产品设计或供应商选择,以及更广义的工作,如减少采购项目的成本和改进质量。

运营恰当时,利用跨职能采购小组还可以带来有关新采购需求的知识和资源,而这正是墨守成规的企业无法做到的事情。研究团队建设的学者,如李科特(Likert),早期指出,团队合作不仅可能带来极大的好处,也可能给企业带来极大的伤害。无论公司在何处组建团队,跨职能小组都没有明确的好坏、强弱之分。

图 4-2 根据小组任务的不同(有限的或连续的)及小组成员的安排(全职或兼职)划分了跨职能采购小组的类别。虽然发展较快的公司已经制定了全职小组任务,但大多数情况下采购小组的任务是兼职性质的。如图中表格下半部分所示,由兼职成员完成的有限或连续的集体任务比较富有挑战性。对于那些还承担其他专业任务的小组成员,要求他们完全集

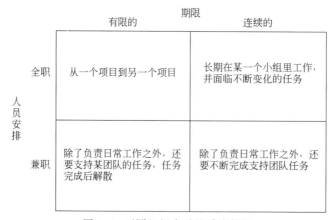

图 4-2 不同组织水平的采购部门

中精力于本小组任务,往往很困难。经验表明,跨职能采购小组通常都是执行兼任的或连续性的任务,因此采用采购小组的方式也存在一定的挑战性。

下文有关采购小组的讨论说明了团队合作的优势和潜在缺陷,明确了成立跨职能小组(cross-functional team,CFT)的时间。最后,阐述了一系列问题和回答,以帮助我们更好地理解如何使采购小组更加有效。

4.5.1 成立跨职能小组的好处

为具体改进绩效,公司花费了很多精力来成立跨职能、跨组织的小组。当跨职能小组实现绩效目标时,其所带来的好处将远远胜过所消耗的成本。下面主要阐述了企业希望通过成立跨职能采购小组而得到的好处。

(1) 减少完成任务需要的时间。团队合作往往会减少解决问题或完成任务所需的时间。传统的工作方式通常会导致各部门间的重复性劳动,并且,如果不同职能小组出现员工离职的情况,那么可能会延长任务完成的时间。而团队合作的方式就可以促使各部门达成一致意见,这样做可以减少重复性劳动并缩短执行决策的时间。

(2) 提高创新能力。企业希望团队能够创新产品和流程,以保持其竞争优势。创新能力是企业实现长期成功的关键。研究表明,简化正式的规定和流程规则并采用非正式的组织结构有利于提高企业的创新能力。

需要采用团队方式、应该简化的规章制度,并形成一个不太正式的组织结构。小组形式可以形成一种鼓励员工不断进行创新的方法。

(3) 共同享有决策权。小组形式要求各成员达成一致的协议并共同享有决策权。通过小组内部交流,队员开始逐渐理解彼此的需求和底线,并制定能同时得到各部门支持的解决方案。团队间进行交流的最大好处是:一旦团队做出决定,小组之间的信任会使决策的实施变得很容易。当部门间就变更或决策的协议及所有权达成一致后,利益相关者就能更加及时有效地执行相关决策。

(4) 加强部门或组织间的交流。那些曾在各个部门完全独立的公司工作过的员工都深刻了解这种模式下部门间交流的低效率。当部门团体希望在组织之间开展交流时,这个问题变得尤其严重。而组建跨职能小组的方式将有利于减少交流障碍,员工可以直接交流联系(面对面或通过电子方式交流)。例如,在产品开发阶段,由于小组成员共同制定产品规格,就可以减少设计或物料方面出现变动的情况。这种方式有利于鼓励员工之间进行公开、及时的信息交换。

(5) 通过个人和部门的结合实现协同。采用团队协作方式的一个主要目的是将持有不同观点、具备不同专业知识的个人集中在一起,以更好地完成任务,相比于个人或部门单独执行更加有效。团队合作的协同效应有助于找到新的具有创造性的方式来看待问题或执行任务。从理论上讲,团队合作可以解决个人行动无法解决的问题;可以发现执行常规任务(尽管很费时)的新方法,还可以找到只有多元化团队才能够提出的新观点。

(6) 更好地识别和解决问题。对于那些可能会影响整个团队或组织的问题,知识丰富和掌握多种技能的团队能更快地找到造成问题的原因。及时地识别并纠正问题可以最大限度地减少甚至避免产生总体影响。此外,团队应共同承担责任,并负责问题的纠正,这样做有利于避免部门之间的相互指责。

(7) 需要借助团队建立内部关系。研究显示，供应管理的专业人员可能比其他任何被研究的职业都更需要处理好人际关系，他们需要类似于卓越的经理人能力、圆滑的处事方法来协调企业部门之间的相互不配合，而不是仅仅以企业影响力做后盾。来自供应管理部门高管的看法也表明需要在采购人员和业务相关人员之间建立更紧密的关系。

- "我们普遍有这样一种观念，即一旦合同签字，就可以把它放进抽屉里。我们没有对此进行持续管理和思量的习惯，所以这些事情对我们来说是新的。"
- "他们必须相信，我们知道自己仅仅是为业务服务。我们可能有时会表现得言行不一，这需要我们提高沟通的质量，改变我们提供信息的方式。"
- "如果没有花费时间和金钱帮我们了解他们的工作，并且让我们知道如何使用这些工具之前，不要提供任何用于供应关系管理的方法。在你为自己赢得一席之地之前，你甚至不能使用这些工具！所以，那我们该怎么做呢？"

重要的是，供应商关系管理意味着学习运用一种新的技能。它不会迫使采购人员遵循某种采购流程和缔约程序，相反，采购管理人员需要学习建立"关系资本"，从而能够激发利益相关者和供应商之间的信任和投入。关系资本是一种专业能力，它可以将供应市场的数据转化成商务解决方案，建立联系并搭建网络，加快业务成功步伐。

4.5.2 成立跨职能小组可能存在的缺陷

组建跨职能小组并不意味着一个项目或一项任务就可以非常成功地完成。需要谨慎地管理团队，成员之间进行公开的信息交流，激发团队成员活力，制定清晰的目标，选定有能力的团队领导，以及准备充足的资源。一旦条件或环境不能支持团队进行高效的工作时，采用团队合作的方式就可能存在某些潜在的缺陷。因此，采购经理们如果想改善团队的绩效，就必须解决这些潜在的问题。

(1) 团队的过程损失。当团队没有以最佳或最有效的方式完成任务，或者团队成员没有受到激励而充分利用所拥有的资源来达到最优结果时，就会产生过程损失。当存在过程损失时，整个团队的作用将小于各成员作用的总和。一旦团队合作的优势不能弥补团队过程损失，潜在缺陷就出现了。例如，一个有12名成员的供应筛选团队，只有5个成员在努力，整个团队将因为缺乏成员的合作和参与度而遭受损失和资源浪费。

(2) 对个别成员产生负面影响。团队中成员的关系可能会给个别成员带来负面影响。对于某些成员不赞成的决策或立场，团队可能会施加压力来执行。例如，虽然物料工程师知道报价较高的供应商可以提供更好的质量，但是迫于其他团队成员的压力，他(她)还是要去选择报价最低的供应商。

团队还可能向个人施加压力，要求他们支持或遵循比个人标准更低的生产力标准。此外，有些人可能在团队的工作环境下会觉得很压抑，或者不能和其他成员很好地相处。当这些状况发生时，个人绩效就会受到影响。

(3) 糟糕的团队决策。虽然和我们普遍的理解会相悖，但是跨职能团队的确可能会做出非常糟糕的决定。在一个有凝聚力的团队中，群体思维(当其他信息可用时，一个理性的小组或团队做出糟糕决策的倾向)可能成为所有成员的问题。为了保持团队的统一和共识，他们可能会放弃最初的想法而寻求其他可行的方法。团队可能会仔细地评估所有可用信息或举行平时无法进行的关键讨论，最后做出决定。

4.5.3 何时建立跨职能小组

所有企业都面临资源限制问题,正是这些限制影响了跨职能团队的数量,其中包括可以建立的采购团队数目。显然,公司不可能对每个业务决策都采用团队的方式。某些业务决策并不需要这一方式。只有当现有任务满足某些特征要求时,采用团队方式才有用。

当面对复杂或大规模业务决策时,企业可以考虑采用跨职能团队方式,如新产品开发、布局新的生产设施、制定产品或系列采购战略以及建立新业务部门。这些任务规模很大且很复杂,仅凭个人力量或一个部门无法高效率地完成。当团队能比个人或单个部门更加有效地完成某项任务时,企业也可以采取团队的形式。

例如,供应管理部可以进行供应商的评估和选择,但是采购经验丰富且每个成员能从各个角度评估供应商的采购团队也可能会给供应管理部带来很大的好处:工程部可以提供技术规格要求,营销部可以提供具体特征要求,会计部可以对物料和劳动力做成本估算等。在上述情况下,由于能够获得及时有效的信息以便团队成员进行分析,将有利于选择更优秀的供应商或更适合当时情况要求的供应商。

那些会直接影响企业竞争地位的任务,如与合资方进行的谈判,也可能会受益于团队方式。当一个部门不能解决某个问题,甚至该问题对多个部门或团队都会产生影响时,组建跨职能小组也是一个非常有效的解决方式。

4.5.4 提高采购小组的效率

我们针对有关团队的讨论列出了一系列的问题,这些问题需要学生和管理者思考各种可能会影响采购团队互动或绩效质量的问题。每个问题都包括对与该问题相关的主要观点和见解的简短讨论。

问题1:在组建采购团队时,企业是否会考虑跨职能团队的规划问题?

想要成功地使用团队方式,需要在分配团队任务之前,就有一个总体的规划。如果在建立团队时忽略此问题或忽视成员的需求,那么将增加团队失败的风险。下面总结了与采购团队规划有关的一些问题。

(1) 确定任务。由于可用资源是有限的,企业必须有选择地组建团队。采购团队必须致力于对公司成功有重要影响的工作。专家建议选择那些具有"意义"的任务。一项有意义的任务通常具备以下几个特点:需要成员利用各种高水平的技能,向特定人员定期提供绩效反馈,结果对企业和团队之外其他人有重大影响,团队成员可以自主决定履行任务的方式。例如,降低采购成本就是一项很有意义且涉及面很广的绩效任务。

(2) 选择团队成员和团队领导。规划中最重要的问题之一就是如何选择合适的队员和领导人。一个有效的团队成员必须满足以下要求:

- 明白团队任务,队员应掌握与任务相关的知识;
- 有时间执行团队任务,参与团队活动;
- 具有和其他队员合作的能力;
- 能够从企业整体的角度解决问题,而非单单局限于所在的部门。

(3) 必要的培训。团队合作需要一系列不同于传统工作所需的技能和知识,企业必须仔细考虑采购团队成员的培训需求。成员可能需要得到以下方面的培训:项目管理、争端解决、共同决策、团队问题的解决、目标的制定及有效的交流和倾听技巧。

（4）资源支持。蒙兹卡（Monczka）和特伦特（Trent）对跨职能采购团队的早期研究表明：跨职能采购团队拥有资源种类的不同会对团队绩效造成巨大的差异。根据皮特斯（Peters）和奥康纳（O'Connor）的相关论述，我们可以将团队资源分为10种类型，如表4-2所示。一般来讲，与有效采购团队关联度最高的资源有（按重要性排列）：供应商的参与、来自其他部门的服务和帮助、可投入的时间和预算支持。其中，对那些成员分布在不同地区的团队，或者在执行任务期间必须实地拜访不同供应商的团队而言，预算支持尤为重要。

表 4-2　企业资源需求

1. 供应商的参与
当需要供应商参与时，供应商直接支撑团队完成所分配任务的进度
2. 来自其他部门的服务和帮助
为了完成团队任务，需要从小组外部寻求服务和帮助
3. 可用时间
所有小组成员为完成任务可以投入的时间
4. 预算支持
执行任务所需的资金支持
5. 物料和供应
完成团队工作所需的常规产品
6. 成员的工作准备
为了执行团队任务，对小组成员的个人基础和相关经验的要求，包括教育背景、企业的正式培训及相关的工作经验等
7. 工作环境
在执行任务时对当前工作环境的要求：应能够促进工作开展，而不是影响团队绩效
8. 管理层承诺
在跨职能小组执行任务过程中，执行管理层的整体支持程度
9. 与工作相关的信息
来自多种渠道，用于提高小组绩效的信息，包括相关数据资料和报告，例如，包括有关成本技术问题、供应商、供应市场、绩效目标和需求的数据。
10. 工具和设备
执行团队任务过程中，所需要的具体工具、设备和技术要求

资料来源：Adapted from Peters, L.H., and O'Connor, J.O. (1980, March) "Situational Constraints and Work Outcomes: The Influences of a Frequently Overlooked Construct," Academy of Management Review, 3, 391-397.

在此没有提及的其他规划问题有：采购团队权利的判定、团队评估和奖励的类型及频率、成员工作地点的安排等。这一系列的规划问题说明，在采购团队开始工作之前，企业必须对某些重要的问题予以谨慎认真的考虑。

问题 2：高级管理层是否对采购团队进行精细化管理？

管理层对跨职能采购团队进行精细化管理的意向是一个重要的问题。当然，精细化管理并不是指管理层对团队活动直接实施命令或监督。相反，精细化管理是指管理层进行一些活动来提高团队任务成功的概率。管理层可以通过以下几种方式对采购团队实施精细化管理：

- 授权组建采购团队；

- 确定团队任务；
- 制定整体的目标(团队会根据整体目标制定更加详细具体的绩效标准或目标)；
- 选择团队领导和成员；
- 定期或在关键节点对绩效情况进行更新(当团队没有取得任何进展时,该向执行管理层汇报些什么?)；
- 进行绩效评估,要求团队对绩效结果负责。

虽然管理层并不直接参与团队的日常活动,但是他们有责任推动采购团队绩效的不断提高。

问题3：企业是否可以识别队员参与并奖励小组绩效？

奖励与成员的努力程度和小组绩效之间都存在直接的联系。遗憾的是,很多企业仍无法识别采购小组成员所需付出的时间和精力,特别是兼任小组职务的员工,这往往导致成员花费时间在不属于小组任务的工作上。企业应该如何分清成员的参与,并奖励小组绩效？虽然没有标准答案,但是有些指导可以作为参考。首先,参与采购小组的活动应该成为个人绩效考核的一部分,这就意味着参与团队活动如履行其他职责一样,是被公司重视和认可的；其次,在开展整个小组绩效评估的同时,管理层也应该考虑个人对小组所做的贡献,这有利于排除那些没有参与的队员不公平地享受其他队员辛苦努力的成果。企业给予团队工作成果的奖励和认可分为四大类：

- 领导层的认可,包括嘉奖或在公司进行公示；
- 奖金及其他一次性现金奖励；
- 非现金奖励,包括晚餐或体育赛事和剧院门票；
- 在团队成员的年度绩效考核中给予绩效加薪。

奖励有利于员工完成期望的活动和行为。众所周知,能得到奖励的事情总能够完成。如果成员的绩效都被给予了积极的肯定,他们将会更加努力地工作。此外,如果成员获得及时的鼓励,那么他们将会比在延迟的奖励下更加努力；如果积极的工作从来没被认可,或者从来没有得到过奖励,成员可能会不再努力积极地工作。

问题4：我们是否有优秀的采购小组领导？

由蒙兹卡和特伦特所做的研究表明,一个高效率的采购小组领导人是成功完成任务的重要标志之一。研究还发现,大多数采购小组的领导人通常由管理层指派任定(参见问题3),曾格尔(Zenger)和他的同事在与小组进行的更深入的研究中证实了以下几点：

- 大多数企业表示应该更加重视小组领导者,加强培训和支持；
- 在担当领导角色期间,小组领导者通常会意识到自己需要一套新的知识技能；
- 虽然有时在成员之间共同承担小组领导的责任是目标之一,但是小组作为一个整体仍然会向那些需要高级领导技能的人汇报情况；
- 过于注重官僚结构的领导者会认为自己是"拥有额外权利和职责的顶级上司",这往往会增加小组失败的可能性。

综上,选择和培训小组领导者是小组成功与否的关键。要成为一个高效率的领导者,就意味着既要承担一系列要求极高的营运责任和满足一系列的要求,又要鼓励和培养成员的创造能力、领导能力和团队意识。然而,基本上很少有人能立即符合该领导职位在资格、经验或培训等方面苛刻的要求。

企业应该做到：第一，评估小组负责人的优缺点；第二，给小组负责人打分，这在考虑未来负责人任免的时候非常重要；第三，提供有助于改进的反馈信息，有助于开展针对领导者特殊需求的培训；第四，允许每位负责人、小组和企业必要时采取正确的行动。不能正确选择合格的负责人可能大大降低小组效率。

问题5：我们的采购小组是否有效地制定了绩效目标？

采购小组合作交流中的一项重要任务是制定看重最终结果的量化目标（而不只是完成预期的活动）。例如，采购小组决定在2014年的第一季度完成降低成本2%的目标，这将比计划在第一季度开三次会议的目标更加有效。

制定采购小组目标有非常重要的几个原因。建立目标的小组可以将这些目标作为基准，来考核小组的绩效表现，这些目标为考核流程、进行反馈、给努力工作以及做出突出贡献的员工分配绩效奖励提供了基准。通常，小组也会制定具有挑战性而非简单易行的目标。此外，来自小组外部的压力往往也会使小组制定具有一定挑战性的目标（问题2中的精细化管理）。我们能体会到相对于只是努力却没有明确终极目标的小组，具有清晰目标的小组会表现得好得多，制定目标是跨职能小组的一项关键任务。

采购小组应该制定目标，且要为之负责。包括以下三步：第一，要求概述小组任务。例如，某小组负责管理供应某种商品的所有供应商。第二，要求小组评估其实现特定目标的能力，分为1（无能力）到7（高能力）。第三，要求小组识别最高能实现的目标等级（通常是5~7级），制定与其相关的量化指标，如果小组认为可以改进材料配送交付过程，就需要设定与材料配送交付相关的目标。

问题6：关键供应商是否应参与到采购流程中？

很多企业都很清楚，买卖双方建立紧密关系可以带来很大的潜在利益，而跨职能小组正是一个促进跨组织间合作的理想方式。研究表明，与没有供应商加入的小组相比，供应商的参与和投入能为企业带来以下几方面积极的影响（当团队任务保证了供应商参与的合规性时）：

- 比没有供应商参与的小组更加有效率；
- 比没有供应商参与的小组更加努力地完成工作；
- 小组和主要供应商之间相互交换高质量的信息；
- 在实现团队目标过程中，更加依赖供应商的直接支持，供应商已转化为一种资源；
- 小组和供应商合作过程中出现的问题相对较少；
- 在很多绩效领域，得到了供应商更多的帮助和支持，包括提供降低成本和改善质量的方案，提出流程改进建议，并缩短了物料订购时间和交货周期等。

供应链管理整合的思想同样需要开始将主要消费者纳入采购小组的考虑，至少以一种非正式的方式。因此，有供应商参与的采购小组可以将消费者的需求直接纳入采购战略和采购操作。

跨职能采购小组为各种类型企业（不仅仅是制造厂商）的许多绩效领域提供了发挥其优势的机会。成立和使用采购小组必须意识到以下两点：第一，采购已经越来越影响企业的整体竞争力；第二，采购部、生产部、营销部和技术部等形成的跨职能整合能够提高企业的采购效率。

4.6 整合采购管理、工程部门和供应商以开发新产品和服务

在有远见的企业里,采购管理在新产品和服务的开发中扮演着重要角色,作为与供应商的主要联系者,无论在纳入供应商参与早期设计的阶段,还是在早期评估供应商能力阶段,采购管理人员都起着独一无二的作用。这些都是工程部人员在接受培训时涉及不到的内容。有采购管理人员支持的新产品开发比只有单独的工程部试图进行的产品开发要容易很多。作为小组成员,采购管理人员可以很早就意识到新产品需求,从而使得经理层人员在物料需求设计和规格制定阶段就能提供直接的帮助,而在比较传统的方式下,采购管理人员一直很被动,一般要在其他部门完成任务之后,采购管理人员才会采取相应的行动。由于采购管理人员拥有关于供应商能力的信息,因此当工程人员需要知道供应商的能力,以及提供新兴技术的现有或新供应商时,这些信息和知识就成为非常宝贵的资源。

4.6.1 成功整合供应商的共同目标

由美国国家科学基金会(National Science Foundation,NSF)资助的一项最近的研究试图找出一些关键因素,用以判别将供应商纳入新产品开发过程时成功与否。如图 4-3 中列出的一些成功的举措,所有的调查对象在进行供应商整合时一般都会用到。

> **专栏文摘**
>
> **通用汽车公司(General Motors Co.,GM)采购管理的优化**
>
> 在产品研发主管汤姆·史蒂芬(Tom Stephens)的领导下,通用汽车公司的采购部门被要求进行合作。工程师和采购决策者将通过互相合作来权衡未来产品的质量和成本。副总史蒂芬说:"有时公司会选择昂贵的配件,因为能带给客户更高价值"。
>
> 通用公司在重组采购部门时将其交由产品研发部门管理,从而使其架构和工程部内部保持一致,这是通用公司重组采购部门过程中最重要的举措。
>
> 例如,采购部门有新的内部安全部门,该部门和工程部门启动相配合。之前,该部门人员仅参与车架和封闭系统的采购过程。"现在他们能作为一个小组开展行动,这样他们就能有共同目标。"史蒂芬说,"控制成本不只是采购部门的职责,保证质量也不仅是工程部的工作,这是我们共同的工作。"
>
> 因为部门联合,来自采购部门和产品研发部门的代表就可以与供应商讨论产品和定价。在接下来的 6 个月,一些美国采购人员也开始和当地的工程部门进行合作。
>
> 史蒂芬认为整合工作已经有了回报,通用公司主管们最近挑选的动力转向系统供应商报价更高,因为该供应商能提供一种更高水平的技术。史蒂芬表示,这一采购部和工程部联合做出的决定将应用于未来的后轮驱动凯迪拉克(Cadillac)轿车,通用汽车员工称之为"宝马斗士"。
>
> 资料来源:Thompson, C, (2009, December 14) "GM Purchasing Get a Re-engineering," Automotive News, 3.

(1) 为了整合供应商,规范采购流程。采购部的参与使得其在新产品需求出现的早期就可以决定需要哪些物料或服务,并根据对物料供应市场的了解,为设计阶段提供建议。同时,采购部还可以推荐能够替代高成本或不稳定物料的产品,并在任何可能的情况下建议使用标准化产品,以及评估长期物料走势。然而,就像在第 3 章中提到的那样,在新产品开

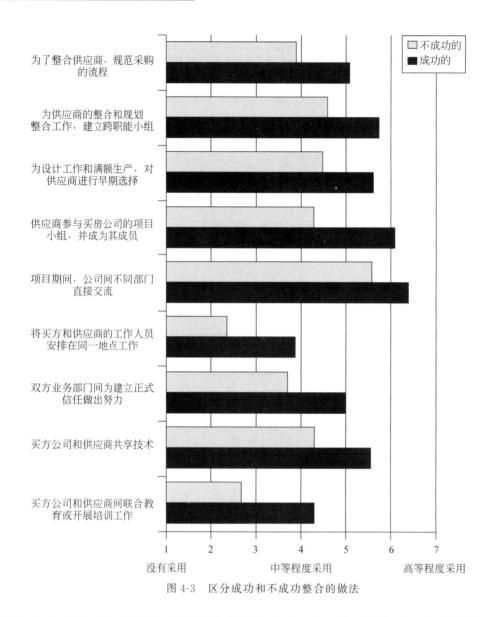

图 4-3 区分成功和不成功整合的做法

发阶段,这些决策的决定权必须被正式授予才能生效,同时采购部也将被授予一定的权限。

采购部应随时监控和预测供应市场的动向。例如,采购部需要预测日常用品的长期供给和价格。同时,它也需要关注影响主要物料或使经济型替代品更具吸引力的技术创新。它不仅要评估现有的供应商,还要评估潜在的供应商。由于小组参与可以及时了解新产品的要求,采购部可以不断地监控和预测变化。

(2) 为进行供应商评估和决策成立跨职能小组。供应商的评估和筛选需要采购部投入足够的时间。无论新产品开发使用何种方式,采购小组都需要评估和选择供应商。小组方式使采购部可以及早地预测产品需求,从而有利于其挑选出最适合的供应商。

供应商评估必须基于硬性的绩效数据资料,通过由技术和非技术人员构成的采购小组进行系统的主管评估。绩效资料应引起重视,其应该与客户的绩效要求直接挂钩。所有上

文提及的标准都必须被纳入评估或测量系统,以形成一个能够回答以下问题的全面风险评估:
- 供应商将产品引入市场的可能性有多大?
- 风险评估是怎样在供应商之间进行对比的(如果存在多个潜在供应商的话怎么办)?
- 在实施过程中,当到达什么程度时,我们将改变原来的决定?这样做的考核标准又是什么?
- 当上述事件发生时,有效应急方案是什么?

(3) 为设计工作和满额生产,对供应商进行早期选择。供应商的选择可以先于新产品的实际设计或生产。团队协作方式有利于减少采购部的一个障碍源,即缺少时间来评估、选择和发展供应商以满足新产品的要求。通过团队协作的方式,在开发阶段早期就可以开始选择供应商,这样,采购部就可以具备更充足的信息,并更早地执行这些关键性的任务。

以下是考虑对新的或已有供应商进行整合时的重要因素。
- 目标:供应商是否有能力满足关于成本、质量、传导性、重量及其他绩效标准方面的目标?
- 时间:供应商能否满足产品引进的最后期限?
- 快速提升产能:供应商是否有能力快速地提高产能以满足市场需求?
- 创新与技术:供应商是否有满足要求的工程技能和具体设备设施,以设计符合要求的产品并进行生产,在问题出现时是否能够及时地解决?
- 培训:供应商的主要员工是否得到了要求的培训,以开始和调试相应的程序?
- 资源承诺:如果供应商在上述任一方面做得不够好,其管理层是否愿意增加投入解决问题?

(4) 供应商参加采购小组,成为其成员。将供应商纳入产品开发流程与简单地共享信息是不同的,因为前者可能包括使重要供应商参与到新产品设计阶段,甚至成为新产品小组的成员。供应商早期参与的益处包括:获得供应商对设计的意见,就计划生产需求与供应商的实际生产能力进行比较,同时供应商可以提前进入试生产。供应商还可以为产品开发带来新的思考角度和新观点。

如果给予供应商一定的机会,其将对整个新产品开发的时间和成功具有重大影响。供应商参与的方式多种多样(如图 4-4 所示)。坐标左端标识的是"白箱设计",即将设计蓝图提供给供应商,要求其按照设计生产产品,这时供应商的参与程度最低。当供应商更多地参与时,常被称为"灰箱设计",此时供应商的工程师将与买方公司的工程师一起合作。完成产品设计过程中供应商参与程度最高的称为"黑箱设计",即给予供应商相关性能说明,并要求其制定所有的技术规格,包括所使用的物料、规划图等。根据参与程度的不同,供应商可能是一个全职队员,与采购部、工程部和制造部共同合作完成项目。

(5) 项目期间,公司间不同部门直接交流。研究供应商整合时,将会应用各种信息共享机制来评估与供应商合作的技术路线图。大多数情况下,在最初的会议上很少会讨论具体的产品或项目问题,仅仅为了最终达成一致意见。技术路线图的共享通常会极大地影响整合过程中买卖双方的关系类型。很多时候,由于技术路线图无法达成一致,买方或供应商会因此而取消商业合作。为了防止出现供应商的技术在当前的情况下可用,但其长期技术路

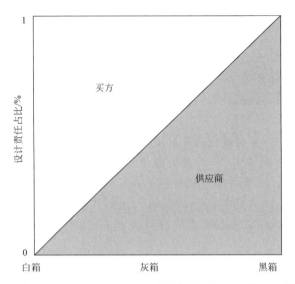

资料来源：Monczka, R., Ragatz, G., Handfield, R. Frayer, D., and Trent, R Supplier Integration into New Product/Process/Development: Best Practices, Milwaukee, WI: ASQC Quality Press, 1998.

图 4-4 承担设计责任的范围

线图与买方的要求有分歧的情况，公司常常利用适合当前产品或流程的技术，并从供应源中选择能为将来产品服务的技术。

小组参与使采购部能够推测出产品开发项目中各阶段所需的的时间。当出现新零部件的采购需求时，采购部就能够估计项目时间计划是否合理。如果时间安排不可行，采购部应进行足够的考察以重新评估各阶段所需的时间，或者制订满足时间规定的新计划。此外，应记录下每段期间发生的所有重大事件，以确保买方与供应商间持续和定期地交流。这样就能够在供应商落后于项目进度时，防止"棘手意外"的出现，反之亦然。

前文"专栏文摘——Suncor 能源公司和钻井供应商的合作"展示了公司如何通过整合供应商和工程部、资源团队而给企业带来产业竞争优势。

（6）将买方和供应商的工作人员安排在同一地点工作。将供应商的工程师安排在买方公司工作，已经渐渐成为产品研发过程中一个不可缺少的部分。研究中，有家公司采取的是"住客工程师"的方式，即在产品开发初始阶段邀请关键供应商安排一名工程师在买方公司工作一段较短的时间（约 2～3 周）。期间，公司将制定产品和设计规格，并安排开发任务。另一家公司采取的方式是根据联合规定，将买方和供应商的工作人员安排在一个中间地点，共同合作。结果是一样的：双方组成了一支紧密团结的小组，他们在研发项目的整个期间或关键阶段进行合作。

美国国家科学基金会的研究表明，某些类型的供应商可能需要被更早地整合并与研发小组安置在同一地点。例如，某日本电脑制造商，其产品研发工程师与供应商的合作水平似乎取决于商品技术的稳定程度。对于那些提供关键非标准化产品的供应商，需要其更早地参与产品开发活动。这些供应商将与工程师定期地进行面对面讨论。而对于那些提供非关键、标准化产品的供应商，将在开发后期被整合，且双方间的交流方式大都已信息化（应用于非关键产品如电路板、键盘、机箱等的计算机辅助设计)。总之,面对面的讨论可以更快、更有效地交流信息。不过,当供应商可以在一天之内就到达买方业务部时,将双方安置在一起工作就没有必要了。

(7) 为商业部门间建立正式的信任关系做出努力。采购部的一项主要职责是为参与新产品开发项目的供应商提供信息。共享信息有利于避免在项目过程中出现意外,特别是当供应商在概念阶段早期就参与零部件设计时。如果采购部选择了有能力且值得信任的供应商,那么在开发早期就应与其共享产品信息。例如,如果一种新零件的组成要求使用某种具体的生产流程,那么确定其供应商具备该生产能力就十分重要。让供应商及早了解产品的相关要求还有利于避免出现延误问题。同样,供应商也应该将其自身的信息与新产品开发小组共享。为建立这种信任关系,双方在开始会议之前,可能需要签订相关的保密协议。这类保密协议将在第 16 章进行讨论。

(8) 买方公司和供应商间共享技术。采购部必须与工程部紧密合作,以确定是否与供应商在技术战略方面存在共同之处。这个概念最常见的参照是一个技术路线图,包括了公司尝试开发和制造的一系列绩效标准、产品和流程。很多公司制定的是未来 10 年的技术路线图,而有的则以 50 年甚至一个世纪为计划期限。虽然具体技术路线图的格式会根据不同行业呈现不同的特点,但通常都会包括以下几个方面:

- 关于某类产品或流程的预计性能指标(如内存大小、速度、电阻、温度和压力);
- 结合新物料或新零件的意向(如分子或化学的新形式);
- 研制市面上还没有的产品,以满足顾客需求(如新的电视屏幕技术);
- 综合多种配套技术,制造一种全新的产品(如组合传真机、电话机、调制解调器、复印机或合成电视、电报和计算机技术);
- 以上所有及其他可能的组合。

(9) 联合教育或培训工作。实现高水平的参与程度,对双方人员而言可能都比较困难。通常会出现以下几个比较受关注的问题:

- 内部设计人员不愿放弃职责;
- 买方和供应商对共享专有信息的担忧;
- 缺乏支持整合的商业流程;
- 缺乏文化共识。

为了解决这些问题,买方和供应商的相关人员都需要接受培训教育,以让其了解整合的益处,并让他们了解双方已经达成了相关的保密协议。此外,对工程部人员还要进行额外的培训,以确保他们能够理解公司并不是让他们放弃设计职责,而只是派来新成员为其提供额外建议和意见,以帮助其设计出更优秀的产品,更好地满足消费者的需求。

4.6.2 供应商参与完成客户订单

很多公司不仅将供应商纳入产品开发阶段,而且使其融入产品生命周期的订单实施阶段。在生产实施阶段,供应商可以带来很大的益处,如更低的成本、优化的交货情况、更低的库存以及解决问题的能力。供应商整合的形式有很多种,其中包括供应商提供建议的项目、买卖双方改进小组和供应商现场代表。

1. 供应商提供建议

供应商可以成为流程改进宝贵的创意源泉,他们拥有不同的技术、新颖的观点和大量的想法。如果采购方公司不征求供应商的建议,将错失很多专业知识。供应商的建议可以通过网络、正式会晤或供应商会议的形式提出。通常,供应商会提交一份具有标准格式的建议书,其中包含改进的性质、影响领域及适用的商业部门或应用的功能领域。该建议书会配有一个对应的跟踪号码,以确保该建议不会丢失。接下来该建议书将在公司内部被正式审查,可能由很多步骤构成。审查小组在评估建议书时要参考以下标准:

- 可行性;
- 需要的资源;
- 潜在的节约;
- 通过或不通过决定;
- 对供应商进行反馈。

审查之后,实施小组将决定接受或拒绝该建议书。被接受的建议书将进一步被完善,同时供应商可能会正式介入并被许可继续对建议书进行修改或完善。对建议书的结果将进行跟踪。

成功的供应商建议项目一般都有共同的特点。第一,根据建议书所节约的部分由双方平均分配,而非买方独享。这就鼓励了供应商提供更多更好的建议。第二,该建议主要针对减少成本,而不是简单地减少供应商的边际收益。第三,成功的买方公司会对供应商的建议立即做出回馈,并会迅速地执行好的建议,从而使供应商清晰地感受到他们的建议被认真地考虑过。同时不能仅仅关注供应商的问题。在买方公司,在公司内部的交流和操作中,甚至在二级供应商间都有改进的可能。第四,认可供应商的建议也很重要,无论是通过奖励、简讯报道,或是在供应商会议中对其进行公开表扬。

2. 买卖双方改进小组

越来越多的公司开始在各个领域邀请供应商参与改进小组。为什么呢?研究表明,有供应商投入和参与(当任务要求参与时)的改进小组通常比没有供应商投入和参与的小组在工作中更有效率。有供应商参与的改进小组报告指出,在很多绩效领域,供应商做出了很大的贡献,并取得了重大的成果,包括:

- 提供降低成本意见;
- 提供质量改进建议;
- 改善物料交货情况的支持行动;
- 提供加工技术建议;
- 支持缩短物料订购周期时间。

同时,有供应商参与的小组还汇报了其他重要成果:

- 对小组和关键供应商之间的信息交流质量更加满意;
- 更加依赖供应商对小组目标的直接支持,一家供应商就是一种资源;
- 对小组和关键供应商之间出现的问题进行的协调活动减少;
- 更加努力地执行小组任务。

霍尼韦尔的一名经理指出了当需要迅速识别和解决主要客户的质量问题时,采用买卖双方改进小组这一方式的优势。他说:

"顾客来到公司告诉我们产品存在质量问题。最终,我们将产品退还给了供应商。供应商的产品存在问题,然后发现问题的症结在于供应商改变了工艺流程。最初,我们找的是流程质量保证部,试图通过他们来解决问题。开始,供应商否认这是他们的问题,并将其归咎为我们使用物料不当所致。我们产品的小组领导者后来发现很难和供应商协调,于是请求该厂的一个内部人士与我们合作调查。通过多次电话会议、供应商工厂的会议、工艺流程的检查、供应商小组来我方工厂的调查及许多电子邮件、传真的信息交流,该问题才得以解决。他们承认问题出在工艺流程方面,自此之后他们的表现一直都非常好。转变与供应商的传统关系,对我们来说是一次很好的学习机会,同时,在处理产品质量问题中,我们也学会了如何与供应商合作才能巩固与供应商的关系。"

3. 供应商现场代表

很多公司都鼓励供应商选择一个长期现场代表,以协助买方公司改进消费者订单履行流程。该举措(在某些领域也被称为供应商管理库存)的主要思想是:供应商代表帮助买方公司管理物料或服务的库存,提供技术支持,并在某些情况下,帮助组装和生产产品或服务。当采购方授权供应商代表现场执行各项任务时,现场供应商就形成了。供应商将承担管理费用,并指派一个全职或兼职代表实际地置身于现场。

安排供应商现场代表可以应用在以下几种类型的采购中:
- 废弃物管理;
- 打印服务;
- 备件库存和其他 MRO 项目;
- 电脑设备和软件;
- 办公家具;
- 制服和防护装备;
- 流程控制设备;
- 生产部件;
- 运输服务;
- 生产维修。

安排供应商现场代表的方式也可以用在众多部门。

(1) 采购部。一家供应商现场代表可以使用消费者采购系统和采购订单来处理消费者和供应商之间的采购交易。此外,现场代表还可以与客户策划人共同合作,以确保及时有效地完成物料交货。有时,现场代表也会担当买方策划人的角色,以协调多种设备。但需要注意的是,供应商现场代表只有在规定的价格下,并且只有在供应商公司参与的情况下,才能下订单。

(2) 销售部。现场供应商可能会履行传统销售代表的例行职责。供应商被授权可以在现场直接销售产品给内部部门。因为很大一部分管理费用都用来支付销售队伍的开支,所以供应商的直接销售将有利于降低此类特殊客户的管理成本。

(3) 工程部。首选供应商可以住在现场,并且在客户工程师的监督下,还可以为产品提供设计。这些全职的供应商现场代表可以作为一个现成的驻地信息资源。这样,客户就可以在产品和流程开发的最早阶段利用供应商的意见和专业技能。

(4) 交通部。所有运输模式(陆运、空运、海运、国外经纪业务)都可能在消费者集中的某一地点进行集合和调控。航运服务的供应商将为使用区域提供现场专业支持,并能建立一个控制中心，以协调供应链中所有的入库和出库运输。

使用供应商现场代表会为双方都带来巨大的利益。它会形成一个双赢结果，如表 4-3 所示。

表 4-3 供应商现场代表的双赢构成因素

		采购方获益			
		寄售库存	直接存货	来自滚动式预测的信息发布	老客户
供应商获益	更多的业务	×	×		×
	获得新设计灵感				×
	生产稳定化	×	×	×	
	更少的交易活动	×	×	×	
	更快支付	×			
	更少的销售开支	×	×		×
	确定销售量		×	×	×
	及时获得信息			×	×

采购方可以得到如下好处：
- 客户与供应商之间更好地协调和整合；
- 供应商人员可以现场支持采购者；
- 采购人员增加；
- 供应商的厂内工作人员执行各类采购和策划活动，从而有利于采购人员有时间开展其他增值活动。

同时，供应商也可以得到以下好处：
- 更加了解客户的需求，获得新的设计灵感；
- 供应商可以每天与关系到当前和潜在客户需求的人员接触；
- 提高供应商的生产效率；
- 得以减少日程表的改动和意外事件的洞察力；
- 降低交易费用；
- 减少库存；
- 供应商利用客户系统可以实时地制订物料计划。

虽然对很多公司而言，该商业模式还非常新颖，但是已经有越来越多的公司开始探究将供应商更多地整合到消费者订单执行程序中所带来的益处，如图 4-5 所示。

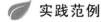 实践范例

Globaman 公司：多部门协作，并与供应商联手应对危机

全球电子公司 Globaman 公司在 2011 年的日本海啸中受到了很大的影响，因为其大部分的半导体供应都来自日本。供应商工厂在地震和洪水中受损。对于那些仍有能力运营的

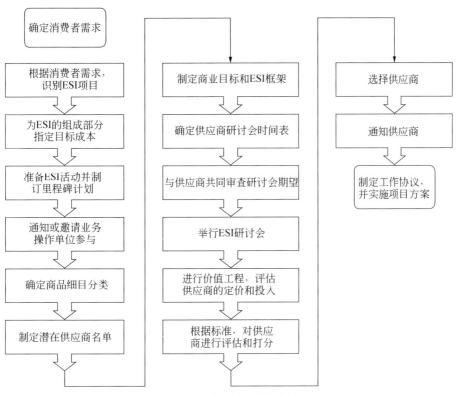

图 4-5 典型案例 MRD 公司的 ESI 举措

企业来说，电力短缺使它们无法恢复生产。供应商的员工也因海啸受到了严重影响，许多人为失去亲人而悲痛不已，食物短缺造成了日常生活的困难，辐射暴露已迫在眉睫。很明显，恢复供应需要一些时间。

1. 解决方法

Globaman 公司成立了一个专门的工作组来评估形势并制订恢复计划。初步估计此次危机将造成数亿美元的影响。该工作组最初的工作只涉及供应管理，但随着问题的严重性越来越明显，逐步扩展到包括生产、物流、质量把控（选定的新供应商）和研发（如果需要，可以重新组建团队）领域。销售部门和 CFO 也参与进来，根据受到影响的特定客户以及客户的重要性确定解决客户问题的先后顺序。总共近 30 人参与此项工作。

工作组首先开始调查作为替代供应来源的代理或经销商市场。灾难发生后的第一周，该公司就查明了哪些供应商受到了影响。然而，没有形成一个全面的价值链图，故需要更长的时间详细了解每个供应商受到影响的程度（包括具体哪些零件供应受到了影响、量是多少）。因此，花了更长的时间来获取详细信息并制定适当的举措。

在海啸过后的第二、三周，该公司找到日本以外的第二个供应来源，用红色、黄色、绿色表示各个零部件的现有库存，并与供应商合作，确保他们生产库存量为"红色"的部分。在少数情况下，Globaman 公司重新设计零部件，或者用传统技术替代受危机影响的新技术。

在海啸发生后的前期，收集到的信息是笼统且不可靠的。因此，Globaman 公司不再依赖之前的信息来源，而是直接搜集一手信息。公司通过联系电子制造服务供应商，将他们的供货信息与其直接从供应商那里得到的信息进行比较。在某些情况下(例如,用于制造半导体的化学品),公司联系三级和四级供应商以获取上游供应的信息。

由于海啸可能会对公司造成深远的影响,供应管理的领导层与管理委员会建立了直接联系,以便加快工作推进进度,从而将影响降到最低,并将某些问题提上议程,获取高管的重视。对于最重要的5个问题,Globaman公司的董事会与日本供应商的高层管理人员进行沟通交流,以获取最大限度的承诺并签订相关协议。在许多情况下,由于这种快速有效的沟通方式和简化的办事流程,甚至能够避免一些负面影响。

在接下来的四个月里,Globaman公司继续努力解决这些问题,其中大部分问题在2011年7月前得到了妥善解决。但是,彻底解决问题可能需要长达一年的时间。

Globaman公司在事件处理过程中,一个值得注意的方面是它与受海啸影响的日本供应商的合作方式。在危机发生的第一周,它选择了与同样将工厂设在日本的欧洲供应商取得联系,以此减轻日本供应商的负担,让这些供应商尽快恢复生产。在海啸过后的第二周,Globaman公司向日本供应商表示诚挚的慰问。

随着日本供应商开始恢复生产,Globaman公司采取进一步措施,与供应商的最高管理层取得联系,以确保本公司获得优先权。Globaman公司不仅利用自身作为客户的重要性,还提出了"交换条件":"如果供应商优先考虑Globaman公司的产品,那么在对于日本经济恢复至关重要的市场,比如医疗保健、发电、输电和配电,Globaman公司将优先考虑日本客户。"

最后,Globaman公司主动表示希望与日本供应商建立长期可持续的关系。慰问信让供应商知道,这是一种恢复方法,Globaman公司的短期行动(如寻找第二来源)是为了确保其短期供应,而不是为了寻求更低的价格。该公司还以"感谢信"的形式感谢日本供应商在其困难时期对Globaman公司的支持。这提醒了供应商Globaman公司对长期合作关系的兴趣,从而巩固了公司在供应商中的声誉。

2. 结果

尽管Globaman公司产生了数百万美元的额外成本(包括从代理处购买产品、空运费用等),但该公司几乎能够避免任何运营或客户方面的影响。销售部门报告中提到,客户表示:Globaman公司对于危机的解决比竞争对手处理得好。此外,一些增加的费用可能由保险公司承担,这进一步减少了财政影响。

资料来源:CAPS Research, Implementing Value Chain Risk Management—Case Study Findings, 2012.

🎯 本章小结

本章主要说明了采购部与内外部组织保持紧密合作关系的必要性。为了实现此目标,采购专家们首先需要了解工程部、制造生产部、成本会计部、质保部的基本情况,同时理解小组动力的重要性。采购部通过偶尔参观拜访供应商的小范围运营时代已经结束。

公司通过小组方式精简和改进产品开发流程,这将给那些依靠发明新产品而得以保持成功的公司带来直接的重要影响。在这样的小组中,采购部起着关键作用,包括:帮助选择参与流程的供应商;就供应商的能力向工程人员提供建议;一旦产品小组已经选好了供应商就协助双方开展合同谈判。同时,在协助供应商参与小组会议,解决供应商与小组之间产生的矛盾时,采购部也充当联系人的角色。在计划某一部分或整个系统时,采购部还可能参与供应商的目标价格制定,并帮助其分析成本,制定实现此目标价格的方法。最后,采购方和供应商技术共享时,采购部还要参与保密协议的制定。

采购部门也应该能够有效识别和处理公司延伸业务所涉及的供应链中存在的风险。由于世界范围内经济、政治和社会不确定性的增加,需要对风险管理给予更多的关注。此外,一些会对公司在全球供应链上的盈利能力产生影响的自然灾害也促使人们重视供应链风险管理。这就需要与其他职能部门和供应商密切合作。

在产品周期不断缩短的环境下,出于竞争的需要,采购部与其他部门之间的联系不断加强。采购部通过建立更加紧密的内外部联系和参与跨职能小组来支持企业缩短产品周期,提高竞争力。而那些对采购领域有兴趣的人员需要尽可能多地学习在当今市场上竞争所需要的技能,包括如何提升团队合作能力,以及了解企业如何在成本、质量、时间和管理风险方面进行竞争。总之,能否与不同团体进行有效交流与采购部完成任务的水平有重要关系。

思考讨论

1. 概述采购部门需要积极参与的整合类型。
2. 概述采购部门与不同内部或外部功能部门可能共享的信息和数据类型。
3. 整合过程中可能存在哪些障碍?如何克服?
4. 有关跨职能采购小组的研究表明:有供应商参与的小组通常比没有供应商参与的小组更加积极。讨论为什么外部供应商的参与可以对团队的效率产生正面的影响。
5. 为什么制定目标对采购小组完成工作至关重要?在制定小组目标时,领导者起到什么样的作用?
6. 相对来说很少有人具有资格、经验或参加过能立即担当采购领导者的职位的培训,你同意这一说法吗?为什么?
7. 概述传统的买卖双方关系模式。传统模式和协作模式有哪些不同?协作式模式具有哪些主要特点?
8. 描述某一个电脑制造商的典型"技术路线图"。在新产品开发周期,它是如何影响采购活动的?
9. 将供应商整合到新产品时,实现最成功整合的关键因素有哪些?这些因素如何发挥作用?
10. 在新产品开发阶段,供应商可以提供哪些有用的信息?
11. 对于供应商的早期参与,灰箱和黑箱方法有哪些差别?这两种方法分别适用于哪些情形?
12. 当考虑供应商是否应该参与新产品开发时,最重要的标准是什么?
13. 全球风险的增加对供应管理有哪些影响?与其他职能部门和供应商进行密切合作需要掌握什么?为什么?

第 5 章

采购和供应管理组织

🎯 学习目标

- 认识组织设计在成功实现采购和供应管理中的作用；
- 了解集中采购、集中采购和分散采购与采购组织形式之间的差异；
- 了解影响采购和供应管理中组织设计的驱动因素；
- 了解跨职能团队的概念及其影响力以及在采购和供应链中的障碍；
- 确定未来供应组织的发展趋势。

开篇案例

NRG 综合供应管理组织——合并后

克里斯·哈斯(Chris Haas)是得克萨斯州休斯敦的 NRG 公司能源供应链副总裁，这位巴黎圣母院毕业生拥有丰富的供应管理经验。克里斯在汽车、铁路、合同和能源业务中担任过供应管理相关职位，他于 2010 年加入 NRG，从根本上改变了 NRG 的采购结构，而这些变化导致 NRG 内部将供应链功能提升到更高的战略重点。最近，克里斯面临着另外一个挑战，那就是将 GenOn 的供应管理组织(另一个独立的电力生产商)整合到他的供应组织中。他说："合并是我职业生涯中从未经历过的领域，我需要一点'爱尔兰人的运气'来实现。"

1. NRG 公司背景

NRG 是财富 300 强和标准普尔 500 强公司。它是该国最大的发电和零售电力企业之一。NRG 的发电厂提供约 4.7 万兆瓦的发电能力，其零售和热力分公司为 16 个州的 200 万客户提供服务。除发电资产外，NRG 还拥有和运营以下子公司：NRG 能源服务、NRG 太阳能、NRG 住宅太阳能解决方案、NRG 热能增强、eVgo、绿山能源公司、Petra Nova 和 Reliant 能源。

2. GenOn 收购

GenOn 是一家能源公司，为美国的批发客户提供电力。该公司是美国最大的独立电力生产商之一，在美国使用天然气、燃料油和煤炭的发电能力超过 1.4 万兆瓦。该公司的前身为 RRI Energy，于 2010 年 12 月被 Mirant 收购。NRG 在 2012 年 12 月以 17 亿美元的价格完成了对 GenOn Energy 的收购。

3. 独立电力生产商模型

批发公司在批发市场上购买燃料并出售，但没有输电线路。公用事业可以分为三个部分：发电、传输与分配和零售。NRG 主要经营电力业务的发电和零售组件。它们发电并为住宅和商业客户提供服务，但 NRG 却被归类为独立发电商。这与全套服务的公司（例如 Duke Power）形成了鲜明的对比，该公司为特定地理区域提供服务，并经营公用事业的所有部分。

4. 结构始于内部客户

哈斯先生认为他的供应链组织将被归类为"混合型/中心型"类别。但是，他指出："一切都是围绕满足关键客户的需求并为他们提供完成任务所需的支持而进行的。"NRG 在宏观层面的支出可分为以下几类：操作维护（O&M）、工程、采购与建造（EPC）、零售业务和间接支出。具体介绍如下。

O&M 支出涵盖了保持发电厂运行所需的所有支出。有时，工厂会安排在夏季和冬季高峰季节之前进行维修停机。哈斯说："虽然可以将购买的某些部分集中起来，但大部分是工厂专用的。"

工程、采购与建造（EPC）的目的是为新电厂或现有工厂进行改造购买所有设施和设备，此项工作以前大部分是由工程师提供，但现在在哈斯先生的指导下，"这笔钱很重要，我们严格管理流程，使我们的优势体现于管理供应商中。"另一个好处就是通过买入的数量和 O&M 的服务来利用新工厂的投入。哈斯说："我们也越来越深入地参与到合同管理中，并执行计划和变更成本。"NRG 供应经理还发现，合同管理需要与现场工程师进行高度协调。

零售业务是 NRG 的一个新领域，在这方面采购更多意味着采购服务。"这方面的采购用于呼叫中心的运营、广告、市场营销等。我们正在使用战略采购模型来为这方面的支出进行削减。"哈斯指出。

传统的间接支出包括 NRG 的商品和服务。此类别包括办公用品、保险、顾问、租车、酒店和 IT 支出。克里斯说："我们试图在这一领域尽可能提高效率和成本效益。"如果同时考虑软件和硬件系统，则 IT 支出可能是该领域的主要支出类别。

5. 同化 GenOn

克里斯说，"虽然 GenOn 也是独立供应商（IPP），从某种意义上讲，它们是 NRG 的缩影，但它们的工厂购买者历来是在非常分散的环境中经营的。"结果，它们习惯于为自己的工厂做所有的购买决策。哈斯说："在某些情况下，将它们纳入我们的混合模型将是一个挑战，因为我们将集中做出一些采购决策。"另一个重大挑战是使两家公司的系统兼容。克里斯说："我们有一个称为 Maximo 的 ERP 系统，而他们有 SAP。"在分析了这两个系统之后，克里斯决定采用 GenOn 的 SAP 系统。哈斯说："休斯敦地区的许多成员对此并不满意，但是我们认为，一旦他们接受了新系统的培训，我们就能实现库存和采购效率的重大提高。"

此次收购进一步将 NRG 的地理足迹扩展到新泽西州、宾夕法尼亚州和俄亥俄州。在这些不同的地理区域中找到购买共同点的一种方法是举行区域购买峰会。在这些会议上，工厂采购员与总部的战略采购小组凑在一起，提出寻找和利用共同采购的方法。哈斯说："我们希望他们开始从我们的区域和中央合同中购买更多的产品。"克里斯说："我们的目标是将 GenOn 的购买者纳入 NRG 的保护范围，但我们意识到这将需要一些时间和培训。"在每个地区举行峰会还使公司员工可以交流供应链部门的目标、节约目标、供应商多元化计划,并开始形象地看待它们如何适应总体战略采购目标。克里斯知道,新成立的 NRG 供应链团队将"像冠军一样购买",并使他能够毫无困难地执行自己的战略。"GenOn 是 NRG 的较小版本,但是我们需要快速有效地吸收它,我们不希望出现任何重大的文化冲突,我们希望到明年所有供应链人员将在同一系统上工作并集成进入我们的混合采购结构。"哈斯说。

图 5-1 展示了 NRG-GenOn 联合供应链组织的缩略图。它说明了组织设计如何结合地理、运营、业务部门和战略采购组。这为理解设计供应组织时产生的复杂事务提供了响应性战略基础。本章的其余部分将重点讨论供应管理组织设计和采购工作范围的问题。

资料来源:Larry Giunipero interview with Chris Haas,NRG June 2013.

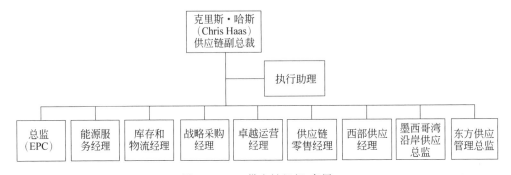

图 5-1　NrG 供应链组织-高层

资料来源:NRG Organization Chart June,2013.

5.1　引言

从 NRG 的故事中可以明显看出,组织设计将受到诸如合并等公司战略的影响。影响设计和结构的其他因素包括:应对外部环境变化;满足公司目标的需要;采购/供应管理部门作为任务的贡献者,其价值得到公司认定。图 5-2 说明了这些问题及其对组织结构的影响,并构成了我们讨论 P/SM 组织的基础。要达到公司目标,就需要一个灵活的组织设计,既要能够满足不断变化的业务条件,又可以利用各个业务部门的共同支出类别。它们被称为中心主导的或混合形式的购买组织。研究表明,大多数 P/SM 组织认为这是他们的首选组织。

中心主导的组织没有完全中心化部门的全部权限;它们通过不同的促成因素从各种业

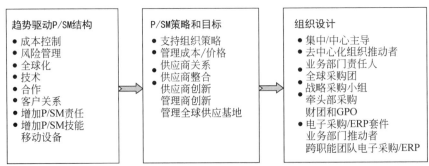

图 5-2　P/SM 组织结构——影响因素与方向

务部门进行买入,这些促成因素将在组织和业务部门进行讨论。组织级别的促成因素是允许在一个中心点上协调常见业务部门支出类别的机制。这些组织支持者在不同的组织中具有不同的名称。例如,宝洁(Procter&Gamble)使用了"战略采购组"和"业务部门负责人"。同时,泰科还设有全球采购委员会。例如,它用 4 个全球旅行理事会管理其 1.5 亿美元的全球旅行支出。

在公司和业务部门级别,跨职能团队和结合 ERP 系统的电子采购软件程序组提供了有效收集和传达有关特定支出类别、合同或购买信息的方法。随着采购承担更多的战略角色,组织设计应反映这种不断增加的作用和责任。

组织设计是指评估和选择实现组织目标和目的(包括供应管理目标)所需的结构和正式系统,包括沟通、分工、协调、控制、权限和责任,有效的(或无效的)组织设计会影响采购的成败,并且必然会影响整个组织。

5.2 采购/供应管理组织结构

P/SM 的整体组织结构会影响以下方面:①采购决策正式权力的所属;②采购任务和活动的划分;③采购职能中的工作范围;④沟通方式和工作流程;⑤P/SM 员工的相对工作满意度;⑥P/SM 在实现目标的总体有效性。参见图 5-3。

图 5-3 组织结构对 P/SM 的影响

5.3 集中式或分散式采购权力的位置

组织设计最关键的方面之一是决定集中或分散采购权限。如果公司总部的首席采购官(CPO)拥有组织大部分采购支出的权限,则公司将维持一个集中式组织结构。如果大多数采购支出的权限是在部门、业务单位或站点级别,则企业的结构将会更加分散。

我们可以设想,不同采购组织存在于一个连续体上,一端完全集中,另一端完全分散。很少有组织处于这两种极端上确切地说,大多数组织都是在一端或另一端。某些决策或任务,比如评价或选择支持整个组织的供应商,可能是集中领导的。单独的采购订单或合同可以在业务单元级别与购买者一起下放。甚至同一项目类别也可能受不同的权限级别约束。公司可能会将超过限额的资本支出购买的权力集中,而低额采购可由生产部门决定。

可以确定的是,组织结构将做出改变以适应组织的整体战略。为了应对这些变化,P/SM通常会从分散的方法演变为更集中的方法,以用更统一的方法实现节省。如果中央集权导致组织机构烦琐,缺乏响应能力和灵活性,那么它将朝着更分散的采购结构发展。

企业合并和精简的影响,再加上全球竞争和信息系统可见性的增强,将组织推向了更加集中的立场。如今的集中采购应该强调对企业中常见的不同任务的支持、集成和协调,而不是严格控制采购过程中的所有活动。当前的挑战是要知道哪些活动、过程和任务要集中控制或协调,而哪些需要分配给运营单位。

这种对常规购买项目使用集中化决策,而对特殊需求采取分散化采购的组织结构,被称为中心主导。过去的研究表明,中心主导的结构是大公司中最常用的(使用率54%),但随着公司结构更加集中化,2010年以后它的流行度逐渐下降(估计使用率44%)。既然已经熟悉了P/SM组织结构的类型,那么了解导致公司采用这些结构的因素以及集中式或分散式结构的优缺点就非常重要。

5.3.1 影响企业集中式或分散式结构的因素

通常,公司采购小组由首席采购官(CPO)领导,首席采购官直接向最高执行官汇报。组织在不同的地理位置有多个业务部门;这些部门每个都有一名采购经理,他们直接向该部门的首席执行官汇报工作,还和首席采购官保持联系。因此,在具有多个地点的大型公司中,会有本地采购人员以及公司采购部门。几个因素共同决定了组织在实施其供应结构时要考虑的集中或分散程度。必须综合考虑这些相互作用因素,因为决策不应只关注一个因素。通常,更主要的因素之一将使组织转变为混合形式。这些因素包括:公司的整体业务战略、购买的相似性、购买总支出、整体管理理念。

1. 公司的整体业务战略

如果组织策略是响应不同市场中的单个客户,则可能会采取更加分散的方法。相反,如果组织想比其竞争对手更有效地建立竞争优势,那么更集中的供应方式更受青睐。

2. 购买的相似性

当整个组织的采购情况非常相似时,可以将它们合并以发挥杠杆作用。因此,组织倾向于采用更集中的方法。相反,如果各个业务部门之间的购买差异很大,则可以提出权力下放。这就解释了为什么沃尔玛的采购团队高度集中,而在通用电气这样的公司采购却更加分散。

3. 购买总支出

随着购买支出的实际规模增加,集中化的压力变得更加明显。在集中的基础上,存在着可以节省并更好地管理这些大笔采购支出的机会;在过去,地理的分散导致结构的分散化,而地理的集中则允许集中化。但是,技术的发展已经逐渐消除了地理因素的影响,电子采购软件可提高支出可见性,而无论其地理位置如何。

4. 整体管理理念

如果高层管理者承诺以分散模式进行操作,那么采购功能通常会被分散。如果管理理念更多的是从中央位置控制操作,则可能会采用更集中的供应方式。

5.3.2 集中式采购结构的优点

集中式采购具有明显的优势,特别是当组织在多个业务部门或机构中有采购支出时。中央小组的任务是促进合并类似的购买要求,并将各种设施的购买流程标准化。完成此任务涉及许多方面,包括在整个公司范围内选择供应商和谈判采购合同。集中式管理采购潜在优势很多,重点列出以下几点。

(1) 利用购买量

从历史上看,集中采购的主要优势是通过组合各个业务部门的数量来实现较低的价格。利用各种业务部门的支出需要进行支出分析,支出分析涉及使用系统软件来识别部门或业务部门之间共同购买的项目;然后将这些项目合并,并制定为整个组织获得最佳价值的购买策略。将项目、业务部门或设施采购人员的意见提供给集中采购团队,本地供应经理还保留直接向供应商生成订单的权限。公司可以通过合并采购量来实现材料成本的降低,同时仍然满足部门或工厂购买者的运营要求。集中采购也可以提高服务要求。例如,公司范围内的运输合同不仅可以降低成本,还可以在所有地点实现更统一的绩效标准。通用电气公司成立了由部门运输经理组成的中央执行运输委员会,该委员会作为评估公司运输合同承运商的中心机构,将公司合同授予最佳的承运商,并为所有部门建立统一的承运商绩效标准。通过合并运输量,GE 实现了成本和服务改进,从而使整个公司受益。

(2) 减少采购工作重复

集中化的另一个原因是为了减少重复劳动。考虑一个拥有 10 个地点和完全分散的采购结构的组织,该公司可能会发现自己拥有 10 套材料发布表格、10 个供应商质量标准、10 个供应商绩效评估系统、10 个采购培训手册以及 10 个具有与同一供应商的不同通信协议的不同 ERP 系统。复制会增加成本,但很少会带来独特的价值。它成本高昂且效率低下,并且导致操作单元之间缺乏一致性。

(3) 采购策略与计划的协调

当今,一些战略趋势正在影响 P/SM 功能。首先,采购已不再具有战术功能,而越来越具有战略功能。其次,组织将公司、运营和采购计划链接到总体战略计划中。这两个趋势需要一个中央领导的小组来负责组织最高层的采购策略。没有这个小组,组织将无法协调其采购策略。第 6 章将详细介绍策略的制定过程。

(4) 全公司采购系统的协调与管理

先进的 ERP 系统、电子采购系统和数据仓库越来越重要。这些系统的设计和协调不应由各个部门负责。如果每个部门或单位负责开发自己的电子采购系统或数据收集和零件编号系统,那么将得到一个不兼容系统的混合体。

惠普(Hewlett-Packard)历来是一家权力下放的公司,它依靠一个中央领导的采购小组来开发和管理公司的数据库。这样一来,就可以查看惠普数十个部门中的常见项目以及在公司级别评估供应商绩效的能力,该系统还支持开发公司的物料预测。

(5) 专业技能的发展

采购人员不能成为所有支出类别的专家,尤其是随着采购功能变得更加复杂。有能力开发专门的采购知识并支持单个采购单位是集中领导的采购团队的另一个优势。

(6)实现公司目标并管理公司内的变更

面对适应不断变化的竞争环境的需求,公司进行重组以满足这些新需求。采购不能避免这些结构性挑战。尽管没有完美的结构,但在企业生命周期中的某些时刻,结构会越来越好。通常,高层管理者的理念将决定组织的主要形式。但是,CPO必须确保其组织结构能最大化地满足公司的总体目标,建议考虑两家采用不同组织方法进行采购的公司。一家将重点放在主要职能活动上,另一家企业通过设立80多个子公司分散运营。去中心化的公司努力发起变革,因为对公司范围的全球采购流程的支持或遵守是自愿的,或者说并不是优先事项。集中化的公司几乎没有遇到任何问题,可以吸引世界各地的参与者来支持中央领导的计划,这个例子表明,在集中控制或协调的采购环境中管理变更过程通常更容易。

5.3.3 分散式采购结构的优点

集中采购似乎具有所有优势,但为什么任何组织都支持分散结构?尽管竞争压力鼓励对某些任务采取更集中的方法,但这些相同的压力也支持其他采购任务的分散结构。公司可以通过直接将具有采购权的采购人员置于"行动所在地"来获得优势。那么分散采购权的潜在好处是什么?

(1)速度和响应能力

快速响应用户和客户需求的能力一直是分散采购权的主要原因。大多数采购专家都认为,分散的采购权限通常导致更大的响应和支持。组织可能会因为以前在集中管理方面的负面经验而抵制更强大的集中采购团队,同时一些组织也担心权限的集中会导致响应时间变慢。

(2)了解独特的操作要求

分散的采购人员应该对当地的运营要求有更深入的了解和认识。这些人员熟悉部门或工厂服务的产品、流程、业务实践和客户。熟悉程度的提高使购买者能够与当地供应商建立牢固关系的同时预测其支持部门的需求。对于像高露洁棕榄这样的全球性公司而言,这显得尤其重要,该公司在人口稠密的大陆均设有工厂。

(3)新产品开发支持

大多数新产品是由部门或者由业务单位负责开发,因此去分散化的购买结构可以支持较早阶段的新产品开发,采购可以通过多种方式支持新产品开发。首先,购买者可以在产品设计过程的早期就让供应商参与进来,还可以评估长期的材料产品需求,制订战略计划,确定是否有替代材料可用以及预估未来产品需求。

(4)影响购买决策的所有权

组织可能出于一种称为"所有权"的无形原因而倾向于下放采购权限。从本质上讲,所有权是指本地人员理解并支持业务部门的目标,并承担特定业务的相应责任。业务部门经理负责部门的盈利能力,由于运营的大部分成本和效率都体现在采购中,因此他们具有采购权。

5.3.4 组织集中化的促进机制

大多数组织应该受益于这样一种结构,该结构既可以保留集中领导的采购团队的优势和专业知识,又可以响应业务部门和各个运营地点的采购需求。实施中心主导的方法需要建立在允许中央采购小组获得运营单位支持的机制之上。通常,这种支持是通过鼓励业务部门参与制定总体战略来集中特定支出类别而获得的。

如前所述,中心主导的组织的优势在于他们能够在共同采购中节省成本,同时又允许本地就独特商品做出购买决定。鉴于中心主导组织的普及,这些启用机制已采取多种形式,并以多种名称来命名。在中心领导的组织中,一些较常见的促成机制包括:战略采购小组、首席部门采购、业务单位负责人、区域采购委员会、全球采购委员会、企业采购委员会、企业指导委员会、财团和团购组织(图 5-4)。

图 5-4 中心主导的推动者

(1) 战略采购小组

在面向全球的公司中,这些小组通常按采购地区进行定位。例如:宝洁公司在其美国总部以及瑞士、德国、新加坡、中国和南美均设有战略采购小组。采购团队使用通用的 ERP 系统进行支出管理,并使用电子采购提供商进行逆向拍卖、采购优化和合同管理等工作。

(2) 首席部门采购

在潜在客户部门购买中,一组运营单位购买通用项目,通常是因为它们生产通用产品。例如:一家公司联合了多家工厂,这些工厂为公用事业公司生产变压器和配电设备。该小组首先确定了普通商品,然后任命了首席谈判代表。带头谈判者是设施上支出最大或对所购买商品或项目具有专门知识的买方。

(3) 业务部门负责人

业务部门负责人是公司级别的采购/供应管理员工,他们与各个业务部门跨职能的采购团队互动,并为这些部门的采购流程提供专业知识和意见。鉴于他们在公司总部的地位,他们熟悉公司中其他业务部门解决类似采购问题的方法。这种"业务部门负责人"结构还为业务部门主管提供了直接联系,以获取关键采购问题的信息和最新信息。与业务部门高级管理人员的这种交流通常便于集中式采购以及与其他业务单位合作采购。

（4）全球采购委员会

当许多主要业务部门购买关键商品时，联合的全球战略将是有益的。例如，一家对国防和汽车零部件行业感兴趣的大型多元化公司拥有一个全球钢铁采购委员会。中央公司总部领导委员会，每个主要的钢材采购地点均在委员会中设有代表。在委员会会议上建立了需求预测、战略性供应商采购计划和谈判策略。

（5）区域采购小组

区域采购小组在区域较为集中的情况下具有显著优势。特定地理区域（例如西北太平洋地区、东南部地区）的小组联手与当地普通物料供应商进行谈判。他们通常负责购买所有设施共有的大件物品。他们还协助有或没有内部采购人员的当地部门来管理当地采购。鉴于区域性购买群体是按区域结构构成的，因此它们在许多服务组织（例如银行和保险公司）中很有用。区域集团还可以促进实施联合库存共享以及与供应商进行供应商管理的库存安排。

（6）公司采购委员会

由于中央领导的公司员工较少，业务部门的人员更少，因此采购委员提供了一种共享专业知识和制定通用采购策略的方法。采购委员会由一群在各种设施中购买类似物品的买家组成。一个联合企业组织由280家工厂组成的组织持续十年每月收购一家公司，现在拥有280家工厂。决定采取以采购委员会为中心的组织形式，将公司的6万个供应商减少到可管理的数量。另一个例子是，一家化学公司创建了一个一站式采购（MRO）委员会，该委员会根据需要举行会议，然后成员将工作分开。公司代表监督并协调理事会成员的活动。成员有责任按公司范围内符合最大用户要求的方式采购。国家合同由中心领导的企业集团谈判和授予。

（7）公司指导委员会

指导委员会与理事会非常相似，但指导委员会在性质上往往更具有咨询性。这些委员会定期开会，并讨论有关公司购买主要商品的策略。指导委员会还邀请大型供应商参与讨论、谈判、绩效评估以及对来年采购量的预测。他们为分散的环境中各种运营单位人员提供开会和讨论购买计划的机会。

专栏文摘

泰科国际——在分散环境中使用公司采购委员会

泰科国际公司是一家大型企业集团，年销售额200亿美元，年采购额130亿美元，其中40亿美元为直接支出，40亿美元为间接支出以及50亿美元为公司内部支出。大约有10万个供应商提供直接支出，10万个提供间接支出。从历史上看，公司根本没有中央采购组织，有约30个核心公司分别管理他们的采购，根据需要随时组建临时小组，小组成员来自各采购区域。2003年8月，小雪莱·斯图尔特（Shelley Stewart, Jr.）加入了公司，开始逐步实施分散采购，寻找节约成本的方法并利用供应管理来推动价值的提升。第一步是将整个公司各部门的个人支出数据进行汇总分析以节省成本。斯图尔特的愿景是使采购和其他流程自动化，这提供了信息以巩固支出并利用公司的购买力。

通过制定多委员会结构，将采购专业人员与各个企业的领导者配对，这种结构使采购多样化的五个业务单位中各有一个c级会议席位。"通过与业务部门的领导者合作，我们专注了解客户的期望，这样我们就可以设计供应链以满足最终的'购买'期望。"全球供应链副总裁Jaime Bohnke说。自2003年以来,该流程和系统已节省了近 20 亿美元,泰科将内部利益相关者和供应商的合作理念提升到新的高度。全球采购总监 Russ Davis 说,关键是与利益相关者建立"情感银行账户","你可以通过展示结果来做到这一点。"他说。新结构包括几个由业务领域和采购专家组队而成的委员会,这是一个更正式的委员会机构基础,如下所述:

- 最高层是企业供应链委员会,包括所有企业的副总裁,讨论常见的采购问题并为企业的采购制定一般指导方针。
- 每个企业都有自己的采购委员会,由企业内部的采购专家主持,向业务负责人报告。这些委员会讨论与各自业务有关的采购问题。
- 此外,还有独立的商品委员会,这些委员会具有代表整个公司做出与商品相关的采购决策的权力和责任。
- 关键主管担任某些活动的拥护者。
- 公司采购部的专家由一组领域实践(CoPs)专家组成,负责优化流程、缩短差距,并确保"单一泰科"采购方法。这些小组讨论业务目标,共享最佳实践并确保知识管理制度化。

由于与营销部门共享最佳实践定价工具,泰科未来将会有更多机会,并将与供应商共同努力,争取最大价值。

资料来源:Adopted from:Congratulations to Tyco International Paul Teague. Purchasing. Boston:Sep 17,2009.Vol.138,Iss.9;pp.11-13.

(8) 财团和团体采购组织(GPOs)

财团和集团采购组织通过运用专业技术和合同管理技巧提供额外的购买手段。财团是一个自愿团体,其买家在同一行业,并与许多相同的供应商开展业务。这些行业财团是为促进商品和服务的购买而成立的第三方合法公司,例如:RailMarketplace.com 是一个由北美六大铁路组成的购买财团。财团为公司提供了额外的手段,是另一个中心领导或混合组织的启用机制。在没有集中管理或没有中心领导的情况下,很难进入一个财团,因为获得最大价值需要了解组织范围要购买的商品的支出。此外,政府反托拉斯法规禁止对占市场份额25%及以上的商品进行联合谈判。

诸如 Corporate United(www.corporateunited.com)之类的 GPO 结合了来自不同行业的公司的支出,来为客户提供最优惠的价格。GPO(例如.Corporate United)利用成员公司的协作努力来增强支出管理、降低成本并允许通过其成员网络共享最佳实践。其网站上显示,Corporate United 由 200 多家成员公司组成,涵盖每个行业部门,其总支出超过 500 亿美元。Corporate United 帮助图形行业的公司解决了临时工的来源。由于每年的人力资源要花费 400 万美元,并需要多个供应商,该公司希望控制偶发的劳动力成本并实现相关的过程效率。当前的供应商很难填补职位空缺,而他们能够填补的职位流动率很高。更糟糕的是,该公司遇到了工地安全和盗窃问题,这要求他们聘请第三方保安人员来保护员工和财产。通过使用 Corporate United 解决劳务纠纷的合同,该图形公司不仅获得了可靠的员工,还实现了 3%的成本降低。

> **专栏文摘**
>
> ### RailMarketplace.com：在供应中增加价值
>
> 北美六大铁路(第1类)的独特之处在于它们能够有效地在整个非洲大陆运送货物。不过，它们的独特之处在于，它们是北美为数不多的几个通过正式收购财团并持续成功地利用其支出的行业之一。
>
> 采购财团是为共同购买商品和服务而组建的团体或协会。财团通常由同一行业的公司的买家组成，并与许多相同的供应商开展业务。这些行业财团是为了与作为第三方的财团共同购买商品和服务而成立的合法公司，财团必须严格遵守反托拉斯法规。
>
> RailMarketplace.com(RMP)成立于2001年1月，旨在简化铁路行业的供应链。该组织的收入来自会员订阅和按交易来源采购服务收取的费用。服务包括进行杠杆批量购买项目、逆向拍卖、剩余物料的销售以及管理采购交易。非合同活动也提供了价值，例如：规范规格、规范通用做法、分析全球供应市场。所有六类1级铁路的首席采购官(CPO)都是RMP的董事会成员。并且，每家公司的工作人员(称为"核心团队")努力在特定的采购项目上相互合作。
>
> RMP的采购工作主要集中在铁路的间接支出上，并在多个方面进行谈判，包括：办公用品、安全用品、瓶装水、汽车轮胎、设备租赁、计算机设备以及便携式和移动无线电。CSX Transportation首席财务官Michael O'Malley表示，虽然在六家公司之间达成共识并不容易，但结果令人满意。O'Malley说："为了在采购项目上取得成功，必须做出妥协才能获得下一个项目的'社会资本'。"
>
> 尽管在本世纪初，对所有电子商务的高期望并未实现，但由于一级铁路采购领导者的持续承诺，RMP保持了稳步发展。它实现了流程和基准审查以及与供应商的联合合同。"所有这些增值器使管理层可以继续为RMP计划分配人力。"Frank Carbone采购和材料机械副总裁兼CSX RMP的核心团队代表说。参与该财团的其他五条铁路是伯灵顿北部圣达菲、加拿大国家铁路公司、加拿大太平洋诺福克南部铁路公司和联合太平洋公司。
>
> 资料来源：Giunipero, L. Interview with Frank Carbone, CSX Transportation, June 2013.

5.4 采购部门在企业组织结构中的地位

正式的组织结构具有本章开头提到的几个目的。首先，它详细说明了工作分配以及职责权限；其次，形式结构有助于定义公司如何在组成组织的各个小组之间沟通和整合决策制定(过程也称为协调)。

然后，这些工作详细信息成为各种工作描述的模板。职位描述构成了采购职位范围的基础，下文将进行讨论。采购在组织结构中的位置很重要，因为它通常表示组织的地位和影响力。对于最高责任执行官是经理人(或几个经理人)的部门和最高责任执行官是高级副总裁的部门，前者一定比后者在企业结构上更重要。在某些组织中，最高的采购专业人员的报告状态与其他主要职能并驾齐驱。在其他情况下，我们必须先搜索才能找到负责采购的个人主管。过去的研究支持这样一个事实，即采购在企业层次结构中获得了越来越多的知名度。该研究还发现，仅具有采购背景的首席采购官(CPO)较少，并且CPO的任期较短。一项历时16年的研究结果表明，在生产和服务领域，CPO有更大的责任，在组织中向更高层的领导汇报工作，并且拥有比其前者更大的头衔。对首次任命CPO进行的研究表明，公司战略的变化导致首次任命CPO的比例达到80%，而首席执行官在决定谁被任命为CPO以及在公司层级中向谁汇报具有主要发言权。本节介绍一些影响采购部门在组织中地位的因素。

5.4.1 采购/供应管理部门的归属

过去30年的一个明显的趋势是，P/SM向上汇报的行政级别越来越高。Bloom 和 Nardone 报告说:"在20世纪50年代和60年代初期，很大比例的采购部门向职能经理报告了二级职能，最常见的是生产和运营。"

图 5-5 说明了组织层次结构中三种可能的采购安排。在(a)中，采购是直接向执行副总裁报告的上层职能。在(b)中，采购是向执行人员报告的中级职能，比执行副总裁低一级，这是当今的通用报告级别。在(c)中，采购是一个较低级别的功能，执行副总裁有两个报告级别。通常，公司结构中的采购越多，它在支持组织目标中的作用就越大。

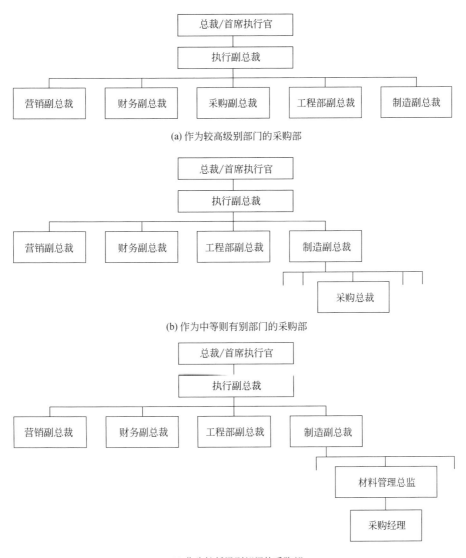

(a) 作为较高级别部门的采购部

(b) 作为中等则有别部门的采购部

(c) 作为较低级别部门的采购部

图 5-5

5.4.2 影响采购部门在组织中地位的因素

1. 历史

促成购买在组织层次结构中的地位的最重要因素可能是历史。对于已建立的组织,早期的购买历史强调了定义适当购买的政策和程序的逐步发展。

从操作的角度来看,由于采购现在越来越受到执行管理层的关注,向 P/SM 寻求更具战略性角色的转变,有利于 CPO 在公司结构中获得更高的知名度。

2. 对组织绩效的影响

采取更具战略性的角色意味着 P/SM 对组织的竞争力具有更直接的影响。P/SM 作为利益相关者价值驱动力的角色日益增强,因此需要在组织层次结构中占据更高的位置。如果 P/SM 职能是对公司的战略计划有直接投入,那么它需要高度的可见性。

3. 创始人的哲学

创始人的理念(尤其是在创始人仍然扮演积极角色时)对组织的正式设计产生了重大影响,在过去 25 年中成立的高科技组织中尤其如此。如果创始人是面向市场的,那么公司通常具有很强的市场前景;如果创始人是面向工程的,则通常将重点放在产品和流程开发上。工业办公家具生产商 Herman Miller 公司的创始人认为,组织应该成为环境的"管家"。因此,赫曼·米勒(Herman Miller)的采购部门在采购实践中强调了环境责任。

4. 行业类型

一些行业不像其他行业那样受到材料或外部技术变化的驱动。与成熟行业或传统上将采购视为低功能的行业相比,那些不断创新和改进的行业通常使与材料相关的活动处于较高级别。在快速变化的行业或购买的商品和服务在产品或服务成本中占比较大的行业,管理层通常认识到有必要将购买置于组织层次结构中的较高位置。

5. 商品和服务总支出

约翰迪尔、本田和沃尔玛等公司将其销售额的 60% 到 70% 用于购买商品和服务。在计算机和电信行业中,戴尔、Solectron、IBM、Cisco 和 Hewlett-Packard 等公司都依赖零件和新技术的供应商,这意味着采购起着至关重要的作用。一个服务机构将其销售额的 10% 到 20% 用于购买商品和服务,与花费超过 60% 的公司相比,它们对购买的看法不同。

6. 购买材料和服务的类型

购买材料的类型会影响组织地位,常规物品的购买与尖端高科技产品的购买有很大不同。面临快节奏变革的采购部门通常与其他职能部门之间的联系更加紧密,组织报告水平也更高。当 P/SM 获得更高级别的职位时,它可以更好地影响管理和推动"非传统"支出类别,例如广告、差旅、顾问和软件。在服务领域,通过严格的采购流程实现节约的成功案例数不胜数。

5.5 采购与供应管理部门的职责范围

大型组织中的 P/SM 工作范围可以分为四个主要领域:采购、谈判和合同管理;市场情报与研究;运营支持和后续行动;行政管理和数据管理。赋予个体购买者的具体工作范围将取决于整体结构。在高度集中的组织中，个人的工作范围可能仅限于其中一两个类别，而在分散组织中的人则很可能执行这全部四个类别。

（1）采购、谈判和合同管理

这项任务涉及确定公司支出并将其与最佳潜在供应商进行匹配，与选定的供应商进行谈判，最后管理合同。买方通常负责购买特定类型的商品，这些商品可以分为商品或服务类别。例如：注塑件是购买商品的一个例子，垃圾清除和安保是服务的例子。其他购买者可能专门从事原材料，并负责钢材、铜、包装用品等。无论商品或服务如何，高价商品都会涉及与供应商的广泛谈判。采购员通常会在负责整个组织的合同谈判的团队中工作。

（2）市场分析与研究

市场分析涉及对供应环境的系统监控，以确保商品和服务的持续经济供应。有效的市场分析计划使组织能够开发更准确的远程物料预测，精确定位商品以进行价值分析，更好地评估供应商能力和成本结构。尽管其中一些专门任务是个人购买者的责任，但越来越多的组织意识到拥有专门研究人员的好处。产品和物料计划的制订需要详细而准确的研究。

（3）行政运营支持和后续行动

该过程包括支持采购或物料职能日常运作的活动。加急员是这个小组的一部分，物料释放的准备和向供应商的转移也是操作支持过程的一部分。可以简化或自动化许多可作为运营支持的任务，尤其是使用电子采购系统时，从而导致从事此类任务的采购人员数量正在不断减少。

（4）行政管理和数据管理

可用于 P/SM 的数据量激增。降低数据存储成本以及对移动技术和数据库的访问需要一个活跃的数据管理系统。通常，在中小型企业中，此数据存储在"云"中，而不是公司服务器中，因为它消除了购买服务器和 IT 支持的成本。从历史上看，该小组负责制定采购人员应遵循的政策和程序，管理和维护采购信息系统和数据库，确定所需的人员配备水平，制订部门计划，为采购员组织培训和研讨会，以及开发评估采购绩效的衡量系统。

在许多组织中，管理活动是供应经理的责任，他必须确保采购部门有效运行并在预算范围内达到预定目标，并履行对内部和外部客户的责任。

5.6　采购/供应管理部门的工作

如今的采购部门所做的不只是传统的材料、零件和服务采购。分配给采购的工作任务正在扩大，以反映采购的重要性和供应商对绩效的贡献。以下职责是现代采购团队通常执行的任务。并非所有部门都执行这些任务中的每一项。

1. 购买

根据定义，广义的采购职能的主要责任涉及采购，描述了从供应商那里购买原材料、组件、制成品或服务，其中一些可以是组织内的另一个运营单位。采购可以是一次性的要求，也可以是针对已建立的采购订单的物料下达，而购买过程需要供应商评估、谈判和选择。

2. 催货

催货是通过个人或电子方式联系供应商以确定过期或接近过期货物状态的过程。在较小的组织中,催货通常是购买职能的一部分。在大型组织中,催货者经常向单独的物料控制部门报告。实际的催货流程很少会在购买流程中提供新的价值。不幸的是,在某些组织中,催货是可接受的间接费用。

进步的组织认识到对催货的需求表明供应商的表现未达到要求,或者供应商没有收到实际或稳定的材料发布时间表。采购组织也可能经常频繁和苛刻地变更时间表。为避免这种情况,越来越多的公司通过制定切合实际的物料发布时间表并与能够满足物料装运时间表的供应商开展业务来减少加急使用。

企业级系统(如 ERP)的日益成熟和易用性使许多传统的催货和库存控制决策都可以由用户决定,因此采购越来越不涉及催货和库存控制。第 18 章将深入介绍 ERP 系统。

3. 库存控制

库存控制功能监视每个使用地点的已购买和加工中库存的日常管理。此活动通常依赖于复杂的方程式或算法来促进产品或服务需求与每个位置所需的购买输入之间的平衡。在许多大公司中,负责采购项目的个人通常不负责维持或分发日常的采购需求。

4. 运输

在 20 世纪 80 年代初,美国政府放宽了对运输服务的管制,从那时起,采购在运输服务和承运人的评估、谈判和最终选择中发挥了积极作用。运输是一项高度专业化的活动,具有自己的一套要求。第 17 章将讨论运输服务的购买。

5. 内包/外包

采购部经常评估应该是采用内包还是外包满足一个新的或现有的采购需求。某些项目或服务(例如标准或常规项目)不需要内包/外包评估。但是,对于其他项目,该分析具有战略重要性,涉及的不仅仅是简单的成本比较。采购在制造或购买分析中的作用很重要。关于外包,采购必须确定市场上是否存在合格的供应商,进一步的要求可能包括供应商访问、谈判和监控供应商绩效。

6. 价值分析

价值分析是通用电气公司的拉里·迈尔斯(Larry Miles)在 20 世纪 40 年代后期开发的一种持续改进方法,它是对一项物品功能的有组织研究,因为它与价值和成本有关。价值代表功能与成本之间的关系,价值分析的目的是通过在不降低质量的前提下,降低商品或服务的成本来增加价值,在不增加成本的情况下增强功能,或者在不增加成本的情况下向用户提供更多功能。通过关于材料、规格和供应商的研究,采购积极地参与了价值分析。第 12 章进一步讨论这种方法。

7. 采购研究/物料预测

采购通常负责预测材料和供应市场的短期和长期变化。对于任何采购原材料或组件的组织来说,研究和预测都是至关重要的。对于受技术、经济或政治变化影响的商品,需要预测详细的短期和长期购买计划。这些计划应包括所购买物品的历史和未来预期用途、购买目标、供应市场评估、成本/价格分析、供应商评估以及采购策略。

8. 供应管理

如第 1 章所述,供应管理是一种渐进的供应管理基础方法,与传统的与卖方的公平交易或对抗方法不同,它要求采购专业人员直接与那些能够为买方提供卓越绩效的供应商合作。供应管理涉及采购、工程、供应商质量保证以及其他相关功能,共同努力实现共同目标。供应管理不是对抗关系,而是与特选供应商建立更紧密的关系。它需要经常为供应商提供帮助,以换取显著且持续的性能改进,包括稳定地降低价格。

9. 其他职责

采购还可以承担其他各种职责,例如收货和仓储、管理公司差旅安排、生产计划和控制、商品期货交易、全球运输和物料管理、经济预测以及分包。

5.7 战略性采购和操作性采购的区别

管理日常运营与管理长期职责大不相同。那些必须管理不间断物料流的人员还能有时间进行战略供应管理吗?这些人员具备从运营到战略采购的正确技能吗?在时间紧迫时,操作性问题产生的紧迫需求比战略性任务更重要。战略责任缺乏战术职责的即时性,因此常常被忽略。确保对两种类型的任务都给予足够重视的方法是根据战术和战略工作任务将人员分开,但分离并不意味着一个组或一个区域比另一个更重要。需要特别注意的是:两种类型的作业都很重要。通常负责战略活动的小组是总部或地区中心领导的采购小组的一部分,运营采购小组通常位于采购中心、站点或工厂。

图 5-6 强调了战术和战略购买的特征。这两个职位都要求买家在展示创新思维能力的同时与内部团体紧密合作。但是,战略重点所需的技能将不同于运营重点所需的技能。作为满足运营和战略绩效目标的一种手段,专业职责的分离将越来越普遍。

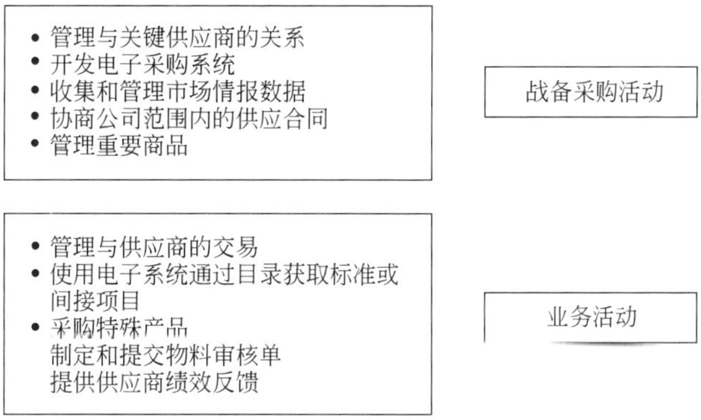

- 管理与关键供应商的关系
- 开发电子采购系统
- 收集和管理市场情报数据
- 协商公司范围内的供应合同
- 管理重要商品

战备采购活动

- 管理与供应商的交易
- 使用电子系统通过目录获取标准或间接项目
- 采购特殊产品
  制定和提交物料审核单
  提供供应商绩效反馈

业务活动

图 5-6 区分战略和运营行为

5.8 将小组团队作为组织结构的一部分

在过去的 25 年中,我们见证了对团队的日益依赖。在采购和供应链管理中,团队用于评估和选择供应商、制定全球商品战略、执行需求和供应计划以及开展供应商开发活动。

团队是由两个或多个组织成员组成的,它们对实现共同目标负有共同的责任。跨职能团队由组织中多个职能部门的成员组成,采购部可以是组织中各个跨职能团队中的领导者或成员。在适当的条件下使用团队,团队可以为组织带来许多好处,其中包括:通过协作从更广泛的知识中获得的协同作用;更好的决策;创造更多的相关劳动力促进产品和服务的改进。但是,并非所有观察者都同意使用团队是提高效力的保证。他们会浪费成员的时间和精力,强制执行较低的绩效标准,在团队内部和团队之间造成破坏性冲突,并做出错误决定。同时,团队也可能出现剥削、压迫、使成员感到挫败的事情。

如果我们认为使团队成为正式组织结构的主要部分并不能保证成功,那么挑战就成为创建团队成功的环境之一。团队的成败很大程度上取决于组织提出有关使用团队的正确问题的能力。图5-7确定了供应经理在计划使用团队时应询问的问题种类。

```
确定适当的团队分配
    分配任务是否证明使用团队是合理的?
    是否确定了合适的团队模型(即兼职或全职)?
    执行和职能管理是否支持团队的使用?
组建工作团队并选择合格的成员和领导者
    是否确定了核心成员和需要的成员?
    成员是否有适当的技能、时间和承诺来支持团队?
    团队发起人是否确定并选择了合格的团队负责人?
    客户或供应商是否团队的一部分?
    成员了解他们的正式团队角色吗?
确定会员培训要求
    是否评估了团队成员的培训要求?是否需要及时进行必要的培训?
确定资源需求
    是否提供可用资源来支持团队的任务?
确定团队权限级别
    是否确定了团队的团队权限级别?
    是否在整个组织中传达了团队权限级别?
建立团队绩效目标
    团队是否建立了客观的绩效目标?
确定如何衡量和奖励参与度和绩效
    是否有评估团队绩效和成员贡献的方法和系统?
    是否有报告与团队或执行发起人的联系?
    团队绩效是否与绩效奖励系统有效地联系在一起?
开发团队章程
    是否制定了详细的章程,详细说明了团队的任务、广泛的目标等?
    章程是否已在整个组织中传达?
```

图5-7 工作团队计划指南

尽管大多数供应经理都赞成使用团队,但现实情况存在重大障碍或挑战,这可能会影响组织使用团队的方式。首先,许多组织使用职能部门的员工组成团队。从本质上讲,他们是作为兼职成员分配给团队的,因为他们因履行职责而获得奖励。在某些组织中,奖励按小组分配,而这种团队分配意味着员工是团队的全职成员。采购和供应链管理中的大多数团队都采用上述兼职成员的理念进行工作。依赖兼职团队的组织通常会维护其现有的职能结构,同时增加与团队相关的其他职责。当时间冲突时,要求队员尽职尽责会比较困难。其次,困扰着组织的第二个障碍是未能有效认识到并奖励团队成员为完成任务而付出的努力。实际上,当今许多表彰和奖励系统鼓励成员不要参加团队。成员由于其努力得到的认可不足,很可能会将精力投向那些受到认可和奖励的其他领域。一旦成员意识到支持小组工作会付出很多时间,以至于不能参与那些可以得到奖励和认可的活动时,参与小组工作可能会造成个人风险或冲突,然而许多公司仍未重视此问题。然后,第三个障碍与我们的个人主义、民族文化有关。除了体育赛事之外,以小组或团队为中心是我们的天性,尤其是与其他国家相比较时。霍夫斯泰德(Hofstede)在其文化研究中得出的结论是,美国是所有这些研究中最具有个人主义的国家。尽管某些文化将群体需求置于个人需求之上,但在美国通常情况并非如此。团队参与者可能会认为小组作业会扼杀个人创造力和个人认可度。我们重视个人主义,发现离开个人主义常常令人感到不舒服和受到威胁。

尽管这些障碍很重要,但它们并不代表全部的可能影响采购和供应链团队的详尽清单。实际上,许多障碍可能会在给定的时间点影响特定的团队。因此,供应主管必须了解如何使用这种苛刻但困难的方法来执行工作。

5.9 供应链管理的组织结构

由于需要在组织和职能部门之间协调和共享信息,旨在监督各种供应链活动的高层职位得到了发展。第 1 章确定了供应链范围内的活动。

协调供应链中各种活动的结构与向不同的执行经理汇报的单独的供应链组或活动形成了鲜明的对比,后一种模型可能导致每个职能或活动追求的组织目标存在相互矛盾。传统上,组织成一个集成的供应链结构需要独立的活动,以向负责协调从供应商到客户的商品、服务和信息流的执行人员报告。图 5-8 说明了在一位执行官的领导下构建供应链管理组织的一种可能方法。

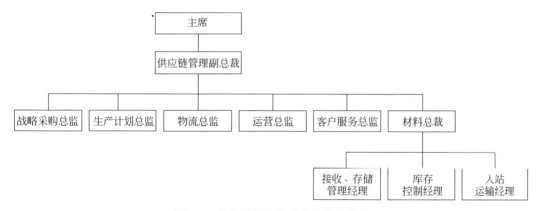

图 5-8 供应链报告结构中的报告关系

5.10 未来组织架构的发展趋势

今天的主要辩论仍然是确定最佳的组织结构,包括采购和集成供应链管理的结构。移动设备的可用性允许用户随时随地访问数据,这对执行工作的位置产生了重大影响,并将影响企业选择建立正式组织结构的方式。

当今的趋势是从垂直的焦点转移到横向的焦点。在垂直的焦点,在功能组内上下管理工作和信息；在水平的焦点，在整个组和组织之间管理工作和信息。横向组织在很大程度上消除了等级制度和职能或部门界限。尽管始终需要职能部门，但组织中越来越多的部门将在团队或小组中水平协作以执行核心流程。使用跨职能团队来管理 P/SM 流程的一部分是采用横向方法的一个示例。

我们还目睹了从以商品为中心向以最终产品或过程为中心的转变。与购买零件和组件相比，已经发生了转向围绕更高级别的最终产品或半成品进行组织的转变。

理想的采购组织模式未来应该具有某些广泛的特征。这些措施包括更扁平的层次结构，从而使得合资企业和与关键供应链成员之间建立的联盟能够更快速地做出决策，更畅通地沟通交流。越来越多地使用以中心为主导的结构，以实现对常见采购的整合以及独特的分散交易性购买活动，应提供集中化和分散化所能提供的最佳服务。

跨业务部门和职能部门的经理轮换将支持广泛知识和专业技能的发展。这种轮换可能包括采购人员与内部客户共处一地，这将降低成本并改善内部客户的服务。此外，关键的供应商技术人员将定期在买方的工厂内进行协商，以缩短新产品开发进入市场的周期。

未来的供应链组织将更多地依靠系统功能来实现增强的协作，并进一步改善从供应商到最终客户的货物信息和流程的高效管理。这些基于技术的供应链将具有多个优势，也许最大的优势就是将过程视为循环而不是线性，此功能使得在供应链中任何位置的所有成员，都可以访问库存水平、订单、到期日等信息，以改善其内部运营以及客户服务。因此，最终客户将对关键供应商的装运活动具有可见性。另一个关键活动是能够以虚拟团队的形式汇集公司的专业知识以解决问题，提供替代方案或推荐解决方案，然后解散。

通过互联网、企业内部网络和信息技术系统的开放信息渠道使信息在整个供应链中广泛可用。信息的可用性将有助于协调整个组织结构图中的活动。传统上，P/SM 通过与组织中用户的私人联系来扩大其在组织网络中的影响力。但是，基于 Internet 的新型信息渠道使购买者可以通过在整个组织中共享电子知识来增加其影响力。这些网络是虚拟的，不需要物理联系，新虚拟网络的术语是社交网络。尽管电子邮件仍然是最流行的通信技术，但是组织越来越依赖于 LinkedIn、Facebook 和 Twitter 等网站提供商。博客是社交网络的另一种形式，志趣相投的人可以讨论共同的问题。有关社交网络的其他讨论，请参见第 18 章。

社交网络的影响在终端消费者层面非常明显。论坛、博客、社交网站和审阅门户网站的大量涌入，使 Internet 在制定产品和服务购买决策时越来越依赖于用户生成的内容（UGC）。根据研究小组最近进行的一项研究表明，有 83% 的消费者在做出有关银行或其他金融服务的决定之前，习惯于阅读并参考用户生成的内容。另一项研究表明，消费者对 UGC 的影响力是电视广告的三倍。

在 P/SM 中使用社交网络的一个示例是 LinkedIn。LinkedIn 是面向商业专业人士的社交网站，成员可以在其中建立具有相似兴趣的联系人网络。LinkedIn 的一部分可通过在线小组与行业专家联系。LinkedIn 上的全球采购委员会为会员提供了执行全球采购的专家网络，这些社交网络对组织的影响尚待确定，但是通过信息的自由流通和立即获取，可以使组织结构更平坦和更灵活。

在瞬息万变的快节奏环境中，公司需要新类型的领导和组织结构设计，并需要更新的组织设计。具有正确功能的设计可以帮助公司应对 21 世纪的挑战（见图 5-9）。

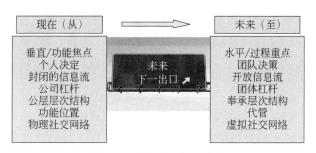

图 5-9　未来的 P/SM 组织

专栏文摘

强生公司使用组织设计来整合营销和采购

强生公司(Johnson&Johnson)是一家以高品质产品和品牌闻名的全球公司,它正在展示创造性地使用组织设计如何促进某些重要供应链集团之间的整合。作为采购这一支持活动的一部分的供应管理专业人员,拥有大量内部客户。而内部客户群是市场营销,它负责可以从专业供应经理的参与中受益的活动。

执行经理指派了一名采购经理加入强生公司的市场营销和战略推广团队。为了支持合同的制定,营销团队需要合同支持的服务领域示例包括印刷、会议和会议空间、媒体购买、促销展示和贸易展览、营销研究以及广告和促销。例如,采购经理的参与使公司范围内的印刷供应商从 600 个减少到 5 个。

通过成为营销策略团队的一部分,采购经理可以为营销和促销流程增加价值。她验证了公司内的每个部门都从供应商那里获取了相同的最优惠价格,并且保留审核广告"工作夹"和成本的权利。她控制着广告和媒体支持的购买,同时努力在媒体供应商那里获得最惠顾的客户地位。简而言之,她承担了营销过程根本不需要的合同过程的主要部分,这使市场营销专业人员可以将精力集中在他们可以作出最大贡献的领域。尽管该采购经理目前仅支持美国市场营销,但她的商业计划要求在未来几年内为全球市场营销部门提供支持。

资料来源:Company interviews.

实践范例

波士顿科学公司通过中心主导的结构改变采购流程

当患者得知他需要某种程序来诊断或治疗某种疾病时,从医生那里听到的较令人欣慰的话是该程序是"微创的"。得益于科学和医学的进步,现在小型导管和支架在开放手术中曾经是唯一医疗选择的地方被广泛应用。患者可以更快地康复,并且痛苦更少,总体成本更低。微创医学是不断创新的平台,马萨诸塞州纳蒂克的波士顿科学公司(Boston Scientific)等公司一直在开发当今世界上可供医生使用的一些最先进最前沿的设备。

无论如何,帮助人们寿命更长、更健康地生活是一项艰巨的任务。波士顿科学公司的供应商必须保证极高的质量和交货期,因为即使极小的瑕疵或延误也可能会危及生命。因此,整个供应链取决于效率和质量。波士顿科学公司的全球间接采购(GISP)组织负责使用中心主导的运营模式在全球进行所有间接材料和服务的战略和战术采购。领导该团队的是负责全球设施和安全、房地产以及间接采购的副总裁温斯坦(Karen Weinstein)。

在波士顿科学公司工作了近12年的温斯坦2010年参与了CEO的一项"优化公司"的计划。创建一个利用最佳实践的新的间接组织,以寻找底线节约,改善流程。当时,间接采购受到了重大影响。间接采购是在所有不同地点执行的,而采购是以"轮辐模式"执行的,8个不同的商品经理在波士顿科学公司的多个地点处理从旅行、设施到法律和临床服务的各种商品。每个制造厂都有一个垂直的运营结构,买方向采购经理报告,然后由采购经理向物料主管报告。

分散运营意味着,除此以外,没有广泛地交流或利用采购最佳实践,支出的可见性分散,供应商的全部价值也没有得到实现。例如:2006年,心脏医疗设备制造商Guidant Corporation被Boston Scientific收购,它与自己的品类经理一起经营,是一个独立的间接组织。温斯坦说,将Guidant整合到Boston Scientific的整体业务模型中有利于实现突破性的重组。"我们了解标准化流程将通过最大限度地提高我们的能力来改善为企业提供的服务,这次重组是朝着我们期待营造的文化迈出的一步。"

她补充说,重新审视公司的采购策略也为最大化营运资金提供了机会。她说:"重组后,我们向供应商提供了比标准付款条件更加迅速地收到其付款的报价,以换取即时付款折扣。"这是双赢的局面,供应商可以更快获得付款,而波士顿科学公司则可以享受折扣。

1. 全球转型

从分散式运营模式过渡到以中心为主导的运营模式绝非易事,Weinstein和新成立的GISP团队从头开始了这项任务。首先,以中心为主导的运营模式被划分为全球五个区域,每个地区至少包括三个由一名地区经理管理的Boston Scientific站点。区域经理向负责全球间接采购活动的采购主管汇报。"地区经理也有一条虚线,将其与负责成本节省目标和供应商管理的采购总监联系在一起。"Weinstein解释说。一旦建立了区域结构,公司间接高级领导团队便会在每个站点进行全球巡视,评估流程、管理结构、政策、系统、人员和绩效。他们找寻差距,适当裁员以及明确了采购对于公司发展的重要作用。相应地调动或聘用了员工,并制订了沟通计划,以确保从采购员到执行人员的所有利益相关者都能及时了解所有变更。其他更改(例如:重组p卡计划以简化和监控其使用,以及采用新的级联指标以衡量全球、区域和站点的性能)均已系统化地推出,并且对股权的透明度也很高。持有人温斯坦说,三种创新的解决方案是建立更精简、更灵活的有效组织并实现平稳过渡的关键。

(1) 全面的资源活动分配模型。该团队创建了一个全面的工具—资源活动分配模型,可以按区域、站点和采购/采购活动来识别、评估和分配资源。但缺点是损耗管理。与大多数公司重组一样,人员流失是预期的问题,整个转换过程中的损耗率约为33%。制订了沟通计划,其中包括从高层到高层的频繁更新。这涉及与现场副总裁的面对面会议、与现场物料主管的每月会议以及与人力资源的每周会议,以简化招聘流程并促进组织变革与所有利益相关者的沟通。

(2) 精益原则。转型之前,整个组织中最佳实践的共享是非常有限的,许多采购领域专注于自己的业务,避免了寻找其他站点的杠杆机会。一旦建立了资源活动分配模型,就消除了每个站点的采购活动中的冗余或空白,并实施了精益实践。

(3) 全局资源优化模型。开发该模型的目的是在Boston Scientific采购网络内扩展交易资源以优化产能。例如,在过渡初期,团队发现通过批准和创建采购订单来传递采购请求需要 7.7 天的时间。他们通过实施自动化的工作流程和资源优化,对采购订单(Purchase Order,PO)流程进行了改进,使效率提高了 30%。效率收益用于控制更多支出,并将资源分配到其他增值领域。"这种分析工具使我们能够看到采购人员的各种机会,从而最大限度地提高我们的效率。"Weinstein 解释说,"与通过单个站点进行更具战术性的执行相比,它为我们提供了更大的战略可见性。"

2. 全球间接峰会

GISP 团队还主办了一次全球面对面的间接峰会,以展示其最佳实践,报告前一年的成就并制定下一年的战略目标。奖励和认可对于保持势头、鼓励持续改进非常重要,这不仅在 Boston Scientific 采购团队成员中而且在供应商中也是如此。2011 年启动了年度"直接供应商管理奖"计划,以奖励表现最佳的公司。

未来,将添加几个新指标来衡量集成性能。温斯坦说,计划衡量发票不准确、花费、全球周期时间和产能利用率等领域。她说,重点不在于简单地在静态环境中测量数字。"这是关于使用智能分析技术来最好地指导当今和未来的活动。"

3. 勤奋的专业团队

温斯坦说,没有一支高度敬业的供应管理和采购专业人员团队的工作,这一切都是不可能的。她说:"我们拥有一支积极进取的团队,他们知道在团队环境中工作的价值,可以发挥彼此的优势,在整个组织中引发公开而诚实的对话,并相互挑战。这是我们的幸运。""通过实现底线节约和降低风险,这些努力展示了间接采购和向高级管理层采购的成就。"

未来要具备竞争力,就需要客观性以及发现人才缺口并动员起来以有效、及时的方式弥补这些缺口。"我们必须严格而冷静地评估现有能力;我们试图围绕当今的玩家建立未来,最终以失败告终。"她说,"在接下来的两三个战略时间范围内,人才的获取需要对技能需求的战略性关注,这需要在组织内地发现人才。"

总体而言,全球间接采购和采购团队的目标归结为波士顿科学公司的使命:提高患者护理质量和医疗服务生产率。温斯坦很荣幸能与一个努力完成工作的团队合作。她说:"我们需要不断挑战自己,在非常规的支出领域寻求机会,寻找空白以提高价值。"她说,"令人高兴的是,我们节省的任何钱都可以重新分配用于进一步的研发投资,以创造新的治疗方式,从而提高患者护理质量。"

资料来源:Lisa Arnseth,"The Heart of a Healthy Supply Chain," Inside Supply Management® Vol. 23,No.7,September 2012,pages 16-18.

本章小结

拥有适当设计的组织结构以及适当的人员、系统和绩效指标,对于取得成功至关重要。认真注意评估和选择沟通的结构和正式系统、分工、协调、控制、权限和责任,将更有可能实现供应管理目标。

毫无疑问,公司选择的 10 种组织设计特征与公司的规模有关。大公司在规模、复杂性和可用资源方面与小公司不同,其业务往往遍及全球范围,组织层次更高,涉及范围更广的业务和产品线(复杂性),并且更多的资源支持某些设计功能的使用。随着公司规模的扩大,合并常规采购可以节省大量资金,但要实现这一点,需要采用许多设计功能,以帮助协调和集成全球性的大型组织。无论公司规模大小,进阶供应经理都应该认识到组织设计与供应管理有效性之间的重要关系。无论未来的组织结构是集中式还是分散式,都更需要具有灵活性和响应能力。当然,更新的移动和社交网络技术将影响未来组织的设计。

🎯 思考讨论

1. 你是否觉得选择组织设计很简单?如果简单,请解释为什么企业会改变其供应管理组织结构。

2. 讨论对集中采购授权的两个或三个重要的好处,并证明你的选择;讨论下放采购授权的两个最重要的好处,并证明你的选择。

3. 有哪些因素会影响公司是否将其供应管理组织集中或分散?

4. 企业为什么采用中心主导的组织结构从而进行大宗采购?

5. 在不花费大量公司资源或不需要额外人员的情况下,可以充分利用哪些中心主导的推动者?

6. 为什么职能在组织层次结构中的位置很重要?

7. 哪些因素导致组织层次结构中采购的重要性日益提高?

8. 讨论将战略买家和业务买家实际分开的背后逻辑。

9. 讨论财团和集团团购组织的作用。

10. 你最近刚刚被任命为一家公司的首席采购官,将监督一家在全球55个购买地点开展业务的公司。你的组织有5个主要业务部门,涉及医疗保健产品(例如,精密外科工具、血液测试设备等)的设计和制造。从历史上看,采购的运作非常分散。请设计一个组织结构,使你可以制定增值策略,描述报告的结构、人员的实际位置、采购权限的位置以及与其他职能部门之间的活动协调。

11. 在内部和外部讨论跨职能团队在采购/供应管理中的优势、障碍和应用(例如,评估和选择供应商)。

12. 你为什么会认为,当公司根据供应链管理结构进行组织时,P/SM 的重要性就会降低?

13. 解释如何将某些流行的社交网络软件(例如 Facebook、LinkedIn 等)用于采购管理,并说明其对未来组织结构的影响。

14. 将采购人员与内部客户共同安置的背后逻辑是什么?

第 3 篇
战略采购

第 6 章　品类战略发展
第 7 章　供应商评估和选择
第 8 章　供应商质量管理
第 9 章　供应商管理与发展：创建世界级供应基地

第 6 章

品类战略发展

学习目标

- 了解供应和企业战略必须如何与驱动价值相一致;
- 描述什么是品类战略;
- 了解品类战略发展过程;
- 识别品类战略成果的类型;
- 了解在线逆向拍卖;
- 了解供应管理转型计划。

开篇案例

基于 Biogen 理念的供应管理变革

尽管在从汽车到制药的各个行业都已建立战略采购能力,但它们在生物技术领域仍处于起步阶段。推动生物技术公司变革并非易事,随着它们的外部支出快速增长,生物技术公司面临着巨大的压力,需要重新考虑如何建立采购结构从而使价值最大化。此外,决策权很大程度上掌握在临床试验科学家手中,而他们通常拥有采购决策权。如今,在越来越多的公司中,供应管理部门需要展示对客户需求的深刻洞察结果,并将这些洞察结果迅速转化为通常更依赖外包能力的产品。Biogen Idec 公司展示了这种情况在生物技术领域是如何发生的。去年,该公司在供应链运作方式上发生了巨大转变,尤其是在采购管理方面。

Biogen Idec 公司总部位于马萨诸塞州韦斯顿,并在瑞士祖格设有国际总部,它是世界上历史最悠久的独立生物技术公司,也是财富 500 强企业,年收入超过 40 亿美元。该公司开发、生产和销售治疗多发性硬化和非霍奇金淋巴瘤等疾病的生物产品。它是由 Biogen 公司和 IDEC 制药公司于 2003 年 11 月合并形成的。除了其候选药物组合外,该公司还拥有在质量和规模方面世界一流的能力,包括蛋白质制造能力。

Biogen Idec 是少数拥有许可证和专用生物批量生产设施的生物技术公司之一,它在北卡罗来纳州的三角科技园(Research Triangle Park)有一个大型制造厂,是世界上最大的细胞培养设施之一,在丹麦的希尔勒罗德有一个新的 9 万升生物制品生产设施。该公司的全球运营(供应链)部门向其制药运营和技术(PO&T)业务领域报告。全球运营的任务是确保向全世界的患者站点不间断地提供最高质量的产品。为实现这一目标,采购与技术部提供一系列产品和服务,包括活性药物成分、外包合同服务、专业服务、制造设施设备、制造合同服务、原材料和实验室消耗品。与该行业的许多其他公司一样,外部支出每年高达数亿美元,几乎可以持平。

2009年之前,PO&T采购订单和技术采购的支持是由一个在集中商业模式下的公司采购集团提供的。2009年9月,管理团队预计公司供应链的复杂性将大幅上升,于是开始对采购订单和技术部门的供应链成熟度进行评估。导致进行成熟度评估的因素有很多。首先,还有更多的临床试验正在进行中,涉及一系列以前从未获得过的新技术。与此同时,合同制造支出正在增加;因此,高管们预计,在多个制药运营与技术领域的工作量将增加。

品类经理有权将新的采购工作提交理事会批准、赞助并做出相应的承诺。例如,理事会批准新的供应商和未经批准的供应商的非预算支出,以及供应链配置方面的重大战略变化。此外,理事会会议运营分析总监的协调人的任务是提供每月关于采购订单和技术供应商健康状况的关键绩效指标以及支出趋势,以确保符合公司总体目标。通过使重要的供应商认可或调整更加规范化,基于各部门的优先事项或需求选择供应商的可能性要比站在全局角度选择供应商的可能性小得多。该框架还提供了一个统一的数据驱动基础,用于选择要执行的项目并将其交付完成。

在Biogen Idec,最初的转型努力节约成本产生了强有力的早期成果,这一举措很快得到了执行团队的认可,但随着努力的扩大,它产生了超出成本节约、保持势头和将组织推向更高水平的过程绩效之外的成果。这是通过关注利益相关者的参与和使用分析性采购框架实现的。由于采购部门和研发部门建立了合作关系,随着新产品获得食品药品监督管理局(Food and Drug Administration,FDA)的批准,Biogen的销售额有所上升,导致其股价飙升。

资料来源:Ganguly, Joydeep, Shepherd, Alasdair, Alegria, Esther, Ciamarra, Rob, and Handfield, Robert, "A Textbook Transformation: How Biogen Idec Overhauled its Supply Chain", Supply Chain Management Review, May/June, 2011, pp. 28-35.

6.1 引言

要保持企业的竞争力,供应管理不仅必须注重成本节约,而且要注重对高端增长和创新的贡献,从而提高盈利能力。正如开篇案例所描述的,供应链战略通常专注于生产外包,但在某些情况下,供应链管理战略决定了企业适合内包生产和运营服务。世界级的供应管理要求领导者与业务部门的利益相关者保持一致,了解他们对成功的直接和间接要求,深入了解全球供应市场满足这些要求的能力,并为谈判合同和管理供应商关系创造竞争优势。在其他情况下,采购过程可能产生不同的结果(如内部开发技术)。如果外部供应商没有能力,那么内包是更好的选择。考虑到当前市场条件下存在的复杂性和挑战,制定采购决策是一项动态且困难的任务。

本章重点讨论供应管理对企业竞争地位的贡献,以及这种贡献应如何渗透到品类管理团队中。品类是指在向最终客户交付价值时使用的特定产品或服务系列。本章首先讨论供应管理主管如何在公司层面为战略计划做出贡献。为了对企业战略做出贡献,供应管理必须能够将企业目标转化为具体的供应管理目标。采购目标是采购战略流程及细化商品战略的动力所在。具体的行动计划将详细讨论如何通过处理与供应商的关系来实现既定目标。为了说明这一点,我们提供了一个由品类团队使用的演进过程,用于定义业务需求、研究供应市场和制订产品或服务来源计划。最后,本文列举具体的例子来说明,在当今的供应市场中,一流的公司正在部署产品战略,以应对日益严峻的形势。

6.2 协调供应管理与企业目标

为保证公司在全球环境下进行竞争获得成功,一个公司的领导团队必须清楚简洁地向他们的执行团队提出以下这些问题:
- 公司将在哪些方面进行市场竞争,基于什么条件?
- 公司寻求实现的长期和短期业务目标是什么?
- 预算和经济资源有哪些限制,如何分配给职能小组和业务单位?

当面临这些挑战时,业务部门和职能部门必须协同工作,以确定其职能战略,这是一套将支持企业战略的短期和长期计划。

这一过程的第一部分要求领导团队了解其关键市场和经济预测,并清楚地了解企业如何将自身与竞争对手区分开来,实现增长目标、管理成本、客户满意度,并持续盈利以满足或超过利益相关者的期望。

尽管详细讨论企业战略超出了本章的范围,但与企业战略相关的经济学是相当直接的。从长远来看,一个组织为了增加利润,获得的收入必须要高于运营成本。如图 6-1 所示,平衡这一等式有两种基本方法:增加收入或降低成本。

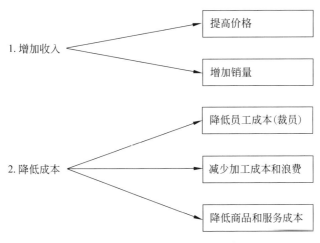

图 6-1 公司如何创造股东价值

增加收入既包括提高价格,也包括保持价格稳定和增加销量。同时,成本必须保持稳定,其增长速度必须低于收入的增长率。然而,在过去几年,这一选择越来越难以实现。自 2004 年以来,镍、钢、石油和天然气、煤炭、树脂原料和铜等大宗商品的价格已上涨一倍或三倍。为了应对这些趋势,许多公司在中国、印度和亚洲寻找新的供应商,用较低的劳动力成本来抵消这些较高的成本。如今,这些地区的劳动力成本继续上升,对控制成本构成带来进一步的挑战。因此,通货膨胀基本上得到控制,价格具有竞争力、质量更高的产品数量有所增加。2013 年,只有少数几个市场的卖方能够提高甚至保持价格稳定。比如,尽管进入这些汽车产业的材料成本大幅增加,但汽车的价格基本上保持稳定。

降低成本已成为一个备受关注的领域。面对全球竞争,企业不断寻找降低成本的方法,将节省的成本转嫁到客户,同时保持利润率,并保持对利益相关者的回报。

降低材料和服务成本仍然是一个重要的企业目标;另一个是创新。公司一直在寻找新技术,以创造新的市场,并在消费者的钱包中占有一席之地。例如,苹果公司创造了iPhone,这需要与关键的组装和工程供应商建立合作关系和联合技术开发。这一合作引发了移动电话技术的革命。然而,在设计新的供应链时,追求低成本反而会增加风险,例如在低成本国家采购计划中遇到的风险(见专栏文摘)。

6.2.1　整合战略发展

将供应管理目标与企业目标相结合,对供应管理和供应链管理者尤其重要。这些管理者经常面临来自公司管理层的一些非常广泛的指示,例如,降低成本、提高质量或设计更可持续的产品等。战略制定过程分为四个层次。

- 公司战略:这些战略涉及公司希望参与的业务的定义、这些业务单位的资源和分配。
- 业务部门战略:这些战略涉及每个业务的范围或界限以及与公司战略的联系、业务部门实现并保持行业内竞争优势的基础。
- 供应管理战略:这些战略是反映功能战略发展水平的一部分,具体说明供应管理将如何支持期望的竞争性业务水平战略和补充其他功能战略(如营销和操作)。
- 品类/采购战略:这些战略说明了一个部门如何为采购特殊商品制定采购战略,并实现目标,这些目标同时又支持采购战略、业务单元战略,最终支持企业战略。在提及这些战略时,"商品"一词有时与"品类"一词互换。

成功部署供应链战略的公司之所以这样做,是因为战略的制定过程是一体化的,这意味着战略是由那些负责执行的人起草的(或有重要的投入)。

当企业战略计划通过一系列相互作用的计划阶段(如图 6-2 所示)有效地"串联"到特定的供应管理和品类目标中时,就会出现一体化供应链战略。企业战略是从企业目标演变而来的,企业目标实际上是从首席执行官(chief executive officer,CEO)、职能执行官和董事会共同起草的企业使命声明书演变而来的。公司战略由首席执行官制定,同时考虑到公司的竞争优势、业务部门和职能能力、市场目标、竞争压力和客户要求以及宏观经济趋势。综合战略开发过程的区别在于:企业采购经理和业务单元经理都直接参与企业战略的制定,

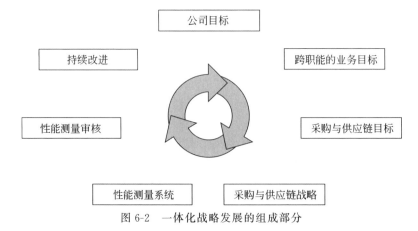

图 6-2　一体化战略发展的组成部分

这是通过利益相关者的参与过程来实现的,如下所述。

6.2.2 利益相关者参与树立品类战略目标

1. 利益相关者参与的必要性

根据定义,品类战略需要将利益相关者作为团队的一部分。例如,如果团队的任务是为制药公司的临床试验采购材料,那么应让来自临床操作部门的人员参与进来建立预测机制、确立选择供应商的指导方针、了解世界各地的需求等。一般来说,品类越重要,利益相关者的参与就越重要。品类团队将共同制定品类战略,提供具体细节,并概述在管理品类时应遵循的行动。

要遵循的一般准则是:品类战略方向与业务部门和公司更高级别的发展目标相一致。

在启动任何品类战略之前,必须得到关键利益相关者的认可,特别是在高级领导层。如果没有行政承诺,战略采购的结果就不可能成功。为了保证企业团队的认同,供应管理必须明确实现阶段目标的奖励措施,以获得持续追求的战略。为了实现有效的品类策略,团队必须:

(1)在最初分配资源,包括对当前支出、数据收集、市场调查、培训和人员的评估等。

(2)验证供应管理对公司其他目标的节约或贡献。

(3)通过向支持供应链中的其他职能部门(包括市场营销、研发和财务部门)实现集成供应管理职能的高级管理人员进行介绍,从而保持主动性。

战略采购必须以业务部门需求为导向建立采购流程。一般来说,供应管理需要建立战略,使企业能够达到其目标,并满足成本节约、获得收入和股东价值提升的公司目标。

随着供应管理经理与企业内的其他成员以及企业高管的互动,开始出现一系列重要的战略指令。这些战略目标可能提供,也可能不提供如何实现这些目标的详细信息。但是,这个过程还没有完成。除非供应管理主管能够有效地将广泛的目标转化为具体的供应管理目标,否则这些战略目标将难以实现。

供应管理必须将每一个目标与具体目标相结合,以便对其进行衡量并采取行动。这些具体目标成为详细产品战略制定过程的初始步骤。记住战略目标驱动具体目标,无论是在组织的最高级别,还是在职能部门或部门级别。以下是与各种供应管理目标相关联的全公司供应管理目标的示例。

2. 成本节约目标

- 成为行业内的低成本生产商(目标:一年内将材料成本降低15%)。
- 降低供应内部客户所需的库存水平(目标:将原材料库存减少到20天或更少)。

3. 技术/新产品开发目标

- 将非核心能力活动外包出去(目标:在财政年度结束前使两个新供应商有资格获得所有主要服务)。
- 开发新产品和服务(目标:在财政年度结束前,制定正式的供应商集成过程手册)。

4. 供应基地削减目标

- 减少使用的供应商数量(目标:在未来6个月内将总供应基地削减30%)。
- 降低产品复杂度(目标:在本财政年度结束前,与两个供应商确定30万美元的潜在成本节约机会)。
- 增加拉丁美洲本地供应商的比重(目标:在巴西确定5个潜在供应商,可以向我们在该地区的本地业务提供 500 万美元的供应额)。

5. 供应保证目标

- 确保最适合满足特定需求的供应商提供不间断供应(目标:在 6 个月内将关键零部件的周期缩短至一周或更短)。

6. 质量目标

- 提高服务和产品质量(目标:在一年内将所有材料收据的平均缺陷减少百万分之 200)。

下一个详细级别要求将公司范围的供应管理目标转换为特定品类级别的目标。

专栏文摘

苹果承认,对社会负责的供应链需要改进

《纽约时报》的一篇文章评论了苹果将其全球供应链外包给亚洲的行为,这篇文章深入剖析了这个直到上周为止仍是一个非常神秘的供应链组织。纽约时报采访了几名前苹果员工和分包商,了解了苹果将其几乎整个供应链外包给亚洲的决定,其中大部分组装工作都是由富士康(FoxxCon)完成的。

之所以史蒂夫·乔布斯(Steve Jobs)最后决定将 iPhone 外包给富士康,是因为某次 iPhone 手机的屏幕出现了划痕。他还描述了中国供应商提供的令人难以置信的灵活性、对卓越的承诺以及对产品需求变化的应变能力。毫无疑问,这条世界级的供应链让苹果在全球范围内脱颖而出,提供颠覆性创新,并围绕其产品启动了数千家企业。

但价格是多少?苹果供应链组织最近发布的报告清楚地表明:在整个供应链中存在着许多违反道德、环境和人权的行为,这就是经济学发挥作用的地方,问题不在于这里的劳动力成本。在电子产品领域,供应链的价值驱动力是上下的灵活性、完美的执行力和以完美质量交付产品的能力,这恰恰是美国不足的地方。几位苹果高管指出,在与中国合作之前,他们考虑了所有的选择,根本没有可比性。而华盛顿的政治家以及计算美联储数据的经济学家在制定财政和经济政策时根本没有考虑到这些因素。

许多组织正在以较低的人力成本将业务转移到新的地点,但这也要求它们建立监测和控制工作条件、环境合规性和质量控制的系统。企业可持续性不仅仅取决于政治行动团体、政府、投资者,最重要的是客户。所有公司,不仅苹果强调可持续的供应链,这意味着要加强对供应商的监控、合规和评估。这些公司正在实施新的奖惩措施,以确保其供应链的责任。并不是所有的公司都会失败,但向利益相关者和客户明确公司发现的问题的重要性是至关重要的。尽管环境违法行为普遍受到国际新闻界的关注,但可持续性也逐渐包括了这一定义中隐含的"劳工和人权因素"。人类也是环境的一部分。

这些问题很多很棘手,但是没有相应的解决方案。这些问题需要使用一个清晰的框架和指导方针来评估供应链的可持续性及其与业务外包的关系,从而有效地衡量从海外外包获得的经济价值对品牌名称、诚信和责任的影响。领导团队的责任感,最重要的是"做正确的事"。这些如何实现仍然有待讨论,但现在肯定是时候进行讨论了。

6.3 什么是品类战略

品类管理是执行以下活动的过程:

- 了解产品或服务的业务部门需求。
- 研究供应市场的特点和满足这些要求的能力。

- 评估特定供应商,并建立与业务部门要求相一致的能力。
- 制定一项战略,使供应能力和需求保持一致。
- 确定最佳关系特征和价格/成本问题。
- 制定一份经高级经理批准的推进业务案例。
- 制定谈判和合同策略。
- 执行谈判并制定合同。
- 为该类别的供应商管理的持续管理和持续改进奠定基础,并将此职责移交给适当的利益相关者。

品类经理的工作有三个方面:①让内部利益相关者参与进来,充分了解他们对产品和服务的需求;②调查市场,了解市场趋势、成本动因和风险;③制定战略,综合考虑利益相关者的需求与供应市场的实际情况。本章根据类别的复杂性,为可能应用的其他工具和方法提供了指南。将讨论这些其他工具,但可能不会在每种情况下都使用它们。

在开发和解释这些其他工具时,应用程序依赖于与类别相关联的复杂度和支出量。应为支出类别制定战略的一些标准包括:

- 复杂项目;
- 重大支出(金额可能因公司而异);
- 可能影响运营或客户的高风险类别。

随着利益相关者需求的发展以及供应市场条件的变化,品类战略不断处于变化状态。因此,一旦产品战略第一次被记录在案,它将需要由采购委员会定期更新和审查,审查条件和更新策略。注意:只有当利益相关者积极参与时,品类战略才是成功的。成功是团队合作、研究、咨询和持续改进的结果。

在制定品类战略时,使用了不同的数据源。其中包括商业智能、供应市场智能和商业需求。通过利用这些数据,品类经理寻求推动几个重要的结果,如:

(1) 企业风险最小化;
(2) 降低品类的总体拥有成本;
(3) 按照对干系人重要的维度改进类别。

品类战略的成功最终取决于它的有效性部署。为了推动结果,必须与所有各方(包括利益相关者、供应商和内部管理人员)有效沟通品类战略,以确保所有各方都参与进来。

根据定义,品类战略需要将利益相关者作为团队的一部分。例如,如果团队的任务是采购引擎,那么将来自运营、工程和营销部门的人员吸纳进来进行预测、建立选择供应商的指导方针、了解新产品引入需求等就非常有意义。一般来说,随着类别对客户的影响增加,让关键的跨职能团队成员参与进来变得更加重要。这些人可能是"扩展品类团队"的一部分,因为他们在决策过程中的关键点定期聚集在一起,收集和整合了大量数据供他们审查。品类团队将共同制定商品策略,提供具体细节,并概述在管理品类时应遵循的行动。

尽管并非总是如此,但公司经常使用品类团队来制定供应管理策略。供应管理策略通常适用于采购产品或服务的一般系列。不同行业的主要类别分类示例包括:车身内饰(汽车)、微处理器(计算机)、钢铁(金属加工)、棉花(服装)、木材(纸浆和纸张)、石油产品(化学品)、外包业务流程(IT 编程、呼叫中心)以及办公用品(所有行业)。品类团队通常由来自运营团队、产品设计、流程工程、营销、财务和供应管理的人员组成,且相关人员应熟悉被评估的类别。

6.3.1 品类战略与战略采购的区别

品类管理不仅仅是在战略采购方法上加上新的修饰。如果采购可以被看作是一个服务提供者,那么品类管理就成为主要的服务线,品类管理者本质上就是解决方案装配者,他们部署预算所有者所需的适当解决方案/服务。

品类管理是一个持续的过程,可以通过对利益相关者参与情况的全面审查来启动,但其重点是超越简单的价格节约的价值要素。战略采购通常是一次性的,主要集中在利用杠杆降低成本。建立对利益相关者需求的全面理解是建立品类战略的基础。

在品类管理的初始阶段,建立一个商业案例最常见的方法是通过一个年度的流程审查来确定公司的资金支出去向——支出分析。

6.3.2 支出分析

正如我们在第 2 章中所讨论的,一个稳健的采购—付款流程对于促进准确的支出分析至关重要。为什么收集与所有采购流程关联的交易数据很重要?因为公司必须不时地通过一个称为支出分析的过程来识别节约成本的机会。

支出分析成为构建品类战略的关键输入。支出分析是对一家公司的全部采购进行年度审查。本节内容回答了以下问题:

- 过去一年,公司在哪些方面投入了资金?(该价值是计算财务报表中销售商品成本的重要组成部分。购买的商品和材料通常占销售商品总成本的 50% 以上)
- 企业是否获得了与所支付货款相当数量的产品和服务?(这是满足《萨班斯-奥克斯利法案》(Sarbanes Oxley Act)法律要求的一个重要组成部分,该法案要求向证券交易委员会(Securities and Exchange Commission)负责并正确报告财务报表)
- 哪些供应商获得了我们大部分业务量的奖励?并且与采购订单、合同和工作说明书中的要求相比,他们是否在所有部门收取了准确的价格?这是确保遵守合同的一个重要组成部分。
- 企业的哪些部门将其资金用于产品和服务的支出与预算相符?这是规划来年年度支出预算的一个重要组成部分。
- 是否有机会将不同业务部门的采购量合并起来,并使产品要求标准化,减少提供这些产品的供应商数量,或利用市场条件如何获得更好的定价?这是对"战略采购计划"的重要投入,具体见本书第 7 章。

此外,支出分析为这些问题提供了详细阐明,并成为财务、运营、营销、采购和会计领域高级管理人员的重要规划文件。尽管这一要素很重要,但许多公司仍在努力编制一份全面、准确的支出分析报告。这是因为多年来采购记录一直是纸质版,数据并没有正确地输入会计系统。即使随着 SAP 和 Oracle 等先进企业系统的发展,采购交易也常常输入错误,这就带来了"错误的输入、错误的输出"。另一个问题是,许多企业都是通过并购成长起来的。当一个新的部门被收购时,他们可能会使用与收购公司不同的系统,因此数据不易转移。为此,许多公司正在采取重大举措,通过电子采购系统简化采购,电子采购系统将改进采购到付款的流程,并使不同部分实现自动化,以更有效地捕获交易。事实上,阿伯丁研究所(Aberdeen Research)的研究表明(图 6-3),"一流"企业更有可能将更高比例的支出置于管理之下,这会带来诸如降低成本、减少不合理采购、减少供应基地以及电子化供应商等方面的重大改进。

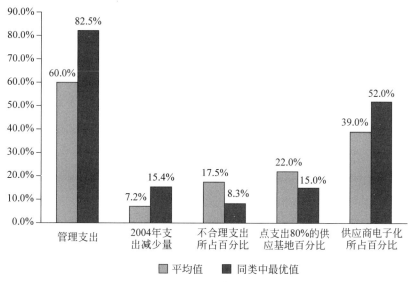

图 6-3 支出分析的最佳实践

6.3.3 支出分析表

假设一个支出数据库是可用并且是相当准确的,那么企业如何进行支出分析呢?本文通过一个特定的支出分析说明,并确定每个阶段的需求。

表 6-1 显示了按美元降幅排序的支出数据。请注意,数据集包含有关一般分类或"品类"、该品类的主要供应商以及该供应商在该品类中花费的美元金额的信息。需要注意的是,可能有多个供应商提供一个品类或者一个供应商提供多个品类分类。事实上,完整的电子表格中有 2 500 多行,本例没有显示整个电子表格,只是一个简单的支出分析。许多数据集实际上包含数百万条交易信息。掌握此信息后,可以按以下步骤进行操作。

表 6-1 支出分析示例

供 应 商	品 类	全年支出(美元)
折扣公司	呼叫中心执行折扣	329 873 663
投资公司	投资	130 328 512
广告公司	广告	56 134 490
维修公司	维修	49 339 218
福利公司	福利	48 969 149
硬件公司	硬件	40 572 450

续表

供应商	品类	全年支出
零件公司	零件服务	39 910 372
电信公司	电信	31 055 599
展览公司	商品陈列	30 020 969
笔墨公司	纸张	29 175 843
劳务公司	合同工	27 880 363
供应公司	纸张	23 844 707
合同公司	总承包	22 579 113
办公公司	纸张	22 257 690
图形公司	图形设计	21 966 989
支付公司	企业管理服务	20 380 275
货运公司	地面货运	19 369 010
纸张公司	纸张	15 603 682
服务计划公司	服务计划	15 478 827
服务公司	零件服务	14 868 023
消费者公司	消费者融资	14 833 333
能源公司	能源	14 087 177

(1) 第一步是获取这些信息并按类别对数据进行分类。在这种情况下,类别就是支出的"类别"。

(2) 从品类分类中,按品类查找并计算总支出。提示:Excel 中的"小计"或"透视表"函数可以提供帮助。

(3) 按从高到低的顺序绘制前十大商品的图表。帕累托图用于显示每个品类发生的支出总值。如图 6-4 所示,前 10 类支出分别是呼叫中心支出、广告、总承包、硬件、投资、纸张、服务部件、商业、管理服务、合同工和电信。这些领域代表着最高的支出项目,因此也是采购分析的最大机会,也是节约成本和降低价格的最大机会。

(4) 从品类排序中,按品类查找供应商的数量。(提示:Excel 中的数据透视表函数可以提供帮助)按品类对供应商数量进行降序排序并编制。

(5) 按供应商数量降序排列并列出前十名商品。如图 6-5 所示,广告品类的供应商数量最多,其次是其他小额供应商(可能提供办公产品或其他非关键性物品)、能源、安全、总承包以及商业管理服务。令人惊讶的是,这家公司使用了近 2 500 个不同的广告供应商。然而,这是正常的,因为业务部门经常使用他们自己的本地首选供应商,因为他们就在附近而且认识这些供应商。虽然这在某些情况下是适当的,但也可能是减少供应基地和进一步节约成本的机会。

第 6 章 品类战略发展 **159**

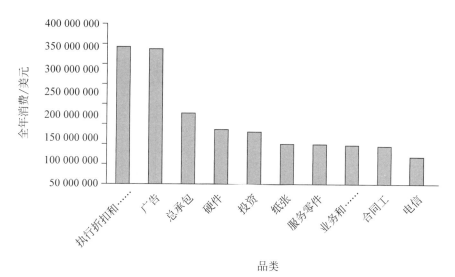

图 6-4　按品类列出的支出帕累托图

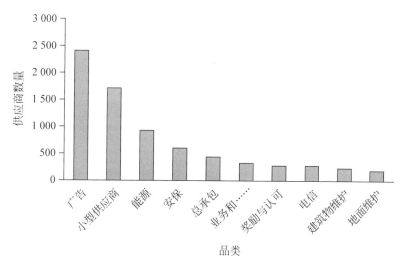

图 6-5　按品类分组的供应商支出分析帕累托图

（6）从品类排序中，按类别查找每个供应商的平均支出。对每个供应商的平均支出进行升序排序。图 6-6 显示了供应商支出额最低的项目类别。供应商支出低表明该类别项目的供应商太多，因为每个供应商的数量应该增加。有趣的是，这些参数都没有出现在其他两个图表中，这表明在这些图表所示的类别中可能不适合对所列项目进行改进。

（7）将帕累托分析的概念运用到中国十大商品排行榜中，此排行榜按照美元支出降序排列，这对降低成本有什么启示？

从图 6-4 中可知，在执行折扣和广告方面可以节约成本。如图 6-7 所示，该公司的总支出为 24 亿美元，仅在这两个领域就占了 14%（3.42 亿美元）和 13.8%（3.36 亿美元）。总的来说，这 10 个品类占公司总开支的 65%。进一步分析显示，虽然广告类供应商已接近 2 400 家，但执行折扣的供应商只有 8 家。显然，通过减少广告行业的供应商数量，可以利

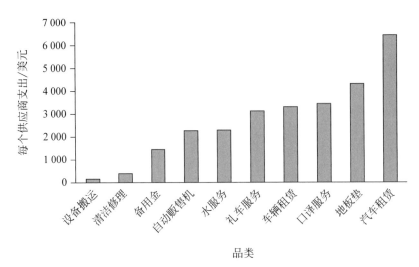

图 6-6　按品类列出的每个供应商的支出帕累托图

用支出量实现更优惠的定价,从而显著节省成本(可能在 5% 到 10% 之间),带来 1 700 万～3 300 万美元的净利润。

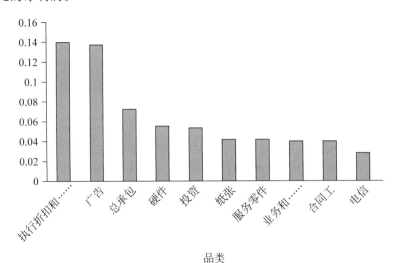

图 6-7　按品类划分的总支出百分比排列的帕累托图

同样的逻辑也适用于总承包,尽管这一机会的规模并没有那么大。该项服务的供应商接近 500 家,支出位居第三(1.75 亿美元),进一步的谈判和供应基地削减可能会额外节省 800 万～1 700 万美元。仅这两项举措就可以为该企业净节省 5 000 万美元,这些资金可以用于其他投资,或者以增加盈利和股东价值的形式来传递给利益相关者。

这样的结果对于一天的工作来说还算不错!

根据这一分析结果,供应管理团队可能会接近高级领导团队,并要求资源来部署两个品类管理团队:一个在回扣履行服务领域,另一个在广告部门。如果获得批准,可交付成果可能比这两个领域的当前开支节省 5%。

专栏文摘

全球物流复杂性正在逐渐上升

全球供应链和物流会员组织 BVL International 最近发表的一份全球研究报告显示,以分散渠道、增加产品差异和消费者对定制解决方案的需求为形式的物流复杂性不断增加。

北卡罗来纳州立大学普尔管理学院的 Rob Handfield 博士说:"研究中发现的几个趋势表明,随着世界变得更加复杂,在物流方面的操作将面临一些重大挑战。"

汉德菲尔德与来自柏林科技大学的弗兰克·斯特拉伯教授和安德烈亚斯·威兰博士以及来自柏林科技大学的汉斯·克里斯蒂安·普福尔教授合作,领导了英属维尔京群岛的研究。这项研究包括对全球供应链高管的 60 多个访谈以及对 1 757 名高管的调查回复。

研究发现了 9 个对决策者有重大影响的关键趋势。

(1) 客户期望。调查对象认为,顾客期望值上升是最重要的趋势,而满足顾客要求则被超过 20% 的受访者列为首要物流目标。从本质上讲,研究结果表明,物流和供应链管理应首先使企业能够满足顾客的需求。然而,随着顾客要求越来越高,传统的方法在追求顾客满意的策略时往往失败。

(2) 网络经济。在过去,公司通常认为自己是市场上的独立参与者,充其量是管理与直接供应商和客户的接口。在当今的网络经济中,这已经远远不够了。企业常常被迫在其扩展的供应链网络中与合作伙伴进行纵向和横向的合作,而这些合作伙伴希望他们能够集成他们的流程和系统,这需要网络思维,而不是公司思维。

(3) 成本压力。终端客户仍然期望低成本。尽管媒体越来越多地讨论可持续性、社会问题或风险缓解能力等其他要求,但成本压力似乎仍是最终标准。客户期望增加的趋势使得进一步降低成本变得更加困难。物流成本在降低总体成本方面发挥着重要作用。在电子和汽车行业,物流成本在总收入中所占的比例分别低至 4% 和 6%。不过,调查显示,制造业的成本正在上升,平均高于 8%。令人担忧的是多达 14% 的受访者表示无法估计他们的物流成本。

(4) 全球化。随着全球化程度进一步加深,仅仅通过以是否完成货物交付为标准评价物流绩效是不足的,原因是客户需求不断增加,波动性加大,基础设施也出现问题。2/3 的受访者表示,他们公司的物流能力受到运输基础设施差的影响,这个问题在新兴市场尤为明显。总之,全球化明显导致复杂性增加,特别是在俄罗斯、东欧、印度和非洲等地区。

(5) 人才短缺。在所有地区和部门,物流人才短缺被认为是未来几年最重要的挑战之一。在操作层面以及计划和控制功能方面都存在短缺,约 70% 的受访者遇到了熟练劳动力短缺的问题。在美国和欧洲,人口统计也向括统计人才短缺的情况。在新兴国家,来自金融、战略等其他领域的激烈竞争导致了物流人才的短缺。应对人才短缺的最重要战略是培训和资格认证计划以及与大学和研究机构的战略合作。

(6) 波动。过去几年,供需双方的市场动荡加剧。经济和金融危机进一步加剧了这种情况,这证实了由于世界上某个地区的波动引起其他地区出现严重问题的现象。调查参与者认为波动性将继续增加,超过 50% 的人认为这是五年内非常重要的趋势。

(7) 可持续性压力。这一趋势已成为一个非常严肃的话题。已经有超过 55% 的受访者表示绿色问题是他们物流战略的一部分,企业社会责任也成为争论的焦点。然而,这些战略的实施仍存在很大的不确定性,特别是在计量体系、评价和制定物流可持续发展目标和战略方面。

(8) 增加风险和破坏。大多数公司,无论其规模、部门、国家和在供应链中的地位如何,都认为减轻内部和外部风险是必不可少的,管理需求和计划风险的策略也是重要的。高管们一致认为,需要制定战略和方案使全部成员共同参与风险和干扰管理。专注于提高二级供应商、库存和需求透明度的解决方案阻碍了缓解措施的实施,并迫使企业采取应对策略。积极主动的战略应包括研发、采购、生产和销售。

(9) 新技术。大多数公司都认识到对新技术的投资需求日益增长,约60%的受访者计划在未来五年内投资于大数据分析工具。这些工具寻求围绕数据的全面处理和智能连接开发能力,以增加规划和控制结果。这一新的分散式自动化网络技术正处于初级阶段。8年前完成的一项趋势研究对这些技术的使用所作的预测尚未实现。

公司计划在未来五年内采用的关键战略包括端到端集成、技术投资、人才管理和全球流程标准。该研究还确定了高管在未来五年制定物流战略时需要考虑的关键步骤,包括专注于人才管理和建立伙伴关系以推动端到端整合。

该项目于2013年4月完成,得到了国际合作伙伴的支持,他们在访谈和调查数据收集方面进行了合作。

资料来源:Robert Handfield,Blog,http://scm.ncsu.edu/blog/2013/07/18/join-bvl-international-at-the-north-american-chapter-kickoff-on-august-12-2013/.

6.4 品类战略开发

一旦决定将产品或服务外包出去,企业通常会使用一个称为品类战略开发的过程来决定外包给谁,以及决定应该建立的关系结构和类型。采购战略通常集中在一类产品或服务上,因此,该战略有时也被称为品类战略。品类战略是一种决策过程,需要协商确定哪些供应商应提供一系列的产品或服务、合同形式、评估供应商绩效的指标、适当的价格水平、质量以及运输安排。一个典型的类别可能包括许多较小的子类别。例如:围绕信息技术的类别可以包括子类别,笔记本电脑、台式机、服务器和键盘。如果一家公司外包会计服务,品类策略可能包括税务会计师和管理会计师。战略采购决策通常由跨职能团队做出,该团队由采购专业人员、运营经理、财务人员或产品或服务的其他利益相关者组成。利益相关者是受采购决策影响的人,他们在这场博弈中有利害关系,因此他们在采购决策中的投入对于达成一个成功的采购决策至关重要。采购过程如图6-8所示。

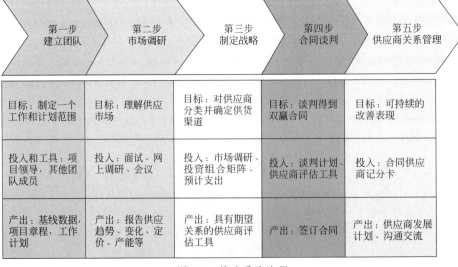

图 6-8 战略采购流程

6.4.1 步骤一：建立团队，形成项目章程

公司越来越多地使用团队的方法来进行采购决策，将熟悉待采购产品的多个职能部门的人员聚集在一起。品类管理流程第一阶段是确定应该参与的人员，关键项目问题专家可能会加入到扩展的队伍中，一旦开发完成，团队就应该确定产品战略的范围，发布项目章程，并制订工作计划和沟通计划。这些步骤有助于定义流程的目的、边界和目标，确定所涉及的任务，给利益相关者提供一份交流计划。

品类团队可以由来自运营、产品设计、过程工程、营销、财务和采购等部门的人员组成。相关人员应熟悉被评估的类别。例如：如果团队的任务是购买计算机，那么应该包括来自信息系统的人员；如果团队购买车辆和车辆零件，那么最好包括熟悉这些商品特性的维护经理。一般来说，类别越重要，跨职能成员和用户组参与的可能性就越大。品类团队将共同制定产品战略，提供具体细节，并概述在管理类别时应遵循的准则。因此，在团队建设和领导、决策、影响内部用户和供应商以及在达成团队共识方面的强大技能，是在这些岗位上取得成功的关键技能。

每个采购团队都应该首先指派一个项目负责人，负责协调会议、交付项目成果和需求。项目负责人将召集一组来自团队中各利益相关者的主题专家，提供反馈并协助交付项目章程。项目章程是对采购项目目标的明确声明，在团队的头几次会议后不久正式宣布。项目章程可以在跨职能采购团队组建之前或之后发布，事实上，它可以用来吸引流程中潜在参与者的兴趣。项目章程的目的是证明对项目及其经理的管理支持。

通常很难在没有提示的情况下开始并邀请人们参与品类战略，重要的是要考虑让谁参与到团队中来，并为他们为什么需要参与项目确定一个令人信服的理由。一般来说，最好提供一份令人信服的单页项目摘要文档，该文档提供以下关键信息：

- 推动高级管理层关注这一类别的"导火索"是什么？
- 该类别的范围是什么？
- 谁将受到该决定的影响？
- 将遵循什么程序？
- 需要多少时间和精力？
- 可以创造的潜在价值的性质是什么？

相关人员应熟悉被评估的类别。例如：如果团队的任务是购买比测仪，那么应该包括来自测试操作的用户；如果团队正在重新协商工厂设施合同，那么应将工厂维护纳入其中，并确保工厂经理在重要的目标和问题上拥有发言权，最好也将熟悉设备特性的工程师纳入团队。一般来说，类别越重要，跨职能成员和用户组参与的可能性就越大。品类团队将共同制定品类战略，提供具体细节，并概述在管理品类时应遵循的行动准则。因此，在团队建设和领导、决策、影响内部用户和供应商以及在达成团队共识方面的强大技能，是在这些岗位上的关键技能。

这一过程的一个重要部分是考虑利益相关者的需求，并将其规划出来，应遵循以下步骤：

(1) 制定关于利益相关者的规划，并与一些利益相关者核对。
(2) 对于每个利益相关者，确定他们的项目成功标准。

(3) 核查对每个利益相关者项目成功标准的看法。
(4) 严格审查所有的项目成功标准；确保它们相互一致，并与你能提供的一致。
(5) 与利益相关者合作，协调任何差异或差距。
(6) 持续检查并修改项目成功标准。
示例如下。

认识需求——了解利益相关者的需求

为了与利益相关者成功互动，采购部门必须能够从利益相关者的角度理解情况。

股　　东	需　求　示　例
高层管理	➢ 创造和捕捉当前和未来价值 ➢ 坚持企业战略
生产部门	➢ 保证供应和不间断交付 ➢ 符合 GMP 质量标准
供应链管理	➢ 降低温度控制偏差 ➢ 库存可见性和控制过期产品
战略营销	➢ 产品特性满足品牌权益标准 ➢ 卓越产品质量 ➢ 可定制产品设计
交易服务	➢ 交易性服务运营效率 ➢ 可行性计划信息共享安排
非直接材料内部客户（IT、旅行、基础设施等）	➢ 自由定制规格 ➢ 最低可实现购买价格和所有权成本
采购（其他类别、其他地区）	➢ 对其他类别/地区没有可能的负面影响

利益相关者需求分析工具		
利益相关者	需　求　示　例	改变（高、中、低）
结论（重要议题）		

在这里,确定每个利益相关者及其需求,并确定他们对变革的准备程度也很重要。变革并不总是容易推动的,重要的是首先确定在推动变革时可能存在的问题,这可能会影响到战略的实施。

具体步骤如下:
(1) 确定每个利益相关者及其需求。
(2) 了解他们对变革的准备程度:H(意愿较高)、M(意愿中等)、L(意愿较低)。
(3) 了解他们的变革能力(H,M,L)。
(4) 了解他们的权力(正式或非正式)(H,M,L)。
(5) 确定推动或抑制变化的因素。
(6) 确定需要与之合作的利益相关者和因素,以实现变革。

利益相关者	准备程度			能力			权力		
	H	M	L	H	M	L	H	M	L
GMP采购委员会			☐		☐				☐
CPO首席采购官			☐		☐		☐		
质量主管	☐					☐	☐		

一旦你确定了哪些人在接受变革方面可能面临挑战,就可以弄清楚新战略执行过程中各方的承诺水平。一旦人们出现抗拒的心理,便不能再进行变革。保障分析模型提供了利益相关者在保障方面的现状,以及他们需要在哪些方面做出改变。

具体步骤如下:
(1) 确定个人或团体利益相关者。
(2) 标记他们对变革的态度(反对、顺其自然、支持、积极推动)。
(3) 标记项目成功所需的各个利益相关者(个人或团体)。

利益相关者 (个人或团体)	反对	顺其自然	支持	积极推动
首席执行官			× √	
采购委员会		×	√	
质量			×	√
制造				× √
供应管理	×	√		
业务			√	×

会计计划

在完成这项分析之后,你应该有一个很好的想法:
- 谁需要成为团队的一部分?

- 你可能会遇到哪些挑战,以及缺乏变革意愿的理由?
- 你可能指望谁来保障和支持你的团队?

有了这些信息,你现在需要非常积极地为制订会议计划。首先定义团队的挑战和目标,并确定高层的支持。外包团队领导不必"单干",而是要有一个支持结构,其形式是发起团队的治理委员会。该治理委员会由高级管理人员组成,通常根据业务影响和风险确定关键的采购项目,这个委员会可以成为一个重要驱动力,使团队成员相信他们需要参加团队会议,参与而不是阻碍团队的进步。

如果你确实遇到了阻力,可能有必要去相关的采购委员会,告知他们所面临的挑战。每个委员会都会要求每个季度更新团队进展情况,因此,如果你的跨职能团队成员没有出席会议或逃避参加会议,就会失去沟通的机会。

但是,在采取这些措施之前,你应该花一些时间单独与每个团队成员会面,并解释情况。通过利益相关者分析确定谁是反对者,谁是积极主动的,利用发起人把反对者提升到中立的类别。

6.4.2 步骤二:调研供应商市场

制定采购策略的第二步是充分了解与业务部门目标相关的采购需求。这一步还涉及一个完备的供应商支出分析,以确定每个品类和供应商过去的支出,以及该品类的总支出占总支出的百分比。注意:上一节中确定的支出分析着眼于整个公司的支出,而品类支出分析将深入到更精细的层次,并确定购买产品或服务的特定业务部门,以及它们当前使用的供应商。通常,这会产生前文所示的帕累托图;通常一个或几个供应商是某一特定类别大多数支出的主要来源。在了解消费模式之后,类别管理团队还应该了解市场上发生了什么,以及其内部客户需求是什么。就像在买车前做调查一样(例如上网,阅读车辆评论、查看油耗、查看消费者报告中的维修历史报告),品类团队需要做同样类型的市场调查。这对于建立和理解关键供应商及其执行和满足利益相关者要求的能力至关重要。

为了对采购做出明智的决定,需要几条信息。其中包括:

- 总的年度采购数量信息。这通常是支出分析的一个重要因素,此分析应按供应商、业务部门和小组显示在商品或服务类别上花费的金额。
- 与利益相关者面谈,以确定其预测需求。例如:如果去年的年采购额为1 000万美元,根据预测,这个数字明年会上升还是下降?还应与利益相关者进行面谈,以确定去年数据中可能未包括的新的采购因素。
- 进行外部市场研究,确定关键供应商的信息、可获得的产能、技术趋势、价格和成本数据与趋势、技术要求、环境和监管问题等。实际上,团队必须对市场进行详细分析,并确定在明年将出现的市场条件下,如何最好地满足预测的需求(由支出分析和与利益相关者的访谈产生)。

数据可以通过多种方式收集。例如,团队可能会选择与市场专家或专门研究特定市场(如化学品、树脂、IT产品)的外部顾问会面,这些访谈往往是最好的信息来源并且不会公开发布。二手数据源是发布的可用数据库、报告、网站等。例如,从咨询公司购买的行业状况报告或公共数据库,如美国制造商普查或美国劳工部统计数据,但这些二级数据可能已经过时并且无法提供团队正在寻找的特定信息。

在进行市场调查时,团队可以使用外包提供商,如Beroe(www.beroe-inc.com)、ICE或Global Outlook。但是,收集的数据必须经过处理和整合,以确保数据的相关性,并且能够有效地与利益相关者沟通。进行市场调查的目的是了解当前的市场状况以及当前或潜在的新供应商有效交付产品或服务的能力。在这方面，供应市场情报成为有效产品战略最关键的基石之一。正如一位经理所说，"供应市场情报可能是未来唯一的竞争优势！"

大多数公司去哪里寻找好的市场情报？市场和供应商信息有多种来源。这里的关键是第三方测量，这意味着你需要探索、比较和对比来自多个数据源的数据，然后才能验证它。第三方测量是科学方法的一部分，需要收集确凿的数据来验证给定的假设。支持假设的数据点越多，假设正确的可能性就越大。可以通过以下数据来源，找出支持假设的关键因素。来源如下：

- 行业期刊。这是一个很好的起点，这些期刊提供了行业的发展线索和最新进展。
- 供应商公司和其他客户的年度报告。要注意阅读投资者说明。
- 互联网。提供了大量的线索。
- 书籍。许多人只是从使用谷歌搜索开始，这会让你找到大量的链接，这些链接可能有用，也可能没用。在大学的图书馆，你可以找到一些很棒的参考书和贸易期刊，书中有多条线索供进一步了解。
- "滚雪球的力量"也很重要。这意味着要找到某一特定领域的专家，他们还会把你介绍给其他专家进行交流。
- 贸易顾问，可以提供信息，但往往费用高昂。
- 行业协会会议和行业网站。参加行业会议提供了一个很好的机会，可以与其他人建立联系，并从那里学到更多这个行业的发展动态。
- 浏览报刊标题。
- 供应商是最好的信息来源。不要只和销售人员交谈，要和生产线和采购人员交谈。
- 投资分析师报告和访谈，可以提供关于他们投资的某些行业正在发生的信息。

收集数据只是工作的第一部分。为了有效地表示和传达市场状况，类别管理团队可以使用不同的数据工具来描述和解释当前的情况。以下我们讨论三个工具：波特五力分析、SWOT 分析和供应商分析。

1. 波特五力分析

波特五力，用来描述市场经济中的竞争力量。波特五力分析是一款重量级的战略开发工具，广泛应用于企业战略开发和销售营销战略。这五种力量是塑造一个行业的力量（见图 6-9）。

1980 年出版的迈克尔·波特的《竞争战略》一书介绍了五力分析方法，这一强大的工具为理解一个行业提供了一个简单的框架。创建五力分析所需的数据需要查看本节中介绍的不同的数据源，与主要利益相关者和主题专家的集中讨论，它还可能涉及深入的市场情报。该工具有助于预测供应商和买方在市场上的行为，是形成供应战略的关键因素。五力分析接近于一个水晶球，可以用来预测未来。它也是一个有助于引导利益相关者了解当前供应市场状况的工具。当你了解供应商的需求时，你可以想办法帮助其满足。

以下是波特五力分析的五个方面。

（1）市场内部竞争

更高水平的竞争为买家和供应商创造了更多的选择。这些因素包括：

- 工业增长速度；
- 产能利用率；
- 退出壁垒；

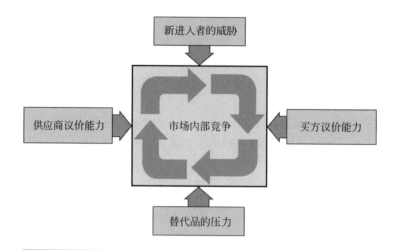

图 6-9 波特五力分析

资料来源：Porter，M.E. Competitive Strategy，1980.

- 产品差异；
- 转换成本；
- 竞争对手的多样性。

（2）新进入者的威胁

例如，一些低成本国家的制造商，正在进入许多传统的美国制造业核心领域，如电子和汽车。这些因素包括：

- 资本市场；
- 技术工人的可用性；
- 获得关键技术、投入或分销；
- 产品生命周期；
- 品牌资产/客户忠诚度；
- 政府管制；
- 转换风险；
- 规模经济。

（3）替代品的压力

例如，有一组新的复合材料——热固性树脂和碳纤维正在取代传统的元素，如钢。影响因素包括：

- 替代品的相对性能；
- 替代品的相对价格；
- 转换成本；
- 购买者的替代倾向。

（4）买方的力量

例如，随着买方开始整合规范并制定行业标准，它们在市场上对供应商的影响力也在不断增强。因素包括：

- 买方集中度；
- 买方数量；
- 买方转换成本；
- 价格敏感度；
- 产品差异；
- 品牌标识；
- 对质量或性能的影响；
- 买方利润；
- 替代品的可用性。

(5) 供应商的力量

随着许多供应市场的整合,市场上存在着更多的供应商力量。主要因素包括：
- 主要投入品的价格；
- 控制价格上涨的能力；
- 关键技术或其他资源的可用性；
- 前向或后向一体化的威胁；
- 行业产能利用率；
- 供应商集中度；
- 数量对供应商的重要性。

一般来说,总结这些要素需要参与者对市场有一个高层次的看法,并集思广益、综合分析这些变化对市场的影响。

2. SWOT 分析

即使数据有限,通过 SWOT(优势、劣势、机会和威胁)分析,也能提供见解,这通常是找出差距的方法。作为一个战略规划工具,其目标是尽量减少劣势和威胁,并利用优势和机会(见图 6-10)。

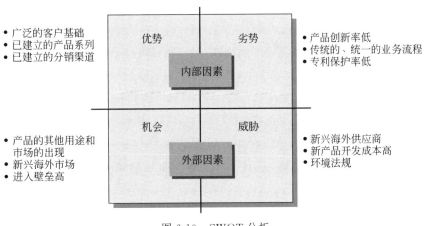

图 6-10 SWOT 分析

3. 供应商分析

(1) 通过行业数据库建立基准标杆管理

基准标杆管理是建立竞争战略的一个重要因素。标杆管理要求确定关键绩效标准,并确定相对竞争绩效。行业基准涉及将业绩与同一行业的公司进行比较,而外部基准则涉及非同一行业的公司所取得的最佳做法和业绩水平。

高级供应管理研究中心有许多供应管理基准报告,可以提供供应管理绩效的参考标准。有关供应战略各个组成部分的许多报告也可以通过咨询机构找到,如阿伯丁集团、高德纳、采购战略委员会、哈克特集团和其他公司。

（2）信息请求

信息请求（RFI）通常在发出项目的特定请求之前使用。如果大多数组织确定有几个潜在的供应商,它们将发布一个 RFI。RFI 是一种招标文件,组织使用它来获取有关服务、产品或供应商的一般信息。该文件不构成供应商或买方的有约束力的协议。从 RFI 收集的信息可以在整个组织或特定部门传播。

当进行大型或复杂的采购时,通常使用此程序,并且潜在的供应商库必须经过资格预审。在这种情况下,RFI 是对供应商背景的调查。它用于确定供应商是否满足成功投标项目所需的最低标准,如果中标,则成功完成项目。

（3）价值链分析

价值链分析用于帮助识别供应链中存在的成本节约机会。目标是能够理解、识别和利用业务部门经理及供应商在将产品和服务带到适当位置时可能忽略的成本节约机会。

用于价值链分析的数据来自书籍、行业期刊以及与供应商的讨论。好的价值链分析可以帮助你选择市场上的供应商及产品。第 12 章讨论价值链分析的实例。

（4）供应商研究

为了确定供应基地内或目前可能不在供应基地内的关键供应商的具体能力和财务状况,需要进行供应商研究。应记录并纳入全面供应商分析研究的关键要素包括：

- 成本结构；
- 财务状况；
- 客户满意度水平；
- 支持能力；
- 相对优势和劣势；
- 采购公司如何适应他们的业务；
- 外界如何看待公司；
- 核心能力；
- 发展战略/未来方向；
- 企业文化。

确定市场中的主要供应商是供应商分析的第一步,特别是当谈论全球市场份额时,它告诉我们哪家供应商更受市场的欢迎,这对了解全球产能与全球需求及趋势之间的关系也至关重要。

6.4.3 步骤三：制定战略

一旦团队成员认识到他们对供应市场条件、预计支出和用户需求有足够的了解,他们将面临不同的挑战。团队必须将所有这些数据转换为有意义的知识,并应用恰当的工具来构建信息,以便能够做出有效的决策。在这个过程中最常用的两个工具是：投资组合分析矩阵(也称为战略采购矩阵)和供应商选择计分卡。

1. 投资组合分析

投资组合分析采购或采购组合是一种构建和细分供应商的工具,是将供应商分为四类的一种方法。目的是将每一次采购或采购组合分为四类。投资组合分析的前提是,每次采购或采购组合可以分为以下四个类别或象限:关键、常规、杠杆、瓶颈。通过有效对购买的商品和服务归纳分类,负责提出战略的人能够理解项目对业务的战略重要性。然后,可以将分析结果与类别组的当前采购策略以及为发展而制定的策略和行动进行比较并改进。图6-11总结了与各类别相关的战略、战术和行动的基本要素,这些类别属于矩阵中的不同象限,下面将对这些要素进行更详细的描述。

(1) 关键类别——战略供应商

一般来说,关键类别的采购目标除了简单的采购协议还要发展竞争优势,支持和利用供应商的核心竞争力,发展一流的供应商,支持公司的整体战略,提高增值服务。如果每年在这个项目上的花费很高,那么公司建立一个战略优先供应商库也是有意义的,选定的供应商应在大多数情况下接受业务。正式指定供应商作为战略合作伙伴,为实现更高层次的信息共享和改进奠定基础。用曾在本田、约翰迪尔和德尔福工作过的供应管理专家戴夫·纳尔逊(Dave Nelson)的话来说,"如果你与你的供应基地建立了正确的关系,你就可以拥有10 000个额外的大脑,思考如何改进你的产品并节约成本。这是非常强大的!"

(2) 常规类别

这一类的产品和服务很容易获得,而且往往成本较低,例如,清洁服务、设施管理和办公室供应商。该品类采购的目标是通过替换、消除小批量支出、消除重复的库存单位、合理化单位数量以控制成本,以及简化使用电子工具(例如,电子数据交换、自动订货系统、在线供应商目录和采购卡)。例如,在葛兰素史克制药公司,首席采购官发现研发团队正在使用50种不同类型的煤气喷灯和烧杯,仅仅是因为科学家们有在研究院形成的特殊偏好。

该品类采购还将努力寻找能够最大限度地自动化采购流程的供应商。例如,Staples和Office Depot将整个公司对纸张和办公用品的采购整合起来,并允许用户直接从其在线目录订购用品。供应商目录允许用户使用公司采购卡(就像信用卡一样)直接通过互联网订购,第二天直接送货上门。

(3) 杠杆类别——首选供应商

与常规类别一样,杠杆类别也为成本节约提供了机会。这些项目或服务的内部消耗量很大,容易获得,对业务很重要,并且占支出的很大一部分。由于它们对业务很重要,因此保持高质量并符合公司目标是最重要的。在这些条件下,优先供应商被选择,但前提是它们将会随着时间的推移显著降低供应物品或服务的成本,它为回报,它们将获得大量业务和潜在的多年协议。我们还期望提供高水平的服务,其中可能包括供应商的能力,如现场库存管理、电子采购能力和快速响应客户需求的能力。这样做,供应商也将被期望保持高水平的质量和降低总成本的业务管理这一类。

在线逆向拍卖(E-Reverse Auctions, E-RA)是这类支出经常使用的一种工具,它是一种在线招标方式,报价最低的人获胜(与传统拍卖中出价最高的人相反,因此称为"逆向拍卖")。

(4) 瓶颈类别——交易供应商

在制定采购策略时,最终的组合往往是针对瓶颈商品,这些商品具有独特的需求,或需要特殊供应商,而且采购额比较大。由于供应商保持独家的市场地位,这些商品往往很贵。

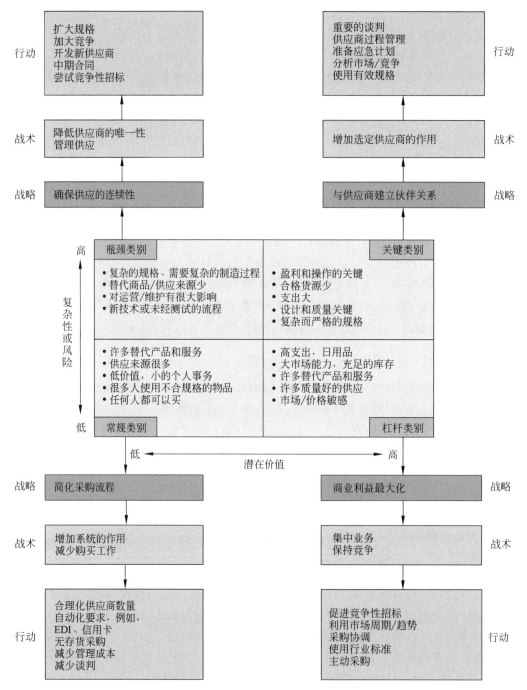

图 6-11 类别管理的策略投资组合矩阵

该品类管理的目标是不出现短缺,并确保供应的连续性。在这种情况下,一个最佳的策略可能是全面搜寻市场,并与供应商签订协议,以便简化应付账款和收款流程。如果供应商规模相对较小,这可能涉及派遣一个 IT 团队在供应商所在地建立这种能力,此时所需的技术投资最少。在竞争性投标之后,应进行详细的谈判,确定对业务至关重要的高水平服务,并签订具体的服务水平协议。必须对供应商进行验证，以确保其能够处理来自多个地点的订单，能够管理库存。在服务协议中，供应商必须了解提供服务的具体要求。

2. 供应商评估

项目组合分析完成后，团队必须深入各类别，评估各个供应商的适合性，将列表缩小到几个关键供应商。此步骤的最终结果是提出建议供应商，因此团队必须首先确定当前和潜在的供应商，决定信息技术要求，并确定利用类似商品的类别支出的机会。

第7章描述了加权点供应商评价系统，讨论了用于评价供应商的一些标准以及可用于评价供应商的工具。在此，本文仅对公司评估潜在供应商时可能采用的不同标准进行简要说明，包括以下能力：

- 过程和设计能力；
- 管理能力；
- 财务状况和成本结构；
- 计划和控制系统；
- 环境法规遵从性；
- 长期协作的潜力；
- 供应商细分。

这些标准值得进行更详细的讨论。尽管可能无法获得所有相关信息，但可以获得的数据将有助于采购公司评估成功匹配供应商的可能性。

（1）流程和设计能力

由于不同的制造和服务流程有不同的优势和劣势，采购公司必须事先了解这些特点。当采购公司期望供应商进行部件设计和生产时，还应评估供应商的设计能力。使用能够执行产品设计活动的合格供应商，可有效减少开发新产品所需的时间。

（2）管理能力

评估潜在供应商的管理能力是一个复杂但重要的步骤。管理能力包括：管理层对持续过程和质量改进的承诺、总体专业能力和经验、与员工保持积极关系的能力以及与买方发展更密切的工作关系的意愿。

（3）财务状况和成本结构

潜在合伙人的财务状况评估通常在评估过程中进行。评估团队通常会评估不同的财务比率，这些比率决定了供应商是否可以投资资源、支付供应商和员工工资，并继续履行其债务和财务义务，这些要素对于衡量供应商是否继续成为可靠的供应来源，并确保供应不会中断，具有重要的参考意义。

（4）计划和控制系统

计划和控制系统包括发布、计划和控制组织中工作流程的系统。正如将在后面的章节中看到的，这种系统的复杂程度会对供应链绩效产生重大影响。

（5）环境法规遵从性

20世纪90年代的环境法规使人们重新认识到工业对环境的影响。1990年的《清洁空气法》对消耗臭氧层物质和产生恶臭气体的生产商处以巨额罚款，政府还颁布了有关回收利用的法律。因此，供应商遵守环境法规的能力成为供应链联盟的重要标准。这包括但不限于正确处置危险废物，这将在后面的章节中讨论。

自此以来,企业的可持续性已成为许多企业议程的首要问题。越来越多的公司强调环境绩效是企业战略的重要组成部分。因此,当涉及制定品类战略目标时,环境目标往往会被纳入讨论。绿色品类战略是明确包含环境特征和行动的战略,包括(但不限于):

- 重新设计产品;
- 使用可替代环保材料;
- 减少有害材料;
- 延长产品生命周期;
- 支持向环保供应商提供更多业务;
- 其他。

传统品类战略目标和环境目标的差异示例如下。

商品目标:

- 两年内将采购类别的成本降低 10%。
- 在一年内将采购类别的次品率从 1% 减少到 0.1%。
- 在未来 3 年内,将采购类别的准时交货率提高到 99%,一天交付。
- 在未来 6 个月内集成最先进的组件。
- 在未来一年内,使公司与领先的供应商保持一致。
- 鼓励供应商与工程师合作开发新产品。
- 让供应商直接与我们的客户制定规格。

环境目标:

- 6 个月内将所有产品中有害物质的含量降至零。
- 建立资金节约目标以处理旧零件。
- 有 10% 的供应商符合 ISO 14001 标准。
- 确保新零件不包含政策中记录的 57 种有害物质,并将现有零件的有害物质含量减少到百万分之几。
- 确保所有新产品包装材料符合回收标准。
- 确保所有供应商以环保的方式处理大规模生产过程中所使用的金属模具。

此外,绿色品类战略超出了清单范围,依赖于环境管理系统,该系统识别采购规范、过程要求和价值流分析/废物流影响。供应商评估系统要求对供应商的过程进行审计,以确定废物流和环境发展措施。供应商开发过程以潜在的废物区域为目标,并为朝着低废物、互惠互利的长期关系发展目标创造激励措施。访问政府数据库,以确定当前涉及环境保护局(EPA)和政府罚款、违规和安全事故的供应商。最后,将环境目标纳入合同要求,提高所有新供应商的环境绩效标准。今后,这一采购管理领域将继续发挥更重要的作用。

(6) 长期协作的潜力

在某些情况下,公司可能希望与潜在供应商建立长期关系,尤其当供应商处于关键类别象限中,并且支出较大、对公司的业务至关重要的情况下。这种方法要求双方分享各自的目标,建立指导关系的标准,并就如何以互利的方式解决问题和冲突展开一系列正在进行的讨论。这些关系还可能涉及联合成本节约项目和新产品开发工作,这些工作也将在后面章节中介绍。

这并不是一个完整的标准列表,在评估建立更紧密、更长期关系的可能性时,可以应用。

不过,这份清单确实提供了关于这一领域中重要问题类型的一个框架,涉及在这一领域中重要的问题类型。

3. 供应商细分

投资组合分析完成之后,团队必须深入研究类别,评估各个供应商的适合程度,并计划如何与供应商接触。在这一步中,团队必须确定当前和潜在的供应商,并根据①与其他客户相比,买方在该供应商处花费的相对金额和②买方账户相对于其他客户的相对吸引力,将其分为确定的集群供应商服务的客户。

在这一步中,将回答以下问题:
① 此类别的当前供应商关系圈是什么?
② 如何就双方(买方和供应商)对长期关系的期望进行沟通?
③ 是否有供应商对买方构成风险,包括但不限于对供应、成本、质量和技术的保证?
④ 应该如何配置资源来发展和投资供应商关系?

细分供应商的关键在于类别的复杂性、与供应商相关的接触、知识产权的管理、市场中供应商的数量以及开发新供应商的时间。步骤如下:

① 了解供应商如何将买方视为客户。设身处地思考并提出以下问题:买方在这一类别的业务是否符合供应商的长期业务增长计划?如果答案是"是",那么他们属于线上;如果答案是"否",则他们属于线下,这个问题应该根据供应商当前和未来的业务情况来考虑。

② 接下来,再次设身处地为供应商着想,并回答以下问题:供应商是否同意正在审查的类别业务创造了价值?"是"则将供应商放在垂直线的右侧,"否"则将其放在垂直线的左侧。这个问题的答案可能取决于以下几个标准:
- 采购方的业务是否占供应商业务的 5% 或 10% 以上?
- 供应商是否有多个地点?如果是,也许只有其一家工厂和买家有业务往来。
- 供应商是否提供其他类别的产品或服务,这些产品或服务与这一类别相结合,是一笔巨大的收入?
- 供应商是否认为买方的业务对其营销和品牌归属很重要?对于较小的供应商来说尤其如此。

其他有助于确定供应商归属的问题,包括以下与供应商的互动:
- 在过去的 12 个月里,他们是否向买方提供了这类产品的新技术?
- 供应商是否分享了未来发展计划,以发展这一类别的业务?
- 他们对品类需求有反应吗?
- 对供应商来说,这是一项高利润的业务吗?

使用这些问题,所有供应商将被分为以下某一类。

核心——在这种情况下,供应商将买方视为核心客户,因为客户的规模对供应商很重要;从战略角度来看,客户也很重要。这一类别的供应商愿意在这一关系中投资,并对成本改进、绩效改进和增值活动做出承诺,保留这一业务是"必需的"。

发展——在这种情况下,买方作为客户的吸引力对供应商来说是重要的,但也许与买方的历史交易量相比较低。这一类别的供应商渴望扩大他们的账户,并愿意做出承诺,增加他们在这一类别的买方业务中的份额,希望将其纳入核心分组。

开发——在这种情况下,供应商有相当一部分买方的支出,但不认为买方是一个重要的客户。买方提供了重要的价值,但这与他们的长期战略和成功并不一致。因此,他们往往对致力于降低成本不感兴趣,如果他们不想继续这种关系,实际上可能会采取行动提高价格。这种情况发生在现有的唯一来源供应商随着时间的推移业务增长并且确信业务不会丢失的情况下。这也可能是因为专利技术是独一无二的。

损害——最后一类供应商将买方视为不重要的客户,并且,买方与该供应商的交易量对供应商来说是微不足道的。他们很可能提供差的服务或制定不利的价格。这类供应商应尽快从供应基地中淘汰(如果可以的话)。

③ 达成共识。加上那些目前支出可能不在前80%但打算对其进行发展的供应商。对于供应商的定位需要达成明确的共识,如果可以的话,要避免选择模棱两可的供应商。作为一个类别经理,你的最终目标是没有供应商被剥削和损害。这些类别的供应商不会有动力支持你的目标,因为你不是他们优先考虑的。他们可能会收取额外的费用,而且反应不太灵敏。此外,他们的业绩可能继续恶化,因为他们不会投资改善产品和服务,你不是他们的首选和未来合作伙伴。分类战略必须努力实现在这两个象限内没有供应商的目标(如图6-12和图6-13所示)。

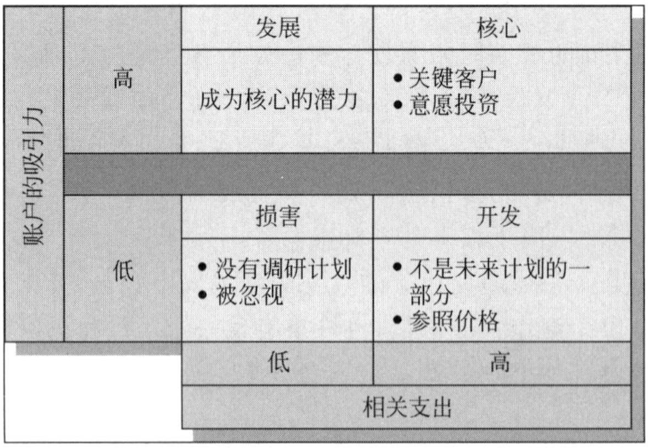

图6-12 比较帕累托分析和供应商偏好矩阵

通过比较投资组合分析矩阵和供应商偏好矩阵,可以得到一个强有力的综合见解。这些见解的关键是确定买方在类别中面临的市场现实,及其在供应基地中某些行为类型的差距。类别管理团队还应该比较由投资组合分析矩阵决定的适当关系,以及作为客户,供应商将如何看待买方。然后,类别管理团队应该合理地考虑将会遇到的特定情况。

这种分析有助于团队得出适当的战略,从而最大限度地节约成本和创造价值,并将风险降到最低。这项分析结果将得到一份"长长的供应商名单",其中列出了潜在的合作供应商。此外,还应在偏好分析的基础上制定一份需要进一步分析和考虑的可能风险清单。

供应商细分将遵循以下规则:

① 被归类为"战略"的供应商,在买方的投资组合中有显著的相对支出,并且如果该供应商突然停止业务将会产生多种风险。同样,风险也可能来自同一供应商/控股公司为另一类别交付的支出。战略供应商是核心供应商。

② 战略供应商必须具有卓越的执行力和创新能力。战略供应商在全球范围内发展和存在,应持续有能力共同创造技术或商业突破

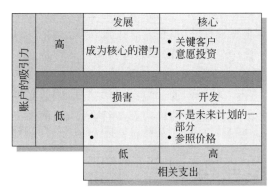
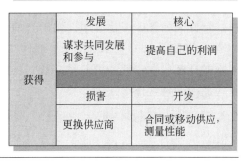

图 6-13 供应管理战略的演进阶段

③"首选"供应商的风险较低，但仍在买方投资组合中有大量支出。即使与战略供应商相比，该供应商更容易获得资源，但价值相当的支出的数量足够大，则会增加业务连续性和绩效可持续性方面的风险。在这一象限中，供应商将被要求致力于持续参与交易和流程的改进，大多数首选供应商是核心，有些供应商愿意增加与买方的长期关系，成为战略供应商。

④"交易"供应商很容易被竞争对手取代，他们需要定期与对手竞争，展现自己的实力。供应商将定期被要求进行竞争（使用 eAuction/竞争性投标），以证明其是在价格、质量和交货方面提供最佳服务的领先投标人。

4. 供应商选择计分卡

在选择阶段，公司通常需要一种结构化的方法来评估替代供应商。评价标准不仅包括定量指标（如成本、准时交货率），还包括定性因素（如管理稳定性、可信度），这导致评价可能特别困难。供应商选择计分卡可用作决策支持工具。团队将为不同类别分配一个权重，并为每个类别中的每个供应商评定一个分数，从而确定最终绩效分数。

不仅在选择决策时需要进行评估，在建立买方与供应商关系之后，买方还必须跟踪供应商的表现。通过标准评价并对供应商的能力进行排序，有助于确定哪些供应商提供了较高的绩效，哪些供应商还需要进一步做一些工作。

在做出选择之后，使用一些不同的供应商评估工具，团队必须就战略达成共识。该团队甚至可以制定供应商名单，并与选定的供应商举行会议，以便作出有效的决策；最后，根据供应商分析中的表现，选择最适合采用分类策略的供应商。

6.4.4 步骤四：合同谈判

在确定采购策略并推荐了供应商之后，需要执行该策略并谈判合同。该战略的有效实施包括确定任务和时间、分配责任和过程所有权，并确保向过程所有者提供足够的资源。该战略还应传达给所有利益相关者以及供应商和内部客户，以获得认可和参与。

在进行合同谈判之前，品类团队应分析市场和定价问题，以便为双方商定一个公平的价格，包括最佳价格、平均价格和业务单位的价格，并确定定价的预期趋势。在准备谈判时，买方应制订谈判计划和理想的合同。如果与推荐供应商的谈判未能如期进行，还应制订应急计划；最后进行谈判，签订合同。

对于某些项目，公司可能会保留一份优先供应商名单，以获得新业务的机会。首选供应商已通过以前的采购合同证明了其绩效能力，因此在供应商选择过程中具有优先权。战略供应商更为重要，在理想情况下是首选供应商。通过维护首选供应商列表，采购人员可以快速确定具有经验和绩效能力的供应商。在没有首选供应商的情况下，竞标和谈判是最终选择供应商的两种常用方法。

1. 竞标

私营企业的竞争性招标需要买方对希望与之做生意的供应商提出投标要求。此过程通常在采购经理向合格的供应商发出报价请求（request for quotation, RFQ）时启动。RFQ 是供应商根据买方规定的条款准备投标的正式请求。购买者通常根据价格来评估最终的出价，如果最低出价者没有收到采购合同，买方有义务通知该供应商没有收到合同的理由。当下列条件适用时，竞标最有效：

- 采购公司可以向合格的供应商明确说明要采购的物品或服务。
- 数量足够高，足以证明成本和工作量的合理性。
- 公司没有首选供应商。

当价格作为主要标准，并且所需的物品或服务有直接的规格说明时，采购公司应当采用竞争性投标。此外，政府机构经常要求竞标。如果存在主要的非价格变量，则买卖双方通常进行直接谈判。竞争性招标也可以用来缩小供应商范围，公司将与之开始详细的采购合同谈判。

更先进的在线工具正在出现，其特点是能够与多个供应商就价格以外的问题进行谈判。有了这些工具，电子采购经理不再需要花几个小时与供应商面对面讨论细节问题。买方只需填写一份询价模板，并以电子方式将文件转发给供应商。供应商就可以通过电子方式回复网上报价，详细说明价格、付款条件、运输方式或与买方有关的任何其他问题。这些工具使买方能够同时与多个供应商谈判，由于竞争加剧（类似于在线逆向拍卖），从而提高效率且降低价格。

2. 谈判

谈判是一种成本更高、更具互动性的最终供应商选择方法。当适用下列条件时,应采取面对面谈判:

- 项目是新的或技术复杂的,只有含糊不清的标准。
- 购买需要就广泛的性能因素达成一致。
- 买方要求供应商参与开发工作。
- 没有买方的额外投入,供应商无法确定风险和成本。

只有当买方对所提出的计划和准备水平有信心时,才能与供应商进行谈判。然而,计划需要不断地更新,买家通常必须在最后期限前满足买家公司内部客户的需求。因此,买方面临在合理时间内进行谈判的压力。

6.4.5 步骤五:供应商关系管理

当与供应商签订合同时,战略采购过程不会结束。尽管采购团队在合同签订后可能会解散,但通常情况下,该团队的一名成员将继续以供应商关系经理的身份与供应商合作。该人员必须持续监控采购策略以及供应商的绩效。采购公司应在预定的时间内重新审视采购策略,以确保其达到既定目标,如果采购策略未能按计划运行或市场发生变化,则需要对其进行修改。采购公司还应根据预先确定的标准,如质量、交货性能和持续成本改进,持续监测供应商的业绩,应该有一个计划来管理与供应商可能会发生的任何冲突。

供应商计分卡是监控供应商绩效最重要的工具之一。与供应商评估矩阵一样,计分卡通常反映评估过程中使用的同一组类别,但分数通常每季度更新一次,并与供应商一起审查。随着时间的推移,利益相关者的要求在编,计分卡使用的分类方式可能会有所改变。计分卡通常包括评估过程中使用的价格、质量和交付可靠性类别,但团队也可以选择添加诸如"响应性"等类别(如当出现问题时,供应商回复呼叫速度的快慢)。这些计分卡用于与供应商定期举行的评审会议,以便能够指出、讨论和采取行动。

必须定期进行审查,以确定战略是否成功或是否需要修改。评审可包括关键供应商的反馈和输入。在任何情况下,应将结果以及未来的预期告知所有供应商。供应管理人员在本次评审中起着关键作用,因为他们通常是负责供应商绩效衡量的供应商的主要联系人。如果供应商没有按预期执行,则可能需要重新审视和评估先前的决策。

必须定期回顾步骤二中定义的关键目标,以确定对原始策略的修改。结果监测进程的关键要素包括:

- 定期召开审查会议(至少每年一次),以确定战略是否与组织目标保持一致。
- 与最高管理层分享成果,为战略提供额外动力;确保报告通过战略实现的绩效改进。
- 评估内部客户和供应商的看法。他们对发生的事情满意吗?如果没有,为什么没有,并且考虑可以通过改变策略来改善情况吗?
- 确定是否实现了关键目标。如果没有实现,应急计划是什么?如果目标正在实现,有什么教训要吸取吗?
- 向相关人员提供反馈。

这些战略制定步骤相对来说比较笼统,它们描述了仅在提出和执行战略时才能遵循的步骤。然而，根据具体类别和供应市场的不同，类别战略制定过程的实际结果可能有很大差异。

6.5 供应管理策略的类型

组织可以采用各种不同的策略，这些策略可能是每个类别所独有的。虽然不能涵盖所有可能出现的战略变化，但本书将简要回顾一些最常见的重要供应管理战略。某些策略比其他策略更经常使用，这取决于组织在供应管理策略开发过程中的先进程度，这些策略或供应管理方法中的每一个在本书的其他章节中都有更详细的介绍。

6.5.1 内包/外包

内包/外包是一项复杂的战略性业务和供应决策，无论是在内部（内包）生产组件、组装、流程还是服务，还是从外部供应商（外包）购买相同的组件、组装、流程或服务，人们多年来常常能感受到这些决定的影响。现在这项决定几乎应用于在组织进行的每一个过程，涉及仓储、分销、运输、生产、装配、销售、呼叫中心、人力资源、设计、工程甚至采购等领域。

内包/外包决策非常复杂，因为它们包括许多因素，如新兴的技术和产品、定义业务核心或非核心的业务战略、内部或外部供应商的不良表现、未来需求的上升或下降，以及地理位置的需求。这些决策也是战略性的，因为它们经常定义公司的商业模式。例如，思科（Cisco）、IBM和飞利浦（Philips）等高科技公司都采用外包模式，将关键电子部件和子系统外包给亚太国家的供应商。这些外包供应商的成本、技术领先地位和总体绩效被视为实现和保持长期竞争力的最佳机会。

内包/外包决策还要求采购部门发挥关键的团队作用。采购是指通过深入的市场供应情报，无论内包还是外包，为外部供应商提供必要的信息，从而做出合理的、基于事实的决策。当前和未来的信息是关于供应商生产和交付货物和服务的能力、当前和未来的技术领先地位、能力、财务状况和总体风险/回报分析的信息。

此外，采购是管理与外包供应商业务关系的关键因素。基于与外包供应商工作关系的可能性，采购可以强烈影响商品或服务是否将外包给特定供应商。

因为企业被迫评估其业务模式以保持竞争力，而且全球采购不断增长，合理的内包/外包决策在未来将变得更加重要。

6.5.2 供应基地优化

供应基地优化是指确定适合数量的供应商及供应商组合的过程。虽然这一术语被称为"规模调整"但通常指减少使用的供应商数量。此外，在目前或将来，无法实现世界一流业绩的供应商可能会被淘汰出供应基地。由于业务部门的需求变化，这个过程也是连续的。优化要求对当前和未来每一采购项目所需的供应商数量进行分析。例如，通用汽车准备在2003年和2004年在全球范围内淘汰160家表现不佳的供应商。第9章将讨论供应基地优化的细节。

6.5.3 供应风险管理

2005年卡特里娜飓风和相应的品类价格上涨等事件，比以往任何时候都更加突出了供应链运营中断和全球竞争的影响。尽管许多事件不容易预测,但企业可以对供应链中断进行管理,从而减少对企业敏捷性和盈利能力的影响。

随着企业将更多的产品和服务外包给中国、印度等其他低成本国家,特别是在企业风险管理(enterprise risk management,ERM)的背景下,往往忽视了这些方法的潜在风险。全球外包以较低的价格和扩大的市场准入形式提供了许多好处,但直到最近,高级管理人员才开始认识到,由于全球采购网络中产品和服务流动中断的可能性较高,风险也在增加。离岸供应链的一次重大中断可能会造成一家公司倒闭,并对盈利能力产生可怕的后果。在过去几年中,这种情况最为明显,9·11、伊拉克战争、西海岸港口工人罢工、监管和海关延误等事件的发生,导致供应链业务一度陷入停滞。2005 年,依赖墨西哥湾沿岸生产的燃料、天然气、化学品和树脂等重要商品供应公司受到了卡特里娜飓风的影响。其他影响客户服务的不太严重的事件包括:火灾和盗窃、客户沟通不畅、客户要求、零件短缺和质量问题等。

供应链中断的影响虽然难以量化,但代价实际上可能很高。一项研究调查了当公司公开宣布他们正经历供应链故障或中断导致生产或运输延误时的股票市场反应。对 519 份供应链问题公告的研究结果表明,股票市场反应其股价降低了 10.28%。一项后续研究评估了 827 次公开宣布的中断对长期股价(中断前一年和中断后两年)的影响,发现平均异常回报率接近 40%,股票风险显著增加。他们的结果还显示供应链中断包括零部件短缺、对客户要求的变更缺乏响应、生产问题、产能提升和质量问题。

最近的许多事件都说明了这一现象。例如,波音公司供应商交付两个关键零件失败,公司损失估计达 26 亿美元。2002 年,在码头工人工会罢工中,不到 100 名工人扰乱了西海岸港口的运营,导致一些集装箱用了 6 个月才恢复正常交货。卡特里娜飓风给英国石油(BP)、壳牌、康菲石油(ConocoPhillips)和里昂戴尔(Lyondell)等主要零售商带来了数十亿美元的收入损失,同时也造成美国许多地区的汽油短缺,导致经济活动受到影响。最近,在供应方面出现了失误,即将到来的边缘路由器(edge router,ER)通信和流程合规性导致了海湾地区最严重的环境灾难,英国石油公司的采购人员花费了大量的时间和金钱来解决这些问题(见专栏文摘)。考虑到这些事件的影响,供应链的中断逐渐引起了高管们的注意。

专栏文摘

管理供应链风险仍然是一个挑战

美国生产力与质量中(American Productivity and Quality Center,心 APQC)最近的一项调查发现,2012 年 75% 的公司受到了重大供应中断的影响(APQC,2013)。调查结果显示,大多数公司的领导人确实对政治动荡、自然灾害或极端天气的影响表示担忧。但调查结果也显示,由于缺乏对风险的了解,处于业务第一线的人们受到了束缚。近一半的人表示,他们缺乏必要的资源来充分评估供应商所在地的业务连续性计划。许多人只能凭借供应商提供的并不可靠的清单进行评估。

这个事例之所以如此引人注目,是因为过去五年采取的行动表明,收购公司仍然没有从错误中吸取教训。尽管在"企业风险管理"系统上投入了大量资金,但参与 APQC 调查的 70% 受访者表示,为了降低成本,他们的组织在过去五年里缩减了供应商名单。同期,74% 的公司增加了与其设施相距甚远的供应商,其中 63% 的公司承认其供应商位于世界上处于自然灾害、极端天气事件或政治动荡高风险的地区。

鉴于这些令人震惊的事实，Handfield 和 Valdares(2013)最近的一项研究结果令人信服。他们认为，由于目前全球的经济环境具有波动性、成本压力和客户预期不断提升、物流基础设施日益陈旧、政府监管壁垒不断提高等特点，同时自然环境也面临着巨大挑战，创新管理供应商风险的方法是十分必要的。实际上，想在这种环境下生存下来的组织需要明确规章制度，特别是在供应商财务风险方面。其研究指出了一些重要的实际发现，并为未来全球供应网络管理的研究指明了方向。

研究结果清楚地表明：在最近的 2008—2009 年经济危机期间，主动型供应管理者打开了良好的沟通渠道，通过寻找其他的处理方法，更好地调整与供应商和客户的现金流，改善财务状况。财务问题沟通的例子包括召开会议以确定经济危机对其现金流的影响、定期安排信息会议以更新财务状况、讨论应急计划以及讨论在未来的经济挑战。这些都是简单的行动，但对于进一步理解十分有用。面对面的交流提高信任度、透明度和公开性，更好地理解对所有买卖双方的风险，是一种减少模棱两可的颁布形式。沟通反馈，简化问题结构，并提供有意义的解决方案，减少供应商的财务压力，寻求联合解决方案。例如，一家采购公司可能能够在融资选择中提供更多的杠杆，而供应商(特别是小供应商)必须通过采购卡或保理公司履行其义务，这两种公司都是昂贵的选择。这两种选择都相当于 24% 到 36% 的年化资本成本，这将进一步阻碍供应商未来的债务状况。

就公司的财务状况进行公开沟通，是避免产生严重后果的重要前提，但是其本身不能避免问题的出现。采取切实的行动时保持沟通交流才产生效果。解决财务风险的最具体形式是重新谈判合同，这项活动包括加强合同条款，重新协商可以分担风险和回报的条款，以及对应付账款提前的政策调整，以改善供应商的现金流，缓解经济压力。积极主动的买家还管理着非正式的谅解备忘录，以促进双方关系的相互承诺，并进一步提高共同命运的水平和对未来的一致愿景。这种形式的"公共"信任建立行为对许多采购组织来说往往是陌生的，他们不愿意轻易对供应商做出任何承诺。

资料来源：Handfield, R. and Valdares, Marcos, Managing Supplier Financial Risk During the 2008 Global Financial Crisis, Working Paper, 2013.

一项针对全球 1 000 家公司的调查发现，供应链中断被认为是对公司收入流的最大威胁。尽管高级管理人员现在认识到供应链中断可能对企业的底线造成破坏，但缓解供应链中断的战略并没有得到很好的发展，甚至没有启动。据估计，只有 5% 到 25% 的财富 500 强企业对重大供应链危机或中断做好了应对准备，这个数据令人不安。

公司越来越倾向于将流程外包给全球供应商，全球供应链多次交接的复杂性增加了供应链中断的风险。随着通过多个承运人、多个港口和多个政府检查站运送产品所需的移交数量的增加，通信不良、人为错误和漏装的可能性也随之增加。我们采访了一家大型电子公司的一位高管，他说："我们已经成功地将产品的生产外包到中国，但没有有效的管理与供应链相关风险的流程。"在这种环境下，会出现这样的问题：一个组织可以采取哪些步骤来设计其供应链，以确保不间断的材料供应？在全球采购环境中，是否有可能以敏捷的方式响应客户需求？这些都是供应链管理者在未来必须思考的问题，在这些中断发生之前建立有效的应急计划，以便在它们发生时有据可依。

1. 低成本国家采购

低成本国家采购要求供应管理将整个世界视为零件、服务和成品的潜在来源，它可以帮助进入新的市场或接触那些能帮助全球公司变得更有竞争力的供应商。虽然真正的全球采购在大多数行业都有一定的局限性，但越来越多的公司开始将世界视为一个市场和一个供应源。尽管为了寻求更低的成本，一直大力提倡从金砖四国(巴西、俄罗斯、印度和中国)采购，由于这些地区的政府制定了当地含量要求，这些国家也大力支持采购。具体来说，许多国家都有类似的规定,要求该国的销售公司从当地供应商的进货比例不低于50%。这意味着,他们需要在该地区找到国内供应商,支付该产品50%的销售成本才能获得该地区的销售权。

低成本国家采购的主要目标是根据品类研究,在成本和质量方面提供实时显著的改进,那些最能实现这些目标的供应商被称为"低成本国家"供应商,包括亚太地区(中国、越南、印度、孟加拉国、巴基斯坦、泰国、马来西亚和附近地区)、拉丁美洲(墨西哥、巴西、哥伦比亚、阿根廷)、东欧(匈牙利、波兰、捷克、斯洛伐克、罗马尼亚等)。在过去的五年中,东欧的成本大幅上升。北非也有一批新的供应商开始扩大其服务。全球采购也是一个发展的机遇,可以接触到产品和工艺技术,增加可用资源的数量,满足反贸易要求,并在国外市场开展业务。这一策略与供应基地优化并不矛盾,因为它涉及为给定类别寻找全球同类最佳供应商。一些买家通过全球采购在本国供应商中引入竞争。最终,离岸服务如呼叫服务、法律及其服务在过去八年中急剧增加,其中大部分工作都流向印度。

全球采购有几个必须克服的障碍,一些公司缺乏全球业务流程和做法的经验,很少有人员有资格与全球供应商进行开发和谈判,或者管理长途的物料运输渠道等。此外,日益复杂的物流及货币汇率波动,使企业在确定一项全球采购之前需要对多种相关成本进行计算。最后,企业如果对如何处理不同文化背景下的不同谈判风格还没有做好准备,或者可能为了签订合同或协议,可能不得不请东道主国家本地人来工作以建立联系和协议。第10章详细介绍全球采购。

2. 长期供应关系

较长期的供应商关系包括选择持续参与,被视为在较长时间内(如三年或更长时间)至关重要的供应商。总的来说,长期供应商关系的使用越来越重要,可能会有更多的企业通过长期合同来建立这种关系。一些采购商熟悉这一做法,而对另一些采购商来说,需要从传统的短期方式向供应商管理进行根本性转变。

寻求与具有卓越业绩或独特技术专长的供应商建立长期关系。在前面描述的投资组合矩阵中,这将涉及少数提供关键或更高价值的项目和服务的供应商。长期关系可包括具有共同开发成本和知识产权的联合产品开发关系。在其他情况下,这可能只是一个非正式的过程,以确定哪些供应商获得了优惠待遇。第14章将讨论长期关系和合同。

6.5.4 供应商提早参与设计

早期的供应商参与设计和选择要求关键供应商参与新产品的开发或预先设计阶段。尽管供应商可能已经有了生产现有产品的采购合同,供应商的参与可能是非正式的。通过参与跨职能产品开发团队,早期参与将越来越多。这一战略说明,一个合格的供应商提供的不仅仅是满足工程规范的基本产品。早期供应商参与设计是一种同时发生在买方和卖方之间的工程方法,旨在通过利用供应商的设计能力最大限度地获得利益。第4章详细讨论了这一战略,本章末尾的实践示例也强调了一家公司应如何成功地利用供应商的早期参与。

6.5.5 供应商开发

在某些情况下,采购商可能会发现,供应商的能力不足以满足当前或未来的预期,但他们不想将供应商从供应基地中剔除(转换成本可能很高,或者供应商具有性能潜力)。在这种情况下,一种解决方案是直接与供应商合作,以促进在指定功能或活动领域的改进。买方-卖方联合咨询团队可以加快供应商整体改进的速度,而不是供应商单独采取的行动。这一战略背后的基本动机是供应商的改进和成功会给买方和卖方带来长期利益,这种方法支持在新的产品和工艺技术领域开发世界级的供应商。第9章详细讨论供应商开发。

6.5.6 所有权的总成本

所有权的总成本(total cost of ownership,TCO)是指除单价、运输和工具之外,确定成本考虑因素的过程,要求业务部门定义和计算与采购项目相关联的各种成本构成。在许多情况下,这也包括与延迟交货、质量差或其他形式与供应商违约有关的成本。所有权的总成本确定了与供应管理决策相关的所有成本和与供应商违约相关的成本,因此所有权的总成本可以促进更好地决策,可以分析与计划结果的成本差异,确定差异的原因,采取纠正措施防止进一步的问题。第10章和第11章详细讨论所有权的总成本。

6.6 在线逆向拍卖

在线逆向拍卖(e-reverse auctien,E-RA)是一个在线的、实时的动态拍卖,在一个采购组织和一组通过资格预审的供应商之间进行,这些供应商相互竞争,以赢得提供具有明确的设计、数量、质量、交付和相关条款规范的商品或服务的业务条件。这些供应商通过使用专门的软件在网上竞价,在预定的时间内连续提交较低价格的投标。这个时间段通常只有一个小时左右,但如果投标人在初始时间段结束时仍然活跃,则通常允许多次短暂延期。关于e-RA 的详细讨论,见第13章。

专栏文摘

次级供应商风险管理

次级供应风险问题仍然是我们在 SCRC(临床检查员)工作的许多公司面临的挑战。例如:一家大公司遇到了二级供应商机械故障等大问题,最终导致产品出现故障。尽管遇到了问题,但他们完全不愿意投入资源来监控和管理这些供应商。公司需要开始意识到自己也是其中一员。即使你是一个大品牌客户,你的业务对一个次级客户来说可能并不重要。仅仅通过批评供应商的方式来管理他们的次级供应商是不够的,这最终是你的问题。但是,管理次级供应商有哪些选择?

如果这是一个质量管理问题,那么采购可能需要投入精力于次级供应商,并推动改进问题。但怎么做到这一点呢? 一种选择是编写合同,要求在计分卡上直接报告次级供应商的绩效,但执行这一点可能很困难。另一个选择是让第三方供应商来管理。

采购对企业的价值越来越取决于对供应市场(包括次级市场)的了解,以及基于深入的情报和对这些市场当前和未来状况的洞察来交流大量信息的能力,这不是大部分采购组织固有的能力。相反,它是一种网络能力,必须通过培养外部合作伙伴,并紧握次级供应商的脉搏来发展。这就需要一种新的合作形式以及定期沟通,以确定一级供应商并与之合作,帮助他们培育和发展最好的二级供应商,并激励他们管理二级供应商。

资料来源:Robert Handfield, Supply Chain View From the Field,http://scm.ncsu.edu/blog/2013/04/03/ sub-tier-supplier-risk-continues-to-be-a-challenge.

公司内部和外部的一些发展促进了 E-RA 的使用,其中包括:
- 买方和供应商通过互联网在全球范围内进行实时通信的能力。
- 开发完善、用户友好的基于互联网的软件系统,以支持由第三方托管或由采购公司在很少或没有外部援助的情况下进行的全球在线逆向拍卖。
- 商品和服务质量的显著改善以及时间周期的缩短,导致购买公司需要更高的质量和服务。因此,买家强调低价是一个主要的采购决策变量。

6.7 供应管理转型演进

许多首席采购官到一家公司来帮助推动重大变革,通常被称为"采购转型"或"供应链转型",即实现采购职能的优化升级。因为需要进行巨大的变革,这通常被视为一个可能需要几年时间才能实现的过程。如果我们将供应管理战略的演变水平与现有战略进行比较,显然会出现一个实施顺序。图 6-13 给出了基于多个研究和对许多高管访谈的供应管理战略演进顺序。随着供应管理战略发展的成熟,组织往往会经历以下四个阶段。

1. 基础起步	2. 稳步发展	3. 部分整合	4. 完全整合的供应链
• 质量/成本团队 • 长期合同 • 数量利用 • 供应基地整合 • 供应商质量重点	• 在线逆向拍卖 • 临时供应商联盟 • 跨职能采购团队 • 供应基地优化 • 国际采购 • 跨地点采购团队	• 全球资源 • 战略供应商联盟 • 供应商TQM开发 • 所有权的总成本 • 非传统购买焦点 • 零件/服务标准化 • 早期供应商参与 • 停靠至库存拉动系统	• 以外部客户为中心的全球供应链 • 跨企业决策制定 • 全套服务供应商 • 早期采购 • 内包/外包以最大化整个供应链中企业的核心竞争力 • 电子系统

图 6-14 供应管理战略演进

6.7.1 第一阶段:基础起步

在供应管理战略制定的初始阶段,供应管理往往具有较低层次的支持功能。供应管理采用的基本上是一种短期的方法,在交货延迟、质量差或成本过高时,对内部客户的投诉作出反应。这里变革的唯一动力是管理层对变革的需求。供应经理的主要职责是确保有足够的供应能力,这通常意味着以敌对的方式看待供应商。但是,用于改进的资源有限,通常是因为最高级别的供应管理经理可能向制造或原料管理部门汇报。绩效指标侧重于与效率相关的措施和降价。信息系统是核心,也是交易的主要基础。

在第一阶段,供应管理往往侧重于供应基地的优化,与其他渐进式供应管理策略相比,更注重全面质量管理。从某种意义上说,这两个战略也体现了在不断完善战略过程中的经验积累。供应基地的减少必然导致双方沟通互动的增加,而这对成功实施更加复杂的战略来说是必要的。全面质量管理还提供了实施供应管理战略所需基本过程的重点。

6.7.2 第二阶段:稳步发展

战略演进的第二阶段通常发生在组织开始跨区域甚至全球集中协调或控制供应管理职能的某一部分时。供应管理委员会或主要采购商可能负责整个类别的商品,并可按区域开发公司范围的数据库,以促进这种协调。协调的主要目的是建立全公司范围的协议,以从数量折扣中获得较低的成本。单一采购与长期协议最终可能成为杠杆式或合并采购系列的一项政策。在这个阶段,有限的跨职能整合正在发生。此外,在线逆向拍卖(E-RA)最近被选择性地用于杠杆购买,并将商品和服务定价提高15%至30%。

第一阶段和第二阶段的方法——供应基地优化、全面质量管理和长期合同,有可能随着时间的推移,使供应商的贡献和改进稳步增加,但性能变化率可能不会太大。

采购商现在必须开始追求战略供应商关系,关注客户需求和组织的竞争战略。在第二阶段,买方可能开始与关键供应商建立更好的关系,同时继续优化供应基地。现在可以对供应管理部门的竞争目标的实现情况进行评估,并将供应商视为一种资源。因此,供应管理、工程、制造、营销和会计之间可能存在一些非正式的功能整合渠道。其中一些可能是通过不经常的跨职能团队决策来实现的。供应管理战略的执行仍然主要在业务部门或地方一级进行。

6.7.3 第三阶段:部分整合

本书中讨论的许多供应管理计划,包括协同策划、供应商开发、缩短前置期和早期供应商参与,都是这一阶段的特点。在这种环境下,供应管理策略在产品和工艺设计阶段就已经建立并整合起来,一级和二级供应商正积极参与这些决策。基于战略贡献及按战略要求规定的可用资源对采购进行考核评估。专注于产品开发、打造竞争优势以及完善对新的和现有的产品和服务进行总成本分析可以实现广泛的功能集成。供应管理被视为组织结构的一个关键部分,具有很强的外部客户关注度。因此,多种以客户导向的考核方法被用于绩效改善。信息系统包括全球数据库、历史价格和成本信息、与其他职能部门共同制定战略的努力成果以及总成本建模的开始阶段。

6.7.4 第四阶段:完全整合供应链

在最初和最终的阶段,供应管理具有战略方向,直接向执行管理层报告,并以强大的外部(而非简单的内部)客户为中心。采购订单跟踪和催交等非增值活动已实现自动化,使采购商能够将注意力集中在战略目标和活动上。组织要求供应商提高绩效标准。执行官采取积极的行动,将直接提高供应商的能力和加速供应商的业绩贡献。

积极行动的例子包括发展全球供应商能力、发展全方位服务供应商,以及采用整个供应链的系统思维视角。在这种模式下,生产核心活动创造了最大价值,而价值链的组成部分往往外包给更有能力的上游或下游方。

这样的系统可以直接影响供应基地的能力,以达到世界级的标准,往往涉及直接干预供应商的操作系统和过程。

很少有企业能够发展到第四阶段。然而,对于那些成功的企业来说,供应管理从一个支持性的角色发展到一个综合性的活动,会带来一些有形和无形的好处。其中包括所有产品线的降价幅度为5%~25%;在6~8个月内,质量、成本和交付性能提高到75%~98%;拥有一个比竞争对手更好的供应基地。现在采购活动是在影响供应基地,而不是根据供应基地做出反应,也可以在一些联系薄弱的地方发展关键供应商。此外,所有这些过程都有助于建立全球领导者所需的关键能力。

6.7.5 供应管理战略的发展

重要的是,供应管理专业的学生要认识到在分类管理过程中的一个重要点:很少有组织能完全执行在第三和第四阶段中发现的更复杂的策略。这受很多因素的影响,包括更高层次战略的相对复杂性、执行战略所需的资源和承诺、缺乏供应基地优化工作,以及缺乏制定先进采购战略所必需的技能和人员。然而,那些成功执行更复杂和更全面的采购战略的公司应随着时间的推移实现更大的绩效改进。下面的实践范例说明了一家公司如何制定更高级别的品类战略,该战略可应用于供应管理的第三至第四阶段。

实践范例

组织转型以更好地倾听和回应:供应市场情报的最佳实践

随着经济市场不确定性的增大,各组织日益意识到需要密切监测市场状况,并通过改进供应链战略应对这些变化。随着越来越多的组织寻求建立采购战略,以确定成本节约机会,并认识到在市场智能和成本建模能力方面存在的重大不足,这些不足构成了有效战略和谈判的基础。此外,将市场情报纳入经营决策的必要性,包括预算、利润目标、市场定价、技术见解、全球扩张和竞争战略的其他组成部分,通常没有得到很好的执行,导致需求和供应计划之间的偏差以及运营绩效和风险缓解方面的重大差距。

最近,基于对一些已经部署或正在部署供应市场情报卓越中心的行业专家的采访,以及通过 IACCM(国际合同与商务管理协会)对 89 名全球供应链高管的调查,进行了一项探讨各组织为纠正这种情况正在采取的关键行动的研究,这项研究得出了以下重要结论:

第一,拥有成功的供应市场情报(SMI)程序的组织在数据收集和分析过程中并不是很出色,而是发展了一支内部市场情报分析员队伍,他们精通所需知识,也擅长传播信息以确保数据能有效地应用于关键业务的决策中。目前的研究表明:成功的组织正在为市场情报(MI)创建卓越中心,分析师在全球多个业务部门共同工作,但通过集中的流程进行统一协调。MI 的分析员支出为 15 亿~20 亿美元。然而,在大多数公司中,许多公司并没有开发专门的管理信息分析师团队,而是依赖于类别经理来履行这一职能。

第二,人们越来越认识到,由于对其他活动的需求不断增加,类别管理人员往往没有足够的能力分析管理信息。这很重要,因为这证明需要一个专用的 MI 函数。此外,这些个人的投资回报率决定了常规的市场分析是没有意义的。不过,随着时间的推移,接受采访的高管们认为,这些人会成为他们这一类人中的成熟专家。一流的公司都致力于让品类领先者越来越多地依赖 MI 卓越中心来协调数据收集、分析、综合和洞察力,将其作为采购战略的核心基础组成部分。内部的 MI 分析师最好来自工程、财务、供应链或成本会计背景。经济和金融分析师的经验对 MI 分析越来越重要。

第三,管理信息数据收集、整理、分析和报告外包的趋势日益明显。第三方供应商收集和综合数据的关键领域包括全球市场分析、基准、通胀/通缩定价、价值链筹划、全球成本降低采购机会、新兴市场销售和渠道。这种趋势说明顶级公司意识到个人应用及认知方式的重要性。因此,MI 职能部门的主要角色不是收集数据并对其进行处理;相反,MI 团队的重点应该是参与和理解内部客户需求、内容以及信息在业务决策中的应用。正确理解信息需求是成功管理信息功能的基础。分析员在进行数据分析之前，需要真正理解正确的问题，以确保外部 MI 提供者收集了适当的假设和数据。一流的组织还依赖管理信息团队处理外部管理信息报告，并通过知识转移机制解释影响和见解，以确保将情报转化为对利益相关者有用和实用的见解。

第四，一流的公司认识到建立客户对通过 MI 能实现什么的期望的重要性。数据的广度和深度将决定创建报告所需的前置时间，明确的准则必须由客户传达和确认，以了解在给定的时间范围内可以产生什么限制以及业务决策所需的适当类型的数据，这是一个重要的教育过程，是供应链转型过程的一部分。

第五，研究指出了对 MI 报告进行评估的重要性，并将这些联系到端口中，并将其过滤回组织中。许多公司都在寻求将 MI 投资与有意义的成本节约措施联系起来。本文认为，这是一个很难系统和标准化的应用方法。虽然将 MI 数据应用到特定项目实现了成本节约，但是这种结论太过于主管，不具有普适性。相反，一流的公司依赖于对客户反馈的系统评估，并从长远和战略角度理解管理信息系统对整个企业采购指标和价值的重要贡献。这需要领导层的支持、采购战略与其他核心组织战略的一致性以及将情报与成果联系起来的能力。

第六，研究表明，大多数组织在很大程度上没有有效地将管理信息项目和洞察力与运营决策联系起来。例如，在成熟的组织中，成本模型需要与公司和业务部门级预算流程的节约项目和利润目标保持一致。本报告中讨论的几个案例是组织如何成功实现这一目标的例子。在很大程度上，这需要多种沟通渠道，通常是通过简单的"午餐和学习"讨论，为面对面的对话、讨论、问答和辩论提供机会。

第七，大多数组织没有一个对供应风险进行有意义的持续监测的良好过程。一般来说，有很多公司在监控供应商的财务状况，但其他市场层面的问题往往得不到解决。这是组织易受情报失败影响的原因之一，因为供应市场事件带来的意外是固有的。产生意外的本质不是因为遗漏信息或者登记有误，而是需要否定认知的过程。因此，有必要培育能够补充假设条件和拓展思维模式的人才，可以预测特定背景下市场参与者的潜在行为。

资料来源：Handfield, R. (2010, January) "Transforming Your Organization to be Able to Listen and Respond," White Paper, Supply Chain Resource Cooperative Retrieved from http://scm.ncsu.edu.

🎯 本章小结

品类管理也许是供应经理为利益相关者创造价值的最重要方式之一。品类团队必须有效地分析市场环境，对供应商和成本动因进行研究，分析内部支出特征，并制定适当的战略来管理这些关系。在这个过程中，供应经理需要向利益相关者解释、指明供应管理的关键要素，正是这些要素帮助形成运营、财务和市场规划的决策。有效的分类策略也为成本管理、合同框架和持续的供应商绩效管理指标和关系奠定了基础。这些要素将在后面的章节中进行更详细的讨论，但对于学生来说，了解如何进行研究和分析，从而采取行动是很重要的。

🎯 思考讨论

1. 选择一个你认为可能被选择用于以下行业的战略类别分析的类别。使用波特五力分析法描述影响每种商品的因素，并说明你为什么认为该类别对该行业具有战略意义以及在制定类别战略时使用的方法。

(a) 石油与汽油 (b) 金属 (c) 化学品 (d) 塑料树脂 (e) 运输

(f) 木制品和其他生产材料 (g) 航空设备 (h) 机床 (i) 电信 (j) 纸张

2. 为什么供应管理传统上不参与企业战略规划职能？

3. 解释品类战略发展和战略采购之间的差异。如何将这些差异转化为不同类型的过程和活动，以产生每种情况下的结果？

4. 描述一组供应管理目标，这些目标可能与汽车制造商制定的以下企业目标相一致："成为客户满意度的第一"。

5. 请描述你认为下列物品可能处于投资组合分析矩阵的位置：回形针、机床、铸件、个人电脑、燃料、电脑芯片、打印机、泡沫塑料杯、纸张、客户定制的网格。在什么情况下，这些项目可能会落入矩阵的多个象限，或从一个象限演变到另一个象限？

6. 在什么情况下，你可以考虑在投资组合矩阵的杠杆类别中单一采购一个项目？

7. 在进行研究时，你可能从互联网上获得的不同类型的信息有哪些优点和缺点？与个人访谈相比，哪种类型的网站更可靠？

8. 为什么建立一个解释品类战略的文件并与他人共享很重要？不这样做可能造成什么后果？

9. 为什么组织必须开发供应商？供应商发展是一种长期趋势还是一时流行？请解释。

10. 供应基地的优化必须在长期协议得以实施之前进行，这个声明的含义是什么？

11. 你认为一个公司从供应管理战略发展的第一阶段到第四阶段需要多长时间？请注意考虑所有可变因素。

12. 基于近期在大众媒体上阅读到的文章，列出一些处于第一阶段的公司，你认为哪些公司可以达到第三阶段或第四阶段？解释你列的清单。

13. 一些公司已经开始将低成本国家的产品带回北美和欧洲，对于这种转变你如何解释？

14. 你认为造成处于供应管理第四阶段公司数量极少的原因是什么？你认为这会改变吗？

第 7 章

供应商评估和选择

🎯 学习目标

- 将供应商选择的七步过程视为实现世界一流供应商选择的推动力;
- 了解采购专业人员在确定采购策略时要考虑的采购替代方案和关键问题;
- 了解访问供应商时要分析的重要领域;
- 确定关键标准以缩小供应商范围;
- 了解可用于识别供应商的资源;
- 了解供应商财务分析的重要性;
- 了解如何进行供应商的定量评估和选择调查。

开篇案例

精益响应型组织中的采购

佛罗里达东海岸(Florida East Coast,FEC)铁路公司工程与机械高级副总裁 Fran Chinnici 需要承担建立采购组织的工作。随着业务的快速变化,使 FEC 进入新时代发展战略,Chinnici 先生的工作变得逐渐复杂,选择开发合适的供应商是其面临的主要挑战。作为佛罗里达州唯一的东海岸铁路,FEC 处于经济增长的中心。巴拿马运河的扩建预计在 2015 年完成,迈阿密港除了拉丁美洲的货运量增加以外,预计远东地区的货运量也将大大增加。该公司还与佛罗里达州合作,允许将其轨道用于迈阿密和奥兰多之间的高速铁路系统。这样的扩展不仅意味着共享,而且意味着更多轨道的建立。作为拥有 29 年铁路运营和采购经验的资深人士,Chinnici 具备应对挑战的充分资格,他说:"我像一个指挥家,精心策划了这些挑战性的工程和实施。"

Chinnici 毕业于宾夕法尼亚州立大学的工程专业,毕业后在西弗吉尼亚州亨廷顿的切斯系统研究与测试部门就职,担任冶金工程师。他在 CSX 公司担任采购和材料副总裁一职已有 9 年,担任机械和运输职能的职务日益增加。

他的新高管职位非常独特,因为它需要同时管理工程和供应链。作为工程和机械部门的高级副总裁,他负责轨道、设计和建筑项目以及信号、机车和滚动设备的卓越服务工作。通过监督采购和材料团队,Chinnici 确保以最低的总成本实现这些服务水平。

1. 佛罗里达东海岸铁路

FEC 是佛罗里达州东海岸唯一的铁路,运营 351 英里的干线轨道,并且可以与杰克逊维尔的两条一级铁路互通。这种访问方式使 FEC 可以在佛罗里达州与美国的铁路网络之间建立至关重要的联系。FEC 为南北货运提供了最直接、最有效的运输选择,并且由于南佛罗里达州的道路拥挤,使得通过 FEC 运输具有竞争优势。FEC 运输采用集装箱和拖车组合的多式联运方式,十分具有吸引力。货物运输的范围从碎石到汽车,从食品到工业产品。

2. 资本投资购买提供有效的货物流动

Fran 说:"我们非常需要购买基础设施和技术。""并且我们州正在对其港口进行投资,因为我们看到了成为进出口中心的巨大机会,运河的扩建将为南佛罗里达州带来巨大的经济增长端口。"

迈阿密港正在从事 FEC 铁路重新连接项目。该项目分为四个阶段:①重建佛罗里达东海岸铁路的 Lead 港口;②修复连接迈阿密港口和 FEC 的桥梁;③建设港口铁路设施;④修改 FEC 铁路场适应多式联运的增长。

铁路重新连接项目实际上是在迈阿密港进行的一项大型基础设施投资计划的一部分,主要的资本项目包括将 FEC 重新连接至迈阿密港口,将连接到新的码头铁路设施以及在大沼泽地港(劳德代尔堡)开发的多式联运集装箱转运设施。这两个项目都将为港口提供直接通往 FEC 铁路网络及其多式联运码头的通道。

Chinnici 预计,南佛罗里达物流中心将通过减少运输成本,优化库存位置并提供协同的供应链机会来节省托运时间和金钱,独特的多式联运物流中心将改变货物进出南佛罗里达州的方式。

工程和采购副总裁 Chinnici 说:"当开始增加轨道建设时,对铁路钢的需求以及对铁路扎带和压载物的需求都在增加。综合考虑我们的容量,我们必须开始寻找别的途径。这可能包括寻找中国的铁路钢资源,并致力于在南佛罗里达州开发混凝土纽带供应商。"

3. 变得灵敏和精益

Chinnici 先生形象化了一个反应迅速且精益的采购组织。"我们的能力有限,我们是二级铁路,没有一级铁路的规模和财务水平,因此我们需要随机应变,高效运转。""我的目标是培养员工的敬业精神,具备竞争技能。在市场中,这将要求我们迅速识别并抓住机遇,买家必须了解市场和供应商,并能够制定采购策略,以持续提供世界一流的服务。"为此,Chinnici 将人员发展策略与重要的供应商监控计划联系在一起。"最终,一切都始于您的员工和他们的技能。""我们要实现公司目标,选择和发展合适的供应商就变得至关重要。"Chinnici 说。他补充说:"我的愿景是成立一个响应迅速且灵活的供应团队。"如果能够做到,那么这就是一位有远见和决心实现这一目标的副总裁。

资料来源:拉里·朱尼佩罗(Larry Giunipero)与 Fran Chinnici 的访谈,2013 年 8 月.

7.1 引言

组织执行的最重要过程是对供应商进行评估、选择和持续评价。传统上,竞争性招标是授予采购合同的主要方法。过去,获得三个投标并将合同授予价格最低的供应商就足够了。

现在，明智的采购人员往往投入大量的资源来评估供应商在各个领域的表现和能力，供应商的选择过程变得极其重要，合理的选择决策可以减少或避免许多问题，因此跨职能人员团队通常需要调查和评估供应商。

如今，供应商评估和决策的重要性日益提高。如果一家公司将其供应基地减少到较少的规模，并且留存的供应商会得到较长期的协议，则其更换供应商的意愿或能力就会减弱。这就使得选择合适的供应商成为重要的商业决策。

本章重点介绍与评估和选择供应商有关的问题。第一部分概述评估和选择过程；第二部分介绍采购人员在评估和选择过程中的各种绩效类别；第三部分重点介绍供应商评估时使用的工具或方法；接下来，本书重点介绍采购人员在选择过程中面临的关键问题，从而减少选择决策所需时间。

7.2 供应商评估和选择过程

大多数采购专家认为，没有最佳的方法来评估和选择供应商，并且组织使用多种不同的方法。不管采用哪种方法，评估过程的总体目标应该是降低采购风险并最大限度地提高采购人员的整体价值。

组织必须选择可以长期合作的供应商，与选择相关的努力程度与所需商品或服务的重要性有关。根据所使用的供应商评估方法，该过程可能需要投入大量资源（例如时间和差旅），因此需要花费大量精力。本节讨论高效评估和选择供应商以使其入选采购者的供应基地所涉及的问题和决策。图 7-1 重点介绍了供应商评估和选择过程中涉及的关键步骤。

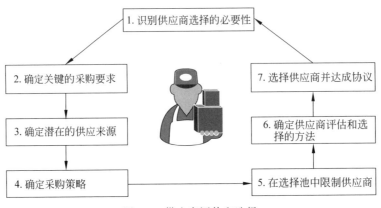

图 7-1　供应商评估和选择

评估和选择过程的第一步通常包括了解需要评估和选择的项目或服务的供应商、采购经理。

可能会在将来的采购需求预期中开始供应商评估过程。通过参与产品开发团队，采购可以对新产品开发计划有较早的洞察力。在这种情况下，工程人员可能会提供一些有关所需材料、服务或过程类型的初步规格，但尚无具体细节。该初步信息可能足以证明对潜在供应来源进行初始评估的合理性。最后，外包给采购者评估服务供应商带来了新的挑战，这些服务供应商通常会有对质量看法更感性的服务观，例如咨询工程师。图 7-2 列示了需要进行供应商评估和选择决策的情况。

```
• 内部用户提交商品或服务请购单
• 新产品开发期间
• 内部或外部供应商表现不佳
• 合同期结束
• 购买新设备
• 拓展新市场或产品生产线
• 进行市场测试
• 面对抵消贸易的请求时
• 外包分析期间
• 整理跨业务总量时
• 发出询价单或进行反向拍卖
• 当前供应商能力不足
• 缩小供应基地规模
```

图 7-2　何时需要供应商评估和选择决策

评估供应商可以通过许多不同的方式来实现。先进的采购团队越来越期望而不是对供应商选择的需求做出反应。所需采购的复杂性和价值将影响采购人员评估潜在供应来源的程度。关于服务采购,包括评估提供商是否有必要的资源,以确保可靠、准时地交付其服务。例如,工程咨询公司是否可以提供诸如虫害防治之类的持续服务。

7.3　确定关键采购需求

在整个供应商评估和选择过程中,重要的是要了解对采购至关重要的要求。这些要求通常由价值链中的内部和外部客户确定,每个项目的差异可能很大。下一节将讨论采购人员确定关键采购要求的各个供应商绩效领域。尽管每种评估可能存在不同的要求,但是评估中通常包括确定类别(供应商质量、成本和交付绩效)。

7.4　确定潜在的供应来源

采购人员会根据各种信息来源来确定潜在供应来源。买家必须搜索的信息或搜索信息的努力程度与几个方面相关,包括现有供应商对价格、质量或其他绩效的满足程度。采购需求的战略重要性或技术复杂性也会影响搜索的强度。以下提供了有关供应商评估期间所需的工作量和搜索强度的一些准则:
- 当前供应商的能力高＋需求的战略重要性高＝低到中级的信息搜索
- 当前供应商的能力高＋需求的战略重要性低＝低级的信息搜索
- 当前供应商的能力低＋需求的战略重要性高＝高级的信息搜索
- 当前供应商的能力低＋需求的战略重要性低＝低到中级的信息搜索

以下各节讨论各种资源,这些资源可能是寻求潜在供应商时的良好信息来源。

7.4.1　当前供应商

信息的主要来源是当前或现有的供应商。买方通常希望现有供应商满足新的采购要求,这种方法的优点是采购人员不必添加和维护其他供应商。此外,采购人员可以与熟悉的供应商开展业务,这可能会限制评估新供应商能力所需的时间和资源。

不利的一面是,尽管可能更容易、更快捷地使用现有供应商,但从长期来说不一定是最好的。如果没有来自其他来源的信息,采购人员可能永远不会知道是否有更好的供应商。因此,大多数组织都在不断寻找新的供应来源,并将这种搜索范围扩大到全球供应商。

如果保留了首选供应商列表,那么为新的采购需求选择一个现有供应商可能是一个不错的选择。被指定为首选供应商意味着供应商始终满足买方定义的性能和服务标准,并对意外更改做出响应。首选供应商身份可立即传达有关供应商总体绩效和能力的信息。但是,买方仍必须确定首选供应商是否能够满足新的采购要求。

7.4.2 销售代表

所有采购者均会从销售代表处获得销售和市场信息,这是一种有价值的信息来源。即使没有供应商服务的迫切需求,买方也可以保存信息以备参考。有关销售代表及其产品和服务的详细信息可在互联网上查询到。有关销售代表的信息也可以在 LinkedIn 和 Facebook 等社交媒体网站上查看。

7.4.3 互联网和社交媒体

如今,买家通常使用互联网来查找可能有资格接受进一步评估的潜在资源。相应地,大多数各种规模的卖家都将互联网作为其整体营销工作的一部分。买家可以查看产品的图片,查找有关管理团队的信息,并列出客户列表。此外,LinkedIn、Facebook 和 Twitter 提供了额外的资源来提取有关潜在供应商及其主要员工的信息。LinkedIn 对于在特定供应商处查找关键经理的背景信息特别有用,还有按商品或类别划分的各种兴趣组。例如,"铸造厂和铸件的用户和买家"有约 6 000 个成员,"全球 IT 买家和采购"兴趣组有约 2 500 名成员。

7.4.4 信息数据库

今天的采购者常遭受信息过载的困扰。使用移动设备和增强的 Web 2.0 可视功能可立即访问有关供应商的信息。挑战在于管理大量信息,供应组织必须决定从互联网下载哪些信息,以及如何捕获并将其存储在内部数据仓库或企业资源计划(ERP)系统中。

有几家公司可以协助提供数据库,供应组织可以在其中存储供应商的有关信息。这些系统还能输入协助战略采购或监视组织采购是否符合合同规定。例如:IBM 的全球流程服务小组提供的软件可帮助买方维护供应商数据库以找到最佳供应商,并提高采购流程效率。

数据库使采购者能够快速识别有资格满足需求的供应商,其可能包含有关当前产品、未来技术路线图、过程能力比率和过去性能的信息。但需要不断检查、更新和修改数据库以确保信息准确。如果需要其他供应商,则还可以从外部采购潜在供应源的数据库。

7.4.5 专业经验

知识管理是在数据库中捕获组织采购者的采购知识和经验的过程,然后在整个组织中共享这些知识。

经验丰富的采购人员通常能对潜在供应商做出预判。采购者可能已经在某个行业工作多年,并且可能熟悉供应商。不建议在产品系列或采购类型之间频繁更换采购人员,因为这样会失去采购员多年积累的专业经验。掌握有关决策过程的知识可以改善新的或经验不足的购买者的采购过程。

7.4.6 行业期刊

大多数行业都有一个团体或理事会来出版行业期刊或杂志,该期刊或杂志定期发表有关不同公司的文章。这些文章通常侧重于公司对材料、组件、产品、过程或服务的创新发展。供应商利用行业期刊来宣传其产品或服务,由于大多数贸易期刊都以电子格式提供,因此买家可以轻松访问和关注它们。

7.4.7 行业名录

几乎所有行业都会发布本行业内生产产品或提供服务的公司目录。对于不熟悉该行业或其供应商的买方,此类目录可能是有价值的初始信息来源。第10章提供了一些国际供应商目录的示例。托马斯出版公司(Thomas Publishing Company)整理维护的 ThomasNet 是一个非常受国内买家欢迎的目录,其100多年来的使命一直是传播工业产品信息。该目录位于 www.thomasnet.com 网站。

7.4.8 贸易展览

贸易展览是与大量供应商有效接触的好机会。化学制造商协会和美国汽车供应商协会等组织经常赞助贸易展览,芝加哥国际机器技术展览会是美国举行的最大的贸易展览会之一。参加展览会的买家可以收集有关潜在供应商的信息,同时还可以评估最新的技术发展。在贸易展览会上,工业买家和卖家之间可以建立许多联系。

7.4.9 第二方或间接信息

该信息源包括不直接属于采购者组织的广泛资源。买方可以从其他供应商那里收集信息,例如有价值的非竞争对手的信息。其他买家是另一个第二方信息源。供应管理协会本地会员会议的与会者可以建立来自其他组织的非正式采购员网络,这些网络可以提供有关潜在供应来源的信息。波士顿采购管理协会(PMAB)等大多数美国供应管理协会分支机构每月举行会议,介绍有关当前供应管理的成功实践。此外,PMAB 的网站允许会员发布有关一般供应的问题,包括难以找到的产品或服务。供应经理感兴趣的其他专业团体包括美国生产和库存控制协会(APICS)、美国采购协会(APS)、供应链管理专业协会(CSCMP)和美国质量控制协会(ASQC)等。

一些采购商公开通过报纸广告的形式认可其最佳供应商,该广告突出强调了优秀供应商的成就。例如:AT&T 在《华尔街日报》上刊登了半页广告,以表彰其最佳供应商。在广告中,AT&T 在其5 000个总供应商中,确认了6个杰出的供应商。这些供应商在过去一年在向 AT&T 提供更好的产品和优质的服务,以及增强的成本结构或同类最佳的方法等方面做出了突出的贡献。了解这些供应商奖项可以使买家吸引一些稳定可靠的供应商。

7.4.10 内部来源

许多较大的公司将组织划分为不同的业务部门,每个业务部门都有单独的采购业务。可以通过正式的公司采购委员会、非正式会议、战略制定会议等实现跨部门共享信息。

专栏文摘

评估单一采购和独家采购的风险和挑战

当供应管理组织有目的地从许多可能的供应商中选择一个时,就会发生单一采购(Single Sourcing)。美国供应管理协会(the Institute for Supply Management,ISM)的《关键供应管理术语》词汇表指出,单一采购是"在竞争激烈的市场中,将一种商品的采购故意集中于一种来源而不是另一种来源的做法。"通常,单一采购策略是出于成本的动机。例如,采购办公用品、旅行计划、p卡提供商或银行服务。通常,产品和服务是较为通用的,选择通常取决于成本和合同条款。在某些情况下,单一采购决策基于首选关系或产品,例如,Mac而不是PC。不管是什么原因,如果货源消失,可以相对迅速地选择另一个供应商。供应中断的风险相当小,单一供应商造成的潜在损害相对较小,公司盈利的风险也相对较小。

可以通过让第二个来源在供应链中扮演次要角色来降低单一来源的风险,如果单一来源的供应商倒闭或发生质量问题,这可以帮助减轻某些痛苦。如果你的组织只有一个单一的办公用品来源,请考虑使用另一家办公用品公司来提供一种或两种商品,例如纸或盒子。例如,在一家制造公司中,请使用第二家铸造厂来铸造特定系列的阀门或黄铜铸件。如果需要的话,让备选供应商随时待命,如果需要与之前有业务往来的公司的过渡会更加顺利。换句话说,在进行单一采购时,降低风险非常重要。

ISM关键供应管理术语表中将"独家采购"(sole sourcing)定义为"当一个来源是唯一有能力满足公司采购需求的供应商时,使用该来源采购。"在许多情况下,组织将使用独家采购,具体如下:

(1) 供应商拥有采购公司所需的零件或产品专利。
(2) 只有一家公司被许可生产某种产品或拥有所需产品或服务的知识产权。
(3) 公司需要定制零件,并且定制零件的模具成本非常昂贵。在这种情况下,如果买方选择购买工具,那么,如果其他供应商可以制造该物品,则唯一的来源可以成为单一来源。
(4) 只有一家公司拥有生产产品的最有效流程,因此其成本远低于其他任何一种。
(5) 公司拥有需要谨慎保护的专利权和知识产权。在这种情况下,供应管理组织会选择一个供应商来生产商品,以避免与各种供应商共享敏感信息。在这种情况下,供应管理专业人员必须首先锁定详细合同中的安全条款。

如上所示,在情况(3)、(4)和(5)中,也可采用其他供应商,这使得"唯一"供应商的地位不太牢固。软件采购是上述条件的典型示例。如果你的软件提供商倒闭也可以进行更改,但这可能会很昂贵,且独家采购使公司面临更大的供应中断风险。

降低独家采购的风险可以分为三个方面:风险识别、风险评估、应急计划。

(1) 风险识别。当确定独家供应商的风险时,请勿低估来自供应商的现场和第一手信息。例如:实地考察可以发现公司的问题,如员工流失、工厂空位和机器闲置。通常,当地的行业信息会很清楚,可以判断某家公司是在延长应付账款日期还是错过了工资单。公司通常不会在一夜之间陷入严重的财务困境。供应管理专业人员可以在几个月前发现问题,并有时间协助供应商解决问题。

(2) 风险评估。风险评估包括分析供应商面临的挑战,以确定采购公司是否为问题所在或者是否有助于解决问题。帮助独家供应商摆脱困境就像将付款期限从90天缩短到30天一样简单。

一家买方公司谈判的电路板组件(PCBA)价格太低,而供应商由于没有正确计算成本而导致破产,而此时已经为时过晚。由于未评估供应商的风险或不了解低价谈判的严重性,该公司花了将近一年的时间寻找符合规格的新供应商。事后看来,当时为 PCBA 支付稍高的价格即是一个成本更低的解决方案。

(3) 应急计划。如果独家来源的供应商倒闭或未能达到期望,则供应管理专业人员应制订应急计划以减少供应中断的影响,无论是维持库存缓冲以减少短期供应冲击,还是跟踪潜在的后备供应商。如果发生实际问题,制订应急计划将节省大量时间。

资料来源:"Evaluate Risks, Challenges of Sole, Single Sourcing," Terry Volpel, CPSM, C.P.M., SCMP, Inside Supply Management, June/July 2013, pp.12-13.

7.4.11 确定采购策略

任何单一的采购策略和渠道都无法满足所有供应经理的要求。因此,针对特定项目或服务的采购策略将影响供应商评估和选择过程中采用的方法。第 6 章详细介绍了制定商品策略的流程。购买者在制定采购策略时最初会做出许多决定,但是这些通常因市场条件、用户偏好和公司目标而改变。在选择过程中需要重新评估战略阶段制定的考虑因素,并且这些因素将受到潜在供应商质量的影响。例如:如果仅找到一个满足要求的货源,那么采购策略将与寻找多个有能力的供应商的策略很大不同。因此,供应商的选择和评估过程以及所选择的策略是相互交织的。购买者在制定采购策略时,必须考虑其采购方式以及关键的采购问题。

7.4.12 考虑采购替代品

将潜在供应商和当前供应商的列表输入数据库后,会根据公司最初的采购策略考虑公司希望选择的供应商类型,对其进一步完善。主要的采购选择包括:①从制造商或分销商处采购;②当地、国内或国际采购;③大型或小型供应商;④项目、商品或服务的多方、单一或独家供应商采购。

7.4.13 制造商与分销商

选择直接购买还是从分销商购买通常基于以下四个标准:购买数量、制造商的直销政策、买方设施可用的存储空间、所需的服务范围。

从经济上讲,如果其他所有条件都相同,则 OEM(original equipment manufacturer,原始设备制造商)可以提供最低的单价。分销商从 OEM 购买并转售,因此产生了交易成本,也必然会获利。尽管存在交易成本,但最近的趋势是分销商在向买方提供低成本产品过程中的地位在提升。首先,许多 OEM 无法处理或不愿处理直接销售所需的大量交易;其次,买家要求供应商提供更多服务,而分销商介入可以更好地满足这一需求。供应商管理的库存是一个程序,分销商可以通过该程序来管理客户的库存。一些组织正在使用集成供应,其中分销商被授予了长期合同。集成的供应商可以访问购买者的需求数据,维持一定水平的库存以及客户服务水平。

7.4.14　本地、国内或国际供应商

国际和国内供应商也许能够提供最优惠的价格和最先进的技术服务。另外，本地供应商对采购公司不断变化的需求更敏感，而且可以更加经济地进行频繁的小规模运输。准时制(just-in-time, JIT)和快速补货系统的普及，使得本地供应商的使用更为有利。本地供应商还允许买方通过提高当地经济水平建立一定程度的社区信誉。国际供应商提供了节省价格的大量机会，但必须根据额外的库存、通信和物流成本来评估节省成本(完整的讨论请参见第10章)。

7.4.15　大型或小型供应商

与竞争对手相比，所有供应商起初都是小型供应商，随着时间的增长，逐渐具有提供卓越的价格、质量和服务的能力。无论规模大小，许多购买者都倾向于将重点放在"完成工作的能力"上。当一家公司决定从一家或少数几家供应商采购时，规模确实成为影响供应商选择的决策因素。此外，较小的供应商可能没有必要的能力来满足买方的全部需求。这还意味着供应商必须在其产品或服务产品方面具有多种能力，并且必须能够为多个区域(在某些情况下为全球范围)提供服务。

采购公司通常不希望卖方依赖其业务。为了消除这种担忧，许多购买者会将其在供应商处的总支出限制为供应商总销售收入的一定百分比(例如35%至45%)。最后，建立多样化供应基地的采购部门经常要处理不断增加的小供应商问题。

7.4.16　区分多方或单一采购

在决定使用多方采购还是单一采购之前，采购员会检查可用于满足所需采购要求的供应商类别。与满足个人需求的采购不同，专业买家仅与经过资格预审或批准的供应商进行业务往来。经过资格预审/批准的供应商已经满足了购买者的初步筛选，因此被认为值得开展业务。要获得资格预审/批准，可能需要供应商来访，这将在本章稍后进行讨论。

如前所述，首选供应商是始终满足买方定义的性能和服务标准并应对意外变化的供应商。认证的供应商的质量体系已受到采购公司的广泛审核，并且能够始终如一地满足或超过买方的质量需求，来自认证供应商的零件将绕过买方的进货检验。合作供应商仅限于为公司提供重要的高价值物品的精选供应商。通常从长期的角度来看，合伙关系是建立在买卖组织之间紧密合作关系基础上的，并不意味着法律关系。最后，不合格的供应商包括不再符合采购组织标准的供应商，直到问题得到纠正后才考虑用于未来的业务合作。

在审查特定服务或产品采购中的供应商类别之后，必须确定最佳供应商数量。例如：如果购买类别很关键，则可以选择合作的供应商作为单一来源；如果采购类别仅包含经过资格预审/批准的供应商，则可以决定使用多个来源；如果公司的管理人员或技术人员只指定特定的供应商，那么采购商将处于唯一的供应商状态。唯一的供应商意味着除此之外没有一家公司的产品或服务被认可。在这种情况下，购买者几乎常常受供应商的支配。

尽管有减少供应商总数的趋势，但是供应中断的风险正在促使买家重新考虑这些策略。

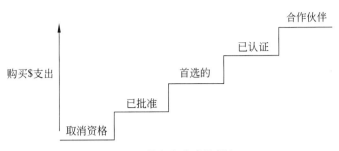

图 7-3 供应商分类楼梯间

单一采购提供了许多好处,包括:最佳的杠杆作用和对供应商的权力;建立更紧密关系的能力;开发增值计划,例如供应商库存、流程改进等。多种采购提供:改善供应保证;检查价格上涨;积极竞争,激励供应商有效执行。供应经理必须评估这些优势,因为没有一种适合所有情况的正确解决方案。单个或多个采购类别的决定是非常特定的情况,并随供应商构成和经济状况而变化。

7.4.17 评估关键问题

这些采购选择中的每一个环节都会产生特定的关键问题,必须解决这些问题才能实现有效的货源选择过程。尽管每个选择决定都会产生特定关键问题,但均包括五个重要问题:规模关系、风险/报酬问题、可持续性发展目标、竞争对手作为供应商、国际供应商和反向贸易。

(1) 规模关系

购买者可以决定选择具有相对规模优势的供应商。当购买者相对于供应商具有相对规模优势或在供应商的总业务中占较大份额时,购买者可能只是具有更大的影响力。一些购买者会记录其购买的年度美元金额与供应商的总销售收入的比值,这是选择货源的一个因素。某公司估测这一比率将小于或等于40%。

另外,当买方只是供应商业务的一小部分时,他的注意力可能会减少。例如,高档鞋的制造商 Allen-Edmonds 鞋业公司曾试图利用即时制(JIT)以加快生产速度,提高客户满意度并节省资金,但没有成功。不幸的是,艾伦·埃德蒙兹(Allen-Edmonds)很难满足供应商对于准时交货与生产需求相匹配的要求。尽管国内皮革鞋底供应商同意每周交付而不是每月交付,但供应小牛皮的欧洲制革厂拒绝合作,原因是艾伦·埃德蒙兹的客户数量不足,无法与这些供应商合作。

(2) 风险/回报问题

购买者总是希望选择能够盈利并不断增长的供应商。但是供应商世界也是不平等的。某些可能提供最低价格的供应商也可能面临更大的风险。例如:具有竞争力的价格/成本提议的小型供应商可能没有足够快的规模扩展业务以满足买方不断增长的需求。他们的大部分业务也可能依赖于一些大客户。评估风险是皮包工作的关键要素,在选择过程中必须予以考虑。由于较长的供应链(例如:全球采购)、减少的库存(例如:准时制)、自然灾害(例如:2011年日本海啸)和经济增长乏力造成的供应中断增加,高层管理人员齐心协力监测风险。

有几个第三方提供程序可以提供数据以协作或质疑购买者对供应商未来的假设。传统上,购买是规避风险的;渐进的购买者了解风险/回报的权衡,并准备对其进行更好的管理以降低总体成本。采购快照讨论了如何开始制定关键的供应商清单,以监控管理供应基地中的风险。

(3) 可持续发展目标

大多数购买者都试图通过增加从传统上处于不利地位的供应商的购买来使他们的供应基础多样化,这些包括少数族裔、女性、资深人士或残障人士拥有的企业。有几个组织可以协助买方找到并认证各种来源,包括小型企业管理局(SBA)http://www.sba.gov/,少数民族供应商发展委员会(NMSDC)http://www.nmsdc.org/nmsdc/ 和全国妇女商业企业理事会(WBNEC)http://www.wbenc.org/。

买家也可能希望与致力于改善可持续实践的供应商开展业务(例如:参见宝洁的采购快照)。现在,许多买家要求供应商获得 ISO 14000 认证,以确保他们实施了可持续发展的实践,而不是仅仅谈论它们。

(4) 竞争对手作为供应商

另一个重要的问题是买方愿意直接从竞争对手那里购买产品的程度,从竞争对手那里购买可能会限制双方之间的信息共享。采购交易通常很简单,买卖双方可能无法建立起以相互承诺和机密信息共享为特征的工作关系。

(5) 国际供应商和反向贸易

选择国际供应商的决定可能会对供应商评估和选择过程产生重要影响。首先,国际采购通常比国内采购更为复杂。结果,评估和选择过程可能会增加复杂性。因为交货时间通常是国内供应商的交货时间的两倍甚至三倍,与国际供应商实施即时制(JIT)可能很困难。通常,选择国际供应商时需要更高水平的库存。

抵消贸易要求出现在许多国际销售合同中。反向贸易要求购买者在该国采购商品,作为在该国销售的条件。波音公司是民用飞机的生产商,在希望开展业务的市场上购买了一部分生产要求。参与广泛的全球营销的组织在向国际客户出售产品之前可能必须应对反贸易要求,这可能会对供应商评估和选择过程产生直接影响。第 10 章讨论国际采购和反向贸易。

7.4.18 限制备选供应商

一旦收集信息并评估采购替代方案和关键问题,购买者可能会从中选择许多潜在来源。不幸的是,供应商的绩效能力差异很大。有限的资源也妨碍了对所有潜在供应来源的深入评估。在进行深入的正式评估之前,购买者通常会对潜在的供应商进行首次切割或初步评估,以缩小清单范围。有以下几个标准用于选择潜在的供应商。

(1) 供应商风险管理

每当下订单或签订合同时,购买者都会面临一定程度的风险。风险管理是识别潜在的负面事件,评估其发生可能性,在这些事件发生之前及时阻止它们或降低其发生的可能性并制订应急计划以减轻这些事件确实发生的过程。在选择阶段可能会从许多地方发出,我们将重点关注财务和运营方面的两个主要风险。

财务风险管理的定义是持续监控供应商财务状况的强度,以确保其满足购买者对产品或服务的性能要求的能力。大多数购买者至少对预期的供应商进行粗略的财务分析。尽管财务状况不是评估供应商的唯一标准,但财务状况不佳表明可能存在严重问题。在此过程的此阶段执行的财务分析比在最终供应商评估期间进行的财务分析要全面得多。在此阶段,购买者正在尝试了解供应商的整体财务状况。买家经常参考外部信息源,例如年度报告、10K报告(可从www.sec.gov获得)和Dun&Bradstreet(D&B)报告来支持评估。一旦选择了供应商,几个第三方供应商就可以将可能导致供应中断的任何有问题的财务变化告知买方。

操作风险管理着眼于供应商的人力、智力和实物资本在满足质量和交付方面满足购买公司要求的持续能力。从长远来看,它涉及满足需求波动、新产品需求以及提供不断改进的产品和服务。例如,高科技行业的一家公司要求供应商增加新产品的投放量,并满足季节性需求。公司期望其供应商具有必要的运营能力和灵活性。

在一个示例中,供应经理注意到以前出色的中型供应商没有履行供应商的交货承诺。当采购团队访问供应商设施时,他们发现员工人数比一年前的上次大幅度下降。与主要经理的讨论显示,该供应商与主要客户失去了主要合同。结果导致该公司让高级雇员提前退休,然后解雇了许多年轻雇员。结果是大量的"人才外流"和减少的容量,导致更长的交货时间并降低了操作的灵活性。

专栏文摘

供应商风险评估简介

供应商风险可能来自环境(例如自然灾害)或供应商组织内的许多方面。此快照的目的是提供一个框架,通过首先制定关键的供应商清单,然后监视该清单上的供应商,以开发和监控供应商风险,以在可能破坏供应并造成客户问题的关键事件之前识别潜在风险。

1. 制定关键供应商清单

公司拥有的成千上万的供应商中,只有极少数属于关键类别。关键供应商的失败将极大地影响采购公司。决定哪个是符合此描述的供应商会因公司而异。用于确定关键供应商的关键标准包括:

- 战略供应商;
- 单一供应商;
- 独家供应商;
- 在许多产品线或程序中提供零件/服务的供应商;
- 公司拥有高价值工具的供应商,供应商资格时间长;
- 占公司业务比例高的供应商;
- 重要的弱势供应商。

最终,每个购买公司都决定将哪些供应商列入关键供应商清单。例如:一个组织的规则就是我们希望所有直接材料供应商的支出都超过1 000万美元。但是,这样的规则通常会导致关键清单上的供应商过多,因此第二或第三位需要进行一轮评估,以将清单发送给可管理数量的真正关键供应商。无论使用什么方法来创建关键供应商清单,都必须随着供应基础的变化而定期更新清单。

2. 监控供应商

一旦确定了关键供应商清单，就需要监视这些关键供应商。每家公司都有许多供应商，如果他们倒闭将会严重影响业务。供应商风险管理的关键步骤是确定那些对公司构成高风险的供应商。面临的挑战是识别和监控高风险供应商。识别高风险供应商的最佳方法是通过一系列筛选来连续减少要监视的供应商数量（请参见下图）。第一个屏幕标识关键供应商，第二个屏幕标识财务或运营困境可能性高的关键供应商，最后一个屏幕标识需要干预或缓解的压力供应商。

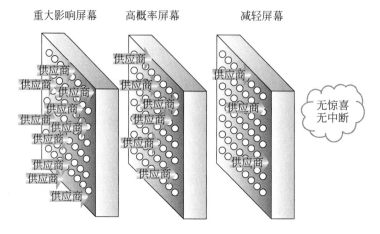

使用外部资源来帮助筛选和监控供应商基础的决定是其中之一。风险管理团队将做出最重要的决定，聘请第三方风险管理服务提供商（3PR）将极大地影响风险管理流程和计划的总体成本。

资料来源："Supplier Financial and Operational Risk Management" by P.L. Carter & L.C. Giunipero, CAPS Research Study 2011 Tempe，AZ 70 pp.

（2）供应商绩效评估

潜在的供应商可能与购买者建立了绩效记录。买方可能曾与该供应商合作过，也可能该供应商现在正为买方的另一个部门提供物料。除了正在考虑的商品以外，供应商还可能向购买者提供了其他类型的商品或服务。根据先前的经验，采购经理可能会认为该供应商会提供不同类型的商品或服务。第9章介绍在合同签发后评估供应商绩效的各种监控方法。

（3）评估供应商提供的信息

买方通常直接向潜在供应商索要特定信息，信息请求涉及向供应商发送初步调查。买方使用此信息来筛选每个供应商，并确定此供应商的能力是否符合买方的要求。买家可以要求供应商提供有关的成本结构、工艺技术、市场份额数据、质量绩效或对购买决定重要的任何其他方面的信息。

美国一家主要的化学品生产商要求供应商在进行更详细的供应商调查之前，先完成对信息的要求（称为调查前问卷）。除了所有权、财务信息和业务类型之外，该公司还尝试确定供应商当前的实践水平以及实现持续质量改进的程度。

在投入时间进一步评估供应商之前，供应商应满足某些准入条件。准入条件是供应商在进入评估和选择过程的下一阶段之前必须具备的基本要素。典型的限定词包括：财务实力;经证明的制造或服务能力;有能力、有支持的管理;足够的设施;熟练的专业技术人员。与评估供应商相关的时间和成本使得有必要限制满足这些资格的候选名单上的供应商数目。

7.4.19 确定供应商评估和选择方法

一旦最初的裁员淘汰了没有能力的供应商,则买方或商品小组必须决定如何评估其余的供应商,这些供应商似乎具有同等资格。与初始过程相比,这需要更好的评估细节级别。有多种方法可以评估拟选择的其余公司中的供应商。其中包括评估供应商提供的信息、走访供应商以及采用优先认证或合作过的供应商。

（1）评估供应商提供的信息

如前文所述,买方通常直接从潜在供应商处接收和评估来自报价请求或投标请求的详细信息,以授予采购合同。公司也越来越多地要求供应商在回应报价请求时提供其报价的详细成本明细,包括成本构成、成本动因以及燃油附加费或其他附加成本的合理性的详细信息。

（2）走访供应商

跨职能专家团队可能会拜访潜在的供应商,下一节讨论跨职能团队在供应商访问期间经常使用的标准。尽管通过许多资源可以发现有关潜在供应商的信息,但是访问实际设施可提供最完整的方式来确保对供应商的准确评估。

实地考察很昂贵,需要买家花费时间进行差旅和信息收集。他们至少需要一天,通常需要几天才能完成。考虑到旅行时间和事后审查,很明显,组织必须仔细选择计划评估的供应商。在许多情况下,跨职能团队将执行评估,这使具有不同知识的团队成员可以提出不同的问题。

购买者通常会在初步评估期间将需要的任何文件事先通知供应商。例如：如果购买者以前没有与供应商合作的经验,那么审阅者可能会要求供应商提供关于其绩效能力的文档。

购买者需要保持警惕并收集所有必要的信息,并对供应商在受限信息方面的局限性保持敏感。图 7-4 提供了在现场访问期间应注意的关键评估标准清单。在选择过程的后期,管理运营和市场营销中的关键个人联系人可能是有用的资源。

无论供应商是潜在供应商还是现有供应商,购买者都应将此数据汇编成报告,并保存在数据仓库中或存档中,以方便跨职能团队的成员检索。图 7-4 中列出的评估标准在本章的"关键供应商评估"部分中有详细介绍。

供应商评估和选择团队的使用在增加,特别是在有资源致力于这种方法的大型组织中。

团队合作方式的优势在于,每个团队成员都可以对整体供应商评估做出独特的见解。成员可能具有

- 管理能力
- 全面质量管理
- 技术能力
- 操作和调度能力
- 财务实力
- 人事关系
- 电子系统功能
- 设备的技术先进性和效率
- ISO认证
- 监督检查人员的素质
- 良好管理和内部管理规范的证据
- 库存系统类型
- 收货、储藏和运输方面的性质
- 质量控制理念
- 环境保护实践
- 白领和蓝领人员代表
- 员工合同到期日期
- 主要决策者的姓名和联系方式

图 7-4 供应商遴选的关键评估标准

质量、工程能力或制造技术方面的专业知识,并且有资格评估这些领域的供应商。

7.5 采用优先认证或合作过的供应商

如前所述,购买者通常会采用优先认证或合作过的供应商,而使用这些能力强的供应商可以简化评估和选择过程。买方可以参考采购数据库来确定是否有当前的供应商可以满足采购需求,这样就无须执行耗时的评估。买家还可以使用他们的供应商类别列表作为激励,以提高现有已批准供应商的绩效。只有最好的供应商才能获得首选认证或合作伙伴身份。

专栏文摘

苹果 iPad:供应商选择倾向熟悉的公司

据专门从事电子硬件拆卸和分析的公司称,从苹果公司 iPad 的内部看,对于一些熟悉的零件供应商来说,生意更多。包括 iFixit Inc.和 UBM TechInsights 在内的两家公司将 iPad 分开了。苹果公司的 iPad 平板电脑式计算机是基于其在流行的 iPhone 和 iPod Touch 设计中使用的技术而构建的。该公司也依赖一些同类供应商,苹果已经将韩国公司和日本东芝公司用作其闪存的主要供应商。三星提供了 iPad 中的闪存芯片,这是系统中最昂贵的部件之一。

苹果使用了三星微处理器,该微处理器基于 ARM Holdings PLC 流行的设计,可为 iPhone 和 iPod Touch 提供主要的计算引擎。对于 iPad,Apple 始终保持内部状态,并首次设计了自己的基于 ARM 的芯片,称为 A4。据 iFixit 称,A4 芯片与三星的另一种存储芯片堆叠在一起,这些存储芯片称为 DRAM,用于动态随机存取存储器。iFixit 首席执行官凯尔·维恩斯(Kyle Wiens)表示,这些芯片的接近性表明三星也为苹果生产了 A4。

UBM TechInsights 技术情报副总裁戴维·凯里(David Carey)表示,iPad 中使用的 DRAM 以 64 位块的形式读写数据,这是审阅者以如此快的速度调用 iPad 的潜在原因之一。凯里说:"这有助于它更快地移动大量数据。"

维恩斯说,与苹果的 MacBook Pro 相似,大部分 iPad 都是用坚固的铝块加工而成的,虽然重量略有增加,但使设备比许多笔记本电脑更坚固。他说,与大多数其他设备相比,苹果还使用了更多的环氧树脂将芯片粘合到电路板上,从而增加了 iPad 的耐用性。

iPad 的电池重量为 1.5 磅,这是其另一个原因,该重量比传统笔记本电脑要轻,但比 Amazon.com Inc.的 Kindle 等电子阅读器要重。但是一些评论家称赞 iPad 电池的充电时间比 Apple 声称的 10 小时更长。维恩斯先生说,该设备实际上使用两根并联的电池,使该设备的容量是电池容量的 5.5 倍。

凯里说,iPhone 中的电池供应商是香港公司 Amperex Technology Ltd.,而 Amperex Technology Ltd.是日本 TDK Corp.的子公司。

Carey 先生说,iPad 的其他组件供应商还包括 Broadcom Corp.,该公司提供的芯片可帮助管理该设备的触摸屏,并允许其使用 Wi-Fi 和蓝牙技术进行通信。得州仪器(TI)提供另一种与触摸屏相关的芯片;美国凌云科技公司(Cirrus Logic Inc),提供用于管理设备音频的芯片。

资料来源:Clark, D. (2010. April 5), "iPad Taps Familiar Suppliers," Wall Street Journal, B4.

美泰公司(Mattel Corporation)在中国制造的玩具中含铅油漆的问题以及孟加拉国的建筑倒塌问题,导致其他公司在评估阶段要求第三方质量审核,以提高质量保证。邓白氏(Dun & Bradstreet)的《供应商资格报告》为购买者提供基于网络工具根据风险、财务稳定性和业务绩效评估供应商和潜在供应商。在服装行业,一些买家正在使用第三方认证来源,信

息作为及时有效的方式，用以了解潜在的供应商。例如：Tommy Hilfiger 和 Calvin Klein 的德国零售商兼母公司 PVH 要求对建筑物进行独立检查以确保安全。

7.6 选择供应商并达成协议

评估和选择过程的最后一步是选择供应商并达成合同协议，与该步骤相关的活动可能会因所考虑的购买项目而有很大差异。对于常规物品，这可能仅需要通知基本的购买合同并将其授予供应商；对于大笔采购，该过程可能会变得更加复杂。买卖双方可能必须进行详细的谈判才能达成购买协议的具体细节。达成协议后，必须对合同进行管理，这将在第 14 章介绍。

7.7 关键供应商评估标准

购买者通常使用自己的选择标准分配权重来评估多个类别中的潜在供应商。为使交付绩效和短时间的前置期相一致，以支持即时生产系统的采购商，可能会强调供应商的时间计划和生产系统。高科技买家可能会强调供应商的加工过程和技术能力或对研发的承诺，分销商或服务提供商的选择过程将强调一组不同的标准。

大多数评估都根据三个主要标准对供应商进行评级：成本或价格、质量和交付。绩效的这三个要素通常是影响购买者的最明显、最关键的领域。对于需要对供应商能力进行深入分析的关键项目，需要进行更详细的供应商评估研究。下面介绍了购买者在评估和选择供应商时可能考虑的各种标准。在供应商访问期间，应深入考虑这些标准。

7.7.1 管理能力

买方评估供应商的管理能力很重要。毕竟，管理层经营业务并做出影响供应商竞争力的决策。买方在评估供应商的管理能力时应提出许多问题：
- 最高管理者对业务的愿景、战略和计划是什么？
- 管理层是否已委托供应商进行全面质量管理（TQM）和持续改进？
- 经理人员流动率高吗？
- 重要的管理人员的专业经验以及学历如何？
- 管理客户是否专注？
- 劳资关系的历史是什么？
- 管理层是否在人员和设备上进行了必要的投资？
- 维持和发展业务所需的技术是什么？
- 管理层是否已准备好公司面对未来的竞争挑战，包括提供的员工培训和发展计划？
- 管理层是否将供应链管理放在首位？

在短暂访问期间或通过分析调查表中的数据来确定事务的真实状态可能是一个挑战。但是，提出这些问题可以帮助采购经理对供应组织中经理的专业能力进行评判。在采访经理时，重要的是要与尽可能多的执行团队会面，以获得对管理能力的真实了解。

7.7.2 员工素质

评估过程的这一部分需要对非管理人员进行评估。不要低估训练有素、稳定和积极进取的劳动力所带来的好处,尤其是在劳动力短缺期间。购买者应考虑以下几点:

- 员工对质量和持续承诺的程度改善;
- 员工的整体技能和能力;
- 员工管理关系;
- 罢工或因罢工而停工的频率;
- 工人的灵活性;
- 员工士气;
- 员工流失;
- 员工愿意为改善运营做出贡献。

买方还应收集有关罢工和劳资纠纷历史的信息。良好的劳资关系为确定供应商的员工致力于生产将达到或超过购买者期望的产品或服务提供了基础。

7.7.3 成本结构

评估供应商的成本结构需要深入了解供应商的总成本,包括直接人工成本、间接人工成本、材料成本、制造或加工成本以及一般间接费用。了解供应商的成本结构有助于购买者确定供应商生产商品的效率,成本分析还有助于确定潜在的成本改进领域。

收集这些信息可能是一个挑战。供应商可能对自己的成本没有详细的了解。许多供应商没有完善的成本会计系统,无法将间接成本分配给产品或过程。此外,一些供应商认为成本数据是高度专有的,他们可能担心成本信息的发布会破坏其定价策略,或者竞争对手会获得其成本数据的访问权,而这可能会深入了解供应商的竞争优势。由于这些问题,买方通常会开发反向定价模型,以在初始供应商评估期间提供对供应商成本结构的估计。

7.7.4 全面质量绩效、体系和理念

评估过程的主要部分涉及供应商的质量管理过程、系统和理念。买家不仅评估与供应商质量相关的明显主题(管理承诺、统计流程控制、缺陷),还要评估安全性、培训以及设施和设备维护。美国铝业公司(Alcoa)在四个方面定义了供应商的质量要求:管理、质量测量、安全和培训以及设施。许多购买者期望潜在的供应商采用基于 Malcolm Baldrige 国家质量奖(MBNQA)或国际标准化组织(ISO)9000 标准的质量体系,这些准则的广泛分发使许多供应商接触到 Baldrige 和 ISO 的质量定义。

7.7.5 加工和技术能力

供应商评估团队通常包括设计或技术人员,以评估供应商的加工过程和技术能力。流程包括用于制造产品或提供服务的技术、设计、方法和设备。供应商对生产过程的选择有助于定义其所需的技术、人力资源技能和资本设备要求。

评估应包括供应商当前和将来的流程和技术能力,评估供应商的未来流程和技术能力涉及审查基本设备计划和策略。此外,购买者应评估供应商致力于研发的资源。对于提供

服务的供应商,重要的是要了解特定的供应商流程以及利用技术有效地提供服务的程度。

购买者还可以评估供应商的设计能力。减少开发新产品所需时间的一种方法涉及使用能够支持产品设计活动的合格供应商。供应商设计能力使用的增加趋势使该领域成为供应商评估和选择过程的组成部分。

7.7.6 符合可持续发展和环境要求

宝洁公司认为,可持续发展是指确保现在和子孙后代的生活质量得到改善的发展,它既包含社会责任,也包含环境责任。它涵盖了从供应商到制造商再到最终消费者的整个供应链。如以下采购快照所示,宝洁推出了"可持续供应商计分卡",以跟踪其供应商所做的改进,遵循 3BL(Triple Bottom Line)原则,即人类、星球及利润原则。"三重底线(3BL)不仅使公司着重于其增加的经济价值,而且着重于其增加的破坏的环境和社会价值。"可持续性可以通过对待企业的底线而受益,员工尽量减少对环境的影响。最近的研究将可持续供应管理(SSM)定义为将供应管理纳入环境。社会和经济价值,纳入其供应基础的选择。

许多 21 世纪的公司都拥护 3BL 哲学。对 Knight's 最具可持续性的 100 家全球公司的评述显示,有 4 家美国公司 Biogen、Intel、Cisco、Agilent Technologies 位居前 25 名。自愿采用可持续性与 20 世纪 80 年代末和 90 年代初的法律规定的时代有很大不同,那时强调要遵守环境规则。例如:1990 年的《清洁空气法》对消耗臭氧层物质和恶臭气体的生产商处以高额罚款。从公共关系或潜在责任的角度来看,选择供应商时,购买者当然不希望与已知的环境污染者建立联系。

评估供应商绩效时常用的环境绩效标准包括:
- 持续的可持续发展实践和高层管理人员对可持续发展的支持实践,包括企业责任报告;
- 公司目前和预计的二氧化碳排放量;
- 取得 ISO 14000 认证;
- 供应商衡量或要求可持续实践的证据;
- 存在正式的减少有害和有毒废物的计划;
- 购买回收材料并鼓励采取措施内部运营中的回收和再利用;
- 披露任何环境违规行为;
- 控制或消除消耗臭氧层物质的程序。

英特尔的企业责任报告将供应链责任列为企业社会责任的主要领域之一。从报告中可以明显看出,供应商是英特尔努力的关键部分。我们设定了明确的期望,提供工具和培训来帮助供应商衡量和改善其社会和环境绩效,并在整个行业中分享我们的最佳实践。审计和评估使我们能够识别问题并提供适当的教育和系统级解决方案。

英特尔还是解决电子供应链中"冲突矿产"问题的领导者,他们已经实现了制造微处理器的目标,该微处理器已被证明对金属钽"无冲突"。关于冲突矿物的定义,请参阅第 10 章。

产品和服务供应商都在衡量可持续发展的碳足迹减少量。例如:SAP,领先的企业资源计划(ERP)机构之一软件提供商报告说,2011 年全球 CO_2 排放总量为 490 吨,比 2007 年的水平减少了 18%,这相当于在避免累计成本方面节省了约 1.9 亿欧元的资金,电力使用量是 2007 年的 80%。此外,可再生能源现在占总能源使用量的 47%。

> **专栏文摘**
>
> ### 宝洁开发供应商环境可持续性计分卡
>
> 宝洁(P&G)公司使用供应商环境可持续性计分卡和评级流程来衡量和改善其主要供应商的环境绩效。计分卡评估宝洁供应商的环境足迹,并通过逐年测量能源使用、水使用、废物处置和温室气体排放来鼓励持续改进。
>
> 希望这项工作将为行业标准奠定基础,并且计分卡将成为任何组织都可以使用的开放代码,以帮助促进工作讨论并确定所有行业的通用供应链评估流程。
>
> 宝洁董事长、总裁兼首席执行官鲍勃·麦克唐纳(Bob McDonald)说:"供应商环境可持续性计分卡的推出,代表了宝洁对环境可持续性的下一步承诺,并反映了该公司整体的端到端的供应链战略。"
>
> 宝洁新的供应商计分卡是经过18个月的工作以及与该组织的供应商可持续发展委员会紧密合作的结果,该委员会包括来自宝洁全球供应链的20多名供应商代表。计分卡依赖于全球度量标准,包括来自世界资源研究所、世界可持续发展商业理事会和碳排放项目的协议,以最大限度地减少多余的工作并建立现有的最佳实践。宝洁部署计分卡的目标是加强供应链协作,衡量和改善关键的环境可持续性指标,并鼓励共享思想和能力,以便为其消费者提供更多可持续的产品和服务。
>
> 宝洁全球采购官里克·休斯(Rick Hughes)表示:"我们与宝洁人员、供应商和供应链专家的全球团队紧密合作,以确定衡量我们多样化的全球供应商基础的环境绩效的最有效方法","我们的供应商希望使用一种既灵活又基于现有测量标准的工具,并且通过合作,我们开发了一个框架,将有助于推动各个行业的真正进步"。
>
> 无论供应商当前阶段的总规模或其可持续性计划如何,计分卡专门用于关注和鼓励与去年同期相比的改进。一旦第一阶段被包含进去就将确定超出宝洁主要供应商的范围。在对宝洁公司的供应商评级产生不利影响之前,供应商将有整整一年的时间准备报告其数据。将来,宝洁将使用计分卡确定每个供应商的可持续性等级,作为其年度供应商绩效评估过程的一部分。
>
> 宝洁(P&G)供应商在努力创建跨行业具有深远影响的计划时,还鼓励宝洁(P&G)供应商在自己的供应链中使用计分卡。计分卡位于:http://www.pgsupplier.com/environmental-sustainability-scorecard。
>
> 资料来源:(2010. May 13),"P&G Launches Supplier Environmental Sustainability Score—card," Logistics Today。

7.7.7 财务稳定

在初始评估过程中,应该对潜在供应商的财务状况进行评估。一些购买者将财务评估视为筛选过程或供应商必须通过的初步条件,才可以开始详细评估。组织可以使用财务评级服务来帮助分析供应商的财务状况。

选择财务状况不佳的供应商会带来许多风险。首先,存在供应商倒闭的风险;其次,财务状况不佳的供应商可能没有资源,进行长期技术或其他绩效改善所必需的工厂、设备或科研投资;再次,供应商可能在财务上变得过于依赖购买者;最后的风险是财务疲软通常表明存在其他潜在问题。财务状况不佳是否归因于质量差或交货性能差,导致客户更换供应商和取消订单?或者,这是管理层浪费开支的结果吗?还是供应商做出了糟糕的财务决策并承担了过多的债务?

在某些情况下可能会支持在财务状况较弱的情况下选择供应商。供应商可能正在开发中,但尚未销售可以为购买者带来优势的领先技术。由于不可控或不可重复的情况,供应商的财务状况也可能较弱。许多小型供应商由于无法获得资金或无法及时收取应收账款而不断面临现金流问题。此外，关键客户的流失会对小企业的总收入产生可怕的后果。因此，购买者必须不断评估小型供应商的财务状况。

如果供应商是公开交易的，则可以从提供详细财务比率和行业平均值的各种网站上获得特定财务比率，以将这些比率与之进行比较。表 7-1 中显示了一些用于评估供应商财务状况的常用比率。

表 7-1 关键财务比率的解释说明

比　　率	解　　释
流动性	
流动比率＝流动资产/流动负债 速动比率＝（现金＋应收款）/流动负债 注：计算包括有价证券	应大于 1.0，但要看行业平均值；"高"可能意味着资产管理不佳。 如果供应商以信贷方式出售，则至少为 0.8；"低"可能意味着现金流量问题；"高"可能意味着资产管理不善
活动	
库存周转率＝销货成本/库存	比较行业平均值；"低"可能意味着库存缓慢的问题，这可能会损害现金流。
固定资产周转率＝销售额/固定资产	比较行业平均值；"过低"可能意味着供应商未有效使用固定资产。
总资产周转率＝销售额/总资产	比较行业平均值；"过低"可能意味着供应商未有效使用其总资产。
应收款周转天数＝（应收款×365）/销售额	比较行业平均值，如果公司以 30 天付款销出售，则合理值为 45～50。"过高"会损害现金流；"太低"可能意味着对客户的信贷政策过于严格。
盈利能力	
净利润率＝税后利润/销售收入	代表税后收益；比较行业平均值。
资产收益率＝税后利润/总资产	比较行业平均值；代表公司所拥有一切的回报。
股本回报率＝税后利润/权益	越高越好；股东对企业投资的回报。
债务	
负债权益＝总负债/权益	比较行业平均值；超过 3 意味着高杠杆。
流动负债债务比率＝流动负债/权益	除非行业平均值大于 1，否则风险大于 1 则为高风险；当比率高时，供应商可能会无法支付贷款人。
利息覆盖率＝（税前利润＋内部支出）/内部经验值	应该大于 3；越高越好；"低"可能意味着供应商无法偿还货款。

可获取财务信息的网站示例包括：
- 雅虎！财务部分（http://bii.yhou.com/ne.html）
- 谷歌财务部分（http://www.googel.com/finance）
- 晨星（http://www.morningstar.com）
- 市场观察（http://www.marketwatch.com）

- 证券交易委员会(http://www.sec.gov)
- 邓白氏(Dun&Bradstreet)(http://www.dnb.com)

因为财务比率可以提供快速而有价值的洞察力,专业购买者应熟悉财务比率,以了解供应商的财务状况。此外,采购经理应跟踪此类比率,以发现可能表示潜在财务困难的危险信号。

7.7.8 生产技术及控制系统

生产计划包括发布、安排和控制供应商的生产或服务过程的系统。供应商是否将需求计划系统用作 ERP 系统的一部分,以确保所需组件的可用性或及时满足服务要求?供应商是否跟踪材料、产品和/或服务周期时间,并将其与性能目标或标准进行比较?供应商的计划系统是否支持购买者的交货要求?供应商的交货时间是多少?调度与控制系统需要什么?供应商的准时交货绩效历史是什么?评估计划和控制系统的目的是确定供应商对其计划和过程的控制程度,以达到或减少总周期时间。

产品供应商可以由专业的外部审核员对系统进行正式审核后,通过满足 ISO 9000 的要求来正式认证其生产系统的质量,该外部审核员已确认满足必要的过程标准。有关更多讨论,请参见第 8 章。正在考虑向供应商采购大量产品的公司也将考虑供应商是否具有足够的能力。

7.7.9 电子商务运营能力

现在,在选择供应商期间,买卖双方之间进行电子交流的能力已成为一种要求。公司决定如何实现这种电子链接。三个主要选择是:基于 Internet 的软件平台,电子数据交换,EDI 和基于 Internet 的软件的组合。其中,EDI 是第一种有效的电子通信方式,受到许多大型企业(如 Walmart 和 Target)的青睐。但是,越来越多的公司正在使用基于 Web 的企业对企业(B2B)平台进行交易。IBM 现在声明其大部分采购(按花费的美元计)通过 Internet 进行。但是,此类声明要求供应商具备采用电子商务方法的必要能力。除了 B2B 电子商务提供的高效率外,这些系统还支持更紧密的关系以及各种信息的交换。

采购经理还应该评估供应商信息技术(IT)的其他方面。供应商是否具有计算机辅助设计(CAD)功能?供应商是否具有条形码功能或射频识别(RFID)技术?供应商是否可以发送提前装运通知或通过电子资金转账接受付款?供应商是否主要通过电子邮件进行沟通?供应商是否将社交媒体用于商业目的?有哪些保护电子传输机密性的保障措施?供应商正在使用这些技术的证据可以合理地保证供应商正在使用电子商务技术。

7.7.10 供应商采购战略、方针及技术

了解供应商的概念是集成供应链管理的一部分。不幸的是,组织没有资源或人员来调查其供应链中的所有供应商。但是,有一些方法可以获取有关第二层甚至第三层供应商有关性能的信息。

购买者有可能形成对供应商的购买方法和技术的理解,其他购买者可以从主要购买者那里得到三个层次的供应商技术,以及供应商采购方法。假设在供应商选择过程中,采购者评估其第一级供应商的采购策略、方法和技术。通过与第一级供应商的采购部门进行讨论,

购买者可以了解其第二级供应商。如果第一层供应商还评估其第一层供应商（购买者的第二层供应商）的采购策略、方法和技术，则它可以提供有关第三层供应商的信息。评估潜在的供应商采购策略、方法和技术是获得对供应链的深入了解和理解的一种方法。因为很少有购买者了解他们的第二和第三级供应商，所以与其他竞争者相比，购买者能够获得重要优势。

7.7.11 潜在的长期合作关系

供应商愿意超越传统的采购关系，应该是对项目和服务进行评估的一部分，而长期的关系可能是有益的。25年的研究表明，强调供应商的效率、质量、价格和交付对于更多的交易性短期关系是可以接受的。成功的长期关系需要提出更深层次的问题，这些包括：

- 供应商是否已表示对长期合作的意愿或承诺？
- 供应商是否愿意为此特定关系投入资源？
- 供应商是否具有技术知识以促进这种关系？
- 供应商带来了什么独特的东西？
- 供应商是否会参与共同解决问题和改进工作？
- 两家公司之间是否将进行免费和开放的信息交换？
- 供应商愿意分享多少未来计划？
- 是否认真对待了信息保密的需要？
- 双方之间的企业文化是否相似？
- 供应商对我们的行业和业务了解得如何？
- 供应商会共享成本数据吗？
- 供应商是否愿意首先与我们合作？
- 供应商是否愿意专门满足我们的需求？
- 双方是否共同致力于理解彼此的问题？

此问题清单使供应商经理可以评估建立长期关系的可能性，并提供一个讨论未来重要问题的框架，可以创建用于量化这些问题和整体得分的数字量表。

7.8 开展供应商评估和选择调查

供应商评估通常遵循使用正式调查的严格结构化方法，有效的供应商调查应具有以下特征。

(1) 调查应包括被认为对评估和选择过程很重要的绩效类别。

(2) 调查过程应尽可能客观。这要求使用评分系统，该评分系统定义测量标尺上每个值的含义。

(3) 评估项目和评估标准的可靠性。这是指不同个人或团体对相同项目和评估标准进行审查，得出相同结论的程度。可靠的评估需要明确的评估标准和易于理解的项目。

(4) 灵活性。尽管组织应维持其供应商调查的结构，但评估的过程应在不同类型的采购要求之间提供一定的灵活性。使流程灵活的最简单方法是调整绩效类别和分配给每个类别一定权重。在总评价得分中，重要的类别将获得更高的权重。

（5）简单性。权重和分数的使用应足够简单，以使评估中涉及的每个人都了解评分和选择的机制。为确保供应商调查具有正确的特征，我们建议在创建此工具时分步进行。图7-5介绍了开发此类系统时应遵循的步骤。下一节将讨论此框架并开发一个样本评估调查。

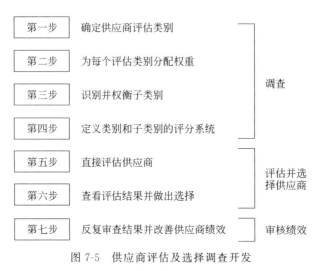

图 7-5　供应商评估及选择调查开发

7.8.1　第一步：确定供应商评估类别

制定供应商调查的第一步可能是确定要包括的类别，如前所述有许多评估类别。出于说明目的，假设购买者选择质量、管理能力、财务状况、供应商成本结构、预期交付绩效、技术能力、系统能力以及其他一般绩效因子等作为评估中应含的类别，这些类别将评估购买者认为最重要的绩效领域。

7.8.2　第二步：为每个评估类别分配权重

不同评估类别通常具有反映该类别相对重要性的权重，分配的权重总和必须等于1.0。

表7-2显示了样本调查中分配给每个选定绩效类别的权重。请注意，质量体系类别获得总评估的20%，而系统能力获得5%，这仅反映了两个绩效类别之间对购买者的相对重要性差异。灵活性是有效评估系统的重要特征，管理达到这种灵活性的一种方法是分配不同的权重，或者根据需要添加或删除绩效类别。

7.8.3　第三步：识别并权衡子类别

第二步指定了样本评估中包含的广泛性能类别。评估过程的第三步要求在每个更广泛的绩效类别中标识所有绩效子类别（如果存在）。例如：质量体系类别可能需要标识单独的子类别。在这种情况下，供应商评估应包括构成质量体系类别的所有子类别或项目。

表 7-2 供应商初步评估

类别	权重	子重权	得分（5分制）	加权得分
供应商：先进微系统公司				
1. 质量体系	20	5	4	4.0
过程控制系统		8	4	6.4
全面的质量承诺		7	5	7.0
百万分之几的缺陷表现				17.4
2. 管理能力	10	5	4	4.0
管理/劳资关系		5	4	4.0
管理能力				8.0
3. 财务状况	10	5	3	3.0
债务结构		5	4	4.0
周转率				7.0
4. 成本结构	15	5	5	5.0
相对于行业的成本		5	4	4.0
了解成本		5	5	5.0
成本控制/削减工作				14.0
5. 交付能力	15	5	3	3.0
绩效承诺		5	3	3.0
交货时间要求		5	3	3.0
反应性				9.0
6. 技术/流程能力	15	5	4	4.0
产品创新		5	5	5.0
工艺创新		5	5	5.0
研究与开发				14.0
7. 信息系统能力	5	3	5	3.0
EDI 功能		2	0	0
CAD/摄像头				3.0
8. 通用项目	10	2	3	1.2
少数供应商的支持		3	5	3.0
环境合规		5	4	4.0
供应商的供应基础管理				8.2
最高总评分＝100 5分制评分 最低0分，最高5分			总加权得分	80.6

同样重要的是，购买者必须决定如何权衡更广泛的绩效评估类别中的每个子类别。在表 7-2 中，质量类别包括对供应商的过程控制系统、全面质量保证及每百万零部件的缺陷性能的评估。子类别权重的总和必须等于绩效类别的总权重。此外，购买者必须明确定义每个类别中使用的评分系统，这是第四步的重点。

7.8.4　第四步：定义类别和子类别的评分系统

第四步定义了绩效类别中的每个分数。如果评估使用 5 分制来评估绩效类别，则购买者必须明确定义 5、4、3 等分数之间的差异,重要的是要制定一个明确定义特定分数含义的量表。例如:最好使用易于解释且基于全面质量管理的语言和原则的 4 点量表,而不是 10 点量表,后者 1~2＝差,3~4＝弱,5~6＝一般,7~8＝合格,9~10＝优秀。10 分制的评分值没有描述性的定义,例如:该定义没有详细说明 1 和 2 或 3 和 4 之间的差异。下面的 4 点量表显示了一种更具体的方法。

- 完全不符合(0 分):系统完全不能满足要求或完全崩溃,或者任何不符合项可能导致不合格产品的装运。
- 部分不符合(1 分):通过判断和经验表明不符合(虽然不是主要)可能会导致质量体系失败或降低其确保受控流程或产品的能力。
- 合格(2 分):在评估期间未发现主要或次要不符合项。
- 基本满意(3 分):特定的供应商绩效或文件达到或超过供应商经营范围内的要求。
- 完全满意(4 分):文档超出了买方的要求,内部流程监控系统可以防止主要系统故障,并且全面的质量管理体系可确保仅制造和运输良好的零件。

定义良好的评分系统所采用的标准可能具有很高的主观性,且制定了定量的测度标准。有效的度量标准允许不同的个人对相同的绩效类别进行类似的解释和评分。过于宽泛、模棱两可或定义不清的评分系统会增加得出截然不同的评估或结论的可能性。

7.8.5 第五步:直接评估供应商

此步骤要求审查者访问供应商的设施以执行评估。

本章前面已详细介绍了供应商访问的细节。在下面的示例中,供应商必须在过程控制系统、总质量承诺以及百万缺陷率或交付性能方面提供证据。以下说明了表 7-2 中质量类别的计算:质量系统绩效类别(权重＝总评估的 20%)。

子类别如下:

- 过程控制系统(5 分制中的 4 分,相当于 0.8)＝0.8×5(子权重)＝4.0(分)
- 总体质量承诺(5 分制中的 4 分)＝0.8×8(子权重)＝6.4(分)
- 百万缺陷率(PPM)(5 分制中满分 5 分)＝1.0×7(子权重)＝7.0(分)
- 该类别总分＝17.4(分),占总得分的 87%(即 17.4/20)

如表 7-2 所示,先进微系统得到了 80.6 分(总分 100 分)。如果选择设置的最低分数为 80,则可以考虑先进微系统公司符合进一步购买条件。购买者应设定最低可接受的性能要求,这是供应商需满足的基本条件。在此示例中,供应商在大多数主要类别中的表现均令人满意,但交付能力不佳(15 分中得 9 分)。审查者必须决定该类别的缺陷是否可以纠正,或者供应商是否完全缺乏执行能力。

7.8.6 第六步:查看评估结果并做出选择

在某个时候,审查者必须决定是推荐还是拒绝供应商作为供应源。采购人员可以评估供应商以考虑预期的未来业务,而不是特定的合同。在有实际采购需求之前评估供应商可以为买方提供很大的灵活性。一旦实现了实际需求,因为采购人员已经对供应商进行了资格预审,买方就可以迅速采取行动。

重要的是要确定评估中指出的任何供应商缺陷的严重性,并评估这些缺陷可能影响绩效的程度,评价量表应区分不同程度的供应商缺陷。一个组织需明确定义绩效问题和缺陷之间的区别。绩效问题是差异、不符合项或缺少要求,这将对审核声明中的重要关注领域产生重大负面影响。缺陷是"与预期绩效水平的微小偏离或易于解决,不会对所需的输出产生实质性影响"。

此步骤的主要作用是关于是否接受供应商的采购合同的建议。表7-3说明了由商品团队进行的供应商评估访问后发布的简单推荐表,根据任何评估的重要结果,识别并改进供应商选择。

表 7-3　推荐样本表

供应商类型：制造商

资格调查摘要

公司名	福斯特工业公司	调查者：制造商品小组
通信地址	邮政信箱 1256	协作者：质量小组
地址、编码	宾夕法尼亚州斯特劳兹堡,PA18370	☑初次调查　□复审
电话	570-619-5411	调查日期：2013 年 9 月 14 日
供应商代码	Foster	联系人：罗伯特·琼斯
供应商分数	80.8	最低要求得分：65

推荐建议

该供应商具有成为重要合作伙伴的潜力。但是,有限的设计/开发能力会阻止其持续增长和发展。福斯特(Foster)将着手为我们的业务发展而实施和升级设计/开发功能。

行动计划的截止日期是：2014 年 2 月 1 日

供应商确认：
John Weaver　　　　　　　　　　日期：2013 年 9 月 15 日

资料来源：Adapted from Przirembel, J. (1997), How to Conduct Supplier Surveys and Audits, West Palm Beach, FL: PT Publications, 76.

购买者可以评估可能竞争同一合同的多个供应商。初步评估提供了一种客观的方法,可以在做出最终选择之前比较供应商。购买者也可以根据供应商调查的结果决定使用多个供应商。

决定最终选择的权限因组织而异。对供应商进行评估的审查者或团队可能有权做出选择供应商的决定。在其他情况下,买方或团队可以向具有最终授权的委员会或经理提出或证明供应商的选择决定或发现。

7.8.7　第七步：反复审查结果并改善供应商绩效

供应商调查或访问只是评估过程的第一步。如果购买者决定选择某供应商,则供应商必须根据购买者的要求执行。重点从最初对供应商的评估和选择到对供应商持续改进绩效的跟踪审查。第 9 章将讨论世界一级供应基地的管理。

7.9 缩短供应商评估及选择的周期

在几乎所有业务应用程序中,竞争和客户压力都迫使公司减少执行任务或执行流程所需的时间,这些压力也影响到评估和选择供应商的时间。采购必须越来越主动,并能预测供应商的选择要求,而不是在需要时做出反应。

考虑一下 Apple 推出的产品。在过去的十年中,它彻底改造了电话、音乐播放器、音乐消费方式以及使用 iPad 的移动计算。即使在未来几年中,它的运行速度也很快,也仅是现有产品的新迭代而已。考虑一下 iPhone 4、4S、5 和 5S 都是在一年周期内发布的,上市时间不仅对苹果公司而且对所有类别的公司都是关键因素,支持新产品开发的这些过程(例如供应商评估和选择)也必须相应地缩短。下面介绍一组减少评估和选择时间的工具。

7.9.1 编制现有供应商评估及选择过程

现有供应商评估及选择过程涉及流程中步骤、活动、时间和成本的标识。一旦了解了当前的评估和选择过程,改进的机会就将显而易见。供应经理应衡量流程周期时间,以根据预先确定的绩效目标确定改进率。过程标识应该是改进过程的第一步。

7.9.2 与内部客户整合

对供应商的评估和选择决策需要有预见性而不仅仅是做出反应,这需要与内部客户更紧密地联系,这可以通过多种方式来实现。采购可以与市场营销、工程和运营部门进行协调,以尽早了解预期的供应需求。新产品开发团队参与也是与内部客户整合的理想方式,允许内部客户(例如,通过在线申请系统)将其需求转发到采购,这也是与内部客户整合的有效方法,尤其是对于常规采购需求而言。例如:IBM 现在正在分析员工出行的方式和在实际出行前预订城市门票的行为,以确保更好的在线定价。

7.9.3 建立供应商信息数据库

信息数据库由易于访问的供应商数据和信息组成,信息数据库可以包括有关潜在供应商的信息、当前供应商的历史绩效、当前合同的详细信息、供应合同的到期日期、购买产品的预测以及支持更快选择过程的任何其他信息。

7.9.4 第三方支持

第三方支持的范围可以从顾问到采购软件提供商或知识提供商。例如:在风险管理领域,有几个供应商可以在购买者全力调查以帮助他们确定新供应商的资格时,或在做出选择决定之前检查现有供应商的财务状况(例如:rapid rating.com、equifax.com 等)。Dun&Bradstreet 及其子公司 DnBi 提供财务比率数据、供应商管理团队的业务背景、付款趋势以及总体供应商风险评分。互联网搜索可以产生第三方供应商信息的完整列表,包括潜在供应商的在线目录。

7.9.5 升级优化组织设计

商品团队已成为管理重要购买需求的流行方式。一旦成立,这些团队就可以通过公司内部网上的移动设备进行虚拟通信。这些跨职能团队负责深入了解整个家庭或购买的商品和服务组。团队通常负责实现其商品的改进,这可能涉及现场访问以评估供应商。他们可以与移动设备和公司内部网在世界任何地方进行 24/7 通信。

7.9.6 首选供应商名录

许多公司都会列出其绩效最高的供应商。这些供应商通过始终如一地向买方提供最佳服务和产品,赢得了他们的青睐,得到认证或合作伙伴的地位。因为买家已经知道要考虑的最佳供应商,并且已经建立了关系,供应商分类列表可以大大减少选择时间。

7.9.7 电子工具

软件供应商提供用于供应管理的全套产品或独立工具,例如逆向拍卖、eRFQ、支出管理等。这些工具可以减少供应商的选择和评估周期时间。IBM、Emptoris 是两家开发了全套电子工具以改善评估和选择过程的组织,他们提供战略供应管理解决方案(http://www-01.ibM.COM 和 Ariba(www.ariba.com)。Bravo(www.bravo.com)和 CombineNet(www.combinenet.com)提供了其他解决方案,这些电子工具的功能将在第 18 章中讨论。

7.9.8 预定合同标准用语并简化合同

大多数合同涉及相似的领域。积极的供应经理与他们的法律团队合作,开发可以在供应商谈判期间预先建立的合同语言。法律部门的职责是审查对预先定义的语言所做的任何更改或批准标准语言未涵盖的领域,公司也在努力缩短合同期限。

 实践范例

通过 SRM 改善供应商绩效

做一个好客户的重要性不能过分夸大,而要求坦诚的反馈可以在供应商关系方面产生巨大的积极影响。你如何评价与供应商的关系?是否有共同的期望和承诺?你的供应商是否将你视为值得分享创新的首选客户?根据答案,现在可能是时候重新评估你和供应商的相互看法并改善供应商关系管理(SRM)计划了。

对于一家公司而言,该评估揭示了其地位和想要脱颖而出的方面。总部位于爱尔兰都柏林的全球生物制药公司 Alkermes Plc 最近意识到与战略供应商的关系中存在潜在问题。在过去的一年中,该公司通过机密调查与供应商联系,以找出如何成为更好的客户,从而直接面对了形势。

该公司发现供应商的绩效以及响应能力正在下降。交付所花费的时间比平时更长,供应商没有像过去那样立即提供解决方案。"我们担心我们的供应商如何看待我们,以及他们是否可能会将资源转移给其他客户,"Alkermes 战略采购副总监 Christopher Silva 表示。供应管理团队与供应商举行了通用关键绩效指标(KPI)会议,但是反馈并不是特别有用,因为供应商报告说一切都"很好"。鉴于供应商绩效水平降低,Alkermes 的所有产品都不太可能"很好"。Silva 说:"我们需要更诚实更坦率的答案。"但是要获得该信息,供应管理团队知道必须要大幅度改变其方法。

但是,从供应商那里收集建设性意见是一项基本挑战。从销售的角度来看,获得新客户总是比保留现有客户更难,因此供应商通常会告诉买方他们想听的内容。在以价格为导向的独立交易中,尤其如此。卖方害怕动摇船,因为它担心后果是可能会失去生意。因此,"当他们总是担心自己在下一个订单上的地位时,保持开放和诚实是很困难的",他说。

确定需要改进的地方。Alkermes 接受了向供应商坦率提出问题的挑战,并与大约 120 家顶级供应商一起发起了机密调查。Silva 和他的团队认识到机密性对于调查过程至关重要,因此选择了第三方调查工具,以确保匿名答复。该工具还使得从广泛的供应商那里收集反馈的工作变得容易,而他们在现有员工中则无法得到满意的反馈。由于匿名和易于回复,将近 40% 的供应商做出了回应。这足以为 Alkermes 生成有价值的信息,以供其在确定的目标区域与供应商进行进一步讨论时使用。

"调查的目标是双重的,"Silva 说。"第一,我们试图听取供应商的声音,以了解他们对与 Alkermes 开展业务的看法。如果在 KPI 会议上发言时我们是这样的'好'客户,为什么我们看到供应商的绩效下降了呢?"例如,Silva 的团队想了解,供应商的绩效是否与 Alkermes 的业务实践直接相关?公司是否有能力或应该做些事情来帮助供应商满足 Alkermes 的需求?"第二,我们想确定供应商关系中的关键概念。我们可以向内部管理团队提供建立关系的能力,使他们能够改善供应商关系并实现业务成果。"尽管 Alkermes 可以看到具体的答复和详细信息,但这些数据并未显示完成调查的人员或供应商的身份。他汇总了数据以识别改进的领域,然后将其提供给供应商以进行更具体的讨论。

以下是来自 Alkermes 调查的两个样本问题:

- 与您的其他客户相比,Alkermes 对您简化业务流程,提高成本、质量或交付绩效以增进关系的想法的接受程度如何?(Silva 说,对于此问题的回答选项从"差"到"领先"不等。)
- 评论您认为与客户开展业务时 Alkermes 的最大优势和劣势。(这是一个自由格式的开放式问题,允许供应商详细说明自己想说的内容,或多或少。)

Silva 说,最有价值的反馈来自异常值。这些类型的回答使我们充分发挥了自己的优势,并突出了需要改进的领域。他认为,使用调查方法可以使问题变得不个性化,从而能够更自由地从受访者那里获得信息。由于对调查的答复是匿名的,因此销售人员无须采取防御措施。我们提供了汇总的调查结果,这成为进行更深入对话的一种手段。

关键是要在更深入的对话中倾听并保持开放的态度。在一种情况下,通过与供应商的讨论,双方确定了可能导致当前问题的根本原因。根据 Silva 的说法,在这种特殊情况下,问题是所有各方都认为供应商的流程太长,导致交货时间长,这导致 Alkermes 的库存水平更高。只有深入到供应商企业中,一直到车间,供应商和 Alkermes 团队才通过使那些实际生产产品的人员参与进来而发现需要改进的地方。这些更深入的讨论最终导致了该供应商的交货时间缩短和库存减少。

他说:"只有通过创建非威胁性和以改进为导向的文化,这种方法才能奏效","当采购方进行调整以改善整体关系时,它将使你获得更高的信任和合作水平","这是一个持续过程,供应管理团队为内部利益相关者提供建议和工具,以更好地评估供应商和我们的关系,并确定可以继续改善这种关系的方式。"他指出。

Silva 相信,人们往往会倾向于将自己珍视和有用的东西看得很重,但这些相同的东西可能在关系的另一端没有价值。这会导致相当大的挫败感和困惑。因此,我们试图用我们的新方法克服这种共同关系的陷阱。到目前为止,我们看到了出色的成绩。

资料来源:Adapted from "Lessons in Supplier Relationship Management", by Lisa Arnseth March 2012, Inside Supply Management ⓒ Vol.23, No.2, pp.24-27.

本章小结

供应商的评估和选择是企业最重要的活动之一。当采购员很好地完成这些活动时,它将为进一步发展和改善供应商绩效奠定基础。约翰·肖尔(John Schorr)在他的《21世纪的采购》一书中坚持认为,买方在评估和选择供应商时应寻找某些特征。一个好的供应商应做到以下几点:

- 将质量融入产品中,旨在实现零缺陷生产。
- 将交付绩效作为优先事项,包括向采购方厂房的使用区域交货时,缩短时间,提高交货频率。
- 确保合格且易于接触的人员为采购方提供服务,展示对买方需求的响应能力。
- 与买方合作,以尽可能缩短交货时间。较长的交付周期使计划和改进供应链成本变得困难。
- 向买方提供有关能力和工作量的信息。
- 创造未来而不是担心未来。
- 具有长远眼光,将部分利润再投资于研发。
- 符合评估潜在新客户信贷时使用的严格的金融稳定标准。

选择目标还考虑了供应商多样性和可持续性在决策过程中的影响。尽可能选择对整个组织竞争力作出最大贡献的最佳供应商,要想实现这点,就必须仔细评估并选择有助于满足最终客户需求的供应商。

思考讨论

1. 为什么组织在做出供应商选择决策之前需要投入资源和时间来评估供应商?
2. 讨论采购者为何在供应商选择中既有分销商又有制造商。
3. 讨论买家在寻找潜在供应来源时可以利用的各种信息来源。
4. 为什么在选择供应商时,由供应商管理的库存与整合供应商计划越来越受买方欢迎?
5. 供应商访问中有哪些可能的指标,可以确定公司的管理者是否具有前瞻性,或者公司是否有能力成为一流的供应商?
6. 讨论单一采购和多方采购的利弊,以及其与每种采购策略相关的各种风险。
7. 讨论为什么供应商有时不愿与买方共享成本信息的原因,尤其是在买卖关系建立初期。

8. 假设你是移动设备制造商的首席采购官,请制订管理供应商风险的计划。

9. 在评估供应商是否适合长期合作关系时,需要解决哪些问题?

10. 定义可持续性,并讨论为什么它在供应商选择和评估中变得越来越重要。

11. 至少访问本章"金融稳定性"部分所列的三个金融网站,并讨论它们的优缺点。

12. 在供应商调查中为类别和子类别评分有什么好处?

13. 为什么及时与供应商讨论供应商访问或调查的结果很重要?如果供应商有一个较弱的领域,你认为在什么条件下发展供应商关系是合适的?

14. 讨论购买者可能选择有财务困难的供应商的情况。

15. 为什么必须减少评估和选择供应商的时间?你认为哪种方法对减少供应商选择时间的影响最大?

第 8 章

供应商质量管理

学习目标

- 提供供应商质量管理的有效定义；
- 认识并理解影响质量的关键因素，这些因素会影响供应管理在管理供应商质量中的作用；
- 将全面质量管理原则与供应商管理最佳实践联系起来；
- 了解戴明的 14 分、六西格玛质量和质量成本的基本原理；
- 了解质量管理计划，例如美国马尔克姆·波多里奇国家质量奖（MBNQA），ISO 9001：2008 和 ISO 14001：2004，如何帮助评估和改善供应商质量管理体系和绩效；
- 了解制定基本的供应商质量手册的要素。

开篇案例

提高中国供应商的质量

在十年前，许多媒体文章和电视广播经常报道中国产品质量问题，如玩具装饰有含铅涂料，受污染的宠物食品，劣质制造、假冒仿冒产品等通用 Cequent 汽车配件公司全球质量体系总监 Kreg Kukor 指出了这一问题，"质量显然是对中国企业的最大威胁，就如已经证明的那样，很多美国制造商经历了品牌破坏、消费者信心下降以及利润迅速下降的持续威胁。"

这些情况是如何发生的？与国内同行一样，许多中国供应商长期以来一直倾向于忽略与质量有关的问题，除非外国客户要求解决这些问题。中国供应商面临着降低成本，提高产品性能、质量、交货时间和交付方面同样严峻的压力。向典型的中国供应商的高级经理询问这些质量问题，你可能会听到，善意但过于激进的海外买家不切实际地要求越来越低的价格，同时寻求更快的周转时间。这些供应商常常觉得他们必须对这些要求说"是"，以保持工厂的负荷。如果订单减少，工人感受到雇主潜在的裁员威胁，他们可能会辞职去另一家公司以获得稳定的薪水。

由于这种压力，在典型的中国供应链中可能会产生巨大的"牛鞭效应"。例如：如果中国原始设备制造商（OEM）面临海外客户的巨大成本压力，则其必须将对价格不断降低的需求通过供应链转移回去，否则将最终无利可图而倒闭。在某些时候，如果不就购买材料的质量或产品规格的降低做出某种让步，供应链中的一个或多个供应商将无法实现这些较低的成本目标。当供应链中某个环节的表现无法令人满意时，整个供应链通常会受到不利影响。

保罗·米德勒（Paul Midler）是《中国制造：中国生产博弈的内幕》的作者，他指出了问题所在：往往是买卖双方在期望和要求方面的沟通不畅所导致。中国供应商正在通过降低质量来降低成本，而海外买家则在努力以"减价出售"价格争取更高的质量。他还暗示，这些质量缺陷可能源于期望中的这种不对称。中国供应商通常理解承受巨大成本压力的质量后果，但可能不愿意将这些信息传递给他们的外国客户。

没有正确的数据和准确的信息，精明的购买者必须假设产品质量存在潜在风险，但只能推测哪个地方有风险。有时，工厂自己进行规格更改，有时也称为"质量衰减"，而没有与国外客户共享此信息。作为预防措施，许多中国制成品进口商采用了过时的口号"货物售出概不退换"，另一方面采取了更加积极主动的态度来提高中国供应商生产过程的可视性。

供应经理如何防止将来发生此类情况？美国的中国零件采购商Cequent汽车配件公司是TriMas公司位于密歇根州的分公司，也是汽车配件的领先制造商，已部署了正式的全球质量管理体系，以解决其中国供应基地的潜在质量问题。该公司认为其许多中国零件供应商在有效的质量和流程管理方面都没有很好的制度，因此已在中国实施了其美国的质量管理计划。

Cequent质量管理计划要求其中国供应商提供实时证据，以证明他们在过程中的关键点进行监控并检查适当的质量特征，而不仅仅是在组件完成之后。Cequent使用的软件结构还允许使用故障影响模式分析（FMEA）以及相关的控制和检查计划来收集和分析此数据。现在，Cequent可以实时查看供应商的过程质量数据。如果检测到质量问题，Cequent会部署质量专家与供应商工厂合作以解决问题，并防止将来出现质量和过程问题。通过关注质量数据，Cequent和中国供应商，可以克服语言和文化障碍，共同制订关键绩效标准和指标以及有效的纠正措施计划。

在部署Cequent的全球质量管理系统后的12个月中，供应商每月的百万件缺陷零件数从33 555件减少到不足200件，总共节省了790万美元。此外，现在超过97%的中国产品无须重新加工就可以通过原始工厂进行生产。Cequent还开发并实施了供应商计分卡以及"从仓库到仓库"计划以降低成本。

8.1 引言

本章从多个角度探讨了供应商质量管理，并提供了对公认的质量原则、工具和技术的基本理解。第一部分概述了供应商质量管理。第二部分研究了影响供应管理在管理供应商质量中的作用的各种因素。第三部分全面介绍质量管理的基本原理，并将其与供应商质量管理联系起来。第四部分定义了六西格玛质量，并讨论了其与采购和供应链管理的关系。本章以对ISO 9001：2008，ISO 14001：2004和Malcolm Baldrige国家质量奖（MBNQA）的讨论作为结尾，并讨论了如何将它们用于更有效地管理供应商质量，包括有效的供应质量手册的内容。

8.2 供应商质量管理概述

8.2.1 供应商质量的定义

在讨论如何管理供应商质量之前,应该定义通用术语"质量"。一位著名的质量专家 Armand Feigenbaum 博士将质量定义为"产品、营销、工程"。

约瑟夫·朱兰(Joseph Juran)被许多人认为是最著名的质量专家,他将质量简单地定义为"使用适应性"。另一位著名的全面质量专家 Philip Crosby 将质量定义为"符合要求"。近年来,质量的概念已从根本上从单纯满足客户要求或期望变为超越顾客要求及期望。但是,许多组织传统上将质量管理仅视为自愿或不必要的支出。当遇到像 2008 年大萧条期间遇到的财务困难或交付周期降低的财务困难时,这种情况常常会避免。相反,质量应该被视为组织各个方面进行良好业务管理的基本原则。

此外,客户的期望是在不断地变化的。有效管理下游客户期望的难点在于公司能否精准把握客户的期望并给予定义,然后将其转化为商品和服务中所需的产品特征,包括在整个供应链中向上游传播。

在以上这些有关质量的综合观点的基础上,本文清楚地定义供应商质量,即代表了在关键绩效领域内始终如一地满足或超过当前和未来客户(即:买方以及最终客户)的期望或要求的能力。此定义包含以下三个主要部分。

(1) 达到或超越的能力。这意味着供应商每次都必须满足或超过买方的期望或要求。无论是在实物产品质量、相关服务还是在准时交货方面,供应商质量表现不一致表明其不能成为优质供应商。

(2) 当前和未来客户的期望或要求。供应商必须达到或超过当今愈加严格的要求,并且还应具有预测和满足未来客户进一步要求的能力。供应商还必须能够保持随着时间的推移不断改进性能,只能满足当今需求但不能跟上未来预期需求的供应商并不是优质供应商。

(3) 在关键绩效领域内保持一致。供应商质量不仅适用于产品的物理属性。优质的供应商必须在许多方面满足买方的期望或要求,包括产品或服务的交付、规格符合性、售后服务和支持,当前的技术和功能、研发以及总成本管理。

供应管理对供应商持续质量绩效的评估不仅应包括直接的采购成本、交付成本、所出现问题的严重程度以及是否按时交付。它还必须提供有关间接费用的分析,即交易成本、沟通,以及共同解决问题的努力和买方行政监督、服务质量成本和转换成本。此外,购买者还必须评估供应商的交付一致性和可靠性,因为需要更高水平的库存来弥补供应商不一致的交付和质量表现。

(1) 预期的供应商能力,将产生优质的产品和服务。

买方不仅应关注供应商的实际输出(最终结果),还应关注产生该输出的支持性输入、系统和过程。这包括供应商在物流、工程、成本管理、研发和供应链管理方面的专业知识和能力。

(2) 供应管理在供应商质量管理中的部分角色涉及成为供应商的好客户。

当供应商不喜欢与采购组织合作时,很难维持信任和合作关系并获得优质的商品和服务。因此,供应商的质量绩效要求购买者通过了解和适应供应商在现代买卖双方关系中的需求、期望和欣赏,来学习如何成为首选客户。

(3) 供应商可能会在供应链关系中对买家有一些期望,包括在生产开始后最大限度地减少产品设计更改、提供对未来采购量需求的可见性以及共享对其新产品需求的早期访问和可见性。供应商还重视合理的生产提前期、公平的待遇、使用新技术以及准确及时地支付发票的价值。因此,在可能的情况下,购买者在向供应商发送材料后,还应努力将采购订单的更改最小化,以减轻供应中断并最终提高成本。

(4) 当供应商必须对频繁或短暂的交货时间变化做出响应时,购买者不能期望供应商有较高水平的表现。订单稳定性使供应商可以在准确、及时且一致的买方订单信息的基础上,将成本降至最低,并更有效地计划运营。频繁的订单数量和规格更改限制了供应商满足买方期望(包括其质量要求)的能力,以及增加了供应商的成本和最终的购买价格。供应管理在帮助确保其供应商以无缺陷的方式持续表现方面发挥着核心作用。

8.2.2 关注供应商质量的意义

管理供应商质量出现失误,会很快地损害甚至是世界上最好的公司和品牌来之不易的声誉。正如前文所清楚表明的那样,任何在整个供应链中无法有效、始终如一地管理质量的购买公司,都将面临长期的客户不满意、获利能力的降低、市场份额的减少、成本的增加以及潜在的负面公共关系的风险。因此,定期评估供应商的实际绩效以确保与预期的供应商绩效标准保持一致是必要的。

(1) 供应商对质量的影响

已故质量专家 Philip Crosby 估计,外部供应商约占公司与产品相关的质量问题的一半。此外,北美制造企业平均将其售出商品成本的 55% 以上用于购买商品和服务。一些制造商花费更多,有些购买的内容接近 100%。一个只关注自身内部质量问题的公司,通常无法识别影响相关质量问题的根本原因并采取适当的措施,供应商质量表现不佳会迅速破坏公司的整体质量改进工作。

(2) 持续改进要求

大多数公司寻求在业务的各个方面实现持续的质量改进。一种方法是通过主动管理供应商质量。质量改进要求反映了公司所在行业的功能,也是对比其与竞争对手性能好坏的表征。充满活力的高科技行业的公司,例如本田、波音、苹果和飞利浦,面临着巨大的竞争压力,要求其在接近市场变化的同时实现接近完美的质量水平。其他行业,例如家具制造业,通常会经历较慢且不剧烈的变化。可以肯定地说,几乎所有行业都经历了至少来自客户的一些压力,要求他们在实现不断提高质量的同时适应不断变化的客户口味。

(3) 采购需求外包

对公司供应商的原材料、零件、子装配乃至成品的依赖正在稳步增加。在某些行业中,公司不再需要制造产品的大部分组件或提供服务,就不再具有竞争优势。因此,先进的采购商依赖于世界级的供应商,即使对于高度技术或复杂的零件要求,这些供应商也可以提供出色的设计和制造能力。例如:戴尔计算机主要是一个组装业务,从外部供应商那里购买其大部分 PC 组件(显示器、硬盘驱动器、键盘、微处理器、电源设备等)。供应基地提供的最终产品所占比例越大,它将对整体产品成本和质量产生更大的影响。

8.3 影响供应管理对供应商质量管理作用的因素

供应管理必须承担主要的组织领导才能来管理其外部供应商的质量。影响供应商质量管理程度的因素如下。

（1）供应商影响买方总体质量的能力。

某些供应商提供了对公司至关重要的高价值或关键组件和材料。与提供低价值、标准化或其他易于获得的物品或商品的供应商相比，供应管理必须更紧密地管理这些关键物品的供应商。其在前述第 6 章中有关类别管理的战略投资组合矩阵的讨论中已经涉及。

（2）可用于支持正在进行的供应商质量管理和改进的内部资源。

资源有限或在质量管理和供应商改进方面缺乏专门知识的公司必须谨慎选择从哪里支配并运用这些稀缺资源，资源的有效性将极大地影响公司质量管理工作的总体范围。这些资源通常包括人员、预算、时间和信息技术。

（3）采购公司实践世界一流质量的能力。

采购公司只有在内部了解并正确应用这些概念、工具和技术之后，才能帮助其供应商应用和使用质量概念、工具和技术。

（4）供应商愿意共同努力以提高质量。

并非所有供应商都倾向于与买家紧密合作。相反，一些供应商可能更喜欢传统的公平的购买安排，其特点是购买者的参与有限，采用的是更随意的或放任自流的管理风格，其他供应商将倾向于长期的合作伙伴关系。

（5）供应商当前的质量水平。

供应商当前的绩效水平会影响购买公司需要注意的数量和类型。世界一流的供应商将减少对买方的关注，而供应商提供的边际或低于期望的质量需要引起更多关注。第 9 章将讨论供应基础合理化和优化以及供应商发展的概念。

（6）买方收集和分析与质量相关的数据的能力。

供应管理必须使用有效的供应商绩效评估系统，该系统利用适当设计的指标来跟踪评估供应商满足其质量绩效预期的程度。对于大多数公司而言，这意味着开发和采用实时研究和跟踪系统，可以及时、经济、高效地收集和分发与供应商相关的质量数据，并且这些数据可以在买方整个组织中共享。

> **专栏文摘**
>
> ### 英特尔供应商持续质量改进计划（SCQI）
>
> 英特尔供应商持续质量改进计划（SCQI）的愿景是"与精选的关键供应商建立和发展长期业务关系，这些关键供应商提供最优质的材料、设备和服务，并致力于持续改进。"一种企业范围的计划，旨在提高关键供应商的质量表现，同时最大限度地减少进货检验的时间和成本。每个供应商都会收到一个季度报告卡，该报告卡会评估可用性、成本、客户满意度、质量、战略贡献和技术。
>
> SCQI 是英特尔对公共供应商的最高认可，并通过评估供应商的总能力来建立一致的目标和指标。鼓励持续改进，还可以促进协作关系、团队问题解决以及买卖双方之间的双向持续学习。

利用英特尔SCQI路线图,第一级认可是"认证供应商(CSA)奖",根据一系列客观标准,该奖项涵盖连续两个季度规定的出色供应商质量表现;下一级别的认可是"首选优质供应商(PQS)奖",该奖项要求在相同条件下,至少需要一个完整日历年的杰出供应商质量表现;最高级别的供应商持续质量改进奖将PQS奖扩展到更高的绩效,并且再次使用相同标准的更高级别。

PQS和SCQI获奖者将在英特尔年度供应商日宣布,并在《华尔街日报》的广告中得到认可。他们还可以宣传自己的英特尔成就,从一年(仅限PQS)到三年(仅限SCQI)。

资料来源:Supplier Continuous Quality Improvement Program,(2008) Santa Clara, CA:Intel, Retrieved from https://supplier.intel.com and Roos, G, "INTEL CORP.: It takes quality to be preferred by world's biggest chipmaker",Retrieved from http://www.purchasing.com.

8.4 供应商质量管理中全面质量管理观念的应用

如果各级供应管理专业人员希望在供应链中创造上游价值使下游客户受益,他们必须充分理解并致力于全面质量管理(TQM)的原则。如果公司在市场中希望避免麻烦或者减少维护公共关系的成本,那么将这些原则应用于供应商质量管理就变得至关重要。

构成TQM的各种原则可能构成了有史以来最强大的业务哲学。不幸的是,仅背诵这些原则要比实际有效地实践容易得多。尽管外部供应商提供了典型供应链中所需投入的一半以上,但购买者往往缺乏对供应商TQM的真诚承诺。如果供应商质量如此重要,为什么许多供应管理部门缺乏必要的绩效评估和可见性系统,无法及时客观地提供关于供应商实际行为的信息?为什么许多买家在没有完全分析和理解供应商的生产和支持流程的情况下做出关键的供应商选择决定?

8.4.1 定义客户的质量及其要求

在买卖双方关系中,买方是供应链中供应商的直接客户。供应商质量不合格的主要原因是沟通不畅以及供应链成员之间对规格、期望和要求的误解。供应经理必须与设计和工艺工程师以及其他内部客户密切合作,必须向供应商提供有关产品设计和功能的清晰规格和明确的性能要求,以及可能最终影响质量或交付的任何其他相关信息。买方沟通的另一种重要形式是共享最终产品需求,有时可能是广泛的或不完整的。

表 8-1　全面质量管理的八大原则

- 根据客户及其要求定义质量
- 从源头上追求质量
- 强调客观分析,而不是主观分析
- 强调预防,而不是检测缺陷
- 关注过程而不是产出
- 争取零缺陷
- 将持续改进作为一种生活方式
- 让质量成为每个人的责任

资料来源:Adapted from Trent, R.J. "Linking TQM to SCM," Supply Chain Management Review,2001,5(3):71.

在这种情况下，必须建立确定最终需求的过程，并在购买前由买卖双方达成共识。领先的质量专家 Keki Bhote 正确地指出，产品规格的开发和沟通不完整或不正确会对供应商质量产生不成比例的影响。

客户（即买方）和供应商之间产生的许多质量问题是由于产品和性能规格不佳而引起的，而购买公司应对此负责。提供给供应商的大多数产品或服务规格往往含糊不清。它们通常是由工程师单方面确定的，工程师可以将它们从工程标准中删除，然后以安全系数修饰它们，以解决未知的责任风险。延长报价时，很少会就目标供应商提供规格方面的咨询，许多供应商因为担心丢失投标，不愿挑战过多的规格。因此，解决供应商质量差的第一个方法是消除反复无常的规范。

对期望和实际需求的清晰理解具有两个方面。第一个方面是购买者简洁地识别、定义、量化或指定其技术和采购要求的能力；第二个方面是买方将这些要求有效地传达给供应商（包括变更单）的能力，这意味着双方都完全了解随着时间的推移修改要求和流程所使用的要求。买方必须主动使用详细量化的供应商绩效的评估系统，通过详细的投标书（RFP）、合同谈判过程和定期的绩效反馈会议来明确传达其要求。

8.4.2 戴明的十四项原则

经常被认为是现代质量运动之父的爱德华兹·戴明（W. Edwards Deming）博士发展了全面的 14 点管理理念，以此作为他关于在现代组织中实现卓越和客户满意度的观点的基础，该观点适用于制造行业、服务行业以及政府、非营利组织和教育组织。但是，戴明的质量理念经常遭到批评，因为它没有规定企业要遵循的具体行动和计划。表 8-2 所示列出了戴明哲学的独特之处。质量体系不是一个清单，公司只能从中选择他们同意的活动。他的质量理念要求所有这 14 点都是相辅相成的，并且对于在组织中成功实施 TQM 文化同样重要。

表 8-2　戴明哲学的独特之处

- 差异是质量不合格的主要来源
- 为了减少差异，寻求提高质量的过程是设计、生产和交付的永无止境的周期，然后对客户进行调查，周而复始
- 尽管质量是每个人的责任，但高级管理层对质量负有最终改善的责任
- 系统的交互部分必须作为一个整体进行管理，而不是单独管理
- 心理学帮助管理者了解员工和客户，以及人与人之间的互动
- 内在动机比外在动机更强大
- 预测必须以有助于理解因果关系的理论为基础

资料来源：Adapted from Evans, J.R. and Lindsay, W.M. Managing for Quality and Performance Excellence (8th ed.), Mason, OH: South-Western Cengage Learning, 2011, 91-99.

要点 1：建立愿景并展现承诺

组织中的高层管理人员和执行官负责描述未来的战略方向：使命、愿景和价值观。企业不仅存在为股东和所有者谋取利益的方法，还必须考虑并成为其经营所在的整个社会和自然环境的良好管家。这需要组织长期观察并承诺提供足够的资源：人员、时间、金钱和精力。

要点2：学习新的思想体系

组织中的每个人都必须不断地学习质量管理，这贯穿于组织工作中的全过程。戴明哲学的重点是整个组织应专注于满足客户需求，无论客户是内部还是外部，质量管理不只是为了生产商品。

要点3：了解检查质量检测过程

自工业革命以来，检查缺陷已成为控制质量的传统方法。潜在的考虑因素是组织意识到缺陷是不可避免的，因此必须从过程输出中进行检查。戴明（Deming）指出，处理缺陷的唯一正确方法是设计和操作过程，以使缺陷永远不会发生。这一点要求从生产线工人一直到执行套件的每个人都了解过程变化的概念以及它如何影响每个生产过程。返工和处置工作（也称为"隐藏工厂"）增加了成本并降低了生产率。

要点4：停止的纯依赖价格制定决策

物品的最低购买价格在短期内对于供应管理可能很重要，但从长远来看，可能会导致生产系统中其他地方的成本增加：过多的报废和返工有缺陷的产品、更大的保修索赔等。开明的供应管理已通过第9章中讨论的供应基础优化和合理化举措来解决这种问题，重点应始终放在降低系统总成本上，而不仅仅是降低采购价格。与更少的供应商合作可以使供应经理集中精力建立信任的协作关系和供应商忠诚度，同时提高购买商品和服务的质量。同时，买家和供应商之间的沟通也得到了加强。

要点5：持续不断改进

以质量为导向的组织必须密切了解其客户不断变化的需求。如果公司的质量绩效保持不变，那么他的竞争对手将会不断提高质量并超过他。必须在组织中的每个流程中都进行持续改进或改善。无论组织是市场领导者还是市场落后者，总会有改进的余地。除了保持与客户的持续沟通之外，以TQM为重点的组织还必须着眼于减少流程变化并寻求产品和流程的创新。

要点6：机构培训

管理层为员工和供应商提供必要的知识、技能和工具，这对于有效地开展工作非常重要。精心制订有针对性的培训和发展计划可以提高产品和服务质量以及工人的生产率，并提高士气。在质量方面，有效的培训应涉及绩效评价、诊断和分析工具以及问题解决和决策制定。

要点7：机构领导力

真正的领导与传统上认为的管理或监督之间存在巨大的差距。例如：经理和主管更多地参与对工人的日常监督、指导和评估。领导力远远超出了管理和监督，它可以指导员工提高技能和能力，更加注重提高生产力和提供更高质量。

要点8：驱除恐惧心理

在工作场所，恐惧以多种方式显而易见。员工可能会害怕犯错并受到谴责。大多数人都会担心失败而规避风险，因此他们不愿意尝试新事物。作为习惯的动物，也不喜欢改变自己的习惯。中层管理人员可能会害怕放弃基于命令和控制的传统权力。各部门可能不寻求与其他部门合作。无所畏惧的组织极为罕见，因为它需要很长的时间来发展和维持能够促进冒险和改变的组织文化。消除恐惧会鼓励员工和供应商进行反复试验,从长期来看,这可以提高生产力和流程质量。

要点 9:优化团队的工作

团队越来越成为日常组织工作的一部分。如果正确设计、实施和操作团队,则可以通过招募来自不同领域的人员并让他们共同完成一项共同的任务或项目来消除跨职能障碍。但是,功能失调的团队可能会产生相反的效果。它们实际上可能会创建其他壁垒并加强现有壁垒。西方公司限制团队潜在价值的最大障碍之一是工会与管理层之间的相互敌意和不信任,阻碍了有效的沟通。

要点 10:减少激励

标语和海报认为大多数(即使不是全部)质量问题都是由于人类行为造成的,旨在改变人们的行为,但是它们很少有效。"第一次就做正确的事情""更聪明而不是更努力地工作"和"零缺陷"等措辞很容易使人们受到鼓舞,并能很好地模仿他人,但它们并不能帮助工人知道如何做,更不用说更改流程了。大多数质量缺陷是基于创建商品和服务的过程和系统的固有设计和操作,而不是基于工人的动力。设计的系统过程变化是管理问题,而不是人工问题。

要点 11:消除数字配额和客观衡量指标

工人可以通过游戏系统来制定自己的生产和输出目标,这些目标从长远来看并不能激励工人或供应商提高质量,硬性和快速的输出标准使 TQM 改进和其他质量计划无法实现。为什么工人会停下来修理或调整设备,这是否意味着他们不会进行生产定额或达到最低工件标准?此外,许多基于数字的目标通常是任意制定的,远远超出了单个工人的控制范围。因此,应与管理人员共同制定目标,为工人和供应商提供实现目标的技能和手段。最后,目标通常只是短期目标,而从定义上说,质量改进必须具有长远眼光。

要点 12:消除岗位自豪感障碍

很多时候,工人被视为一种简单的商品,不具有独特性或思考力,并且可以相互替代。当经理被要求定期工作更长的时间而没有加班费时,他们通常会受到同样的对待。大多数组织的绩效评估体系都会为员工的工作带来障碍,因为他们提倡竞争行为,奖励依据的是数量而不是质量。如果有适当的工作环境,大多数人都希望做好。不幸的是,许多公司的评估、奖励和补偿制度并未激发正确的工作文化,使工人为自己的努力感到自豪。例如,将人员分配到团队中工作,但通常会对其进行评估并将其作为个人支付。

要点 13:鼓励教育和自我完善

与主要用于学习与任务相关的特定技能的培训不同,教育和个人自我完善本质上要广泛得多,并着重于通过教给他们新技能和提高自我价值来提高生活质量。投资于教育和自我完善计划的组织通常会发现他们的员工更有动力,并且在工作满意度、生产力和整体工作绩效方面为组织和个人带来更多利益。

要点 14:采取行动

由于组织下层的基层 TQM 努力注定要失败,而没有高层管理者的积极主动和明显的承诺支持。最高管理者必须发起并投资于那些活动,以提高产品质量、工作效率和工作质量,适当的支持包括对过程设计、教育和培训的时间和金钱投资,新的评估、奖励和补偿制度和改变组织文化,而成功的关键是保持持续质量改进的长期势头。

8.4.3　追求供应源的质量

只要产品或服务的价值在供应链中的转换过程中移动,就可以从源头上获得质量产生的问题。但是,过程中价值的增值表明存在潜在问题,需要仔细管理并注意细节以识别、缓解或纠正缺陷。也许比任何其他团体都多,供应管理具有确定和管理许多供应链输入的外部来源的能力,因此可以从其供应商的源头影响质量。

由于供应商本身是供应链质量的关键来源,因此从直觉上讲,公司的供应商选择过程将是实现这一原则的主要手段。尽管进行国际供应商现场访问的成本可能很高,但做出错误的供应商选择决定的成本会高得更多。熟练且经验丰富的跨职能团队(CFT)应当拜访并评估潜在的战略供应商,无论地点在何处,以确定其财务状况、运营环境、全球能力、后勤网络、供应管理实践、流程能力、与采购方合作的意愿,研发部门和技术创新部门合作,然后再做出战略性采购的选择决定,一旦做出决定将很难逆转。请查阅第 7 章,以更深入地讨论供应商评估和选择。

定义供应商质量的第二个主要领域是产品和过程的开发设计。进步型公司比传统上更早地使供应商参与产品和过程开发。允许供应商将自己的经验和专业知识运用到买方的新产品开发项目中,这被称为早期供应商设计参与(ESDI),因为供应商的知识和经验是在最初阶段就应用的,通常会使得产品质量和设计更好。在锁定最终规格和最终成本结构之前就可以开发客户的需求。供应商可以提供有关如何简化产品或过程,预期并开始进行生产前工作的有意义的建议,并与买方的设计和过程工程师合作以建立合理的建议。在满足客户要求并提高产品质量和可制造性的同时,更紧密地符合供应商能力的容限。

尽管 ESDI 背后的逻辑相对简单,但使其日常工作有效通常更为困难。许多公司都在努力与外部实体共享专有信息或商业秘密。此外,一些公司根本不知道如何管理这种微妙而敏感的共享过程。但是,仅存在这些限制并不意味着公司不应该积极主动地与经过精心选择的战略供应商一起进行早期设计。通过在新产品开发的设计阶段进行协作,或者通过价值分析和价值工程计划,买方和供应商双方都会受益。

专栏文摘

托　　盘

有时,不仅是产品本身引起质量问题,产品的质量问题也可能源于产品的包装、处理或其他辅助组件。例如,McNeil Consumer Healthcare 的 Tylenol 品牌在 2009 年末不得不召回 100 支关节炎疼痛药丸瓶和其他产品,因为波多黎各工厂使用的包装材料存储在含有带污染的化学物质 4,6-三溴茴香醚(TBA)的木托盘上。该化学物质引起霉味,发霉的气味侵入这些包装材料,导致最终从确定的生产批次购买这些产品的人感到恶心、呕吐、胃部不适和腹泻。泰诺推测该托盘所用木材用杀菌剂 TBP 处理,该杀菌剂中含有可疑的化学物质 TBA。当 TBP 干燥后,它结晶并嵌入木板中,这些木板可能来自多米尼加共和国。当包含该化学物质的托盘再次变湿时,它释放了 2、4、6-三溴茴香醚,导致气味再次出现。

各种消费品公司现在都要求其托盘供应商提供附加证明,证明用于制造托盘的木材未受到 TBA 的污染。然而,事实证明这是有问题的,特别是当产品以旧托盘或回收托盘运输时。另外,使用木制托盘对食品运输也可能存在问题,因为它们可能是由含有脲甲醛的木材制成的,这些化学药品通常用于预防昆虫侵扰。

无论污染源如何,设备制造商(OEM)最终都有责任确保用于生产和运输其产品的所有材料具有合格的质量。

资料来源:Lacefield,S.K.(2010,January 22),"Pallets Cause of Recent Tylenol Recall?" DC Velocity. Retrieved from http://www.dcvelocity.com Rogers,L.K.(2010,February 5),"Supply Chain: Wood Pallets Cited as Cause for McNeil Consumer Healthcare's Tylenol Recall," Logistics Management. Retrieved from http://www.logisticsmanagement.com "The Facts about Tylenol Recall and Relationship to Wood Pallets"(2010),Retrieved from http://www.nwpca.com.

8.4.4 强调客观而不是主观的评估和分析

负责协调施乐公司成功推动马尔科姆·波多里奇国家质量奖的高管曾表示,实现整体质量的要点之一是要认识到事实,而不是主观判断。因此,如果事实在推动决策中处于主导地位,基于事实的度量和基于决策的需求变得越来越明显。

但是,无论大小,许多组织在供应商选择过程中或在选择后绩效评估中都没有充分开发客观或严格的供应商评估系统。尽管这样做的原因有很多,但主要的原因是有些高管尚未真正掌握外部供应商对采购组织绩效的重要性。即使在今天,供应链绩效衡量的广度和能力也存在很大差异。

为什么评估对供应商质量如此重要?收集和分析绩效数据可以使供应商经理制定未来首选的供应商名单,确定持续的绩效改进机会,提供支持纠正措施或未来发展的反馈,并跟踪改进计划的结果。有效的供应商绩效评估系统也是将买家的质量和绩效期望传达给供应商的绝佳方法。

8.4.5 强调预防而不是检测缺陷

预防是通过首先不允许发生错误或缺陷来避免产品和服务的不合格。尽管预防活动可以采取多种形式,但每种形式都强调需要可预测的一致性并减少过程变化。

专栏文摘

质量仪表板

认识和理解供应链上游的供应商质量对于满足客户需求和供应链下游的需求至关重要。现在,许多公司都利用供应商的度量和可见性系统(例如:质量仪表板和供应商计分卡)来衡量供应商的绩效并确定与质量表现不佳的供应商相关的实际成本,生成的信息也可以在未来的供应商谈判中得到有效利用。

Graham Packaging Company 已安装了质量仪表板和供应商计分卡系统,以确保能够满足可口可乐、百事可乐、亨氏和联合利华等世界一流客户的需求。在安装之前,有效衡量和评估供应商绩效所必需的数据已在整个 SAP 公司的 81 个工厂的 SAP 模块,各种非正式系统和断开连接的电子表格中散布,需要大量的离线工作来汇总此数据以管理其供应基础。例如,Graham 的电子表格系统导致大量的时间延迟、数据错误和数据收集不一致。

> Graham 使用第三方提供商 arcplan Information Services GmbH,开发了一种整合数据的标准化方法,该方法可让公司"确定次级厂商,并在考虑初始价格和成本的情况下查看供应商产品的实际成本"。SAP 捕获了数据,但该公司需要能够高效地提取和查看供应商质量和成本数据。由 arcplan 提供支持的"供应商质量仪表板"和"计分卡"对现有的 SAP 系统进行了补充,并提供了一些好处,例如基于事实的成本谈判、合理化供应基础和提高质量。
>
> 资料来源:"Quality Dashboard and Supplier Scorecard Eliminate Cost and Drive Quality at Graham Packaging," (2009). Retrieved from http://www.arcplan.com/gp.cfm? l=graham_packaging accessed May 15, 2010.

对缺陷预防的完全重视减少了对评估、检查等其他非增值检测活动的依赖。例如:对供应商进行评估和选择的严谨和结构化方法是确保所选供应商具有防止缺陷的适当系统、过程和方法的理想方法。

供应商认证计划是防止缺陷的另一种主要方法,它是正式的验证过程,通常通过密集的跨职能现场审核来验证供应商的过程和方法是否实际产生一致的质量。认证要求供应商持续展示过程能力,使用统计过程控制并符合其他公认的 TQM 惯例,例如"六西格玛"。供应商认证的目的是确保不产生不合格品或不离开供应商的设施。但供应商认证通常仅适用于特定的零件、过程或场所,而不适用于整个公司或产品。

纠正措施要求的广泛使用也有助于防止不合格的缺陷。例如:获得马尔科姆·波多里奇国家质量奖的联邦快递(FedEx)使用纠正措施请求系统来保护其品牌的外观。当 FedEx 或供应商发现打印的运输表格存在严重缺陷时,供应商必须立即调查并消除错误来源,以防止将来出现缺陷。还要求供应商对当前产品进行分类和检查,取出所有有缺陷的单元,并检查发现缺陷的以下的十盒库存和发现缺陷的上方的十盒。最后,供应商必须向联邦快递提交完整的书面解释和纠正计划,以解决缺陷(根本原因分析)以及提出持续改进计划。尽管纠正措施要求并不能防止最初的问题(它们被转发给供应商,以应对已发现的问题),及时使用有助于防止问题的进一步发生。表 8-3 提供了示例纠正措施模板。

表 8-3　供应商纠正措施表格

供应商纠正措施要求

A:由买方填写

纠正措施请求编号:

日期:

收件人:

主题:

发件人:

缺陷/不合格的类型:

缺陷/不合格的描述:

估计的缺陷/不合格总成本:

向供应商收费? □是　　□否

如果是,请指明金额:_____

B:由供应商填写

供应商纠正措施响应(如空白不够请在背面填写)
纠正措施响应将得到充分实施的日期:

买方签字:　　　　　　　　　　　　　　　供应商签字:

日期:　　　　　　　　　　　　　　　　　日期:

8.4.6 重视过程而不是结果

传统质量控制方法与全面质量管理思想之间最显著的差异可能涉及从产品导向到过程导向的转变。TQM将重点放在那些产生输出的增值过程上,而不是输出本身上。因为期望质量过程来创建质量输出,所以逻辑上的重点是创建过程而不是结果。从长远来看,避免缺陷的产生比从一开始就进行检查要便宜得多,并且从长远来看效率更高。

假设组织主要根据竞争性招标和供应商原型或样品来评估和授予业务,供应商最多只会向买方提供一两个原型或样品,以进行详细的分析和验收。以下问题强调了严格将重点放在检查的输出而不是在创建输出的基础流程上的风险:

- 哪个供应商会故意将不良样品提交评估?
- 供应商必须先生产多少零件才能获得一个优质样品?
- 样品是否真正代表了在正常的工作条件下运行的生产过程?
- 供应商是否使用了在正常生产中将使用的相同工艺、方法、人员和材料,还是在严格受控的实验室条件下制造了原型?
- 供应商本身或分包商是否实际生产了样品?
- 提交的样本是否向买方提供了有关供应商实际能力还是过程能力的足够信息?

强调过程而不是成品要求供应商持续不断地向买方提供关于其过程能力的证据(在下一节中介绍)。此外,每次供应商修改流程时,都应启动和分析新的流程能力研究。专注于基本流程意味着最大限度地减少对样品的过度依赖,除非有及时全面的方法来验证样品是否符合买方要求,如表8-3所示。

实施和维护流程重点的最佳方法可能是开发一个结构化的全公司范围的供应商评估和选择系统,该系统本身就是一个流程。定义明确的供应商评估和选择过程可支持最佳实践的开发,减少跨部门的重复,支持团队或部门之间的知识转移,并认识到供应商选择决策与供应链质量之间的关键联系。领先的公司通过其公司内网提供供应商评估和选择过程以及所有支持工具和模板,以方便访问和广泛使用。

8.4.7 生产能力的基础

生产能力是生成满足工程规格和/或客户要求的输出的能力,并且"指的是在统计方式控制状态下运行时的正常行为"。统计控制状态仅存在导致变化的常见原因出现时,即根据流程的设计方式自然而随机地发生的变化。如果该过程不在统计控制中,则存在未在过程中设计的特殊变化原因。可以识别并纠正这种变化,从而使过程返回到可预测的统计控制状态。

考虑生产能力时,过程的输出必须在规定的规格上限和下限之间。我们在这里假设过程输出的分布是正态分布。正态分布数据的一个特性是,对过程输出的所有可能观察中的99.7%发生在过程平均值的正负三个标准差之内。可以预期,一个稳定且受控的过程(即没有特殊且可纠正的变化原因)会在这些自然公差范围内产生几乎所有的输出。如果自然公差限制在产品的工程规格范围内(如规格上限和下限所定义),则认为该工艺生产能力可行。

通常使用两个过程能力指标来度量生产能力：Cp 和 Cpk。为了计算这些指数，所研究的过程必须处于统计控制下，并且仅存在导致变化的常见原因。Cp 过程能力指数使用双尾方法来量化生产过程的自然公差，而无须考虑是否以生产过程为中心。它是通过从规格上限减去规格下限并除以六个标准偏差得出的。通常，质量管理者建议相对安全的 Cp 指数值为 1.5 或更高。许多客户公司要求更高的 Cp 值或更高，以确保输出符合产品规格。由于特殊原因变化，该水平允许工艺略有差距，并且仍然能够满足既定规格。

但是，Cp 指数不足以说明生产过程未紧密围绕标准规范规格目标值的情况。对于自然过程均值不在规格平均值中心的情况，必须使用 Cpk 指数。Cpk 指数对 Cp 指数进行了调整，其中考虑到了过程平均值与规范目标值实际差异。因此，Cpk 值始终小于 Cp。过程能力研究旨在提供有关稳定运行条件下过程性能的信息，即，当不存在导致变化的特殊原因时。过程能力研究可以为以下操作提供信息：

- 确定流程的操作基准。
- 优先考虑潜在的质量改进项目。
- 向客户提供过程绩效的评价依据。

8.4.8 为零缺陷目标而努力

菲利普·克罗斯比（Philip Crosby）认为，唯一定义总体质量的真正性能标准是零缺陷，他将其定义为符合要求。金尼迟·塔格迟进一步认为，由于报废、返工和客户不满意而导致与目标值的任何偏离都会带来一定程度的机会损失。我们可以通过几种重要方式来实现对零缺陷的追求，每种方法都认识到消除产品和过程可变性的重要性。

如前所述，精心设计且严格的供应商评估和选择过程是识别并仅与努力实现零缺陷的供应商合作的一种方法。使用关键绩效指标的评估系统还有助于确定供应商的改进机会并逐步满足这些机会。另一个主要方法是供应基础合理化，也是提高供应链质量的最快最有效的方法之一。

如第 9 章中详细介绍的，供应基础的合理化或优化是确定给定购买类别或商品要维持的正确供应商组合和数量的过程。参与最近调查的公司中，几乎有一半的公司将其供应基础减少了 20%，将近 15% 的公司将其供应基础减少了 20% 至 60%。此外，3/4 的公司表示，他们现在将采购总额的 80% 用于少于 100 个供应商。

供应基础优化是必须继续并且是持续不断的活动。供应基础的合理化和优化过程对于提高供应商质量至关重要。有效利用更高级的战略采购方法，例如早期的供应商设计参与和供应链联盟，也需要减少供应基础。此外，如果公司适当地合理化和优化了其供应基础，则其余的供应商应仅包括那些最有能力提供一致的商品和服务的供应商。不一致是整体质量的敌人，很少有供应经理会故意淘汰他们最好的供应商。根据定义，由于淘汰了绩效较低的人，平均供应商质量将提高。

8.4.9 质量成本

尽管质量成本的概念最初是在 20 世纪 50 年代提出的，但许多公司尚未完全接受这一概念来改善其流程和运营。在许多方面，质量成本实际上应被视为"质量较差"的成本。由于许多成本会计系统的性质,质量成本通常被汇总到各种间接费用科目中,从而掩盖了其对财务的实际影响。

质量主要对公司的两种成本产生影响:质量不合格引起的成本和与提高质量或避免劣质有关的成本。因为执行管理的语言是用美元来量化的,所以衡量和跟踪公司的资金在质量上的实际使用情况非常重要。从这个更广泛的角度来看,质量成本可以分为三类:评估成本、故障成本和预防成本。注意:质量成本是一个非常复杂的问题,不仅要考虑与质量差相关的成本,还要考虑设计和确保质量的成本。

评估成本包括直接、自付费用来衡量质量,尤其是检查可能的缺陷。与评估相关的费用包括原型和样品的实验室测试、生产检验活动、供应商质量审核、进料检验以及其他形式的产品监控。

故障成本进一步分为内部和外部因素。内部故障成本发生在向客户提供产品或服务之前,而外部故障成本是指生产后或客户拥有产品后发生的成本。内部故障成本的示例包括过程故障排除,在发现缺陷后进行重新检查,由缺陷、报废和过程浪费引起的生产停机;外部故障成本的示例包括保修成本、向客户更换有缺陷的产品、责任诉讼以及客户信誉(即客户投诉)的损失。

预防成本是指在设计或修改生产流程以防止出现缺陷时首先发生的那些成本。示例包括质量设计、质量计划、设备校准、质量培训、质量手册的开发以及质量管理系统的维护。

许多传统的成本会计系统因无法提供清晰简明的信息来明确指出有关质量的资金支出而臭名昭著,这些费用通常发生在组织的各个部门中,而并不总是在具有特定质量职责的人员的控制下。此外,许多与质量相关的成本(例如培训)是一种主观性成本,很少被发现。

8.4.10 七大浪费

本田的 BP 流程是著名的持续改进流程,其重点是从生产和支持活动流程中消除浪费。BP 计划源于"最佳职位""最佳产品""最佳价格"和"最佳合作伙伴",它概述了本田以持续改进为基础开展业务的理念。

在本田 BP 流程中,我们非常注重识别和消除造成浪费的常见原因,这些浪费会增加产品和服务的成本、时间和精力,同时又不会为客户增加价值。造成浪费的常见原因如下:

- 生产能力不足;
- 工具/设备不足;
- 低效的布局;
- 缺乏训练;
- 供应商不足;
- 缺乏标准化;
- 管理决策不力;
- 运营商的操作错误;
- 计划不足。

BP 流程确定的这七种浪费是由于上述常见原因造成的,包括以下内容:

- 生产过剩;

- 空闲时间；
- 配送交货；
- 生产中浪费；
- 库存；
- 运营过程中的浪费；
- 零件报废。

过度生产导致浪费的产生。制造产品和/或提供服务需要时间、资源、劳动力和金钱。当某个过程产生的产出超过满足实际和预测的销售水平所需的产出时，这些稀缺的资源会被浪费掉，并且该过程无法生产其他产品，而在生产过剩的过程中可能会需要这些产品。

空闲时间也会造成浪费，因为有价值的设备或劳动力资源无法产生产出，随着时间而无法恢复。同样，当操作员待命并观看正在运行的过程时，他就没有从事生产活动。

一个过程中的所有交付活动都可以被认为是浪费的。因为交付只是增加了成本，却没有创造相应的客户价值。如果过程的各个部分延伸得太远或彼此之间的距离不很近，则将需要有人或某物在工作站之间移动输出。将过程中的各个要素更靠近地移动通常不需要额外的材料处理，并且可以使生产批量更小更频繁，这也有助于最大限度地减少生产过剩。

有时，工作流程中已经存在设计上的浪费。例如：设备设置和产品转换通常会花费比所需时间更长的时间，因为所有必需的工具、零件和组件可能不会位于进行设置或转换的位置附近。同样，执行设备设置或产品转换所需的多余时间将永远丢失并且无法恢复。考虑一下如果维修站工作人员每次去拉进维修站时必须去定位维修赛车所需的所有材料和工具，那么NASCAR维修站可能要花费多长时间。

就像生产过剩一样，过多的库存总是浪费，也只是在等待使用。在存储库存时，几乎所有可能发生在库存上的东西都是坏的或者过时、变质、损坏、放错位置和被盗。此外，持有库存本身还涉及许多其他账面成本，包括保险、更大的仓库设施、周期盘点、信息技术支持、财产税、管理费用、设备、额外的劳动力等。所有库存，包括原材料、在制品和制成品以及运维物品，都应遵循第16章中讨论的仔细而严格的库存控制方法。因此，供应经理还应仔细考虑适当的库存政策和相关活动支持供应链的多个层次。

操作员的低效移动还会导致浪费，因为它会占用其他生产时间，而这些时间可以更好地用于开展确实为客户增加价值的活动。供应经理应准备好询问供应商任何给定活动如何增加价值，以及是否可以消除、简化或与其他活动相结合。

最后，当制造不合格的零件、组件和制成品报废时，会发生浪费。就像浪费过度生产一样，制造不合格的产品和服务需要花费很少的时间、空间、资源、劳动力和金钱。此外，还必须创建替换零件、组件和制成品，以及时替换那些被拒收的物品，这不仅会由于工人加班导致劳动力成本增加，还会产生更高的运输成本。

8.4.11 养成不断优化的习惯

持续改进或"改善"的压力是严峻且不懈的，有多种方法可以使供应商改善成为主流组织文化的一部分。一种方法涉及使用供应商评估系统来改变绩效目标。一旦供应商证明其可以达到当前的绩效期望并愿意改善，绩效目标的上移即生效。理想情况下，供应商绩效的提高速度要比买方竞争对手从其供应链中意识到的要快。

如第12章所述，价值分析/价值工程（VA/VE）是追求持续改进的另一种方法。VA/VE是对零件、材料、过程或服务中每个成本要素的有组织的系统研究，以确保以最低的总成本实现其预期的设计和操作功能。与买方的VA/VE过程密切相关的供应商会积极查看客户规范，提交有关设计、材料和过程改进的想法，并与买方合作从而识别、减轻和/或消除不合格成本，这种方法能较好地持续改善供应基础制度化。

过去几年中最重大的变化可能是大型公司增加了帮助改善供应商绩效或发展供应商能力的意愿，这是第9章中的主题。许多活动都可以视为供应商发展计划。例如：买家越来越愿意为供应商提供西格玛质量培训。这些买家期望他们的第一层供应商支持第二层供应商的质量工作，以此类推，直至整个供应链。

如果一家公司已经将其供应基础合理化和优化到了可管理的水平，并且如果剩余的供应商获得了长期大批量的合同，那么很明显，更换供应商将变得越来越困难且成本更高。一旦公司完全合理化和优化了其供应基础，将主要通过开发现有供应商的能力来实现改进，而不是通过大规模更换供应商来实现。

买方还可以提供激励措施来鼓励供应商的持续改进努力。实际上，大多数供应经理可以使用一些非常有力的激励和奖励来积极影响供应商的行为。向供应商提供与绩效相关的奖励，即意识到奖励与绩效改善之间存在直接联系。传统上，买家要求改善供应商，但不愿分享由此带来的利益，这鼓励了供应商的自我促进行为。表8-4重点介绍了各种鼓励持续改进供应商的奖励措施。

表 8-4 提供改善供应商质量的激励措施

- 授予长期购买合同
- 向表现优异的买家提供更大的购买者份额
- 公开认可优秀供应商，包括"年度最佳供应商"奖
- 分享由供应商发起的改进节省的成本
- 为供应商提供获得新技术的途径
- 提供对新商机和产品开发计划的早期见解
- 邀请供应商及早参与新产品和工艺开发项目
- 允许供应商使用购买者的供应协议来获得优惠价格
- 邀请供应商参加采购商－供应商执行理事会
- 列出首选供应商清单，给排名第一的供应商提供新业务

资料来源：Adapted from Trent, R.J. (2001) "Linking TQM to SCM," Supply Chain Management Review, 5(3), 73.

8.4.12 把质量责任落实到个人

该原则要求买方和供应商为整个供应链的整体质量承担所有权。问题就变成了：买家如何调整他们对供应商质量改善的看法和需求？

与供应商实际合作是一种有效的方法，可以使双方都承担责任，并改善买卖双方之间的沟通。有多种方法可以与供应商建立共存关系。例如：江森自控与其塑料成型供应商Becker Group LLC14 共享一个22.5万平方英尺的工厂。由该供应商生产的塑料门板直接流入江森自控的装配过程中，从而可以立即获得质量反馈，并消除了制造过程中可能产生的

缺陷——运输损坏。同样,大众汽车公司在巴西建立了卡车组装厂,在组装厂内实际设有7个供应商,这些供应商使用自己的设备,并在实际的劳动中将这些物品组装成成品卡车和公共汽车,从而在大众汽车工厂生产零部件和组件。

积极的企业正在组建执行级别的买方-供应商委员会,作为与精心选择的关键供应商保持一致并建立合作伙伴关系的一种方式。如第5章所述,这些理事会定期开会,以协调长期的产品、流程和技术要求,确定买方和供应商可以共同开展的项目,并促进更紧密更协作的供应链关系,使质量成为每个参与者的责任对于整个供应链质量至关重要。

专栏文摘

降低成本的压力会影响供应商的质量吗?

2001年,一项调查报告称,汽车制造商为了应对OEM降低价格的要求而偷工减料。在261个报告供应商中,只有20%表示正在提高质量。不幸的是,例如安装在福特探索者号上的凡世通轮胎大面积失灵,提供了充分的证据证明有些地方出了问题。两家公司之间由此产生的收费和反收费引起了人们对美国两个最古老品牌的质量和安全性的严重关注。

仅降低成本并不一定意味着质量下降。根据《工业周刊》的2000年制造商普查,该研究对3 000家公司进行了调查,能够减少废品和废料的制造商在质量上的提高远胜于成本增加的制造商。尽管减少浪费是好的,但是减到只剩骨头并不是件好事。当买家要求已经以微薄利润运营的供应商大幅降价时,对质量的关注可能因此受到损害也就不足为奇了。在过去的20年中,成本的急剧削减已引起一些生产商的质疑,产品的耐用性和材料质量究竟要达到什么样的水平。

一些公司真正了解如何有效管理成本降低并实现持续质量改进。例如:丰田汽车公司期望其供应商每年将成本降低3%。即使供应商的价格逐年下降,丰田如何保持其产品质量的声誉?该公司愿意与供应商合作以找到共同降低成本的方法,这与简单地强制执行减少措施(可能导致产品质量和安全性降低的减少措施)形成鲜明对比。

资料来源:Adapted from R. D. Reid, "Purchaser and Supplier Quality," Quality Progress, August 2002; and D. Bartholomew, "Cost vs. Quality," Industry Week, 250(12), September 1, 2001, pp. 34-36, 40-41.

8.5 追求六西格玛供应商质量

前文刚刚讨论的总体质量原则只有在企业能够实施并证明随着时间的推移取得切实成果的情况下才起作用。当整体质量在20世纪80年代首次普及时,太多的公司按照TQM的原则对员工进行了教育,却没有投入必要的资源或时间来改变一种认为"足够接近就足够好"的文化。不足为奇的是,许多公司没有达到对全面质量管理预期的绩效改进成果。结果,许多参与者对所有的总体质量工作持愤世嫉俗的态度,称总体质量为"本月管理的'风味'";"如果再等几个月,"许多人说,"管理将转移到另一个'白银时代'。"此外,很少有采购组织将内部整体质量工作扩展到供应商。

许多公司对其总体质量计划感到失望的事实并不能消除寻求整体质量改进的竞争需求。六西格玛可被视为全面质量管理的更新版本,它通过对管理决策和解决问题的统计工具进行有纪律的应用,将量化结果放在最底线,并创建对组织文化产生积极影响的可持续基础架构。

著名的《六西格玛》作者兼顾问 Thomas Pyzdek 通过这种方式解释了六西格玛的重要性:"六西格玛是严格专注且高效地实施成熟的质量原则和技术的过程。六西格玛融合了许多质量先驱者的工作要素,旨在实现几乎无差错的业务绩效。西格玛(sigma)是希腊字母中的一个字母,统计人员使用该字母来衡量过程的可变性。Compas 绩效由其业务流程的 sigma 级别衡量。传统上,公司接受 3~4 个 sigma 性能级别作为标准,尽管这些过程在每百万机会中创造了 6 200~67 000 个问题! 六西格玛标准(每百万机会有 3、4 个问题)是对客户日益增长的期望以及现代产品和流程日益复杂的回应。"

"六西格玛致力于帮助组织更好、更快、更便宜的生产和服务,从而提高质量(即减少浪费)。用更传统的术语讲,六西格玛专注于缺陷预防,减少周期时间和节省成本。与降低价值和质量的盲目削减成本计划不同,六西格玛识别并消除了无法为客户提供价值的成本,即浪费成本。"

六西格玛减少了早期 TQM 工作所具有的许多复杂性。一位专家估计,TQM 包括 400 多种不同质量的工具和技术。六西格玛依靠一小套经过验证的方法,并培训被称为黑带 (Black Belts)的人员应用这些有时复杂的质量管理工具和方法。实验设计(DoE)是黑带在以下方面应用质量改进方法的一个示例:在确定最终设计并确定成本之前,找出并消除缺陷。许多观察家称赞摩托罗拉创造了"六西格玛"一词,并将其与每百万机会三四个缺陷(DPMO)关联。

六西格玛以多种方式涉及供应商质量管理。首先,仅以 3 或 4 西格玛质量运行的供应商通常会花费其销售收入的 25% 至 40% 来发现并解决问题。在不断降低成本压力的时代,这种质量水平无法支持长期的竞争成功。另一方面,以六西格玛质量水平运行的供应商通常花费少于五西格玛,如图 8-1 所示。

其次,质量管理不仅是管理内部质量。市场成功要求买方公司通过其 1 级、2 级甚至 3 级供应商识别供应链上游的废弃

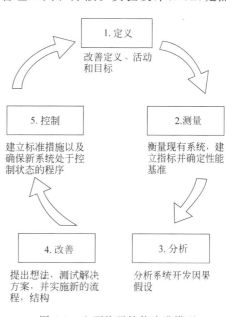

图 8-1 六西格玛性能改进模型

物。许多供应商开发计划都使用买方公司的专家来帮助较小的能力较弱的供应商获得六西格玛质量以及生产率和成本的提高。

帮助供应商改善的一个方面涉及对进行六西格玛绩效改进模型的培训。与未采用该模型的供应商相比,采用这种模型的供应商应加快质量改进的速度。他们还应将质量改进作为其运营的系统部分。图 8-1 概述了该模型的各个部分,也称为 DMAIC 模型:D(define,定义)、M(measure,考核)、A(analyze,分析)、I(improve,改善)和 C(control,控制)。

8.6 采用ISO标准和波多里奇国家质量奖标准评估供应商质量体系

通常,质量标准(例如ISO 9001:2008和ISO 14001:2004)旨在在商品和服务的生产中创建并保持过程的一致性。反过来,这些标准可以使用户或客户更有信心购买的商品和服务将令人满意地满足其要求。对于供应商而言,这些标准进一步保证了所售商品和服务的可预测性和统一性。

在美国,很少有公司在其供应商认证过程中应用一套统一的质量标准,从而常常导致工作重复和其他运营效率低下。在评估供应商的质量管理体系时,供应经理越来越多地转向已建立的质量审核和度量体系,以帮助推动供应商绩效的提高。

三个被广泛接受的质量管理框架是ISO 9001:2008、ISO 14001:2004和Malcolm Baldrige国家质量奖(MBNQA)。那些无法自行提供必要资源来评估或认证供应商质量的公司通常接受ISO 9001:2008认证作为供应商质量管理能力的证明。其他公司已使用基本的ISO 9001:2008、ISO 14001:2004和MBNQA质量标准来开发自己的供应商评估或认证过程。由于这些原因,对于买家来说,重要的是要对这三个程序有一定的了解和认识。

8.6.1 ISO 9001:2008标准

ISO 9001系列质量管理体系标准是在全世界范围内得到广泛认可的质量管理流程。ISO 9001标准最初于1987年开发,最初由一系列过程质量标准(而非产品标准)组成,该标准认识到产品质量将是质量过程的直接结果,旨在使欧洲的质量要求标准化。尽管通常将其视为全球竞争的最低要求,满足这些标准并非易事。据估计,已经向150多个国家的组织颁发了超过100万份证书。这些标准并没有具体规定如何经营企业,但是在如何将其用作改善经营的基础方面更为有用。

总部位于瑞士日内瓦的国际标准化组织已经发布了其第四版的ISO 9001标准,即ISO 9001:2008,该版本比2000年以前的第三版进行了持续改进。新版ISO 9001中的语言2008标准已简化,文本采用大纲格式而不是段落形式,并且ISO 9002和ISO 9003注册不再存在。ISO 9004:2008仍然是关键文档,它为性能改进提供了高于ISO 9001:2008基本要求的指南。要保持长期有效,必须每三年完成一次注册。

由于ISO 9001:2008标准旨在应用于任何行业的任何组织,因此要求是全面且难以理解的。ISO 9001:2008标准包含如下五个主要部分:

- 质量管理体系(QMS);
- 管理责任;
- 资源管理;
- 产品实现;
- 衡量、分析和改进。

QMS的第一部分涵盖了实施ISO 9001:2008所需的活动和步骤。本质上,该部分要求申请人明确划定并记录其流程和相关活动,以创建质量管理体系,过程与活动的交互和排序,如何操作和控制流程,如何产生和传播支持信息,以及如何进行测度和过程分析。QMS

包括质量手册、相关程序和工作说明。通用模板广泛可用，可以指导组织完成其文档编制过程。

第二部分有关管理质量责任，包含有关组织的总体质量政策及其与质量相关的目标信息。高级管理层必须证明其已在整个组织内建立起质量责任和权力，为职位描述创建包含常见的面向质量的语言的标准化格式是一个好主意，还应该有一位专门任命的高级经理，负责管理组织内部质量的必要权限和责任。

第三部分讨论并阐明了组织应如何把所需的资源用于识别、维护和改进组织的 QMS。组织还应在分配人力资源以提高质量时满足人力资源需求和客户满意度，包括培训和人员发展需求。

第四部分讨论组织如何设计和交付其商品和服务。ISO 9001：2008 将产品实现定义为"实现产品所需的过程和子过程的顺序"。本质上，这是指组织的产品如何设计、生产、评估、处理和运输。由于 ISO 9001：2008 的一般性质，这些一般活动也可以应用于服务交付系统。特别强调组织在提供产品和服务时如何寻求理解、交流和满足客户要求。组织在这里准备工作说明和工作流程图，以记录如何完成。

最后一部分概述了组织应如何制定指标、度量和监督，以便可以根据需要及时采取纠正措施的要求。度量和监督活动应包括内部审核程序、外部供应商审核以及如何有效地获得客户反馈和看法。必须明确定义、计划和实施所有相关的度量和监视活动，这使组织可以按事实进行管理，而不是凭推测。本部分可能是最重要的部分，在公司进行 ISO 9001：2008 注册时应特别强调。

修订的 ISO 9001：2008 标准基于以下 8 种公认的质量管理原则：

- 以客户为中心；
- 领导力；
- 全员参与；
- 过程方法；
- 系统管理方法；
- 持续改进；
- 事实决策方法；
- 互惠互利的供应商关系。

ISO 9001：2008 遵循基于过程的质量管理方法，强调计划、采取行动、分析结果以及进行改进。寻求 ISO 9001：2008 质量注册符合供应商的最大利益，特别是如果其客户（即买方）重视该过程。此外，供应商从寻求独立的第三方 ISO 注册中可以获得许多好处。例如：购买者及时确认供应商已根据国际公认的质量流程标准完成了注册。此外，购买者可能愿意认可 ISO 9001：2008 注册来代替单独的认证计划，从而降低了购买者和供应商的成本。

每个获得 ISO 9001：2008 注册的供应商都被列在符合 ISO 标准的公司总清单中。包含在此列表中可能会导致希望与 ISO 注册公司开展业务的其他潜在客户产生更多的购买兴趣，获得 ISO 9001：2008 认证的供应商也将更有能力满足美国国家标准协会（ANSI）标准。

采购公司还可以从供应商获得 ISO 9001：2008 注册中受益。首先，很少有购买公司拥有足够的规模或资源来独立开发和实施自己的全面供应商认证审核。第三方注册还可以提供对买方可能缺乏的供应商质量体系符合性的了解。采购公司可以获得供应商质量认证的好处，而无须实际执行其自身的质量认证审核。

对买方来说，另一个潜在的好处是，供应商承担了满足 ISO 标准并支付其自有注册费的责任。通过单独的供应商认证计划，购买公司承担了大部分（如果不是全部）与供应商认证有关的直接费用。ISO 9001：2008 注册要求供应商与公认的独立注册服务机构签约，该注册服务机构经认证可以执行 ISO 9001：2008 审核。

也许最重要的是，获得 ISO 9001：2008 注册的供应商通常会展示出比未注册的供应商更高水平的产品和服务质量。因此，购买者可以对供应商满足或超过购买者的质量期望和要求的能力有更高的信心。

8.6.2　ISO 14001：2004 标准

绿色和可持续运营的概念在全球市场中的重要性不断提高。最初建立于 1993 年的 ISO 14001：2004 系列标准旨在提高环境意识保护和污染预防。对于买方来说，这是分析和记录供应商主动管理其环境影响、可持续性和碳足迹的能力的绝佳方法。与 ISO 9001：2008 一样，ISO 14001：2004 本质上是宽泛的，但并不要求特定级别的环境绩效。

这些标准涵盖了环境学科的广阔视野，从组织的环境管理系统（eMS）到解决"标签，绩效评估，生命周期分析，沟通和审核"。根据 ISO 14001：2004，组织的 EMS 应包括有关如何评估其环境影响、改善其环境的指导意见，包括减少污染物产生，减少责任，改善法规遵从性，改善公共和社区关系以及降低保险费，并采取系统的方法来解决环境问题，包括监测和测量。

追求并获得 ISO 14001：2004 认证的另一个主要成果是通过改善资源管理和减少废物产生来提高盈利能力。ISO 14001：2004 是一组自愿性标准，由两个通用分类组成：面向过程的标准和面向产品的标准。但是，它不以现有的政府法规为基础建立排放和污染水平，也不详细说明任何特定的测试方法。

现在，许多采购公司要求供应商除了获得 ISO 9001：2008 注册外，还必须获得 ISO 14001：2004 认证。为此，供应商必须发布组织的环境政策，开发全面的 EMS，实施有效的内部审核系统，并使用纠正措施计划来解决不利的审核结果。

8.6.3　美国波多里奇国家质量奖

1987 年，美国总统罗纳德·里根（Ronald Reagan）签署了《马尔科姆·波多里奇国家质量改进法案》（Malcom Baldrige National Quality Improvement），该法案在美国商务部国家标准与技术研究院（NIST）的主持下确立了波多里奇国家质量奖（MBNQA），以表彰制造业、服务业和小型企业组织。MBNQA 获奖资格的最新增加内容包括教育行业、医疗保健行业以及政府和非营利组织。注意：MBNQA 获奖者必须向其他美国组织和企业传播有关其质量绩效和策略的相关信息。但是，无论原始应用程序中是否包含这些专有信息，都无须共享。

波多里奇标准从基本核心价值观和概念开始，这些核心价值观和概念构成了与系统过程有关的前六个标准类别；这些系统过程有望产生更好的绩效结果，如第七标准类别所示。与 ISO 9001：2008 普遍接受的质量原则在许多方面相似，7 个波多里奇标准类别如下：

- 领导力；

- 领导力；
- 策略计划；
- 以客户为中心；
- 测度、分析和知识管理；
- 劳动力为中心；
- 运营重点；
- 结果。

包括 Joseph M. Juran 博士在内的一组公认的高质量专业人员制定了最初的奖项授予标准，该标准已成为全面质量管理体系（TQM）事实上的定义，并且对其应用程序指南的广泛传播使许多组织和管理人员全面了解 TQM 的广义含义。例如：许多组织已成功地将 MBNQA 标准用作开发和维护 TQM 的模板，该奖项最重要的作用就是广泛传播了 TQM 的有用做法。

一些管理人员认为，MBNQA 为北美的公司提供了比 ISO 9001：2008 更全面的质量相关标准。因此，MBNQA 是一场竞赛，它意味着获胜的组织在质量管理和质量成就方面也很出色。MBNQA 的应用程序为实施质量计划提供了广泛的框架，并建立了适合监控质量进度的基准。尽管多年来联邦政府已分发了数千份 MBNQA 奖励申请，但积极寻求该奖项的公司数量实际上有所减少。MBNQA 标准的许多当前应用仅供内部使用，作为质量管理工具，而不仅仅是出于奖励目的。即使组织申请但没有收到 MBNQA，它也会收到详细的审查员报告，该报告将基于对组织的申请材料进行审查的训练有素的质量专家的严格审查，提供反馈。

一个公司可能需要 8~10 年的时间才能充分开发出具有竞争力的质量管理体系，从而获得该奖项。MBNQA 由 7 个加权类别组成，总计评分为 1 000 分，表 8-5 概述了这些类别及评分。绩效较高的公司，即 MBNQA 得分为 700 或更高的公司，在上述每个类别中均表现出平衡而出色的业绩，如表 8-5 所示。

表 8-5 波多里奇国家质量奖的持续改进

分数汇总工作表——业务标准

评审官姓名		申请编号	
标 准 项 目	可得总分（A）	百分比分数 0—100%（B）	得分（A×B）（C）
1　领导力			
1.1　组织领导	85	_____ %	_____
1.2　公共责任与公民	40	_____ %	_____
类别合计	125		_____ 合计 C
2　战略计划			
2.1　战略发展	40	_____ %	_____
2.2　战略部署	45	_____ %	_____
类别合计	85		_____ 合计 C

续表

	可得总分(A)	百分比分数(B)	得分(C)
3 以客户和市场为中心			
3.1 客户和市场知识	40	____%	____
3.2 客户满意度与客户关系	45	____%	____
类别合计	85		合计 C
4 信息和分析			
4.1 组织绩效的衡量	40	____%	____
4.2 组织绩效分析	45	____%	____
类别合计	85		合计 C
5 人力资源中心			
5.1 工作制度	35	____%	____
5.2 员工教育、培训和发展	25	____%	____
5.3 员工福利和满意度	25	____%	____
类别合计	85		合计 C
6 过程管理			
6.1 产品和服务过程	55	____%	____
6.2 支持过程	15	____%	____
6.3 供应商和合作过程	15	____%	____
类别合计	85		合计 C
7 企业经营成果			
7.1 以客户为中心的结果	115	____%	____
7.2 财务和市场结果	115	____%	____
7.3 人力资源成果	80	____%	____
7.4 供应商和合作伙伴结果	25	____%	____
7.5 组织有效性结果	115	____%	____
类别合计	450		合计 C
总分(D)	1 000		D

资料来源：U.S. Department of Commerce, National Institute of Standards and Technology, Retrieved from http://www.quality.nist.gov.

持续改进是 MBNQA 标准最基本和最重要的宗旨。在每个主要类别中，公司都必须证明他们计划如何改善该领域的缺陷。MBNQA 标准既面向流程又面向结果，涉及操作、流程、策略和需求。

MBNQA 与供应商质量有什么关系？现在，许多领先的公司在设计用于供应商质量绩效的内部评估系统时,都有效地使用了 MBNQA 标准。例如:康明斯发动机公司、摩托罗拉公司、太平洋贝尔公司、阿尔卡特公司和霍尼韦尔公司等公司都使用 MBNQA 标准的修改版本,对其主要供应商的质量管理体系进行深入研究。他们使用类似的评分系统,训练有素的质量评估员通常花上几天时间实地访问供应商的厂房设施,以评估他们的持续改进工作。诸如此类的进取型公司完全理解将行之有效的质量原则和准则应用于其整个供应链质量工作的背后逻辑。

8.7 供应商质量手册的基本内容

如开场白中所讨论的那样,供需双方之间沟通不畅的需求通常很普遍,特别是两者之间距离很远的话,更容易导致误解和冲突。解决潜在误解的更有效工具之一是准备一份详尽的供应商质量手册,概述并讨论买方的相关政策、质量要求和词汇。此外,每当选择新的供应商或现有的供应商需要协助以改善其性能时,都有一份经过深思熟虑且完整的供应商质量手册,购买者可以标准化其程序,而不必每次都重复工作。

有效的供应商质量手册应包含哪些内容?尽管从本质上来说,这样的手册必须具有一定的通用性,但它至少应包括各种质量控制和过程管理程序、测度规程、测试和验收程序、定义以及文档控制。此外,供应商质量手册应阐明供应商和买方的基本责任。它还可以描述供应商在检查、使用统计过程控制、持续改进、测试、样品评估、性能改进等方面所需的最低限度过程。有效的供应商质量手册的另一个关键要素是描述发生质量事件时应遵循的沟通过程,沟通使供应商公司的各种联系人保持最新状态。

全面的供应商质量手册还应描述供应商的选择和评估过程(如第 7 章所述),以及如何进行买方审核。与此过程说明一起,将讨论买方可能已经采取的各种质量改进计划和活动,例如供应商认证和供应商发展。还应包括任何相关表格的副本以及完成它们所需的必要说明,还应说明控制专有信息的任何要求和程序,包括保密协议。

许多公司还提供了其生产零件批准过程和/或样品验收程序的说明,旨在验证供应商的产品将满足买方的规格和任何相关的工程要求。当需要更改规格和工程要求时,供应商质量手册还应说明提交和批准工程更改订单的过程。

对于那些需要对供应商进行过程能力评估的商品,该手册应从买方和供应商的角度描述如何进行过程能力研究。买方进行的任何产品、原型或样品测试与评估活动也应列出并说明,以防止对任何一方造成误会或意外。如果发生质量事件,则供应商质量手册应在成本、时间和分配的资源方面描述买方和供应商的相对责任。与此相关的是,需要一个定义明确的过程来处理和存储不合格产品,直到最终解决。还应明确定义理赔程序,以及如何制订和提交纠正措施计划以防止将来出现不合格产品。

如果买方已经建立了供应商类别的级别,则应明确定义这些级别以及供应商要达到更高类别级别所应遵循的程序,例如首选供应商等。供应商质量手册还需要阐明各种产品类别的任何特定标记、包装和材料处理要求。

实践范例

与供应商合作解决问题

Warren/Amplex Superabrasives,位于宾夕法尼亚州的 Olyphant,是法国 Saint Gobain 陶瓷塑料公司的制造部门,该公司是世界上最大的建筑材料公司。一位亚洲客户,一家大容量数据存储设备制造商,报告了其从 Warren/Amplex 购买的其中一款产品的问题。该产品是一种聚晶金刚石泥浆,在其磁盘制造厂中堵塞了客户的过滤器。此外,在纹理过程中的清理步骤后发现未知的薄膜。

罗恩(Ron Abramshe),Warren/Amplex 的产品和技术销售经理,很快召集了质量控制小组处理新出现的质量问题。幸运的是,供应商之前已经制定了一个正式的故障排除方法,其中包含一系列结构化的问题和一系列审查程序,以解决此类质量问题。在这种情况下,故障排除过程包括以下问题。

- 问题最初是什么时候发现的?
- 批号是多少?
- 什么人员轮班工作?
- 操作员是新员工还是有经验的?
- 是否对过滤器进行了分析?
- 我们(Warren/Amplex)能把一瓶金刚石泥浆送回分析吗?
- 泥浆中添加了什么吗?

问题源于最后一批聚晶金刚石泥浆,但由于情况危急,客户无法退回样品。由于库存只有三天,因此需要立即紧急更换泥浆。当库存耗尽时,客户将被迫关闭其生产线,这在磁盘驱动器行业是不可接受的,因为错过发货期限会受到很大的惩罚。数据磁盘的纹理处理涉及将纹理图案以统一的宽度和深度放置在磁盘上。然后可以对纹理模式进行编码,以便读写头能够放置并检索二进制代码信息,纹理化后,将磁盘清理并移至该过程的下一步。

最初,供应商并不知道磁盘制造商正在过滤多晶金刚石浆料。一旦知道了这一点,质量控制团队就会研究浆液中的粒径。沃伦的另一个部门提供的见解是,细菌的存在很可能导致污染。Warren/Amplex 使用一种快速技术来规避用于培养细菌的正常皮氏培养皿测试方法,从而能够确定浆液中确实存在细菌。由于向亚洲客户提供替代浆料的时间很短,因此解决方案是在 80℃ 下对浆料进行巴氏杀菌 10 分钟。另一项测试表明,细菌被杀死,从而使 Warren/Amplex 为客户生产了一批替代的多晶浆料,从而可以维持其关键的生产进度。经过进一步的审查,Warren/Amplex 确定客户修改的处理要求以满足更高密度磁盘驱动器的新规范是细菌滋生的原因,在进行更改时,双方均未完全意识到其后果。

Warren/Amplex 能够快速解决这一严重的质量问题,这表明选择具有更大能力的供应商的价值不仅仅在于满足生产和装运时间表。不能过分强调合作团队在买卖双方之间解决问题的重要性。买方通常购买的不只是产品或服务,通常还需要评估其他供应商的功能。

资料来源:Abramshe, R. "The Bug and the Slurry: Bacterial Control in Aqueous Products"(2007), Milwaukee, WI: American Society for Quality Retrieved from http://www.asq.org.

本章小结

全球竞争优势的战场已进入供应链管理领域。尽管其他竞争因素（例如大规模定制和灵活性）将越来越成为赢得订单的市场特征，但是设计、生产和销售高质量产品和服务的能力将始终是主要的市场限定条件。但如果不全面采用TQM，供应商不应该期待潜在客户能够认真考虑改善供应商质量所涉及的不仅仅是提供清晰的规格和保持买卖双方之间的公开沟通。积极遵循TQM原则的供应管理可以有效地改善供应商质量实践，并为持续卓越树立高标准。成为供应商的好客户，定期评估供应商的绩效并消除或培养表现不佳的企业，提供及时准确的绩效反馈，认证和奖励六西格玛供应商绩效并帮助供应商实现共同的持续改进目标，可以实现供应商质量的卓越。为了达到总体质量，供应管理必须具有熟练的人员，他们必须了解TQM的原理和工具，包括六西格玛、ISO 9001：2008、ISO 14001：2004、MBNQA，并且可以与供应商有效地合作以确保零缺陷是规范而不是例外。

思考讨论

1. 买方为什么要关注监视和管理供应商质量绩效？
2. 讨论：供应管理不仅从供应商那里购买零件或服务，它买的是供应商当前和未来的性能。
3. 所有供应商对产品质量都有同等影响吗？讨论在什么情况下，某个供应商可能比另一个供应商对公司的最终产品质量有更大的影响。
4. 为什么买家要成为好客户很重要？买方如何成为供应商的好客户？
5. 供应商尽早参与设计工作如何有助于提高产品质量？
6. 讨论供应商获得ISO 9001：2008认证的好处。
7. 一些供应管理专家认为，供应商不应因为做一些预期的事情（例如：不断提高质量）而获得奖励。你同意这个立场吗？供应商可能期望获得的奖励有哪些常见示例？
8. 讨论买方公司对其供应商进行认证的好处，说明已经获得认证的供应商会有哪些好处。
9. 为什么20世纪80年代北美在许多全面质量管理方面的努力未能如所预期的那样成功？
10. TQM和六西格玛质量方法之间有什么区别？
11. 一个完善的供应商评估和选择过程应满足TQM的哪些原则？
12. 供应商评估系统需要满足全面质量管理的哪些原则？
13. 讨论戴明的14点在管理供应商质量管理中的作用。
14. 描述质量成本的各种分类。
15. 买方如何利用ISO 14001：2004改善供应商的环境绩效？
16. 买方如何利用MBNQA标准作为改善供应商质量的基础？

第 9 章

供应商管理与发展：创建世界级供应基地

学习目标

- 认识到供应基础管理和供应商发展包括一系列旨在提高供应商绩效的活动；
- 了解供应商测度和供应商管理之间的关系；
- 了解如何开发不同类型的供应商测度工具；
- 了解合理的供应基础在规模和质量方面的重要性；
- 知道何时以及如何应用供应商开发工具、技术和方法；
- 认识到各种形式的供应基础风险，并了解如何有效地管理和减轻风险；
- 了解管理供应基础可持续性的重要性。

开篇案例

供应商管理和测度的重要性

有时，仅仅建立一个供应商绩效测度体系是不够的。买方还必须确保性能数据的准确性和全面性。任何供应商都可以操纵或伪造其提供给客户的产品性能数据。例如，位于日本横滨的飞机座椅供应商 Koito Industries Ltd 承认，其向空客 SAS 和波音公司提供的大约 15 万个飞机乘客座椅在某些安全测试数据中存在违规行为，最终影响了全球约 32 家航空公司。

由于对飞机乘客座椅的需求日益增长，导致生产日程极其紧张，Koito 利用一个计算机程序，生成虚假的安全数据，以满足有关座椅安全强度的标准。此外，一些安全测试被完全省略，有些安全数据来自对不同生产批次进行的测试。日本交通省认定，小藤修改了电脑测试程序，使座椅冲击水平读数高于实际水平。此外，一些飞机座椅设计在没有适当通知的情况下进行了单方面修改，这一错误的安全数据只有在举报者公开这些信息时才得以披露。

由于这起 2009 年底爆发的丑闻，Koito Industries 总裁 Takashi Kakegawa 于 2010 年初公开道歉，并承诺重新测试所有相关飞机座椅，年底前修复或更换不符合安全要求的座椅。此外，他承认，造假活动可以追溯到 20 世纪 90 年代中期，由负责监督检测工作的新闻部正在进行"组织实践"。

2009 年 9 月，欧洲航空安全工业（EASA）撤销了对 Koito 座椅的批准，并考虑发布适航指令（AD），这直接导致空客无法满足某些配备 Koito 来源座位的飞机的交货日期。例如：空客公司不得不推迟新加坡航空公司（Singapore Airlines）11 架 A380 客机的交付，并表示，全球约 2% 的空客机队都配备了向 Koito 采购的座椅。此外,波音 777-300ER 等飞机的交付也受到影响。其他一些受影响的航空公司包括:日本航空公司、加拿大航空公司、荷兰皇家航空公司、全日空航空公司、泰国国际航空公司和斯堪的纳维亚航空公司。除了影响新飞机的生产外,在改装和更新现有飞机方面也出现了重大延误。

由于受影响的飞机数量较多,包括安装在头等舱、商务舱、高级经济舱和经济舱的 Koito 座椅,波音受到的影响比空客严重。因此,波音公司向 Koito 派遣了一个供应商开发团队,协助审查和重新部署其质量管理体系。此外,波音公司必须与每一位受影响的航空公司客户单独合作,以确保不存在飞行安全问题。

资料来源:Wakabayashi, D. (2010, February 10), "Airplane Seat Maker Faked Data on Safety," The Wall Street Journal, B2. Kirby, M. (2010, February 11), "EASA Bit Ruling Out AD after Koito Falsified Seat Test Results," Retrieved from www.flightglobal.com Sasaki, M. (2010, February 9) "Plane Seat Maker Faked Safety Tests." Retrieved from www.asahi.com.

9.1 介绍

正如开篇案例所表明的,进步的企业需要认真应对供应管理和提高供应商绩效这一日益增长的挑战。垂直整合公司大规模生产产品、产品生命周期漫长、变化缓慢的时代已经一去不复返了。随着全球竞争的快速增长,企业越来越依赖在由有能力和专注的供应商组成的庞大网络上,满足他们的业务目标。每个行业的企业都意识到,市场的成功需要他们在供应链合作伙伴网络中组织和管理资源和流程,而这些合作伙伴网络的设计是有目的的,而不是随意的。

有效的供应商管理和发展包括一系列广泛的活动,以管理和改善一个由经过仔细筛选和挑选的供应商组成的全球网络。这些面向未来的供应基础管理和供应商开发过程的主要目标是不断提高供应商的能力。今天刚刚足够的供应商业绩在明天的市场上将没有竞争力。历史表明,除非采购公司能够使其供应基础绩效更接近世界一流水平,否则它们将受到进步迅速的竞争对手的摆布,而这些竞争对手对供应商绩效改进工作的重视程度要高得多。

本章重点讨论了组织能够更有效地管理其供应链绩效的各种方法。尽管存在许多供应商管理方法,但大多数方法都属于本章所述的一系列广泛活动。第一部分论述了供应商测度与有效的供应商管理之间的重要关系;第二部分描述确定适当的供应商组合和数量以支持组织活动的过程;第三部分概述了如何将供应商发展作为改善供应基础绩效的策略;第四部分描述了一些组织在试图通过供应商开发来提高供应基础绩效时所面临的障碍;第五部分描述了供应链中有效管理供应基础风险和可持续性的重要性;最后,以一个良好的实践案例来总结一家公司如何利用可持续性管理作为建立其竞争优势的基础。

9.2 供应商绩效考核

供应商管理的一个重要部分是对供应商绩效指标的持续监控、测度、评估和分析。一个组织必须有适当的工具来监督其供应基础的表现。如果没有一个有效的测度系统来记录和评估供应基础的绩效,买方如何才能真正了解供应商履行合同义务的情况?包括必要的方法和系统,用以收集和提供信息,以持续测度、评估供应商绩效。供应商测度系统是采购过程的关键部分,本质上是供应商的报告卡。注意:供应商绩效测度与最初评估和选择供应商的过程有所不同,因为它是一个连续过程,而不是一个唯一的一次性事件。

9.2.1 供应商绩效考核决策

在制定供应商测度系统时,组织面临着对系统的最终设计、实施和有效性至关重要的几个决策。根据价值链集团总裁谢里·戈登(Sherry Gordon)的说法,在实施供应商测度计划之前,必须解决几个关键问题。一个有效的供应商测度系统必须考虑每个业务单元的目标、目标和策略,然后构建整体供应管理的相应目标和策略,以支持业务单元的目标、目标和策略。

其次,供应管理必须制定其供应商评估策略。例如,并非所有供应商都需要以同样的方式进行评估,那么哪些供应商部门或集团需要评估?此活动将驱动供应商测度系统生成的信息来源和类型。供应商细分必须考虑供应基础风险水平、类别支出金额和转换成本。最终确定供应商评估策略要求供应商经理了解所需信息的类型、如何部署这些信息以及时和经济有效的方式获取信息所需的方法,以及在收集这些信息时需要哪些资源。此外,第 7 章中讨论的许多关键供应商评估和选择标准也可以作为设计一个有能力和有效的供应商测度系统的起点。

1. 测度什么

所有供应商测度系统设计的核心是决定测度什么以及如何测度各种性能类别。组织必须决定哪些绩效标准是客观的(定量的),哪些是主观的(定性的),因为两者所使用的指标和方法是不同的。大多数客观、定量的变量将分为以下三类。

第一,发送给供应商的采购订单或材料放行单有数量和交货期限。因此,买方可以很容易地评估交付性能:供应商满足其数量和交货期的承诺。数量、交货期要求和交货期合规性都是供应商整体交付绩效的一部分。注意,第 17 章提供了关于有效管理采购运输和相关服务的额外讨论。

第二,几乎所有供应商测度系统都将质量绩效作为关键组成部分。买方可以根据先前指定的目标评估供应商的质量绩效,跟踪趋势和改进率,并比较类似的供应商。设计良好的测度系统也有助于确定买方的质量要求,并更有效地将其传达给供应商。有关供应商质量管理的更深入讨论,请参阅第 8 章。

第三,买方经常依赖供应商提供降低成本的帮助,这可以通过多种方式测度。一种常见的方法是在通货膨胀调整后跟踪供应商的实际成本。其他可接受的技术包括将一个供应商的成本与同一行业内的其他供应商进行比较,或与基准价或目标价进行比较。一些领先的公司将当年支付的最后价格作为下一年比较的基准价格。关于战略成本管理的更多讨论,见第 11 章。

此外,供应商测度系统必须与预先制定的标准或目标进行比较,以便能够以最小的偏差评估实际的供应商绩效。这些标准或目标必须是可实现的、易于测度的、适合被测度的供应商的、例行地传达给供应商的和可操作的。对于被认为可操作的目标,必须能够被执行。例如,可以采取纠正措施。

买方还可以使用一些定性因素来评估供应商的绩效。表 9-1 详细说明了可供买方使用的一些质量服务因素。虽然这些因素在很大程度上是主观的,买家仍然可以给每个因素分配分数或绩效评级。例如,一个买家可能会评估四个不同的质量因素(简单起见,假设相等的权重)。该系统将四个分数相加,再除以可能得到的总分数,得出总分数的百分比,这样买方就可以按照可能获得的总分数的百分比对供应商进行排名。

表 9-1 服务质量因素

要　素	描　述
问题解决能力	供应商对问题解决的关注
技术能力	供应商与其他行业供应商的制造能力比较
持续进度报告	供应商持续报告存在的问题或识别并传达潜在问题
纠正措施响应	供应商的解决方案和对纠正措施请求的及时响应,包括供应商对工程变更请求的响应
供应商降低成本的想法	供应商愿意帮助寻找降低采购成本的方法
供应商新产品支持	供应商具有帮助缩短新产品开发周期的能力,以及协助产品设计的能力
买方/卖方兼容性	主观评级涉及买方公司和供应商如何合作(也称为"波长")

2. 测度和报告频率

与计量规律性有关的两个重要问题是：向买方报告频率和向供应商报告频率。买方(或负责供应商日常管理的人员)应收到总结前一天活动的每日报告。此报表允许买方扫描传入的收据活动,并应突出显示任何过期的供应商收据。根据需要,买方还可以收到每周、每月、每季度或每年的供应商绩效总结报告。

买方应每月或每季度定期报告与先前制定的目标和目的相关的供应商绩效,还应至少每年与主要供应商会面一次,以审查实际绩效结果并确定改进机会。请注意,买方应该更频繁地与重要的供应商会面。但是,买方不应延迟报告供应商的不良表现,特别是当其对日常运营产生不利影响时,必须尽快解决业绩不佳的问题,以避免或减轻财务或运营方面的影响。

3. 测度数据的使用

供应经理可以通过多种方式使用从组织的供应商测度系统收集的数据。这些数据有助于确定那些没有达到预期水平的供应商,以便采取适当的补救或发展措施,使他们的业绩恢复到可接受的水平,或者如果他们不能找到新的供应商,测度系统也有助于识别那些有能力的供应商考虑与其长期合作关系或指定为首选供应商,因为他们的业绩堪称典范。

计量数据也支持供应基础合理化和优化工作。如果供应商不能将业绩保持在最低可接受水平,那么他们就不可能长期保持供应基础的一部分。供应商绩效数据的另一个用途包括根据供应商过去的绩效评级确定其未来的采购量。一些公司定期调整其采购量分配,并奖励表现较好的供应商,使其在未来采购需求中所占份额更高。调整供应商之间的数量也为供应商达到或超过买方的业绩预期提供了财务激励。

供应商测度的一个主要好处是,性能数据允许采购组织确定需要改进的操作领域。买家在做采购决策时也可以使用这些数据。当买方拥有一个可靠的测度系统,能够始终如一地对供应商的绩效与其他供应商的绩效或预先制定的绩效标准进行评级和排序时,供应商绩效的这些差异就变得更加明显。

9.2.2 供应商绩效考核系统的分类

请注意,所有供应商测度系统都有一些主观性因素。即使是计算机测度系统的实现也显示出某种程度的主观性。分析哪些数据、何时收集数据、使用哪些测度标准、要包含哪些性能类别、如何对不同类别进行加权、生成性能报告的频率以及如何使用性能数据在某种程度上都是主观的。此外,对于供应商测度系统中要包括的具体类别,没有硬性规定,这一选择将取决于对买方具有战略重要性的内容。

组织在评估供应商绩效时通常使用三种常见的测度技术或系统。每种技术在其易用性、决策主观性、所需的系统资源和实现成本方面都有所不同。表9-2比较了这三种类型的优缺点。

表9-2 供应商测度和评估系统的比较

系统	优势	劣势	用户
分类系统	易于实现,只需要最少的数据 不同的人员可以为资源有限的低成本企业做出贡献	最不可靠 评估频率低 比较主观 通常是人工的	小公司 正在开发评估系统的公司
权重评分系统	柔性系统 允许供应商排名 适度实施成本 定量和定性因素结合成一个单一系统	倾向于关注单价需要一些计算机支持	大多数公司都可以使用
基于成本系统	识别供应商无绩效的具体方面 已确定的不合格目标供应商,具有最大潜力进行改进	成本核算体系要求最复杂,所以实施成本高,需要计算机资源	大公司 有大规模供应基地的公司

1. 分类系统

分类系统是最简单、最基本的测度系统,可以最主观地测度供应商绩效。此系统模拟要求为每个性能类别分配主观评分。分类评级示例通常包括以下类别:优秀、良好、一般和差,这些主观评价可以由买方、其他内部用户或两者的组合来完成。

分类方法通常被较小的组织使用,因为它既简单又相对便宜。尽管分类方法为供应商测度过程提供了某种结构,但它并没有提供对供应商真实绩效的详细了解,因为这些类别通常定义不清,并且需要解释。此外,由于分类系统通常依赖于手动收集的数据,因此与自动数据收集系统相比,采购组织生成供应商绩效报告的频率更低。分类方法的可靠性是本书讨论的三种测度系统中最低的,这严重限制了该方法在评估供应商绩效时的价值。主观评分往往存在显著差异,这取决于实际创建评分的主观者。

2. 加权评分制

这种方法克服了范畴测度系统固有的一些主观性。加权评分制量化不同绩效类别的相对得分,这种方法通常具有较高的可靠性和适当的实现成本。

加权评分制也很灵活,用户可以根据目前对买家的各类别重视程度更改分配给每个性能类别或实际性能类别本身的权重。例如,维修和操作(maintenance repair and operating,MRO)零件分发器的性能类别和相关权重可能与提供关键生产组件的供应商的性能类别和权重不同。

关于使用加权评分制,必须了解几个重要问题。第一,用户必须仔细考虑并选择要测度的关键性能类别。第二,组织必须决定如何测度每一类绩效的重要性。虽然相对权重的分配是主观的,但是组织可以通过认真规划来自不同功能领域的参与来达成共识。第三,必须制定一套清晰、简明的决策规则,以便将供应商的绩效与预定目标进行比较,从而为每一类别评分。

如表 9-3 列示了基于 5 分制的样本加权评分,其中 5 分是最高分数。与分类方法相比,加权评分制应为大多数绩效类别提供更高的客观性,并更详细地评估供应商绩效。请注意,实际的评分标准将比这里总结的要详细复杂得多。

表 9-3　2015 年第三季度供应商测度与评估(加权评分制)

绩效类别	权重	评分	加权得分
送货			
准时	0.10	4	0.40
数量	0.10	3	0.30
质量			
入站装运质量	0.25	4	1.00
质量改进	0.10	4	0.40
成本竞争力			
与其他供应商的比较	0.15	2	0.30
提交成本降低建议	0.10	3	0.30
服务因素			
问题解决能力	0.05	4	0.20
技术能力	0.05	5	0.25
纠正措施响应	0.05	3	0.15
新产品开发支持	0.05	5	0.25
总分			3.55

总评级:1 = 差,3 = 良,5 = 优

3. 成本制

此方法是供应商绩效测度体系中最不主观的方法,量化了与某家供应商业务往来时的总成本,因为最低的采购价格不一定能使一个项目或服务的总成本最低。

拥有高性能信息系统的公司可以很容易地实施基于成本的供应商测度系统。主要的挑战包括确定和记录当供应商未能按预期执行时产生的适当成本。为了使用这样的系统,组

织必须估计或计算当供应商表现不佳时产生的额外成本。系统的基本逻辑是围绕供应商绩效指标(supplier performance indicators,SPI)的计算而建立的。供应商绩效指标是供应商提供的每个主要项目或关键商品计算的总成本指数,该指标为1表示令人满意的性能,不良成本的存在则使该指标大于1。其计算公式如下:

供应商绩效指标(SPI)=(总采购成本+不良成本)/总采购成本

表9-4给出了一个简单的基于成本的供应商绩效评估示例。基于成本的方法还可以包括对定性服务因素的评估,以便更全面地了解供应商的整体绩效。此示例比较了集成电路类别中两个项目的每个供应商的总拥有成本(total cost of ownership,TCO)。它还根据供应商的服务因素评级对其进行比较。请注意,当包含不履行的附加成本时,最低价格的供应商BC Techtronics不是最低总成本的供应商。对于这两个部分,Advanced Systems是总成本最低的供应商,尽管它的采购价格不是最低的,这是因为BC Techtronics的服务评分低于其他两家供应商。

表9-4 截至2015年第一季度的供应商绩效比较

商品:集成电路

零件号	供应商	单价(美元)	SPI	总成本(美元)
IC-04279884	Advanced Systems	3.12	1.20	3.74*
	BC Techtronics	3.01	1.45	4.36
	Micro Circuit	3.10	1.30	4.03
IC-04341998	Advanced Systems	5.75	1.20	6.90*
	BC Techtronics	5.40	1.45	7.83
	Micro Circuit	5.55	1.30	7.21

服务因素评级

Advanced Systems	78%
BC Techtronics	76%
Micro Circuit	87%

*项目的总成本最低的供应商,单价×SPI=总成本。

资料来源:Monczka, R. M., and Trecha, S. J. (1988, Spring), "Cost-Based Supplier Performance Evaluation," Journal of Purchasing and Materials Management, 24(1), 1-4.

表9-5总结了包含单一商品的一组商品的供应商绩效,它详细说明了不合格事件的总数、买方确定的每个事件的成本以及该季度无绩效的总成本。C和D行包括SPI计算所需的数字,行是获得的分数与质量或服务因素的总可能分数的比率。

表9-5 2015年第一季度供应商绩效报告

供应商:Advanced Systems
商品:集成电路
商品总零件号:2
A.本季度采购总额:5 232美元

续表

	不良成本		
事件	发生次数	每次平均费用(美元)	额外成本(美元)
延迟交付	5	150	750
退回供应商	2	45	90
废弃劳动力成本	3	30	90
材料返工成本	1	100	100
B.总不良成本			1 030 美元
C.采购总成本	（A 行＋B 行）		6 262 美元
D.供应商绩效指数	（C 行/A 行）		1.20
E.服务因子评级			78％

在许多情况下，不合格事件的实际成本可能很难估计或计算，因为许多传统的成本会计系统并未考虑到识别和获取此类数据。关于质量成本的讨论，请参阅第 8 章。例如：延迟交货的平均成本可能相差很大，这取决于客户的影响、潜在的销售损失、生产线关闭等。因此，许多组织通过在每次发生不合格事件时分配标准成本费用来解决这个问题。

然而，SPI 有时会提供一个不完整的或误导性的供应商绩效评估。例如：假设一个供应商交付 10 万美元的材料，其中一次延迟交付的费用为 5 000 美元。该供应商的 SPI 为 (10 万美元＋5 000 美元)/10 万美元＝1.05。这种 SPI 似乎比迟交一天价值为 3 万美元的原材料同时需要支付 5 000 美元要好一些。第二个供应商的 SPI 为 (3 万美元＋5 000 美元)/3 万美元＝1.17。尽管两个供应商都出现了同样的违规行为，但错误较小的供应商受到了相对其采购量更为严厉的处罚。标准化调整系数(Q)可以用来消除这种倾向于更高价值产品供应商的偏见，表 9-6 说明了如何使用 Q 调整系数计算 SPI，该系数的加入使供应商之间进行公平的比较变得可能。

表 9-6　带 Q 调整因子的供应商绩效指标计算

Q 是一个标准化因素，可以消除较高成本产生的偏差。
Q＝单个供应商大量材料的平均成本/所有供应商大量材料的平均成本
考虑供应商 A、B 和 C 的以下信息，每个供应商的单次延迟交货不合格项计算为 4 000 美元。
假设该商品供应商所有批次的平均成本为 2 500 美元。

	供应商 A	供应商 B	供应商 C
第三季度装运	20 批货每批 500 美元	20 批货每批 1 000 美元	20 批货每批 10 000 美元
装运总价值	10 000 美元	20 000 美元	200 000 美元
平均每批成本	500 美元	1 000 美元	10 000 美元
表现不良所需支付的费用	延迟交货 4 000 美元	延迟交货 4 000 美元	延迟交货 4 000 美元

续表

第三季度 SPI	(10 000+4 000)/ 10 000=1.40	(20 000+4 000)/ 20 000=1.20	(200 000+4 000)/ 200 000=1.02
所有供应商每批货物的 平均成本(单位：美元)	2 500	2 500	2 500
Q 计算	500/2 500=0.2	1 000/2 500=0.4	10 000/2 500=4

请注意这三个供应商的 SPI 值有多不同，即使他们各自都出现了同一个不合格事件。供应商 C 由于批量偏差大，因此 SPI 最低。

加入 Q 调整 SPI 计算=原料成本+(不良表现成本×Q 因子÷原料成本)

供应商 A：10 000 + (4 000×0.2)/10 000 = 1.08

供应商 B：20 000+(4 000×0.4)/20 000 = 1.08

供应商 C：200 000 +(4 000×4)/200 000 = 1.08

现在应用 Q 调整可以在供应商之间进行对比。

管理层对基于成本的综合支持测度系统得出的数据有许多用途。这样一个系统提供了必要的信息，使买方能够证明：尽管单价较高，但从首选供应商处购买仍是合理的。该系统还允许买方将特定不合格事件的成本告知原始供应商，然后帮助其识别改进机会。量化无绩效成本也可能导致供应商支付未列入计划内的成本。最后，买方可以使用这些数据根据供应商的历年总成本绩效确定长期供应资源。

本章介绍的三种测度方法虽然在复杂性和使用范围上有所不同，但它们都提高了买方对供应基础性能的认识，供应商考核是管理和提高供应基地能力的有力工具。

9.3 合理优化供应基地：打造一个易管理的供应基地

有效的供应基础管理和供应商开发从确定一个组织应该保持的最佳供应商数量开始。供应基础合理化是指确定买方将维持多少供应商和哪些供应商的过程。供应基地优化包括对供应基地的详细分析，以确保只有最有能力和表现最好的供应商才能留在供应基地。它通常包括淘汰那些目前或将来不愿意(或无法)实现供应管理绩效目标的供应商。

供应基础合理化和优化必须是一个连续的过程。边际和小采购量供应商的淘汰通常是合理化过程的第一阶段。随后的优化需要用表现更好的供应商替换好的供应商，或者用现有供应商启动供应商开发项目以提高其绩效。组织必须开发有效的供应商评估和测度系统，以确定表现最佳的供应商，然后与这些供应商建立更紧密的业务关系。很多时候，公司必须在世界范围内寻找最好的供应商。

在供应基础合理化和优化的早期阶段，这一过程通常会导致供应商总数的绝对减少。然而，对于每一个家庭或每一组购买的物品来说，供应商总数减少可能并不总是结果。关键是要确定正确的供应商数量，保持在基础供应上，而不是随意削减数量。例如，美国的一家卡车装配厂以前从不同的供应商那里分别接收轮胎和车轮。原始设备制造商的员工在一个劳动密集型和空间密集型的操作中，把轮胎安装在装配厂的车轮上并进行平衡。买方在装配厂附近增加了一个新的供应商位置，然后从各自的供应商处接收轮胎和车轮，作为组装、平衡和储存成品车轮总成,直到及时将其运至装配厂。尽管该公司在其供应基础上增加了一个供应商,但总体系统效率提高了,总成本实际下降了。在本例中,优化过程导致供应商的净增加。

9.3.1 合理优化供应基地:打造一个易管理的供应基地

供应基础的合理化和优化应该在成本、质量、交付和买方与供应商之间的信息共享方面带来真正的改善。因为流程从数量和质量上确定了最好的供应商,剩下的供应商通常能够执行额外的任务或提供其他产品和服务为买卖双方的关系增加价值。在优化供应的基础上,供应商通常与买方建立长期的关系,在共同努力改进中开展进一步的协作。

1. 从世界级供应商处购买

由于供应商绩效与供应链成功之间具有很强的相关性,因此只有选择和维护最好的供应商才能支持整个供应链的绩效更高。供应管理不必对成百上千的供应商负责,而是可以集中精力与能力极强的供应商组成的较小的核心团队建立更紧密的关系。与高绩效、世界级供应商开展业务的基本原则包括减少质量和交付问题、获得先进技术、发展合作关系的机会以及降低产品总成本,因为供应管理和工程师在新产品开发过程中获得了关键供应商的投入。

2. 使用全套服务供应商

在合理化和优化的供应基础上,剩余的供应商通常平均规模更大,更有能力提供更广泛的增值服务。当买方使用全方位服务的供应商时,它期望以访问供应商的工程、研发、设计、测试、生产、服务和工具能力的形式获得实质性的利益。全方位服务供应商方法给供应商带来了更大的负担,使其管理整个系统的组件、活动和服务,并有效地管理供应基础。全方位服务的供应商也可以完成设计和建造工作,而不是买方在内部执行工作或在松散协调的工作中使用几个不同的供应商。

汽车行业提供了许多全方位服务供应商的例子。例如:所有的机动车都有广泛的电气布线系统。传统上,汽车制造商在内部设计每个独立的线束,并通过竞争性招标过程将设计规范发送给供应商。有十个不同的供应商为最终组装到一辆车上的布线系统工作,这并不少见。现在,一个供应商或者只有几个供应商,可能会设计和生产一个新车的整个布线系统,贯穿整个车型的生命周期,结果是降低成本、提高质量、缩短产品开发时间。由于其专业知识,供应商可以同时设计布线系统和汽车的总体设计,从而缩短从设计概念到切合客户的时间。

3. 降低供应基础风险

从逻辑上讲,使用更少的供应商会降低供应基础风险是不合逻辑的。在这里可以认为财务损失或运营中断的风险程度源于不确定性。如果某个关键产品的单一或唯一供应商罢工,或在其生产设施发生致命火灾,扰乱了其生产过程,不能保障材料持续供应时,该怎么办?从历史上看,供应中断的风险一直是反对供应基础再生产或采购物品单一来源的主要论据。

然而,许多买家现在已经得出结论,如果他们仔细选择供应商,并与较少的供应商建立密切的合作关系,供应风险实际上可以降低。风险不仅仅包括供应中断,还包括其他供应风险：供应商质量差、交付绩效差，或由于非竞争性采购情况而导致的商品价格过高。然而，为每个项目维护多个供应商实际上会增加风险的可能性和水平。对于单独的项目来说，随着供应商数量的增加，购买类型多样、质量参差不齐产品的可能性就越大。

4. 降低供应基础管理成本

买家通常以多种方式与供应商互动，包括以下内容：
- 联系供应商了解设计和材料规范；
- 传达质量和其他性能要求；
- 谈判采购合同；
- 访问、审核和评估供应商设施和流程；
- 提供关于供应商绩效的反馈；
- 出现问题时与供应商沟通合作；
- 要求供应商提供有关产品设计的信息；
- 就工程变更单联系供应商；
- 传送原材料报表。

这些活动都有相关的实际成本，例如时间成本、劳动成本以及沟通误差导致的潜在成本。例如，维持5 000家供应商的管理成本将大大高于维持一个由500家高质量供应商组成的核心集团的成本。此外，优秀的供应商通常与买方关于问题的商讨很少，买卖双方之间最好的互动是为了增加价值，而不是为了解决问题。

5. 降低产品总成本

20世纪80年代，买方开始认识到为了每个采购项目而维护多家供应商的实际成本。由于产品质量和交付更大的可变性以及每个供应商提供较小的生产量，采购和运营成本增加，将供应商的固定成本分散到更高的产出水平上。向多个供应商授予少量业务的短期采购合同只会增加生产成本，并没有激励单个供应商在流程改进方面的投资。很明显，如果更少的供应商获得更大的批量合同，由此产生的规模经济可以降低生产和分销成本。供应基础的合理化和优化通过将更大的数量授予更少、更有能力的供应商，从而实现更低的产品总成本。

6. 执行复杂的供应管理策略的能力

实施复杂的供应管理策略需要一个合理的、可操作的供应基础。由于买卖双方在战术和战略问题上的双向互动程度较高，需要与供应商进行更复杂的合作和互动，因此需要一个较小的供应基地。复杂的供应管理策略包括供应商开发、早期供应商设计、及时采购以及与供应商制定基于成本的定价协议。

9.3.2 供应商过少的潜在风险

几乎没有供应管理主管会赞成为每一件采购的商品都提供多个支持。目前，争论的焦点在于为主要产品维持有限数量的合格供应商，而不是使用单一供应商。一些组织认为，使用多个供应商购买一件物品可以促进和保持供应商之间的健康竞争水平。然而，另一些人则认为，如果买方有效地管理供应商，单一来源仍然可以在合同有效期内提供成本和质量改进。尽管大多数买家都认识到供应基础合理化和优化的好处，但依赖较小的供应基础仍然存在潜在的风险。

1. 供应商依赖关系

一些买家担心一家供应商为了自己的经济存活会对采购者有很强的依赖性。如果买方将某一商品的总采购量与单个供应商合并,则很容易发生这种情况。增长能力有限的小供应商可能需要淘汰一些现有客户,以满足其现在更大的客户不断增长的需求。因此,供应商在财务上可能过于依赖买方。如果由于某种原因,买方不再需要某一特定物品不再购买,那么过度依赖的供应商可能不再有财政偿付能力。尽管供应基础优化可以导致买方和卖方之间的互惠承诺,但也可能导致一方对另一方的不健康依赖。

2. 缺乏竞争

由于只依赖一个或有限数量的供应商,一些买家担心失去市场竞争的定价优势。供应商无正当理由地过分提高价格或过于自满,可能会使买方成为人质。改变供应商的难度和成本越大(例如,更高的转换成本),这种情况就越有可能发生。然而,具有丰富供应基础优化经验的组织认为,仔细选择供应商和制定互利合同以满足持续改进要求,应防止过度依赖试图利用单一来源情况的供应商。

3. 供应中断

从相同地点的供应商,甚至多个来源的供应商,如果他们位置彼此接近,供应中断是一个潜在的风险。2011年,日本的Tohoku地震及其引发的海啸中断了支持全球汽车工业的电子元件供应。电子元件厂停产数周,正常水平的产量被削减数月。全球汽车制造商的反应是囤积电子零部件库存并减少其成品产量。日本以外未受地震影响的供应商涨价,导致整个汽车行业产生连锁反应。

同样,劳工罢工、设施火灾、自然行为、生产或质量问题,或供应商自己的供应基地内的中断,都可能破坏供应链中材料的顺畅流动。买方可以通过从具有多个生产设施的单一供应商采购来将这种风险降到最低。例如:戴尔电脑在其亚洲生产的笔记本电脑中使用了多种关键组件。如果一家供应商的工厂出现中断或产能不足,戴尔可以迅速根据需要,将其采购从该家供应商的另外一个合格的工厂,甚至转移到另一个供应商,以支持其运营。

另一种最小化供应中断风险的方法是选择具有多种能力的供应商交叉采购。在这里,买方选择或开发具有多个或冗余能力的供应商。如果某个项目的主要供应源出现问题,则第二供应商(即另一采购项目的供应商)将供应该项目。这种方法要求确定能够生产不同产品或在整个生产过程中执行多种功能的供应商。

4. 过度减少供应

在过度减少供应基础时,买家可能会过于激进。如果发生这种情况,那么如果需求大幅增加,留在供应基地的供应商可能没有足够的能力满足额外的采购要求。当时,一家主要的手工工具生产商开发了一系列使用可充电镍镉电池的产品,供应商发现他们没有足够的生产能力来支持这些电池的新产品要求。在这种情况下,供应基础优化过程要求买方快速地确定和鉴定新的来源。作为供应基础优化过程的一部分,买方必须确保仔细评估剩余供应商生产更大数量或开发其他供应商以覆盖增加数量的能力。

9.3.3 优化供应基地的方法

在讨论战略供应管理时，Keki Bhote 提供了几种可能的供应基础削减方法。Bhote 的框架包含三个主要要素：逐步淘汰现有供应商、选择最终供应商、选择合作伙伴支持。本节重点介绍几种常用的合理化供应基础的方法。

1. 二八法则

这种方法的含义是只有 20% 的供应商可得到大量的采购支出，或少数供应商造成了最严重的质量问题。支出水平和供应商质量是两个可能的决策标准，用于确定供应商的重新评估或淘汰。当企业需要快速削减供应商数量时，它们通常使用这种方法。20/80 方法的一个缺点是，仅仅因为收到的采购款较少，就有可能淘汰一些有能力的供应商。这种方法假设最好的供应商收到了大部分的采购款，但是这并不一定是真实的。此外，买方可能无意中排除了目前尚未使用的具有所需能力的辅助设备。

2. "改进或其他"方法

这种方法不管供应商的业绩如何，为所有供应商提供了一个留在供应基地的机会。它包括通知供应商他们有一个特定的时间段来满足更严格的新性能要求，范围包括提高质量水平和交付性能、缩短交货期、降低成本或任何其他关键性能指标（KPIs）。没有达到这些新期望的供应商可能很快就会成为前供应商。尽管这种方法有可能在短时间内推动供应基础的显著性能改进，但它也可能是一种非常严厉的与供应商打交道的方式。例如，通用汽车首席采购官 J. Ignacio Lopez 在 1992 年采用此方法，要求通用汽车供应商降价 3% 至 22%，否则可能失去现有的供应合同。然而，事实证明，这种方法在很大程度上是无效的，并对通用汽车的供应基础造成长期实质性的破坏。

3. 分类法

这种方法需要对个人供应商的绩效进行系统评估，并最终将其分为三类。第一类，也很可能是最大的一类，包括那些目前或将来表现不佳或无法满足采购绩效要求的供应商。然后，买方以这些供应商为目标，要求他们立即从供应基地撤出。第二类是指那些在各个方面都不符合买方要求，但有足够改进潜力的供应商。这些供应商中最有希望的往往是供应商帮助和发展的目标。第三类包括那些不需要改进的高质量有能力的供应商。这些供应商是更具协作性的买卖双方关系的典范，其中可能包括提供长期合同以换取持续改进，以及考虑建立联盟，供应商在这些类别中的分布可能因行业而异。

图 9-1 说明了一家公司减少供应商的分类方法。该公司将供应商与各种绩效标准进行比较，并将供应商分为三类：不可接受的执行者、满足最低要求但不是世界级的供应商，以及值得建立更密切、更协作关系的世界级执行者。

4. 能力阶梯法

这种方法要求供应商成功地进行一系列性能改进，以保持供应基础。供应商必须逐级通过一系列的障碍。首先，所有的潜在供应商必须满足买方的基本质量标准。每一个成功跨越的障碍都使供应商往买方供应基地的最终目标更近了一步。

下一组障碍可能包括供应商满足买方技术规范和产品性能要求的能力；随后的障碍可能包括展示持续的生产能力、增强的交付能力（如准时交货要求）、增长能力、共享信息的意

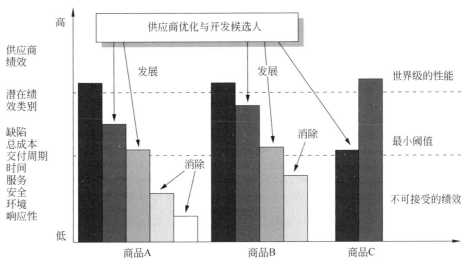

图 9-1 供应商优化与发展

愿、供应商规模、可持续性以及与买方的实际距离。请注意,不同的购买需求会带来不同的障碍,每一个障碍都会导致留在供应基地的供应商越来越少,结果是形成一个由能力强、积极进取、业绩突出的供应商组成的强大而灵活的供应基地。

9.3.4 优化供应基地的综述

可以得出关于供应商合理化和优化的几个结论:第一,供应基地合理化和优化的途径多种多样,本章仅提供这些方法的一个精选示例。此外,一个组织可以结合多种方法来实现其减少供应基础的目标。组织也可以决定对不同的采购需求使用不同的方法。第二,我们不必只对目前在供应基地的供应商进行评估。如果新供应商的使用具有良好的商业意义,则买方应始终对增加新供应商的可能性持开放态度。第三,供应基础合理化和优化的好处是实实在在的,而潜在的缺点是可控的。

专栏文摘

麦当劳认真对待供应商测度

为了测度供应商绩效,麦当劳(Oak Brook, IL)最近在其全球技术采购中采用了供应商关系管理(supplier relationship management,SRM)流程。根据 Joseph Youssef 的说法,麦当劳的 SRM 战略"需要专门的供应经理、创建标准化最佳实践的有效流程以及跟踪和评估结果的工具。"Joseph Youssef 还指出,一个组织必须通过有效的绩效测度来管理其供应基地,然后使供应商使用这些相关评估的决策。他概述了组织在其供应商绩效管理体系中应考虑的四个主要措施。第一个领域包括日常策略测度,如质量、服务、响应性和交付性能。第二个测度标准侧重于合同管理:确保遵守先前商定的合同安排。第三个方面是财务管理。这一领域的测度跟踪确保及时提交商定产品和服务的准确票据。第四个测度指标集中在供需关系和双方双向沟通的水平上。

资料来源: Adapted from Forrest,W. (2006,September 7) "McDonald's Applies SRM Strategy to Global Technology Buy," 16.

作为一个小的核心供应商群体,供应商的效率是一样的,就像在供应商太多的情况下追求渐进式的供应管理战略是一个挑战一样。庞大的供应基地也意味着大量供应管理活动的重复,增加了采购成本,同时又不会相应地增加客户的附加值。最后,供应商合理化和优化应是一项持续的活动,并根据需要不断进行审查和修改。

9.4 供应商发展:改进策略

第一个有文档记录的应用程序来自丰田、日产和本田,其中一些应用程序可以追溯到二战前。例如:丰田1939年讨论了将供应商视为企业不可分割的一部分,并共同努力提高其集体绩效的必要性。日产在1963年实施了其第一个供应商开发工作,本田在1973年第一次阿拉伯石油禁运后加入了这一俱乐部。然而,世界其他地区常常犹豫要不要接过供应商开发的大旗,甚至连联合国也认识到了供应商开发的必要性,它的目的是改进全球工业分包合同和提升伙伴关系交流的技能、能力和竞争力。

尽管在早期的几本采购书籍中提到了这一概念,但最早的北美供应商发展著作是由Michiel Leenders研究员开始的。广义地说,供应商发展是指买方为提高供应商的绩效或能力以满足买方的短期和长期需求而开展的任何活动。组织可以依靠各种各样的开发活动来提高供应商的绩效,包括共享技术、为供应商提供改进绩效的激励、促进供应商之间的竞争、提供必要的资本,以及通过培训和过程等活动使其人员直接与供应商接触。

买方人员直接参与供应商的运营无疑是任何供应商开发过程中最具挑战性的部分。不仅买方的管理层和员工必须确信,将稀缺的公司资源投资于外部供应商的运营是值得的,而且供应商也必须确信,接受买方的指导和技术援助符合供应商自身的最大利益。通常情况下,供应商确信,买方希望从事供应商开发的唯一原因是可以向供应商施加压力,迫使其将通过提供价格优惠或削减其利润率,从而降低成本。即使双方对供应商发展的重要性达成了共识,双方仍需执行和分配必要的资源,并确保随着时间的推移保持变革的动力。有效的供应商开发需要大量的资金和人力资源、熟练的人员、及时和准确的信息共享以及绩效测度。

9.4.1 供应商开发的流程图

在审查了60多个组织的战略之后,本书制定了一个通用的流程图,用于实施供应商开发计划,如图9-2所示。尽管许多组织已经成功地部署了流程的前四个阶段,但有些组织在实施后四个阶段方面不太成功。

第1步:确定开发的关键商品

不是所有的组织都需要追求供应商的开发。一个组织可能因为其现有的战略供应商选择流程而随时准备从世界级供应商那里采购,或者它的对外采购可能只占销货成本的很小比例。因此,供应经理必须分析其各自的采购情况,以确定某一特定供应商的绩效水平是否值得发展,如果需要,则需要注意哪些特定的商品和服务。

高级供应经理应彻底考虑以下问题,以确定给定供应商是否值得开发;如果对下述大多数问题的回答是"是",则表明需要开发供应商。

- 外部购买的产品和服务是否占50%以上产品或服务价值?

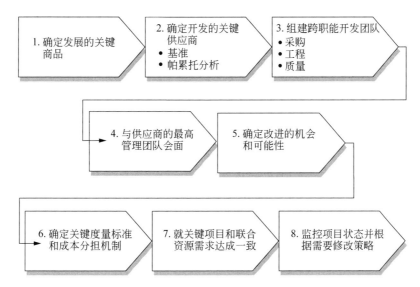

图 9-2 供应商开发战略实施流程

资料来源：改编自 Handfield R., Krause D.Scannell, T 和 Monczka, R.(1998 年 12 月),"供应商发展反应性和战略过程的实证研究",17(1),39-58.运营管理杂志.

- 供应商是否是竞争优势的现有或潜在来源？
- 基于总成本与初始采购价格，你目前是否采购或计划采购？
- 现有供应商能否在五年后满足你的竞争需求？
- 你是否需要供应商对你的需求做出更高效的响应？
- 你是否愿意并且能够对供应商的需求做出更高效的响应？
- 你是否计划将供应商视为你业务中的合作伙伴？
- 你是否计划与供应商建立并保持开放和信任的关系？

然后，成立一个公司级执行指导委员会，对所有采购商品和服务的相对重要性进行评估和支出分析，以确定供应商开发工作的重点。回顾第 6 章，了解如何进行支出分析；此评估的结果是对那些对市场成功至关重要的关键产品或服务进行组合分析。这个讨论是公司整体战略规划过程的延伸，必须包括来自其他受采购决策影响的关键职能部门的参与者，包括财务、销售和营销、质量、信息技术、会计、工程、制造和运营以及设计。

第 2 步：确定开发的关键供应商

供应基础绩效评估系统有助于确定商品组内可作为发展目标的供应商。一种常见的方法是对当前的供应商绩效进行例行分析。回到图 9-1 所示，龙头企业定期对供应商的绩效进行逐项监控，并从最好到最差进行排名。在质量、交付、周期时间、延迟交付、总成本、服务、安全、持续能力或环境合规性方面，未达到预定最低性能标准的供应商可能被淘汰出供应基地；如果供应商的产品或服务对买方至关重要，则它很可能成为供应商发展的候选者；那些目前满足最低要求但尚未提供世界级性能的供应商是最有可能成为开发计划的候选人。标杆管理和帕累托分析是两种采购工具，可以帮助确定可能的供应商发展目标。

第 3 步：组建跨职能开发团队

在与供应商接触并要求改善绩效之前，达成跨职能共识并在内部支持该计划是至关重要的。供应管理主管不断强调,供应基地的改善是从内部开始的,通过以买方为中心的活动,也就是说,采购方必须有自己的办公场所,然后才能期待供应商的承诺与合作。跨职能开发团队通常包括来自工程、运营、质量、成本管理和供应管理的成员。此时,应创建一个团队章程,描述供应商开发项目的范围和细节。

第4步:与供应商的最高管理团队会面

一旦制定了开发团队章程并确定了适当的供应商候选人进行改进,开发团队应与供应商的最高管理团队接洽,并为寻求供应商改进建立三个基础:战略一致性、测度方法和专业性。战略一致性要求公司之间的业务和技术一致性,它还需要协调整个供应链中的关键客户需求。测度需要一种客观的方法,能够及时准确地评估开发结果和进度。通过与供应商的最高管理层共同探讨一个企业改进的典型案例,各方表现出的专业精神有助于建立一个积极的基调,加强合作,增进双方的交流,以及建立对彼此的信任。

第5步:确定改进的机会和可能性

在与供应商高级管理层的会议上,供应管理执行人员应确定改进的关键领域。采用战略方法发展供应基地的公司通常可以就需要改进的领域达成一致,通常这些改进领域是由客户最终的需求和经验驱动的。然而,只有那些确定高概率可持续成功的项目才应该启动。

第6步:定义关键指标和成本分担机制

尽管不需要具体到每个项目,但接下来将根据项目可行性和潜在投资回报率两个方面对发展机会进行评估。双方共同确定改进的机会是否现实可行,如果可行,则制定措施和改进目标。买卖双方还必须就如何分配或分享开发项目的成本和收益达成一致,共同分担一般是各担一半,但实际的成本或收益分享必须考虑到各方的投资和努力水平。

第7步:就关键项目和联合资源需求达成一致

在确定要实施的具体改进项目后,各方必须确定实施项目或开发工作所需的资源,并承诺使用这些资源。双方还需要就证明项目成功的具体措施和指标达成一致。这些措施包括在成本节约、质量、交付或周期时间或与供应链绩效相关的其他领域中采用明确的改进比率。供应商改进计划中最关键的一部分是改进的可见里程碑及时间跨度。该协议还应规定各方的具体作用,谁对项目结果负责,以及对资源部署方式和时间计划进行详细说明。

第8步:监控项目状态,并根据需要修改策略

启动供应商开发项目后,必须定期监控进度。此外,需要公开、持续和双向的信息交流,以保持项目的发展势头,这可以通过为目标创建可见的里程碑、发布进度以及基于实际进度创建新的或修订的目标来实现。根据项目过程中发现的信息,项目管理可能需要修改原始计划,追加额外的资源、开发新信息或重新调整优先级,这些视具体情况而定。

9.4.2 供应商开发的工作偶尔无效

有证据表明,供应商开发项目至少有一段时间是有效的。表9-7给出了供应商开发工作的全面研究结果。

表 9-7 供应商发展成果

标 准 制 定	供应商开发前	供应商开发后
来料缺陷	11.65%	5.45%
准时交货百分比	79.85%	91.02%
周期时间(包括从下达订单到收到货物的时间在内)	35.74 天	23.44 天
订单完成百分比	85.47%	93.33%

资料来源：Krause, D. R., and Ellram, L. M. (1997), "Success factors in supplier development," International Journal of Physical Distribution & Logistics Management, 27(1), 39-52.

表 9-7 中清楚地表明了，尽管不能保证供应商开发计划会完全成功，但是一般情况下，开发过程中会产生很多实质性成果。这并不意味着成功的供应商开发没有障碍和挑战。事实上，其他的研究已经发现这些障碍确实存在，下一节将介绍一些技术和工具被前沿公司用来解决可能导致供应商开发效率不理想的问题或障碍。

9.5 克服供应商开发的障碍

有效开发供应商的障碍通常分为三类：买方特定壁垒、买方—供应商接口壁垒、供应商特定壁垒。公司可以采用各种方法来克服供应商发展的障碍。一般来说，这些方法分为以下三类。

第一，公司经常派遣自己的专家协助供应商。其特点是实际行动，买方代表直接参与纠正供应商问题并且提高其能力。例如：买方指定直接参与活动（实际操作），它的工艺工程师到供应商的工厂协助重新布置设备以提高效率。

第二，公司通过自身的内部努力，利用激励措施鼓励供应商改进。例如：如果在特定时间内期望的性能改进能够发生，买方可能同意增加未来的订单量，也可能举行年度颁奖仪式，公开表彰最佳供应商。

第三，在某些情况下，如果供应商的表现被认为是不可接受的或者明显缺乏改进，公司可能会撤回目前的业务或者保留未来的潜在业务。买家也可以利用竞争激烈的市场，重新签订现有合同，为表现不佳的供应商提供可行的威胁或激励。

多数情况下，组织常常组合采用这三种策略，以尽快推动供应商的改进，并根据特定供应商的能力和需求应用。下面将列出一些内部、外部或基于接口的支持开发障碍，并提供了领先公司如何克服这些障碍的示例。

9.5.1 特定采购方的发展障碍

采购公司认为不应从事供应商开发，除非高级管理层认识到对供应商开发投资的必要性或从中获得的利益。此外，如果供应管理人员尚未如上文所述对其供应基地进行合理化和优化，则与任何一家供应商的采购规模都使企业对供应商开发的投资不合理。此外，在资金和时间方面，可能缺乏对供应商开发工作的高层次的支持。

1. 障碍：采购公司向供应商的采购量不足以证明供应商开发投资是恰当的

解决方案：标准化和单一采购。跨多个产品线的零件标准化是增加与供应商的总订单量的一种方法，这可以证明开发投资是合理的。如果买方人员认为使用定制组件将提供市场优势，他们将继续使用它们。然而，组件标准化仍然是利用全球采购量和缩短新产品开发周期的重要途径。

在组件标准化的同时，许多供应经理还计划在可能的情况下，使其供应基础实现比率化，以实现范围的扩大和规模经济。有些公司在可能的情况下使用单一采购，仅在劳资纠纷可能性较大的情况下才依赖两个或多个供应商。

2. 障碍：对采购组织来说，供应商开发没有直接的好处

解决方案：追求小规模赢利。汽车和建筑车辆用柴油发动机生产商 Varity Perkins 发现，其最初的供应商开发工作相对不成功，这导致企业成员内部预期降低，挫伤了对未来发展的热情。然而，大家意识到产生此问题的原因是他们试图完成太多，因此该公司将重点放在一个较小的供应商群体上（或持续改进），努力获得一些小规模赢利。此类方法实现了渐进改进，最终得到内部成员的重新认可。

3. 障碍：购买物品的重要性不足以证明供应商开发工作的合理性

解决方案：关注长期成效。Solectron 是计算机行业的合同制造商，其竞争战略在很大程度上依赖于其供应链管理能力。该公司除了着眼于采购投入的价格之外，研究其最重要的供应商如何影响产品质量和技术。Solec-Tron 希望供应商提供设计，提供工程师在未来产品设计中可以使用的集成解决方案，全面成本和长期战略的影响有助于证明对供应商持续投资的合理性。

4. 障碍：采购组织内部缺乏对供应商开发的行政支持

解决方案：证明供应商开发的有利性。当管理层确信，如果供应商绩效提高公司可以改进时，将给予对供应商开发的支持。对于那些将近 80% 的商品成本花费在采购上的公司来说，这样的论据很容易提出；对于购买百分比较低的公司来说，这一论点可能更加困难。证明供应商改进和利润增长之间的直接关系是有困难的，供应管理组织内的人员必须记录结果。管理者还注意到，优化公司供应基础的努力，加上零部件标准化，可以帮助长期释放稀缺资源，使供应商的发展更受内部质疑者的欢迎。此外，总成本法对供应商绩效的测度也被证明是一种有效的沟通工具，用以证明无绩效的供应商会给企业产生的影响。然而，许多公司仍然认为供应商开发资源只是额外的间接成本，而不是改善供应链绩效的必要投资。

9.5.2 客户—供应商的交流障碍

供应商发展的障碍也可能源于买方和供应商之间在诸如开放沟通、信息共享、组织文化的一致性、共同目标和信任等方面的问题，不愿分享买方或供应商关于成本和流程的内部信息是更重要的接口障碍之一。

1. 障碍：供应商不愿意分享有关成本或流程的信息

解决方案：设立供应商监察员的职位。美国本田制造公司有供应商监察员，他们处理业务的软件要求主要是人力资源问题，通常与成本、质量或交付无关。由于供应商监察员不直接参与采购合同谈判，供应商往往更愿意与监察员公开诚实地交谈，监察员随后可以充当两家公司之间的联络人。一位监察员强调，与供应商建立信任需要时间，而建立信任因供应商而异。如果供应商因本田与供应商之间沟通不畅或误解而向监察员提出问题，监察员应将供应商的观点传达给本田，并尽可能保密。随着时间的推移，供应商开始信任监察员，似乎更愿意与公司共享专有信息。

2. 障碍：保密性阻碍信息共享

解决方案：建立保密协议。也许开发供应商最大的挑战之一是共享机密信息，尤其是在与高科技供应商打交道时。因此，许多公司在开发工作中，特别是在处理对买方竞争力有重大贡献的先进技术产品时，要求保密协议或者独家经营协议（例如，供应商只向一个买方提供特定产品）。然而，保密协议对于双方都是有益的，买方的道德行为也支持与供应商更公开地分享信息。

3. 障碍：供应商不信任采购组织

解决方案：说明清楚。Varity Perkin 事件背后的驱动力表明，如果双方未签署适当的书面协议，公司将不会开展活动。尽管 Varity Perkin 的一些供应管理人员更喜欢"绅士协议"，获得供应商信任的唯一方法是明确地写出并签署条款，特别进行初始供应商开发活动时。在一个例子中，Varity Perkin 花了 8 个月的时间说服一个供应商考虑研讨会，因为供应商觉得与不同公司的类似事件之前没有产生任何改进。由于 Varity Perkin 之前与供应商保持着正常的信誉关系，信任问题恶化，表现为仅根据价格频繁更换供应商。该公司已采取积极行动，通过实施和宣传一种新的供应管理理念，强调与供应商的合作关系，来扭转这种看法。

4. 障碍：组织文化不协调

解决方案：因地制宜。在南卡罗来纳州建立美国汽车组装厂时，宝马很快意识到，它将不得不改变供应商开发方式，以适应北美的供应市场。宝马在德国的供应商开发中采用了流程咨询的方法，包括分析供应商的流程并告诉他们哪些是错误的，这种方法在一个成熟的买卖关系中很有效，在这种关系中供应商直观地了解客户需求，因为双方一直在一起工作。然而，在美国，显然需要一种截然不同的方法，因为供应商与公司合作多年的长期关系根本达不到同样的程度。

当宝马（BMW）开始在美国生产时，其当地供应商经常难以理解质量和持续改进方面的要求，常常导致关系紧张。因此，宝马花费大量时间向供应商解释和传达其绩效期望。最终，宝马公司发布了一份明确规定供应商责任以及自身期望的报告。该公司还举办了供应商研讨会，介绍质量路线图，这样有助于调整买方和供应商的期望，并创建一个共同的文化。

5. 障碍：没有足够的动机让供应商参与

解决方案：创造动机。尽管 Solectron 现在通常能够向供应商提供大量订单，但情况并非总是如此。为了在产量较低的年份获得供应商合作，Solectron 强调，供应商可以参与设计产品，从而具有更大的未来业务潜力。

解决方案：财政激励。现代汽车公司使用财务激励作为一个供应商改善的激励工具，公司对供应商绩效的评价从 1 分（最高）到 4 分（最低）四个不同的等级。一级供应商立即收到付款;二级供应商在30天内收到付款;三级供应商在60天内收到付款;四级供应商没有收到新的业务。因为所有的供应商都知道现代汽车公司是如何评估其绩效的,所以他们采取必要的措施来保证得到。

9.5.3 特定供应商的发展障碍

正如买方有时无法认识到从供应商发展中获得的潜在利益一样,目标供应商缺乏这样的认识也可能使最高管理层拒绝实施这项计划。这种缺乏承诺的情况可能导致未能落实改进意见或提供支持发展进程所需的技术和人力资源。此外,开发项目完成后,可能不会进行适当的供应商跟进,供应商的绩效可能会恢复到以前的水平。

1. 障碍:供应商管理层缺乏承诺

解决方案:承诺后实施。Deere & Company 的供应商开发经理声明,除非供应商的管理层证明其对流程的充分承诺,否则他们不会与供应商一起参与供应商开发项目。这包括对拟议的改进项目进行联合检查,并确定潜在的成本和效益。为此,Deere 的一名供应基地经理安排与供应商的本地最高管理层举行初次接触会议,以获得其承诺和参与。为了确保这一点,Deere 的供应商开发工程师向供应商管理层提供有关所需改进工作的范围和影响的培训。一旦供应商的高级管理层原则上同意参与,供应商开发工程师将设计流程,建立基本案例情况,并与相应的供应商人员一起估计预期收益。一旦 Deere 和供应商同意预期项目的目标,下一步是确定如何公平地分摊成本和收益。Deere 通常允许供应商提前收回实施项目所需的任何资本相关成本,然后通过未来的价格下降,将此节省的成本与供应商对半分摊。通过公平地与供应商分享由此节省的成本,供应商更愿意参与未来的开发项目。此外,还与其他可能的供应商开发目标分享了成功案例,以证明开发过程的可行性。

2. 障碍:供应商的管理层同意改进,但未能实施建议

解决方案:"供应商冠军"。JCI 公司是汽车行业的一级供应商,已经制订了一个发展供应链合作关系的供应商冠军计划(supplier champions plan, SCP),旨在确保供应商精通对 JCI 客户重要的领域。该项目的启动是因为许多参加过 JCI 培训课程的供应商未能实施 JCI 提供的工具和技术。SCP 确定了供应商人员从培训返回后需要实施的内容,该计划指定了一名供应商冠军,一名了解 JCI 期望并展示高水平能力和信誉的关键供应商员工。认证过程要求供应商倡导者向 JCI 提交供应商已确定的改进措施,这些行动可能包括流程绘制、失效模式影响分析、质量控制规划、最佳实践基准测试和过程审计。

3. 障碍:供应商缺乏实施解决方案的工程资源

解决方案:直接支持。美国本田制造公司在其供应商支持基础设施上投入了大量资源。在当时本田供应管理部门的300多人中,有50人是专门与供应商合作的供应商开发工程师。例如,一家小型供应商无法承受订单数量,导致质量下降。本田免费派遣了4名员工到该供应商处,为期10个月,并根据需要提供额外服务。因此,该供应商提高了其性能,并且现在是一个成熟的本田供应商。

4. 障碍:供应商缺乏所需的信息系统

解决方案:提供电子数据交换(electronic data interchange, EDI)支持。在自动取款机制造商 NCR 公司，经理们指出，获得及时和准确的信息对于决策和最终提高绩效至关重要。NCR 供应商开发计划的重点是让供应商投资于 EDI。NCR 还为那些生产低级别组件的供应商提供直接帮助，这些组件供应商没有足够的资源与企业联机。此外，NCR 还为供应商提供培训，并就硬件和软件采购提供建议。

5. 障碍：供应商不相信开发能带来好处

解决方案：让供应商知道它们身处何处。Varity Perkins 通过改进其供应商评估系统告诉供应商可以在哪里改进。以前企业每季度向供应商发送一次评估质量、交货及价格绩效的报告。Perkins 并没有采用任何方式来利用这些数据，而供应商也没有认真对待评估。企业重新改进了系统之后，考核方法也随之改变。它使得企业可以了解供应商每日经营的绩效所产生的影响。

过去，Varity Perkins 每周定期对交货绩效做出一系列的考核，平均准时率为 90%～95%，而每天的准时率却降到了 26%。自从采用了新的考核方法之后，每天的交货准时率提升到了 90%。供应商的历史、其与 Perkins 的其他供应商相比的绩效情况及每个偏离平均水平的领域等都会出现在修正报告中。该报告还引用大量用图表示的数据，更加富有意义。

这个系统成为企业供应商开发项目的基础。通过让供应商了解自己以及竞争者的绩效情况，企业期望供应商能够看到参与供应商改进活动带来的潜在利益。

6. 障碍：供应商缺乏实施解决方案的员工技能基础

解决方案：建立培训中心。JCI 公司意识到一些供应商，特别是较小的供应商，缺乏执行改进措施的内部技能。考虑到这一点，JCI 建立了一个专门为内部股东、供应商和客户提供培训的机构。同样，现代汽车公司还建立了一个国内培训中心，为供应商人员提供关键性能领域的培训，如特殊焊接。供应商和现代汽车公司分担了这一成本，韩国政府还支持这一培训中心，为建筑成本提供税收优惠，对联合培训实施成本免税。

解决方案：提供人力资源支持。现代公司认识到，资源有限的小型供应商无法持续招聘和留住高技能工程师和其他关键员工。因此，现代大部分的改进工作都集中在较小的供应商身上。现代汽车公司从自己的车间挑选工程师，在供应商工厂工作。工程师们与供应商合作，进行时间或行动调查，教授供应商如何设计配置图，提高生产效率。鼓励供应商学习、应用并最终将所转移的知识传授给其他内部利益相关者和二级供应商。

9.5.4 供应商开发的经验总结

以上这些例子的一个基本主题是，供应商开发的许多障碍是相互关联的。看起来，当公司努力解决一个障碍时，他们在解决其他障碍方面取得了同步进展。因此，我们可以从研究供应商开发的成功和失败中得到一些教训。

第一，管理态度是一个常见且难以克服的障碍。美国本田制造公司的一位供应管理主管指出，尽管质量问题总是可以解决的，但供应商管理层在问题真正解决之前的态度必须是正确的。供应商有时不愿意接受供应商开发形式的帮助，或许是由于他们太骄傲而不愿接受帮助，或者因为他们不认可改进质量或交货绩效能够带来价值。有时，供应商认为改进所需的资源是以牺牲其他关键商业业务需求为代价。为了让供应商配合，相关成本的节约应该是真实而且很容易实现的。

第二，从供应链中获得竞争优势需要对供应链管理进行战略定位，并使供应管理目标与业务部门目标保持一致。在设立采购目标及企业目标的时候，供应商开发在可持续竞争优势中扮演重要角色。一个强有力的供应管理使命宣言有助于促进这一战略的重要性和一致性。看看以下来自欧洲零部件制造商的供应管理使命声明："我们致力于采购商品服务世界"，这种方式表明了我们的目标就是成为世界上最成功的汽车零部件企业。

该公司通过以下途径实现这一使命：发展世界级的供应商基地；及时获得最高质量、最具成本效益的商品和服务；与力求在所有领域不断改进的供应商建立长期关系。

第三，管理关系是供应商发展成功的关键。买家可以选择其他供应商，通过集中的供应商发展活动加强与供应商的关系。在发展相互信任的基础上，供应链的参与者开始真正理解彼此的每一个需求，从而使整个供应链更加强健、灵活和有竞争力。理想情况下，供应商的发展将使我们认识到，买方与成功的供应商之间有着紧密的共同命运，供应商的发展要求双方之间有着紧密的合作关系和相互承诺。

直接与供应商进行供应商开发活动并不容易。它需要相互的远见、承诺、开放的沟通以及公平地分担成本和收益，才能有效地开展工作。当然，长期目标是改造供应商，使持续改进成为每个供应商能力的一个组成部分。这种共同的成就只有在过去有过，只有那些有足够耐心使供应商发展成为其供应商管理过程的重要组成部分的公司才能实现。

9.6 供应基地的管理风险

随着全球供应链管理的日益复杂，再加上企业层面降低成本的巨大压力，供应链管理者必须学会高效地管理全球采购的内在风险。供应链风险管理的问题有两个方面：风险的共同来源是什么？如何有效缓解或管理这些风险？对于供应经理来说，所有风险都必须根据其附加成本和发生概率进行评估。

供应基础风险的第一个方面：风险是所有采购决策的固有因素，尤其是那些涉及广泛的全球供应链的决策。当从外国供应商（尤其是位于新兴市场，例如第三世界或新兴工业化国家的供应商）采购时，供应链风险、复杂性和不确定性呈指数级增长。然而，没有清单能够完全列出每个供应基地必须管理的各种风险来源，因为每一个采购决策都是不同的，必须仔细评估实际情况。供应经理必须考虑其组织的供应链可能是脆弱的，并评估哪些选项可用于解决或减轻这些脆弱性。

值得一提的是，风险和不确定性并不是同义词。不确定性与无法准确预测未来事件和市场状况有关，而风险则与不确定性如何对组织及其经济、可持续性和社会责任绩效产生负面影响是有关的。

买方企业的目的是最小化或减少风险。归根结底，买方应在风险事件发生之前而不是之后，履行其尽职调查。人们只需重新调取 2010 年墨西哥湾石油平台事故中英国石油公司正在处理的问题，就可以了解事件如何对公司盈利能力和公共关系产生负面影响。然而，一旦一个风险事件真的发生了，强调尽职调查的有效性通常就太晚了；通常是结合现状控制损失以及进行危机管理。表 9-8 列出了有助于指导供应经理风险评估活动的重要问题。

表9-8 供应链风险管理问题

组织在哪里容易受到潜在风险的影响?
为什么组织易受攻击?
如果发生这种风险,将如何影响组织?
这种风险将如何影响公司的客户、供应商和利益相关者?
风险的原因是什么?
当风险发生时,组织应该怎么做?

忽视供应基础风险或不主动做好准备,将大大增加未来经济损失或运营中断的潜在性、可能性和负面影响。从时间、精力和资金消耗的角度来看,风险回收是非常昂贵的。还需要考虑其他定性因素:负面的公共关系和客户信心的丧失,导致销售损失和盈利能力下降。例如:最近中国多家向美国零售商供应儿童首饰的供应商使用了一种致癌物质镉镀层,给沃尔玛等公司带来了实质性问题。然而,这些后果让公司学会了风险管理,有效的供应链风险管理实际上可以产生竞争优势。

供应基础风险可分为几个一般类别,如表9-9所示。政治风险包括:国家稳定、地区稳定、政治和政府稳定、官员腐败程度、合同法、知识产权、选举、军事行动、内乱、恐怖主义、外贸平衡问题以及关税方面的差异。

表9-9 一般风险类别

政治风险
市场风险
采购风险
财务风险
供应商公司风险

即使买方与位于相对稳定国家但地区不稳定的供应商开展业务,区域政治风险会影响国家政治风险。这里的一个典型例子是,与韩国毗邻的朝鲜可能会发生不可预测的破坏性活动。同样,政治选举、政变、战争和内乱都会对买方维持供应连续性的能力产生负面影响。例如:如果买方在2010年期间在泰国或希腊有一家关键零部件供应商,这些采购零部件的活动将因骚乱而中断。

另外,不同类型的法律体系会影响供应链风险的水平,如英国普通法、拿破仑法典和伊斯兰法。这些法律制度之间的差异表明了对知识产权、合同法、代理法和法律制度的不同看法。国家间不利的贸易平衡可能会对贸易产生负面影响,或通过征收再贸易税和关税、无法将利润汇回本国,以及处理日益繁重的进出口管理规则来增加成本。一种新民族主义正在迅猛发展,其特点是外国政府重新将自己纳入生活和商业的各个方面,这可能会严重限制一个组织进出口货物的能力。

供应基础风险的第二个风险主要是市场风险:买方必须关心的一个问题是,对同一货物或供应源有竞争的买方数目。此外,买方必须准备好应对日益缩短的产品生命周期,这将要求供应商试图更快地收回其在工厂和设备、技术、生产能力方面的具体投资。此外,还存在着可能影响合同期限的新兴技术(通常是破坏性技术)的威胁。买家可以很容易地锁定现有技术,而其竞争对手可以获得更新更高效的技术。这里的一个主要例子是智能手机和平板电脑行业的技术变革水平和速度。最后,买方在试图保护或维护其商业机密和知识产权不被供应商,特别是海外供应商滥用或不当使用时可能面临重大风险。失去专有信息可能会导致买方失去竞争优势,甚至可能产生新的竞争对手。

供应基础风险的第三个风险主要是采购风险:对于全球供应链来说,较长的供应链和更大的风险之间存在着强烈的相关性。买方必须确定在这些广泛的供应链中供应中断的可能性,并建立一个供应网络,以便在发生中断时提供一些冗余和灵活性。供应商在供应市场中的竞争水平也将决定风险的水平。当供应商数量较少或转换成本较大时,如果供应商了解买方决定更换供应商将带来的困难或成本,那么被供应商挟持的风险就更大。供应链越长越复杂,就越难有效地协调供应链成员之间的库存和预测。在全球供应链中,语言、沟通和时间差异也存在问题。即使从不同的文化背景和角度讲同一种语言也可能是一种挑战。例如,与北美买家相比,a.s.a.p 对亚洲供应商意味着什么?与买方直接共享一个共同的供应商,会限制新技术的使用,以及在供应紧张时不被视为首选客户。

供应基础风险的第四个风险是金融风险:当运输流程变长时,库存运输成本会变大,例如库存投资、存储和仓储成本、材料搬运、损失和损坏、税收、过时和机会损失成本。有效地管理货币汇率总是有问题的,特别是从第三世界供应商那里购买时。还有软货币对硬货币的相关问题需要考虑。对于所有跨境运输,买方必须熟悉国际销售条款或国际贸易术语解释通则,以确定由哪一方(买方或供应商)负责全球交易中涉及的各种成本,包括:在运输起点和终点的本地运费、在途储存和仓储、出口包装,证书,货运代理费,保险费,关税,长途运输费,信用证以及船舶/车辆装卸等。关于国际贸易术语解释通则的更多信息见第 10 章。财务风险、供应基础风险的最终领域发生在供应商公司层面。在此,买方应关注供应商当前的财务稳定性和未来的生存能力。很难准确地了解任何一家供应商的财务状况,尤其是位于另一个国家的供应商。

在最近的经济衰退中,供应商的财务稳定性尤为重要。对于买家来说,定位、评估和学习与海外(尤其是新兴市场)的新供应商或替代供应商开展业务既昂贵又耗时。由于全球采购所涉及的所有复杂问题和潜在问题,买家应该质疑国际采购是否明智,尤其是短期采购。买方还需要评估供应商公司的能力,例如其知识、技能和能力、性能改进的需要以及处理客户工程变更单和数量波动的能力。然而,对于另一个国家的买家来说,买方也看不到外国供应商本身的供应链。最后,供应商可能是可以改变买卖关系固有性质的合并或收购的主体,供应商可能会与买家的竞争对手联手,造成潜在的无法维持的局面。

那么,谨慎的买方如何获得必要的信息来确定其供应基础风险,特别是关于外国供应商的风险?在任何特定的秩序中,都存在着大量的来源,包括普华永道、美国中央情报局、国际货币基金组织、经济学家情报股、国际贸易联盟、美国国会图书馆、透明国际、国际贸易中心、全球风险集团、库尔茨曼集团、全球《腐败报告》、世界银行研究所、布鲁金斯研究所、米尔肯研究所、经济合作与发展组织,以及亚洲开发银行、非洲开发银行和美洲开发银行等区域开发银行。其中一些数据资源是免费的,而其他资源仅在订阅的基础上可用,使用哪种信息来源将取决于所评估的风险类型和所需的信息。如果可能的话,对来自多个竞争源的信息进行交叉使用或验证是很重要的。

尽管许多高管表示，他们的公司尚未建立正式的风险管理流程，但越来越多的公司开始实施这些流程。有许多应急管理工具可以有效地在战术层面协助供应经理识别、分析、降低和监控供应基地风险，如表 9-10 所示。应用的具体工具将由供应经理的风险分析决定。越来越多的复杂信息技术的大量部署正在进行，以自动监控和分析一个组织的供应基地。

表 9-10 通用应急管理工具

库存
多种来源
使用第三方中介机构
情景分析
货币对冲
保险
自动可视性和预警系统

维持大量库存一直是解决供应基础风险的传统方法。但是，它也是一种管理和降低风险的昂贵方法。库存的目的是作为买方和供应商之间的缓冲，以防止不可预见的供应中断、需求变化和订单周期变化。问题在于持有的库存量是否正确。在许多情况下，库存实际上会增加公司的风险，因为库存的账面成本和投资增加、过时和变质、损失和损坏（缩水）以及过度的监控和处理。库存通常有一个非常短期和反应性的重点，但它可以有效地用于一个新的供应商，直到大多数的启动困难和问题得到满意的解决。

另一种传统的处理供应基础风险方法是使用多渠道采购。如果一个供应商无法履行其合同义务，同一项目有多个供应商会导致竞争更加激烈，并为买方提供替代供应源。如果买家的需求增长缓慢，多家供应商的存在也会带来成交量的上升，而这可能是单一供应商无法处理的。然而，由于使用不同的材料、制造技术和工艺，多个采购可以增加采购产品质量的不确定性，这也限制了买方采用更复杂的采购策略的能力，如供应基础的合理化和优化以及供应商的早期设计参与。在决定是否使用多重采购策略来降低供应链风险时，需要买方采用总成本评估方法。

使用第三方中介机构，如国际货运代理、非船舶运营公共承运人、出口管理公司、出口包装商、货物检验师、海关经纪人和出口贸易公司，也可以帮助买方将其供应基础风险降到最低。在许多情况下，采购组织可能不具备有效管理进口交易所需的内部专门知识或经验。因此，可能需要第三方中介机构来补充或替换购买组织内的技能和能力。

情景分析在商业上的应用可以追溯到 20 世纪 70 年代，荷兰皇家壳牌公司（Royal Dutch/Shell）使用这一方法应对阿拉伯石油危机，因为采购组织已经在实际风险事件发生前制订了计划和应对措施，这一既定技术允许采购组织在供应链风险事件发生时做出更快的反应，有时候通常被称为"假设"计划或"预演未来"。虽然情景计划在技术上不被认为是一种预测技术，但它试图探索可能对组织成本和运营产生重大负面影响的未来情景。一旦识别和审查了风险情景，使用前面描述的各种信息来源，在风险事件可能实际发生的情况下，由最高管理层创建、审查和批准应急计划。

从某种意义上讲，情景分析是一种头脑风暴法的形式，它要求管理者识别并考虑潜在供应链风险事件的可能性和影响，然后在没有伴随而来的时间压力、负面公众认知和狂热情绪的情况下，提出适当的应对措施，若提前没有充分准备可能会出现例如 2011 年地震和海啸导致日本大部分汽车电子制造商设施闲置后，全球汽车制造商面临的情况。然而，对情景规划的批评是，一旦对给定情景制定了可能的应对措施，这些措施会一直被归档直至被使用。然而，由于自这些计划制订以来，先前的市场状况和环境情况可能已经发生了重大变化，这些计划应定期重新评估。表 9-11 总结了执行场景分析所涉及的步骤。

表 9-11 执行方案分析的步骤

确定会对本组织产生负面影响的具体问题或情况
考虑风险情景发生时受影响的利益相关者
建立基线条件
根据严重程度和破坏性影响对潜在风险情景进行分类和分析
制定可行的工作战略和计划，以便迅速作出反应
持续识别和监控关键风险事件"触发器"
定期审查风险情景和相应的应急计划

情景分析从确定具体问题或情况开始，如果遇到这种问题或情况，将对本组织构成现实的挑战。此外，管理层需要确定组织中谁会受到决策的影响，以及他们可能受到的影响。为了确定今后可能产生的影响和可能需要开展的相关活动，必须确定基线情况。在这个阶段，组织应该识别、评估场景的相关驱动力和约束。

下一步，组织应将这些潜在风险情景按其严重性和可能对运营造成的破坏性影响进行分类。在这一分类过程中，应确定和评估对情景的所有可能反应，以确定其可能的有效性和适合情况。为了被组织决策者接受，被评估的风险情景必须是可理解的、可行的和内部一致的。这些风险情景还必须在必须解决的困难和管理层在遇到困难时必须做出的运营决策的背景下进行评估、分析和解释。

一旦对风险情景进行了分类和分析，组织管理者就需要制定可行的工作战略和计划，以允许他们（或接班人）在实际出现特定风险情景时迅速做出反应。这样，组织就不必在不太理想的工作环境、紧张的时间限制和紧张的公共安全环境下从零开始。最后，在制订了适当的应急计划并进行了彻底审查之后，情景规划人员必须确定并实施那些关键风险事件触发因素，这些触发因素可以持续监测，并将充当预警系统，以检测何时可能遇到风险事件。此外，组织应定期审查其风险情景及其相应的应急计划，以重新验证其适当性和可行性，因为自风险情景首次确定并编制相应的应急计划以来，环境和市场条件可能已发生变化。

供应基础风险的一个主要来源是全球采购中与货币相关的问题。对外贸易中使用的货币的相对价值可以与其他货币剧烈波动，从而改变长期采购安排的基本成本结构和预期盈利能力。解决此类风险的一个常用工具，也称为管理交易风险。实质上，货币对冲可以保护未来外汇现金流的美元价值。套期保值的主要原因是保护买方免受未来购买价值的重大波动，这是一个高度技术性的过程，应该与购买组织的财政部和国际银行机构密切合作。

设置货币对冲的最初选择是确定交易的估值货币、买方本币、供应商本币或第三国本币。如果使用买方的货币，供应商承担货币风险，并有可能增加额外的应急成本，以弥补其未知的风险。如果选择了供应商的货币，则买方接受货币风险，并需要采取措施确保在货币汇率转为不利时受到保护。期货合约和远期外汇合约可以有效利用，最大限度地降低货币

兑换风险。期货和远期外汇合约的其他讨论见第 10 章。

货币期权虽然价格昂贵,但也可以用来减少货币汇率变动的负面影响。本质上,期权相当于无对冲。例如:保留货币风险,买方公司购买一份保险单,以保护自己免受未来不利汇率波动的影响。除非该组织在未来行使购买货币的货币选择权,否则什么都不会发生。但是,除非买方有丰富的经验,否则不鼓励买方从事货币对冲活动。通常,召集货币专家处理期货合约、远期外汇合约和货币对冲是谨慎的。缺乏经验的买方的失误可能导致与实际购买协议没有直接关系的重大损失。

几乎每一批国际货物都需要投保,只有少数例外。消除风险的成本就是保险费本身的成本。适当的保险范围很重要,因为这是指损失何时发生的问题,而不是国际交易中是否发生了损失的问题。从这个意义上说,保险的唯一目的是通过管理损失的概率来重新分配经济损失和最小化风险。在国际贸易中,由于运输管道较长,处理量较大,货物的损失和损坏风险通常要大得多。通常,只有在国际货物运输的保险和运输条款十分复杂的情况下才会发生实际的损失。

有时,并不是所有的损失都能得到完全弥补,有时甚至根本无法弥补。有些损失被明确排除在承保范围之外,除非购买补充保险附加费。例如:战争、海盗行为和运输延误等风险造成的损失,一般不在标准保险单的承保范围之内。此外,由于风险状况迅速变化,国际货运的保费可能在短时间内发生重大变化。如第 10 章所述,买方需要特别注意谈判达成的国际贸易术语解释通则,即哪一方支付保险费。即使保险是由供应商提供的,但它通常只代表最低保险范围,更多地是为了保护供应商的利益,而不是买方的利益。如果买方希望投保超过最低限额的其他风险,他将需要确保包括必要的补充保单附加条款并支付保费。请注意,根据各种国际责任公约,国际承运人一般只提供最低限度的保险。

供应链风险管理(supply chain risk management, SCRM)可以定义为供应链成员如何就风险源进行沟通和协作,利用风险管理工具减轻和最小化整个供应链的风险和不确定性。SCRM 是一种帮助组织识别、评估和开发适当的风险应对方案,旨在避免或最小化对运营潜在干扰的系统方法。在 2008 年的一项研究中,Kinaxis 讨论了成功实现供应链风险管理所需的能力。第一个 SCRM 能力是可见性,它允许组织识别和评估整个供应链的风险。因此,SCRM 必须能够集成和部署从各种 ERP 系统获得的分析。第二个 SCRM 能力是一个事件识别和预警系统,它将允许组织在风险事件的早期阶段做出更有效的反应。第三,SCRM 系统必须包含对供应链的实时分析,以便能够更好地理解风险事件并用于决策。SCRM 工具还必须能够模拟风险事件的模型,建议风险缓解策略,并评估不同的风险响应。由于风险响应团队可能位于全球不同的位置,因此,SCRM 需要提供跨时间和距离与合适人员协作的能力。第四,SCRM 工具必须能够批判性地评估各种情景方案的效果,以确定哪种方法最适合解决问题。表 9-12 总结了有效 SCRM 系统的能力。

表 9-12 供应链风险管理系统能力

供应链的实时可视性
风险事件的识别和预警
广泛收集实时供应链分析
风险事件模拟模型,建议风险缓解策略并评估不同的风险响应供应链风险管理国际标准化组织制定了风险管理标准 ISO 31000：2009，旨在帮助各类组织更有效地管理风险。ISO 31000 提供了在任何范围或背景下以透明、系统和可信的方式管理任何形式风险的原则、框架和过程。它建议组织发展、实施并持续改进风险管理框架，将其作为管理体系的一个组成部分。虽然不是作为认证标准使用，但 ISO 31000：2009 提供了对供应商风险审计和内部使用有用的基准信息。

9.7 供应基地的可持续性管理

现在，越来越多的采购组织认识到管理整个供应链的重要性。可持续性不仅反映了一个组织的供应商战略环境实践的重要性，而且也反映了供应基地的管理。为了反映这一增长趋势，采购管理协会（Institute for Supply Management，ISM）于 2008 年发布了"采用及实施有关可持续性发展和社会责任发展"的 ITS 原则。根据当时的 ISM 首席执行官保罗·诺瓦克（Paul Novak）的说法，本文件旨在为"采购专业人员提供指导，指导他们的公司和供应商如何将可持续性和社会责任感的实践与战略整合到业务和供应链中。"

此外，A. T. Kearney 为碳披露项目所做的一项研究表明，"在经济衰退过程中表现出对可持续性的真正承诺的公司，在金融市场上的表现似乎超过了其行业同行。"研究结果表明，金融市场可能奖励了真正注重持续能力的公司，因为它们专注于长期问题，提供了强有力的公司治理，参与了健全的风险管理活动，并在碳减排方面进行了投资。ISO 26000：2010 是国际标准化组织最近发布的另一个标准，旨在帮助组织追求更高水平的社会责任。与 ISO 31000：2009 一样，ISO 26000：2010 并不是一个认证标准；它是一套制定、实施和改进组织社会责任倡议的自愿指南。

根据 ISM 的倡议，可持续性被定义为"在不妨碍满足后代在经济、环境和社会挑战方面的需求的情况下满足当前需求的能力"。该组织还将社会责任定义为"可衡量的公司政策、程序和结果的框架"。旨在使工作场所和个人、组织和社区在以下领域受益的行为：社区、多样性和包容性供应基础、多样性和包容性劳动力、环境、道德、财务责任、人权、健康和安全以及可持续性。ISM 认为，由于其在全球供应链中的独特地位，供应管理专业人员可以成为制定和实施可持续性和社会责任倡议的战略贡献者。ISM 还指出，"指标和绩效标准的制定和实施对可持续性和社会责任计划的成功至关重要。"为此，ISM 在其网站 www.ism.ws/sr 上列出了一系列可持续性和社会责任指标。

在供应链中，采购经理越来越多地参与各种各样的可持续的环境活动和实践。这些措施包括与材料有关的气候和能源、特定采购、运输和物流活动和做法，以及相关的指标和措施。与材料相关的活动包括采购更环保的材料，取代较少的绿色材料。通过工程设计变更、再利用和再循环程序，可以全面减少材料的使用和处置。与材料相关的实践还集中于废料、废弃材料和未使用的资本设备的适当处置活动。气候和能源活动的中心是节约或减少能源消耗，以及减少有害的大气排放，而具体采购活动则力求采购环境友好的包装、材料和部件，包括考虑生产这些产品的方法和过程。运输和物流活动侧重于可持续的实践，如包装、产品和车辆皮重减轻、改进车辆路线、减少车辆空转、提高车辆燃油里程和车辆空气动力学等实践。

采购经理可以制定可持续的测度标准并将其纳入其采购合同中，方法是结合适当的合同条款来解决这些问题。此外，采购组织可以在采购经理个人绩效评估中包含可持续性和社会责任相关的目标。可以使用的工具包括产品生命周期分析和环境合规性审核。在确定和选择新的供应商时,采购经理还可以使用 ISO 14000 标准,同时鼓励或要求现有供应商获得 ISO 14000 认证或严格遵循其原则。有关 ISO 14000 的详细讨论,请参阅第 8 章。

> **专栏文摘**
>
> ### 福特的可持续发展蓝图
>
> 全球汽车制造和组装商福特汽车公司(Ford Motor Company)已经实施了全面的可持续发展蓝图,以指导其员工和供应商在近期、中期和长期内促进和维持可持续发展相关的计划和活动。例如,福特的主要可持续发展目标之一是,以 2006 年为基准,到 2020 年将美国和欧洲新车的二氧化碳排放量减少 30%。此外,该公司还加快了电池驱动电动汽车的发展,致力于开发在燃油经济性方面处于同类最佳的新型汽车,并引进了新的发动机技术,如 EcoBoostTM,它利用发动机涡轮增压来实现 20% 更好的燃油经济性、15% 更低的燃油经济性二氧化碳排放量,与大型发动机相比马力更大。
>
> 除了可持续性之外,福特的可持续发展蓝图还涉及各种机动性、人权和车辆安全问题。例如:福特通过其协调一致的商业框架计划,在人权方面作出了重大努力。其供应链人权计划的主要重点是在其供应商之间建立负责任地管理工作条件的能力,包括法律要求和福特的期望。它还加入了联合国全球契约,它指导公司将其经营和战略与人权、劳动、环境和减少腐败等十项广为接受的生活质量原则相结合。
>
> 资料来源:Blueprint for Sustainability: Our Future Works (2009), Dearborn, MI: Ford Motor Company. "Ford Aims to Help Reduce the Carbon Footprint of Its Global Supply Chain"(2010). Retrieved from http://www.sdc.com/online/printer.jsp? id=12419.

 实践范例

Sonoco 在可持续发展方面树立了卓越的声誉

认识到可持续发展的重要性,Sonoco 作为一个可持续包装的全球领导者,成立了一个企业可持续发展理事会,直接向董事长、总裁和首席执行官小哈里斯·德洛奇汇报。世界卫生组织(WTO)这样描述 Sonoco 战略意图的实质:"通过在我们的商业战略和文化中平衡和整合环境压力、社会责任和经济绩效,Sonoco 正变得更具竞争力,更好地准备迎接未来的挑战。"根据该公司 2009 年可持续发展年度报告,"Sonoco 公司可持续发展委员会的职责是监督和指导,对公司和利益相关者的声誉和长期经济可行性有潜在影响的社区和环境问题。"Sonoco 方法可以最好地描述为三维底线方法,包括公司的经济、环境和社会绩效。可持续发展理事会由一名高级副总裁担任主席,由另外九名副总裁和董事组成,向公司董事会定期提交可持续发展绩效报告。这些报告提供了 Sonoco 在环境、社会和经济绩效方面朝着公司目标前进的信息。Sonoco 已经采取的一些举措包括减少温室气体排放、能源使用、空气排放、水消耗和垃圾填埋场废物。Sonoco 以 2008 年为基准年,建立可持续发展能力计划。例如:该公司承诺到 2013 年将温室气体排放量减少 15%。此外,该公司寻求通过增加投资来减少其几家再生纸板厂的能源使用。同时正在进行的是工艺蒸汽生产的转换,包括可再生或低碳密集型燃料来源。它已经将北美地区的可持续发展目标扩展到包括外国制造业务。

为表彰 Sonoco 公司持续的可持续发展努力,该公司在《企业责任办公室》杂志 2009 年 "100 名最佳企业公民名单"中被评为第 27 名。该名单仅包括一家其他包装制造公司。它还被列入道琼斯可持续发展世界指数,该指数跟踪世界级企业的可持续发展努力,Sonoco 是仅有的三家世界级包装公司之一。

作为供应商,Sonoco 已指导其包装设计师、工程师和材料科学家解决其客户的性能、成本和可持续性要求。为了达到这些目的,它开发了一个专有的可持续性包装设计软件程序,旨在通过减少包装重量、消除材料、减少包装结构厚度和简化包装设计来提高产品的可回收性。Sonoco 还与其客户群密切合作,改善其包装回收和回收工艺,并减少其制造、分销和零售设施产生的垃圾填埋场废物。它在欧洲的一些工厂也获得了 ISO 14001 认证,2009 年,销售额增加了 14%。

资料来源:Sonoco 2009 Sustainability Annual Report (2009), Hartsville, SC: Sonoco Corporate Headquarters. Retrieved from http://www.sonoco.com/sustainability; Ashenbaum, B. (2008), "Green Corporate Strategies: Issues and Implementation from the Supply Management Perspective," Critical Issues Report, Tempe, AZ: CAPS Research. Retrieved from http://www.capsresearch.org.

本章小结

有效管理和提高供应商绩效是供应商管理和业务职能的主要内容。有效的供应商管理与开发是供应管理的新模式,买家不再简单地从最低价的供应商那里购买零件。最能恰当地描述当今采购者的活动包括规划、协调、管理、开发和提高整个供应基地的绩效能力和合规性。对于许多产品来说,采购者不再只是从供应商那里购买零件,他们开始管理供应商的关系和能力。

因此,供应管理必须仔细选择和管理合适的供应商组合。为了实现这一目标,采购组织必须投入必要的资源来进行有效的供应商管理,包括一个基础广泛的供应商绩效测度体系、与首选或经认证的供应商签订的合同,以及一系列供应商开发工具和技术。一个有效的供应商管理计划有助于最大限度地从供应商那里得到贡献,降低成本,提高质量,并发展未来的能力。

思考讨论

1. 列举大多数公司没有足够的供应商测度系统的原因。
2. 你工作的中型公司的经理刚刚打电话给你,让你解释为什么公司要花费有限的财力来开发一个供应商测度系统。你跟她说什么?
3. 为什么在致力于供应商管理和开发计划之前,有一个较小的供应基础是至关重要的?
4. 讨论优化供应基地的优缺点。买家如何克服劣势?
5. 讨论为每个采购项目维护多个供应商背后的逻辑。
6. 讨论为每个项目减少供应商数量背后的逻辑。
7. 什么是全方位服务供应商?使用全方位服务供应商有什么好处?
8. 为什么本田在供应商开发和改进方面的做法在美国公司中并不普遍?
9. 许多公司现在正在使用万维网与供应商共享绩效信息,从而允许供应商在采购公司的供应基础内将其绩效与其他供应商进行比较。讨论此策略对买方和供应商的好处。

10. 讨论公司可以提供的不同类型的供应商开发和支持。哪一种最常见？为什么？

11. 研究表明：没有一种单一的供应商开发方法能够有效地实现绩效目标。相反，将"承诺好处、严格把控以及协作辅助"相结合的方法似乎最有效。解释为什么是这样。

12. 在一些供应管理组织中，一个常见的说法是：我们不能把钱花在供应商开发上，我们不是在为供应商培训和履行职责！这代表什么样的障碍？你将如何回应这样的声明？

13. 在本章提到的供应商发展障碍中，你认为哪些障碍最难克服？

14. 克莱斯勒的一位高管曾发表过这样的声明："只有1/5的供应商开发工作是真正100%成功的。"你认为这是为什么？是什么使供应商的开发对买方来说如此具有挑战性？

15. 讨论高层管理承诺对供应商管理和发展成功至关重要的原因。

16. 计算供应商绩效指数有什么好处？开发使用SPI的测度系统面临哪些挑战？

17. Q调整因子在SPI计算中的作用是什么？

18. 描述供应基础风险的主要来源。有哪些供应链风险管理工具可用于避免或减轻供应链风险？

19. 描述公司为什么要从事可持续发展和社会责任实践。

第 10 章

全 球 采 购

学习目标

- 识别国际采购和全球采购之间的差异；
- 了解离岸外包、再支撑和近支撑的概念；
- 了解公司追求全球采购的原因；
- 确定与全球采购相关的总成本；
- 熟悉阻碍全球采购工作的问题和障碍；
- 了解在全球采购中使用外贸区的优势；
- 了解全球采购工作取得成功所需的关键驱动因素。

开篇案例

霍尼韦尔公司：使全球采购具有成本效益且反应灵敏

哈维（Darin Harvey）是霍尼韦尔（Honeywell）公司过程解决方案全球采购副总裁，该部门是霍尼韦尔国际公司位于得克萨斯州休斯敦的一个业务部门。这位前佛罗里达州立大学供应链专业的毕业生在不同的环境中从事过许多供应管理工作，曾任高质量手工工具生产商的供应管理总监，大型工业项目的领先工程和建筑公司的采购总监，现在负责霍尼韦尔公司自动化控制系统的"低容量、高可变性"业务。在他目前的职位上，哈维负责监督直接用于制造业或支持霍尼韦尔公司在全球范围内竞争业务的生产线解决方案的所有项目的采购。

全球性质延伸到买卖双方的业务。哈维的任务由于霍尼韦尔公司自动化控制的广泛应用而更加复杂。他表示："我们在业务中有三个采购职能：①项目特定第三方采购；②间接采购；③直接工厂材料采购。这使得我们成为霍尼韦尔公司更复杂的供应链之一。"

全球项目采购可在世界上任何地方采购用于炼油厂、化工厂、上游/中游油气、纸浆和造纸厂等的制造过程以及自动化解决方案的材料和服务。哈维说："我们购买这些项目是为了支持项目运营人员，然后在项目完成后处理服务协议。"这些购买项目中有许多在项目执行国都有"本地内容"要求。"许多国家都有无数的当地采购规则。这些规则要求采购团队找到符合这些本地内容规则的高质量的本地资源。"哈维说。项目团队有时会考虑在霍尼韦尔公司协商本地、区域或全球采购协议，力求获得这些项目的价格、成本和交付优势。

间接采购包括支持业务部门内部项目和工厂所需的所有项目。其中包括从维修到顾问到公司员工的旅行和住宿等各种各样的采购。哈维认为,"这些类别的全球支出会因购买的商品类型或服务类型的不同而有很大的差异。"其中许多项目是国家或地区独有的,而旅游等其他项目则可以更容易地在全球范围内加以利用。

直接工厂材料采购是第三类,也是最适合全球采购战略的支出。哈维将霍尼韦尔公司的全球采购方法描述为一种"跨职能协作"方法,其核心是在全球20个制造地点实现"最低的总拥有成本"。

直接工厂材料采购合同可以在当地、地区或全球范围内协商。全球采购经理通常位于以下三个地区之一:美洲、亚太地区、欧洲和中东。他们调查了各自地区的最佳来源,然后将调查结果提交给哈维的跨职能团队,该团队由哈维及其领导、集成供应链副总裁、质量副总裁、各工厂利益相关者和业务领导组成。这些审议的结果是一项采购战略,为世界各地的工厂提供广泛的商品支持,如电路板和电子产品、冲压件、铸件、锻件、机械加工、计算机硬件和软件等。

根据总拥有成本,一个项目可以在中国为所有工厂采购。哈维说:"我们的评估还包括单一采购来源的相对风险水平。因此,我们可以选择双重来源,将50%的需求放在中国,50%放在东欧,以降低单一采购的风险。"他强调道:"我们的工厂非常积极地投入,有时我们可以通过采用双重采购战略而做得更好。"

全球采购经理分别位于三大区域,他们的位置使他们能够很好地定位和确认新的来源。哈维说:"没有什么比脚踏实地确保我们从一个有能力的供应商那里采购产品更重要了,这个供应商有一个健全的质量控制流程,以确保缺陷是有限的,并且不会从供应商的工厂里钻出来。"哈维说:"考虑到新兴地区的质量,我们有一个供应商资格和开发团队,与现有和潜在的供应商进行全面评估和开发活动。"

全球采购转变为高度响应。霍尼韦尔公司的全球采购理念已经从关注"低价"转变为"总拥有成本",现在开始评估"收入或业务利润率"的影响。哈维强调:"我想说的是,早期我们专注于获得最低价格,然后我们进一步深入研究库存、物流、质量、成本和客户的反应。现在我们在评估中包括了响应时间和供应商灵活性。"

从成本重心转移到收入重心,涉及考虑采购决策对业务损失以及使该业务利润率降低的影响。哈维说:"如果我们因为供应商的反应不够快而无法发货,或者因为我们报价的交货期较长而失去客户业务,那么低成本对我们没有帮助。"霍尼韦尔公司在全球采购方面最大的挑战之一是需求规划。为了解决这个问题,霍尼韦尔公司正在采用一种新的需求流程,重点是更快、更准确地从客户向供应商提供信息。哈维说:"虽然我们是在市场上订购业务,但这个软件给我们的信息可视性类似于沃尔玛在零售方面那样强大。"

为了支持这一战略,全球采购的绩效指标和评估也在发生变化。目前全球采购评估有四大类。它们包括:生产率/成本节约、营运资本、交付周期(包括对霍尼韦尔公司要求的响应)、以百万分之一为基础衡量的质量。尽管成本节约在评估中仍然占有最重要的地位,但变化是显而易见的。哈维说:"许多供应商认为,他们之所以接受这项业务,是因为它们价格低廉,但是他们在提升人才或增加人员以改进流程方面犹豫不决,而这些流程是追求精益做法和改进业务所必需的。"哈维说:"我们的工作是在全球供应基础上教育和实施这些可以提升价值的做法。"霍尼韦尔公司的目标是发展一个具有成本竞争力和反应灵敏的全球供应基地。追求这个目标使哈维先生的日子充满了有趣和兴奋的挑战。"我经常到国外参观我们的供应基地或是拜访国内客户,所以当我度假时,我喜欢离家近一点!"他说。

资料来源:L.Giunipero interview with Darin Harvey July,2013.

10.1 全球化——顺应多变的世界经济形势改变供应策略

本章开篇案例说明了霍尼韦尔公司对其业务和供应基础的全球观点,以及如何更好地应对这些挑战。全球化正在通过日益增长的相互依存关系,极大地影响世界经济体之间的相互作用。2008年全球银行业的崩溃是一个完美的例子,其说明了世界主要经济体之间的联系已经变得多么紧密。全球化的几个定义中包括社会、技术和政治领域的"相互依存""连接性"和"经济一体化"。Thomas Friedman 在其畅销书《世界是平的》中深入探讨了这种无缝边界的趋势。现在,信息可以轻松地在全球范围内传播,印度的 24.5 万名员工被安置在呼叫中心,安排航班、招揽信用卡客户,以及回答有关抵押贷款和保险政策的问题;技术也将加速全球化。例如,社交平台的移动性可以无缝跨越国界,机器人技术正在取代前台等工作岗位的人员,3D 打印将重塑生产流程。

在中国和印度等发展中国家,全球化代表了买方节约成本和卖方开拓新市场的机会。在销售方面,更富裕的消费者要求更高级别的品牌。法国知名化妆品公司 l'oréal 未能在印度低价洗发水市场竞争中获利。然而,当它将重心和广告策略转移到新兴中产阶级身上时,产品的售价是竞争对手的 3~20 倍,利润紧随其后。2 亿印度中产阶级渴望许多海外品牌,从 Tommy Hilfiger 公司的牛仔裤到瑞典的伏特加。

在供应管理方面,与发展中国家采购相关的成本效益是在日益全球化的环境中保持竞争力的一个重要动机。一些研究表明,成本节约是全球采购的首要原因,一并实现的其他重要益处是可用性、质量和(在较小程度上)创新。一旦一家公司在这些国家建立了采购基地,它就为进入市场和增加销售机会提供了便利。许多大型跨国公司从更加全球化的角度出发,寻求以最低的全球成本为其全球业务提供共同的供应来源,它们正在发展集中和协调全球的供应组织以支持这些做法。

美国经济分析局(U.S. Bureau of Economic Analysis)的数据显示,2012年美国商品贸易逆差总额超过7410亿美元,该指标表明国际采购增加。与此同时,服务贸易余额为2070亿美元,商品和服务业的赤字总额为5350亿美元。对日益增长的赤字的关注大多是针对中国的,2012年对华商品贸易逆差为3150亿美元(占商品贸易逆差总额的40%以上)。

尽管与中国的贸易逆差持续存在,美国政府持续施压,要求人民币贬值,但人民币兑美元汇率仅从 2005 年 1 月的 8 元/美元跌至最近(2013 年 7 月)的 6.15 元/美元,跌幅仅为 25%。

这种迫使中国允许人民币在市场上波动的压力是合理的。对美国主要贸易伙伴的分析显示,加拿大排名第一,中国第二,其次是墨西哥、日本、德国、英国、韩国、巴西、沙特阿拉伯和法国。商品贸易总额(出口和进口)的数字见图 10-1。前三个合作伙伴占美国商品贸易总额的 51%,其主导地位显而易见。美国三大贸易伙伴中的两个(加拿大和墨西哥)是北美自由贸易协定的一部分。

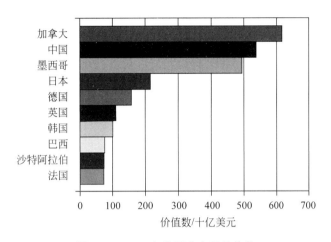

图 10-1　2012 年美国十大贸易伙伴

资料来源：美国商务部

10.2　复杂多变的国际形势带来的新挑战

全球化正在改变许多市场的结构，因为全球公司将其范围扩大到所有市场。收购公司通常不在美国。在农业综合企业领域，双汇国际控股提议以 47 亿美元（包括债务在内的 71 亿美元）收购美国最大的猪肉生产商之一史密斯菲尔德农场（Smithfield Farms）。这是迄今为止中国对美国公司最大规模的收购，引起了国会和食品安全组织的关注。

2011 年，中国卫生检查人员在双汇国际控股的猪肉产品中发现了中国和美国禁止使用的食品添加剂克伦特罗。尽管这种添加剂能加速猪的肌肉生长，但它会引起人头痛、恶心和心跳不规则。2013 年 2 月，巴西 3G 资本集团与沃伦·巴菲特（Warren Buffett）联手签约了美国偶像亨氏集团（H.J.Heinz）。

采购经理必须对全球化如何影响其采购工作保持警惕。外包包括与组织外部的独立供应商（国内或国外）签订合同，以提供在组织内部执行的产品或服务；离岸外包涉及与位于美国地理边界以外的独立供应商签订这些货物和服务的合同。然而，在这个不断变化的动态成本中，发展趋势和事件也在发生变化，采购经理将其供应基础放在何处？21 世纪采购商面临的问题是，在世界上，我应该把我的采购基地放在哪里来支持我的组织目标和战略方面发挥最大的效力呢？

在不断变化的经济、质量和文化问题的推动下，在供应管理战略工具包中增加了一个新术语，称为"再支持"。这一概念正受到某些行业的青睐。例如，通用电气首席执行官 Jeff Immelt 曾表示，离岸外包已经消亡。他在肯塔基州路易斯维尔的电器园投资 8 亿美元支持这一点，并将一些电器制造业从中国迁回美国，将在本章后面详细讨论这一现象。

尽管一些公司寻求重新支撑，但是也有其他公司选择了近岸外包。近岸外包正在将采购转移到地理位置更靠近美国的国家。例如：如果一家公司将瓦楞纸箱的采购从中国转移到墨西哥或巴西，为其北美工厂提供集装箱。组织内部的全球化程度各不相同，因此全球采购将从基本采购转变为复杂采购。

本章重点讨论采购经理如何通过国际采购和全球采购来获取全球化的好处。国际采购是指位于不同国家的买方和供应商之间的商业采购交易，这类购买通常比国内购买更为复杂，组织必须应对延长的交货期、增加的规章制度、货币波动、海关要求以及诸如语言及时差等一系列其他变量。

全球采购与国际采购在范围和复杂性上有所不同，它涉及主动整合和协调全球采购、工程、运营地点的通用物品和材料、流程、设计、技术以及供应商。有效实施全球采购需要持续评估供应基地的适当位置。因此，有效的全球采购将需要考虑三大战略：离岸外包、再支撑和近支撑，这些战略的有效实施应与组织目标保持一致并为其提供支持。

由于国际采购和全球采购之间的差异，我们将使用"全球采购"一词对从其他国家采购的过程进行一般性讨论。本文还将交替使用"国外""海外"或"全球"等术语来指代位于本组织总部所在国地理边界以外国家的供应商。

本章包括三个主要部分：第一部分概述了全球采购，包括公司在全球采购的最常见原因；第二部分确定了开发成功的全球采购计划需要解决的领域；最后一节介绍了推动全球采购成功的因素。

10.3　全球采购周期

从历史的角度来看，20世纪70年代的石油禁运，加上其他基本材料的短缺，迫使采购经理到海外寻找供应商。许多离岸生产商也成为许多行业的质量和成本领先者。20世纪70年代中期，采购商从海外供应商处购买生产机械、设备、化学品、机械和电气部件。这些采购工作主要集中在与西欧、日本和加拿大等其他发达国家的交易上。

20世纪80年代中期，美元对其他货币的汇率急剧上升。美国进口商品变得越来越便宜，美国公司发现很难出口，也很难在世界市场上竞争。

1987年，冷战结束，俄罗斯、东欧和中国的新兴市场开始开放了贸易，进而发展了新的市场和新的供应来源。此外，进出口限制一直在减少，部分原因是关税及贸易总协定（关贸总协定）的作用。关贸总协定最初被称为七国集团，代表着世界上最大的经济体，包括美国、日本、加拿大和西欧。关贸总协定被世界贸易组织所替代，它包含了更多的国家。

1993年通过的《北美自由贸易协定》也使美国、加拿大和墨西哥之间的贸易急剧增加。如前所示，加拿大和墨西哥与美国的贸易总额分别排在第一位和第三位，美国和日本、中国等其他国家的贸易谈判也减少了贸易限制。

专栏文摘

全球电视的外包现象

21世纪，美国的许多新闻文章常常谴责外包和国内工作岗位的流失。事实上，这确实是一个说明全球化并超越美国边界的过程，因为各个国家的公司都在寻求竞争优势。以下是两个例子：一个在电视行业，另一个涉及汽车设计中心。

自1910年成立以来,日立的企业理念通过技术进步为社会作贡献。然而,2009年,该公司经历了日本制造商有史以来最大的年度亏损。为了应对这85亿美元的亏损,日立将其消费电子业务剥离到一家名为 Hitachi Consumer Electronics Co. 的新公司。数字产品部的电视部门占了10亿美元亏损的大部分。因此,日立电视机的采购和制造方式正在发生巨大变化,这些行动将日立的供应经理置于战略的中心。该公司正将更多的制造和关键零部件的采购外包给外部供应商。从历史上看,该公司通过内部生产和使用日立制造的组件来区分其产品。完成外包目标的工作正在发生重大变化。墨西哥的两个主要电视组装厂正在待售,这两个设施都为美国市场提供日立电视。捷克共和国的一家装配厂将租给一家电子公司,该工厂供应欧洲大部分市场。显然,日立未来的战略将更依赖于合同制造商和零部件供应商,为其美国和欧洲的大型市场提供最新的液晶和等离子显示电视。目前,该公司将继续全面生产的唯一市场是日本本土市场,而日立将外包视为重获电视行业盈利能力的一种方式。

虽然产品和客户服务活动是外包的最初目标,但创新和研究通常仍留在组织内部。公司现在正在挑战这些传统模式,并研究转移到成本较低的地区,例如日产汽车(Nissan Motors)。日产汽车最近开始将越南视为一个显著降低汽车开发成本的地方。尽管在俄罗斯、土耳其和巴西等低成本国家看到装配厂并不少见,但设计和工程中心基本上仍保留在美国、德国和日本。随着汽车制造商在设计过程中寻求更低的成本,并更容易接受当地市场的偏好,设计中心正在向这些地区转移。通用汽车已经在中国开始为将在美国销售的别克设计内饰。此外,通用汽车研发总监 Alan Taub 表示,在中国的定位也揭示了当地人的偏好。例如,中国司机希望他们的后座比美国消费者的后座更宽敞和舒适,因为许多中国买家都有司机。

日产在河内有700名越南工程师,负责设计燃油管和喷嘴等基本汽车零部件,成本是在日本主要工程设施中完成这项工作的1/10。该公司每月付给越南工程师大约200美元。在印度,日产和雷诺正在建设一个工程中心,开发一款在发展中国家售价低于3 000美元的汽车。

日产总裁兼首席执行官 Carlos Ghosn 认为,外包趋势不会导致日本和美国失去工程工作。他确实认为,工业化国家的工程工作岗位数量将比过去的增长要缓慢很多。设计外包的风险在于应届生缺乏经验,计算机辅助设计工具有助于解决问题,但知识差距会转化为制造车间的质量问题。缩小这一差距的一个策略是将设计中心设在一个已经有装配厂的国家。外包设计是全球工作全球化趋势的另一个标志。

资料来源:Yamaguchi, Y., and Wakabayashi, D.(2009, July 10),"Hitachi to Outsource TV Manufacture," The Wall Street Journal, B3. Shirouzu, N.(2008, February 7),"Engineering Jobs Become Car Makers New Export," The Wall Street Journal, B1, B2.

在未来,当进行离岸贸易时,由于技术的进步距离变得不那么重要。如前所述,许多美国公司将非关键职能外包给其他国家,这被称为离岸外包。离岸外包是指某个过程从一个国家(通常是发达国家)转移到另一个成本较低的国家(发展中国家)的结果。早期离岸外包合同的目标是印度、菲律宾或中国等低成本国家。当一些公司有不好的经历,并将离岸业务转移回美国时,产生了"上岸"。与此同时,其他公司选择将离岸业务设在离美国更近的地方,这些外包合同被称为"近岸",包括以墨西哥、中美洲和南美洲为目的地。从2011年前后开始,这个词重新开始出现在商业出版物上。再支撑是指将离岸产品、货物或服务带回原产国。

每一家公司都将采用不同的全球采购战略,图10-2突出了可能影响离岸、近岸或再离岸决策的关键评估标准。如上所述,离岸外包通过降低价格提供了成本节约,这也是许多公司将外包转移到海外的原因。然而,随着工资水平的提高,特别是在中国,正促使企业重新考虑外包计划。除了工资的快速增长外,扩展的供应链还可能增加货物损失、额外的物流成本、满足客户需求变化的灵活性损失以及额外的协调成本增加的风险。重新支撑可以减少一些担忧,尽管也有一些例外,但它将需要支付更高的价格。近岸外包提供了一种中间战略,即在享受一些节约效益的同时,选择更靠近地理位置的供应基地。也就是说,供应管理者必须不断重新评估其主要供应战略,并强调战略如何影响公司收入,这是基于总体拥有成本。

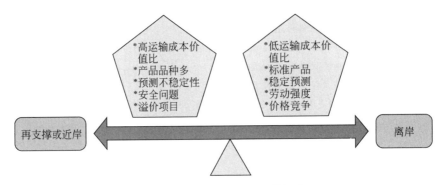

图 10-2　全球采购地点评估标准

图 10-2 突出了一个或一组采购项目的几个关键特征,以及哪些因素使规模接近支撑、再支撑或离岸外包。有利的离岸外包对象具有一些特点,包括:劳动密集型标准产品;运输成本价值比低;在价格驱动的极具竞争力的市场上销售。近支护或再支护的候选项目是:由于时间表的不确定性,需要灵活的产出;需要有关于产品安全的保证;可以以高价出售;具有较高的运输成本价值比。当然,在特殊情况下,还有其他一些特性会影响规模。上述选择提供了一个很好的起点。

10.3.1　为什么进行全球采购

虽然前面的讨论提供了一些国际采购的理由,但仍需正式讨论企业追求全球采购的更重要的理由。图 10-3 突出了全球采购的一些主要优势。

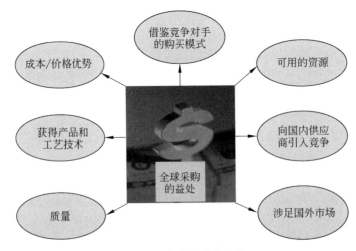

图 10-3　全球采购的益处

（1）成本或价格优势

在考虑了所有与国际采购相关的成本后，发现跨国采购可以为企业节省20％到30％的成本。各国之间的成本差异是由以下原因造成的：
- 更低的劳动率；
- 不同的生产力水平；
- 是否愿意接受较低的利润率；
- 汇率差异；
- 降低材料成本投入；
- 政府补贴。

采购部门应该只考虑能够满足严格的质量和交货标准的供应商，尽管价格差异常常成为离岸采购决策的主要标准。值得注意的是，在评估国际采购的成本效益时，采购商应将采购项目的所有相关成本包括在计件价格之外，这将在后面的章节中讨论。

（2）获得产品和工艺技术

美国已经不再是世界上无可争议的产品和工艺技术领先者。其他国家在一些领域开发了尖端技术，如电子元件。需要这些部件的购买者知道，亚洲供应商是技术领先者。因此，为了获得最新技术，许多公司除了寻求全球采购外别无选择。

（3）质量

一些国家非常看重产品质量，如日本和德国。这些国家的生产商已经能够在很多行业中占据越来越大的世界市场份额。受困于国内低质量采购商，美国的采购商往往开始从海外采购零部件，希望提高最终产品质量。正是由于一贯的高质量和较低的整体价格使得美国公司在国际采购中不断增长。

（4）可用的资源

经济衰退、并购和政府强加的环境法规常常导致供应商因成本上升、业务量减少或两者兼而有之而退出某些业务。这种产能削减使得美国买家越来越难以在国内采购。例如：尽管今天的铜生产商享受着高价格和产能紧张的好处，但情况并非总是如此。20世纪80年代初期和中期，由于铜价低和工艺技术效率低，美国铜生产商关闭了许多矿山。因此，一些铜买家转向海外生产商，以满足他们的要求。汽车、机床和电子行业的供应商能力和可用性的丧失，往往使国内买家除了国际供应商外，没有其他可行的供应渠道。

（5）向国内供应商引入竞争

依靠竞争力维持其行业内价格和服务水平的公司有时会利用全球采购向国内供应基地引入竞争。在国内竞争有限的行业中，这会削弱供应商的实力，并打破某些对采购商不利的做法。例如：一家电子公司历史上曾向一家大型美国供应商采购过许多化学产品。不过，这家公司为了抵消国内供应商的定价权，现在正在对新兴国家的供应商进行资格认证。一个更具竞争力的供应市场将把权力从美国供应商转移到买方，同时也将把权力从卖方转移到买方。

（6）借鉴竞争对手的采购模式

这可能是全球采购中最不被提及的原因，因为大多数公司不愿意承认他们对竞争对手的行为做出了反应，模仿竞争对手的行为是"时尚却有恐惧"的。采购者可能会试图复制给竞争对手提供优势的因素，这可能意味着与竞争对手使用相同的供应商或同一地区采购。

可能会有人认为,不在同一地区采购可能会造成竞争劣势。许多公司认为,它们必须在中国或其他低成本国家采购,否则将面临成本劣势的风险。

(7) 涉足国外市场

事实上,全世界都是美国商品和服务的潜在市场,因此在这些市场上购买商品和服务并计划销售是很有经济和政治意义的。采购部门从这些国家选择供应商购买一些产品的原材料,有利于在该国建立企业商誉。

尽管每家公司在国际上的确切来源各不相同,但其中肯定包括本书所讨论的一些原因。没有全球供应来源,企业可能无法保持竞争力。一家在全球范围内购买其部分物资的国内公司,要比一家因无力在全球范围内竞争而不再营业的国内公司强。

10.3.2 全球采购的障碍

缺少国际经验的公司在开始进行全球采购时常常面临障碍,这些障碍包括:缺乏相关知识和技能、变革阻力、较长的交货期、不同的商业习惯和语言文化、汇率波动、供应风险的增加(见图 10-4)。

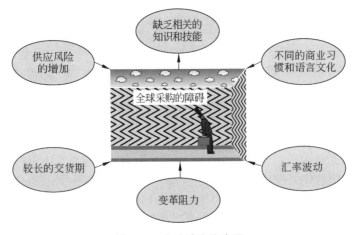

图 10-4 全球采购的障碍

由于缺乏全球采购相关的知识和技能,包括基本上不了解潜在的供应来源或不熟悉国际采购所需的其他文件,公司无法考虑全球采购。跨国采购的文件要求包括:

- 信用证;
- 多份提单;
- 码头收据;
- 进口许可证;
- 原产地证书;
- 检验检疫证书;
- 保险范围证书;
- 装箱单;
- 商业发票。

对既定的常规程序或长期稳定的供应商的变革阻力也是主要障碍。抵制那些代表着与现有商业方式根本背离的变革是很正常的,国内市场民族主义有时也会成为一种障碍。采购者有时不愿意将业务从国内供应源转移到未知的海外供应源。国内市场的民族主义尽管已经不再像几年前那么严重,但仍然可能是一个问题。

另一个障碍是管理较长的交货期和延长的材料运输途径。随着交货期的延长,长时间的准确预测材料变得至关重要。由于可能发生过境或海关延误,买方必须严格管理交货日期。国际采购还增加了物流、政治和财务风险。

其他障碍与缺乏对海外业务实践、语言和文化的了解有关,这使得海外供应商的谈判可能会更加困难,简单的工程或交付变更请求可能会成为令人沮丧的经历。与国际供应商的会议和谈判需要了解特定国家有关的习俗和文化,缺乏对海关的了解会导致在谈判和与供应商建立关系方面取得重大进展上发生严重问题。

汇率波动会对商品的价格产生重大影响,因此买方必须了解如何将汇率波动这一重大风险降至最低。本章后面将讨论具体的货币汇率波动策略。

必须在签订合同之前,而不是在作出承诺之后,对与海外来源有关的供应风险进行关键评估。否则,该企业将增加供应中断的可能性。风险类型因来源国而异,例如,在西欧采购会带来汇率风险和较长的交货期,但采购商同样是发达国家,其业务理念相似,交易历史悠久。在中国和其他发展中国家采购会产生一系列更广泛的问题,给供应链带来风险。这些问题包括质量、物流、文化和政府问题。在采购之前需要考虑风险评估,采购商不应该只关注最初的价格节约。大型公司正通过积极主动的举措管理这些潜在风险。

克服全球采购的障碍的最常见方法包括教育和培训,这可以为这一过程提供支持,也有助于克服与变革相关的问题,宣传成功案例还可以展示全球采购提供的绩效优势。部署各种技术,如全球连接的计算机辅助设计系统、电子邮件、射频识别(RFID)标签和条形码系统,帮助通过国际管道跟踪材料,有助于减少全球采购的通信障碍。一些公司还坚持只与那些拥有美国支持人员的海外供应商合作。

测量和奖励系统可以鼓励公司从全球最好的供应商那里采购,这些公司在衡量买家的能力基础上,从选定的国际供应源来实现业绩效益。特别是在刚起步时,使用第三方或外部代理也有助于克服全球跨国采购的障碍,而利用经纪人则可以用有效的方式开始一个全球采购计划。

无论采用何种技术来克服全球采购障碍,除非最高管理层支持全球采购,否则这一努力都将失败。管理层必须传达这样一个信息:我们要走向国际化,通过使用最具竞争力的供应商来保持竞争力,并不代表要迫使国内的供应商退出业务。

> **专栏文摘**
>
> ### 回流趋势与 Vernon 生命周期理论
>
> 似乎回流的趋势正在挑战一个主要的商业理论。Vernon 在 20 世纪 60 年代发展起来的生命周期理论被用来解释制造业的位置为什么会移动。该理论认为,在产品生命周期的早期,与产品相关的所有零件和劳动力都来自产品的发明领域,这种接近性使制造商能够快速反馈,从而适当地调整产品设计和制造。随着市场的发展和产品的标准化,生产将扩散到其他富裕国家,竞争对手也会出现。最终,随着

产品完全成熟,其制造业将从富裕国家转向低工资国家。最初开发该产品的国家甚至可以从这些低工资国家进口该产品。然而,下面三个强调再支撑现象的例子将与这一理论相矛盾。

2012年2月,通用电气(GE)从一家中国代工工厂为肯塔基州路易斯维尔(Louisville Kentucky)的家电园(Appliance Park)提供了尖端低能耗热水器的制造支持。这发生在通用电气首席执行官Jeffrey Immelt认为时机已经过去,试图出售家电园的4年之后,这是55年来第一条新的装配线。今年3月,第二条新的组装线——制造新的高科技法式门冰箱的生产线正式启用。顶端模型可以感知你放在它的纯净水龙头下面的容器大小,当容器装满时自动关闭水龙头。这些冰箱是墨西哥制造的。其他增加的生产线包括一个新的不锈钢洗碗机生产线,另一条生产线将组装时尚的前装洗衣机和配套的烘干机。通用电气计划告诉所有人它将斥资8亿美元升级家电园。

在另一条稳定的产品线中,Stanley家具公司已将婴儿床的生产从中国转移到北卡罗来纳州罗宾斯维尔的一家工厂,尽管该公司生产的产品是劳动密集型,工资差距也很大。例如:中国一次打磨作业的工资为每小时63美分,而北卡罗来纳州为每小时10美元。斯坦利婴儿床的售价约为700美元,而同样的进口商品售价为400美元。斯坦利的营销官员声称,有一些趋势可以证明这种差异是合理的。首先最重要的是产品安全。斯坦利的首席执行官说:"我们让人们想象这是美国制造,而不是中国制造。"其次是85种颜色的产品品种。再次,祖父母经常愿意帮助他们的孩子,并且会为它们的坚强、耐久和品质付出额外的支出。最后,斯坦利能够快速满足客户的各种需求,而且不需要大量的额外库存。

在底特律郊区,工人们正在组装大型平板电视。目前,美国只有一家电视机制造商,这家总部位于加州的公司生产室外防水装置。平板电视重量轻,体积小,而且国内生产避免了5%的关税,每46英寸电视可节省27美元,这种差别是产生工资差别的原因。精益生产方法和装配所需零件数量的减少产生了额外的支出。维持这一模式的关键包括墨西哥组装的中国零部件电视机以及市场缺乏有竞争力的国内零部件供应商。

关于为什么这些趋势并没有完全使Vernon的理论失效的潜在解释包括,它没有延伸到产品生命周期之外,并被用来解释国际贸易模式。其次,随着供应经理重新评估其全球采购战略,许多离岸外包的变化都涉及近支撑,近岸外包支持Vernon的理论。最后,向"区域化"或"全球本地化"移动,使产品更接近销售地点,也将为这一理论提供有力支持。

资料来源:
1. Hill, C.(2007),International Business Competing in the Global Marketplace 6th edition,McGraw-Hill,p. 168.
2. Fishman, Charles,(2012, December)"The Insourcing Boom,"The Atlantic,pp. 22-25.
3. Aeppel, T.(2012, May 22),"A Crib for Baby: Made in China or Made in U.S.A.?," Wall Street Journal,B1,B2.
4. Aeppel, T.(2012, May 23),"Detroit's Wages Take on China" Wall Street Journal,B1,B2.

10.4 制订全球采购计划

一个组织从国内采购发展到全球采购(通常是被动的)有很多原因。例如:它可能面临没有合适的国内供应商的情况,或者因为竞争对手在全球采购中获得优势。第一次采购者需要考虑许多国内采购决策中没有考虑到的问题。

10.4.1 全球采购的相关信息

确定跨国采购的产品之后,公司必须收集和评估潜在供应商的信息,或确定有能力完成这项任务的中介机构。如果一家公司缺乏经验或外部联系和信息来源有限，这可能会是一个挑战。互联网上有很多信息，美国统计局是获得国际贸易一般信息的良好来源。美国统计局是美国商务部的一项服务，是获取权威商业、贸易和经济信息的单一途径。www.stat-usa.gov网站的一部分链接到Globus&NTDB，这是一项收费订阅服务，包含超过20万个当前和历史贸易相关版本、国际市场研究、国家分析以及贸易和采购线索。

最后，像LinkedIn（www.linkedin.com）这样的社交网站有几个致力于全球采购的组织。2008年成立的"零售全球采购"集团拥有近4.3万名成员。"全球采购"集团有3.99万个成员，是一个开放的集团，所有人都对全球贸易、采购和购买感兴趣。同时，它拥有具有7 500个成员的"全球采购理事会"，使公共、私人和学术参与者能够就当前的全球采购问题相互交流。以下各节提供了有关在全球采购中确定潜在供应商、贸易中介机构和组织问题的信息。

1. 全球采购目录

目录以光盘格式或通过互联网提供，是按行业或世界各地区分列的供应商信息的主要来源，数以百计的目录可用于识别潜在的国际联系人。下面是一些例子：

- 主要国际业务（http://www.loc.gov/rr/business/duns/duns22.html）：是一个全球营销目录，由Dun&Bradstreet出版，列出了全球140个国家的约5万家领先企业，这些企业是全球最大的雇主。
- Zycon工业制造企业名录（http://www.zycon.com）：是工业公司、制造商、分销商和服务提供商的国际目录。
- 全球采购（www.globalsources.com），该网站主要针对在中国采购，网站声明创建、管理和提供贸易伙伴需要提供满足开展业务的信息。

2. 贸易展览会

贸易展览往往是一次收集许多供应商信息的最佳方式之一，这些工业展览会几乎存在于全世界每个行业。大多数商业图书馆都有一个目录，上面列出了世界各地的贸易展览。互联网搜索还将揭示工业贸易展览的时间和地点，包括如何注册。一个主要的贸易展是国际制造技术展（IMTS），来自美国和其他102个国家的制造业专业人士每两年参加一次。国际制造技术展会的主题是"连接全球技术"。2012年，10.02万名买家、卖家、工程师和管理人员参观了1909家展示其最新制造技术的参展商。约350亿美元的正式报价被发给了买家，其中65%的买家计划在一年内做出购买决定。

10.4.2 全球采购中的中间商类型

1. 贸易公司

贸易公司提供全方位的服务来帮助买家。这些公司将签发信用证，并支付经纪人、海关费用、码头费、保险、海运和内陆运费等。客户通常会收到一张所提供服务总额的分项发票。一家美国贸易公司提供超过20项服务，包括：

- 寻找合格供应来源；
- 执行产品质量审核；
- 评估供应商；

- 合同磋商；
- 管理物流；
- 检查货物；
- 催货；
- 履行职责分类。

与单独开展每项活动相比，使用全方位服务贸易公司实际上可能会降低国际采购的总成本。某些国家，如日本和韩国等在美国主要城市都有贸易公司。韩国贸易投资振兴公社（KOTRA）是一家韩国政府主导的贸易公司，致力于通过国际贸易和投资促进韩国与其贸易伙伴之间的共同繁荣。外贸公司会为对某一国家的商品和服务感兴趣的买家提供一站式购物服务，将定位货源和报价，保证质量，并处理所有进出口文件。韩国贸易投资振兴公社卓越印章证明韩国供应商通过了必要的质量测试，并表明该供应商也值得信赖。

2. 第三方支持

企业可利用专家提供跨国采购援助。独立代理人收取佣金，将在外国担任采购代表。他们负责查找、评估供应源，并处理所需的文书和文件；一些代理还提供或安排全服务能力。

当一家公司缺乏全球专业知识或在国外市场缺乏业务时，代理人和经纪人是不错的选择。他们会找到外国供应商，并充当买卖双方之间的中间人。直接的制造商代表或销售代表也是价值信息的来源。这些人作为他们在一个国家的代表直接为卖方工作。最后，不同的州和联邦机构鼓励和促进国际贸易。这些机构提供的服务通常价格合理。

3. 贸易领事馆

买家可以联系位于美国各大城市的外贸领事馆获取信息。几乎所有领事馆都有贸易专家，他们渴望与美国买家做生意。采购商也可以联系美国驻外大使馆，询问位于某个国家的供应商。美国商务部也有由贸易专家组成的办公室，他们以象征性的费用提供多项优质服务。

4. 外国公民

外国公民是目标采购国或地区的公民（当地居民）。在更大的组织中，这些国民被雇用为公司的全职员工，并被分配到其国家或地区的货源地。因为他们熟悉该国的语言、习俗和商业惯例，所以他们可以为特定国家建立采购基地做出快速贡献。然而，在选择海外国民时必须格外小心，他们成为公司在特定国家"实地"的代表，从根本上塑造了公司在该国的形象。如果他们不是全职雇用的，作为海外侨民的采购专家将在"合同"的基础上寻找这样的员工并与该特定国家的供应商签订合同。

10.4.3 组织问题

当一个组织在世界各地的选定地区设立国际采购办事处（IPOS）时，将展示对全球采购的最终投资和承诺。这些首次公开募股的雇员通常由本国（如美国）雇员和海外国民组成。大多数国际采购办事处都由一个集中的公司采购办公室控制，这种报告关系允许国际采购办事处支持整个组织的采购需求，大公司比小公司更有可能拥有国际采购办公室。图 10-5

列出了国际采购办事处的几个主要功能。

图 10-5　国际采购办公室的作用

一项关于全球采购的研究表明,国际采购办事处的增长与更高层次的全球采购的增长相对应。企业正利用其首次公开募股从开发阶段通过全球协议的合同管理提供运营支持。具体的首次公开募股活动包括促进进出口要求、解决质量、交付绩效问题以及评估供应商绩效。

虽然进行首次公开募股有很多好处,但公司需要考虑风险。首先,由于需要额外的人员、设施和设备,它们的运营成本很高;其次,必须注意海外国际采购办事处的地点,因为这将有利于从这些国家采购;最后,首次公开募股必须发展进口货物所需的物流专业知识。一些首次公开募股公司能够通过向其他中小型公司推销其组织外服务来收回成本。

所需信息的数量和类型在一定程度上取决于采购商管理离岸采购的方式。使用中介机构(如贸易公司和外部代理)的购买者必须确定最佳中介机构的信息,直接接触供应商的采购商必须从外国公民、贸易目录、贸易展览、大使馆、供应商代表和其他国际信息来源获取供应商信息。最后,那些愿意在全球采购领域进行重大投资的公司可以建立国际采购办事处。

10.4.4　供应商资格认定和选择问题

无论是采购商还是外部代理协调国际采购,海外供应商都必须接受与国内供应商相同的,或在某些情况下更严格的绩效评估和标准。决不要假设离岸公司能够自动满足买方的性能要求或期望。以下是评估离岸资源时需要了解的一些问题:

- 考虑到额外的成本要素后,国内和海外来源之间是否存在显著的总成本差异?
- 海外供应商是否会在一段时间内保持任何价格差异?
- 较长的材料管道和增加的平均库存水平有什么影响?
- 供应商的技术和质量能力是什么?
- 供应商能否协助进行新的设计?
- 供应商的质量表现如何?它有什么样的质量体系?
- 供应商是否有能力满足特定的交货时间?
- 供应商需要多长时间的交货期?
- 我们能否与该供应商建立长期关系?

- 该供应商的共享专利和专有技术是否安全？供应商值得信赖吗？供应商希望遵循什么法律制度？
- 供应商的付款条件是什么？
- 供应商如何管理货币兑换问题？

有时买家会使用试用订单来评估海外资源。购买者最初可能不愿意依赖离岸来源来满足整个购买要求，买方可以使用较小的订单或试用订单开始建立供应商的绩效记录。

10.4.5　了解文化背景

全球采购的最大障碍是国家之间的文化差异。文化是一个社会中控制人类相互作用的理解的总和。文化是多维的概念，由几个要素组成，包括：语言、宗教、价值观和态度、习俗、社会制度、教育。影响供应经理的两个非常重要的文化差异是价值观和行为。价值观是被内化的共同信念或群体规范，它们影响人们的思维方式；行为以价值观和态度为基础，它影响人们的行为方式。了解文化差异将提高买家在国际开展业务时的舒适度和效率。美国人的一个主要抱怨是我们对其他文化的忽视。

各国之间的文化差异可能会导致在全球购买时发生一些不受欢迎的事情。例如，在亚洲、欧洲和美国，谈判和订约的标准程序明显不同。处理这些问题需要采购人员和组织管理关于合同的不同信念。

许多文化都重视维持和谐、顺畅的人际关系。例如：泰国人和印尼人经常说"是"只是为了礼貌，这是一种表示他们在听你说话的方式。"是"并不一定意味着他们同意你所说的话。此外，他们常常用最含糊的词语来表达自己的立场；中国人也是如此。中国的买家必须意识到，保全面子对中国同行的重要性。对于中国企业来说，这种担忧是如此之大，以至于供应商说他们理解买方的要求，而实际上他们并不理解。然后，中国的供应商开始试图自己找出需求，有时会带来灾难性的后果。例如：根据全球发现的格雷格地形测量仪，"在翻译规范时可能会遇到困难……此外，对于同一种材料，中国标准可能与美国标准不同。"美国 301 型不锈钢中的镍含量可能与中国 301 型不锈钢中的镍含量不同。地勤人员说，解决通信和标准问题的最好方法是脚踏实地，不断地观察供应商。

最后，发展中国家对贿赂等道德问题的信念与美国的做法大不相同。许多在美国看来是不合法的活动（行贿）在许多其他地区通常是公认的一种商业行为。

10.4.6　语言及沟通方式差异

供应经理的主要职责是向供应商清楚有效地传达需求。语言差异有时会干扰需求的有效沟通，不是每个人都懂英语，美国人也可能不懂卖家的母语。

各国之间在沟通方式上最大的差异在于信息的速度和内容的水平。美国人倾向于快速传达信息，先给出结论。这种风格在许多国家，特别是在欧洲是不合适的。

Dick Locke 是一位采购经理，曾在东京、欧洲、墨西哥和中东地区负责采购业务，他就语言和沟通提出了以下建议：

- 如果供应商使用英语作为第二语言，买方应负责防止出现沟通问题。
- 要有助于交流，请慢慢说，使用更多的交流图形，并从你的语言中去除行话、俚语、体育和军事隐喻。

- 带一名口译员参加除去最不正式的会议以外的所有会议。多给口译员一天时间,让他们了解你的问题和词汇。
- 以书面形式记录休会前会议的结论和决定。

1. 物流问题

采购者应考虑到远距离对其规划和管理全球供应链能力的潜在影响。虽然发达的工业国家拥有完备的基础设施,但是许多离岸国家却没有,这使得航运延误成为现实。中国在2011年至2015年间意识到基础设施的重要性,计划在公路、桥梁和港口方面投入9 500亿美元。目前,只有3%的中国人拥有汽车,这使得公共交通成为一种必需品。中国也在扩大航空系统,计划在未来12年内新建97个机场。

中国正尝试升级其基础设施,但印度目前的努力却相对滞后。印度的供应链建立在缓慢的运输网络上,这些网络由糟糕的道路、低效的港口和很少的分销基础设施支撑。国道仅占公路网的1.7%,但占公路交通总量的40%。然而,全国只有24%的国道是四车道的符合规定的标准。港口面临的主要问题包括集装箱化和海关程序的程度不高以及与内地的连接不足。物流基础设施严重限制了该国的增长,因此成本极高。此前的估计显示,印度的物流成本约占GDP的13%,而美国为10%。在其他发展中国家,这一比例可能高达国内生产总值(GDP)的25%。

在计算离岸货物的总到岸成本时,基础设施差成为一个因素。这些额外的物流成本必须加到采购价格中才能得到最终成本。较慢的物流响应也意味着,携带额外库存的成本需要添加到最终成本计算中。随着中国、印度和其他发展中国家增加物流基础设施,这些物流差异将缩小。为做好准备,由于巴拿马运河计划于2015年竣工,美国港口正在增加运力,并增加联运作业能力,以提高处理大型船只的能力。有关详细信息,请参见快照。

2. 国际贸易术语解释通则

国际贸易术语解释通则(INCOTERMS)是国际公认的商业术语,描述了买方和卖方在运输安排中的责任。交付发生(和损失转移的风险)在所选术语指定的地点,但是所有权的转移不在任何国际贸易术语解释通则的范围内,必须由双方单独指定,它们与销售协议或其他处理销售的方法一起使用。买卖双方有一系列的条款可供选择,这取决于双方希望在多大程度上参与运输和保险。其中一个复杂的问题是国际货物的运输方式,通常会涉及多种运输方式。2010年国际贸易术语解释通则的制定考虑到了关税自由区的扩展、电子通信使用的增加、9/11事件后对安全的担忧以及贸易的最新发展,并取代了2000年的版本。2010年国际贸易术语解释通则见表10-1。

表10-1列举了INCOTERMS2010的11个标准。EXW(工厂交货)、CPT(运费付至)、CIP(运费及保险费付至)、DAT(目的地的集散站交货)、DAP(目的地交货)、DDP(完税后交货)和FCA(货交承运人)通常用于任何运输方式。在工厂交货时,卖方在货物所在地准备货物并准备提货。买方在卖方工厂安排提货,然后处理与将货物从卖方运至买方营业地有关的所有其他安排和费用。使用EXW的买家要么在国际货运和海关领域经验丰富,要么已经聘请了第三方物流(3PL)公司或其他中介机构来处理货运细节。根据EXW,买方对装运负有最大责任,并承担运输、海关等一切费用。或者根据DDP,卖方承担最大的运费责任。卖方负责处理货物的所有细节,包括通过美国海关并将其运至买方设施或其他指定目

的地。

表 10-1　2010 年国际贸易术语解释通则

位置/货运责任	卖方经营场所	出口手续	指定终点站	装运港	船上/铁路/飞机	卸货港	指定地点或终点站	进口手续	买方前提
工厂交货（EXW）	卖方⚠	卖方	买方	买方	买方	买方	买方	买方	买方
货交承运人（FCA)[1]	卖方⚠	卖方	卖方⚠	买方	买方	买方	买方	买方	买方
集运港船边交货（FAS）	卖方	卖方	卖方	卖方⚠	买方	买方	买方	买方	买方
集运港船上交货（FOB）	卖方	卖方	卖方	卖方	买方⚠	买方	买方	买方	买方
成本加运费（CFR）	卖方	卖方	卖方	卖方	买方⚠	买方	买方	买方	买方
成本、保险费加运费（CIF）	卖方	卖方	卖方	卖方	买方⚠	买方	买方	买方	买方
运费付至（CPT)[2]	卖方⚠	卖方	买方	买方	买方	买方	买方	买方	买方
运输及保险费付至（CIP)[2]	卖方⚠	卖方	买方	买方	买方	买方	买方	买方	买方
目的地的集散站交货（DAT）	卖方	卖方	卖方	卖方	卖方	卖方⚠	卖方	买方	买方
目的地交货（DAP）	卖方	卖方	卖方	卖方	卖方	卖方	卖方⚠	买方	买方
完税后交货（DDP）	卖方	卖方	卖方	卖方	卖方	卖方	卖方	卖方	卖方⚠

注：⚠风险转移

1. 可以在卖方所在地或出发地交货。
2. 货物交付给第一承运人时，风险从卖方转移到买方。

海运和内河运输方式采用 FAS（集运港船边交货）、FOB（集运港船上交货）、CFR（成本加运费）和 CIF（成本、保险费加运费）。其中，FAS 是国际贸易术语解释通则中一个通用的超重或散装货物合同。根据 FAS，卖方负责清关出口货物，交付货物，并将货物放在指定装运港的船旁。一旦卖方将货物放在船边，买方必须承担货物灭失或损坏的一切费用和风险。

10.4.7　法律问题

各国的法律制度各不相同，美国的买卖合同大多采用统一商法典或普通法。鉴于美国制度的诉讼性质，当事人寻求保护自己的利益，这就产生了更长更详细的合同。例如，在一家大公司重新设计其采购流程之前，采购合同的长度通常超过 40 页。经过重新设计，这篇文章减少到了 6 页左右。

根据其他国家法律制度的状况，较短的合同可能是规范，特别是在那些使用法典或民法的国家。由于法律制度不健全，发展中国家往往依靠个人关系和信任来解决许多法律问题。

因此，许多国外企业不喜欢与美国法律体系和冗长的合同打交道。

发达国家有法律制度为买方提供保护和公平待遇。通常，发展中国家对知识产权的盗版行为没有提供有效的保护。因此，在发布设计或其他专有信息之前，有必要对潜在供应商进行彻底检查。

如果买方与做生意的国家遵守1988年1月1日生效的《联合国国际货物销售合同公约》，则可以使用国际合同，其目的是通过消除法律壁垒促进国际贸易。除非当事人另有相反规定，《销售公约》适用于在"缔约国"内设有营业地的当事人之间订立合同的货物销售，《销售公约》缔约国是指已批准《销售公约》的国家。

世界贸易组织成员应遵循某些国际贸易惯例，保护知识产权。跨境交易的买卖双方最好在合同中约定哪些法律将涵盖交易。

美国买家公司在与外国政府官员打交道时必须注意自己的行为。1977年，美国国会通过了《反海外腐败法》(FCPA)，以防止公司向外国政府官员、政治家和政党支付有问题或非法的款项。该法禁止美国公民或其代理人向外国官员付款以确保或保留业务，并要求对公司交易进行准确的记录保存和充分的控制。自1998年以来，这些做法适用于在美国期间支付此类腐败款项的外国公司和个人。这项法案没有美元门槛，因此即使以一美元行贿也是违法的，可见其执行的重点是受贿的意图。

专栏文摘

冲突矿产引发供应链可追溯性问题

2010年《多德-弗兰克华尔街改革和消费者保护法》第1502条包括一个关于冲突矿产的章节。冲突矿产是指在武装力量条件下开采并侵犯人权的矿产。这些侵犯行为大多发生在刚果民主共和国。这些组织通常隶属于反叛组织或刚果国民军，但都使用强奸和暴力来控制当地居民。

第1502节广泛适用于参与供应链活动的许多人。该法案的目标是限制刚果民主共和国和周边地区民兵的资金，这些民兵利用这些矿物压榨普通民众，并为自己攫取财富。刚果东部的地雷往往远离偏远和危险地区的居民区。一项研究表明，50%以上的采矿场都有武装团伙。在许多地方，武装团体非法征税、勒索和强迫平民工作，包括儿童在内的矿工在泥石流和隧道坍塌中轮班工作长达48小时，造成许多人死亡。

如果适用的话，第1502节要求使用这些产品的公司向美国证券交易委员会(SEC)报告其材料的状态为"无冲突"。目前名单上的四种金属进入了现代经济中使用的许多产品，这些金属及其简要说明如下：

(1) 锡石，是生产锡所需的主要矿石。锡可以在生产锡罐和电子设备电路板上的焊料以及某些化学品中找到。

(2) 铌钽铁矿，从中提取钽元素的金属矿石。钽主要用于生产电容器，这些电容器被广泛应用于安全气囊、笔记本电脑、数码相机等产品中。

(3) 黑钨矿，是钨元素的重要来源。钨是一种非常致密的金属，具有硬度和电阻特性，常用于金属加工工具、钻头和铣刀以及高尔夫球杆头。

(4) 黄金，是一种广泛用于硬币、珠宝和电子产品的商品。

鉴于许多公司或其客户使用含有锡、钽、钨或金的产品，供应经理必须确定其产品中是否含有这些金属。如果确定它们确实使用了这些金属中的任何一种,下一步就是确定它们的来源。一张详细的供应链地图是开始追踪材料来源的必要条件。可追溯性的一个重要因素是确定一级和二级供应商是否有自己的无冲突采购政策。将供应链追溯到最初的源头将需要几个层次的合作,最终返回金属冶炼厂。追溯供应链的过程是复杂的,需要大量的研究。然而,通过执行这一分析,供应经理们对其关键领域的供应链有了更深入的了解。此外,他们将确定这些冲突矿产的合规程度。

资料来源:Polgreen, Lydia (November 15, 2008). "Congo's Riches, Looted by Renegade Troops." The New York Times.

10.4.8 对销贸易需求

在过去的25年里,国际贸易的一种特殊形式是对销贸易。这个宽泛的术语是指所有的国际和国内贸易,其中买方和卖方的交易至少有一部分属于货物交换货物。这种交换可能涉及一次完整的货对货交易,或是向公司支付部分现金。

虽然许多公司都设立了一个外贸办公室或部门,但采购部有时也参与谈判和管理外贸协议,包括确定外贸交易的市场或销售价值,或选择适当的产品来满足外贸要求。

一个国家强制实施外贸要求有许多原因。首先,一些国家缺乏购买进口商品的硬通货。发展中国家通常要求西方跨国公司接受货物,至少作为在其国内销售的部分付款;其次,对销贸易提供了一种在市场上销售产品的手段,否则公司可能无法进入这些市场。在一个特定国家的采购会加速公司在该特定国家的销售。

当一些情况出现的时候往往会产生外贸需求。交易金额大的商品,如军事合同,是对销贸易的主要使用者。当一个国家的商品在世界市场上并不受重视时,企业也会希望采用对销贸易。这些产品可能包括可从许多供应源获得的产品、一般商品类型的产品、不被认为具有技术优势或与其他可获得的产品相比具有更高质量的产品。高价值商品或被购买国追捧的商品不易受到外贸需求的影响。

1. 对销贸易类型

在对销贸易中,最重要的是决定合适的对销贸易形式。目前,五种主要的对销贸易协定类型是:易货贸易、互购贸易、抵消贸易、回购贸易、转口贸易(见图10-6)。

(1)易货贸易

易货贸易是最古老和最基本的贸易形式,这一过程涉及货物的直接交换,而不是货币的交换。它要求交易双方签订单一合同以满足交易要求。尽管易货贸易表面上很简单,但它是当今最不实用的外贸形式之一。易货贸易与其他形式的外贸有几个不同之处。首先,易货交易不涉及双方之间的货币交换。其次,

图10-6 对销贸易类型

一个单一的合同将易货交易形式化,而其他形式的对销贸易则需要两个或更多的合同。最后,易货贸易协定通常与特定的交易有关,所涵盖的时间比其他安排所涵盖的时间短。

(2)互购贸易

反采购要求销售公司从购买其产品的国家购买一定数量的货物。反购金额是原销售金

额的一个百分比。这一要求通常在交易总价值的 5% 到 80% 之间,但在某些情况下实际上可以超过 100%。

这种形式的对销贸易要求公司在与其主营业务无关的国家购买产品,以满足其对销贸易的要求。对销贸易政府确定了一份可能满足对销贸易要求的采购产品清单。买方必须销售这些无关的产品或让第三方承担这些责任,不过这也增加了交易的复杂性和成本。

(3) 抵消贸易

与反采购密切相关的抵消协议还要求卖方在规定的期限内从一个国家购买某些商定百分比的货物。然而,抵消协议允许公司履行其与国内任何公司或行业的外贸要求。销售公司可以购买与其业务需求直接相关的商品,这为购买者提供了更大的灵活性。例如:一家美国飞机制造商获得了在西班牙销售飞机的合同,并同意购买在西班牙为合同价值 100% 的产品。

(4) 回购贸易

一些外贸主管部门也将回购贸易称为补偿贸易。回购是指公司在另一个国家实际建造工厂,或提供服务、设备或技术来支持工厂。公司同意从工厂的产出中提取一部分作为支付款。缺乏外汇支付但自然资源丰富的国家可以从这种外贸安排中受益。西方公司有机会提供工厂、设备和专业知识,将资源推向市场。

(5) 转口贸易

这种形式的对销贸易涉及使用第三方交易商出售赚取的对销信贷。当一家销售公司同意接受来自购买国的货物作为部分付款时,就会发生转口贸易。如果销售公司不想从这个国家得到这些货物,它可以以折扣价将这些货物的信用额出售给第三方贸易商,第三方贸易商出售或推销这些货物,交易者办理交易要收取手续费。原销售公司在评估与一国的外贸安排的总成本时,必须考虑折扣和第三方费用。

采购者在对销贸易中的作用不如在营销中的作用明显。采购通常是一个被动的参与者,他必须确定有助于满足公司通过销售其产品而产生的任何外贸要求的供应来源。

2. 外贸园区在供应管理中的运用

在美国,外贸区(FTZ)是经美国海关和边境保护局(CBP)批准的安全地点。自由贸易区最初是由 1934 年的《对外贸易区法》授权的。自由贸易区允许进口公司延迟、取消或减少其对进入该区的外国货物的纳税。根据美国海关与边境保护局对外贸易区手册,"自贸试验区被视为在美国关税区以外的地方进行纳税",只有在从自贸试验区提取外国来源的货物时,才需要纳税。

自由贸易区的首要目的是吸引外国企业和投资进入美国,并主要通过增加美国经济的就业机会来促进国内经济发展。目前,美国共有 750 多个自贸区,其中包括 250 个经自贸区委员会批准的通用区和 500 多个子区。

通用区通常位于港口或工业园区,可供多家公司使用。另一方面,子区域或使用驱动站点可以被批准用于特定用途或特定公司。"自由贸易区分区的状态集中在特定地点或特定库存上。这意味着,一个特定的配送中心或制造基地可能有一个自由贸易区的名称或者设施的一部分(以及该区域内的库存)可能是自由贸易区的一部分。"

3. 使用自由贸易区的好处

在供应管理中使用自贸区的共同优势包括：免税、关税延期、反向关税、简化海关手续和减税。免税是指对货物不征收关税或定额费用。

从自贸区再出口。关税延期允许进口商通过推迟缴纳关税来改善现金流，直到进口货物从自贸区撤出。当自贸区生产的商品的税率低于构成制成品的进口部件的税率时，就会产生反向关税。在这种情况下，成品在自贸试验区提取时可能会受到较低税率的限制，反向关税状态必须事先获得批准才能获得较低的税率。自由贸易区公司能够在一周内为其所有自由贸易区交易提交一份报关单，这是简化海关手续的一个例子。对自贸区内的外国来源货物和国内出口货物减少州和/或地方库存税，可为自贸区公司节省税款。

根据《自由贸易区法》，带入一个区域的货物可以储存、出售、展示、分解、重新包装、组装、分发、分类、分级、清洁、与外国或国内商品混合，或以其他方式操纵，或制造，但《自由贸易区法》规定的除外，并出口、销毁，或以原始包装或其他方式(19 U.S.C. § 81C)从美国海关地区发送到美国。任何制造和生产活动必须经自由贸易区委员会特别授权，对自由贸易区允许进口的商品的两大限制包括禁止进口的商品或物品以及任何零售活动。

如果在美国的采购公司(或其在美国的供应商)从海外供应商进口了大量零部件和/或制成品，则对建立和维护自由贸易区的相关成本进行可行性分析。需要评估的关键成本包括：

- 进口(应税)商品的年总价值和数量；
- 每年报关的数量；
- 进口商品的加权平均税率；
- 上一年外国(应税)再出口的百分比和/或价值；
- 直接运往客户的进口商品的年总价值(直运)；
- 上一年度的年度退税金额；
- 双重来源商品的年价值和数量(即来源于海外和国内)；
- 未来3年应税进口的年增长预测；
- 美国附加值占成品价值百分比的近似值(如果发生制造)。

10.4.9 全球采购的成本

采购者必须审查与跨国采购有关的额外费用。无论采购交易是与国内生产商还是国外生产商进行的，都会存在某些一定的共同成本。然而，国内采购和国外采购的区别在于：国外采购必须包括与海外交易有关的额外费用。如果价格是一个主要因素，那么买方必须将国外采购的总成本与国内采购的总成本进行比较。表10-2总结了跨国采购和物流有关的各种费用。

表10-2 全球采购总成本要素

交通运输
- 获得具有国际运输专业知识的后勤人员的协助
- 考虑与来自同一地理区域的其他公司合并装运
- 必要时，利用跨国运输公司或货运经纪人管理货运和成本
- 咨询海外供应商，作为有关货运来源的信息来源

续表

关税
- 货物通过国际航线时所支付的关税在一系列货物上可能差别很大,而且往往在短时间内改变
- 由美国公布的关税表提供
- 项目可分为多个类别
- 最好与海关代理/经纪人讨论这一点

保险费
- 这些通常不包括在海运价格中(需要海运保险)
- 不要为贵公司可能已经为国际交易提供的额外保险支付费用

付款条件
- 海外供应商通常给予更长的付款期限,如 60 天
- 如果与中间人打交道,可要求在装运时付款

附加费用和佣金
- 询问供应商、报关行和运输人员是否可能产生其他费用,以及这些费用的责任人
- 如果你的货物由于缺少文件而被扣留在入境港,海关官员将其存放在仓库中,则将向客户收取存储费(谁来埋单?)

港口码头及装卸费
- 美国港口和装卸费包括卸货、港口人员管理服务和港口使用费

报关费
- 每笔交易收取固定费用

税费
- 考虑可能支付的任何附加税

通信费
- 电话、旅行、邮寄、电传、传真和电子邮件费用将更高

支付货币费用
- 银行转账、汇票、对冲和远期合同都会产生费用

库存成本
- 由于交货期较长,必须持有较高水平的库存
- 成本包括投资基金、保险、财产税、储存、报废及放弃的利率

资料来源:Adapted from Monczka, R. M., and L. C. Giunipero (1990), Purchasing Internationally: Concepts and Principles Chelsea, MI: Bookcrafters.

1. 可比成本

国内和海外采购的某些成本是可比的,其中包括供应商所报的采购单价、工装费用和供应商的运输费用(可比成本并不意味着成本相等)。单价评估必须考虑数量折扣的影响、运输效率所需的最低购买量、快速运输对价格的影响以及任何供应商规定的附加费或额外费用。

运输成本也需要严格评估。例如:如果买方直接控制运输,而不是让供应商安排发货,对运输成本有什么影响?由于距离较长,对运输成本有什么影响?国际运输往往需要有专门知识的人员的协助。运输专家可以审查承运人的报价,评估运输方案,并推荐最有效的行动方案,其中可能包括将国际运输与其他买方的运输相结合,以获得优惠的运费。

> **专栏文摘**
>
> **巴拿马运河扩建将改变全球供应链**
>
> 巴拿马运河的扩建将凭借每艘船最多可装载12 500个集装箱的船只改变全球贸易路线。以下是高力国际(Colliers International)编写的一份报告,该报告着重介绍了为准备这些大型船舶而采取的行动,即本专栏文摘中的巴拿马型油轮。
>
> (1) 巴拿马型油轮港口就绪标准。当一个港口满足三个关键标准时,即被视为巴拿马型油轮就绪港口:①航道深度为50英尺,航道宽度和回转池尺寸足够大;②具有能够装载和卸载巴拿马型船舶的起重机;③为处理新的大型起重机而设计的码头。
>
> 北美港口容量。港口容量通过TEV(twenty foot equivalent units)来测量。这个集装箱是一个装着进出口货物的金属盒子。联运集装箱可以轻松地在各种运输方式之间转移,如船舶、火车和卡车。按集装箱运输量排名的北美前20个港口中,除四个在美国外,其余两个在加拿大和墨西哥。洛杉矶和长滩是北美最繁忙的集装箱港口,其次是纽约/新泽西、萨凡纳和温哥华。北美前二十个港口中,有13个每年处理超过100万TEVs集装箱。美国前五十大港口处理3 250万TEVs集装箱。
>
> 加拿大前五大港口处理480万TEVs集装箱,墨西哥前十大港口处理420万TEVs集装箱。
>
> (2) 对港口和供应链的影响。运河扩建将改变全球贸易路线,扩建不仅会影响航运公司,而且零售商、制造商和大宗商品贸易商都将感受到新建港口对其供应链的影响。港口进出口报告处(PIERS)的数据显示,自二战以来,东海岸集装箱运输增长首次超过西方。与2011年同期相比,2012年第一季度东部港口的运输量增长了5.5%,而西部港口的增长率为3.0%。2015年后,东部交通增长将进一步加快。空中客车(Airbus)、波音(Boeing)和卡特彼勒(Caterpillar)的新制造业务以及迪士尼的新承诺将推动这一增长的一部分,该公司将专门使用杰克逊维尔港(Port of Jacksonville)进口物运输到荷兰魔术王国(Magic Kingdom Inorlando)。
>
> 美国需要改善基础设施。根据美国陆军工程兵团最近的一份报告——美国港口和内河航道现代化:为后巴拿马型船舶作准备,到2030年,巴拿马型船舶将占集装箱船舶总容量的62%,北美港口需要花费数十亿美元才能参与这一全球贸易机会。但世界经济论坛(World Economic Forum)的数据表明,美国在基础设施竞争力方面可能较为落后,在全球排第23位。
>
> 资料来源:Conway, K.C., (2012, August), "North American Port Analysis-Preparing for the PANMAX Decade" Collier's International 13 pages.

2. 国际交易成本

跨国采购产生的额外成本不属于国内采购的一部分。如果不将这些成本包括在总成本分析中,可能会导致采购总成本的计算错误。

对于一次性交易,卖方可以要求信用证。信用证由买方银行与卖方所在国的附属银行共同签发。它向卖方保证货款资金由银行支付,供应商在提交所需单据后即可凭信用证提款。信用证有两种基本类型:可撤销信用证和不可撤销信用证。可撤销信用证允许不经卖方同意,买方可随时更改或取消,因此很少使用。不可撤销类型只有在各方同意的情况下才能更改或取消。

离岸采购的包装要求很多,成本通常较高,因为运输距离较长,装运次数增加。每一项进入一个国家的物品也要缴纳关税,税率因项目之间看似微小的差异而大不相同。一个知识渊博的报关行可以降低关税成本,并加快通过海关的运输。总成本分析必须包括国际交易期间产生的关税和经纪人费用。

国际货运通常需要保险保护。因为与国内运输不同,远洋承运人的赔偿责任一般是有限的。当第三方为库存或装运提供资金时,通常需要保险,保险由伦敦劳埃德(Lloyd)等大型公司提供。

其他费用包括港口码头装卸费。采购者一般期望采购合同能明确规定卸货、港务局人员的管理服务和港口的一般使用费用,这些是美国港口码头的操作附加费。即使购买者使用第三方来管理流程的这一部分并收到一张发票,这些成本要素仍然是单一相关费用的一部分,必须有人支付这些费用。

国际采购过程中的一个关键因素是尽量减少影响总成本和客户服务的意外事件。例如:如果货物到达加利福尼亚州长滩,没有适当的文件,海关将把货物放在仓库中等待文件。如果出现这个问题,买方或卖方是否支付储存费用应该很清楚。

10.4.10 控制国际货币风险

跨国采购的一个主要问题是管理与国际货币波动有关的风险。由于这一风险,企业往往采取措施减少货币波动带来的不确定性。

下面的例子说明了货币波动和风险的原理。假设一家美国公司6月份从加拿大购买了一台机器。这笔交易以加元计价,11月交货时支付10万美元。简单地说,假设6月份的汇率是1美元等于1加拿大元。然而到了11月,加元走强,1美元等于0.90加元(现在加元兑美元已经升值,购买1美元只需不到1加元),现在10万美元只相当于9万加拿大元。这家美国公司需要10万加元或者10万加元/0.9美元的汇率=111 111美元来购买这台机器。如果购买者不保护自己免受货币波动的影响,这台机器的价格将比原计划高出11 111美元。另一方面,如果在这段时间内美元兑加元走强,采购者在11月份购买10万加元产品所需的美元将减少。

公司使用各种措施来应对与货币波动相关的风险,这些措施从非常基本的措施到涉及公司财务部的复杂的国际货币管理。

1. 以美元购买

倾向于用美元支付国际采购费用的买方正试图通过将风险转移给卖方来消除作为风险来源的货币波动。虽然这似乎是一种简单的风险管理方法,但并不总是最佳或最可行的方法。同时也意识到汇率风险的离岸供应商,可能不愿意自己承担汇率波动的风险。此外,许多海外供应商通过将风险因素纳入其价格来预测汇率波动,一个愿意接受一些货币风险的买家会得到更优惠的价格。

2. 分担货币波动风险

风险的平等分担允许销售公司对其产品定价,而无须考虑接受风险成本。由于货币波动,风险分担要求对商定价格的变动进行等分。以加拿大的机器为例,由于汇率波动,这家美国公司实现了超过1.1万美元的额外成本。在风险分担平等的情况下,加拿大和美国公司将平均分摊额外成本。这种技术最适用于有固定交付日期的项目,如资本设备。

3. 货币调整合同条款

在货币调整条款中,双方同意,只要汇率不在商定的范围或幅度外波动,就要付款。如果汇率变动超出了商定的范围,双方可以重新谈判或审查合同。因为企业不确定汇率将朝哪个方向波动，这为双方提供了相互程度的保护。

采购合同通常包含两种货币调整条款：交货触发条款和时间触发条款。交货触发条款规定，双方在交货前将对汇率进行审查，以核实汇率仍在商定的范围内。如果价格超出范围，买方或卖方可以要求重新谈判合同价格。时间触发条款规定，双方将在规定的时间间隔审查合同，以评估汇率波动的影响。双方按预定的时间间隔审查汇率，如果汇率超出商定的范围，则订立新的合同。

4. 货币对冲

套期保值包括在两个市场同时买卖货币合约，预期结果是，一个合同实现的收益将被另一个合同的损失抵消。套期保值是一种风险保险，可以保护双方免受货币波动的影响。使用套期保值的动机是规避风险，而不是货币收益。如果购买货币合约的目的是实现净收益，那么买方是在投机，而不是对冲。

买卖双方在商品交易所买卖期货交易合约（也称为"期货合约"），向任何需要对冲或投机性风险资本的人开放。事实上，因为投机者有助于为期货合约的买卖双方创造市场，交易所鼓励投机。期货交易者以固定的货币金额和固定的合约长度出售期货合约，以一定汇率买卖一种货币的期权也可供买方选择。期权可用于在谈判期间或买方预期从某一特定国家购买某一物品时锁定优惠利率。买方支付少量溢价，以便有权在日后购买货币。

远期外汇合约与期货合约有不同的关注点。这些合同是由各大银行签发的协议，根据这些协议，买方在未来为一种货币支付预先确定的汇率（以及向银行支付的费用）。交易参与者包括银行、经纪人和跨国公司。远期外汇合约的使用抑制了投机，远期外汇合约可以在金额和期限上满足个人买方的需要。

5. 财务部门专业知识

具有丰富国际经验的公司通常有一个能够支持国际货币需求的财务或财务部门。财务部可以根据对货币波动的预测来确定一个公司应该使用哪种货币来支付。财务部还可以提供对冲和货币预测，以及寻求新合同还是因货币变化而重新谈判合同等方面的建议，它还可以充当离岸货币的清算所，为离岸购买付款。

6. 跟踪货币变动

采购经理应跟踪汇率随时间的变化，以确定长期变化和因经济变化而带来的采购机会。在2008—2013年期间，美元兑欧元汇率有所放缓，使得从欧洲进口的商品相对具有吸引力，部分原因可能是希腊的金融危机和意大利、葡萄牙和西班牙的经济疲软。在2008—2013年期间，欧元从0.63/美元到0.84/美元不等，目前约为0.76/美元；2012年欧元兑美元汇率区间为0.74/美元到0.82/美元，从高到低变化10.5%。

与此同时，中国在同一时期允许人民币对美元升值12%，这意味着仅从中国进口的货币兑换率就会更高。中国因压低人民币汇率，使其出口产品在其他市场上更具竞争力而受到国际社会的批评。在任何情况下，一种货币经历的波动越大，购买国就越需要制定货币调整条款或采取行动来抵御货币波动风险。

10.5 转向全球采购理念

在某种程度上,许多公司认为,超越基本的跨国采购可能产生新的和未开发的利益。图 10-7 展示了国际采购和全球采购作为一个连续统一体的一系列发展水平或步骤。采购过程的国际化是随着企业的发展或进步而发生的,首先是从国内采购到国际采购,然后是全球范围内通用项目、流程、设计、技术和供应商的协调和整合。第一级包括那些只在国内购买的公司。在国内采购可能导致从在美国有工厂的国际供应商处采购。

参考图 10-7,二级代表基本的国际采购,通常是被动的,采购地点或单位之间不协调。在第三级中制定的战略和方法开始认识到,适当执行的全球采购战略可以带来重大改进。然而,这一级别的战略在全球采购地点、运营中心、职能部门或业务部门之间没有很好的协调。第四级代表着全球采购地点采购战略的整合和协调,代表着战略发展的成熟水平。在这个水平上操作需要:

- 全球信息系统;
- 具有丰富知识和技能的人员;
- 广泛的协调和沟通机制;
- 促进全球活动中央协调的组织结构;
- 支持全球采购方法的领导力。

图 10-7 国际采购和全球采购水平

尽管全球一体化发生在第四级,而第三级并非如此,但全球一体化主要是跨地区的,而不是跨职能的。在第五级经营的企业已经实现了第四级的跨地区整合。主要区别在于,第五级参与者整合和协调全球采购中心和其他职能部门(特别是工程部门)的通用项目、流程、设计、技术和供应商,这种整合发生在新产品开发以及为满足持续需求或售后市场需求而采购产品或服务的过程中。

只有那些具有全球设计、开发、生产、物流和采购能力的公司才能发展到这个水平。尽管许多公司希望提升到第五级,但事实是,许多公司缺乏达到这一水平的理解或意愿。

10.5.1 全球采购成功与失败的因素

一个涉及 167 家公司的全球采购研究项目确定了一系列推动全球采购绩效的因素。这些因素包括:定义支持全球采购的流程、集中协调/领导决策、业务活动的现场分散控制、实时通信方法、与供应商的信息共享、可用的关键资源、采购和承包系统、国际采购办公室支持。图 10-8 强调了这些成功因素，下一节将对这些因素进行更详细的解释。

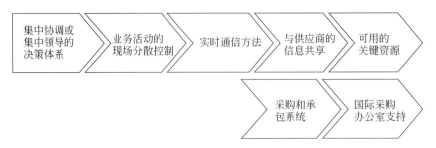

图 10-8　全球采购成功因素

（1）定义支持全球采购的流程

制定一个严格且定义明确的方法或流程对全球采购的成功至关重要。一些组织已经实施商品或区域战略，并调整了其全球采购战略。当这种情况发生时，全球采购流程可能会以不同的方式衡量某些因素。例如：更加强调风险因素和总着陆成本。最近，评估收入影响的双重趋势和将风险降至最低的愿望导致更多的近岸生产，从而形成了一种全球采购战略，此战略在区域范围内对供应基地进行集中监督。

全球采购流程的定义有助于克服全球采购中固有的许多差异。社会文化和法律、人才技能和能力以及商业文化是不同地理单元之间差异最大的三个方面，全球采购流程有助于协调全球不同的参与者和做法。表 10-3 显示了一家在全球开展业务的化工公司的全球采购流程。

表 10-3　美国一家化工公司的全球采购流程

步骤 1：确定全球采购机会
在确定具体机会时，执行指导委员会和全球化经理应考虑：
- 哪些业务部门需要最大程度的成本削减？
- 公司目前购买什么？
- 目前如何规定商品？
- 创建一套世界范围的规范需要多少努力？

步骤 2：建立全球采购开发团队
执行指导委员会与全球成员组成跨职能/跨地区（CF/CL）团队，寻求全球机遇。

步骤 3：提出全球战略
团队章程为项目团队明确了提出全球战略的责任。团队验证项目的原始假设，验证当前数量和预期节约，确定是否存在全球供应商，评估各设计中心的当前规范，并提出全球战略。

步骤 4：制定征求建议书（RFP）规范
各小组负责制定给供应商的征求建议书（RFP），这一步消耗了全球采购流程的大量时间。

步骤 5：向供应商发布 RFP
在一个全球项目中，有 6 家供应商收到了征求建议书。项目组负责跟踪供应商并回答任何问题。

步骤 6：评估投标书或建议书
对供应商建议书进行商业和技术评估。项目组将要求供应商提供最佳和最终报价，并按要求进行实地考察。在分析供应商返回的 RFP 后，进行面对面的谈判。

续表

步骤7：与供应商谈判
一个较小的团队与供应商谈判，最终确定合同细节。所有谈判都在这家采购公司的美国总部进行，最长可以持续3天。如果采购公司没有达到其价格和服务目标，谈判过程就会延长。

步骤8：签订合同
与中标合同有关的信息通过电子邮件在整个公司进行沟通。指导委员会计算预期节余，并将协议保存在公司数据库中。

步骤9：执行合同和管理供应商
这一步包括将全球协议加载到适当的公司系统中，还包括新供应商或零件信息的过渡管理。

（2）集中协调/领导决策体系

保持对具有战略性质的活动的中央控制和领导，提高了实现一系列改进的采购过程结果的可能性。这些好处包括：
- 改进采购流程的标准化或一致性；
- 供应商早期参与；
- 供应商关系；
- 客户、利益相关者和主管对采购的满意度。

（3）业务活动的现场分散控制

全球采购过程中对分散经营活动本地化的公司更可能会降低总拥有成本，进行更好的库存管理和提高外部客户的绩效。分散化的业务活动包括：
- 向供应商发布材料放行单；
- 必要时催交订单；
- 解决性能问题；
- 计划库存水平；
- 制订物流计划。

（4）实时通信方法

沟通的复杂性使得全球采购比国内或地区采购更为复杂。全球采购参与者通常分布在世界各地，这使得实时和面对面的沟通变得困难。此外，参与者可以讲多种语言，同时遵守不同的商业惯例、社会文化和法律。

许多沟通和协调方法支持全球采购工作。例如定期审查会议、涉及全球团队成员的联合培训班、通过公司内部网定期报告的项目更新以及职能人员的部署。

协调工作的一种常见方法是在预定的时间间隔内依赖音频会议或视频会议。参与者可以更多地利用一些基于Web的通信工具，如Go to Meeting、NetMeeting、Skype、Centra等。有一个结论是明确的：成功的全球采购工作具有完善的沟通方法，有助于克服流程的内在复杂性。

如果没有可靠和及时的信息，全球采购工作很难取得成功。此类信息的例子包括现有合同和供应商的清单、供应商能力和业绩报告、按采购类型和地点分列的全球采购量以及关于潜在新供应商的信息，提供全球采购所需的数据和信息的能力要求开发全球信息技术系统和数据仓库。

尽管访问通用编码系统和实时数据是一个主要的促进因素，但事实是许多公司缺乏必要的信息技术(IT)能力。历史上,许多公司按地区对其采购和工程中心进行了分组,而合并和收购的其他公司通常具有不同的遗留系统、流程和不同位置的零件号。这迫使公司花费时间和金钱来标准化和通用他们的系统和编码方案。零件号和商品编码方案在整个公司范围内的所有位置上具有20个项目列表中的第二低相似性级别。

(5) 与供应商的信息共享

成功的全球采购既需要获得一系列关键信息,也需要愿意在全球范围内与重要供应商分享这些信息。与全球最重要的供应商共享绩效信息的公司可以实现更低的采购价格和成本。共享的性能信息包括有关供应商质量、交付、周期时间和灵活性的详细信息。第二类信息共享涉及更广泛的成果。这包括对供应商的技术认证、未来资本计划和产品品种数据的评估。

(6) 可用的关键资源

影响全球成功的资源包括对差旅的预算支助,拥有合格的人员、有充足的制定全球战略的时间以及能获得所需的信息和数据。时间的有效性与团队的有效性高度相关。有时间执行议程的团队比没有时间的团队更有效。考虑到大多数组织使用团队来协调其全球工作,这一点非常重要。

(7) 采购和承包系统

确保获得信息的最重要途径是开发技术系统,使关键信息在全世界范围内可用。拥有能够获取相关信息的系统的公司更有可能报告较低的总体拥有成本和来自全球采购的改进的采购过程结果。这些特性及其提供的信息的示例包括:采购货物和服务的全球数据库;通用零件编码方案;合同管理模块;以及按地点衡量合同遵守情况、全球商品和服务使用情况以及按地点支付的购买价格的系统。

(8) 国际采购办公室的支持

如前所述,首次公开募股通过更大程度地获得产品和工艺技术、缩短周期和提高响应能力,支持更高水平的全球采购。此外,首次公开募股有能力从最初的谈判到供应商选择周期的合同管理阶段提供业务支持。在过去五年中,国际采购办公室(IPO)的增长促进了全球采购的增长。

10.5.2 全球采购未来发展趋势

全球化是一个不断发展和完善的过程。在这一过程中,最重要的是需要开发或获得供应管理有关技能,以鼓励从全球角度评估供应网络的人力资源。其他还包括需要商定全球业绩计量,并在全球各单位之间和与供应商之间建立综合系统。要做到这一点,就需要继续发展和完善综合协调的全球采购跨职能组织的战略。随着企业朝着更高的全球化水平发展,营销、工程和采购团队之间的更大整合应该出现。这种日益增强的整合导致了与具有全球能力的供应商开展业务的趋势。此外,全球采购的重点将从部分(即组件)采购转移到子系统、系统和服务采购。降低成本的压力也将使得企业采购转向新兴供应市场,如中国、印度、巴西和东欧等。虽然从价格的角度来看非常有吸引力,但管理这些市场变化的能力使优秀公司与一般公司区分开来。

在全球范围内生产和销售的公司现在应该将全球采购视为其整体采购战略的一部分。为了追求竞争优势,需要制定全球流程和战略,成为企业供应管理改善的一个组成部分。在管理者开始意识到全球采购可以为组织带来好处之前,了解交易性国际采购和综合性全球采购之间的关键区别是至关重要的。

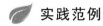
实践范例

在 SELEX 的全球采购

SELEX 是一家总部位于美国的电子公司,年销售额 20 亿美元,是一家处于转型期的公司。由于激烈的全球竞争和成熟的产品线(其部分产品已有 20~25 年的历史),SELEX 的利润率不断下降,使其容易受到成本降低压力和利润率下降的影响。

由于新的竞争对手和技术侵占了核心市场,该公司经历了几次代价高昂的产品故障,失去了市场份额。这家公司很难改变自己的文化,以适应新市场的需求。SELEX 不得不从一家技术驱动型公司转变为一家灵活、专注于市场的公司。SELEX 将供应管理分为三个不同的组:间接采购、原材料采购(生产所需的任何材料)和合同或成品采购(外包成品),每个集团都在全球范围内寻求创新的采购方法。

(1)间接采购

尽管 SELEX 在英国、墨西哥、美国、日本和中国都有生产基地,但此前在管理间接采购方面的努力主要集中在美国。SELEX 的一个主要企业计划涉及开发一个名为"寻源愿景"的全球寻源流程。利用这一过程,项目团队系统地审查了 SELEX 在全球范围内的间接支出,目标是每年节省 7% 到 15% 的成本。

执行指导委员会监督采购愿景过程。该委员会由研究副总裁、供应链管理副总裁、市场营销副总裁、信息技术副总裁和公司总监组成。每个成员都是执行副总裁级的,每个成员都支持一个特定的全球项目。跨职能项目团队是采购愿景的组成部分,项目组从事下列活动:

- 分析行业,确定买方和卖方的优势和劣势;
- 确定改进目标;
- 确定潜在供应商;
- 转发和分析供应商建议书;
- 确定供应商选择标准;
- 制定采购战略;
- 做出供应商选择决策。

(2)原材料采购

第二大采购项目是原材料采购(大多数公司称之为直接材料采购)。作为其全球采购战略的一部分,原材料集团专注于确定和确认全球范围内的货源和通过杠杆协议汇总交易量,该组还负责成品计划(包括总产品计划)。

原材料采购的第一个重大变化是:技术人员、运营部门和采购部门在全球范围内共同努力,完善零部件材料规范。这种跨功能的方法,在公司一级进行协调,检查系统权衡,以达到预期的最低总组件成本。第二个重大变化强调了全球战略发展的初级方法,由不同地点的人员担任领导角色。SELEX 还为不属于协调商品方法的项目在现场建立了牵头买家。每个工厂有一个人负责一个采购区域,并成为 SELEX 的常驻专家。

(3) 合同采购

SELEX 的全球成品外包是由于认识到垂直整合无法支持每年推出 20~40 种新产品。

大多数 SELEX 产品使用独立的电子元件,该公司称之为媒体。产品的物理外壳是硬件。SELEX 内购媒体并外包硬件,因为客户看重的大多数创新都发生在媒体而不是硬件上。SELEX 成立了一个主要负责硬件外包的合同制造组织。该小组现在负责确定和确认外包合作伙伴,评估产品质量,并在新产品开发期间与合同制造商合作。作为合同制造组织的一部分,外包主管还负责两个国际采购办公室(IPO)。首次公开募股确定了潜在的合同制造商或特定应用的可用供应商。国际采购办公室还支持之前讨论过的间接和原材料采购集团。

SELEX 说明了一个大公司如何面对新的竞争威胁和不断衰退的市场,从一个缓慢的、功能驱动的组织转变为一个反应迅速、市场驱动、跨功能的企业。它还说明了三个采购小组是如何认可全球采购作为帮助实现公司目标的一种方式的,每个采购小组都采取了非常不同的方法。

资料来源:Interviews with company managers. The corporate name was changed at the request of the company.

本章小结

全球原材料、零部件、制成品和服务的采购将继续增加。因此,各级供应管理人员必须熟悉全球采购的细微差别。尽管大多数组织更愿意从地理位置相近的供应商那里采购,但这并不总是可能的。在竞争性行业中运营的公司必须从世界上最好的采购地点购买。开发这些资源需要持续不断监测供应市场和国家趋势。随着风险和成本的增加,中国等发展中国家的采购公司正在考虑在其全球采购战略中实施再支持和近支持。对美国买家来说,这意味着在墨西哥和南美的采购量将增加。对那些在欧洲的人来说,这意味着更多的东欧采购。全球化将继续是一股主要力量,需要逐个公司进行评估。一旦作出评估,供应管理部门就必须以有效的全球战略作出回应。

思考讨论

1. 讨论全球化和随后全球采购的增长对美国的长期影响是正面的还是负面的。为什么?全球采购的替代品是什么?

2. 中国、印度、东欧和其他发展中国家一直在寻找热点,解释原因并讨论从这些低成本国家采购时遇到的任何问题。

3. 什么因素使再支持和近支持作为组织全球采购战略的一部分更具吸引力?

4. 当今追求全球采购最重要的原因是什么?

5. 设立国际采购办公室有什么好处?这些办公室提供什么服务?

6. 讨论公司使用第三方外部代理进行全球外包的原因。

7. 讨论买家可以用来识别潜在海外供应源的一些信息来源。

8. 国际采购和全球采购有何不同?你认为这些差异有意义吗?为什么?

9. 外包、近岸外包、离岸外包有何不同?哪些特征决定了公司是否选择离岸外包和/或近岸外包,为什么?

10. 许多美国公司开始在全球范围内被动采购，这意味着什么？什么可能导致公司从被动的全球采购转向主动的全球采购？

11. 推动全球采购项目成功的因素有哪些？你认为全球采购最大的障碍是什么？

12. 请参考企业面临多个全球采购障碍。对于每个障碍，讨论一个或多个公司可以克服障碍的方法。

13. 哪种形式的抵销贸易提供了最大的购买灵活性？为什么？

14. 讨论对外贸易区（FTZ）如何改善从全球采购中获得的优势？结合离你最近的自由贸易区进行分析。

15. 对专栏文摘中讨论的"冲突矿产贸易"报告要求问题是支持还是反对。

第 11 章

战略成本管理

学习目标

- 了解成本管理对供应链的影响;
- 了解价格管理的基本方法;
- 了解降低供应商生产和交货成本的方法;
- 了解总拥有成本的概念。

开篇案例

本田公司对战略成本管理的重视渗透到业务每一环节

本田从成立之初就形成了成本管理的传统。公司创始人不顾政府的阻拦,试图从摩托车行业进军汽车行业,发现日本的汽车供应基地不愿意支持其业务。于是,他通过供应商发展、财务支持,最重要的是利用与供应商之间已形成的良好关系和相互信任,把摩托车零部件供应商发展成汽车零部件供应商。在任何情况下,今天仍然存在这种对供应商的忠诚。本田不会"解雇"供应商,除非供应商要求他们这样做。他们将支持和投资那些正经历困难时期的供应商,但当汽车行业的经济形势变得困难时,他们也会有同样的回旋余地,这种对共同命运的长期观点已经得到了回报。此外,像一个严格但充满爱心的家长一样,本田对供应商提出了很多要求,包括多次访问其网站以推动改进,拒绝接受"不"作为回答。供应商开发、整合、持续社会化和信任的概念是本田商业模式的核心和组成部分。

本田的商业模型首先一直围绕着六年计划展开,这一计划高度依赖于小部分走在前列的核心供应商,这些供应商在整个六年中都是预先参与的;其次,公司100%理解产品成本的所有组成部分,具有很高的精确度;再次,涉及精益供应商开发工程,大量的现场工程师在生产过程的各个方面与关键供应商密切合作;又次,基于完美的新产品发布。本田坚信,在部件、子系统和系统开发的各个方面,都要非常注重细节。"同一个部位,同一个地点,同一个过程"的思想强调,在原型开发和量产过程中,与供应商进行多次访问和会面,以确保从供应商生产线下来的产品具有"第一产品"的质量,并在生产条件出现时准备上市。最后,本田商业模式最重要的组成部分是沟通,对本田与其经销商、供应商和利益相关者之间的每一次沟通的质量、频率和内容进行审查,并对其商业模型的各个方面进行系统控制。沟通是组织间关系的基础。

计量系统支持所有成本管理决策。设计中的初始指标包括最终产品在市场上的价格。

本田客户的价格/价值关系是争论和讨论的焦点。什么样的零售价格水平能提供制造业所需的利润？以高水平的生产成本为目标，然后研发（R&D）、制造和供应链就如何实现这一目标展开工作，将制造成本和供应成本分离，以形成该项目单元。然后，他们就如何达到目标价格对项目逐个分解。某些类型的质量特征是一成不变的（如五星碰撞评级、八个安全气囊等）。然后，供应商和供应管理部门不断努力，在早期与研发团队分享创意，以发现如何降低成本同时增加更多的价值和功能。价格是第一个区别，其次是质量。目标成本要素基于作业的成本计算程序，该程序源于能够估算实际制造和供应商费用的关键研发团队进行的历史分析。它们被分解为按类别团队制定的预算。在类别团队会议上，权衡作为一个讨论点，是一个充满压力和严格的过程，因为多个团队都在各自的目标成本上工作，都在寻求满足市场价格。

本田的成本（采购）工程师根据与其合作的供应商的具体类型进行调整，目标是成为全球专家。例如：成本工程师可以访问任何给定的冲压件供应商，并在一次访问的基础上生成一份详细的报告，记录与该供应商相关的能力水平。关于寻求何种高级能力和知识已经在企业内达成了共识。

所有采购小组定期举行季度会议，讨论全球供应管理综合战略。在会议上，讨论的重点是共同性和标准化的机会、与市场营销出口战略的协调、新产品规划、成本管理和供应基地内的技术转让问题。

战略会议的一个重要部分是发展真正的全球供应基础。所有部门定期开会，讨论和分享全球平台开发、共同供应战略和持续成本管理目标。学习经验教训和确定提升的机会是这项工作的一个主要部分。本田继续根据客户价值等属性来衡量成本，确保即使全球材料成本不断上升，其新车成本也不会上升，另外还增加了确保客户拥有安全、创新和满足驾驶体验的功能。

资料来源：Handfield, R., and Edwards, S. (2009, July), "Cost Leadership Best Practices," White Paper, Supply Chain Resource Cooperative, NC State University.

11.1 引言

在当今经济中，全球竞争背后的驱动力可以用一个方程式来概括：

$$价值 = (质量 + 技术 + 服务 + 周期时间) / 价格$$

尽管供应管理对这个等式中分子的所有变量都有重大影响，但本章主要关注分母——价格及其主要驱动因素成本。供应管理的一个主要责任是确保为一个项目支付的价格是公平合理的。为购买的产品和服务支付的价格将直接影响最终客户对组织提供的价值的看法，从而在市场上产生竞争优势。通过在降低价格方面不断取得进展来实现价值，从而提高企业的利润率和资产回报率，供应管理正在真正成为执行董事会内部的一股力量。

评估供应商提供产品或服务的实际成本与实际支付的采购价格之间的关系，是所有行业的一个持续挑战。在许多情况下，控制成本需要关注与生产项目或服务相关的成本，而不是简单地分析最终价格。在这些情况下，创新的定价方法包括将成本识别作为最终价格达成一致的过程。然而，在其他情况下，供应管理可能不需要花费太多精力来了解成本，而是将重点放在考虑竞争性市场条件下的价格是否公平。

供应管理和供应链专家必须了解价格分析和成本分析的原则。价格分析是指在不直接了解供应商成本的情况下，将供应商价格与外部价格基准进行比较的过程。价格分析只关注卖方的价格，很少或根本不考虑实际生产成本。相比之下，成本分析是分析每个单独的成本要素（即材料、工时和费率、间接费用、一般和管理成本以及利润）的过程，这些要素加起来就是最终价格。理想情况下，这种分析确定了生产一个项目的实际成本，因此合同双方可以确定一个公平合理的价格，并制订计划，以实现未来的成本削减。最后，总成本分析将价格/成本公式应用于跨越供应链中两个或多个组织的多个流程。例如：从中国制造的货物运到美国的总成本可能包括运费、关税、库存、质量和其他超过支付给中国制造商的实际价格的成本。总成本决策也可能延伸到质量问题或环境风险的成本。例如：考虑在深水钻井平台地平线上使用较便宜的钻杆，这一决定的总成本与漏油造成的总清理成本的权衡（见本章后文专栏文摘）。

本章介绍了价格和成本的原理，以及一些创新的价格和成本管理工具，这些工具可以使用互联网上的可用信息和简单的电子表格分析进行应用。其中一些工具是价格分析、反向价格分析和总成本分析。通过应用这些工具，采购商可以发展出一个战略成本管理系统，寻求降低整个供应链的成本。尽管并非所有这些工具都适合每种情况，但供应经理必须学会认识到何时以及如何应用这些工具。

11.2 降低成本的系统分析方法

管理者越来越多地从全供应链的角度考虑价格和成本管理的影响，如图11-1所示。过去，许多公司把成本工作的重点放在内部成本管理上。这些方法包括价值分析、流程改进、标准化、利用技术提高效率等。尽管这些方法仍然是相关的，但它们对大多数成本的影响不如过去那么大。为什么？随着当今全球每家公司外包数量的增加，销售商品的大部分成本都是由供应商驱动的，而这些供应商不在一个组织的管理之内。在这种环境下，想要充分利用成本削减措施的组织必须实施包括其供应链上游和下游成员的方法，这样的转变需要管理者和员工思维的根本转变。

新的成本管理计划要求供应管理和物流管理人员采取一系列新的措施，能够将结果反映到最终利润水平上。如图11-2所示，战略成本管理方法通常包括至少两个供应链合作伙伴一起工作，它们通过合作寻求改进的方法以降低整个供应链成本。例如基于团队的价

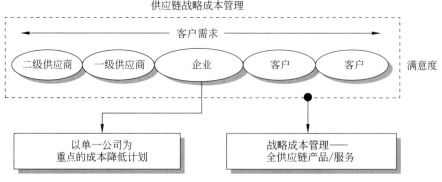

图11-1 成本管理方法

工程工作、供应商开发和改善活动、跨企业成本降低的计划、新产品的联合集思广益工作、供应商建议计划和供应链重新设计工作。这类努力要求双方承诺实现成本削减战略,而不仅仅是简单的讨价还价。

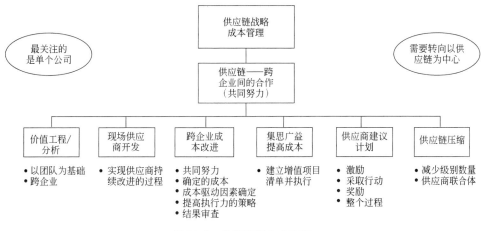

图 11-2 供应链跨企业聚焦

1. 供应链战略成本管理

战略成本管理方法根据产品所处的生命周期不同而不同,不同的产品生命周期阶段适合于不同的方法,如图 11-3 所示。在最初的概念形成和开发阶段,供应管理往往会主动制定成本目标。目标成本法/目标定价法(target costing/target pricing)是 20 世纪 80 年代日本企业为对抗日元对其他货币的通胀而开发的一种技术,目标定价、质量功能部署和技术共享都是现阶段降低成本的有效方法。

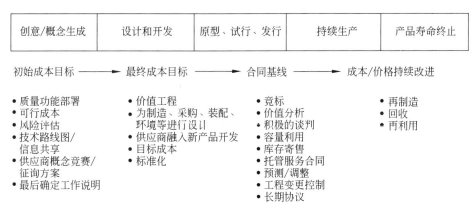

图 11-3 管理生命周期成本

当产品或服务进入设计和发布阶段时,供应商集成、标准化、价值工程和制造设计可以改善标准零件和技术的使用以及数量控制能力,并为成本节约创造机会。在产品或服务推出过程中,供应管理将采用更传统的成本降低方法,包括竞标、谈判、价值分析、数量杠杆、注重节约的服务合同,以及将长期定价与长期合同联系起来。当一个产品达到其生命周期的尽头时,供应管理不能忽视环保所倡议的正在过时的产品再制造、回收再利用的潜在价值。

例如,打印墨盒制造商开发了创新技术,允许客户回收激光碳粉盒,随后进行翻新并再次使用,消除了填埋成本。

当供应管理在新产品/服务开发周期的早期介入时,成本降低工作的主要好处就凸显了。当在产品生命周期的早期作出采购决策时,可以考虑采购决策对产品生命周期的全部影响。当供应管理涉及产品开发周期的晚期时,因为已经做出关于材料类型、人工费率和供应商选择的主要决策,再降低成本效果也不显著。一家大型汽车公司的经理这样描述这种情况:"在过去,我们允许工程部确定规格、材料和供应商。事实上,供应商已经生产了第一个原型。就在那时,他们决定召集供应管理部门来制定合同。当供应商已经知道他们的业务得到保证,并且他们已经为产品的固定设计和工具投入了资金时,你有多大的筹码来说服供应商降低成本?"

在确定降低成本的优先顺序时,公司通常采用类似于图 11-4 所示的结构化成本降低框架。该框架与第 6 章中开发的项目组合分析框架相一致,而且它应该被整合到组织的类别战略开发流程中。如图 11-4 所示,每种方法都需要在价格与成本方面有不同的战略重点。一般来说,存在潜在供应商的竞争市场中的低价值"泛型"应强调总交货价格。没有必要花时间对不产生显著回报的低价值项目进行详细的成本分析。让用户直接通过供应商目录、采购卡或其他电子采购技术订购这些产品或服务,可以获得更大的回报。"大宗商品"是具有竞争性的市场形势下高价值的产品或服务,例如:计算机和技术肯定属于这一类(如开篇案例所述)。这些类型的产品和服务可以通过传统的投标方法获得,这种方法要求利用市场力量进行价格分析,以确定有竞争力的价格。随着众多企业"标准化"程度加深,曾经被认为是"关键产品"的产品也逐渐被归为"大宗商品"的行列。"独特产品"带来了不同的挑战,公司必须努力降低现有供应商的产品成本,但这些产品的价值仍然很低,例如独特紧固件、专业文件和专业 MRO 项目的供应商。对于这类商品,购买者若想找出价格过高的供应商,需通过一种称为"反向价格分析"的技术(在本章后面讨论)对其定价进一步分析,可以确定价格差异,这种差异可以通过用户要求的更高标准化或与有问题的供应商进行谈判来减少。实际上,这可能意味着将产品或服务从"独特产品"象限转换到"泛型"象限。根据 2011 年以后的全球产能和需求预测,此前被认为属于仿制药领域的许多"大宗商品"正在转向战略领域。

图 11-4　战略成本管理框架

专栏文摘

大型卡车制造商建立成本模型控制售后零件的复杂性

一家总部位于欧洲的大型卡车制造公司扩大了其在北美的业务范围,并作为顶级服务提供商建立了强大品牌声誉,其所有卡车型号都有强大的售后支持和零部件供应。随着规模扩展,新产品型号上的新功能和组件数量也有所增加,这形成了一个具有挑战性的环境。一方面,需要继续满足客户对新功能、定制卡车和功能偏好的要求,但另一方面,也需要控制成本。具体地说,越来越多的零部件投入使用,大大增加了物流和材料处理成本,这些成本与提供客户习惯的、与品牌相关的相同级别的售后客户支持有关。

以下的一些统计数据表明了零件复杂性的增长速度:

- 一个卡车品牌已从 66 种车型发展为 84 种车型;
- 第二个卡车品牌已从 38 辆增加到 60 辆;
- 新零件数量以 25% 的速度增长;
- 每个品牌都有 15 000~25 000 种可能的不同变体供客户选择。一旦生产出来,很少有客户改装零件被移除,而且许多零件将永远不会再被使用;
- 至 2013 年的两年内,配套零件号总数增加了两倍,达到 3 100 件;
- 从 2010 年到 2013 年,用于配套活动的工厂总面积增加了 65 000 平方英尺。
- 2012 年,零件维护(包括物流、工程、产品开发和报废)的估计成本已升至约 10 500 美元/零件。

这些数据表明,型号和零件号数量正在迅速增加。然而,很少有数据能提供与复杂性成本增加相关的投资回报率的任何具体证据。在审查一款新车型的实际使用情况时,发现该车型的 20 个新车型的收入流占增量收入的不到 1%。此外,由于公司制造业和客户环境中的其他影响,人们对控制物流成本也有了新的兴趣。尽管历史上曾有人试图取消旧零件,因为新零件的比例大致为 1:1,但这一比例并没有达到将未来的商业机会(可能实现,也可能不实现)作为这一比例增加的原因。

管理层认识到有必要建立一个更系统的决策过程来增加新的零件,以评估这种增加的物流复杂性带来的好处。这种方法将提供各种决策过滤器,为添加新零件或删除旧零件带来基于事实的强大业务案例,并使新产品和零件进入市场的演变合理化。这种方法将使公司不仅能够控制物流成本,还可以带来额外的洞察力,从而增加业务收入,并为商业团队的决策及其对业务的影响提供更清晰的解释。该方法应鼓励企业和供应链集团之间的合作,以便根据资源工时、完全负担的间接费用率或测试成本与通过引入模型而产生的潜在商业收入增长相平衡,就产品开发资源分配达成一致。

此决策过滤器将采用成本模型的形式,该成本模型将识别受不同类型模型更改决策影响的全部物流和物料处理成本,并使用更直接的成本分配方法分配这些费用。

费用的重点主要是以下参数:

- 配套
- 占地面积
- 交通模型
- 排序
- 提前期
- 接收质量
- 吞吐量速度
- 保修

与该方法相关的成本也将被考虑到预算决策中,特别是当预计将生产率提高目标设定为 6% 或更高时。相对于在这种方法中不断变化的许多参数,决策过程可以变得更具洞察力和整体性。

资料来源:Handfield, Robert, Interviews with truck manufacturer, 2013.

采购商降低成本的重点应放在供应商相对较少但产品价值较高的关键产品上。管理者应致力于在产品开发的早期阶段探索价值分析/价值工程，节约成本共享，并共同努力识别成本驱动因素和整合供应商。成本分析包括将供应商的价格分解为其成本要素，以揭示潜在的成本节约，从而降低价格。

本章的其余部分将讨论价格分析（大宗商品和一般产品）、成本分析（独特产品和关键产品）和总成本分析（四个象限的产品所有），这些分析可用于帮助控制与这些不同的采购商品和服务相关的成本和服务。

11.3 价格分析

为了了解影响某一特定市场定价水平的因素，采用市场分析这一分析工具来确定导致价格上涨或下跌的主要外部因素是至关重要的。如图 11-5 所示，价格在很大程度上取决于市场竞争程度以及供求状况。由此产生的市场价格由一条较粗的线表示，这取决于给定情况下的供应量。

当需求超过供给时，卖方市场存在，价格通常会上涨；相反，即买方市场，发生在供过于求，价格通常向下移动的时候。对直接和间接影响商品价格的各种变量应该有一种增值。

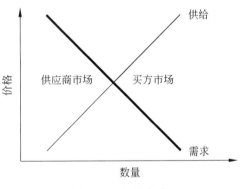

图 11-5　市场定价

11.3.1　市场结构

供应商的市场状况明显对价格有重大影响，但影响市场状况的因素并不总是容易预测的。市场环境往往是由一个行业中竞争者的数量、其产品的相对相似性（或缺乏相似性）以及新竞争者进入的任何现有障碍所驱动的。在规模的一端，只有一个供应商可以提供给定的产品或服务，可能存在垄断。这种情况在制药行业明显，在制药行业，首先上市的公司拥有 7 年的独家销售权（在这一时期结束时，仿制药进入市场，降低了药物的成本）。

另一方面是完全竞争，即存在相同的产品，新供应商进入市场的壁垒最小。价格只是供求能力的函数，没有一个销售商或生产商对市场的控制足以影响市场价格。当然，卖家可以降低价格，希望能卖出更多的产品。但从长远来看，这只会导致收入损失。

一个只有少数几个大竞争对手的行业被归类为寡头垄断行业。一个竞争对手的市场和定价策略直接影响到行业内的其他竞争对手。历史上，美国的寡头垄断包括钢铁、汽车和家电行业。在寡头垄断的行业中，一家公司可能扮演价格领导者的角色，提高或降低价格可能导致其他公司改变其价格或选择维持现有价格水平。如果其他人不跟进，发起公司可能会被迫扭转这一变化。国际贸易和竞争的增长在许多行业创造了更多的选择，使市场力量从生产者转移到购买者。

11.3.2　经济状况

经济状况常常决定一个市场是对卖方有利还是对买方有利。当生产商的产能利用率高

（供应紧张）且产出需求强劲时，供需因素结合起来，创造有利于卖方的定价条件。当这种情况发生时，买家往往试图将价格或价格涨幅控制在行业平均水平以下。当一个行业处于衰退期时，购买者可以利用这一点来谈判有利的供应安排。

宏观经济影响价格。例如，利率水平影响供应商的内部回报率，即推动生产性投资的总资本成本。美元兑换其他货币的汇率水平也会影响价格，特别是对国际供应管理而言。此外，劳动力市场紧张会导致成本增加，从而导致采购价格上涨。

了解经济状况有助于确定影响产品或商品供求的市场因素。了解当前和预测的经济状况有助于制定采购预算和材料预测，并在制定未来价格谈判战略时提供有价值的见解。一个很好的信息来源是劳工统计局的网站，http://www.bls.gov/ppi/，它提供了各种商品定价趋势的关键数据，商品市场定价趋势的其他来源见图11-6。

类 别	索 引 名	索 引 链 接
半导体	SIA 集成电路晶圆片的生产能力和利用率	http://www.sia-online.org/prestatistics.cfm
印制电路板	IPC N.美国印刷电路板账面与账单比率	http://www.ipc.ora
铝、铜、铅、镍、锡、锌	伦敦金属交易所	htp://www.lme.com/dataprices monthlyaverages.asp
钢板和废钢	美国金属市场	http://www.amm.com
波纹硬纸板	制浆造纸周	www.paperloop.com
耐用品订单价值与建筑支出	美国人口普查局	www.census.gov
机械生产者价格指数	机械生产者价格指数	http:/data.bls.gov
计算机	制造商发货、库存和订单（M3）	http://www.census.qov/indicator/www/m3/
塑料树脂	塑料技术杂志	www.plasticstechnoloav.com
塑料树脂	塑料新闻	www.plasticsnews.com
原油和天然气期货	纽约商品交易所	www.nymex.com
苯、乙烯和丙烯	化工市场记者	www.chemicalmarketreporter.com
PPI 公司	食品、制造业、纺织品等的 PPI 数据	http://www.bls.aov/ppi/home.htm
燃料	能源部燃料指数	http://tonto.eia.doe.aov/ooa/info/adu/aasdiesel.asp
运费	运输统计局	http://www.bts.aov/xml/tsi/src/index.xml
运费	卡斯运费指数	http://www.cassinfo.com/frtindex.html
劳动	美国劳工部	http://www.dol.aov/
劳动	人力	http://www.manpower.com

图 11-6　特定类别的定价/生产指标示例

11.3.3 卖方的定价策略

卖方采取不同的策略或方法来为其产品或服务定价。一些卖家依靠对内部成本结构的详细分析来确定价格,而另一些卖家则只在与竞争对手相当的水平上定价。

卖方的定价策略直接影响到报价。为了继续经营,供应商必须承担其成本并赚取总利润,以实现其企业目标。然而,在许多情况下,卖方收取的价格可能与实际成本几乎没有关系。尽管这看起来很奇怪,但定价策略往往是基于对卖家来说很重要的其他因素。卖方可以报低价来获得一份购买合同,一旦推动了市场竞争,卖方就提高价格。在其他情况下,当卖方意识到自己的价格过高,使买方陷入困境时,他可能会利用自己的地位。在其他情况下,卖方可能根本不了解自己的成本。

在分析卖方的定价策略时,应提出几个问题。其中包括:
- 卖方是有长期定价策略,还是短期定价策略?
- 卖方是价格领先者(在市场上设定新的价格水平)还是价格跟随者(仅在竞争对手这样做时才匹配价格的涨跌)?
- 卖方是否试图通过先制定一个低价格,然后准备在未来提高价格来建立竞争对手的进入壁垒?
- 卖方是采用基于成本的定价方法,将价格作为真实成本的函数来制定,还是采用基于市场的定价方法?如果采用基于市场的定价方法,可能不需要进行详细的成本分析,因为所收取的价格可能与任何成本要素无关。

供应商价格的构成要素如图 11-7 所示。从本质上讲,供应商的成本包括材料和劳动力成本(共同构成制造成本)、管理费用和销售费用、一般费用和管理费用(累计构成供应商的总成本)以及利润,然后等于所收取的价格。根据这些不同要素之间的相互作用(可能因供应商的定价模式而异),向买方收取的价格可能会有很大的变化。卖方定价策略可分为两类:市场驱动模型和基于成本的定价模型。如前所述,价格分析包括让供应经理评估供应商使用的定价策略,而不涉及如何确定其详细成本要素的细节。我们首先介绍市场驱动定价模型,然后在本章后面介绍成本分析技术。

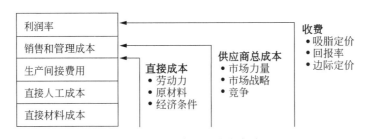

图 11-7 价格要素和相关成本动因

11.3.4 市场导向的定价模型

(1) 量价模型

在量价模型中,供应商对市场进行分析,找出单位价格和销售量的最优组合,以使利润最大化,前提是:降低价格将导致销售量增加,销售量的增加将间接成本分摊到更多的非直接成本上。因此维持甚至增加与价格相关的利润。这种模式最基本的例子是供应商对一定的数量提供价格折扣,以吸引买方大量购买(Sam's Club 和 Costco stores 所采用的核心方法)。战略采购计划应始终深入分析不同市场的价格和数量之间的关系。

将不同经营部门的采购需求结合起来可以节约工具、设备及运营效率的成本。减少或单一采购的一个主要好处是,由于向供应商提供的数量增加带来价格的降低。作为购买量更大的合同的回报,因为供应商可以实现更低的单位成本,买方希望获得优惠的价格,供应商提供数量折扣的意愿也会影响最终售价。

尽管数量折扣对购买价格有积极影响,但购买者必须谨慎对待项目总成本的净影响。购买超过正常数量的货物需要额外储存所购货物,当大多数公司减少甚至消除库存时,必须根据数量折扣的益处来评估额外的库存账面成本。

(2) 市场份额模型

在市场份额模型中,定价是基于长期盈利能力取决于供应商获得的市场份额的假设,这种方法也称为"渗透定价",因为价格是一个直接的函数成本,此方法是积极的、高效率的定价方法。因为卖方愿意接受较低的利润率,渗透定价可以导致产品更快地往市场渗透。一般来说,由于产品潜在的大众市场吸引力,卖方愿意接受较低的价格,从而大大提高了销售量。在该模型的初始阶段,供应商甚至可能接受损失,但随着产量增加,单位成本降低,实现长期利润。此时,购买者应该辨别:卖家是作为最有效率的生产商,愿意接受较低的利润率来赢得市场份额,还是其真正的意图是为了推动市场竞争,然后将价格提高到过高的水平?

> **专栏文摘**
>
> ### 公司何时应该使用价格对冲
>
> 过去几年里,物价出现了显著的波动。以下由 Robert Rudzki 撰写的专栏文摘提供了关于供应经理如何管理价格风险和避免陷入麻烦的见解。
>
> Rudzki 提供了他所称的"金融风险管理"的见解,或更普遍地称之为对冲。企业经历大宗商品价格的大幅上涨,并获得不愉快体验,开始关注大宗商品的价格风险。这种情况通常会导致两个不愉快的结果。首先,它会对吸引高层管理人员注意的商业计划造成不利的财务变化。
>
> 第二个不良后果来自对第一种情况的反应,它常常会刺激那些公司立即开始对冲,通常是在事后大宗商品价格达到峰值时。不可避免的是,在短期内,随着大宗商品价格从最近峰值回落,他们的对冲计划开始报告对市场价格不利的变化。此时如果行动,就会遭受千夫所指。
>
> 成功的风险管理始于主动识别和管理风险,重点是尽量减少对公司的潜在财务影响。每一家公司都存在某种程度的风险,公司愿意并有能力承担这种风险(有时称为公司风险保留水平)。公司承担风险的能力很大程度上受到其资本结构、流动性和商业前景的影响。与流动性差、边际收益表现差的投资级公司相比,收益和现金流强的投资级公司可以保留更多的风险。
>
> 如果企业在没有从战略角度考虑其风险收益及"风险价值(value at risk,VAR)"的情况下,转而实施狭隘的对冲工具,那么在未来可能会面临挑战,意外事件和令人失望的结果可能随之而来。
>
> 假设上一段所述的高层次思维过程已经发生。不管财务状况如何,每个公司都应该进行一定数量和类型的财务风险管理,以降低风险和增加价值。套期保值是一种降低风险和增加价值的方法。套期保值应在金融风险管理中发挥重要作用,特别是在利率风险、商品价格风险和外币风险方面。

套期保值是一种用来抵消(或降低)风险的策略,通常通过期权(上限)、互换或无成本套环来实现。这些对冲工具的主要属性如下图所示。完美的对冲是通过精确抵消被对冲的风险来消除未来(额外)收益或损失的可能性,但大多数对冲都有不同程度的缺陷。

不同套期保值工具的属性

买方期权	上下限期权	固定价格掉期
• 特殊的预付费用 (如购买保险) • 锁定最高价格 • 价格预计无限下跌	• 通常,没有前期成本 • 成本上限(上限) • 最低价格(最低)	• 无前期费用 • 单一、固定价格 • 全面防止价格上涨 • 无法参与降价

如果客户购买固定价格掉期(上图)时,不管市场价格如何,他们都会锁定一个已知价格。当客户购买期权(见上图)时,他们会购买一个"上限",超过这个上限,他们的价格将不会上涨。如果市场价格下跌,他们完全参与进来,支付价格与市场价格之间的差额反映了为获得期权的"保险"保护而支付的保费。如果客户主要关心的是确保支付的价格在价格"区间"内,则零成本期权值得考虑(见下图)。

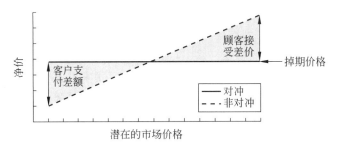

客户购买看涨期权

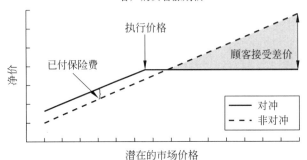

客户购买看涨期权

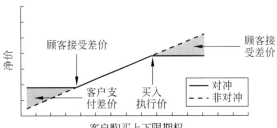

客户购买上下限期权

应该指出的是,使用"超额库存"来实际对冲未来的价格风险通常是一种选择,尽管它不是本次讨论的重点。对于实物对冲,必须考虑与实物对冲相关的持有成本分析。此外,可能存在实物套期保值范围的实际限制。市场允许在短时间内获得所需数量的实物库存的能力可能会严重限制实物对冲计划的有用性。工厂的空间限制可能会使关键材料的6~12个月套期保值变得不切实际。因此,不受空间限制(但可能受你的信用能力限制)的金融对冲可能是一种更灵活的方式。

资料来源:Portions of these columns are excerpted with from Chapter 19 of the book Straight to the Bottom Line® (Rudzki, Smock, Katzorke, Stewart). "Straight to the Bottom Line" is a registered trademark of Greybeard Advisors LLC.

(3) 市场掠取模型

通过向采购经理高价出售产品获取高额利润。这些采购经理或者缺少采购技巧,或者认为采购的产品或服务具有高价值而愿意支付高价。供应经理在向公司非供应管理专业人员进行"后门销售",经常看到这种模式的应用实例。供应经理应始终寻求通过成本、价格或价值分析来减少这种定价模式的潜在负面影响,以确保产品或服务的更高价格是由报告的额外收益所证明的。

(4) 收益定价模型

当市场需求出现低迷时,供应商通常需采用当前的收入定价模式,这种模式的重点是获得足够的当期收入来支付运营成本,而不是利润。使用这一策略的供应商通常关心的是产能利用率,包括固定成本以及在市场放缓期间保留熟练劳动力,这时他们愿意降低价格,直到市场条件发生变化。但是,供应经理应警惕供应商降低成本对质量和服务造成的负面影响。

(5) 促销定价模型

促销定价模型给出了单个产品和服务的定价,旨在提高整个产品线的销售,而不是确保每个产品的盈利能力。例如,以低于成本的价格出售手机,以诱使消费者购买年度服务合同,或者对需要使用供应商高利润墨盒的打印机使用极低的价格。应使用总拥有成本(cost of ownership,TCO)分析(本章稍后讨论)来避免使用此模型与供应商进行交易可能导致的意外和不利的财务影响。

(6) 竞争定价模型

竞争定价模型侧重于对供应商竞争对手提供或预期提供的定价而建议的定价行为或反应。定价策略的基础是确定可以提供给供应经理的最高价格,该价格仍将低于竞争对手提供的价格。这个模型的一个很好的例子是逆向拍卖过程。

(7) 现金折扣

大多数行业的做法是提供激励措施,以便促使买方及时支付货款。鼓励这种做法的一种方法是在一定时间内提供现金折扣。例如:若买方可以在收到发票后10天内支付货款,则可以享受到2%的折扣。卖方通常希望在30天内付清全部货款(这通常表示为"2%×10/30")。

与数量折扣不同,利用现金折扣通常是值得的。购买者很少能在提供现金折扣的10天交易期内获得同等回报,不打折的机会成本几乎总是高于打折的机会成本。管理良好的公司利用现金折扣,在规定的时间内安排付款。

了解供应商使用的定价模型可以为供应经理提供其公司节省成本所需策略的重要参考。

11.3.5 利用生产者价格指数管理价格

如前所述,价格分析适用于某些类型的商品。具体来说,在定价主要是供求函数的市场化产品中,监测价格而非成本是合适的。例如:钢铁、纸张、塑料等大宗商品。当评估所收取的价格与市场相比是否公平时,管理者可以将购买系列的价格变化与外部指数进行比较。进行价格分析时的一个重要因素是生产者价格指数(producer price index,PPI),该指数由美国劳工统计局维护。

该信息可从劳工统计局网页(www.bls.gov/ppi)下载。该指数跟踪每季度的材料价格变动,以 1988 年为基准年,根据工业购买者的样本跟踪材料商品价格的增长百分比。通过将每个季度支付的价格涨幅换算成百分比涨幅,并比较类型材料的 PPI 变化,买方可以确定支付给该材料供应商的价格涨幅是否合理。

要使用此工具,用户首先需要识别供应商标准工业代码(supplier's standard industrial code,SIC),这可以在 www.FreeEDGAR.com 上找到。查找 SIC 的价格指数与所感兴趣的产品,铸铁件的 PPI 指数,如图 11-8 所示。

系列编号:PCU3321　4(N)
所属行业:灰铸铁铸造厂
产品:其他灰铸铁件
基准日:8606

年	1月	2月	3月	4月	5月	6月	7月	8月	9月	10月	11月	12月	年度
2001	111.1	111.5	111.5	111.6	111.8	111.7	111.8	111.6	111.4	111.4	112.0	112.3	111.6
2002	112.4	112.5	112.7	113.2	113.5	113.7	113.8	114.0	115.1	115.2	115.6	115.7	114.0
2003	116.8	118.5	118.7	118.7	118.7	118.7	119.4	120.6	120.8	121.2	121.3	121.6	119.6
2004	122.5	122.8	122.9	122.9	122.9	122.9	123.1	122.5	123.3	123.4	123.3	123.3	122.9
2005	123.3	123.1	123.2	123.1	123.3	123.3	123.3	123.3	123.5	123.3	123.3	123.2	123.2
2006	123.3	123.6	123.5	123.6	123.6	123.7	123.7	123.7	124.3	124.2	123.9	124.7	123.8
2007	124.6	124.7	124.7	124.6	124.7	124.7	124.7	124.8	124.8	124.8	124.4	124.4	124.7
2008	126.0	126.0	126.1	126.1	126.0	126.4	126.3	126.0	126.3	126.0	126.0	126.1	126.2
2009	126.0	125.9	126.0	126.0	126.0	126.0	126.0	126.2	126.1	126.2	126.0	126.0	126.0
2010	126.1	126.1	126.2	126.4	126.7	126.7	126.8	126.8	127.3	127.4	127.2	127.2	126.7
2011	127.1	127.2	127.2	126.8	126.8	127.5	127.7(P)	127.6(P)	127.6(P)	127.7(P)			

图 11-8　铸铁件 PPI 数据示例

2011 年 3 月 30 日向供应商支付的价格:52.50 美元/台
2011 年 6 月 30 日向供应商支付的价格:53.20 美元/台
提价百分比=(53.20−52.50)/52.50=1.33%
铸钢件 PPI(2011 年 3 月 30 日)=127.2
铸钢件 PPI(2011 年 6 月 30 日)=127.5

铸钢件的 PPI 上涨百分比＝(127.5－127.2)/127.2＝0.2%

在这种情况下,买方支付的价格上涨是铸铁件 PPI 上涨的 5 倍以上,这种上涨肯定是不合理的。对于最近的价格上涨,采购商应该明确地询问供应商,并协商出一个更合理的价格。

除了 PPI 数据,劳工统计局网站还包含了全国不同地区的劳工费率信息,以及定价和市场状况的最新信息。有关就业成本数据的信息也可在《供应管理》杂志的半月刊简讯"购买策略预测"和 Thinking Cap Solutions 编制的 ICE 直接报告(www.ice-alert.com)中找到。商品价格信息的其他来源是世界银行(www.worldbank.org/prospects)出版的"粉红单"。

一些公司与供应商达成一致目标,即不断控制价格上涨,希望预计业绩比市场做得更好。

如图 11-9 所示,这可以为公司在定价方面提供相对竞争优势。应用与所购商品匹配的 PPI 数据时应谨慎。买方应仔细研究历史指数,以确保指数与所购商品的历史价格有很强的相关性。在这种情况下,应该注意几个问题:

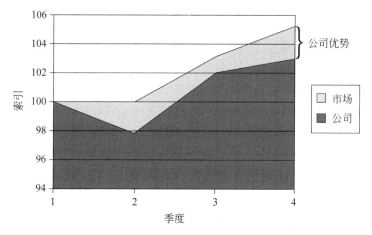

图 11-9　实际价格变化与市场指数变化情况分析

- 当时的供应管理情况如何影响价格的公平性和合理性?
- 条件(如交货要求)如何变化?
- 购买的材料或服务数量的变化对价格有何影响?
- 供应管理情况是唯一来源还是竞争来源?
- 指数比较是否推动了供应管理战略?

使用这种价格分析方法的真正好处是跟踪并比较不同商品的价格变化,请考虑以下内容。

三个采购团队正在讨论他们过去一年的成本结果:

汽油团队:成本增加 15%;

木材团队:成本增加 10%;

纸业团队:增加 2%。

哪一个团队是今年管理成本最有效的?

从表面看,纸业团队似乎做得最好,因为其成本增加最低(2%)。然而,将结果与图 11-10

所示的 PPI 数据进行比较时,情况明显不同。在一个价格只上涨了 8.6% 的市场上,木材团队未能获得节约;造纸团队将价格上涨限制在 2%,这在市场上是正常的情况。然而,面对天然气价格上涨超过 21% 的市场,汽油团队能够将价格上涨控制在 15%,其业绩是十分优秀的(这主要是因为这一时期与伊拉克战争有关的投机活动)。这种分析有助于确定公平公开市场中不同的价格变化。

类别	PPI(2010-09)	PPI(2011-09)	变化的百分比	2010年9月的实际价格	2011年9月的实际价格	变化的百分比
汽油	90.3	109.9	21.7	100.0	115.0	15.0
木材	169.9	184.5	8.6	100.0	110.0	10.0
纸张	186.8	190.7	2.0	100.0	102.0	2.0

图 11-10　实际价格与 PPI 比较

资料来源：PPI data from U.S. Bureau of Labor Statistics, http://stats.bls.gov/ppihome.htm.

11.4　成本分析技巧

如前所述,越来越多的组织正在将注意力从价格管理转移到成本管理上。这样做,可能会有机会降低成本,而这些成本讨论在仅关注价格时是不可用的。在成本分析中,供应经理应对前面图 11-6 中所示的不同成本要素进行详细分析,并确定驱动不同要素的因素。

11.4.1　基于成本的定价模式

(1) 成本加成定价模型

在这个模型中,供应商只需对成本进行估计,然后加上一个加价百分比就可以获得期望的利润。这个加价百分比只能加到产品成本中(通常是直接材料＋直接人工＋生产间接费用),在这种情况下,加价必须提供利润,再加上经营企业的所有其他间接成本。但是,如果将加成附加在总成本(产品成本加上一般、管理和销售费用)上,则加成仅为供应商的利润。例如：一个供应商如果希望在 50 美元的总成本上获得 20% 的加价,他将报出 60 美元的价格(50＋50×20%＝60),这样就可以获得 10 美元的利润。

(2) 保证金定价模型

在边际定价模型中,供应商仍然试图获得与其成本相关的利润,但供应商并没有在成本中增加加价,而是建立一个价格,该价格将提供预定的报价百分比的利润率(即,不是成本百分比,而是指在加价定价中)。例如：供应商发现去年其利润率占销售额的百分比是 1%,而今年供应商希望是 20%。使用与上述相同的 $50 的总成本将导致供应商报出 62.50 美元的价格,以获得 20% 的利润率。这是使用新的保证金定价公式计算的：

$$成本＋(利润率×销售单价)＝销售单价$$

使用简单代数,求解销售单价的方程式,结果如下：

$$销售单价＝成本/(1-利润率)$$

即

$$销售单价 = \frac{50}{1-20\%}$$

与成本加成定价一样,供应商经理必须知道利润定价是仅基于产品成本还是基于总成本。

(3) 收益率定价模型

基于成本类别中的第三个常见模型是收益率定价模型,其中期望利润被纳入估计成本中。在这个模型中,供应商的利润是基于财务投资的特定期望回报的目标,而不是基于估计的成本。例如:如果供应商希望其 30 万美元(可能包括研发、设备、工程或其他要素)的投资获得 20% 的回报,制造 4 000 个零件,每个零件的总成本为 50 美元,则采用以下方法计算得出报价为 65 美元。

公式:单位成本 + 单位利润 = 销售单价。

计算结果:$50 + (20\% \times 300\,000)/4\,000 = 65$。

11.4.2 产品规格

不管他们是否意识到,购买者在制定产品或服务规格时就已影响了价格。按客户需求设计和加工的产品或服务会影响卖方的价格,这也是采购商尽可能按行业标准规格来要求产品或服务的原因之一。随着公司试图通过设计、加工或要求增加对项目的增值要求时,成本(以及由此产生的价格)变得更高。采购商应尽可能为其组件指定行业认可的标准零件,而在提供竞争性产品优势或帮助在市场上区分产品时依赖于定制的项目。

进行成本分析是信息质量和可用性的直接功能。如果买卖双方关系不紧密,由于缺乏卖方的支持,成本数据将更难确定。获得必要成本数据的一个方法是,当卖方提交采购报价时,要求详细的生产成本细目,但必须考虑自报成本数据的可靠性;另一种方法是共同分享成本信息。由两家公司的工程师和制造人员组成的跨职能团队通过开会,确定可能降低成本的供应商流程(或买方要求)的潜在领域。与关键供应商建立更密切关系,提高了供应商成本数据的可见性。以下部分详细介绍了一些进行成本分析的方法。

11.4.3 利用逆向定价分析估算供应商成本

通常,供应商不会愿意分享成本数据。在这些情况下,买方必须采用另外一种称为"反向价格分析"的分析方法(也称为"应该成本"分析)。卖方的成本结构影响价格,因为从长远来看,卖方的价格必须涵盖生产的所有可变成本、部分固定成本及部分利润。正如本章后面所讨论的,许多供应商不愿意分享内部成本信息。然而,这些信息对买方来说是有价值的,特别是在评估供应商的价格是否合理时。在没有具体成本数据的情况下,供应商的总体成本结构必须使用成本分析进行估算,即如果供应商以适当的方式分配成本,应根据这些来计算产品成本。

有关特定产品或产品系列的信息通常很难识别。买方可能必须使用内部估算来确定生产一个产品的成本,依靠历史经验和判断来估算成本,或者审查公共财务文件以确定有关卖方的关键成本数据。后一种方法最适用于生产有限产品并公开上市交易的供应商。财务文件允许估计供应商的总体成本结构,缺点是这些文档没有提供关于产品或产品系列的具体成本的详细信息。此外,如果供应商是一家私营公司,那么成本数据就很难获得或估计。

尽管存在这些困难,但仍有一些可用的工具可以使用一些公开的信息来估算供应商的成本。在评估供应商成本时,必须考虑供应商总成本结构的主要决定因素。假设供应管理经理第一次购买产品或服务时,没有公平定价的经验。因为他们手头没有工具,或者因为太忙,许多购买者通常的技术是根据他们的直觉或者评估有竞争力的出价。然而,利用损益表或互联网网站的数据进行一些额外的研究可能是值得的。在这样做的时候,买方可能会进行反向价格分析——这基本上意味着将价格分解为材料、劳动力、间接费用和利润等组成部分。

从供应商提供的每台 20 美元的价格开始这个过程。首先要考虑的是对利润、销售、一般和管理(sales, general, and administrative, SGA)费用的价格贡献。对于上市公司而言,这可以通过查看提供财务报告信息的各种网站进行估计,包括资产负债表、损益表、现金流量表和"财务报告"图 11-11 所示的年度报告。

图 11-11 列出了成本其他组成部分的可用数据源列表。在本例中,假设买方确定供应商是一家私营公司,假设买方可以查询供应商的 SIC 代码(www.FreeEDGAR.com)。另一个有用的资源是 Robert Morris Association(www.rmahq.org),它发布了该 SIC 的总体毛利率以及税前利润百分比。虽然这是一个粗略的估计,但它确实提供了一个良好的起点。在图 11-12 中,该供应商 SIC 代码的毛利润和 SGA 费用百分比为 15%。因此,如果价格是 20 美元,估计利润是 3 美元。接下来,买方将需要了解劳动力和材料成本构成的价格。

- 劳动力:制造商年度调查,针对 SIC 规范的直接劳动力和材料总量
- 管理费用:劳动密集型为 150%,资本密集型为 600%
- 材料和利润:罗伯特·莫里斯协会由 SICS 提供的数据,包括:
  收入来源
  毛利润率
  营业费用百分比
  所有其他费用的百分比
  税前利润百分比

其他数据来源
财务报告(利润和 SGA 估计):
- 沃德工业目录制造商普查
- 雅虎!财务科(biz.yahoo.com)
- 晨星(www.morningstar.com)
- 市场观察(cbs.marketwatch.com)411stocks(www.411stocks.com)
- 街道(www.thestreet.com)
- 思维上限解决方案(www.ice-alert.com)

图 11-11 数据源

假设价格	$20
利润/SG&A 津贴(15%)	−$3
小计	$17
直接材料	−$4
小计	$13
直接劳动力	−$3
制造业负担	=$10

图 11-12 反向价格分析

材料成本通常可以通过咨询内部工程师来估算。使用所需材料的估计值,以及这些材料当前定价的外部信息(如前一节所示),可以粗略估计产品生产中所需材料数量。在例子中会得到如下结果:物料成本大概是价格的20%,即4美元。

直接劳动力的数据来源是美国商务部发布的制造商年度调查,网址是 http://www.census.gov/prod/www/abs/industry.html。此站点允许买方下载任何 SIC 编号的直接人工总成本和材料总成本的信息,此信息允许买方计算材料与劳动力的比率。对于图 11-12 所示的分析,假设买方发现基于 SIC 规范的材料与劳动力的比率为 1.333。因此,如果原材料成本估计为 4 美元,则直接人工成本应约为 3 美元(4/1.333)。

从价格中减去对利润/SGA、材料和劳动力的估计后,剩余的成本部分被视为制造负担或间接费用。在这一点上,买方必须确定每单位 20 美元的价格支付 10 美元的管理费用是否合理。一般来说,管理费用是以劳动力成本的百分比表示的。对于劳动密集型产业,这一比例可能低至 150%。对于资本密集型产业,这一比例可能高达 600%。在我们的例子中,间接费用率是劳动力的 333%(10/3)。利用罗伯特·莫里斯联合公司提供的其他数据,买方还可以估算营业费用和所有其他费用的百分比。有了这个成本估算,买方现在应该能够与供应商进行谈判,并开始讨论价格和成本。尽管这些估计可能不是百分之百准确,但它们为讨论供应商的成本结构提供了一个基准。

在许多成本估算中,劳动力成本将是一个增长因素。从 2010 年到 2015 年,婴儿潮一代的人口将对社会产生下一个影响。这一影响将体现在这一群体中有大量人退休并离开劳动大军。预计多个行业的退休人员数量将达到此前从未有过的水平。

与此同时,美国经济将继续增长,对劳动力的需求也将相应上升。考虑到服务经济的发展趋势,预计某些行业对劳动力的需求将显著增长。专家认为,服务业将受到最大影响,增长率将达到 29%。在此期间,交通运输、零售业、建筑业和批发业的劳动力需求也将增长两位数。仅在建筑业,在此期间,对钻井、特种行业和炼油行业的需求将增加 17%~18%。

在与供应商讨论供应商的成本结构以及如何将其应用于支付的价格时,买方应尝试在以下方面展开讨论,以发现降低成本的机会。

- 工厂利用。应评估额外业务对供应商运营效率的成本影响。供应商目前是否有生产能力?

额外的工作量会通过加班产生更高的成本吗?或者,供应商是否能够通过增加产量来降低成本结构?生产性资产的利用率直接影响到供应商的成本结构。

- 过程能力。买方还应考虑预计的体积要求是否与供应商的工艺能力相匹配。与需要长时间以最小化成本运行的供应商一起采购较小批量的产品可能效率低下。另一方面,专门从事小批量生产的供应商无法有效地适应需要较长生产周期的生产量。供应商的生产工艺应符合买方的生产要求。供应管理部门还应评估生产过程,以确定它们是否处于最先进的状态或是否依赖于过时的技术。生产和工艺能力影响卖方的操作效率、质量和总体成本结构。
- 学习曲线效应。学习曲线分析是指一个销售商是否能够因为重复生产一个产品而降低其成本。
- 供应商的员工。供应商的劳动力影响成本结构。诸如:工会化与非工会化、激励性与非激励性、员工的质量意识和承诺等问题,都会在成本结构中增加另一个组成部分。在参观供应商工厂时,采购方代表应花时间与员工讨论质量和其他工作相关事项。与员工会面可提供有关供应商运营的宝贵见解。近年来,劳动力成本急剧上升。
- 管理能力。管理通过以最有效的方式引导员工、为长期生产力提高投入资源、确定公司的质量要求、管理技术和以最佳方式分配财务资源来影响成本,管理效率和能力影响企业的成本结构。最后,每一个成本构成部分都是在某个时间点采取的管理行动的直接结果。
- 供应管理效率。供应商购买商品和服务的好坏直接影响到购买价格。供应商在其供应市场中面临着许多与采购商同样的不确定性和压力。供应商访问和评估应评估供应商为满足其材料要求而使用的工具和技术。

11.4.4 收支平衡分析

收支平衡分析包括项目的成本和收入数据的分析,以确定收入等于成本的点,以及不同产量下的预期收益或损失。

企业在不同的组织层次上进行收支平衡分析。在最高级别,最高管理层将此技术用作战略规划工具。例如:汽车制造商可以使用该工具估计一系列汽车销售的预期损益。如果分析表明单位盈亏平衡点比以前的估计有所上升,那么就可以制定削减成本的战略,部门或业务部门可以使用该技术来估计新产品线的收支平衡点。

供应管理和供应链专家使用收支平衡分析得出以下见解:
- 根据供应商的成本结构,确定目标采购价格是否为供应商提供了合理的利润。
- 分析供应商的成本结构。收支平衡分析需要对生产的每项产品成本进行详细的分析或估计。
- 通过评估不同采购量和目标采购价格组合对供应商的影响,执行敏感性(假设)分析。
- 准备谈判。收支平衡分析允许买方在谈判期间预测卖方的定价策略。研究表明,谈判准备与谈判效果之间存在着直接的关系。

📄 **专栏文摘**

从总拥有成本角度看无纸化办公

在当今的成本削减环境中,许多采购和品类管理团队精益求精,寻找减少印刷、文档管理和纸张等领域间接支出的方法。此外,推动可持续发展的号召也促使人们减少印刷,保护树木。这两个截然不同的因素正促使供应管理团队探索印刷领域的事情。

许多读者都会记得,因为喷墨打印进入市场,每个人现在都可以便宜地打印文档。如果你在文件中发现了几个错别字,你没有用涂改液,只是做了更正,把整个文件打印出来。旧的那个呢?扔进垃圾桶。在当今的环境中,削减成本的需要正驱使管理者在不断扩大的IT平台应用范围内考虑缩减打印成本。

关于无纸化办公,有两种截然不同的思路。一是环境倡议和可持续性倡议。然后是成本管理/IT/基础设施部分,以及它产生的结果。最近接受采访的经理们注意到,企业IT计划肯定会从单个喷墨打印机转移。不仅是因为经济驱动的挑战,而且是向集中激光打印机的转变。激光打印在许多办公环境中的应用越来越多。许多中小型企业正在转向高端激光打印机(例如：HP 的 Office Jet 产品,而不是低端激光打印机)。不一定是高端多色打印机,而是每年以 20% 的速度增长的中端多功能彩色打印机。

所有权成本是解释这一趋势的商业案例的一部分。像 Office Jet 这样的激光设备每页的成本很高,所有权成本也较低,但这也可能取决于人们的印刷量。一个低端激光有很多颜色,但它每页很难有最低的成本。一般来说,墨水每页的成本较低,但并非每次都是如此。如果你是印刷全彩色营销宣传品,激光打印每页的成本要比那种墨水打印的低。然而,最终用户可能不会做出这样的购买决策。例如：一个拥有黑白激光的家庭用户如果想进入彩色领域,可能会认为彩色激光价格昂贵,并且会从单一激光升级到彩色墨水产品,尽管他们不会使用很多颜色。

接受采访的大公司正在推动"用纸电子化",这是通过鼓励同事不要打印而实现的一个减少纸张用量的程序。通过集中打印,公司可以跟踪纸张使用量和碳粉使用量等指标,并为每位员工提供打印量报告。在很多情况下,将这些数据显示给人们,会让他们重新思考是否需要真正打印出所有内容！

另一个有趣的变化是办公室工作人数的减少,加上远程工作程序的增长。由于人们在家工作,不得不自己订购碳粉或决定不从他们工作的公司购买打印机,并自费打印,他们正在远离打印墨盒。当人们可以在家工作两天的时候,他们必须随身带所有的工作,因此他们被鼓励不要携带纸张！用一位同事的话说,"我再也不打印任何东西了！我需要把这些都放在电脑上,在家里就能工作。"

这让我们不禁要问一个问题：我们是否正朝着过去管理大师预言的无纸化办公室迈进？简而言之,用一位高级印刷品销售客户经理的话来说,答案是"一点也不！"即使是重新制造的碳粉盒也没有看到巨大的增长,因为在许多情况下,打印质量没有那么好,而且这些碳粉盒的寿命也不长。除了州政府和地方政府正在削减预算并推动可持续性以减少印刷品外,大多数公司的印刷品支出都在持续增长。IT 部门正在控制人们可以使用哪些打印机,并朝着集中打印的方向发展,但当前一代(包括我自己)拒绝放弃他们对触觉操作的需求,继续打印！也许下一代会少打印,但到最后,我还是喜欢一张清脆的纸在我手里,用蓝色墨水涂鸦的感觉！

资料来源：Handfield, Robert, Blog, "The Paperless Office: Pipedream, procurement mandate, or sustainability boondoggle?" May 17, 2012, http://scm.ncsu.edu/blog.

> **专栏文摘**
>
> ### 衡量大型消费品包装公司的供应管理成本节约
>
> 一家 CPG 公司有 120 亿美元的控制支出。然而,在这个组织内,出现了一些"裂痕"。采购部门在高级管理层中没有信誉,因为该团队声称实现的节约是不可信的,其他商业利益相关者也不相信。尽管供应管理确实产生了节余,但这些节余是用购买价格差异(purchase price variance,PPV)来衡量的,购买价格差异只是简单地衡量每年支付的价格变化。基于市场波动和市场价格的变化,PPV 储蓄变化很大,因此,首席财务官(chief financial officer,CFO)质疑这些储蓄无效。首席采购官(chief procurement officer,CPO)认为,他的团队正在创造效益,但财务部对市场波动性没有正确的认识。此外,财务不被视为采购的合作伙伴,首席财务官强调首席财务官不了解长期合同。
>
> 事实上,这个案例中真正的问题是 PPV 指标,它是无效的、不可靠的,不能很好地与利益相关者沟通。这一指标引发了诸如"我们去年是否多付了钱"之类的问题。"我们应该省 30% 而不是 10% 吗？"等。而且没有人确定如何更好地使财政预算与市场现实相一致。在这个阶段,首席执行官因为有采购经验而参与进来,对 PPV 指标的类比是这样的："投资者有一个投资组合,我们的公司是以我们的股票价格相对于投资组合中的其他公司来衡量的。如果相对于一个上涨 10% 的市场,它上涨了 5%,那就不好了。但如果市场萎缩 10%,而我们的股价只下跌了 5%,分析师就会购买我们的股票。那么,为什么

> 我们不能为供应管理绩效建立一套类似的衡量标准呢？我们能否建立一个衡量供应管理价格绩效的投资组合？"首席执行官建议转向以市场基准为基础，即采购有一个根据市场指标衡量的采购价格指数。
>
> 接下来的问题是如何衡量市场定价。对某些大宗商品建立标杆很容易，因为这些项目（如纸张、树脂等）都有指标。但也有一些特殊商品的价格变化更不稳定。针对这种情况，该公司聘请了第三方市场研究提供商Beroe，以创建真实的商品基线和历史关系，然后计算抵销。对于一个成品，Beroe创建了一个成本驱动模型来校准公司的市场成本，并使用市场趋势来定义基准。储蓄绩效从项目焦点转移到投资组合焦点。
>
> 下一个挑战？采购部还被要求继续监测供应商的财务风险和碳足迹，并确保与利益相关者的整合。由于采购在本组织的战略规划中发挥着更为重要的作用，他们的任务是在理解供应链中的风险和机遇以及将这些风险和机遇传达给利益相关者方面变得更有创造性。
>
> 资料来源：Bucci, M. B. (December, 2009) Sales Director, Beroe, Inc., presentation, Supply Chain Resource Cooperative.

收支平衡分析要求购买者确定与产品或产品线相关的重要成本和收入。绘制数据图可以直观地表示不同生产水平下的预期损失或利润。成本方程也表达了成本、产量和利润之间的预期关系。在使用收支平衡分析时，通常使用某些常见假设：

（1）在所考虑的期间和数量内，固定成本保持不变。

（2）可变成本以线性方式波动，尽管情况并非总是如此。

（3）收入直接随销售量而变化。从起点开始向上倾斜的总收入线以图形方式表示。

（4）固定成本和可变成本包括半可变成本。因此不存在半可变成本线。

（5）收支平衡分析考虑的是总成本，而不是平均成本。然而，该技术通常使用一个项目的平均售价来计算总收益线。

（6）如果这些成本不能合理地分配给用户，部门或产品之间的重大联合（即共享）成本就限制了这种技术的使用。如果无法分摊共享成本，则收支平衡分析最适合于整个运营，而不是单个部门、产品或产品线。

（7）这项技术只考虑数量因素。如果定性因素比较重要，管理层在基于收支平衡分析做出任何决策之前必须考虑这些因素。

11.4.5 收支平衡分析案例

收支平衡图的构建需要固定成本、可变成本和目标采购价格这三条信息，因此以下示例假设单个项目的固定成本、可变成本和目标采购价格是准确的。图11-13显示了本例绘制收支平衡图所需的成本和数量数据。因为买方正在估算分析供应商的收支平衡，所以价格是买方确定的目标采购价格。考虑到固定成本和可变成本，可以通过分析一系列价格来估计供应商的预期损益。在本例中，买方想判定如果以确目标采购价格进行采购，预计的9 000台采购量能否为供应商带来适当的利润。

图11-13表明，在既定的成本结构和目标采购价格的条件下，为了使供应商避免损失，供应商至少需要采购7 500台。损益方程式如下：

$$\text{净损益} = P \cdot X - VC \cdot X - FC$$

式中，P为平均采购价格；X为生产单位；VC为每生产单位的可变成本；FC为项目的固定生产成本。

供应商预计9 000台机组的预期利润计算如下，平均采购价格为每台10美元：

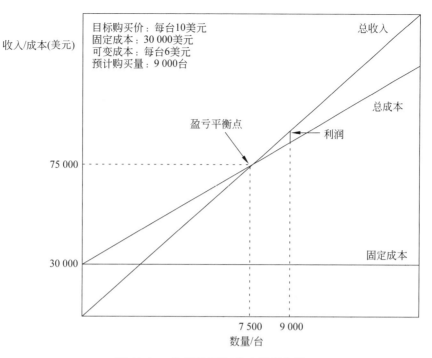

图 11-13 供应商 XYZ 收支平衡分析

净损益 = 10×9 000 − 6×9 000 − 30 000 = 60 000（美元）

还可以计算出供应商为达到收支平衡而需要生产的产品数量（即支付固定成本）。计算公式如下：

$$总收入 = 可变成本 + 固定成本$$
$$10X = 6X + 30\,000$$
$$X = 7\,500（台）$$

如果成本数据是准确的，因为预期的采购量超过 7 500 台，那么预期的采购量将为供应商提供利润。考虑到成本结构，这是否是一个可接受的利润水平是双方有待协商的问题。如果分析表明购买量会给卖方造成预期损失，那么买方必须考虑几个重要问题：

- 考虑到供应商的成本结构，目标采购价格是否过于乐观？
- 与业内其他生产商相比，供应商的生产成本是否合理？
- 成本和数量估算是否准确？
- 如果成本、数量和目标价格合理，这是生产该产品的正确供应商吗？
- 直接帮助是否有助于降低供应商的成本？

此方法允许评估供应商在知道一系列成本、数量和目标采购价格上的预期利润。然而，盈亏平衡技术通常只能提供对购买决策的广泛了解。

11.5 建立合理成本估算模型

"合理成本"模型是一种估算构成供应商每单位产品或服务单价的不同组成部分的方法（例如，"在理论上，产品或服务合理成本是多少"）。理解价格的成本构成是理解成本"驱动因素"的一个重要步骤。它还可以引导采购经理更好地理解间接费用、非增值成本加价以及其他可能破坏价格通胀的因素。产品价格的基本方程式是：

价格＝成本＋利润 或 成本＝价格－利润

在许多情况下，价格是由市场或通过谈判决定的。利润是公司能够继续在业务上重新投资并保持竞争力所需要的利润。成本包括满足客户功能要求（包括交付和质量）所需的财务资源。实际上，成本是谈判中唯一能受采购组织影响的因素。

成本受到"成本动因"的基本决策的影响。成本动因是成本的一个特定维度，可归因于成本增加或减少的总体模式的很大一部分。成本动因的例子包括：

材料：商品波动、搬运困难、容差、交货期、设计限制、管理流程、质量成本；

劳动：生产方法复杂/笨拙、安全问题、报废、效率、周转、纠正、质量差成本；

间接费用：机器/工具的复杂性、独特性、间接劳动力、维护、交易成本、政府管制。

图 11-14 提供了一个很好的起点，开始讨论如何构建"合理成本"模型。第一步是开始估算构成采购价格的高水平成本要素，然后估算与给定供应商开展业务相关的其他内部采购成本。这个等式的左侧是指构成购买价格的"合理成本"，而这个图表的右侧在添加到购买价格时，提供用于评估关系成本的"总拥有成本"。根据行业、地理位置和供应商类型的不同，此成本模型的不同元素可以更加强调，并且可能需要更详细的分析级别。

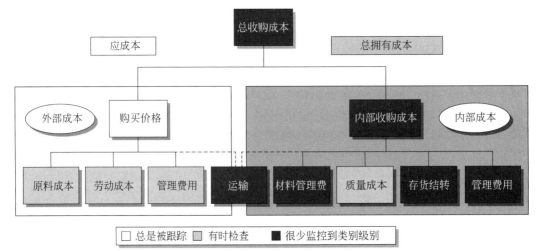

- 在没有数据可用的情况下，需要参考行业基准或其他研究

图 11-14 价值链图指导对总体成本要素的理解

通常构建一个成本模型会采用全球级的类别管理战略的方式。这里记录的方法可能会根据地理、经济条件和其他元素的特定属性而有所不同，但提供了一组要遵循的高级别指南。

一些基本定义如下：

净销售额＝总销售额－退货和折扣

销货成本＝材料＋直接人工＋工厂管理费

毛利＝净销售额－销货成本

营业费用＝利息、杂项费用及其他营业外支出

税前利润＝毛利－营业及其他费用

在构建合理成本模型时，需要考虑几个步骤。起步往往是最大的挑战，因为似乎没有明确的起点。鉴于此，一个好主意就是组建一个主题专家团队，召开一次会议，并从任何有意义的地方开始！在这里，为团队考虑合适的人是很重要的。例如：一家公司在墨西哥有一家生产工厂，生产许多同样类型的产品，这些产品也来自供应商。在这种情况下，供应商的成本模型应包括熟悉该工厂生产成本和流程的人员，因为他们将直接了解此类生产环境的典型成本。在其他情况下，包括工业工程、成本会计、产品经理、材料操作工或其他能够对成本模型设计提供洞察的专家，都必须包括在内。

11.5.1　第一步：提出概念设计

在第一步中，中心问题应该包括"我们试图建立什么模式？"以及"我们试图建立什么样的供应商模型？"最好的成本模型通常是强大的跨职能团队成员的智慧结晶，因此解决围绕"什么"的目标明确性是建模的首要任务。这当然会导致一个自然的问题："创建模型需要什么信息？"本次会议可以适当地发散思维，以确保将外部影响或不确定性纳入评估风险的模型中。为了促进这次会议的召开，团队领导应该确定并收集所有潜在的问题或关注点，这些问题或关注点与团队正在寻找的业务或决策模型有关。

一个有用的方法是开发一个"粗略"的价值流图，并在此图的基础上，得出不同的成本要素。价值流图提供了供应链的高层次视图，然后将供应商的主要成本要素分解为材料、人工、间接费用、运输运费、库存成本、维护成本等其他成本。该小组还开始确定可能影响成本的一些成本动因。成本动因仅仅是成本的一个要素，当成本发生变化时，可以导致成本因素的增加或减少。在这种情况下，供应商位置、供应商交货期、运输方式和订单大小可能是影响运费成本类别的成本动因。

注意在模型的这个阶段，不必担心估计模型的元素所需要的数据来源。更重要的是要尽可能找出影响总体价格或总拥有成本的所有潜在成本来源，还可以在影响图中使用箭头来表示不同成本要素之间可能存在的假设关系。

11.5.2　第二步：细化并导出成本模型的要素

在下一阶段，团队开始收集额外的数据。例如：团队可以决定访问供应商的工厂，并亲自查看他们开发的价值流图是否有效，或者供应链中是否缺少关键步骤。团队还应开始对流程有更细致的了解，包括设备类型（自动与手动）、处理时间、废品率等要素。这项工作可以开始深入了解模型的不同要素，还应导致与成本模型组件相关的一组特定问题。可能出现的具体问题包括：

- 不同地区机械师的劳动率是多少？
- 自动化设备与半自动化设备的生产率影响因素是什么？
- 本产品的主要材料成分是什么？
- 从海外到美国工厂的运费与从墨西哥到美国工厂的运费有什么不同？普通船和特价船有什么区别？什么是进口配额、费用或其他成本，有没有包括在内？
- 不同供应商的间接费用、利润和SG&A是如何得出的？

注意：这些问题开始引导用户寻找需要收集的特定数据。我们还没有确定从何处获得这些数据,但在这之前,了解关键问题非常重要。

11.5.3 第三步:设计构造成本模型

最后,团队准备开始构建成本模型,并开始用数据填充模型。通过影响图、价值流图和问题识别,成本模型开发是下一步。在大多数情况下,管理者将使用 Microsoft Excel 作为一个灵活的成本建模工具,但仍然需要一个定义明确、逻辑清晰、可审计的体系结构。[①]

在构建成本模型时应该遵循某些最佳实践,在构建成本模型的体系结构时需要使用一些一致的元素。首先是可用性,如果成本建模工具的用户界面过于复杂,可能会阻碍人们使用它。例如:设计器应该为用户界面创建一个单独的选项卡(即工作簿中的单个电子表格),此选项卡中的组件包括要操作或调整的所有变量。通常这些变量分为"假设变量"和"决策变量",假设变量是指不受采购或供应公司直接控制,但对建模结果有重大影响的任何组成部分。假设变量可能包括货币波动、利率、进口税和商品价格;决策变量包括公司直接控制或影响的组成部分,包括制造或购买、运输方式、产量和价格点等要素。假设变量和决策变量都应该位于仪表板/用户界面工作表的同一个选项卡上,但应该位于工作表中单独清楚标记的区域中,这将允许用户根据假设和决策变量单独进行场景测试。

设计的第二个重要组成部分是可审计性,它是指所创建的成本模型的完整性和透明度。成本模型应该有清晰的可复制的文档逻辑。因此,设计者充分地文档化模型是很重要的,任何试图使用它的人都可以立即理解逻辑和数据源。简单易懂的规则较好。首先,避免引用和链接到外部工作簿、电子表格和文件。链接到外部的工作部很难追查,如果单元格引用更改,则模型将变得无用。其次,在电子表格中,总是以指定的名称(例如:"材料")而不是以单元格地址位置(例如:C43)引用单元格。使用允许区分假设变量、决策变量和计算字段的一致格式,这允许用户轻松理解模型中的公式。第三,不要将"硬编码"值转换成公式。将硬编码值作为用户界面的输入(作为假设或决策变量)。例如:不要在公式中使用 0.07,而是引用名为"利率"的输入模板范围,该范围的值为 7%。最后,将模型中的所有计算保留在工作簿中的单个选项卡上,这样可以提高对成本模型内部工作的可见性。

图 11-15 产品成本模型

使模型易于导航的另一个重要元素是在工作簿中包含一个额外的选项卡,该选项卡显

[①] Sower, Victor, and Sower, Christopher, "Better Business Decisions Using Cost Modeling", New York: Better Business Expert Press, 2011.

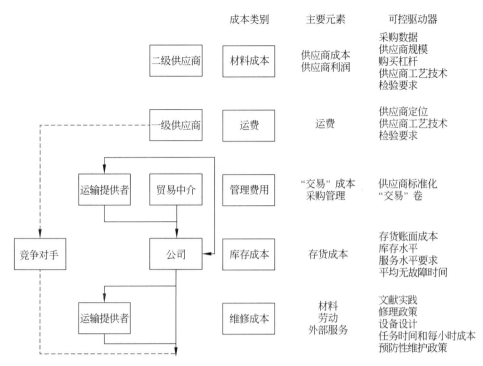

图 11-16 典型价值链图

示总体影响图、使用的任何格式约定、模型的版本、模型设计器的名称和最新修订日期。这可以是一个简单的方框和箭头图,显示仪表板、输入参数、输出和生成的图表。

结构的最后一个要素是适配,这是指模型提供必要输出以协助决策的能力。一旦建立模型就可以输入,并且计算测试,并显示出可以按设计工作。模型的输出必须以易于理解和翻译的方式表示。最好的方案是将输出保持在电子表格的同一个选项卡上,这样用户对该工具就有了"仪表板"的感觉。当对假设和决策变量进行更改时,仪表板自动更新,图表/透视表也应更新。仪表板应提供满足管理层决策输入需求的输出。

总之,成本模型的输出应该足够详细,这样不仅可以让团队向类别团队提出建议,还可以看到不同成本投入和假设的影响。

11.5.4 第四步:确定模型数据来源

每个程序员都知道,"输入的是垃圾,输出的也会是垃圾"是一个关键原则,同样适用于成本建模。为了开发良好的模型洞察,数据必须是有效、可靠和足够详细的。因此,数据源必须是信誉良好的,并且在适当的情况下必须作为关键假设在模型中引用。即使是最好的模型,如果输入数据是无效的,也很容易被抛弃。有以下几个数据源可作为输入进行探索(见图 11-17)。

成本建模所需的一些数据可直接来自自己的信息系统,无论是 ERP 系统、会计系统还是 MRP 系统。如果将工时和工资作为模型的重要输入,也可以利用人力资源管理系统。最后,不要忘记包括"隐藏"成本,如转移价格、材料搬运、检验成本以及其他可能对你不明显但对内部操作人员显而易见的成本。在其他情况下,可能有一些工厂正在你的组织网络中生产类似类型的产品(如果你碰巧在一家企业集团工作),这也可以帮助你了解工厂级生产数据。

美国公众可用	国际公众可用	订阅
经济普查	世界银行	胡佛
2011年经济普查	国家元首	邓恩和布拉德街
制造商年度调查	英国国家统计局	RMA年度报表研究
劳动统计的详细情况	挪威统计局	财政口粮
生产者价格指数	中国	比率
按地区和职业划分的工资	日本统计局和统计局	中央彭博社
工业收入	澳大利亚统计局	
劳动力和生产力成本	欧洲统计局	
国际劳工比较	加拿大统计局	
国际物价指数	南非统计局	
国际生产力	新西兰统计局	
税务统计		
联邦储备委员会		
经济分析局		
能源部		
运输统计局		
联邦机动车辆安全管理员		
埃德加在线		
salary.com网站		
各行业协会		

图 11-17 数据来源

11.5.5 供应商提供的数据分析

与供应商合作的供应管理专业人员知道信息的价值。在成本模型中,如果你和你的供应商有良好的关系,他将乐于传递成本数据,帮助你验证你的投入。然而,这并不总是可能的,特别是在北美供应商关系中,因此专业人员通常通过强制将其作为信息请求(request for information,RFI)或建议书请求(request for proposal,RFP)的一部分来收集成本细节。许多公司都有一个详细的车间,要求提供各种成本模型输入,包括材料、搬运、人工、废料、检验、运行率、设置时间等。当多个供应商提供相同的信息时,理解所有这些成本组成部分的能力会提高,因为数据可以是通过比较找出"同类最佳"的成本要素,从而得出"理论上"所有要素组合时的最低可能成本。供应商实地考察的价值在这里再怎么强调也不为过。如果不可能,至少应考虑访问供应商网站、年度报告或其他来源。

最后,外部(第三方)数据源可用于定义假设变量,如货币、商品价格、利率等。一些潜在数据源的示例见图 11-17。

11.6 总拥有成本

总拥有成本(total cost of ownership,TCO)要求采购商在评估采购方案或供应商绩效时,识别和衡量超出标准单价、运输和加工以外的其他成本。一般来讲,总拥有成本是指产品、服务或资本设备在其预期寿命内发生的所有相关成本的现值。大多数大公司以单价、运输和工具等以外的成本要素来做采购决策和评估供应商。然而,研究表明,不同企业在总成本分析中在成本构成方面存在很大差异。

通常,这些成本可以分为四大类:
- 购买价格。支付给供应商的产品、服务或资本设备的金额。
- 购置成本。将产品、服务或资本设备运至客户所在地的所有相关费用。采购成本的例子包括采购、管理、运费和税收。
- 使用成本。对产品而言,使用成本是与将购买的零件/材料转换为成品并在其使用寿命内支持其相关的所有成本。对服务而言,未包含在购买价格中与服务的性能相关的所有成本都是使用成本;对固定设备而言,与设备使用寿命相关的所有成本都是使用成本。使用成本的例子包括库存、转换、报废、保修、安装、培训、停机时间和机会成本。
- 报废成本。当产品、服务或资本设备达到其使用寿命时所发生的所有费用,或者出售剩余产品或设备(残值,视情况而定)所收到的净收入。报废成本的例子包括报废、处置、清理和项目终止成本。

11.6.1 建立总拥有成本模型

构建 TCO 模型不是一件容易的事情。它需要知道公司各个不同部门的投入,并需要在整个生命周期中对流程有透彻的理解。因此须采取以下步骤,确保所有涉及成本的准确性:

步骤 1:绘制流程图并区分 TCO 类别。从产品、服务或资本设备在整个生命周期中产生的需求得到确认之时起,构建一个流程图。你确定的活动将有助于开发广泛的 TCO 类别。

步骤 2:确定每个类别的成本要素。以流程图为指导,确定构成每个 TCO 类别的子成本元素。

步骤 3:确定如何度量每个成本要素。这是关键的一步。必须确定度量标准,以量化步骤 2 中确定的每个成本要素。例如:要量化采购人工成本,需要知道执行采购活动的个人的小时费率以及他们采购活动花费的时间。

步骤 4:收集数据并量化成本。这是最困难和耗时的一步。在此步骤中,收集步骤 3 中确定的每个度量的数据,并量化各个成本。这需要各种来源的信息,包括面谈、调查、应付系统和其他内部数据库。如果使用来自内部数据库的信息,请确保这些数字的有形性。输入错误有时会导致这些数据库生成的数字明显不准确。

步骤 5:制定成本时间表。为生命周期的长度构建一个成本时间线。将步骤 4 中量化的每个成本要素放在适当的时间段内。然后计算每个时间段的总成本,如示例所示。

步骤 6：使成本换算成现值。现值有助于从当前的美元汇率做决策，这很重要，因为一年后花的一美元和现在花的一美元不一样。未来任何时间所花的钱的价值将取决于该组织的资金成本。因此，要计算现值，需要从财务部门获得组织的资金成本。然后使用现值表或财务计算器计算成本时间线中每个总额的现值。每个时间段的现值之和表示所有权的总成本。

11.6.2 机会成本的重要性

在考虑使用成本时，确保确定能识别可能存在的机会成本。机会成本被定义为放弃另一种最好的选择而选择次优方案所产生的成本。典型的机会成本包括销售损失、生产力损失和停机时间。分析中缺少这些机会成本可能导致完全不同的决策，而且可能是错误的决策，如下所示。

一位想买机器的供应经理正在评估两种选择。备选方案 A 定价 10 万美元，B 定价 12.5 万美元。A 机交货提前期为 90 天，B 机交货提前期为 30 天。在确定 A 的使用成本时，应把机器 B 投入生产后的 60 天（90－30＝60）内产生的收入损失考虑在内。通过计入收入损失的成本，B 成为更好的选择，即使它的定价比 A 更高。

在另一种情况下，供应经理主要根据价格作出购买机器 Y 而不是机器 X 的决定。然而，他的分析忽略了两台机器之间生产能力差异的机会成本。X 机的产量比 Y 机多 10％。在市场上涨的情况下，销售潜力有可能增加 10％。机器 Y 无法满足增加后的需求，必须购买新机器。如果供应经理一开始就选择了 X 机器，购买新机器可能会被推迟，从而节省了数十万美元。通过确保 TCO 中包含所有成本，特别是机会成本，这样类似的错误很容易避免。

专栏文摘

施乐公司的产品成本管理

施乐有两个产品领域：生产系统和办公机器。生产系统是为施乐公司的大型系统带来收入的公司制造的。例如印刷店、保险公司和银行，它们每个月都有数百万份印刷文档。在这种情况下，我们的产品目标是为总成本决策提供业务解决方案，其中单位价格不是一个重要的参数，每小时提供更多印刷量的解决方案更具竞争力，而且围绕该解决方案的服务包也更具竞争力。在这种情况下，利润驱动因素是消耗品，而机器的可靠性是首要的成本驱动因素。在任何新产品设计中，成本都不会被可靠性所抵消。

办公室机器是办公室环境中使用的所有多功能复印机、打印机和设备。在这项业务中，价格低可能是驱动客户销售的唯一参数。成本竞争力是降低销售价格的关键，利润来自于向企业提供的消耗品和服务。

在施乐公司，成本管理被认为是所有新产品推出时的第一推动力，也是商业计划和所有围绕目标成本的采购活动的第一推动力。

施乐已经建立了自己的内部系统小组，称为产品成本管理，持续进行竞争分析、成本分析和最佳的新产品定型。该团队定期开会，从新的竞争产品中找出最佳元素，以获得最佳的产品和目标价格。与业务团队并行工作，然后根据业务模型和营销计划制定成本目标。业务计划和成本目标这两个要素与一流的定价相结合，构成了所有全球采购活动的基础。

据了解，并不是所有的目标价格都能实现，尽管施乐公司努力非常接近一些。小组提供了一个最佳的定价，而且提供指导，如"你会发现冲压在捷克共和国，在墨西哥组装"等。然而，这为谈判底线价格以外的条款提供了一种机制。产品成本(product cost，PC)部门提供了一个完整的成本明细表，包括人工估算、利润和间接费用估算，目的是让关键供应商共享这些数据。如果根据应付账款部门(accounts payable organization，APO)的数据，成本估算与其不一致，那么则会被视作一次产品成本估算的经验，产品成本部门会对数据进行调整。每个谈判都有许多不同的谈判和成本因素。

为了给产品成本部门提供支持，人们很早就对软件进行了投资。专为施乐公司开发的一个专有应用程序，允许进行产品成本。这些信息可以直接使用，也可以间接使用。一台电脑可以告诉你一磅树脂的价格，但无法分解墨粉的成本驱动因素在一线岗位收集数据。这是一个劳动密集型的数据收集过程。但是，该系统现在允许产品成本工程师输入设计过程中的概念数据，经历一系列的计算过程和步骤，做出选择，这些选项驱动特定的数据，如钣金零件、本区域的机器工时和劳动力价格。在此基础上，产品成本人员基本上识别，每个细节和输入过程，并识别正确的参数来建立成本模型。

在产品概念设计的早期阶段，聘请了具有工艺专业知识的高级制造工程师(advanced manufacturing engineers，AME)，并邀请供应商派遣主要代表与设计小组合作。在这些会议上，团队审查单个零件，寻找可以方便制造的设计变更，并主要关注高成本复杂零件，使用六西格玛设计方法。艾姆斯在塑料、金属板、电子等领域有很强的背景，了解这项技术的最佳实践，这有助于他们与设计界合作，并指导他们做出正确的决定。

施乐还充分利用合同制造商(contract manufacturer，CM)，这种关系是围绕着总成本模型驱动的。CM几乎为办公市场提供了整个打印机制造，并将完成的打印机运送给施乐公司。他们的物流团队还参与了供应链建模，以实现运输成本的摊销，了解零部件从何而来、从何而去，以及在执行设计时产生的链将是什么样子。当利用运输成本推动这一决定时，这可能进一步推动业务转移到不同的供应商。

资料来源：Handfield, R., and Edwards, S. (2009, July), "Cost Leadership Best Practices," White Paper, Supply Chain Resource Cooperative, NC State University.

11.6.3 建立总拥有成本模型时需考虑的重要因素

- 建立TCO可能是一项成本高昂、时间密集的活动。因此用于评估大批量的采购时应用这种方法。
- 在开始全面的总拥有成本分析之前，确保获得高级管理层的认可。这将使数据收集变得更加容易，特别是当来自公司不同部门的一些人接受采访时。
- 团队合作。通过将收集数据的任务分配给小组成员，可以节约大量时间。
- 首先重点关注较高的成本。花费较长时间量化小成本要素只会延迟做出决策的时间，在大多数情况下，最终决策不会受到这些要素的影响。
- 确保获得对生命周期的实际估计。生命周期太短或太长可能导致错误的决定。
- 无论是评估购买选择还是进行外包决策，TCO模型都将确保至少从成本角度做出正确的决策。
- 在涉及全球采购时，考虑与整个供应链相关的所有相关劳动力、质量、物流和进口成本。

11.6.4 总成本模型的案例分析

供应经理Joe Smith正在考虑为他的公司购买1 000台台式机。生命周期是三年，公司的资金成本是12%。他计算了其中一种购买方案的TCO，如图11-18所示。

成本要素	成本计量
购买价格(步骤1):	
• 设备(步骤2)	供应商报价:每台电脑 1 100 美元(步骤 3 和 4)
• 软件许可证 A	供应商报价:每台电脑 300 美元
• 软件许可证 B	供应商报价:每台电脑 100 美元
• 软件许可证 C	供应商报价:每台电脑 50 美元
收购成本:	
• 招聘 2 名全职员工	8 500 美元和 17 000 美元,为期 2 个月
• 行政部 1 个采购订单	150 美元,12 张发票,每张 40 美元
使用成本:	
• 安装	每台电脑 700 美元(电脑移动、安装、网络)
• 设备支持	每台电脑供应商报价每月 110 美元
• 网络支持	每月 100 美元供应商报价
• 保修	保修 110 美元,保修期 3 年
• 机会成本损失生产率	停机时间每台电脑每年 15 小时,每小时 30 美元
生命终期:	
• 救助价值	每台电脑,36 美元

图 11-18　一个购买选项的 TCO 计算

利用这些要素,每项决策的总拥有成本计算如图 11-19 所示。

成本要素	现存	第一年(步骤5)	第二年	第三年
购买价格:				
设备	1200000			
软件许可证 A	300000			
软件许可证 B	100000			
软件许可证 C	50000			
收购成本:				
采购	42500			
管理	150	480	480	480
使用成本:				
机会成本损失生产力		50000	450000	450000
安装费	700000			
设备支持		1440000	1440000	1440000
网络支持		1200000	1200000	1200000
保修	120000			
生命终期成本:				
残值				(6000)
总成本	2512650	3090480	3090480	3054480
现值@12%	2512650	2759799	2463113(步骤6)	2174790

图 11-19　总拥有成本计算(美元)

在这种模式的基础上,供应经理应探索降低服务成本的可能性,如设备支持和网络支持这些似乎是最高的价值,并对成本贡献最大。同时,对于供应商来说,这通常也是最赚钱的领域,因为服务通常不在审计范围之内。

11.7 协同成本管理法

汽车、电子、医药等多个行业的供应管理部门已经在实践中逐渐认识到，降低战略商品成本最有效的方法不是通过讨价还价，而是通过双方有效的合作。当供应管理、工程和供应商齐心协力寻找降低成本的创新方法时，结果通常对双方都有利：采购公司得到的价格更低；同时，在许多情况下，供应商可获取更高的利润并能保证一笔未来的生意。协作成本管理最常见的两种方法包括目标定价法和成本节约共享定价法。

11.7.1 目标定价法

目标定价是在新产品开发（new-product development，NPD）周期的初始阶段用于确定买卖双方合同价格的一种创新方法。日本制造商为了激励工程师们选择可以低成本生产的设计，最初在20世纪80年代制定了目标定价方法，以应对日元对美元的升值。这些创新者提出了一个应用于新产品开发的简单概念：新产品的成本不再是产品设计过程的产出结果，而是设计过程的一种投入。我们面临的挑战是以合理的利润为基础，设计出具有所需功能和质量的产品。例如：在新车领域，开发团队可以与市场营销部门合作，确定产品相应市场中车辆的目标价格。以最终价格为基础，将产品分解为几个重要组成系统，如发动机和动力传动系统。每个主要系统都有一个目标成本。在组件级别（表示从系统级进一步分解），目标成本是买方希望从供应商处获得的价格（如果项目是外部采购的）。

在目标定价中，产品的允许成本严格来说是一个细分市场愿意为产品支付较少利润目标的函数。然而，在传统定价方法下，生产成本＋利润＝售价。采用目标定价法，销售价格－利润＝允许的生产成本。一般来说，在早期的谈判中，供应商并不总能达到目标成本。此外，供应商目前提供产品或服务的价格可能高于采购公司规定的目标价格。

供应商的价格与目标成本之间的差异成为目标成本降低的战略。双方必须通过价值工程、质量功能部署、制造/装配设计和标准化等方法，共同努力缩小这一差距。设定过低的产品目标成本可能会导致无法实现目标成本；设定过低的战略性降低成本会很容易实现目标成本的要求，但会失去产品的竞争地位。在制定目标价格和目标成本时，新产品开发团队应明确制定目标成本的基本原则：目标成本永远不能违反。此外，即使工程师找到了改进产品功能的方法，他们也无法进行改进，除非他们能够抵消额外的成本。

目标价格的先驱和行业领导者之一是制造业内的美国本田（在本章开头部分中描述）。该公司将产品成本分解到组件级别。要求供应商提供详细的成本明细，包括原材料、劳动力、工装、所需包装以及交付、管理等其他费用。对成本的细分有助于供应商找到寻求改进从而降低成本的方法。成本表是与供应商共同制定的，用于找出所有成本要素之间的差异（逐行），从而找到降低成本的方法。潜在的分歧涉及供应商的利润和管理费用。供应商即使要求获更合理利润，但这可能取决于投资水平。在谈判中不使用固定的利润水平。因此，供应管理部门必须汇总各零部件成本，并将其与目标成本进行比较。如果总成本超过目标成本，则须更改设计或降低成本。虽然可以简单地通过降低供应商的利润率来节约成本，但本田意识到这样做会损害它与供应商努力发展的信任。

一旦采购商与供应商在合同中确定了第一年的目标价格，就可以通过不断努力，逐年降低产品成本,这可以通过一种称为成本节约共享的方法来实现。

11.7.2 节约成本共享定价法

成本节约共享在几个方面不同于传统的基于市场的定价。首先,成本分摊方法要求共同确定生产一个产品的全部成本,而市场定价则不是这样(买方对供应商的成本知之甚少或一无所知)。第二,利润是对所购商品的生产性投资和供应商的资产回报要求(即投资回报)的函数。利润不是成本的直接函数(这通常是市场驱动价格的做法)。基于成本的方法激励供应商持续改进绩效,以实现共享成本节约并投资于生产性资产。后面的例子说明了这些概念。

成本节约共享的一个重要特点是,向卖方提供财务奖励,以使其在采购合同约定的改进之外,提高业绩。这不同于传统的基于市场的定价方法,即一方(通常是买方)试图获取供应商改进工作所带来的所有成本节约。传统的定价方法已经成为阻碍共同努力改进设计、产品和过程的因素。成本节约共享方法认识到有必要为供应商提供财务激励,同时加强更密切的关系。

11.7.3 成功的目标定价和基于成本的定价所需的先决条件

为了实现基于目标和成本的定价,必须就供应商生产产品的全部成本达成一致认识,确定所有成本为制定联合改进目标提供了依据。生产一个项目的总成本包括人工、材料、其他直接成本、任何与生产过程相关而产生的成本、管理、销售等其他相关费用。

除总成本构成外,双方还必须共同确定产品数量,在不同时间点确定产品成本目标以及可量化的生产率和质量改进计划。每家公司都必须对供应商的资产基础和回报率要求达成一致,这两项决定了一种产品的利润。关于节约成本共享的时间及报酬的分配方法,双方需要达成一致。节约的成本超过采购合同约定的绩效改进目标,以及与双方绩效改进目标有关的任何产品成本的节余,通常会用来相互共享报酬,这种方法需要高度信任、信息共享和共同解决问题。如果一家公司利用另一家公司或违反信息共享的机密性,这一过程将失败,还必须提供必要的资源,以解决影响总体成功的问题。

另一个关键先决条件是管理目标定价相关风险的能力。也许主要的风险是产量的变异性。由于产量影响成本水平,双方必须仔细考虑和管理与计划数量不同带来的影响。高于预期的产量将导致供应商获得更大的经济效益和更低的单位成本。然而,这些较低的成本并不是供应商绩效改进的结果。相反,低于预期的产量可能会提高供应商的平均成本。根据合同,双方必须协商决定如何管理购买计划的变更。

11.7.4 使用协同成本管理法的适用条件

以成本为基础确定价格的方法显然不适用于所有购买的物品。许多商品不需要进行成本分析,而是由市场决定价格。根据本章前面讨论的成本管理组合矩阵,很容易从多个来源获得的一般都是标准化而非定制的产品,或者说受供求市场力量严重影响的产品,这样的产品不适合运用基于成本定价。

对于基于成本的合作方法,哪些类型的项目是可行的? 当卖方通过直接或间接的劳动力和专业知识为一个项目提供高附加值时,基于成本的方法是可行的,这种方法特别适合于根据特定需求定制的复杂产品。此外,需要从原材料到供应商的增值设计转换的产品可能是候选产品。这些项目的例子包括专门设计的汽车防抱死制动系统或仪表板,这些产品需要从原材料到半成品的高附加值转换。供应商也可能提供设计和工程支持。

11.7.5 目标定价和节约成本共享的案例分析

由于实际的目标定价和成本节约共享协议可能冗长而复杂,因此以下示例基于汽车原始设备制造商和一级供应商之间发生的实际情况,仅介绍了这种战略成本管理方法的基本原理。

买方寻求购买作为最终产品设计的一种零部件。产品的最终销售价格是通过与市场部的讨论确定的,这个数字已经降到(或分解到)各个组件级别。因此,双方同意在第一年将该部件的购买(或销售)价格定为 61 美元,买方已将此价格定为支持达到最终产品总目标的价格。

节约成本共享假设买方和卖方将合作确定生产产品的最有效流程,作为成本结构的基础。这种方法不奖励低效的过程或实践,也假设采购组织的工程师是灵活的,愿意修改产品规范,以符合供应商的过程。在本例中,供应商的成本和退货要求是确定公平和有竞争力价格的基础。双方同意采用谈判成本法,因为双方建立了密切的工作关系,支持共享详细的成本数据,而且供应商的成本结构相对有效。

图 11-20 详细说明了制定基于成本的采购合同所需的成本和投资数据。

两家公司都必须确定与采购部件相关的成本和供应商投资,确定并同意供应商的资产回报要求,并确定供应商对年度绩效改进目标的承诺。

第一年目标价:**61.00 美元**		
谈判/分析成本结构		
材料	每件 20 美元	
人工费率	8.50 美元/单位	
负担率*	200%直接劳动力	
废品率	10%	
销售、一般及行政费用率	制造成本的 10%	
有效容积范围	125000 单位/年±10%	
预计产品寿命	2 年	
投资回报率	30%	
	第一年	第二年
供应商投资	300 万美元	200 万美元
供应商总投资	500 万美元	
供应商改进承诺		
直接劳动力	每年减少 10%	
废品率	每年降低 50%	
根据商定的绩效改进附带的改进:50/50 平分		

＊"负担"是会计中的一个术语,用来描述不能直接用一个确切的产品或生产单位来确定的制造或生产成本,它是间接或可摊的费用。

图 11-20 基于成本定价示例的关键数据

这些图表为评估合同有效期内的成本和价格提供了依据。

图 11-21 详细说明了本合同每年的成本细目和组件的价格。第一年的数据包括图 11-20 中列出的协商/分析信息。在第一年,下列事件影响了第二年年初的销售价格:
- 由于原材料成本增加,总材料成本增加了 4%。
- 一个联合价值分析小组确定一种替代材料,每单位材料成本降低 1.50 美元。
- 由于供应商的预定合同增加,每个单位的人工费率增加 3%。
- 供应商达到商定的生产率改进目标,以减少废品和提高劳动生产率。

第二年的数据包括以下结果:
- 供应商收到价值分析团队确定的 1.50 美元材料减少节约成本 50%的利益。
- 第二年的利润包括供应商在材料减少方面所获取的利益。
- 第二年年初的售价变为 56.27 美元。

通过专注于共同和持续的绩效改进,在材料和劳动力成本实际增加的时候,降低了采购价格。此示例说明了通过联合价格/成本分析可以实现的改进潜力。

	第一年	第二年	
材料	20.00 美元	19.24 美元	材料减少 1.50 美元加上整体材料增长 4%((20−1.50)×1.04)
劳动力	8.50	7.88	减少 10%——合同目标改善加上 3%的增加(8.50×0.9×1.03)
负担(200%劳动力)	17.00	15.76	废料从 10%减少到 5%—合同目标($42.88×0.05)
总材料、劳动力、负担	45.50 美元	42.88 美元	
废料(10%)	4.55	2.14	
制造成本	50.05 美元	45.02 美元	
销售和管理费用(10%)	5.00	4.50	包括用于联合材料削减的 0.75 美元的股份($6 以上($1.50/2))
总成本	55.05 美元	49.52 美元	
利润*	6.00	6.75	
销售价格	61.50 美元	56.27 美元	第一年活动后的新销售价格

*利润是基于买方和卖方之间同意的投资数字的 30%的回报。利润=(两年总投资 500 万美元×0.3)/250000 总单位=6.00 美元。

图 11-21 基于成本定价示例的成本和利润分解

在设计和开发早期就成本和价格达成协议,有助于通过合作降低材料成本。节约成本共享的使用可以促使双方共同努力实现共同的目标。采购商以较低的价格采购到产品,并为持续的成本改进计划奠定了基础。供应商与采购商建立了稳定的长期合同,从其资产投资中获取了合理公平利润,并且由于买方的合作和贡献而提高自己的竞争力。

 实践范例

战略成本管理领导的最佳实践

最近的一项基准研究对不同行业的 13 个组织进行了访谈以确定战略成本管理的现行做法。根据公司的成本管理实践被认为是"基本""中高级""高级"还是"最高级",对公司的总体进行了划分。记录了每一类公司的主要差异和过渡要素,并在执行摘要中进行总结。在这里,本书将重点关注从"基本"成本管理水平到不同成熟阶段所需的关键步骤,以及这种演变企业需提升的核心能力。

从基本型向中高级型转变

在"基本"类别中寻求进入下一级的公司通常专注于"建立基础",重点是回到基本的支出分析、数据清理和建立简单的管理结构来进行成本管理。这包括以下操作:

- **管理**——建立需求管理计划,以推动业务部门领导为支出、新产品介绍和需求预测制定切实可行的预算,从而实施成本预算准则。
- **系统**——启动公司范围的成本系统工作,重点是对所有历史定价、使用 AP 数据和人工费率进行数据清理,以建立成本管理支持系统的主干。
- **供应基地管理**——建立供应基地整合计划,按业务、类别和平台定义具体目标。
- **领导和规划**——建立一个成本领先的公司支持者,作为所有关键业务职能部门竞争成功的优先事项,并由一个治理委员会推动监督和支持。
- **指标**——建立与财务预测、利润目标、业务线新产品导入项目和市场增长目标相一致的成本管理关键绩效指标。
- **人才**——建立一个由来自整个组织的关键主题专家组成的网络,拥有必要的人才和技能,以建立一个成本管理组织,为新产品导入、采购和制造或购买项目提供决策支持。
- **NPI**——对新产品导入过程进行一次主要审计,以确保成本目标与产品设计结果相关联,并为新产品导入团队建立成本责任。

从中高级到最高级

中高级企业已建立了成本管理文化和体系所需的核心基础要素,并应通过以下活动寻求提升成本管理能力:

- **管理**——组织调整,以确保成本工程师在全球范围内按物料或流程进行调整,具有特定的角色、职责和对业务的责任。重新调整,以创建一个联合材料处理、包装、采购和物流成本计算团队,负责为全球主要货运的所有主要点对点采购活动建立总成本模型。
- **系统**——准确的支出分析数据库,包括按类别、按零件系列、按供应商和按所有相关职能团队可访问的业务更新和历史支出。
- **供应基地管理**——与战略批准的供应商(已建立的质量、成本和技术)、批准的供应商和新兴供应商组成的分段供应基地。
- **领导和规划**——NPI 计划团队根据 NPI 新产品预测、从受影响设施收集的数据、成本工程领导、成本管理团队同事和全球采购类别领导,建立预测的关键产能瓶颈和供应商成本超支。这个团队应该对所有即将到来的新项目有一个五年的滚动视图,突出受影响的区域以及当前和未来关注的关键区域。
- **指标**——通过 IT/团队的努力建立并可用的所有主要设施和产品线的内部劳动力和材料成本记录。
- **人才**——人才开发努力在采购中建立关键的工程成本经理角色,包括竞争对手的分析以及合理成本建模、成本目标设定、VA/VE、材料和人工成本计算以及协同设计。

- **NPI**——战略供应商参加新产品导入团队会议的初步参与,目的是建立一致的投入和反馈,以实现成本目标。

从高级到最高级

先进类公司已经建立了成本管理机构、流程、成本来系统支持决策,并设立关键绩效指标,并准备在下一阶段开展关键活动,以确立其行业的成本领先地位:

- **管理**——全球采购办公室配备有多语种外籍人员和本地采购专业人员,符合合并国家供应商接洽的NPI产品要求。
- **系统**——成本管理系统,推动零件通用性、重复使用、首选供应商、成本历史记录和定期更新,可供全球所有新产品导入、采购和制造/工程团队使用。
- **供应基地管理**——一套长期的供应商合作关系,积极参与所有新产品导入团队,为新产品导入和生产的成本管理提供现场技术和材料管理支持。
- **领导和规划**——一份记录在案的分类策略和成本改进计划,适用于目前正在生产或正在投入生产的每个零件。
- **指标**——所有首选供应商的详细成本明细、定价历史、商品和劳动力预测,并在滚动三年的基础上提供成本控制策略。
- **人才**——明确的职业道路和领导计划,以吸引最有才华的个人进入成本工程的角色。
- **NPI**——开发先进的制造工程团队,在供应商和技术社区工作,以跟踪新的发展、成本趋势和需要识别和培育的新技术。活跃的供应商开发团队,通过主要的新产品导入、发布和发布后在供应商所在地工作。

问题

1. 组织向成本领导的转变是采购责任,还是共同责任?
2. 变革管理和文化变革在推动成本领先方面的作用是什么?
3. 讨论变革一个组织所需的关键要素,这才刚刚开始?你认为成功的关键因素是什么?

资料来源:Handfield, R., and Edwards, S. (2009, July), "Cost Leadership Best Practices," White Paper, Supply Chain Resource Cooperative, NC State University.

本章小结

了解成本基本原理、成本分析技术和创新的产品成本计算方法,是供应管理和供应链专业人员需要掌握的另一个领域。涉及非标准、技术复杂项目的买方和供应链专家必须具备从成本角度评估供应商成本结构、匹配供应商能力和产品要求的能力。实践价格和成本分析技术(如本章所述)的能力可以区分一家企业是赢利还是亏损。

思考讨论

1. 为什么购买者要评估一件商品的制造成本,而不是简单地评估购买价格?所有类型的产品都是这样吗?
2. 列出供应商不愿分享详细成本信息的一些原因。采购商能通过哪些措施来说服供应商共享成本数据不会被利用?

3. 由于劳动力价格低,全球采购总是选择最低成本的吗?在这个决定中还需要哪些其他类型的数据?

4. 固定成本、半可变成本和可变成本有什么区别?

5. 讨论卖家可以使用的不同定价策略以及每种策略的主要特点。提供当前市场的例子,这些类型的定价安排是如何正在发生巨大变化的。

6. 你能否提供目前正在使用价格-数量模型、市场份额模型、竞争定价模型和收入定价模型的供应商或行业的示例?

7. 互联网上有哪些类型的成本信息?网上有哪些价格信息?这个消息可靠吗?

8. 在什么条件下,买方比卖方拥有最大的供应管理杠杆?

9. 什么时候卖家对买家的影响力最大?

10. 什么是总拥有成本?在实施总成本计量系统时,必须克服哪些挑战?

11. 衡量购买物品的总拥有成本有什么好处?这种方法有什么潜在的缺点吗?如果有,它们是什么?

12. 在目标定价合同中,项目的价格是如何确定的?什么使目标价格对买卖双方有吸引力?

13. 如果一家公司没有达成进一步的成本节约共享协议,公司是否可以使用目标定价模型?为什么?

14. 如果买卖双方没有建立密切的工作关系,那么在授予采购合同之前,买方如何获得成本数据来对供应商进行成本分析?

15. 如果供应商无法达到买方的初始目标价格,会发生什么情况?这个问题是如何解决的?

第4篇
战略采购流程

第12章　采购和供应链分析：工具和技巧
第13章　谈判和冲突管理
第14章　合同管理

采购与供应链管理（第6版）
Purchasing and Supply Chain Management

第 12 章

采购和供应链分析：工具和技巧

🎯 学习目标

- 了解项目管理工具的基础；
- 了解如何计算学习曲线对供应商成本的影响；
- 对价值分析过程有基本的了解；
- 培养供应链中流程分析和绘制价值流图的基本技能。

开篇案例

哈里斯公司通过供应链流程抬升底线

尼尔·塞尔文（Neal Serven）作为一名著名的高级分包经理，在政府合同领域，特别是在分包合同管理和供应链管理领域拥有近30年的工作经验。尼尔从佛罗里达州立大学毕业后，获得了采购/供应管理和管理信息系统的双重专业学位，之后在哈里斯公司（Harris Corporation）任职。在哈里斯任职期间，塞尔文先生曾担任过多个职位，包括供应链中的整个领域（采购、物料计划、定价和分包合同），负责项目管理和业务发展。

哈里斯公司是一家国际通信和信息技术公司，为超过125个国家/地区的政府和商业市场提供服务。公司总部位于佛罗里达州墨尔本，年收入约50亿美元，拥有约1.4万名员工，其中包括6000名工程师和科学家。哈里斯公司致力于开发一流的、有保证通信产品、系统和服务。塞尔文先生在哈里斯公司的政府通信系统（Government Communications Systems，GCS）部门工作，GCS是一家市值18亿美元的企业。这个收入数据代表了最新的2013年7月1日至6月30日会计年度的绩效。哈里斯的另外两个细分市场是射频通信（双向无线电的生产商）和综合网络解决方案部，后者在政府、医疗保健、能源和海事市场上提供网络系统和服务。

任何与政府部门有关的人都知道，预算扩张、削减预算所造成的如坐过山车般的环境。当前环境是削减预算之一。哈里斯公司通过使用许多成熟的技术（例如精益计划和六西格玛）来对此做出回应。尼尔表示："我们面临着艰难的预算环境和市场不利因素，这使收入增长面临挑战，因此重点是简化内部运营。"为此，该公司于2013年推出了Harris Business Excellence（HBX）计划。

HBX是新的卓越运营平台，有助于转变哈里斯公司的经营方式。HBX发挥每位员工的力量，以推动业务绩效和客户满意度的持续改进。这些改进工作直接与公司范围内的目标联系在一起,并根据目标进行衡量,以确保在每个业务领域都取得进步。HBX 是一个高级操作系统,可在其上构建所有流程和过程。它是经过行业验证的流程和工具的平台,将为哈里斯公司开展业务的方式奠定基础。这些工具基于精益/六西格玛原理,包括价值流图、根本原因分析、防错和消除浪费等。真正走向 HBX 文化的道路是无止境的,在短时间内,HBX 通过提高生产率、减少废物和优化工艺而取得了显著成果。客户对此反应积极,2013 年度,与 HBX 相关的生产力改善节省的超过 7500 万美元被返还给股东或重新投资于该公司。

在供应链中应用 HBX,特别是在分包和采购领域,这使得塞尔文先生和哈里斯公司的供应链团队采用了许多创新的策略和技术,重点在于获得哈里斯公司以最为经济的价格购买的产品和服务。所采用的关键策略之一是将哈里斯公司的工程部门的人才与供应链团队的人才相结合,以优化满足整体发展需求的过程,从而使哈里斯购买的大多数项目与合格的竞标者展开竞争。塞尔文指出,"在政府和商业市场上,没有什么比健康的竞争更好地降低了供应链成本。"

在高科技领域,许多购买都是独一无二的,很难找到涉及可能无法获得竞争资源的技术。为了解决这个问题,尼尔发现工程部门和供应链职能部门之间的伙伴关系至关重要。塞尔文在这种伙伴关系中的工作集中在需求管理上。他说:"我们要防止我们的要求过于规范。"从技术角度理解产品有助于哈里斯公司采购商为有意义的供应商谈判做更充分的准备。为此,塞尔文先生的组织开发了技术和工具,以协助哈里斯公司满足供应商的建议,以帮助哈里斯公司确定谈判中要解决的关键领域。

工程部门和供应链部门之间的协作开始帮助降低其他一些领域的成本,零件标准化和可制造性成本/设计(DTC/DFM)。GCS 的业务极为多样化,支持各种各样的政府、商业和国际客户。为满足客户需求而生产的产品和系统也多种多样。因此,在整个企业中对通用组件和硬件进行标准化可以使供应链获得这些产品的尽可能低的价格。DTC/DFM 是一组工程流程,以相等于产品技术要求(例如尺寸、重量、功率、电气性能等)的权重来处理产品成本和制造要求。DTC/DFM 显著提高了哈里斯公司在预定项目成本预算和进度内生产产品或系统的可能性。

最后,哈里斯公司正在投资于供应链自动化。该公司继续扩大其内部开发的供应链门户,称为世博会(EXPO),这个基于 Web 的门户提供了一套广泛的在线自动化工具和功能套件,包括:

- 供应商洞察力和管理;
- 支出管理和分析;
- 卓越采购;
- 产品生命周期管理;
- 工程合作与发现。

EXPO 为哈里斯公司带来以下主要业务收益:

- 支持集成通信的标准化平台;
- 统一的数据视图——通过可视性降低了成本和复杂性;
- 协作式自助服务订单管理——降低了交易成本;
- 供应商绩效管理——反映关键绩效指标的计分卡;

- 实现协作计划和预测。

除了EXPO,GCS还在不断创新。供应链团队最近推出了一项名为"智能购买"的新功能,这项新功能使设计工程可以直接识别、选择和采购(在线)低成本标准的可商购电子元件和配件,以简化早期阶段的设计过程。

哈里斯公司计划通过在自动化和协作方面的这些流程创新应对其市场和预算不利因素,并为改善公司的利润做出贡献。

资料来源:L. Giunipero interview Neal Serven,Harris Corporation October 2013.

12.1 引言

拥有正确的工具和运用正确的技术是供应链管理的重要组成部分。如本章开篇所示,不断提高利润的承诺可以带来更高的利润。哈里斯卓越商业计划(HBX)基于精益/六西格玛原理,包括价值流图、根本原因分析、防错和消除浪费。哈里斯的大部分业务都是基于高科技政府合同。参与哈里斯卓越业务计划(HBX)的哈里斯供应经理履行本章所述的各种职责,包括:管理项目;评估与供应商/分包商完成的工作相关的成本;考虑学习曲线对最终价格的影响;应用价值工程/价值分析,以确保项目不被过度指定;确保购买的材料在适当数量的情况下可获得最大折扣;绘制内部流程以及可能的外部供应商流程,从而避免浪费。

为了有效地完成许多任务,供应经理必须是项目经理,他们必须熟练管理涉及多个任务和团队成员的任务分配,买方必须了解如何利用在供应商或分包商处获得的改进,进而协商降低双方的成本。流程图有助于识别和消除整个供应链中的浪费,价值分析(VA)支持持续的质量改进,所有这些工具对于购买者有效地推动组织取得竞争性成功至关重要。

本章介绍了一组支持有效的采购和供应链管理的工具和技术,讨论的工具包括项目管理、学习曲线分析、价值工程/价值分析、数量折扣分析和过程映射。

12.2 项目管理

项目管理对于供应链经理来说是一项宝贵的技能,因为越来越多的工作被作为项目进行组织。根据项目管理协会(PMI)的说法,项目管理是"将知识、技能、工具和技术应用于广泛的活动中,以满足特定项目的要求。"项目具有某些特征,使得与其他形式的作品相比,它们具有独特性。

项目是一系列任务,需要在一定时间范围内完成特定目标,定义了开始和结束日期、消耗资源,尤其是时间、人力和预算,并在有限的资源内进行运营操作。涉及采购和供应链人员的项目示例包括:与研究人员或工程师合作开发新产品;与信息技术一起购买新的软件和硬件;通过价值分析团队计划降低成本;制定采购策略;在供应商处启动绩效改进计划。

项目管理在跨多个组织的应用程序中至关重要,它们的范围从实施企业资源计划(ERP)系统到资本设备的购置和建设项目,再到制订营销计划和修改网站。

12.2.1 成功项目的定义

为了使项目按时并在预算范围内完成,项目经理被要求管理三个有时相互冲突的问题。

首先，所有项目都有一个明确的范围，该范围包括项目概述和商定的任务、职责以及可交付成果。其次，所有项目都有一个由起点和终点组成的时间范围。最后是成本维度，这是可见的指标，如果未能管理好，可能会导致成本超支，影响整个项目的成功。考虑到这三个相当具体的方面，与其他类型的工作相比，衡量项目成功与否通常更容易。

例如：关于范围，供应商质量改进项目是否将供应商质量提高到了预期目标？是否在时间和预算限制内开发了新产品？新产品是否达到了最初的销售目标？尽管上面提到的主要项目标准是范围、时间和预算/成本，但是其他一般成功因素还包括衡量该项目是否在以下约束条件下完成的措施：

- 在分配的时间段和预算内；
- 在适当性能或规格水平上，由项目既定目标和目的决定；
- 被客户、用户或管理层接受的级别；
- 更改很少或只有双方同意；
- 不影响组织的主要工作流程。

在启动项目之前，供应经理应考虑以下几点：

- 确保目标和结果得到高级管理人员的支持管理；
- 将程序置于具有技能、资历和能力以及信誉度的人员的领导下；
- 与跨职能团队建立有效的治理流程；
- 保持团队成员的积极参与（例如，利用他们的才能）；
- 将项目分解为几个阶段的可交付成果；
- 持续一致地管理预期目标；
- 客观衡量；
- 确保快速上报和解决问题。

专栏文摘

中国：呼吁所有项目经理

中国的经济增长催生了对才华横溢的优秀项目经理的需求。全球领先的项目管理培训和标准提供商 Project Management Institute(PMI)首席执行官 Greg Balestrero 讨论了对项目管理专业人员的需求如何增长。PMI 在 160 个国家/地区拥有 22.5 万名成员。下面是他的部分访谈记录。

问：从金字塔时代起，项目就一直存在；为什么项目经理现在如此重要？

答：在项目中，有一个确保可重复成功的问题，就是能够预测结果并重复它。当你谈论短生命周期时，尤其如此，例如：第四代或第五代产品的生命周期少于 12 个月。使项目技能与产品开发技能保持一致是最重要的事情之一。然后，人们越来越迫切地要求越来越早地获得价值回报。即使你不是在交付产品，而是在新设施中安装了 IT 系统，五年项目的时代也早已过去。公司现在需要安装 IT，并且需要在 12 个月内实现预定的价值。因此，这种短缺有所增加。

问：全球化如何影响项目管理？

答：不管你怎么看，无论是好是坏，全球化都对多元文化项目产生了需求。例如：空中客车 A380，它需要 30 个国家的 1500 个供应商以及涉及 2400 个项目，那很复杂。大家都认为宝马 Z4 是纯德国车。但是，只有大约 18% 的产品是在德国制造的，82% 的产品在其他 30 个国家/地区生产。在跨文化界限和国界来管理项目时，必须制定一种通用语言通用方法的标准，以便每个人都能回答"预算是否到位？"的问题,你需要一个每个人都可以理解的正确的答案。

问:管理项目的人员是否短缺?

答:全球项目经理短缺。我们正在全天候提供全球教育和认证。在项目管理中不缺少对认证专业人员的需求,因此他们可以在全球范围内获得高薪。

问:您在中国培训项目管理专业人员的重点是什么?

答:我们在中国的真正重点是确保专业人员认识到我们的标准和认证对他们而言是最重要的两件事。自2001年以来,我们在中国拥有2.2万名经过认证的专业人员;我们称他们为项目管理专业人员,并且增长率每年接近50%到60%。

问:中国需要多少项目经理?

答:联合国的一项独立研究预测,未来五年,中国将需要超过10万名经过培训认证的合格的项目经理。"十一五"规划表明,有必要将基础设施搬迁到中国中部,无论是发电、道路、交通、新鲜饮用水、医疗保健、教育都与项目管理有关。

资料来源:Adapted from "China: Calling All Project Managers"(2007, April 18), BusinessWeek Online, Retrieved from http://www.businessweek.com/globalbiz/content/apr2007/gb20070418_435349.htm.

12.2.2 项目进展阶段

从构思到完成,项目经历了多个阶段。图12-1总结了六个阶段,以及定义了构成每个阶段的活动的特征。随着项目从概念发展到完成,阶段变得越来越详细。为了最大限度地提高项目效率,在此阶段让供应经理参与非常重要。

概念
- 启动对项目的广泛讨论。

项目定义
- 制定项目说明。
- 描述如何完成工作。
- 确定暂定时间。
- 确定广泛的预算、人员和资源要求。

规划
- 制订详细的计划,用以确定任务、时间安排、预算和资源。
- 创建管理项目的组织。

初步研究
- 通过访谈、数据收集、文献搜索和经验验证项目计划中的假设。

性能
- 执行项目计划并执行工作。
- 在此处使用项目控制工具和技术。

完成后
- 确认项目结果。
- 重新安排工作人员。
- 恢复设备和设施。
- 建立项目文件以供将来参考。

图12-1 项目阶段和特点

(1)概念

在项目管理过程的早期,项目计划人员必须确定项目的一个广泛概念或定义。广泛的项目目标可能包括在指定的时间和预算内为特定市场开发新产品。项目计划人员还可以确定项目面临的任何广泛限制。在概念阶段进行的预算估计在准确性上有很大差异,通常所形成的最终预算只有30%的准确度。

(2) 项目定义

如果证实了项目的可行性,则进入定义阶段。此阶段需要开发项目描述,该描述要比概念阶段提供更多的细节。项目说明指出了如何完成工作、如何组织项目、所需的人员、时间计划表和预算要求。预算估算开始变得更加精确,目标是误差控制在实际最终预算的5%到10%。

(3) 规划

规划阶段涉及准备详细的计划,以识别所有任务,确定重要时间,确定支持每个任务所需的预算和资源。该阶段还包括通过使用项目团队来创建将执行项目的组织。因为有效的计划与项目的成功之间有着很强的相关性,计划阶段尤为关键。

在概念或项目定义阶段制订的项目计划通常不够详细,无法在项目实施期间提供指导。详细的计划为讨论整个项目中每个人的角色和职责提供了机会,组织还必须定义组成项目的不同任务和活动如何结合并共同完成项目。

(4) 初步研究

在实际执行项目之前的最后阶段涉及验证项目计划中的假设,包括进行文献搜索,进行实地访谈以及收集任何所需数据。此阶段肯定(或否定)迄今为止已执行的计划工作,一旦项目经理或团队肯定了详细计划期间所做的假设,则可以开始实际项目。

(5) 性能

绩效阶段包括执行项目计划,定期监视控制项目,并连续向管理人员或客户报告工作结果。有效的计划会增加实际绩效结果达到预期的可能性。在这里,项目经理在协调和指导工作中起着特别重要的作用。根据项目的类型,就时间和资源消耗而言,这可能是六个阶段中最长的。

(6) 完成后

项目经理或团队在完成后阶段执行一些重要任务:

- 确认最终项目符合管理层或客户的期望。这通常涉及将项目绩效结果与早期计划中建立的预期结果进行比较。
- 召开实施事后会议,讨论该项目的优缺点。一个有效的组织将从其项目团队的经验中学习,任何经验教训都应传达给其他项目团队。
- 将项目人员重新分配到其他职位或其他项目。项目作为一种工作形式的主要特征之一是人员在项目之间的流动。
- 将所有使用过的设备或设施恢复到原始状态。另外,请确保所有文件都井井有条,可供将来参考。

专栏文摘

项目管理会更好,更快,更便宜

根据经验丰富的专业人员的说法,项目经理必须不断澄清更快、更便宜的任务中的要求,并商讨它们对项目的相对重要性。项目范围声明:建造一个2000平方英尺的三卧室两浴室房屋。

项目范围不能解决项目的许多参数。这个项目最重要的标准是什么？是更快、更便宜，还是更好？更好意味着更高的质量，材料和人工会产生巨大的变化。通常，可以通过牺牲价格或速度来实现更好。

更快取决于很多事情。其中包括：天气、工人的可用性、建筑许可证、融资、物资可用性等。从字面上看，有数百种事情可以减慢或停止该项目。速度有多重要？你是否与四口之家一起住在只有一间卧室的公寓里，如果不久就没有足够的空间，准备精神崩溃吗？还是你有时间想以合理的成本建造好房屋，而不必担心常见的延误？

因为大多数人的收入有限，较低的价格是大多数房屋建筑项目的一个因素。将大部分可支配收入用于房屋，会降低其他地区的生活质量。

在加利福尼亚州圣地亚哥，有一部关于建筑商之间竞争的纪录片。规则很简单，建造一个2000平方英尺、三间卧室、两间浴室的房屋，必须尽快通过代码并符合设计规范，这所房屋必须完整且准备搬入。可以将无限资源应用于该项目，并且计划构建所需的时间没有限制，最终的项目管理工作已经开始。

你认为获胜团队花了多少时间建造房屋？几周还是几天？纪录片的名称是"四小时营业的房子"。获胜的团队实际上在三个多小时内就按照代码和规格建造了房屋。每个团队带来了300多名工人到现场，并设想了各种设备。项目计划仅需数分钟，任务可以同时执行。例如，在建造墙壁时，在墙壁上钻了电线的孔。屋顶是在房屋侧面建造的，因此在结构准备就绪时可以将其吊装到位。基金会使用化学物质快速固化水泥，因此浇筑水泥后可立即进行建筑。团队的协调和热情令人惊讶，因为他们执行了大多数人认为不可能的事情。它还表明，要在三个小时内执行这样的项目需要几个月的计划。

在考虑了偏好之后，最终确定的"修订后的项目范围声明"如下：在六个月内且预算不超过25万美元，建造一个2000平方英尺的两层房屋，符合所附的设计规范。业主必须以书面形式批准对材料、成本或建筑进度的任何更改。

资料来源：Adapted from Cretsinger, D. (2006, December 14), "Faster, Cheaper, Better," Retrieved from http://www.projectsatwork.com/content/articles/234376.cfm.

12.2.3　项目计划及管理技术

在计划、控制和协调工作活动时可以使用各种工具和技术，这些工具使项目经理可以按照项目计划中的说明跟踪需要完成的任务、对象和时间。这些工具还允许随时间推移跟踪性能，尤其是在时间和预算方面。两种流行的计划和控制技术是甘特图和项目联网，例如关键路径法（critical path method，CPM）和项目评估与评审技术（program evaluation and review technique，PERT）。

1. 甘特图

甘特图直观地显示与项目关联的任务和时间。该图表以机械工程师亨利·甘特（Henry Gantt）的名字命名，是一种水平条形图，其中垂直列出活动，水平显示时间或日期。甘特图的优点是它们可以相对便宜地开发和使用，并且可以传达大量信息。主要缺点是，对于大型项目，它们变得越来越难以使用或保持最新状态。在这种情况下，建议使用项目管理技术，例如CPM和PERT。图12-2说明了一个项目的甘特图，该项目涉及在外包项目期间将设备转移给供应商的各个过程。

2. CPM/PERT

关键路径法（CPM）和项目评估与评审技术（PERT）是两种流行的项目控制技术，特别

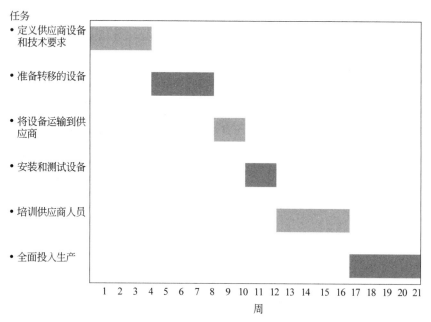

图 12-2　供应商开发技术转让项目的甘特图

是对于复杂或涉及许多活动或任务的项目。这些技术要求用户识别组成项目的活动或任务,并确定这些活动的顺序。

用户将 CPM 应用于每个活动只有唯一一个已知时间(称为确定性时间)且不会发生变化的项目。PERT 适用于时间估计可变或不确定的项目。PERT 中的每个活动都具有三个时间估计:最有可能、最小可能和最大可能。项目经理结合这些估计,以得出网络内每个活动的预期活动时间的单个估计。

项目控制技术使项目经理可以随时监控进度,并管理所有活动的成本。用户还可以使用正态分布统计信息确定在某些目标日期之前完成项目的概率。

需要深入详细的概率分析或时间/成本权衡的读者,最好阅读运筹学或项目管理教科书。

12.2.4　建立项目管理网络的规则

图形网络可用于表示每个 PERT 或 CPM 项目。网络是一种图形表示形式,它显示每个单独的活动如何在时间和顺序上与所有其他活动相关联。网络插图之所以功能强大,是因为它们展示了如何将单独的活动组合在一起以形成整个项目。CPM 和 PERT 项目网络的建设遵循公认的规则或惯例,如图 12-3 所示。

在本节的稍后部分,我们将使用一个采购项目示例来演示这些规则在采购项目中的使用,这些规则仅适用于构建网络,还未涉及使用时间的估计。

12.2.5　项目管理示例:采购战略

跨职能团队负责制定采购策略,这将涉及选择供应商后续系统开发。该项目有三个主要目标:①制定一套绩效标准以及评估体系,以评估潜在的供应商绩效;②确定、评估

1. 用仅对应于该活动的大写字母标识项目中的每个唯一活动。
2. 唯一的分支或箭头表示项目中的每个活动，圆圈或节点表示事件。例如：
这是活动A的分支。有时我们还会对事件进行编号，这些事件代表时间点。与该活动相关的事件（圆圈）表示该活动的开始和完成。该图意味着只有B才能启动，直到A完成。分支仅显示不同活动之间的关系；树枝的长度没有意义。

3. 但是，分支的顺序很重要。

4. 分支方向说明项目活动进行的时间为从左到右。
5. 当许多活动在同一个事件处结束时，那么在该事件处结束的所有活动都未完成之前，该事件的任何活动都不能开始。
活动D只有在网络中位于它之前的所有活动都完成后才能开始。在此示例中，活动B和C必须在开始D之前都已完成。活动B和C是D的前向活动。（必须在D上的工作开始之前完成的活动）。

6. 两个或多个活动不能以图形方式共享相同的开始和结束事件。
该规则可能需要使用虚拟活动，这只是其前向活动的扩展。在这种情况下，虚拟活动是活动L的扩展。虚拟活动没有预期的活动时间，它们只是从前一个活动中延续时间。

不允许：

允许：

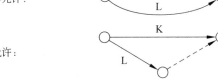

7. 网络只能在单个事件中启动和结束。
在此示例中，项目以两个活动（开始处为A和B，结束处为R和T）开始和结束。这个规则要求每个网络在一个事件上启动和停止，可以在单个事件中开始或结束的活动数量没有限制。

不允许的开始：

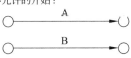

不允许的结束：

允许的开始：

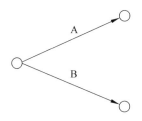

允许的结束：

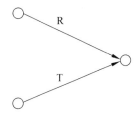

图12-3 网络规则

和选择关键商品的供应商;③开发一个信息技术系统,该系统将连续评估选定供应商的绩效。

项目经理已经识别出满足该项目主要目标所需的独特任务,这些字母表示图 12-4 中显示的活动顺序。

图 12-4 说明了该项目的网络。通过该项目的活动有以下三种方式:A-B-E-F-G-K;A-C-D-F-G-K;A-H-I-J。路径是从项目开始到结束的一系列连续或关联的活动构成。项目经理必须评估所有三个路径的进度,以确保达到原始项目目标。回顾图 12-4 后,可以发现联网的一个主要好处是能够查看项目中所有任务之间的关系。

相关实例如表 12-1 所示。此时三个观察很重要。首先,项目经理尚未确定与每个任务相关的时间,仅确定了任务及其顺序。管理者尚不知道哪组活动将构成项目中最长的路径(关键路径)。其次,项目会随着时间不断变化。随着项目团队的任务进展,它必须更新网络以反映该进展。该网络仅在项目开始时才如图 12-4 所示。PERT 和 CPM 需要使用最新的可用信息进行定期更新。最后,可以使用诸如 Microsoft Project 之类的计算机软件来构建网络并允许用户执行各种分析。项目管理中最具挑战性的部分是定义组成项目的活动、这些活动之间的关系以及完成活动所需的时间和预算。

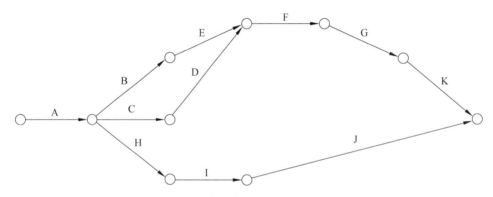

图 12-4 供应商选择项目的网络图

表 12-1 项目管理实例		
活　　动	指定	优先权
组建项目团队	A	
确定潜在的商品供应商	B	A
制定供应商评估标准	C	A
制定供应商审核表	D	C
进行初步的供应商财务分析	E	B
进行供应商现场访问	F	E, D
编译来自站点访问的结果	G	F
确定计算机化供应商绩效系统的要求	H	A
执行详细的系统分析和编程	I	H
测试计算机系统	J	I
选择最终供应商	K	G

12.2.6 涵盖时间规划的项目管理

以下步骤描述了如何构建一个具有可变时间估计的 PERT 网络。

(1) 确定项目期间需要完成的每个活动以及这些活动之间的关系。这是关键的一步，活动范围不应太宽泛或狭窄。它们必须是具有起点和终点的可定义任务，其完成必须符合项目的目标。

(2) 使用前面讨论过的规则，构建反映各项活动优先级关系的网络图。

(3) 确定每个活动的三种不同的时间估算值（乐观 a，悲观 b，最有可能 m）。乐观估计和悲观估计应反映时间估计过程上的终止时间。这些时间实际发生的概率只有 10% ～ 20%。准确的时间估算至关重要。不正确的时间估计或具有很大可变性的时间估计会降低控制过程的有效性。

(4) 使用以下公式计算每个活动的预期活动时间：

预期活动时间 $=(a+4m+b)/6$

如果活动 G 的乐观时间为 5 周，最可能时间为 6 周，而悲观时间为 13 周，则其预期活动时间为 $(5+24+13)/6=7$。

(5) 将网络的预期的活动时间放在各自的活动分支下，并确定关键路径。关键路径是指通过网络进行的连续的最长（及时）活动路径。一个项目中可能有多个关键路径，关键路径上活动的任何延迟都将延迟整个项目。

(6) 确定最早开始（ES）、最迟开始（LS）、最早完成（EF）和最迟完成（LF）的时间。这些时间也出现在活动分支上，并为项目经理提供了大量信息。

- 最早开始：活动可以最早开始的时间点。
- 最迟开始：可以在不延迟整个项目的情况下，一项活动的最晚开始时间。
- 最早完成：给定预期的活动时间，项目最早可以完成的时间。提前完成时间等于最早开始 ES＋预期的活动时间。
- 最迟完成：在不延迟整个项目的情况下，一项活动完成的最晚时间。最迟完成时间等于最迟开始 LS＋预期活动时间。

12.2.7 涵盖时间规划的项目管理示例

使用前面介绍的项目，现在把时间估计（单位为周）考虑在内，并计算每个活动的预期时间。

任 务	乐观	最有可能的	悲观	预期持续时间
组建项目团队（A）	1	2	3	2
确定潜在的商品供应商（B）	3	6	9	6

续表

任　　务	乐观	最有可能的	悲观	预期持续时间
制定供应商评估标准(C)	2	4	5	3.8
制定供应商审核表(D)	2	3	4	3
进行初步供应商财务分析(E)	1	2	4	2.2
进行供应商现场访问(F)	4	8	12	8
整理由实地访问得到的结果(G)	2	5	8	5
确定计算机化的供应商绩效系统的要求(H)	2	4	8	4.3
执行详细的系统分析和编程(I)	8	10	16	10.7
测试计算机系统(J)	2	3	5	3.2
选择最终供应商(K)	1	2	3	2

图 12-5 显示了该项目的所有显示时间。在计算时间时，用户总是从左到右且在网络图的上端移动来完成最早开始(ES)和最早完成(EF)时间的计算。接下来，用户通过在网络中从右向左移动来完成网络的下半部分，其中包括最迟完成时间(LF)和最迟开始时间(LS)。请注意，所有项目都从时间 0 而不是从时间 1 开始。

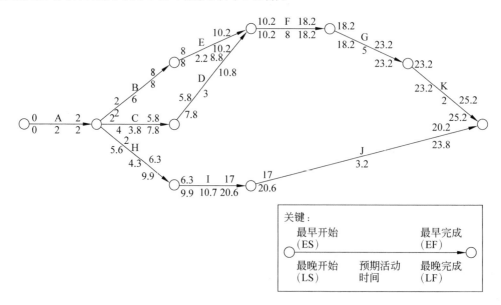

图 12-5　标明时间的供应商选择项目的项目网络图

活动 E 和 D 交会于同一事件，这意味着在这种情况下，活动 F 需要先完成 E 和 D 之后才能开始。在同一事件中结束两个或多个活动是很常见的。发生这种情况时，因为后续活动要等到所有先前的活动都完成才能开始，下一个活动（活动 F）的最早开始(ES)时间是前一个活动的最早完成(EF)时间中的较大者。从右到左工作以到达网络底部的较晚完成时间和较晚开始时间,我们注意到三个活动(B、C和H)源自同一事件。在这种情况下,活动A的最迟开始(LS)时间中的较小者变为活动的最迟完成(LF)时间。在这种情况下,活动A的最迟完成时间为两周。

网络图中的最长路径(时间上)是关键路径。这也是每个相连的两项活动间不存在闲置时间路径。在上面的示例中,该项目的关键路径包括活动A-B-E-F-G-K。超出估计时间的任何活动延迟都将导致整个项目的延迟。因为关键路径上的活动不存在闲置时间,项目经理必须始终了解关键路径活动的状态。

> **专栏文摘**
>
> ### 学习曲线应用于专业服务
>
> 关于学习曲线的大多数研究已应用于商品生产。但是,服务行业正在发展,更多的服务正在外包。以下的研究基于一家建筑工程(A/E)公司收集的七年数据,表明专业服务具有学习性。
>
> 专业服务与其他制造或服务的不同之处在于,他们使用训练有素的劳动力为客户提供定制的解决方案。但是,服务公司提出的业务解决方案不是重新创建,而是根据以前的经验生成的。学习效果不是从直接重复中获得,而是从先前项目中获得的见解中获得的。
>
> 专业服务的学习收益取决于将这些集体经验进行整理和映射的技术,以及训练有素的专业人员查找、解释、部分重用或改编先前解决方案的能力。例如:公司可以建立一套规则来完成一项任务或可以重复使用的技术、方法和模板。专业服务本质上是劳动密集型的,在专业服务中,总体数量很少,这可能会减少学习收益。
>
> 服务学习的另一个领域是它们的沟通和知识管理系统。专业工作者之间更好的沟通可以提高学习成果,从而帮助项目团队找到组织内外的同事来解决问题。通过开发综合了过去项目中的见解的正式例程来促进交流,将创建"新"知识,然后将其进行整理并用于将来的服务请求。"知识管理"系统的发展使专业服务公司更容易访问此类信息并改善学习。
>
> 过去的研究表明学习效应会减缓。研究人员已经计算出飞机、造船和汽车等各种业务中知识储备的变化速度。结果差异很大,但是它们都经历了学习效应减缓现象,工作的专业化分工、工人的内在积极性、离职率等都可能是解释这一现象的原因。
>
> 另外,专业服务人员通过正规的教育和培训可以共享共同的知识体系,在提供服务的过程中,有很多强制性的和有据可查的标准、协议和程序。例如:电气工程师必须遵守当地法规和州法规,并且电路的设计应符合公认的设计原则。公司还鼓励其工人获得认证(如律师资格考试、注册会计师、专业工程师等),并参加继续教育以保持最新状态。这种专业知识及其正在进行的项目工作中的持续使用,使专业工作者可以降低知识的贬值影响。同时,由于必须对新工人进行培训并学习新的知识和要求,离职率可能会增加知识的贬值。因此经验是学习速度的一个因素。
>
> 这三个重要发现是:专业服务领域存在学习曲线,服务几乎没有知识贬值的现象,学习速度随经验而加快。所有这些都是供应经理在评估服务产品时要牢记的重要课程。
>
> 资料来源:Boone, T., Ganeshan, R., and Hicks, R.L. (2008, July), "Learning and Knowledge Depreciation in Professional Services," Management Science, 54(7), 1231(6).

最迟开始和最早开始(LS—ES)或最迟完成和最早完成(LF—EF)时间之间的区别是闲置时间——在不会延迟整个项目的条件下,一项活动所能有的最长延迟时间。定义在关键路径上的活动(活动A、B、E、F、G和K)都不存在闲置时间。相反,不在关键路径上的活动将有闲置时间。

项目经理特别感兴趣的是项目的闲置时间——在不延迟整个项目的完工时间的前提下，路径上的活动所能有的延迟时间。

注意，在我们的示例中，整个项目中存在三个连续的路径。图12-5详细说明了路径及其总时间，在这三条路径中，A-B-E-F-G-K 是最长的路径，为25.2周，此路径上的任何活动都没有闲置时间。

一条路径的长度等于该特定路径上每个活动的预期活动时间的总和。请注意，路径 A-C-D-F-G-K 的长度为23.8周。我们还必须注意，此路径的闲置时间仅存在于两个活动中——C 和 D 各自都有两个星期的闲置时间。但是，这并不意味着总共有四个星期的闲置时间。两次活动之间只有两个星期。如果活动 C 在7.8周而不是5.8周结束，则活动 D 不会再有任何闲置，因为它现在只能到7.8周才能开始。

项目管理工具在管理大型项目时至关重要，例如在开篇中讨论的示例。采购专业人员正在管理越来越多的项目，这些项目涉及多个职能领域和大量资源。为了有效地做到这一点，他们必须对项目管理控制工具和技术有所了解。

12.3　学习曲线分析

当生产商意识到，随着产量的增加可以实现直接人工成本的改善，就开始不断地学习了。学习曲线可以确定学习提高的速度。当提到学习改进时，学习率表示当生产量比以前增加一倍时，累计平均工时的减少情况。例如：学习率为85%表示，每当生产量翻一倍，生产一个单位所需的直接人工成本就会减少15%。

生产率达到90%时表示，每增加一倍产量，直接人工需求就会减少10%。学习曲线的基本原理是，随着产量增加一倍，直接人工需求以可观察和可预测的速度下降。改善速度随学习程度而直接变化，并且取决于项目。

那么，购买者为什么要关注学习曲线呢？如果供应商在履行购买合同的过程中取得了学习进步，而买方没有考虑到这一点，则供应商将获得学习带来的经济利益。如果发生学习，收益必须在某个地方体现，要么增加供应商利润，要么作为成本节省给买方。在合作关系中，买家和供应商可以一起工作，共同分享由学习曲线提高生产力的好处。

学习曲线适用于产生单位产出所需的平均直接人工小时数。劳动力构成通常是最容易收集的数据，因为公司用直接劳动时间详细说明特定的项目或产品。从历史上看，"学习曲线"是指由于学习的影响而减少的每单位产出的直接人工需求。这种经验派生的概念最初是由波音公司注意到的，该公司注意到制造同一型号飞机所需的时间会随着时间而减少。"经验曲线"是指长期内能够系统地降低生产成本的因素。这些因素包括短期劳动力构成以及长期产品和工艺变更。上述文摘所示，学习曲线对服务和商品均具有适用性。服务几乎没有出现知识贬值的情况，学习速度随着经验的增长而加快。

12.3.1　学习或经验曲线的构成

是什么促使预期的成本降低？学习曲线和更广泛的经验曲线的基础又是什么？不同的

因素结合在一起产生了学习效果。第一个因素是劳动力。这包括工人在工作中通过反复努力和提高效率来学习和改进的能力,以及管理层为追求生产率的提高而付出的努力。在专业服务领域,学习是从先前项目中获得的见识中获得的。

第二个因素是对生产过程的改进。由于劳动力的改进迅速达到了利润最高点,因此管理层通常依赖于生产流程的改变来实现持续改进。管理层可能会采用新的生产方法,用自动化替代人工劳动力,或者进行垂直一体化整合以实现更好的成本控制。一些公司还在产品生命周期内更新其工艺技术,以利用更新的设备提供流程改进。例如:和供应商达成一份具有一定采购量的长期合同,将会激励供应商对设备的投资,从而降低生产成本。在诸如"知识管理"之类的专业服务技术中,系统促进了流程改进,从而提高了学习效率。

12.3.2 学习曲线的适用条件

并非所有的过程或项目都会从学习中受益或有所改善。实际上,如果使用不当,此方法可能会大大低估实际生产成本。只有当具有某些操作条件时,才能采用学习曲线方法。

当供应商使用新的生产过程或首次生产产品时,运用学习曲线分析是合适的。随着工作人员熟悉新流程,生产效率通常会提高。当供应商首次生产技术复杂的物料时,学习曲线也很合适。当项目的直接人工含量较高时,该方法也适用。

生产开始时人员相对稳定,才能应用学习曲线。如果一家公司的离职率很高,则员工可能不会呈现预期的学习率。举一个经典的例子,道格拉斯飞机公司(现为波音公司的一部分)刚开始生产 DC-9 时由于劳动力市场紧张而出现了很大的人事变动。该公司无法实现预期的劳动效率。由此产生的高于计划的成本给公司带来了财务压力。最近,由于将某些部件的生产从西雅图转移到南卡罗来纳州,波音梦幻客机引起了部分额外成本和质量问题。这些组件的学习曲线比波音最初预期的要长。

学习曲线需要准确收集成本和人工数据,特别是在生产的早期阶段。购买者必须有信心学习以统一的速度进行,并且任何改进都源于员工的学习。初始生产数据通常为就预期的改善率和计划的价格降低进行谈判提供基础。

12.3.3 解释学习曲线

图 12-6 提供了随着购买的商品增加而产出水平提高的直接人工数据。学习曲线示例可能会变得非常复杂,尤其是在使用对数刻度来表示单位产品与劳动需求之间的关系时。

这个简单的例子说明了由于学习率的相当稳定而对平均劳动需求带来的影响。

图 12-6 中的每一列都提供了估算该供应商的累计学习率所需的不同数据。

- A 列:一段时间内产生的总产量。在此示例中,总共生产了 64 个单元。
- B 列:生产给定单位数量的产品所需的累计总工时(TLH)。该供应商使用了 288 个总工时来生产 32 个单位的产品,但仅 493 个总工时使产量翻了一番,达到 64 个单位的产品。
- C 列:给定产出水平的总工时除以总产量单位数。该数字表示每单位产出的累计平均人工。
- D 栏:产量每增加一倍,所产生的相关的学习率。从一个到两个生产单元的学习率等于(20工时/单元－17工时/单元)/(20工时/单元)=0.15或15%。请注意,LH/单位是每单位的平均工时,是通过将总工时(B列)除以单位数(A列)来计算的。从两个到四个单元的学习率等于(17工时/单元－14.5工时/单元)/(17工时/单元)=0.147或14.7%。每个级别可以用类似的方式计算。

(A) 单位	(B) 总的劳动时间(工时)	(C) 单位产品的平均劳动时间(工时)	(D) 学习率(%)
1	20	20.0	—
2	34	170	15.0
4	58	14.5	14.7
8	100	12.5	14.8
16	168	10.5	16.0
32	288	9.0	14.3
64	493	7.7	14.4
平均改善率:15%或85%的学习曲线			

图12-6 供应商学习曲线数据

该分析表明,供应商对此物品的学习曲线大约为85%,这意味着随着产量增加一倍,生产单位产品所需的直接人工平均应减少15%。当学习的效果最大时,厂商会在早期的生产中获得最大的学习改进。

成功使用学习曲线需要知道何时以及如何应用该技术。买方的目标必须是使用该工具来确定随着产量增加而预期的人工成本。在获得一些初步生产数据之前,分析人员通常无法确定学习率。如果没有数据,一种方法是依靠历史学习率或之前在供应商处观察到的学习率进行确定。

12.3.4 学习曲线存在的问题

需采购商与一家供应商进行交易,以往的数据表明,此供应商的生产学习率为80%。也就是说,随着生产率的提高,生产单位产品所需的平均直接人工小时减少了20%。鉴于这种学习速度,购买者希望通过较低的购买价格来得到减少的劳动力需求所带来的收益。

图12-7概述了学习曲线在采购中的一种用法。在此示例中,购买者希望借助学习而将600单位订单的每单位价格从228美元降至170美元。买方能否得到170美元的单价可能需要协商而定。供应商可能会争辩说,自原始订单以来,间接费用没有变化,应保持在每单位50美元。由于直接成本和间接成本均下降,并且供应商的利润仍占总成本的20%,因此供应商的利润受到影响。买方可能会反驳说,由于产量增加,原料成本应该下降。关键问题是,买方现在需就价格问题与供应商进行协商。

学习曲线分析阐述了许多购买者会集中在少数几家供应商合采购产品的主要原因。精明的购买者知道,如果购买者正确地将学习效果随产量的增加而考虑在内,则可以获得更低的购买价格。

> XYZ公司正在购买一种新产品,该新产品的生产流程学习率为80%。买家下了200份订单,每单位的报价为228美元。买方已收集以下单位成本数据:
>
> | | | |
> |---|---|---|
> | 材料 | 90美元 | (每个单元产量平均花费5个小时,每小时10美元) |
> | 直接人工 | 50美元 | |
> | 管理费 | 50美元 | |
> | 总成本 | 190美元 | (产品单价与总成本之差,等于总成本的20%) |
> | 利润 | 38美元 | |
> | 产品单价合计 | 228美元 | (报价) |
>
> 买方想再订购600件,或总订货额为800件。鉴于学习曲线的预期收益(这会影响直接人工需求),买方期望为每单位产品支付多少价格?
>
> 1. 计算整个800个订单的总人工时数:只有第一个200单位的订单时,每单位产品平均需要5个小时的人工。因此,在学习率达到80%的情况下,400个单位的产品只需要原来200个单位时的80%,或者平均每个单位的产品只需要4个小时的劳动。而800个单位订单时,平均每单位需要3.2个小时的人工(4个小时中的80%为3.2小时)。学习曲线的准则之一是,每当产量翻倍时,劳动力成本就会以预测的速度降低。
>
> 2. 计算800单元的总订单所需的小时数,减去最初的200单位订单的人工费用:800单元×3.2平均小时数/单元 = 2560总小时数
>
> 减去:
> 200单位×每单位5个平均小时=1000(履行原200件单位订单需要的直接人工时间);
> 履行后来的600个单位订单需要1560小时总劳动时间
>
> 3. 计算另外一份的600单位订单的额外总人工成本和每单位人工成本:1560小时×每单位直接人工劳动时间10美元=额外总体人工劳动成本1.56万美元
> 15 600美元/600单位=26美元/单位
>
> 4. 计算第二份的600单位订单的预期新单价:
> 第二份的600单位订单的单价:
>
> | | | |
> |---|---|---|
> | 原料 | 90美元 | (保持不变,但更高的数量可能会降低单位材料成本) |
> | 直接人工 | 26美元 | |
> | 管理费 | 26美元 | (假设直接劳动的100%) |
> | 总成本 | 142美元 | |
> | 利润 | 28.40美元 | |
> | 产品单价合计 | 170.40美元 | |

图12-7 学习曲线问题

12.4 价值分析/价值工程

价值分析涉及检查零件、最终产品或服务的所有元素,以确保其以最低的总成本实现其预期的功能。价值分析技术主要应用于现有产品和服务。相反,价值工程(VE)是价值原则在产品或服务设计期间的应用。价值工程是采用更积极的方法来应用价值观念。据说拉里·迈尔斯(Larry Miles)在20世纪40年代末在通用电气公司开始使用这项技术,被认为是VA/VE之父。

价值工程和价值分析的基本组成部分是价值,即满足某项产品或服务的主要功能以及满足客户对时间、地点和质量要求的最低总成本。尽管价值分析传统上适用于有形产品,但没有理由说明公司无法将价值分析技术应用于服务分析上。

价值分析的主要目的是在不牺牲质量的前提下,以最低的成本增加商品或服务的价值。

用方程形式来表示,价值是产品或服务的功能与其成本之间的关系式:

$$价值=功能/成本$$

使用此公式确定价值分析项目可能使得目标确定为功能低、成本高或功能高、成本高。对于低功能和高成本项目,目标是降低成本,这些项目可以节省大量资金,并推动价值分析计划的发展;在高功能和高成本的项目情况下,将降低成本,但同时保持客户所需的功能。

但是,功能和成本存在许多变化,这些变化会增加产品或服务的价值。增加价值的最明显方法包括:在保持成本不变的情况下增加功能、产品或服务的使用;在不减少功能的情况下减少成本;在增加成本的基础上增加功能。例如:在不提价的情况下,提供五年担保比两年担保,更可以提高产品对客户的价值。

价值分析是一种持续改进项目、产品或服务性能的方法。这不是通过将质量或其他性能属性降低到低于客户期望的价格来降低产品或服务价格的技术。许多公司意识到价值分析是一种强大的技术,可以帮助公司实现持续的成本和质量改进目标。

12.4.1 价值分析的对象

价值分析(当然不只是购买工具)涉及许多组织职能。但是,由于大多数产品和服务都需要供应商的大量投入,因此采购应在协调价值分析活动中发挥积极作用。

使用价值分析的常见方法包括创建一个由具有产品或服务知识的专业人员组成的价值分析团队。许多职能部门可以为价值分析团队做出以下贡献:

- 执行管理。执行管理层为价值分析流程提供总体指导和支持,并分配时间、预算和人员积极参与价值分析项目。
- 供应商。由于价值分析的大部分内容都涉及零件的成本和设计,因此从供应商那里征询意见是合乎逻辑的,该供应商可以提出替代材料,提供对其他公司正在做的事情的洞察力,并确定低成本的生产方法。
- 购买。通常通过协调和宣传相关信息,在组织价值分析工作中起主要作用。
- 设计工程。设计工程师评估对项目设计的任何建议更改。他们还有助于定义产品功能,建立质量和工程标准,以及评估价值分析更改对产品中其他零件的影响。
- 行销营销小组提供有关价值分析更改可能对客户产生的影响的见解。
- 生产。生产小组负责生产最终商品或产品,也可以提出更好的方式来生产商品或服务,以达到更高的质量或更低的总成本,必须让该小组了解其他职能小组提出的任何变更。
- 工业/工艺工程。该小组可以做出广泛贡献,特别是在讨论生产和提供产品或服务的方法时。工业/过程工程师可以评估建议的制造方法、材料处理和流程,替代材料对生产过程的影响以及包装要求。
- 质量控制。质量控制可以评估提议的更改可能对质量产生的影响,质量控制还可以确定如何和在何处评估提议的生产方法的质量绩效水平。该小组可以与采购部门合作,以支持供应商的质量控制工作。

12.4.2 确定产品或服务价值的测试

价值分析团队会提出许多问题,以确定是否存在改进项目、产品或服务的机会:
(1) 使用该产品是否会为我们的客户带来价值?
(2) 最终产品的成本是否与其实用性成正比?
(3) 该产品还有其他用途吗?
(4) 产品是否需要其所有功能或内部零件?
(5) 是否可以减轻产品重量?
(6) 给定产品的预期用途,我们的客户还有其他可用用途吗?
(7) 有没有更好的生产方法来生产物品或产品?
(8) 低成本的标准零件可以代替定制零件吗?
(9) 考虑了所需的数量,我们是否使用适当的工具?
(10) 是否存在另一个可靠的供应商,能以更少的价格提供材料、组件或子组件?
(11) 目前有没有人花更少的钱购买所需的材料、零件或组件?
(12) 是否有同样效果但成本较低的材料?
(13) 材料、人工、间接费用和利润的总和是否等于产品成本?
(14) 可以降低包装成本吗?
(15) 物品是否正确分类以方便运输,并得到最低的运输费率?
(16) 给定客户要求时,设计或质量规格是否过于严格?
(17) 如果换成我们现在要制造这种商品,我们可以少花一点钱买到(反之亦然)吗?

价值分析改进的最可能领域包括更改产品设计和原料规格,使用标准化组件代替自定义组件,用低成本替代高成本的原料,减少产品所包含的零件数量以及开发更好的生产或组装方法。

12.4.3 价值分析流程

项目价值分析遵循系统的方法,包括五个阶段:①收集信息;②推测;③分析;④接受并执行;⑤总结并跟进。

将商品或产品标识为价值分析候选商品后,将有以下流程。

(1) 收集信息

任何价值分析项目的第一阶段都需要就某项产品的主要和次要功能达成协议。价值分析参与者应问:"该产品对客户有什么作用?"和"客户为什么购买此产品?"了解产品的主要功能和次要功能很重要。价值分析专家建议使用两个词(动词和名词)来命名商品或产品的每个功能。完成此工作后,团队必须就主要职能与次要职能达成一致。例如,工业泵的主要功能可能是按照客户要求的速率抽取流体,而次要功能可能是使客户设施的噪声最小化。在这种情况下,价值分析团队必须认识到抽取流体是工业泵的主要功能,减小噪音是工业泵的次要考虑因素,在分析过程中仍然必须要引起注意。

在此阶段,将收集有关项目或产品的详细信息,包括销售动向、供应商绩效数据、制造和销售成本、设计图纸、数量估计以及生产方式分析。

（2）推测

此阶段需要价值分析团队进行开放或创造性的思考。集思广益是理想的选择，因为团队可以根据先前提出的各种测试或问题评估产品。此阶段的主要目标是通过不对任何建议的替代方案做出判断开发尽可能多的改进方案，这就是在此阶段使用头脑风暴法的原因。头脑风暴法是一种技术，个人可以在不对创意的可行性或有用性发表任何评论的情况下抛出创意，目的是生成广泛的想法列表，然后评估这些想法。价值分析团队分析所有有关如何改进特定项目或产品的构想之后，便进入了产品分析阶段。

（3）分析

此阶段严格评估思考阶段所提出的不同想法。分析可以包括成本/收益计算或对实施想法的可行性的评估，分析结果可能会产生了一系列想法，这些想法可以满足价值分析小组努力想要达到的预期目标。此阶段要得到的结论非常具体，不再是一般性的总结。

（4）接受并执行

到目前为止，价值分析流程仅生成了一系列按优先顺序排列的想法列表。团队可能还须将其提案提交给执行管理人员予以批准。将想法从团队成功转移到公司需要具备以下能力：激励他人；有创造力；善于沟通；分析思考；具有扎实的产品知识、承诺和销售技巧。

一旦获得批准，团队就必须实施其想法。有些想法很容易实现，而另一些想法则更复杂。团队必须制订一个具有时间安排、预算要求和职责的项目计划，团队通常必须在团队外部为其提案提供支持并在实施过程中提供帮助。

（5）总结并跟进

这一步在执行任何想法或计划期间，此步骤很常见。价值分析团队或小组有责任跟进并跟踪实施进度，团队还可以跟踪价值分析所获得的收益。

12.5　数量折扣分析

数量折扣分析（QDA）是一种用于检查供应商报价内不同采购量所产生的成本增量变化的技术。该工具使用户可以验证数量折扣是否合理。使用这种技术，购买者可以通过更好地了解增量单位成本来协商价格改善。

数量折扣分析有两种主要类型：第一个涉及特定的数量，而第二个涉及数量范围内的折扣。

图12-8说明了当买方有特定数量的产品采购量时，如何对采购商的价格间断使用数量折扣分析，图12-9列示了当买方的采购数量并非确切数目而是一个范围内，如何对采购商的价格间断使用数量折扣分析，附表解释了如何进行适当的计算。

```
1. 特定数量的Avco报价
   1个单元，每个85美元
   3个单元，每个80美元
   6个单元，每个70美元
   10个单元，每个69美元
```

图12-8　数量折扣分析（确切采购数量的价格间断）

2. 说明:

第 1 行:将报价中的特定数量放在第 1 行适当的列中。每列代表一个特定数量。假设采购量为 0 是一个选项,这将支持数量折扣计算。

第 2 行:在第 2 行的相应列中,将每个特定数量的供应商报价填入第 2 行适当的列内。

第 3 行:分别将第 1 行的数乘以相对应的第 2 行的数,得出每个订单的总价格。

第 4 行:计算每两个订单的总价格(第 3 行)与每个后续订单之间的差额。对于 A 列,它是 85 美元与订购零件之间的差额,即 0.00 美元;对于 B 列,它是第 3 行 B 列与第 3 行 A 列之间的差额,即 240 美元-85 美元=155 美元。

第 5 行:这是第 1 行上指定的每两个相邻数量中断之间的差。

第 6 行:对于每列,这等于第 4 行的值除以相对应的第 5 行的值。

3. 特定数量的价格间断

供应商 Avco 零件名称和编号压缩机 04273999 日期 12/14/10

	A	B	C	D	E	F	G	H
1. 每个订单的单位数	0	1	3	6	10			
2. 单价(报价)	0	85	80	70	69			
3. 每笔订单的总价	0	85	240	420	690			
4. 订单之间的价格差异	85	155	180	270				
5. 订单之间的数量差异	1	2	3	4				
6. 相邻订单间的总价差或相邻订单间的采购量差异	85	77.50	60	67.50				

4. 数量折扣分析

数量	总成本(美元)	增量	增量成本(美元)
1	85	1	85
		2	77.50
3	240	3	77.50
		4	60
		5	60
6	420	6	60
		7	67.50
		8	67.50
		9	67.50
10	690	10	67.50

图 12-8 (续)

1. 采购为某数量范围内的报价

范围	每个单位的价格(美元/单位)	范围	每个单位的价格(美元/单位)
1～5	10.00	21～100	7.60
6～10	8.00	101～499	7.00
11～20	7.80	500+	6.90

2. 使用说明

第1行：在第1行的供应商报价中放置特定数量范围。每列代表供应商提供的特定数量范围。

第2行：将每个数量范围内的每单位价格填在适当的列中。这是供应商在报价单上提供的信息。

第3行："每订单总价"等于第1行每个采购量的范围内的最低数量乘以相应的第2行中"每单位价格"。例如，对于 C 列(数量范围 11～20)，"每张订单的总价"＝11×7.80 美元＝85.80 美元。

第4行：从下一个最高数量范围(第3行)中取"每笔订单总价"，然后将其除以"每单位价格"，得出要计算的列。例如：对于列 A，要订购的订单最大单位等于 48/10＝4.8。对于 B 列，要订购的订单最大数量等于 85.80/8＝10.7。依此类推，四舍五入到最接近的整数。

第5行：每列等于第2行数值乘以相对应的第4行数值得到。

第6行：计算两个相邻采购量范围的"最大订单总价"之间的差。例如：B 列(6～10 数量范围)的"每笔最大订单总价"是 80 美元，而 A 列(1～5 数量范围)的"每笔订单的总价"是 40 美元。相对应的最大采购量总价格之间的差额为 40 美元，出现在第6行的 A 列中。同理，相应地计算第6行的所有其他列。

第7行：这是第4行中每列的数值与第4行上一列数值之间的差，它是从一个数量范围到下一个数量范围要订购的最大采购量之间的差。

第8行：每列数值等于第6行数值除以相对应的第7行数值而得到，它表示该数量范围内每个单位产品的增量成本。

3. 数量范围内的价格间断

供应商：Dynamic Industries 零件名称和编号楔形：04336280 日期：11/14/10

		A	B	C	D	E	F	G	H
1. 每个订单的单位数	0	1～5	6～10	11～20	21～100	101～500	500+		
2. 单价(报价)	0	10	8	7.80	7.60	7.00	6.90		
3. 每个订单的总价(使用最小数量)	0	10	48	85.80	159.60	707	3 450		
4. 最大订购量	0	4	10	20	93	492	—		
5. 每个最大订单的总价		40	80	156	706.80	3 444	—		
6. 最大订单之间的价格差		40	40	76	550.80	2 737.20			
7. 最大订购量的数量差		4	6	10	73	399	—		
8. 最大订购量的价格差或最大订购量的数量差(美元)		10	6.67	7.60	7.54	6.86			

图 12-9 数量折扣分析(采购数量居于某数量范围内的价格中断)

4. 数量折扣分析

数量	报价(美元/单位)	数量范围(单位)	增量成本(美元/单位)
1~5	10.00	前 5	10.00
6~10	8.00	后 5	6.67
11~20	7.80	后 10	7.60
21~100	7.60	后 80	7.54
101~500	7.00	后 400	6.86
500+	6.90	——	

图 12-9 （续）

使用数量折扣分析时，计算在不同数量水平上每增加一个单位的增量成本非常关键。在图 12-8 中，即使原始三个数量级别的报价每单位价格下降，但单位 7~10 的增量成本（67.50 美元）实际上高于单位 4~6 的增量成本（60 美元）。图 12-9 中出现了相同类型的情况。面对此报价的买家可能想知道为什么增量单位成本反而增加而不是减少。供应商通常不知道为什么增量成本会更高。

数量折扣分析（QDA）为买方提供了有关质疑和协商折扣计划中的改进的信息，分析经常揭示出增量价格差异之间的"过山车效应"。由于存在数量折扣分析（QDA）而提出的问题通常会带来额外的折扣，并且买卖双方会更好地了解报价。除非供应商能够提供有效的解释，否则买方不应接受随着数量增加而增加成本的报价。

12.6 流程图

流程图是一种工具，它可以将流程简化为其组成部分或活动，并帮助识别并消除流程中的非增值活动（浪费）或延迟。例如：当试图简化供应商和购买者之间的物料或信息流时，过程映射在购买中很有价值。

组织具有许多流程，这些流程一起定义了组织的主要工作。过程本质上是由一组任务、活动或步骤组成的结果，组织执行这些任务的程度决定了该过程的效率和有效性。从本章的"开篇案例"中可以看到，哈里斯公司广泛使用过程映射。大多数企业执行以下供应链流程：

（1）供应商评估和选择；
（2）供应基地管理；
（3）新产品设计开发；
（4）应收账款/应付账款；
（5）库存控制与管理；
（6）客户服务支持；
（7）培训教育；
（8）原料物流；
（9）成品的物流管理及实物配送；

(10) 研究与开发；

(11) 客户订单履行。

大多数过程都涉及一个以上的职能部门。发生这种情况时，就有可能没有人真正拥有或负责整个过程。实际上，某些部门实际上可能有彼此冲突的目标。经过成本评估的运输部门可能会使用最便宜的方法，例如铁路。另一方面，客户服务可能希望尽快将材料提供给客户，这意味着速度，快速交货可能会增加运输成本。因此，这两个群体的目标可能会冲突。

组织可能会使用流程图来重新设计或构造流程。流程有两种基本类型：顺序和并发。顺序过程是组成活动的一组步骤或活动逐个地进行的过程。如下图所示，活动 B 直到 A 完成才开始，而 C 直到 B 完成才开始。在绘制流程图时，我们可能会把活动的时间估计以及活动的顺序放在一起，流程图的一个主要目标是消除过程中产生的浪费，活动时间对于这个目标也很重要。

同步流程由在主要工作流程中同时执行的活动或步骤组成。例如：许多组织都在尝试同时开发而不是按顺序开发新产品，这不仅节省了时间和金钱，而且还允许在开发过程的早期就重大问题达成协议。

专栏文摘

采购项目经理的一天

伊顿公司采购项目经理卡尔顿·布拉德肖（Carlton W. Bradshaw,）注册职业采购经理，7:00—8:00 到达办公室，检查电子邮件、语音邮件、传真等。问题是：今天将会一切正常还是会发生异常？

可以说，项目经理的生活从来都不是相同的，而对于许多人而言，这正是这一专业生涯令人兴奋的原因。开会、跟踪进度、关键人物评估项目、检查关键事件的未来需求等，这些因素使项目经理保持活跃。以下是他一天的时刻表。

8:30：今天是星期三，是"核心团队"开会的时间，他们是项目团队的职能代表。会议持续一个半小时，并回顾了几个问题。每个团队成员都将信息带回自己所在的职能部门。

10:00：与工程流程开发经理 Susan Whalen 召开会议。布拉德肖和 Whalen 讨论了采购将如何支持各种项目的流程，确定了可能出现的任何特殊需求。所有这些都是在较高的过程级别上进行的。

11:00：回到办公室，布拉德肖负责跟进和部门管理任务。

13:00：一个子项目团队与大型项目团队一起支持渠道中的物料采购，并降低了成本。这是一个注重细节的工作会议。工程可能有 15~30 个小型项目在一个较大的项目下进行，而这个子项目团队将研究这些方面的细节。每周举行一次会议，确定工程优先级。这着眼于工程营销的广阔前景——市场向何处发展？布拉德肖在这些会议上作为采购代表。它们通常为两个小时，专注于三个细分市场，每次会议一个。

15:00：每周举行一次由供应商推动的降低成本计划会议。布拉德肖领导一支小团队，供应商的想法得到评估并运用于工程。

16:45：布拉德肖在采购项目负责人的采购职能部门与员工会面，以了解情况。

资料来源：Adapted from Lester, M. (1998, December). "Purchasing and Supply Meet Project Management," Purchasing Today, 9(12), 30-36.

跨职能团队经常使用流程图。因为大多数流程都会涉及不同的职能部门，所以在绘制流程图和改进流程时，将这些部门团体结合在一起是合乎逻辑的。这种参与将有助于从不同的小组获得有关提议变更的支持，同时使所有受影响的小组都知道这些变更。

绘制良好的流程图是提高价值和减少浪费的关键。以下步骤对于绘制有效的流程图至关重要：

（1）寻找更好的方法来执行包含流程的任务，这通常涉及利用信息技术来实现业务流程自化。

（2）尽可能用并发活动替换顺序活动。

（3）确定那些造成浪费或为流程降低价值的活动，并制定消除这些活动目标。

（4）确定与流程各部分相关的时间，并确定多少时间被浪费。

（5）使能够影响流程的职能团体也介入其中。

（6）以图形方式表示该过程，以便相关人员对流程步骤有清楚的理解。

12.7　价值流图

价值流图（value stream mapping，VSM）是一种以视觉化方式呈现物流和信息流，以识别制造或服务过程中浪费的时间和行动的过程。价值流图可以从供应商到公司再到客户广泛地描绘。或者，价值流图可用于特定操作或一系列操作。通过识别不必要的步骤和资源，价值流图简化了流程，从而提高了效率。流程的可视化描述使分析人员能够突出显示需要改进的地方，并接近所谓的"理想状态"。

价值流图的发展主要归功于丰田汽车公司和大野泰一。他说："我们所做的只是查看从客户下达订单到收款为止的时间线。"价值流图中使用的术语与所谓的精益技术之间存在一些重叠，因为两者都试图识别和消除浪费。根据大野和丰田的说法，有以下七类浪费。

（1）生产过剩：生产没有订单的商品。

（2）等待时间：库存不变。

（3）不必要的运输：不必要地或长距离运输原料。

（4）过度加工：使用不必要的步骤来生产产品。

（5）多余库存：在流程步骤之间保留不必要的库存。

（6）不必要的运动：任何人为或机器浪费的运动。

（7）缺陷：制造不正确的产品。

增值和非增值活动　在价值流图中，价值是从客户的角度出发的，客户是利用产出的。增值行动和资源是为客户创造价值的行动和资源。非增值是过程中要做的所有事情，对客户没有任何价值，但是他们在购买产品或服务时被迫支付。必要的非增值是在生产产品时必须执行的那些动作，但不会为客户创造任何价值。不必要的非增值应消除，必要的非增值应最小化。

处理或编写报告是增值活动。而等待报告批准或从需要查看报告关键技术部分的同事那里获得反馈则被归类为非增值活动。同时，更换墨盒以打印最终报告是一项必要的非增值活动。

VSM 流程　VSM 开始于团队就流程进行协商达成共识，然后为特定流程确定界限。

接下来，从开始到结束观察实际过程。观察者监视并测量每个过程步骤之内和之间发生的事情，对于每个处理步骤，记录以下内容：①该步骤中使用的资源的种类；②使用数量；③每种资源的使用时间范围。测得的变量一起收集在"变量块"中。变量的变化或分布按最低、平均和最高时间记录。可变性的存在为改进提供了很大的机会。记录在变量块中的特定 VSM 维度可以包括：所需人员、循环时间、增值时间、吞吐时间等。

高质量且令人信服的 VSM 需要花费时间在工作场所记录人员、产品、设备和信息移动的并计时。如上所述，有必要记录操作期间每个过程步骤中出现的变量范围和时间。它还要求查看与过程相关的书面记录，以记录日期、数量、延迟、停工、故障、操作决策、旷工等对分析期间内影响操作绩效的信息。分析的可信度仅取决于其内容的完整性以及所包含的真实性和诚实性。如果从书面证据中提取可证明的事实并进行了现场观察，则可以相信调查结果。

接下来，在流程图中描述数据收集过程中收集的信息，该流程图显示了每个步骤使用的时间和资源以及每个步骤之间的时间延迟。该图称为当前状态图，如图 12-10 所示，它描绘了从供应商到最终客户的广泛 VSM 图。查看当前状态图时，它会显示信息流是如何从 MRP（material requirement planning，物料需求计划）报告开始的，该报告包括每周订单，并从焦点公司传输到供应商。根据 MRP 报告中包含的信息，供应商每周制造商品并发运。检查组件并放入库存，然后制成晶片板或集成电路。并将这些组件放在电路板上，并进行测试。

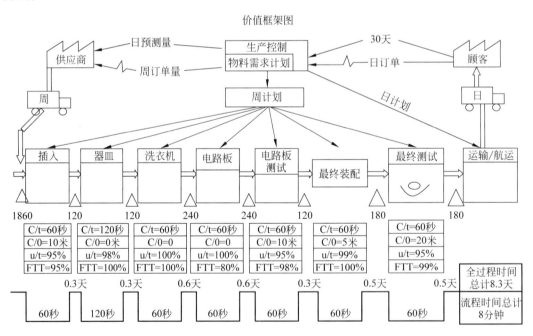

图 12-10　当前状态值流映射图

最终组装测试在客户发货之前完成，整个过程需要 8.3 天，对当前状态图的分析表明，仅 8 分钟是增值的。为了更好地理解 VSM 的逻辑，图 12-11 显示了 VSM 常用符号的含义。

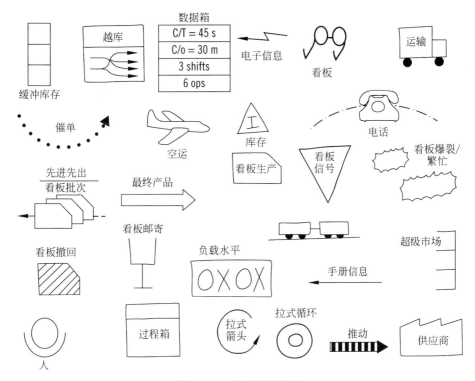

图 12-11 价值流图符号

接下来,在分析当前状态图之后,团队将重点放在改进流程以优化价值和最小化非增值流方面,这个过程导致未来/理想状态图的发展。

在制定建议时,最好是将流程的用户包括在确定的解决方案中,以便他们为将来的实施承担责任。在分析阶段,将确定流程步骤简化,以显示并更改阻止浪费行为的程序,从而明显看出提高生产率所需的设备和工艺流程。VSM 利用了统计技术,例如①散点图;②帕累托图;③饼图;④因果图以及用于分析调查期间产生的数据。根据所花费的成本和客户的非增值时间来量化过程中发现的问题,为废物的货币使用分配的变更提供正当理由。

例如,在当前状态图中可以看出,由于供应商每周交货、周期长,看板区域显示的质量合格率低以及正在处理的批量大,导致库存过多。所有这些都是改进的候选。在图 12-12 所示的理想状态 VSM 中,总交货周期从 8 天减少到 1 天,总过程时间从 8 分钟减少到 1 分钟。这些变化使公司能够通过更高效、更简化内部运营来对客户做出更快的响应。

 实践范例

项目管理最佳实践——项目生命周期

Rene G. Rendon 博士(副教授)和 Keith F. Snider 博士(教授)都在加利福尼亚州蒙特雷的海军研究生院就职。接下来是对项目管理中项目生命周期概念的讨论。其中大部分来自其题为《国防采购项目的管理》的文章,涉及国防工业中的大型项目。

项目很复杂,项目管理的目标是有效地管理这种复杂性。从业者拥有许多改善项目管

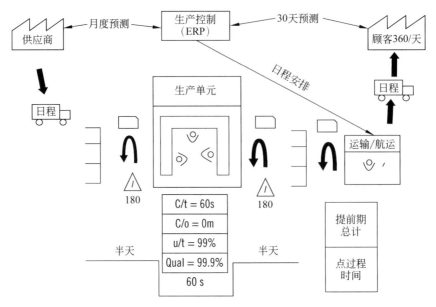

图 12-12　理想状态值流映射图

理的技术,但是最佳实践之一是组织使用项目生命周期,来监视和控制项目活动的进度。在商界中,可以将项目生命周期技术正式定义为实现项目目标所必需的一系列活动,这些活动包括项目开始、组织和准备,然后进行工作以及最后结束项目。

在军事采购领域,项目生命周期集中在监控方面。美国国防部(the United States Department of Defense,DoD)要求其主要国防采购计划使用项目生命周期,国防部的"项目生命周期"是项目管理的监控部分,在涉及主要国防武器系统等高科技产品的研究、开发和生产的项目中尤为必要。

项目生命周期为项目团队提供了一种明确的管理方法,该方法建立了指导和监视项目活动的路线图。路线图反映了项目的顺序阶段,每个阶段均由项目团队使用的特定流程、工作活动和工具组成。这些监视技术(控制门)为项目经理和更高级别的决策者提供了用于调节和控制项目进度的工具。随着项目在每个阶段连续的进行,每个阶段的完成应产生特定的可交付成果。应检查和评估可交付成果,以确定是否达到了项目阶段的计划目标。根据每个项目阶段审查的结果,项目决策机构将确定项目是否应进入下一阶段,还是停留在当前阶段,直到项目阶段产出令人满意的可交付成果,或者该项目是否应该终止。因此,开发和使用项目生命周期的好处包括用于对项目活动进行排序的路线图,以及用于调节项目进度的控制门。

下图说明了项目生命周期的一个示例,该项目生命周期包含五个项目阶段:①需求开发;②概念开发;③初步设计;④详细设计;⑤生产、部署、运营、支持和处置。

如该图所示,项目生命周期始于组织确定其需求和通过购买产品或服务要满足的期望功能,对需求或期望的功能进行记录、审查、确认和批准。由高级组织决策者做出的有利的"需求批准"里程碑决策开始了确定最合适的解决方案以满足该需求的过程。

概念开发阶段需要研究和完善首选概念,以满足批准的需求。此阶段通常需要对各种解决方案进行成本效益和权衡分析,以及开发和评估实现这些解决方案所需的技术,最终以"初步设计批准"的形式而结束。在这个重要阶段,决策者会审查首选解决方案的"业务案例",即获取首选解决方案所需的资源和要素(知识、时间、劳动力、金钱)之间的匹配,并且批准继续进行首选解决方案的设计。

初步设计阶段需要开发和定义系统解决方案的主要子系统、项目和组件的规范。模型和原型的开发和测试通常是此阶段的关键特征,其目标通常在设计稳定后实现。具有里程碑意义的决策点,即"详细设计批准",表明承包商已确定设计将在成本和进度限制内满足客户要求。

详细设计阶段需要完成设计工作并准备生产。它通常以对系统性能的所有方面进行大量测试为特征,包括可靠性和其他面向支持的测试。它还涉及生产过程、能力和能力演示。生产批准里程碑表示已获得足够的知识,可以确保在成本、进度和性能目标范围内生产产品。

在生产、部署、操作、支持和处置阶段,系统将被生成并分配给不同的用户适用并获得用户支持。测试可能会继续进行,并且可能会进行修改,这可能会导致一个新项目来管理修改。一段时间之后,需求开发的持续过程将导致对系统不再足够或不必要的评估,并且可能还会导致更换系统或功能的新项目。处置可能有多种形式,从废弃物品到将其出售给其他国家。

应该强调的是,国防采购项目的生命周期并不是要以"锁定步骤"的方式严格遵循一系列阶段和决策。相反,应该对其进行修改或调整以适合任何项目的特定要求。这意味着,如果不需要阶段和决策点,则可以对其进行调整或取消。允许对项目生命周期进行量身定制,这意味着每个项目(根据需要和设计)都是唯一的。

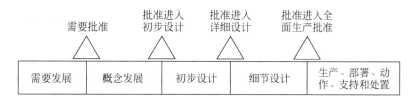

资料来源:Rendon,R.G.,& Snider,K.F.(Eds.).(2008). Management of Defense Acquisition Projects. American Institute of Aeronautics and Astronautics,Reston, Virginia.

商业项目生命周期定义从以下网址下载:http://www.uakron.edu/pmo/plc/Interview:L. Giunipero with Rene Rendon November 2013.

本章小结

采购商和供应链专家依靠各种工具和技术来支持和改善采购和采购流程。日常应用本章介绍的技术和工具的需求对于世界一流的采购和供应链管理至关重要。决策应尽可能基于定量分析而不是定性信息。

思考讨论

1. 为什么学习曲线主要适用于直接劳动而不是间接劳动?

2. 如果每次产量增加一倍并且累计平均直接人工需求减少5%，那么相应的学习率将是多少？

3. 讨论为什么在准备谈判采购合同时，对买方来说了解供应商的学习率的重要性。

4. 你是否觉得专业服务公司与制造组织的学习有所不同？为什么？

5. 描述与价值分析相关的价值概念，提供有关组织如何为自身或其客户增加价值的示例。

6. 为何处于进步阶段的企业会积极进行价值分析？

7. 假设你是价值分析团队的领导者，讨论如何确定价值分析机会。

8. 与大多数采购环境中的常规工作相比，项目工作的主要区别是什么？

9. 总的来说，你是否相信对项目经理的要求和责任正在使他们对组织更有价值？为什么？

10. 用户何时最有可能使用甘特图进行项目管理？什么时候他们可能会使用CPM或PERT？

11. 当一条路径拥有3周的闲置时间时，这意味着什么？每个活动是否都必须有3周的闲置时间？为什么或者为什么不？

12. 讨论从绘制流程图中可以获得的信息。

第 13 章

谈判和冲突管理

学习目标

- 了解买方何时和为何进行供应管理谈判；
- 认识到在谈判过程中进行有效规划的重要性；
- 识别谈判中存在的不同力量来源，了解有效谈判者的特点，理解特许权管理在谈判中的中心作用；
- 认识到全球谈判的微妙性和复杂性；
- 了解如何通过电子手段进行有效谈判。

开篇案例

与中国进行谈判

由于中国和世界其他国家的企业之间的贸易日益频繁且重要，西方供应管理者在与中国同行谈判时，必须彻底了解其中的差异和微妙之处。下面的讨论来自不同的渠道，概述了西方供应经理在与中国供应商谈判采购合同时，必须考虑到的文化和商业观点的一些关键差异。

西方公司的一个普遍误解是，中国是一个庞大、同质的市场，有一个强大的中央集权的国家政府。事实上，中国的市场非常广阔，这些市场在其复杂程度和经济构成方面可能存在很大差异，同时地方和省级政府也发挥着主导作用。除了中国经济和人口快速增长带来的巨大经济机遇外，在建立中国商业关系时也要考虑到巨大的风险。因此，消息灵通的西方谈判者在制订谈判计划时，在实际谈判过程中以及在谈判结束后的后续行动中，必须考虑到许多不同的问题。事实上，中西方谈判失败的主要原因来自西方谈判者对中国文化和价值观大背景的误解，仅仅了解基本的礼仪并不能长期维持业务关系。

乍一看，中西方谈判者的需求和愿望似乎不相容，完全不同步。在中西方谈判破裂的情况下，西方同行要么准备不足，要么缺乏经验。例如：西方谈判者常常认为中国对手是间接的、低效的，甚至有点不诚实；另一方面，中国谈判代表通常认为西方对手过于情绪化和咄咄逼人，对双方关系不感兴趣。在谈判过程中，重要的是了解导致这些情况出现的中国文化的基本要素，以便中西方谈判者能够发展长期的合作关系。

在中国，谈判和工厂参观通常都是精心安排的，西方和中国双方都有明确的角色，事先都有周密的计划。因此，无论西方谈判者是否了解中国文化，他们都应该理解自己在谈判过程中所扮演的角色,有许多文化上的微妙之处很容易使谈判失败。此外,中国的高层管理者通常是决策者,因此,在中国的组织中,你可以谈判的级别越高,达成协议的可能性就越大。在许多谈判场景中,都有封面故事和真实的潜在的故事,揭开真相的唯一方法是讨论尽可能多的问题并做大量的笔记。太多的西方谈判者太过信任和接受很多表面具有价值的信息,却没有深入挖掘并推动谈判的根本问题。

有准备的西方谈判者应该随时准备好处理最后一个问题,这个问题是在谈判的最后时刻提出的。西方谈判代表通常在工作日结束时结束谈判,而中国谈判代表通常在晚餐或晚上卡拉 OK 时继续谈判,在这种情况下,任何最终细节都可以在非正式场合商定。另一个有效的谈判技巧是抑制一些西方政党的需要或欲望。正如许多亚洲谈判一样,明智的做法是不要把对方逼到绝境,而是提供一条保全面子的出路。请注意,谈判的最终目标是发展合作。

中国谈判者通常都有充分的准备,并充分利用这些知识来胁迫对方屈服。因此,西方谈判者必须彻底了解谈判的所有细节。抽象的细节和回应表明了一个潜在的弱点,可以加以利用。此外,西方谈判者应该学会核实谈判的每一个细节。西方与中国的谈判常常是一场零和游戏,这意味着有赢家也有输家,主要是因为中国人和外国人之间缺乏信任。

另一个谈判相关的现象是,中国谈判代表善于耐心等待和利用时间为自己谋利。西方谈判代表越是坐立不安,被迫等待,就越有可能做出重大让步,却得不到任何有价值的回报。西方谈判者必须明白,在中国人眼里等待几天并不长,要学会耐心。

对中国谈判者来说,书面合同只是开始,而不是结束。除非西方谈判代表这样做,否则合同条款通常不会再被提及,似乎重新谈判的只是签署合同过程的一部分。不过,西方谈判代表可能希望定期拿出合同,提醒中国谈判代表,双方商定的条款实际上是什么。而且,一旦合同达成一致,西方谈判代表决不再尝试修改合同。从中国的角度看,允许打破已约定的所有条款,并对所有以前的协议重新谈判。确保初始合同全面地解决尽可能多的情况,以避免打开"潘多拉的盒子"。

对于寻求与中国公司谈判外包协议的供应经理来说,必须认识到谈判一项有效协议是需要时间、耐心、理解和容忍的,你需要花点时间准备并寻找合适的资源来帮助你。

资料来源:Adapted from Clayton,D.(2007,October 15),"Negotiating in China: Maintaining Your Advantage." Retrieved from www.GlobalSources.com., Graham, J. L. and Lam, N. M. (2003, October) "The Chinese Negotiation," Harvard Business Review, 82-91. Hoenig, J. (2007), "Wise companies prepare for—and minimize their exposure to—risks when investing in China." Retrieved from www.chinabusinessreview.com/public/0611/hoenig.html

13.1 引言

每个人每天都在商谈一些事情,从在四向交叉路口与其他司机打交道,到合并或收购另一家公司。因此,谈判可以是一个高度复杂和动态的过程,是所有供应经理都必须具备的软技能,也已经有很多关于如何在各种情况下有效地进行谈判的研究。本章重点介绍通常是谈判的一部分的重要议题,特别是买方和供应商之间的谈判。本章首先对谈判的概念进行了广义的界定;第二部分将供应管理中的谈判分为五个阶段;接下来,也许是最重要的,但往往被忽视的,谈判过程、规划任何一部分都会详细地出现。以下各节介绍了谈判力量的共同来源、让步的有效利用、谈判策略以及双赢谈判、国际谈判和电子媒体对谈判的影响等重要议题。

13.2 谈判的定义

供应经理进行的最重要的活动之一是与供应商谈判采购协议或合同。虽然供应管理当然不是组织中唯一谈判的群体,但谈判是每一个采购过程必不可少的组成部分。谈判支持业务部门制定的供应管理战略和计划的实施,它通常也是向其供应基地传达买方具体采购要求和规范的关键手段。

谈判的定义有很多种:"谈判是一种互动的交流过程,当我们想要别人的东西或别人想要我们的东西时,它就可能发生。""谈判是为了达到不同需求或想法达成共同协议的目的而来回交流的过程。""谈判是两个或两个以上的人商定如何分配稀缺资源的决策过程。""谈判是销售过程的最终游戏。"

本书将谈判定义为一个正式的沟通过程,无论是面对面还是通过电子手段,两个或两个以上的人、团体或组织聚集在一起,就一个或多个问题寻求相互同意。谈判过程不仅涉及对相互依赖的个人和组织之间的时间、信息和权力的管理。每一方都需要另一方所拥有的东西,但也认识到,为了满足这一需要,往往需要通过妥协或让步来实现一个相互给予和接受的过程。

谈判的一个重要部分是认识到谈判过程不仅涉及人与人之间的关系,还会涉及组织之间的关系。谈判的一个组成部分是双方都试图说服对方做一些符合自己最大利益的事情。这一过程包括个人在适当的培训和经验下可以学习和提高的技能。优秀的谈判者不是天生的,他们必须学会如何通过计划、实践、观察和建设性的反馈来磨炼这些必要的技能。

所有谈判者都应该熟悉一些术语:BATNA、立场、利益、需要和愿望。谈判代表对谈判协议的最佳选择(BATNA)也被称为谈判代表的底线,即谈判中最有利于谈判代表离开谈判桌,执行下一个最佳选择的那一点。谈判代表应格外谨慎,以确保他的保留点或BATNA永远不会透露给另一方,因为最终解决方案与这一点不会有太大的不同。此外,所有谈判解决办法最终都必须参照协定签署时存在的其他可行的替代办法来判断。

谈判者的立场可以定义为他的开场白,立场是谈判代表提出的明确要求,这代表了谈判问题的乐观(或理想)价值。相比之下,谈判者的兴趣是任何给定谈判立场的潜在动机或理由。在许多谈判场景中,谈判者的基本利益不太可能被明确地陈述或确认,通常是因为它们可能与所陈述的立场没有直接关系,或者因为它们可能具有高度的主观性质。分享立场背后的潜在利益可能会导致谈判代表的权力转向另一方,最终导致不太理想的结果。实际上,谈判者必须扮演侦探的角色,通过一系列开放性的、探究性的问题来辨别对方的利益。为了通过有原则的谈判达成一项谈判协议,谈判者应始终努力关注另一方的根本利益,而不是他所表明的立场。

精明的谈判者还必须能够区分对方的需要和欲望。需要被认为是谈判对手达成目标必须取得的谈判结果。另一方面,欲望指的是谈判人员希望得到的谈判结果,而不是必须取得的结果。在谈判过程中,欲望也可以作为对另一方的让步来交换,因为它们对谈判的圆满结束没有那么重要。当一个谈判者正在计划一个即将到来的谈判时,有必要将所有潜在的谈判问题优先化为需要和欲望,从而知道必须实现什么以及什么可以被交换成其他有价值的东西。

- 谈判
一种正式的交流过程,可以是面对面交流,也可以是通过电子手段交流,两个或两个以上的人、团体或组织聚在一起,就一个或多个问题达成共识
- BATNA(谈判协议的最佳替代方案)
谈判中最有利于谈判者从谈判桌上走开并实施他的下一个最佳选择的那一点
- 职位
他的开盘价,代表谈判问题的乐观(或理想)价值
- 兴趣
任何既定谈判立场背后的潜在动机或理由
- 需要
谈判人员必须取得谈判成功的谈判结果
- 想要
谈判人员希望得到的谈判结果
- 事实
双方能够陈述并成功核实的事实或真相
- 议题
谈判中要解决的项目或议题
- 策略
与供应商达成互利协议的总体方法,供应商持有与买方不同的观点
- 权力
影响他人或组织做某事的能力
- 让步
偏离谈判立场的行为,为另一方提供有价值的东西以获得其他有价值的东西
- 策略
为执行一项策略而采取的短期计划或行动,使对方的地位发生有意识的变化或影响他人以实现谈判目标

图 13-1 谈判的定义

一个简单的谈判计划工具,叫作"三角谈判",可以帮助谈判者开始为即将到来的谈判做初步准备。这个计划过程,如图 13-2 所示,由以下三个步骤组成:确切地知道你想要什么;确切地知道他们想要什么;以他们能够接受的方式提出行动方案。

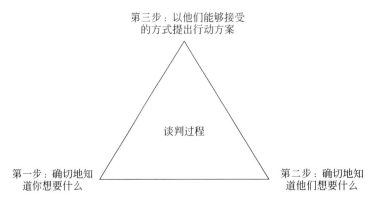

图 13-2 三角谈判的过程

资料来源:Anderson, K. Geting What You Want: How to Reach Agreement and Resolve Conflict Every Time, New York: Plume, 1994, 14.

三角谈判的第一步是正式确定谈判者自己在即将到来的谈判中的具体目标,明确期望目标并将其写下来,有助于谈判者在谈判过程中始终专注于预定的优先事项。在谈判过程中,当对方的策略和谈判的节奏很容易分散注意力时,把它们写下来也可以让谈判代表在谈判过程中参考它们。谈判者越能清楚地确定自己的优先权,就越有可能在最终协议中获得优先权。

第二步是试图从谈判中辨别出谈判对手可能需要或想要什么。不知道对方在寻求什么,很难在谈判中形成共识。具体问问自己,"对方需要什么或想要什么?"深入研究另一方可能的立场,试图辨别或估计立场背后的潜在利益。然而,谈判者不能自动假设对方的想法和他一样。在谈判过程中,谈判代表应提出开放的、探究性的问题,以核实他对另一方需求和愿望的初步分析。如果谈判者确定对方的需要和愿望与假定的不同,他将不得不重新调整自己的目标和宗旨,以解释并应对这种变化。此外,谈判者应制定一项战略,并使用适当的伴随战术,使对方感到被倾听。这样接下来就可以进行三角谈判的第三步。

第三步包括考虑和分析己方以及对方的需要和愿望,从而使提案和反提案可以兼顾双方的需要和愿望,使对方容易接受。重要的是要保持灵活性、公平性和合理性,以便双方能够达成一项协议,使双方都获得更多的利益。除了承认(但不一定同意)另一方的关切之外,谈判者还可以通过在制定其建议时首先针对这些需要发言来实现这一点。

13.3 谈判结构

解决买方—供应商谈判的最佳方法是将其呈现为一个互动的、给予和接受的过程,它涉及五个阶段的活动:识别或预测采购需求;判断是否需要谈判或竞标;制订谈判计划;进行谈判;执行并跟进协议。

图 13-3 总结了通用的供应管理谈判流程,列出了每个阶段的要点、问题和活动。

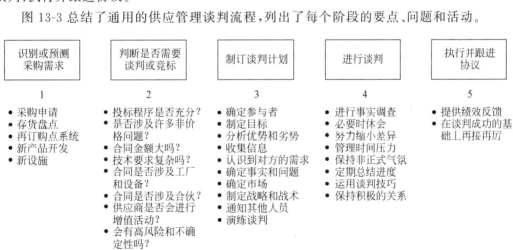

图 13-3　五阶段谈判进程

13.3.1　识别或预测采购需求

第 2 章阐述了企业如何识别或预测采购需求,或通常所说的采购周期或流程。采购周期从确定(或预期)零件、原材料、子组件、服务、设备或成品的特定需求或要求开始,以执行或支持组织运作。通常,供应管理部门可以在其参与新产品开发的过程中,与采购组织内的各种内部客户(如营销、运营、工程、设计和/或研发)协作,预先确定这些需求,在某些情况下,通过早期的供应商设计参与与关键供应商的合作(关于 ESDI 的更多讨论,见第 8 章)。对于许多现有项目的采购,可能不需要确定供应商,因为现有的采购协议可能已经存在。然而,新的采购要求通常要求供应管理部门识别、评估和鉴定第 7 章中描述的新的潜在供应商。

13.3.2 判定是否需要谈判或竞标

并非所有的采购需求都要求买卖双方进行彻底、详细和耗时的谈判。对于许多项目,竞争性招标就会满足买方的采购要求,如低值的、广泛可用的或标准规范产品。当价格以外的其他问题很重要或竞争性投标不能满足买方对各种问题的要求时,谈判更为合适。然而,买方仍然可以使用竞争性招标过程来初步确定几个潜在的供应来源。通过竞标确定潜在供应商后,买方可能需要与首选供应商谈判,以解决最终价格以及影响采购协议的其他非价格问题。

下列情况或问题需要供应管理层与供应商谈判:
- 确定并同意供应商的可允许补偿成本;
- 交货时间表和交货期要求;
- 预期产品和服务质量水平的定义;
- 性能指标以及如何收集、共享和使用信息;
- 技术支持和援助;
- 合同数量和发布时间;
- 特殊包装、搬运和装运要求;
- 运输方式和承运人的选择,以及运费和损失索赔的申请;
- 损失和损害赔偿责任,包括支付保险费;
- 付款条件和货币兑换问题;
- 进度付款计划;
- 产品保修和更新;
- 产量承诺;
- 违约金或绩效奖励;
- 合同期限与续签机制;
- 专有或专利信息的保护;
- 知识产权的所有权和使用;
- 与发展更密切关系有关的资源;
- 在质量、交付、交付周期、成本、响应性等方面的性能改进要求;
- 合同纠纷解决机制;
- 配件、售后服务和操作员或维护培训支持;
- 获得技术。

这份清单虽然冗长,但并非详尽无遗,仅代表了买方谈判人员可以解决的所有可能问题

的一个子集。除了需要就非价格问题达成一致外,与供应商谈判还有其他的原因:
- 不履行如此大的合同可能导致异常严重的问题和风险,例如供应的连续性中断。买方应协商具体的保障措施,以确保供应商认识到严格按照要求履行义务的重要性。
- 采购涉及复杂的技术要求,甚至可能是仍在发展中的产品和过程要求和规范。在这种情况下,双方很难就采购要求达成明确的协议,例如为空军、海军和海军陆战队开发的 F-35 战斗机的飞行性能特性迥异。然而,买方可能希望供应商开始履行合同,即使最终产品要求和规范尚未确定。
- 采购涉及资本密集型厂房和设备的使用。供应商通常定制或专用资本密集型资产,如工厂、设备和流程,以满足买方的特定需求。
- 协议涉及一种特殊的或合作的关系。特殊或合作关系必须解决远远超出传统或传统采购协议的问题。例如:双方可以讨论技术人员、实验室和测试设备的共享或托管,以及风险和利益的共同开发技术。
- 供应商将执行重要的增值活动。越来越多的买家要求供应商执行关键活动,如产品设计、测试、分销或库存管理。这些额外的活动通常需要大量的讨论和协商,以确定适当的时机、报酬、绩效标准和绩效指标。

供应经理需要考虑的另一个重要问题是,随着信息技术系统的发展,例如基于因特网的逆向拍卖和使用基于电子的通信媒体,将在多大程度上改变面对面谈判或与供应商进行电子互动的需求?正如本章末尾将讨论的那样,电子媒体的日益使用减少了买卖双方面对面交流或谈判的需要。然而,通过逆向拍卖获得的物品和服务类型也可能不需要首先进行更高级别的谈判。对于对买方至关重要或可能涉及许多非价格问题的项目,买方和供应商不再需要进行面对面的谈判的可能性很小。

13.3.3 制订谈判计划

谈判计划包括一系列有目的的步骤,努力使双方为即将进行的谈判做好充分准备。许多采购商和供应商的谈判相对简单,通常只需要初步的准备和计划。而有的谈判可能非常复杂,需要数月的详细的数据收集和准备。无论在何种情况下,花费必要时间为即将到来的谈判进行充分计划和准备的供应经理通常都会比那些没有计划和准备的谈判人员获得更好的结果。计划对于实现期望的谈判结果至关重要,因此本章后面的一节将更详细地讨论这一主题。

新的电子通信技术可能使面对面的买方和供应商谈判,无论是对国内还是国际的要求,都远没有那么重要。随着越来越多的组织参与全球供应管理,这就产生了一系列新的谈判挑战,电子采购大大吸引了它们,它还实质性地改变了供应经理计划和进行谈判的方式。

现在,高度先进的在线通信和视频会议工具正变得越来越容易获得,其特点是不管实际位置如何,能够与多个供应商就价格以外的问题进行谈判;电子采购经理不再需要花费数小时旅行,参加面对面的会议与供应商讨论细节。买方只需填写一个预先提出的请求提案(RFP)或请求报价(RFQ)模板,然后将文件电子转发给选定的合格供应商,供应商就可以更容易快速地以详细的在线建议进行电子回应,列出价格、付款条件、装运方法等与买方有关的其他问题。随着协商进程的进行,更改也更加容易。这些工具使买方能够在谈判过程中同时与多个供应商进行谈判,这可以通过增加竞争(类似于逆向拍卖)提高投标效率和降低价格。

> **专栏文摘**
>
> ### 美国航空公司深知谈判的重要性
>
> 以前,一个好的采购谈判代表的标志是可以从供应商那里得到最低价格。今天,经验丰富的谈判者意识到,并非所有的谈判都需要聚焦价格。"低水平的谈判,"美国航空公司采购副总裁 John MacLean 说,"涉及的产品或服务是那些在市场上具有竞争力,但对美国航空公司的战略地位并不重要。"他指出,获得最佳价格是一个很好的指标。MacLean 还知道在获得关键项目和服务时进行战略谈判的重要性。MacLean 说:"双赢谈判是在与供应商的长期关系中进行的。在这些情况下,重要的是供应商和美国航空公司感到他们双方都得到了一笔好交易,因为它们计划是长期合作。""在最先进的水平上,所涉公司的战略兼容性可能决定谈判的成功。"MacLean 说:"基于原则的谈判用于单一来源的情况或联盟,在这种情况下,双方通过同意某些原则开始谈判,例如公司如何计划共同发展。"美国航空公司承认谈判的两个重要原则,即:并非所有谈判都同等重要或需要相同的技能;谈判是公司战略供应计划的基本组成部分。
>
> 资料来源:Adapted from Ciancarelli, A.(1999,March 25)"Strategic Negotiating Goes Far beyond Best Price," Purchasing,126,4.

13.3.4 进行谈判

只有当买方对提出的计划和准备水平有信心时,才会开始与供应商谈判。但是,请注意,谈判计划并不是一个开放式的过程;买家通常必须在最终期限前满足其内部客户的特定需求。因此,买方面临在合理时间内发起、进行和完成谈判的压力,通常是在短时间内发出通知。谈判计划应该包括以下几点:

- 确定双方的问题、需求和愿望;
- 收集有关问题、需求和需求的信息;
- 确定谈判组合;
- 评估和界定当事人的利益;
- 确定自己的谈判目标(目标和底线)和谈判要价(从哪里开始);
- 评估利益相关者和其他成员的作用,以及谈判的社会背景;
- 分析对方(回想三角谈判的第 2 步);
- 计划问题陈述和辩护;
- 设计谈判过程:谈判将在何时何地进行,谁将出席,议程上有哪些项目,等等。

决定谈判地点可能是任何计划过程的重要组成部分。主场可以为谈判者提供实质性的优势,特别是在国际谈判期间。然而,电子媒体技术的进步现在允许一些谈判以电子方式进行,而不是面对面进行。大多数专家都认为,围绕谈判的气氛应尽可能不那么正式,以帮助建立信任关系和对协议的长期承诺。

尽管在某些文化中谈判可能需要更正式的场景,但过多的形式化可能约束当事人,同时限制了思想和解决方案的自由交流。在整个谈判过程中定期总结先前协议的立场和要点也是一个好主意,这有助于减少误解,并有助于根据谈判议程跟踪进展情况。在整个谈判过程中,有一个专门的记录员或抄写员可能也会有所帮助,他们的主要责任是记录所说的话、对方的反应以及协议的范围。

正是在交易者和接受者的谈判过程中,当事方运用带有对策的策略——运用可用手段来达到预期目的的技能。对策是旨在帮助实现预期结果的行动计划,后面一节将讨论谈判者可能采用或应该准备的各种常用策略。策略可以是道德的,也可以是不道德的,因为它们会对谈判过程和结果产生不利影响,精明的谈判者应该注意这两种类型。

一个由四个阶段组成的过程通常描述了面对面谈判和虚拟谈判。第一阶段包括事实调查和当事方之间的信息共享。这部分过程有助于阐明或确认买方和卖方提供的信息。在第二阶段,双方往往在查明事实后休会。这使双方有机会重新评估各自的相对优势和劣势,必要时审查和修订目标和立场,并重新安排谈判议程。第三阶段,谈判各方面对面或以电子方式会晤,试图缩小在具体问题上的分歧。这一阶段通常包括提出建议和反建议以及交换让步。第四阶段,双方寻求就谈判达成协议和结论以及就任何后续活动达成协议。

优秀的谈判者在进行谈判时会表现出一定的行为或特点。他们可能愿意妥协或修改他们的目标,特别是当无可争辩的新信息有效地挑战他们预定的立场时。优秀的谈判者也可以独立地看待问题,而不必把它们按任何特定的顺序联系起来。如果双方就相关提案中的一个问题陷入僵局,将问题联系在一起可能会破坏整个谈判的进行。优秀的谈判者还应为每一个重大问题确定上限和下限以及最有可能的结果,而不是一个唯一的僵化的立场,这种立场可能会限制现有的选择的可行数量,更有可能造成僵局。

优秀或熟练的谈判者也比一般或准备不足的谈判者在每个问题上探索更可行的选择。此外,优秀的谈判者也比一般谈判者更注重双方的共同点(而不是分歧)。最后,与一般谈判者相比,优秀或熟练的谈判者对另一方的恼人评论更少,对他们提出的论点给出的理由更少(太多的支持理由会稀释论点),提出的反对意见也更少。然而,优秀的谈判者愿意提出反对意见,尽管没有一般谈判者多。提出过多的反对意见通常意味着谈判代表妥协过多或让步过多,或者不确定自己的相对地位和权力。它也可能表明缺乏充分的规划和准备,或者过于敏感。

13.3.5 执行并跟进协议

好的谈判者知道,达成协议无论如何都不是谈判过程的终点。相反,双方之间的协议仅代表开始履行或管理合同对协议所涵盖的项目、服务或活动的实际履行。执行协商协议的一个重要部分是将协议加载到公司合同系统中,这样整个组织中的其他人就可以看到协议并确定合同对其各自职责范围的影响。

在协议有效期内,买方必须及时让供应商知道供应商是否充分履行或不符合合同要求。否则,买方的法律援助可能受到限制。相反,供应商也有责任让买方知道买方有没有在谈判协议范围内履行其责任。双方应通过合同管理活动,在谈判成功的基础上再接再厉。有关《统一商法典》下买卖双方权利的更多信息,请参阅第15章。执行和监测商定的协定应重申各方今后共同努力的承诺。

13.4 制订谈判计划

谈判专家普遍认为,制订计划可能是谈判过程中最重要的部分。不幸的是,许多谈判者在正式谈判之前都没有做好充分准备,往往是因为达成协议的时间很短。计划是为了达到期望目的而设计或采用的一种方法或方案。因此,制订计划是制定或修改方法以达到预期目的的过程。一旦谈判者制订其计划和全面的指导战略,他们就开始制定具体的战略研究、行动和实施该计划所必需的战术。谈判者常常因为忽视对方的问题、过于关注价格、过于关注立场而非利益,过于关注共同点,忽视自己的最佳替代方案或在实际谈判中过度调整自己的看法而达不到目标或陷入僵局。

任何谈判的成功与否,都取决于谈判前的周密而有效的计划。在最后一刻或仅仅在谈判前进行准备毫无疑问将面临谈判的失败,尤其是在与那些更熟练和/或更有准备的人谈判时。因此,单凭思维敏捷和机智是不足以保证谈判成功的。成功的谈判计划应该是主动的,而不是被动的,包括以下九个步骤,其中任何一个都不应该被忽略。

13.4.1 确定目标

制订计划过程的第一步是确定谈判过程中要达到的具体目标和预期成果,目标是将来要努力实现的愿望或愿景。例如:采购谈判中的一个明显目标是达成一项协议,包括购买一种商品或服务。如果在谈判前就得知谈判会失败,买方和卖方则不会浪费昂贵且稀缺的资源。在实际谈判开始之前,各方需要相信他们能够达成协议。如果当事人另有异议,他们将不会为准备谈判提供必要的时间和精力。

采购谈判中的一个重要目标是在买方和卖方之间达成一个公平合理的价格协议。例如,买方目标还包括实现可接受的单价、合同数量、所需的交货提前期或改进的供应商质量。买方也可能希望说服供应商在高于竞争供应商的水平上进行合作。并非所有的目标都同等重要,因此买方必须开始识别每一个目标的相对重要性,并优先考虑它们,这取决于现有的谈判。不重要或关键的目标可被视为未来让步的目标。例如:领导公司通常把他们的目标分成"必须达到的目标"(需要)和"想要达到的目标"(想要的)类别。这就能清楚地区分谈判双方需要妥协或折中达成一致的每一个目标的重要性。

13.4.2 分析各方优缺点

知识渊博的谈判者努力通过经验研究和了解对方,这意味着要努力了解对方的重要性,以及谈判人员的性格、谈判风格和背景。例如,当买方第一次与供应商谈判时,他必须经常投入大量的时间和精力进行额外的研究,以便更全面地了解特定供应商及其预期的需要、愿望和优先事项。

还需要对双方的相对优势和劣势进行彻底评估,并对每一个待谈判的单独问题进行详细评估。这种尽职调查过程往往被忽视,但会极大地影响谈判桌上所采用的策略和战术的有效性。买方并不能总对供应商产生影响,反之亦然。很多时候,供应商因为其相对的财务规模优势,或者可能是因为供应商对合同没有很大的需求采购商就会占上风。后面的部分详细介绍了谈判过程的一部分。

13.4.3 收集相关信息

批判性分析自己和谈判对手的能力需要足够、及时和准确的信息。这个过程不需要复杂,特别是在买方和卖方之前有过合作。在这种情况下,买方可能已经回答了一些重要问题。双方发生了什么事?我们对上次谈判的结果满意吗?我们是在与同一个人谈判,还是与不同的谈判代表谈判?这个供应商的重要问题是什么?对我们来说,分歧的领域是什么?关于谈判的行为或协议,我们有什么要改变的吗?哪些地方存在争议?谁的损失最大?

如果采购商之前与供应商没有过任何联系,在哪里收集所需信息?一个可能的来源是联系其他买家或与该供应商有过联系的组织,也可以提供已公布的信息来源。这些来源包括贸易期刊、其他商业出版物、行业协会数据、政府报告、年度报告、财务评价(如Dun&BrdStice报告)、商业数据库、直接向供应商人员查询以及通过互联网获得的信息等。

13.4.4 识别对方的需求

采购谈判中的买方和卖方在某种程度上是彼此的写照。每一方都希望达成一项有利于其长期成功的协议。当买方收集有关供应商的信息时,重要的是找出那些对供应商特别重要的关键问题。例如:供应商可能希望维持或增长其在该行业中的市场份额和数量。因此,接受整个采购合同,而不仅仅是一部分,可能是供应商的一个重要目标。

但是,对供应商最关键的问题不一定是对买方最关键的问题。当一方有一个与另一方相对不重要的关键问题或要求时,双方就更有可能达成协议。例如:供应商的生产调度系统可能要求供应商在当天晚些时候生产买方所需产品,并在晚上交货。如果买方有一个夜间工作人员,买方可以满足供应商的非工作时间交货要求。作为回报,买方现在可以期望供应商更适应另一个对买方来说重要的问题。在谈判中,给予和接受是必不可少的,每一方都不应该在所有问题上占优势。这就是为什么在谈判开始之前,通过确定每一个问题的可接受结果的范围,并在需要让步或折中的情况下设定优先次序,这对于买方来说是非常重要的。

13.4.5 认清事实和问题

谈判计划需要区分事实和问题,双方将希望就什么是事实和问题达成协议。事实是当事人可以陈述和成功核实的现实或真理。在谈判中,事实不容争辩。例如:买方想购买一件资本设备,没有必要与供应商就买方是否真的需要该特定设备进行谈判(尽管特定类型的设备可能是一个需要互动讨论的未回答问题)。

另一方面,问题就是谈判中需要解决的事项或议题。通常需要解决的问题包括采购价格、数量、质量、合同期限和交货日期。谈判各方可以讨论和解决除了价格之外的许多问题,包括质量、服务、灵活性、性能指标和性能改进。制订计划过程的一部分需要确定各方通过谈判寻求解决的所有关键问题和成果。正如前面所讨论的,三角谈判技术可以帮助谈判者不仅确定所涉及的问题,还可以确定每个问题的可接受结果的范围。

13.4.6 就每个问题摆明立场

谈判双方应确立具有灵活性的立场。因此,谈判人员应该确定一系列的立场,通常是最低可接受的立场(或 BATNA)、最大或理想的结果,以及最有可能的选择。如果问题是价格,卖方销售一种产品可能有一个目标价格。当然,如果买方愿意支付更高价格的话,卖方也愿意接受更高的价格。多种选择的关键在于卖方的最低可接受价格,这是卖方愿意向买方出售的最低价格,任何低于最低价格的价格,将导致没有交易或供应商不可接受的结果。当问题之间存在重叠部分时,这一领域被称为议价区。议价区代表谈判过程的核心,因为在这个范围之外的任何提案都可能被对方拒绝,因为这不是他愿意解决的问题。

图 13-4 展示了典型的采购价格的议价区。在 A 示例中,除非双方修改原有的价格范围或位置,否则双方可能无法达成相互协议。卖方的最低卖位远高于买方的最高位置,不重叠。在示例 B 中,这两个位置之间的重叠应该会导致买卖双方达成一致。在这个例子中,买方愿意支付高达 11.45 美元的单位,而供应商愿意以每台 11.15 美元的价格出售。因此,双方可能在这两个数字之间达成协议。作为一种讨价还价的策略,买方可以以低于 11.00 美元的价格开始购买(也就是说,从非常低的价格开始),而供应商可以以高于 11.50 美元的价格开始出售。然而,如果买方和卖方仍保持原来的计划,谈判可能会在双方的重叠报价范围内才会达成最终协议。

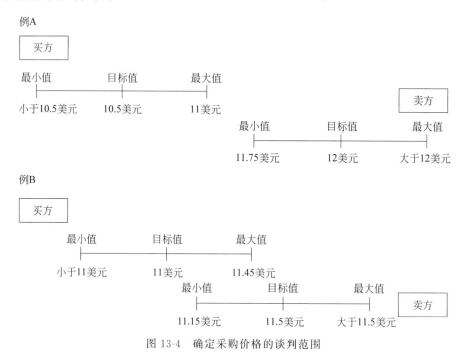

图 13-4　确定采购价格的谈判范围

一些因素会影响谈判方是否修改甚至放弃原来的立场,这些因素包括合同的可取性,影响原立场的准确性和可信性的信息,或是导致另一方为了一个问题而改变对立场的重大让步。

13.4.7　制定战略及对策

谈判战略指的是与供应商达成互惠协议的整体方法。在谈判过程中,供应商与买方持有不同的观点。制定战略过程中的一个主要部分涉及制定对策。它们包括为达成谈判目标和战略而采取的一系列行动计划和活动。后面一节将更详细地讨论对策的有效使用。

战略谈判问题涉及更广泛的问题,涉及谁、什么、在哪里、何时以及如何进行谈判。我们可以把战略和对策看作是同一谈判过程的两个维度,理想的情况是有一个完善的谈判战略,并有适当的策略来支持这一战略。作为类比,考虑一场军事战斗,如果指挥官没有采用必要的战术和资源来实施在该领域的战略的话。再好的发展战略也将失败。

13.4.8 通知其他利益相关者

采购谈判通常会影响整个组织中对谈判结果感兴趣或将受其影响的其他利益相关者。进行谈判的个人或团队应提前对这些利益相关者进行充分的介绍,以确保他们了解并同意谈判的预期目标。本简报还应讨论谈判的主要问题和本组织对这些问题的初步立场,以及每一个问题的理由。在谈判之前,在利益相关者不同意谈判解决的情况下,在谈判过程中向利益相关者通报情况,帮助消除不必要的麻烦。通常情况下,重要的是要通过这一简报过程,让先前的利益相关者参与或支持谈判,以确保最终结果在谈判桌上达成一致。

13.4.9 模拟谈判

有经验的谈判者通常在正式谈判开始之前,先练习或排练复杂的谈判,特别是如果谈判涉及一大笔钱,涉及更长的时间或者对该组织的成功至关重要。一种方法是举行模拟谈判。例如:营销代表或销售人员可能代表供应商。在实践谈判会议中,对方可能提出买方原本没有预料到的问题,但现在他可以更充分地准备这些问题。在使用仿真时,尽可能真实地发挥其作用是非常重要的。

进行模拟谈判的另一个有效方法是买方从供应商的角度扮演谈判,这种方法使得买方了解供应商,并更充分地了解供应商可能如何达成谈判,它也可以发现供应商的预期需求和愿望。再次,使用三角谈判可以在这个关键的过程中发挥重要作用。

有效的计划意味着购买者达成一个比竞争对手更具创造性和价值的协议,它还意味着买卖方的关系支持双方未来的谈判和合作互动。

13.5 谈判能力

谈判过程的一个重要部分是承认和分析双方之间存在的相对谈判力关系。谈判力在这里被定义为影响他人或组织做某事的能力。例如:如果"A"可以让"B"做一些直接有利于"A"的事情,"A"谈判力大于"B"。纵观人类历史,我们看到了谈判力的积极和消极使用。然而,请注意,谈判力本身并没有积极的或消极的内涵,而是如何使用或应用赋予它特定的基调。在谈判过程中,有效利用谈判力会极大地影响谈判的实际结果。

个人和组织都将不同的谈判力来源带到谈判桌上,对权力水平和来源的考虑应该成为任何谈判策略的一部分。使用某些类型的权力可能会损害持续的关系,而其他权力则是技术专长或获取信息的结果。因此,谈判者必须了解使用每一种权力来源的利弊,它们还必须确定和理解使用某一特定权力来源可能对双方关系产生的影响。

13.5.1 谈判能力的来源

研究人员已经确定了在谈判中可以由个人或组织行使的六种一般类型的权力:信息、奖励、强制、合法、专家、参照。

获取相关有用信息通常是谈判中最常用的一种谈判力形式。它依赖于通过事实、数据、信息和有说服力的论证来支持对方,以支持自己的立场和/或说服对方的立场。然而,在谈判中有效地使用信息并不一定意味着公开和完全的共享。例如:一方只能提供支持其立场的有利信息,而另一方只能提供否定信息来反驳立场。一方经常操纵信息,作为谈判力的来源,以控制或限制另一方的选择。

13.5.2 奖酬的作用

奖励权是指一方能够向另一方提供有价值的东西,如购买合同或获得新产品或技术。使用奖励是对谈判施加积极控制的一种直接尝试,特别是当与更依赖说服的信息力量结合使用时。奖励力量的基础是相信当获得有价值的奖励时,个人会做出相应的反应和行为。然而,使用奖励的一个关键风险是,谈判者的对手最终可能学会只有在提供奖励时才积极响应。

1. 强制力

强制和奖励有一定关系,它们是同一谈判力的两面。如果一方可以向另一方提供有价值的东西(奖励权),那么第一方也可以拿走(强制权)。因此,强制权力包括在财政上、身体上、情感上或精神上惩罚对方的能力。请注意,由于与生俱来的与另一方取得平衡的愿望,反复使用强制权力可能对未来的关系产生不利影响。如果谈判力结构在未来发生不利地变化,谈判方也有可能会发生报复。例如:当供应市场在经济复苏过程中开始收紧时,供应商可以通过追求大幅度的价格上涨,减少对某些买家提供优质的服务,甚至中断供应。

2. 法制权力

个人持有的地位,是合法权力的基础。父母、牧师、行政人员和选举产生的公务员都是拥有法制权力的榜样。在采购中,买方可以拥有合法的权力,仅仅因为他在法律上代表一家知名公司并有权购买。有正当权力的个人不一定有奖励或强制权力(例如:教会牧师),尽管不同类型的权力组合具有某些协同性质。

3. 专家权力

专家权力是一种相关的、特殊的信息权力形式。信息和专家能力的成功应用涉及有用知识的开发和维护。当有人对谈判进行了充分的研究和准备时,信息权力就存在了。专家通常被认为已经积累并掌握了关于某一特定学科的高水平知识,通常还附有可证实的证书和证明其精通程度的地位。专家权力可以通过降低另一方成功反驳专家立场的可能性来影响谈判中的其他方。此外,非专家不太可能挑战专家,因为专家的知识深度和可信度高。但是,另一方必须重视所展示的专门知识,以便使其有效。

4. 参照权力

这种力量来源于社会可接受的个人品质和人际吸引力,例如一个人的个性或吸引力。这些品质可以是物质的,但也可以包括个人特征,如诚实、魅力、友善、同理心或敏感性。在这一权力来源中,权力拥有者即被指示者具有吸引另一方或使他想成为或尊重权力拥有者的某些属性或人际品质。指示权的基础是非指示者希望指示者对自己有利。当被指示者意识到对方认同他们或对他们有吸引力时,指示权力在协商中最为成功。

持有权力差异的当事方可能会在谈判期间利用所有可用的权力,但在应用过程中谈判者必须小心不要滥用权力,否则他们会招致报复或降低谈判力价值。在大多数商业谈判中，通常最有效的权力来源是法律、信息和专家，允许双方在达成协议后保持积极的关系。然而，参照权力也可以与其他权力来源协同作用，使其在影响力过程中更强或更有效。

13.6 让步

基本上，每一个谈判过程都涉及让步，放弃自己的立场，为对方提供有价值的东西，最终获得其他有价值的东西。例如：买方愿意提供每台 8.50 美元而不是 8.25 美元，这是一种有利于供应商的让步。然而，通过提供 8.50 美元，买方应该期望得到相对相等或更高的回报，例如更快的交货、更高的质量或更优惠的付款条件。

有效的谈判者很快学会在不重要的事情上让步，以换取有价值的另一方的让步。为了使让步过程有效，每一方都必须承认让步是任何谈判的正常和必要的组成部分。然而，买家仍然希望通过获得相应的甚至更高的回报来最小化他们的让步。有效的谈判者不会在没有得到同等或更高价值的回报的情况下放弃任何让步。

如果没有有效的让步策略，大多数谈判将导致僵局或未能达成协议。然而，达成僵局并不一定意味着谈判失败，谈判双方的立场可能相差甚远，协议无法很快达成。在这种情况下，事实上最好不要同意和离开谈判，而不是接受一个糟糕的协议。这就是为什么谈判者在谈判开始前为每一个问题充分准备和建立一个周全的最佳替代方案是非常重要的。谈判者必须知道可用的选项，并且明白达成不协议可能比达成一个糟糕的协议更可取。

谈判者达成让步的方式是每一成功谈判策略的重要组成部分。如果采购商一开始以较低的初始报价（例如价格）开始谈判，随后是相对较小的让步，这表明他们不愿灵活。相反，合作开放的立场并提出适中的报价，随后相对较强的让步，这就说明采购商比较灵活，但是，让步应该是递减的，而不是递增的。随着让步的增加，等待对方未来的让步，而不是马上同意，这是另一方的最大利益。谈判者的让步方式往往会影响谈判的时间和成本，这也影响了另一方对可能结果的期望。

Hendon、Roy 和 Ahmed 为成功的让步提供了以下 12 条准则：
- 给自己足够的空间做出让步。
- 试着让对方先开始透露自己的需求和目标。
- 在小问题上先认输，在大问题上不认输。
- 做出不重要的让步，把它们描绘得比它们更有价值。
- 让对方为你做出的每一个让步努力工作。
- 你做的每一个让步都要权衡一下。
- 一般来说，让步缓慢，逐渐让步。
- 不要向对方透露你的最后期限。
- 偶尔对另一个谈判者说"不"。
- 即使在暂时的谈判中，也要设法收回让步。
- 记录谈判中的让步，并设法找出一种模式。
- 不要太频繁、太快，或太多地让步。

> **专栏文摘**
>
> ### 电子采购会改变谈判吗？
>
> 随着在线购物人数的不断增长,供应管理专业人士将面临一些变化,他们传统上以面对面的人际交往技能为荣。纽约 JP Cannon Associates 公司的采购专家 Kevin Rohan 认为,在今天的市场上,成为一名强有力的谈判者是不够的,还需要继续发展自己的技能,熟悉最新的技术,如何使用互联网、识别市场变化,并进行战略规划。然而,在不久的将来,电子采购完全取代一对一谈判的可能性微乎其微。在 Chattanooga 的 John Michael 人事集团总裁 Emery J.Zobro 相信,尽管成功的供应管理专业人员的特点可能会随着时间的推移而改变,但某些行业的质量将在电子采购行业的渗透中幸存下来。Zobro 说:"五年后,一个没有使用过电子商务和电子采购的人肯定会被甩在后面。"不过,他仍然坚定地认为,"通过电脑购买东西永远不会取代一对一的谈判"。
>
> 资料来源:Adapted from Francis, D. (2000, August 24), "The Decline of the Negotiator?" Purchasing 129(3),160.

虽然让步是任何谈判过程中的重要组成部分,但愿意提供大量让步,特别是如上所述的让步,通常不符合买方的最大利益。谈判前的计划水平和各方的相对权力将影响谈判中各方让步的程度、频率和时间。

13.7　谈判对策:努力达成协议

谈判策略是用来执行战略的短期计划和行动,引起对方立场的自觉改变,或影响他人达成谈判目标。谈判者在伦理上制定对策,说服对方接受某个职位或同意一个更好的结果。此外,精明的谈判者必须学会识别和理解对方使用的对策类型,以及如何对付对手。意识到对手的对策通常会降低这些对策的有效性。

买方和卖方使用的一些不道德的对策实际上是为了让对方同意一个问题或立场,毫无疑问或是对事实的彻底审查。然而,这并没有否认一个事实,即有许多合法的和符合伦理的对策可以用来说服另一方接受特定的观点。以下是典型谈判对策的一小部分:

- 低门槛。这一对策涉及一方,通常是卖方,提供一种非常低的价格来接受买方的业务。供应商知道,一旦买方对卖方作出承诺,由于一致性原则,买方通常很难换到另一个供应商。
- 诚实和开放。工作关系密切的缔约方往往具有高度的互信,可以促进信息的自由和公开分享。这一策略的目的是使每一方都意识到建立相互接受的协议所需的相关信息。
- 问题。开放式问题作为一种谈判策略具有双重目的。首先,有见地的问题可能导致披露有关另一方所陈述立场背后的利益的新信息。其次,当另一方花时间考虑问题答案时,问题会提供一个缓解或反思的时间。只寻求"是或否"答案的问题不能提供更多的附加信息。
- 休息。谈判者可能需要处理新的信息,或者如果谈判进行得很糟糕,就要休会;或者谈判代表可能觉得他们做出了太多让步,需要打破不健康的互动模式。
- "试飞气球"。使用这种策略的谈判者可能会问:"如果我能说服我的经理认可这一选择呢？你愿意一起去吗？""试飞气球"是可接受性的测试。另一方对这一理念的现场反应，影响着双方是否应该进一步开展更深层次的讨论。

- 价格上涨。卖方有时会争辩说，如果买方不同意某一价格或条件，价格很快就会上涨。一位消息灵通且准备充分的谈判人员能分辨出真正的价格变化和卖方只是为了得到采购合同而采取的对策两者之间的区别。
- 高报价。这种策略指在一个问题上采取极端的初始立场。例如，卖方可以提出极高的销售价格。其基本逻辑是，一旦一方真正从极端立场作出让步，相比之下，另一方可能更容易接受新的立场。它还试图改变讨价还价的区域，以利于谈判。
- 最佳和最终报价。这种策略通常标志着某一特定问题谈判的结束。对这种策略的警告是，如果对方不接受要约，做出最好和最终报价的人必须准备结束谈判。如果一方频繁地修正最好的、最终的报价，那么这种策略很快就会失去效力，而谈判代表在被称为虚张声势时就会失去可信度。
- 沉默。这种策略包括当另一方提出报价时，不要立即做出回应，希望尴尬的沉默会鼓励另一方做出进一步的报价或让步。当一个讨论遇到沉默时，人们通常会表现出填补空白的倾向，以免冒犯对方。另外，当对方提出削弱我们立场的观点时，保持沉默可能比承认对方是正确的要好。另一方实际上可能会放弃先前的立场。
- 计划让步。这一策略利用让步影响对方的行为。计划让步表明对方现在需要做出回应，正在转变为一个重要问题上的让步。
- 谈判地点。有些谈判者坚持在对他们有利的地点进行谈判。一方可能不得不走很远的路程，面对太阳或者坐在一张不舒服的椅子上，努力制造压力。此外，场地的选择会影响谈判人员能否在关键时刻起身离开谈判。

根据谈判和冲突解决心理学专家 Robert Cialdini 的说法，我们可以将现有的数百种谈判策略分为六大类，它们代表了指导人类行为的基本社会心理学原理。

- 回报。事实上，每个人类社会都遵循互惠原则，这意味着人们有义务在我们从别人那里得到某种感知到的价值之后，把同等或更高价值的东西还给别人。在谈判中，这一原则规定，当另一方作出让步时，有义务返还实物。有效的谈判者理解互惠对大多数人的强大影响。在租界交换过程中，谈判具有明确的模式，并会强烈影响各方提供的质量或程度。然而，如果请求的让步对你来说是重要的，那么往往不需要在相同或更高的价值水平上作出让步。在这种情况下，谈判者可能会打破互惠的模式，作出较小的让步。这也可能意味着让步的谈判代表正在接近他的 BATNA 或保留点。
- 一致性。这个原则指导我们在信仰和行动上保持一致。在谈判中，如果我们能让别人同意某件事，那么不遵守他们的观点是不一致的和非理性的，这是一种令人不舒服的行为。同样，熟练的谈判者也明白，在某人同意某事之后，他对这个决定的感觉比他同意之前更好。此外，一旦一个小的承诺到位，以后就更容易要求更大的承诺。一致性陷阱是一个非常强大的策略，很难摆脱。
- 社会认可。根据这一原则，我们看别人的行为来决定什么是可取的、适当的和正确的。如果我们看对方来决定我们的行为，这一原则在谈判中常常对我们不利。例如：卖方可以声明一个受人尊敬的公司使用其产品，从而向买方提供购买价值的社会证明。
- 欣赏。这个原则说明我们工作得很好，与我们喜欢的人或像我们这样的人相处得更愉快。因此，优秀的谈判者应该有足够的时间去了解他们的同行，知道当有一个良好的熟悉程度时，达成期望的让步更有可能。
- 权威。这一原则表明，我们更可能接受公认的权威人物的立场、论点和方向，与上述合法权力的影响不一样。在谈判中，高级销售主管可能仅仅因为其在组织中的默示权力或正式职位，就能够对缺乏经验的买方产生重大影响。
- 稀缺性。卖家早在职业生涯中就知道稀缺性，甚至是对潜在稀缺性的感知，可能对购买者产生强大的影响。谁想关闭或破坏一个设施，因为下个月供应会短缺（除非买方现在采取行动）？同样的论点也适用于价格上涨。如果产品以新的价格稀缺，那么隐含的含义是买方必须在价格上涨生效之前采取行动。

即使是同一个对手，一个谈判中使用的策略也可能不适用于另一个谈判。在进行谈判时，有效的谈判者必须愿意修改无效的对策，并准备应对可能对他们不利的对策。当对方没有准备好，在严重的时间压力下，缺乏经验、疲倦或无私，对策会起到最好的作用。要做好准备，在没有分析战术及其真实、预期效果的情况下，不要妄下结论。

13.8 双赢谈判

许多传统的供应管理者认为谈判的首要目标是以牺牲供应商为代价，我们称之为输赢谈判（win-lose negotiation）（也称为竞争性或分配性谈判）。输赢谈判是指两个或两个以上的当事方为了一个固定价值而竞争，赢家获得全部或更大的份额。它也被称为零和博弈，如果一方得利，它只会以另一方为代价。购买价格的每一次增加只会使卖方受益，而价格的每一次降低只会对买方有利，没有其他可能的结果。输赢谈判中的竞争水平很少使供应商急于与买方合作，为其他客户提供无法得到的优势。供应商在没有获得相应让步的情况下这样做是没有内在优势的。

双赢谈判（win-win negotiation）（有时称为综合谈判或合作谈判），寻求通过合作谈判扩大各方可获得的价值或资源。各方仍在谈判，但他们这样做是为了确定如何通过使用同时满足双方的需要和愿望的创造性提案公平地划分更大的价值，这显然不是一个简单的过程。例如：增加对买方的价值可能意味着获得比竞争对手更有利的购买价格，缩短供应商的订货周期，共同努力减少双方之间的重复或浪费，或协助开发新技术或产品设计。在供应商方面，增加价值可能意味着额外的销售量，对未来业务的优惠待遇或买方提供的技术援助，以帮助降低其运营成本。图 13-5 对比了双赢谈判的特点。

输赢谈判的特点 （分配谈判）	双赢谈判的特点 （综合谈判）
• 采取严格的谈判立场。 • 争夺固定价值。 • 一方对另一方严格使用权力。 • 寻求敌对关系。	• 了解对方的需要和愿望。 • 关注共同利益而不是个人利益。 • 共同努力解决问题，开发具有附加价值的创造性解决方案。 • 公开分享信息。

图 13-5 输赢谈判与双赢谈判的特点

双赢谈判的根本问题是买方和卖方如何通过合作谈判过程，追求可以综合讨价还价，并增加双方可获得的利益。以前的研究已经确定了五种不同的方法来追求综合（双赢）协议。

- 扩大蛋糕法。双方密切合作，各方确定新的创造性的方式来扩大可用资源或通过谈判达成协议产生新的价值。例如：卖方提供买方先前获得的新技术，以纳入其新产品可以帮助创造新的价值。如果市场接受新产品，销售将增加，供应商将收到更大的未来订单，双方都变得更好。
- 争议交易法。成功的争议交易需要各方确认存在分歧，而且存在不止一个问题。各方同意权衡这些问题，使每方都有一个最优先的问题得到满足。这是一种妥协的形式，每一方在那些最重要的问题上得到更多，同时在那些不那么重要的问题上放弃更多。
- 非特定补偿法。通过这种方法，一方在某一问题上达到了目标，而另一方得到了其他有价值的东西作为奖励。这种方法只有当补偿方知道对方有什么价值，并作出合理的报价，使对方完全同意才有效。
- 降低成本法。随着成本削减，一方（通常是买方）获得更低的价格，因为双方共同工作，以降低卖方的成本或共同的交易成本一起做生意。买方满足他获得竞争性价格的目标，而卖方由于其新的降低的成本结构而在市场上变得更具竞争力或获得更高的利润率。
- 利益交集法。此方法包括创造满足各方需求的新选择。尽管桥梁解决方案可能不能完全满足各方的需求，但它们通常都能满足各方的基本需求。正如在三角谈判的第三点（建议采取行动，他们可以接受），谈判代表寻求共同满足双方利益和需要的解决方案。

双赢的谈判方式最适合于对买方产品或业务重要的项目或服务，或当项目涉及高成本的项目或服务时，成本控制至关重要。当供应商为产品或服务增加高水平的价值时，这也是适当的。同时，当技术、周期、质量和价格/成本等变量是重要的，双赢的谈判也可能是实现双方利益的最佳途径。

 实践范例

Mack 卡车使用谈判加速其采购过程

Mack 卡车公司是由沃尔沃（Volvo）、雷诺（Renault）和 Mack 的卡车制造部门新组建的联合运营公司，正面临来自客户和竞争者的激烈定价压力。满足公司财务目标的能力对公司提出了重大挑战。在提高卡车价格和需求下降的情况下，Mack 面临的选择是更好地改进成本管理，或者通过降低利润率和盈利能力来消化原材料价格上涨。

甚至在 Volvo 拥有 Mack 卡车和 Renault 之前，Mack 和 Renault 就试图在全球范围内尽力使用通用配件。Mack 卡车得出结论：采购为欧洲和美国北部之间的全球协同提供了极好的机会。Mack 卡车与 Renault 合作，实施了一个全球采购过程，利用联合卡车公司调整现有的购买量。Volvo 卡车现在也加入这一过程，这一过程的核心部分是谈判，以帮助三家联合公司完成其全球采购。

Volvo/Renault/Mack 卡车的全球采购流程，最初由 Mack 开发，由九个步骤组成，这个过程的好处是能够规范每一步任务。跨职能采购团队负责开发和谈判全球采购合同。即使采购团队确定的是区域性的,而不是全球性的,合同也采用了九个步骤。

图 13-6 描述了 Volvo/Renault/Mack 卡车的九步全球采购过程。过程的步骤 0 到步骤 4 涉及战略开发过程,而步骤 5 到步骤 8 涉及战略实施。

```
步骤0：选择全球采购项目
步骤1：启动项目
步骤2：开发采购项目
步骤3：提出提案请求
步骤4：推荐策略并与供应商谈判
步骤5：确定供应商
步骤6：正式确定采购合同
步骤7：样品测试和批准
步骤8：生产准备
```

图 13-6　九步全球采购流程

步骤 0：选择全球采购项目

由执行指导委员会负责选择采购项目,并确定每个项目预期的成本节约。指导委员会在维护全球采购过程的强度方面起着至关重要的作用。第 0 步是连续的,因为前期在全球过程中建立的协议最终会被定期审查和/或更新评估。

步骤 1：启动项目

也许与第 1 步相关的最重要的任务是组建采购团队。执行团队根据其对审查项目的熟悉程度选择团队成员。一个正式的团队领导与团队一起制定时间表、可交付成果清单和预期里程碑。

在步骤 1 中,团队通过收集和分析数据来验证采购机会。各种不同的工具可用于支持每个团队的分析。例如：团队使用组合分析方法,并根据采购需求的特点提出策略和建议。该工具帮助团队制定最符合实际采购需求的采购策略。

步骤 2：开发采购项目

一些管理者认为这一步是最关键的,因为采购团队确定了潜在的全球供应商。从潜在供应商列表中,团队发送一个信息请求,这通常是一个问卷,询问销售、生产能力、质量认证(如 ISO 9000)、对卡车业务的熟悉程度和主要客户。

第 2 步需要工程方面的大量工作。工程师将检查图纸,以努力规范 Volvo、Renault 和 Mack 卡车的零件规格。虽然团队可能认为不存在全球供应商,但仍然可以促使各公司之间设计配件规格的标准化。

步骤 3：提出提案请求

第 3 步的特点是开发、发送和分析在第 2 步中确定的正式提议给供应商。供应商通常需要六周时间来分析和回复咨询函。采购团队负责分析咨询函回复中的细节,他们有权确定用于分析使用的判别的标准和评估权重,但成员必须在选择供应商的建议上达成共识。

采购团队在法国雷诺进行了一个谈判研讨会,目的是审查支持全球采购进程和提高谈判技巧所必需的工具。会议的前半部分致力于全面培训,后一半时间制定谈判策略。各小组还将选出一名谈判负责人,谈判领导人的决定是基于讨论和小组的协商一致,而不是投票表决。在前 27 个全球项目中,有 1/3 的谈判领导人是从外包团队中挑选出来的。

步骤 4：推荐策略并与供应商谈判

每个采购团队向执行委员会提出战略建议,执行委员会由三家公司的采购副总裁和工程副总裁组成,团队建议包括选定的供应商使用预期的节省和时间标识。

步骤 4 中发生的所有谈判都是与供应商面对面进行的。迄今为止,谈判多发生在公司注册地,一半的谈判发生在美国,一半在欧洲。当供应商到达谈判时,他们审查全球采购过程,所以他们知道这一步只会产生一个建议。

在供应商到达进行谈判之前,他们会收到关于其竞争力的反馈,这使他们能够在谈判开始之前修改提案。如果供应商不具有竞争力并且选择不修改提案,则团队可以取消供应商的资格。谈判还提供了一个机会,以验证新的供应商是否能够满足技术或商业要求。

一旦首席谈判代表接过任务,团队领导的作用就开始减弱(除非团队领导是首席谈判代表)。组长通常仍然是谈判小组的一员,协商会议通常需要大约三个小时。谈判可以讨论多种问题,但团队的目标是实现成本节约。

步骤 5:确定供应商

在第 5 步中,采购和工程组收到全球采购团队的建议和谈判报告。职能主管将开始编制其财务计划的预期成本节余预算。第 5 步的结果将确认所建议的供应商。第 5 步代表从全球采购团队向采购、工程和质量团队移交拟议和协商的采购战略。

步骤 6:正式确定采购合同

这一步骤涉及合同谈判过程结果。谈判负责人在合同完成之前一直在进行谈判,法律部门也参与其中,但买方使用预先确定的模板编写合同。

不同于传统合同,全球合同的期限通常为 2~3 年。全球协议包括提高生产率的要求,以抵消材料成本的增加,并鼓励供应商的技术进步。而且,在某种程度上与先前的合同有所不同,开始出现激励措施如 50/50 的改进共享。

步骤 7:样品测试和批准

这一步评估选定供应商提供的样品。生产部门开发完成最初的样品检验报告,谈判负责人制订生产计划。

步骤 8:生产准备

第八步是试生产阶段。选定的供应商可将一天或一周的供应量送至实际生产中使用和测试。

一个好的实践例子说明了一个公司如何利用谈判培训和意识来增加其国际采购过程的价值。如本文所述,没有高技能和训练有素的谈判者,就不可能制定复杂的全球采购战略。全球协议的规模和复杂性通常较长,涉及许多非价格问题,需要面对面的谈判。

13.9 跨国谈判

随着国际业务的迅速增长,特别是在过去 20 多年外包和全球采购活动的发展,跨国谈判的需求呈指数增长。Thomas Friedman 在他的著作《世界是平的》中给了我们一个真正的全球供应链的典范样本,书中描述了戴尔是如何组成和构建笔记本电脑的。在其全球供应链运作中,戴尔利用多个零部件供应商在不同的国家和地区供应不同的零部件。如果一个给定的戴尔供应商无法满足当前对特定项目的需求,那么戴尔可以将其采购转移到具有生产能力的另一供应商,或者从同一供应商转移到不同的工厂,而不考虑供应商的区域位置。例如:戴尔可以根据英特尔的产能、预期的风险条件,将其微处理器从英特尔工厂转移到位于菲律宾、哥斯达黎加、马来西亚或中国的工厂。因此，可能需要不同的或定制的谈判策略来协商不同文化之间的购买协议。

在全球范围内的任何地方，与供应商的谈判在各方拥有不同语言、习俗、法律和文化的情况下，增加了复杂性和挑战性。在准备与另一个国家的供应商谈判时，企业必须投入大量的时间和精力来规划谈判，以适应新的语言翻译、旅行、运输方式和其他外国业务要求。在全球采购协议谈判中最重要的考虑因素之一是文化冲击。由于谈判者沉浸在一个他们既定的准则可能不再适用的地方，因此会产生文化冲击。谈判者原有的价值观、信念、规则和决策模式在新形势下可能不适用。情绪受到影响，谈判者最初可能会遇到严重的焦虑、迷失方向和困惑，从而减少成功实现他们期望的谈判结果的可能性。

各种障碍可能极大地影响国际谈判的进行。在重要性上，有效的国际谈判的主要障碍包括语言、时间限制、文化差异以及对跨国谈判者优先的权威性的限制。有效的国际谈判人员也表现出某些个人特征，有助于克服这些障碍。这些灵活的特点包括极端的耐心、对合同协议的全面了解、诚实和礼貌的态度以及熟悉外国文化和风俗习惯。见专栏文摘：联邦快递专家分享他的国际谈判见解，描述了一家公司如何有效地考虑文化之间的细微差别和差异，以更有效地进行谈判。

除了语言差异的自然障碍之外，仍有可能无法理解和/或被理解。我们所认为的普遍接受的词语在其他国家，甚至在说同一种语言的国家之间，可能有着截然不同的含义，因为当地文化和语境在交际中起着如此重要的作用。例如：在一次国际谈判中，口译员可能会口头交流，但并不能完全传达出外国或非本国谈判者可能看不到的潜在行动、信号和习俗的意义。例如："A.S.A.P."对一个谈判者来说意味着什么，一个守时的文化被认为不如美国或西欧那么重要？它可能意味着"当我们接近它"而不是立即做。

专栏文摘

联邦快递专家分享国际谈判经验

联邦快递卓越战略采购和供应中心高级商务专家Mike Babineaux为在国际上进行谈判的美国人提供了很好的建议。Babineaux警告说："每个与其他文化进行谈判的人都必须意识到，由于文化差异而导致的商业实践中的严肃和代价高昂的错误和误解。"尽管从表面上看，各国在许多方面每天都在发生变化，但文化的基本要素在和平时期的演变要慢得多。

Babineaux说，在交流领域，"美国人往往直截了当地、公开地说话。我们想要真相，我们现在就想要它。当我们认为有人在回避时，我们会产生怀疑。"不幸的是，在谈判中以美国方式直接进行的谈判在某些国家并没有特别有效。他解释说："他会和外国人有不同的想法，因为我们的沟通方式与其他人有很大不同。"一个开放的人可以被看作是软弱的，直截了当的人可能是突然的，书面合同或许暗示了这个人的措辞并不是很好。最后，Babineaux解释说："在世界各地做生意最成功的谈判者是那些学会对与其做生意的人欣赏和理解的人。"

资料来源：Adapted from Mazel, J.(2000, March 1),"5 Negotiation Experts Reveal Their Secrets to Supplier Management." Retrieved from http://www.ioma.com.

国际谈判需要大量的额外计划和前期准备才能取得成功。买方不仅必须进行正常的市场和供应商分析和事实识别，还必须更充分地了解不熟悉的对方的风俗习惯。随着位于不同国家的组织之间的买卖增加，对更高水平的全球谈判技能的需求也将增加。

13.10 选定的国家

下面讨论了进行一个典型的国际谈判时的民族特征,尽管是从严格的美国角度来看的。理解这些一般性在开发谈判策略时是有益的。然而,谈判者必须意识到,对不同国家或地区的文化特征进行定型或重新界定是有危险的。在一个单一的文化中,总是有大量的人际差异需要考虑。在文化中有一些普遍的倾向是要注意的。

下面的讨论概述了一些常见国家的主流商业文化(按英文字母顺序显示),供应经理进行谈判时很可能会接触这些商业文化的一般意见和指导方针。

1. 巴西

虽然巴西人乐于讨论大多数的话题,但家庭是私人的私事,对于偶尔相识的人来说也不是合适的话题。避免涉及宗教或政治的谈话。除非你熟悉葡萄牙语,否则你可以说英语或使用翻译。他们通常比其他拉丁美洲文化更具分析性,将关注每种情况的细节,而不是参照规则或法律来指导。他们喜欢讨价还价,一点一点地让步。在谈判中,巴西人倾向于间接地处理问题,允许他们的感情和热情影响他们的决定。虽然在谈判中陈述事实是可以接受的,但这些事实通常不会推翻潜在的主观感受。男子气概的男性形象仍然很盛行,尽管在一定程度上低于墨西哥,巴西男性认为女性处于从属地位。在巴西也有大量的德国人和日裔,这可能会使谈判复杂化。

2. 中国

当与中国人谈判时,避免俚语或行话很重要,要用简短、简单的句子加上停顿以确保你的话被准确理解。不要做任何可能使你的中国对手感到尴尬的事情。谈判者期望在不同的组织层面上对许多团体进行陈述介绍。因为美国的经理们有不耐烦的名声,中国人会在延长谈判期限以获得优势。不要夸大你兑现承诺的能力,你的对手会坚持你的承诺,他们甚至可能试图在最后一天重新谈判先前商定的问题,即使签署协议,他们也会继续争取更好的交易。在面对中国谈判人员时,你必须耐心,他们更喜欢与群体打交道,而不是个人。即使你的中国对手说一口流利的英语,也要用翻译。

3. 法国

由于他们非常正式和保守的性质,商务活动中的随意态度可能会疏远法国人。由于决策缓慢而谨慎,允许有足够的时间进行谈判。在谈判中,辩论是从一个批判性的角度进行的,具有优雅的智慧和逻辑。法国人喜欢参与辩论,更加追求结果,而不是细节和事实。你应该考虑使用本地代理来协助该过程。虽然法国将接受信息的辩论,甚至可能改变他们的想法,但想要保持一个强大的文化遗产往往禁止他们接受任何违反他们的文化规范的东西。由于法国人很强的个人主义,与适当的个人谈判可以导致快速决策。建议穿着做工考究的衣服。

4. 德国

德国人具有严格的等级划分和部门之间的分隔,甚至禁止同一组织内共享信息。德国人不会公开接受外界信息。这些等级制度也会减慢业务决策的制定速度。德国人在商务活动中很少幽默。在谈判中,德国人则是以客观事实为基础而不是主观感受,高度分析问题。

没有哪国人比德国人更守时了,在谈判中迟到两三分钟可能是一种侮辱。在谈判过程中,德国人往往因为社会和个人秩序的需要而变得情绪化。德国合同往往比美国的合同更详细和具体,而且文件和清晰性都非常重要。

5. 印度

在印度,商人和政府官员广泛使用英语。因此,不需要找翻译或翻译名片。避免个人隐私问题和谈论宗教、贫穷或政治。重要的是与最高级别的人交谈,因为是由企业高层做出决定。印度的组织往往等级森严,独裁专制。此外,印度的官僚体制非常繁重,而商业的节奏往往是悠闲的。因此,谈判的拖延是意料之中的。素食是典型的,商务谈判经常发生在著名的酒店,而不是在餐馆。头衔是很有价值的,所以一定要用他们的官方头衔称呼你的谈判对手。

6. 日本

日本文化与美国文化大不相同。尽管存在这样的分歧,但为开展双方满意的谈判所需做出的额外努力,可以使日本企业成为可靠和忠诚的供应商,建立良好的关系。他们会像对待家人一样对待顾客。与日本公司的谈判过程是独一无二的。例如:日本人对长时间的沉默感到舒适,而对美国人来说则不是。作为集体主义社会的成员,他们是忠诚的团队成员,他们关心国家和企业的福利,而不是个人。礼貌是最重要的。日本人不是说"不",而是经常说"嗨",这不表示同意,而只是表示听到或理解。日本人不喜欢惊喜,他们通常通过协商一致的方式做出决定,这通常会延长谈判时间。谈判时,要记住,要说服整个团队而不是单个个人。另外,避免把日本人置于必须承认失败或丢脸的境地。日本人不喜欢被迫让步的样子,他非常强调人际关系,而较少强调正式合同。因此,与中介机构的连接是很重要的,选择明智的中介机构。

7. 墨西哥

在巴西,主观性常常是决策的基础,而墨西哥谈判代表享受讨价还价和交换的过程,商业活动的步伐将比美国人习惯的节奏慢得多。与正确的人发展和保持亲密的个人友谊是很重要的。个人尊严是重要的,所以要有礼貌,避免任何可能使你的墨西哥对手感到尴尬的事情。外国谈判代表应该强调一项提议对个人、家庭和自尊的好处。钱通常是一个问题,所以你需要提供有创意的金融解决方案。长者习惯于为集体用餐买单,尽管这是典型的讨价还价。认识一个人的头衔和地位是很重要的。

8. 俄罗斯

俄罗斯谈判代表非常有耐心,妥协被认为是软弱的表现。然而,他们往往提出非常极端的初步要求,等待外国谈判代表让步。在谈判的最初阶段,最终报价很少。长期的人际关系并不比许多其他文化重要。他们希望你离开桌子,威胁说你不能与他们达成协议。然而,俄罗斯谈判代表往往有有限的权力作出决定,需要请示缺席的第三方决策者。你需要意识到,一些谈判的目的仅仅是产生信息,而不是为了达成交易。谈判结束前的要求是常见的,即使你可能认为交易已经完成。由于卢布的不可转换性,资金可能是困难的,需要创造性的解决方案,如对等贸易或第三方支付等。

9. 沙特阿拉伯

沙特阿拉伯谈判代表被认为是精明和敏锐的。他们可能站得离你很近,把手放在你的肩膀上。让步是仪式性的,因为开始的要价很高。决策需要时间才能从广泛的审议中实现,最后期限被定为是可以忽略的。在许多其他文化中,与对方建立和保持一种牢固的人际关系是很重要的。社会生活通常发生在白天,因为没有像我们在美国所期待的夜生活,沙特阿拉伯谈判者非常依赖他们的宗教信仰来做出决定。另外,安排行程时不要与宗教节日冲突。"是"通常意味着"也许"。

10. 韩国

韩国谈判代表一般喜欢代表公司一对一的会议,精明的谈判者需要与韩国人建立牢固的人际关系。和许多亚洲国家一样,年龄和地位在韩国十分重要。在团队中谈判时,高级人员应先参加谈判,其次才是初级人员。谈判时重要的是要意见坚定一致,但不要太咄咄逼人。英语是广泛使用的,书面材料可以用英语提供。商务早餐会很少见,但在商务晚宴上,在多次举杯时可能会喝大量酒,这是很常见的。避免比较韩国和日本的文化,因为这两个国家有一个长期的相互不满。沉默表明你的韩国对手可能不理解你的最后声明或建议。

11. 越南

你需要耐心等待,直到你的越南同行开始商业讨论。很多问题的答案都很宽泛,不太具体。点头并不意味着"是",只是你被听到,或者甚至他们不同意你。耐心是非常重要的,经常被用来让外国谈判者做出让步。使用熟练的口译员是至关重要的,因为所选的单词和所做的手势有各种细微差别。直接与对方交谈,而不是与翻译交谈。越南人通常是在一个小组中谈判,而不是单独谈判。

13.11 电子媒介对谈判的影响

使用电子邮件、短信和即时消息等电子媒体可以极大地改变谈判的动态性和有效性。电子谈判的一个优点是谈判者可以在回复之前阅读和反复思考电子邮件。然而,建立一种友好合作的电子关系更为困难。此外,电子谈判手段,往往均衡各方之间的相互作用,因为正常情况下目视得到的暗示和实力的表现很不明显。地位差异不是很明显,社会规范和行为更难以辨别。当以电子方式进行谈判时,当事方的行为也可能不同于他们本人。语音拐点和非语言暗示,不存在电子化,常常为交流思想的词语提供实质性的意义。作为表情符号的设备可以用来提供某种程度的上下文,但它们不如非语言交流那么有效。此外,电子连接另一端的谈判者相对匿名。你认为和你谈判的那个人实际上是在谈判吗?

根据 Karrass 的研究,基于电子邮件的谈判通常比面对面的谈判要花更长的时间来完成。电子谈判的实现结果也对电子谈判者来说不那么令人满意,并且被认为是不公平的。以电子方式进行的谈判往往更加客观,不能促进双方之间的充分融洽。由于电子谈判的人情味低,当事方之间的交流更具侵略性,也不太具有外交性,导致信息和通信常常被误解和断章取义。归根结底,电子谈判更有可能陷入僵局,造成各方之间的不信任。

电子谈判人员倾向于做出样子,假装他们正在实时通信,即使他们不是。在面对面的谈判中,正常的给予和接受是不存在的,而电子谈判者一般会在谈判中提出较少的问题,并倾向于做出更多的假设。例如:当谈判者以电子方式交流时,沉默意味着什么?如果另一方对请求或提议不迅速作出反应,这是否意味着他们对它有矛盾,或者只是太忙,无法马上作出回应？此外，电子谈判人员通常对结果的责任感较低，因为他们感觉到与处在同行不同地区。他们也倾向于采取一种更具对抗性的心态，"我们对他们"。因此，面对面交流的谈判者更有可能达成协议，避免他们的电子谈判陷入僵局。

考虑到电子谈判所面临的所有挑战，它仍然是一个商业现实，一些谈判，特别是全球范围谈判，必须采取远程谈判模式，因为时间限制和大量的旅行费用。减轻距离的负面影响的一种方法是在电子谈判之前举行一个"让我们熟知"的面对面的会议，即使没有实质性的谈判发生。本次会议有助于增进信任，并可减少未来以电子方式进行的互动中的不确定性。许多长期采购协议以这种方式有效地促进，也就是说，在最初的面对面会议之后是电子谈判。如果面对面的会议是不切实际的，可以通过使用电话通话或实时视频会议（如视频电话或面对面时间），在双方之间实现相同的积极效果，并了解对方作为一个人，允许非正式的分享时间。

其他技术和方法也有助于扫除电子谈判的障碍。尽管电子谈判沟通速度较快，这样做很有诱惑力，但不应在不仔细考虑邮件的语调以及误解邮件的情况下，迅速撰写和匆忙发送谈判电子邮件。精明的谈判者不会在面对面的场合那样做。总会有遗漏或表述不当的情况，造成混乱和需要额外的补救措施。电子邮件能永远存在，所以要小心你说的话和你是怎么说的。电子谈判者还必须认识到，一旦发送电子邮件，它是不可检索的，可以转发给意外的接收者。电子邮件谈判者还需要仔细验证"收件人"和"抄送"地址，以确保电子邮件仅发送给其预期收件人。

电子谈判者也应该理解如何使用普遍接受的电子邮件协议。尽管电子邮件的使用往往是非正式的，但把谈判电子邮件当作更正式的文档还是很重要的。电子邮件发送者应该使用清晰、简洁的语言，但不要使用所有的大写字母、过多的标点符号、下划线、粗体、斜体或即兴的评论等社交媒体惯例。使用这些词可能会让人困惑，可能会被误解为对接受者有意料之外的意义。另外，避免将邮件抄送到其他谈判代表的老板或任何其他可能被认为对他有影响力的人。这种做法是不专业的，可能会发出一个强烈的信号，表明你不信任他们。

有效的电子谈判做法具体如下。

- 使用混合谈判，从最初的面对面的会议或电话开始与另一方建立本质上的融洽关系；有时，需要一个后续的面对面的会议或电话来澄清信息或理顺关系。
- 作为初次接触的一部分，分享相关的个人信息，并开始与另一个谈判者建立个人关系。
- 建立共同点和利益，建立互信。
- 使用"表情符号"来应对电子谈判中的非语言意识的缺乏，但是要注意他们在哪里使用和使用频率。
- 经常总结协议和让步以避免误解。
- 包括积极的语言，指的是关系的重要性。
- 保存电子谈判信函的文件夹以作永久记录。
- 知道何时以及如何回复或转发电子谈判信函；在没有认真考虑仓促或考虑不周的回复可能造成的后果之前，不要这样做。
- 在发送电子邮件之前，对整个消息（包括收件人）进行校对；一旦发送出去，就很难检索或恢复。

- 认识到成功完成电子谈判比面对面谈判需要更长的时间。

实践范例

Texas Instruments 公司为采购专家提供全面的全球谈判技巧和增强的文化理解力

许多美国公司在与国内供应商打交道时成功地展示了谈判和关系技巧。然而,当发展日益全球化的供应基地时,那些具备相同程度的谈判技巧和关系管理经验的谈判人员往往是不够的。在与外国供应商谈判时,特别是在采购合同谈判的最初阶段,存在着大量的警告和挑战。2003 年,Texas Instruments(TI)制定并实施了一个全面的职业发展计划,为公司内部采购专业人员和其他公司内部人员提供一整套的培训,以应对他们将开展业务的这些文化差异和价值观的不同。

TI 推出了这种文化意识计划,以回应公司战略,重点是寻找和利用低成本国家和地区的供应商,例如东欧和亚洲。该计划允许 TI 的采购专业人员与这些文化中的供应商发展更高层次的谈判和关系技能。这些专业发展计划是由内部人员提供的,可以为全世界的 TI 员工量身定制,培训可以特别适应不同行业、公司和产品所遇到的文化差异。

培训包括从买方和供应商的角度挑战个人期望和假设的能力,用清晰易懂的术语描述买方的期望,仔细审查和培养对供应商假设的理解,并弥补在交换过程中遇到的差异。总体计划目标是防止、排除或减轻与其他文化人士谈判时遇到的困难和干扰。

从中获得的主要好处之一是谈判人员能够理解为什么先前的谈判没有预期的顺利进行。基于这种扩展的知识和文化认知,最近的谈判结果更符合公司的预期和要求。那些完成了培训的人能够有效地打破谈判和关系障碍,重要的是了解供应商的观点和价值观,并积极考虑他们的规划而进行采购谈判。TI 课程还使参与者能够更好地准备,应对通常在与全球供应商进行谈判时由于需要建立持久的关系而导致的漫长的过程。与全球谈判无关的另一个好处是,同样的技能已经被应用于改善 TI 的全球工作团队的表现。

本章小结

一个组织在商业上的成功,部分是因为它的谈判者在买卖活动中的技巧。不管行业如何,有效的谈判者都有共同的特点。他们意识到他们不是天生就具备必要的谈判知识和技能。因此,他们必须不断地学习、实践和训练,才能成为更有效的谈判者。研究表明,熟练的谈判者普遍比效率较低的同行,有更高的抱负和追求更积极的目标。最后,善于谈判的人注定是组织中最有价值的专业人士之一。

专业供应管理者必须通过参加培训、模拟和研讨会来培养这些关键的谈判技能,从而成为更有效的谈判者。良好的采购协议与优秀的采购协议之间的区别往往是谈判人员或谈判团队的准备水平、人际关系和建立关系的能力。

思考讨论

1. 为什么谈判是采购过程中的重要部分?
2. 讨论支持有效谈判计划和执行所需的资源。

3. 采购谈判的双方除了讨论价格外,还可以讨论许多问题。选择五个买方和卖方可以达成协议的非价格问题,并分别解释这些问题对于买方或者卖方重要的原因。

4. 通过互联网进行电子采购会增加或减少买卖双方之间的谈判需求吗?为什么?

5. 如何建立一个熟练或有效的谈判者的形象?

6. 比较双赢谈判者和对抗式谈判者。

7. 讨论买方和卖方可能在谈判桌上带来的不同优点和缺点。

8. 在进行谈判之前,买方应该收集关于供应商的哪些信息?

9. 在买卖双方谈判中,什么是最重要的权力来源?

10. 为什么在采购谈判中让步是重要的?谈判各方如何表现出妥协的意愿?

11. 过分依赖国际谈判代表的典型形象有什么风险?使用这些形象有什么好处吗?

12. 举例说明买方或卖方实施的可能被认为不道德的对策。

13. 讨论 BATNA 的概念,并解释谈判者如何有效地利用它来计划谈判。

14. 描述使用三角谈判计划采购谈判的技巧。

15. 解释谈判人员如何以及何时能够有效地使用电子谈判技术。

第 14 章

合同管理

学习目标

- 了解现有的不同类型的合同;
- 了解长期合同及其使用时间;
- 了解非传统支出领域的不同类型合同;
- 了解有效的合同纠纷的法律解决方案。

开篇案例

经济困难时期供应商财务风险管理

尽管许多人认为合同规定了在任何情况下买卖双方的关系应如何运作,但事实是,几乎不可能在合同关系开始时就预测出每一种可能性。这种情况在2008年经济衰退时期更为真实,直到我们在2010年撰写这本书时,经济衰退仍在进行中。在此期间,许多公司吸取的教训是在合同以外,改善与长期供应商以及与那些提供关键和战略物品和服务的供应商的关系。根据2008—2010年经济衰退期间收集的采购主管调查,最近的研究表明了两个重要的发现:第一,当采购商专注于改善关键供应商的财务状况时,供应链中断可能会减少;第二,积极主动的合同重新谈判实践也可能导致供应链中断的减少。当被问及供应链中断可能产生的影响时,38.6%的采购主管表示,这将导致收入减少,20.9%的客户服务质量下降;13%的业务关闭;27.5%的人认为这种影响将影响这些元素。这项研究的结果表明,与供应商的沟通很重要,但必须与积极主动的方法相结合,才可能进行有意义的合同谈判,改善获得信贷的机会,减少付款条件,并更容易获得所需的周转资金。

注意,这个结果在理论上是可行的,但是结果表明,这并不总是发生的,特别是当面对供应商的财务胁迫时,采购公司并不总是采取有意义的行动。在2008—2009年全球经济衰退期间,在北美接受调查的采购公司中,只有50%在努力与供应商合作并协助供应商处理财务问题,只有不到20%在调整应付账款和应收账款政策。由于供应商并不总是乐于分享财务问题,其他指标,如质量或交货问题,可能是供应商经营中财务胁迫的潜在指标。

这项研究表明,企业必须采取行动,有所作为,行政领导层有责任带头提倡这种态度。2009年3月,一家大型一级汽车公司的首席生产官描述了此类行动的一个典型案例:在过去的三年里,我们经历了许多困难的情况,积极主动的沟通是减少供应商关系中许多固有风险的关键。我主持了一次与全球品类经理的每周会议,以提供可见性,确保我们与所有适当级别的管理层一起处理问题,当需要与我们的供应商CFO甚至他们的银行合作时,关注级别提高了。我们的买家了解到,通过良好的沟通,可以增强双方的关系,这对多年来一直是"报价人"的许多买家来说是一个巨大的转变。传统上,我们相信所有供应商基本上都是一次性的。因此,我们可以有一个"同类最佳"的供应商危机更换流程。大约18个月前我在一个部门成立时改变了这一流程,专注于主动降低供应商风险,这一过程的大部分是基于从买方沟通中获得关于压力的早期信号。然后,我们使用供应商开发等工具以及财务和成本经理提供的一些高级财务分析来评估,通过解决导致供应商陷入危机的问题寻找稳定降低供应商风险的方法。

因此,组织必须发展动态能力,以监测和管理供应商的财务状况,并寻求合同重新谈判,以应对这些挑战。在2008—2009年的经济衰退期间,金融专业人士协会(AFP)发现,收入低于10亿美元的公司中,高达63%的公司的短期现金需求依赖于有担保和无担保的信贷额度。不幸的是,这种信贷正变得越来越少。采购组织需要更频繁地更新供应商的财务状况,没有比直接与供应商的管理团队对话更好的方法,如上面的例子所示。

第二个也是更具规范性的方法是,采购公司需要在降低和管理供应商财务风险的战略上建立内部一致性。采购部门需要对供应商财务风险的管理采取一种更加正式和重点突出的方法,并着眼于如何管理全球经济中存在的高峰和低谷。朝着全球供应网络的方向发展,需要一种方法来考虑如何调整战略、增长和能力,并沿着这些路线建立共同目标。

资料来源:Handfield, Robert, Paolo, Marcos, Working Paper, Supply Chain Resource Coopercitive, July, 2013.

14.1 引言

在全球采购中,人们会做风险交易,做出那些他们无法兑现的承诺。他们不看或者不明白就签了合同,他们在没有注意到的情况下做出危险的假设,在知道或不知道的情况下提出或接受不合理的要求。他们认为一个市场的条款在另一个市场是可以接受的,不承认文化或法律上的差异不同,所有这些都是当前全球化经济环境中的主要陷阱。

对企业而言,在全球化背景下合同管理不善仍然是各种问题、误解和执行不力的主要根源。此外,公司往往无法在合同讨论中提供所需的资源,这些讨论不属于西方国家传统上接受的"正常"合同准则。亚太地区和拉丁美洲的情况尤其如此,它们对如何看待和管理合同关系的看法存在重大差异。此外,在这些文化中,做出的承诺和关系管理常常超越合同术语。在国际环境中,许多高管认识到,为合同违约寻求法律援助往往是一个没有效果的出路,特别是考虑到许多司法纠纷的不确定和充满风险的环境。因此,许多公司试图通过一个称为"预防性合同"的过程来解决问题,该过程包括在最初的合同签订阶段花费更多的时间来充分理解利益相关者的要求和反复沟通期望,以获得充分的了解。另一个重要因素是,考虑到市场输入因素的高度不稳定和不确定因素,需要在合同条款制定方面具有灵活性,以促进互利关系的建立和维持。

最近的一项研究反映了这些问题,在该项研究中,一些关键人物的访谈讨论了他们在国际合同管理中遇到的一些挑战:

我们的全球企业文化要求供应商具有最终的灵活性。我们不会给出需求预测,我们希望你方能做到。我们也可以随意终止,并保留所有的知识产权,因此所有的灵活性都在我们这边。奇怪的是,供应商认为这是不合理的。因此,当他们看到这一点时,他们当然会将成本加入进来。我们不明白,因为我们强迫他们放弃灵活性,就好像这样做没有成本!我们需要在制定价格再决定条款时有一定的灵活性,并有能力将其与灵活性联系起来。然而,我们无法给出任何预测或生产曲线,这在市场上带来了巨大的风险。我们不能给供应商一个他们可以依赖的预测。

我们需要将合同分成三个关键部分:①标准的 T 和 C,其中包含基本的管理要素,我们可以做到这一点;②围绕数量和价格确定的特殊的交易商业条款;③实际的定价结构,反映市场的变化。这是在全球合同基础上面临的最大挑战。

在考虑有关合同的难点时,预防法之父路易斯·布朗撰写了现在著名的《预防法手册》指出:"避免陷入困境的成本通常比摆脱困境的成本低。"

这意味着,合同是决定商业关系成败的关键。与其以后出了事再打官司,不如把时间花在讨论预期、定义具体技术和术语、确保潜在突发事件的充分沟通上。尽管这一说法很简单,但企业继续打官司,继续在法律纠纷解决和诉讼上花费巨额资金。一位高管指出:

"我们有法律顾问来避免诉讼。我们将尽一切可能远离法院系统,因为这样做总是要花钱的。我们不想卷入 100 强公司与小供应商的较量。在道德上,我们寻求做正确的事情。我们会理智地解决问题,不受媒体的影响。与顾问和人力资源人员之间的劳动合同纠纷是我们最头疼的问题之一。向我们提供 IT 劳动力的供应商似乎引起了一个大问题。我们每年购买 120 亿美元的劳动力,其中很多是与小公司签约合同的。我们似乎使用全球供应商,但事实上,他们将外包和层次下降到二级或三级供应商。不幸的是,如果我们第一年就把价值 500 万美元的业务交给一家供应商,而他们又没有能力承担,许多人就无法处理业务,并交给他们的二级供应商。我们只想和第一级供应商打交道,但抱怨仍在不断膨胀。最后,我们不得不解决冲突,并尽量不让它出现在法庭和媒体面前。"

因为采购人员是以购买产品和服务为职业的,所以他们经常处理合同以及复杂的一级和二级供应商合同也就不足为奇。因此,采供经理必须了解商业交易的基本法律特点,并具备日常管理这些合同和协议的技能。一旦合同谈判签订,真正的工作就开始了。从签署之日起,采供经理有责任确保本协议的所有条款和条件都得以履行。如果违反了合同的条款和条件,采购部也有责任解决冲突。在理想条件下,所有的交易都将通过协商来达到,没有必要签合同。然而,合同是管理买方—供应商关系的重要组成部分,因为它们明确定义了双方的角色和责任以及冲突的解决方案(它们几乎总是这样做!)。

在电子商务时代,合同的重要性更大。2000 年初,克林顿总统签署了《全球和国家商务电子签名法》,承认电子签名等同于书面签名。然而,对于非商业性合同,如离婚协议、遗嘱和许多其他类型的合同,电子签字与书面签字不具有同等法律效力,也有许多非商业合同方面重要的例外。这项法律促进了通过互联网进行的商业交易的全面整合,是电子商务未来发展的一个重要步骤。然而,理解合同和"阅读细则"的重要性不应被这一事件所掩盖。事实上,这使得合同在互联网时代的作用更加重要。

本章从多个角度论述承包。第一部分讨论合同的核心要素以及采购经理如何着手编写合同;然后,描述了采购经理可以使用的不同类型的合同。下一节将讨论在采购中使用较多的一种重要类型的合同:长期合同和联盟协议。在下一节中,将讨论一些独特的合同,包括信息系统开发合同、与少数民族供应商签订合同、咨询合同以及建造合同。在最后一节中，我们总结了一个重要的因素：当买卖关系中出现合同纠纷时，如何解决这些纠纷。

14.2　合同要素

尽管供应经理为采购产品、流程和服务而采用的合同在具体措辞和细节方面存在显著差异，但采购产品和服务时使用的合同结构是相当标准的，并具有许多共同的属性。一般来说，这些属性由公司的法律顾问确定，然后针对不同类型的供应商、产品和服务进行修改。需要记住的一点是，合同规定了双方同意开展业务的条款和条件。它们界定了关系的类型，并确保双方都能从中受益。因此，最好花更多的时间进行谈判，以确保正确的术语、措施和要求得到详细阐述和同意。如果双方都清楚如何开展合作，那么出现问题和误解的可能性就会大大降低。一旦合同签订并过了一段时间，就很难追溯谈判合同条款的实际含义。在这方面，合同有时会被比作人类的结婚誓言；你最好尽早定义你对期望的理解，而不是在结婚后试图定义期望。

合同通常是从合同当事人的介绍开始的。例如，可以从以下内容开始。

本协议于 2015 年____月____日签订。

（1）ABC 有限公司，一家在英国注册的公司，注册办事处位于伦敦唐宁街 44 号（"买方"）。

（2）XYZ INC.，一家根据伊利诺伊州法律正式成立的公司，其主要营业地位于美国伊利诺伊州芝加哥里奇路 123 号，邮编：60014（"供应商"）。

在导言之后，有几个编号的章节（称为"条款"）描述了双方在处理业务关系时都同意遵守的不同条件。本合同第一部分中的这些条款也可指在条款后面提供具体细节的一系列"附表"。这些计划表可提供有关生产方法、工作说明、计算方法、健康和安全要求、定价计划表和其他重要细节的附加信息。这些补充条款（通常包含在合同末尾的附录中）是谈判的真正关注点所在。正是在这些部分中，供应经理应花费大量时间确定关系中的运营需求（例如：价格、质量、交付、服务），并确定具体的指标和评估标准。这些内容在提供细节、具体公式、价格指数网站等方面越清晰，发生冲突的可能性就越小。以下是两家公司（一家财富 500 强大型公司和一家中型服务供应商）之间的具体合同示例，用于说明具有条款和时间表的典型合同结构。记住，合同的细节会有很大的变化，但是下面的合同框架结构代表了大多数供应管理领域在合同谈判中使用的内容。

（1）定义条款。本节定义了合同中包含的所有重要条款，并且非常重要。因此，每个人都能准确理解每个条款的含义，最好事先把这件事弄清楚，以免日后混淆。一些典型的术语可能包括产品或服务定义和术语，如原材料、采购订单、准时交货和价格。虽然这些对某些人来说似乎显而易见，但如果是书面的，那就很清楚了。

（2）协议范围。本条款定义在范围内和范围外的内容，这包括地域限制、先前合同的有效性或无效性、供应商的优惠措施等其他因素。

（3）采购订单。本条款概述了本协议与公司向供应商发出的任何其他采购订单之间的关系。例如，它可能会声明"在本协议期限内由买方附属公司提交的任何产品采购订单应被视为符合本协议规定的条款和条件。"也规定了如果采购订单被取消会发生什么以及如果采购订单和协议之间的条款发生冲突,哪个文件效力优先。

(4) 供应和交付条款。本条规定了产品或服务的供应和交付条件。例如,如果在下单和交货之间规定了 10 天的交货期,那么如果供应商没有及时交货,会发生什么情况？本条还可引用提供附加细节的附录关于如何衡量交货,什么是准时交货,延迟交货的处罚是什么,以及其他细节。

(5) 规格、质量、健康、安全、环境。本条描述了制造方法和质量要求,并可能包括特定于质量条款的语言(例如,"根据本协议交付的产品应按照原产国或供应国适用法律的任何强制性要求制造以及与此类产品相关的任何国际标准。")。非特定产品或服务的交付费用也可在附录中确定。对于服务,附录中包含的工作说明将详细说明要执行的确切工作范围和服务质量要求。最后,根据供应商的期望,确定与安全、健康和环境标准相关的要素。

(6) 付款。本节可规定"当前价格""先前价格"等条款,以及确定在合同期间如何或是否调整价格的其他标准。同样,说明价格调整频度的详细信息以及与定价变动协议相关或与成本节约分摊相关的任何指数在附录中的附表中确定。

(7) 责任。这有时可能是一个有争议的条款,可能经常包含这样的语言："供应商应承担全部责任,并应保护、赔偿买方和买方的附属公司,使其免受直接或间接产生的所有损失、责任、成本和费用。"本条款一般规定,如果在合同期间发生伤害或损坏,以及任何应支付的损坏,由谁负责。这也可能包括保险要求和出现的次级供应商问题。

(8) 不可抗力。本条描述了如果发生地震或飓风等不可预见的灾难,使供应商无法履行对买方的义务时发生的事件过程。一般而言,本条款包括"受本协议影响的一方应在合理可行的范围内尽快通知另一方,告知全部相关细节,并应尽其合理努力立即纠正这种情况"。

(9) 生效日期和终止。本条规定了合同何时生效、何时终止,以及任何与合同可以延长到终止日期之后的条件有关的协议。它还规定任何一方是否有能力随时终止合同,以及必须提前多长时间通知。

(10) 知识产权。本条款规定了关于谁拥有本协议中的任何知识产权以及谁拥有本协议中的知识产权的条件。如果协议中有创新,也可能有关于谁拥有该知识产权的"剩余收益"的规定。

(11) 转让和承包。本条款规定了供应商是否可以将其在协议中所述的权利转让给另一方,以及是否允许分包。

(12) 技术改进。如果买方意识到市场上其他产品的任何技术或成本改进,本条款可规定他们是否可以与供应商共享此信息,以及供应商应如何处理此信息。

(13) 最优客户条款。本条款规定了买方是否可以期望获得优于供应商其他客户的优惠地位。这不仅难以衡量,而且难以执行,因此在实践中并不经常使用。

(14) 保密条款。本条款确保双方共享的所有信息、技术等保持机密,不与其他客户或供应商共享。

(15) 统计条款。本条规定了供应商必须定期向买方提供的明确规定的报告统计数据和措施的类型。附加细节可在附录中的附表中列出。

(16) 关键绩效指标和薪酬。本条详细说明了如何衡量供应商的绩效,以及如果不保持这些规定的绩效水平,供应商是否会向买方支付任何赔偿。例如:如果交货率低于90%,供应商可能需要支付罚金。

(17) 通知条款。本条款规定了账单、发票、通知和其他文件的寄送地点,以及采购和供应公司的主要联系人,负责指导与关系有关的所有问题。

(18) 分割条款。本条款描述了如果协议的一部分无效或不可执行,将如何解决问题,以及由哪个法院解决分歧。

(19) 第三方权利。本条款规定,合同中确定的属于第三方(买方和供应商除外)的任何利益必须强制执行。例如:如果有一家银行处理两者之间的交易并收取费用,则该费用必须由双方根据协议支付。

(20) 自由交易条款。本条款确定了所有自由贸易问题和利益,以及如何分享这些利益。

(21) 少数民族或妇女拥有的企业。该条款规定,供应商同意尽其最大努力支持MWBE(少数民族和妇女拥有的企业)的采购,或其一定比例的业务必须授予MWBE企业。

(22) 一般性条款。任何其他一般商业原则。

(23) 适用法律。这一条款规定了双方争议将在哪里的法院解决。本条款包含"供应商同意的相关采购订单中强制适用当地法律或相反陈述,应完全受英国法律管辖"等语言。本条款还可规定仲裁或其他冲突解决的有效方法(在本章后面描述)。

(24) 签名

本协议已于所署年月日由双方正式签署,以资证明。

ABC 有限公司

签署人:_____

姓名:_____

职务:_____

XYZ 公司

签署人:_____

姓名:_____

职务:_____

附录中可能使用的附表示例如下。

附表1:产品/工艺/服务规范、工作说明书或工作范围

附表2:价格和价格调整机制

附表3:健康、安全、环境指南和要求

附表4:包装材料

附表5:批准的制造、交付或服务部署方法

附表6:配送目标和交付周期

附表7:供应商生产时间

附表8:仓储和库存控制

附表9:质量保证手册

附表10:亏损计算方法和亏损量

> **专栏文摘**
>
> ### 漏油事故中只有英国石油公司有过错吗？
>
> 很明显，深水地平线（DeepWater Horizon）钻井平台上的工人判断错误，可能导致爆炸，摧毁了钻井平台，并在墨西哥湾引发了巨大的石油泄漏。
>
> 但这是谁的错？是英国石油公司、越洋石油公司，还是哈里伯顿公司？
>
> 英国石油公司告知国会调查人员，一个"根本性错误"是破坏钻井平台的天然气爆炸最有可能的原因。尽管有明确的压力测试"非常大的异常"的警告，钻井平台上的工人仍在继续工作，最终导致向墨西哥湾涌出数百万桶石油。这些结果表明：封井水泥可能已经失效，在井筒中形成了一个危险的气泡，工人忽视这些警告可能导致了钻井平台的悲观命运。
>
> 经过一个月，人们希望弄清灾难当晚究竟发生了什么，但事实依然模糊不清。显然，英国石油公司在国会的证词表明，不确定是谁在危险的情况下仍然做出推进油井工作的决定，也不知道他们为什么选择这样的行动方案。因此，指责还在继续。
>
> 英国石油公司辩称，钻井平台上的大部分钻井工作都是由越洋石油公司进行的，英国石油公司的少数管理人员对此进行了监督。英国石油公司说，混凝土和钻井工作的责任在于石油服务公司哈里伯顿。
>
> 与此同时，越洋和哈里伯顿表示，他们的行动正是按照英国石油的指示进行的。他们说，毫无疑问，英国石油公司是对钻井平台上发生的一切负有最终责任的一方。
>
> 直到美国当局对2010年4月20日晚的真实情况进行调查并得出自己的结论，一切都是猜测。但当事件最终明朗化时，三个关键点将决定谁将受到指责，并为一场巨大的灾难付出经济代价。
>
> 首先，为什么油井中的水泥会失效，导致危险的气体积聚？是否仅仅因为一个执行不力的水泥浇筑工作吗？还是像一些业内观察人士猜测的那样，这是由于油井设计问题？
>
> 其次，谁决定忽略井眼压力测试中令人担忧的结果，导致气泡爆炸到地表，引发一场巨大的爆炸，11人被烧成灰烬，摧毁了钻井平台，引发了美国历史上最严重的环境灾难之一？或许最重要的是，他们为什么做出这个决定？是简单的人为错误，还是有其他因素迫使做出了这一悲惨的决定？
>
> 这些问题的答案将决定这场灾难的最终责任在哪里，以及责任的划分程度。
>
> 资料来源：Herron, J., (2010, May 24) "Errors in Judgment Probably Triggered BP Disaster—but Whose?" Wall Street Journal, A1.

关于英国石油公司（BP）深水地平线专栏文摘展示了为合同义务和服务确立角色和责任的重要性。安全问题的要求和责任不仅对石油和天然气合同重要，而且在所有合同中都特别重要。

14.3 如何谈判和起草合同

在谈判一项合同时，人们会认为，买方花更多的时间在讨论绩效指标履行的具体内容上，而不是在法律条款上。没有比这更离谱的了！国际商业与合同管理协会的研究表明，尽管环境不同，常见的谈判的条款没有任何迹象表明它影响了那些负责制定政策或主要谈判人的行为或态度。事实上，大多数公司不断发布非常复杂的消息。他们宣布了一个战略意图，以区别对待合作伙伴，增加价值。但同时，他们也在内部传递控制、降低成本、标准化和风险规避的信息。他们强调灵活性、适应性和敏捷性，但他们引入了软件工具和度量系统，以强制遵守和抑制更改。而在他们的交易关系中，他们像新婚夫妇那样承诺天长地久，却签订婚前协议和设定管理者。

因此,排在"十大谈判项目"之首的减价条款包括责任限制、赔偿水平、知识产权控制、终止权、履约违约金等。这些通常被称为"价值降低"的术语,因为它们对关系的质量或成功的可能性贡献甚微。它们会分散人们对增值关系的注意力或者消除讨论的可能性,而讨论可能会导致更有效的关系。他们只从一个非常狭义的角度来处理风险,这些术语中的大多数条款是关于分配失败的后果。通过破坏合作框架,他们经常增加失败的可能性。

此外,IACCM首席执行官蒂姆·康明斯(Tim Cummins)指出,"公司继续投资于注重控制和合规的资源和软件系统。在合同过程的质量或产出方面内部测量不够或缺乏;它们不鼓励或促使改变改进。它们不要求条款更具创新性或创造性,也不要求他们关注公司业绩和风险等更广泛的问题。"

公司所面临的导致合同问题的最大问题之一是,在没有对合同进行任何实质性更改的情况下,简单地"复制"以前的合同模板。最常用的合同是从早期的合同发展而来的,这些合同随后经过修改以适应当前的情况。尽管这一程序将每次签订采购合同所需的管理工作量减至最低,但盲目地假设所有过去的合同都是适当的还是有危险的,特别是在技术变化迅速或存在变化的动态环境中几乎没有法律先例。采购经理应该保存一份合同文件,并参考以前合同的部分内容,以创建一份适合当前情况的新合同。

起草一份新合同的最适当方法是从一份(或多份)通用表格和过去类似情况下的合同样本开始。采购经理通常会从法律部门或适当的法律顾问那里获得建议,并为可能经常遇到的各种采购情况创建几种不同的通用表格。核实以下信息将有助于确保合同的适当性:

- 合同明确规定了购买的物品和成本。
- 合同规定了采购项目的装运和交付方式。
- 合同包括如何安装项目的问题(如果安装是合同的一部分)。
- 合同包括一项验收条款,详细说明买方将如何和何时验收产品。
- 合同规定了适当的保证措施。
- 合同规定了补救措施,包括违约金和规定延迟履行后果的条款。
- 合同在"样板文件"上做得很好,其中包括所有合同和采购协议通用的标准条款和条件。在这些条款中,通常包括一个不可抗力条款,该条款确定免除履行义务的条件。不可抗力条款中的常见项目包括战争、禁运和法律变更等。

采购经理应考虑将仲裁或其他争议解决机制纳入合同。仲裁的优点很重要:仲裁速度快,保密性强,仲裁结果或损害裁决的差异较小,且不可上诉。反复检查合同的所有附件,因为其中包括许多技术细节。

合同的技术部分通常是对条款和条件误解的最大来源。例如:如果合同中有一个条款说,"这是整个协议",请记住这正是它所说的意思;协议中没有其他可执行的补充或修改。这称为"集成条款",应位于合同末尾附近。

在制定国际合同时,采购经理应特别注意以下细节:

- 地点选择。如果发生争议,解决争议的仲裁庭将在哪里举行?
- 法律选择。国际合同的当事人应当就发生争议时管辖合同的合同法达成一致。
- 支付方法。合同项下的付款将使用何种货币?

- 语言。合同应规定合同中使用的官方语言,因为翻译不准确。
- 不可抗力。在国际合同中,当发生使合同所要求的履行成为不可能的事件时,通常会以履行为借口。当战争、自然灾害或政治动荡发生时,不可抗力条款通常为履约提供借口。

14.4 合同的类型

采购合同根据其特点和目的可分为不同的类别。几乎所有的采购合同都是基于某种形式的定价机制,可以分为两种基本类型:固定价格合同和基于成本的合同。如前所述,价格/成本机制类型的一般说明包含在"付款"条款中,但描述定价公式、成本要素、定价指数或其他要素的具体性质的实际细节通常在附录中的附表中描述。如果要使用特定的基于公式的定价或成本计算模型,那么最好在计划表中包含一个示例,说明如何根据可用的数据计算价格或成本,这样每个人都能清楚地了解如何进行计算。主要合同类型见表14-1。

表14-1 合同类型

合同类型	描 述	买方风险	供应商风险
固定价格	无论环境发生何种变化,本协议中规定的价格不变	低	高
根据价格的上下浮动调整的合同	根据材料价格的具体可识别变化,基础价格可以增加或减少	↓	↑
根据预测调整的固定价格合同	最初的目标价格是基于对劳动力和材料的最佳估计,然后在达到特定的生产水平或产量后重新谈判		
附加激励机制的固定价格合同	初始目标价格基于对劳动力和材料的最佳猜测估计,然后由于供应商的主动性而节省的成本在指定的时间段内以预定的比率分摊		
成本加奖励费合同	基价以允许的供应商成本为基础,在指定的时间段内,买方和供应商根据预先确定的费率分摊任何成本节约		
成本共享合同	实际允许成本在双方之间按预定百分比分摊,可能包括成本生产率改进目标		
时间与材料合同	供应商根据指定的人工、间接费用、利润和材料费率支付所有人工和材料费用		
成本加固定费用合同	供应商收到所有可允许的费用的补偿,补偿金额不超过预定金额,加上固定费用,这笔费用占所采购货物或服务的目标成本的一定百分比	高	低

1. 固定价格

最基本的合同定价机制称为固定价格。在这类采购合同中,无论总体经济状况、行业竞争、供应水平如何波动,市场价格或其他环境变化,协议中规定的价格不变。本合同价格可通过多种定价机制获得:报价、供应商对采购组织需求方案说明书的响应、谈判或任何其他方法。固定价格合同对采购来说是最简单和最容易管理的,因为采购方不需要进行广泛的审计或额外的投入。

如果购买的商品或服务的市场价格高于规定的合同价格,卖方应承担经济损失的首要责任。但是,如果市场价格因竞争、技术变化或原材料价格等外部因素而低于规定的合同价格,买方承担风险或财务损失。如果从供应组织的角度来看,其生产能力存在高度不确定性,他们会关心自己竞争性固定价格条件下获取合理利润的能力,则供应商可提高其价格,以弥补组件、原材料或劳动力价格的潜在上涨。如果供应商在预期成本上升的情况下提高了合同价格,而预期条件没有出现,那么买方就为货物或服务支付了过高的价格。因此,在签订固定价格合同之前,采购组织必须充分了解现有的市场情况,以防止在合同有效期内意外定价对采购总成本产生不利影响。

2. 根据价格的上下浮动调整的合同

基本的固定价格合同有许多变化。如果所购买的商品将在较长的时间内供应,并且成本很可能增加,那么双方可以选择谈判基本合同内加入价格浮动条款,即达到根据价格上下浮动调整的价格合同。根据具体情况,条款允许提高或降低基价。因此,对供应商提供了更大程度的价格保护,而买方享有潜在的降价。所有价格变化都应以第三方价格指数为基础,最好是以一个建立良好、广泛公布的指数(例如:特定材料的生产者价格指数)为基础。

14.5 根据预期调整的固定价格合同

如果双方无法准确预测在签订采购协议之前将要使用的劳动力或材料成本和数量(例如:未经验证的新技术),则重新签订固定价格合同可能更为合适。在这种情景下,买卖双方根据对制造新产品所用的劳动力和材料的最佳估计,协商拟定初始目标价格。一旦达到合同约定的产量,双方审查生产过程并重新确定修订后的实价。根据合同的具体情况,重新确定的价格仅适用于生产,或适用于以前生产的全部或部分产品。不过,应谨慎行事,因为要求在未来达成协议的合同是不可执行的。

14.6 固定价格合同附加激励机制

最后一种固定价格合同是有激励的固定价格合同。本合同与固定价格合同类似,但合同条款允许与供应商分担成本节省。与根据预期调整的固定价格合同一样,买卖双方很难在实际生产之前达成一个确定的价格。

如果供应商能够通过生产效率或材料替代实现实际成本节约,则初始价格目标产生的节约将在供应商和买方之间以预定的比率分摊。这种采购合同通常在单位成本高、交货期较长的情况下使用。成本节约的分摊额可以是 50/50(或者一些其他分摊额是合同的协商部分)。

14.6.1 基于成本的合同

基于成本的合同适用于存在使用固定价格合同可能包含大量应急费用的风险的情况。基于成本的合同通常会降低供应商的经济损失风险,但它们也可以通过仔细的合同管理,降低采购商的整体成本。对于买方来说,重要的是要包括要求供应商仔细监控和控制成本的合同条款和条件。协议双方必须商定在计算所购货物或服务的价格时应包括哪些费用。

当所采购的货物或服务对采购方来说是昂贵、复杂和重要的,或当劳动力和材料成本存在高度不确定性时,通常适用基于成本的合同。因为财务风险的威胁从卖方转移到买方,基于成本的合同通常对采购方不利。此外,供应商努力改善其运营和降低买方成本(从而降低价格)的动机也很低。事实上,至少在短期内,存在一种激励机制,促使供应商在执行基于成本的合同时效率很低,但能获得较高的价格。

1. 成本加奖励费合同

另一个基于成本的合同是成本加激励费合同。本合同类似于固定价格加激励费合同,但基础价格取决于允许的供应商成本,而不是固定价格基础。

如前所述,如果供应商能够与初始目标成本相比提高效率或材料使用率,那么买卖双方将以预定的比率分享任何成本节约。这种类型的合同适用于双方对初始目标成本估算的准确性相对确定。

2. 成本共享合同

在纯成本共享合同中,允许的成本在双方之间按预定的百分比分摊。成功谈判的关键是确定一套明确的合同操作指南和目标。当有疑问时,成本共享合同的双方需要尽可能详细地说明他们的期望,以避免对各自的角色和责任产生混淆和误解。在原材料价格上涨的时期,成本共享合同尤其重要。详细说明双方如何分担增加投入成本的费用的合同进度表可以防止出现重大问题,也可以确保在材料成本上升时,供应商不会因为无法以固定价格生产产品而破产。德尔福的专栏文摘说明了持续沟通和持续改进作为合同的重要组成部分的重要性,特别是在财务困难时期。本田公司(Honda)的快照案例显示,在中国运营时,维持固定价格合同面临挑战。

3. 时间与材料合同

另一个基于成本的合同是时间和材料合同。此类合同通常用于工厂和设备维护协议,供应商在维修服务之前无法确定准确的成本。合同应规定适当的人工费率(通常按每小时计算),加上管理费用和利润百分比,得出"不超过"总价。根据这些条款和条件,买方对估计的最高价格几乎没有控制权。因此,在合同有效期内,应仔细审核所花费的工时。

4. 成本加固定费用合同

在成本加固定费用合同中,供应商收到的所有可允许成本的补偿,最高可达预定金额加固定费用,固定费用通常代表一个百分比,指所购货物或服务的目标成本。尽管保证供应商至少在其允许成本之上获得最低利润,但供应商在合同有效期内大幅提高成本的动机很小。美国军方一直因与供应商例行公事地使用此类合同而备受批评,这些供应商以牺牲纳税人为代价在常用的产品和服务中获取高于正常利润的利润。

为了达到最佳效果,基于成本的合同应包括成本生产率的提高,以推动合同有效期内的持续成本降低。

> **专栏文摘**
>
> ### 在汽车行业建立供应商关系
>
> Jon Steger 在 2005 年至 2008 年担任德尔福公司全球采购总监,在一级汽车公司面临重大经济挑战的同时,也遇到了许多挑战。在一次采访中,他强调了沟通和供应商关系管理的重要性,这种管理超越了合同,是保持公司正常运营的关键。乔恩指出,"在过去的三年里,我们在德尔福度过了许多困难的时期,积极主动的沟通是减少双方关系中许多固有风险的关键。我曾经主持了一个全球品类经理举行的周会,以此提高可视性和避免事态升级,以确保我们与所有适当级别的管理层一起处理问题,当我们需要与供应商的 CFO 甚至他们的银行合作时,当关注级别较高时,与财资部接洽。我们的买家了解到,通过良好的沟通,我们之间的关系有很多方面可以得到加强,这对很多年来一直是报价的买家来说是一个巨大的转变。传统上,通用汽车(和德尔福)认为所有供应商基本上都是一次性的,因此通用汽车和德尔福有一个最佳供应商更换流程。我在 18 个月前改变了这个观点,成立了一个专注于主动预防风险的部门降低供应商风险。这一过程主要是基于从买方沟通中获得有关关系紧张或压力的早期信号。然后,我们使用财务和成本经理供应商开发等工具提供的一些高级财务分析,评估通过帮助解决导致供应商陷入危机的问题来稳定和降低供应商风险的方法。"
>
> 资料来源:Interview with Jon Stegner (December, 2009), Supply Chain Resource Cooperative meeting.

14.6.2　选择合同类型时应考虑的因素

在与供应商就合同类型进行谈判时,需要考虑的重要因素如下(见表 14-2)。
(1) 要素市场的不确定性;
(2) 长期协议;
(3) 买卖双方的信任程度;
(4) 流程或技术的不确定性;
(5) 供应商影响成本的能力;
(6) 购买总价值的大小。

表 14-2　在不同条件下使用合同的需求特性

环境条件	固定价格合同	激励合同	成本合同
要素市场的不确定性	低	←——————→	高
长期协议	低	←——————→	高
买卖双方的信任程度	低	←——————→	高
流程或技术的不确定性	低	←——————→	高
供应商影响成本的能力	低	←——————→	高
购买总价值的大小	低	←——————→	高

其中第一个因素,即要素市场的不确定性,是指产品主要要素(如原材料、外购零部件和劳动力)的定价条件的波动性。基本要素市场价格越不稳定,要么向上或者向下,固定价格合同不太适合双方。要素市场价格的上涨会给供应方组织带来更大的风险,而降低要素市

场价格则会将合同经济风险转移给采购方。这一条件也适用于与国际供应商签订的合同中汇率不稳定的情况。

采购协议期限的长度也会对不同合同类型的需求产生重大影响。采购协议的期限越长,供应商接受固定价格合同的可能性就越小。对于正在进行的采购安排,供应商通常更倾向于采用根据价格的上下浮动调整的合同或任意一种成本类型合同,因为他们为卖方承担的经济风险更小。因此,采购经理必须评估不同合同类型的经济风险,并决定在整个协议期间每种合同类型的可接受性。对于大多数短期合同,在要素市场稳定的条件下,可以放心应用严格固定合同和固定价格合同。合同类型的选择也取决于买卖双方间的关系。

如果这种关系在过去是互利的,并且已经存在了相当长一段时间,那么买卖双方之间可能已经建立了更大程度的信任。在这种情况下,买方和供应商更有可能合作确定允许的成本,因此更倾向于基于成本的采购协议。

对于那些流程或技术不确定性高的产品和服务,卖方不太希望采用固定价格合同。然而,如果买方对供应商的成本结构有合理的估计,那么基于成本的合同可能更适用,因为它们允许价格根据供应商的努力情况向上或向下调整。如果供应商能够通过持续改进潜在地降低成本,那么激励型合同可能对双方都更有利。

随着合同的总价值或单位成本的增加,购买者必须花费更多的精力来建立一种有效的定价机制。采购双方必须详细考虑表 14.2 中包含的每一个因素,以及本合同在本协议有效期内的总影响,重要的是要记住合同中的双方必须受益(尽管不一定是相同的比例)。

14.7 长期合同

一种常用的工业采购合同分类方法是根据合同期限的长短分类。现货合同是指那些在非经常性或有限的基础上进行的采购,很少或无意与供应商建立持续的关系。短期合同被定义为合同采购持续时间相对有限,一般为一年或更短。长期合同是指在一段特定或不确定的时间内(通常超过一年)持续进行的合同采购。由于长期合同涉及对未来作出更大的承诺,因此必须仔细拟订合同条款和条件。在本节中,主要关注长期合同,但是所涉及的一些因素也可能适用于短期协议。

14.7.1 签订长期合同的益处

不管使用什么术语,几乎所有的买卖关系都有一个管理它们的合同(即使是隐含的)。即使在没有合同的情况下,大多数交易也由一种称为统一商法典(UCC)的"空白填充物"来处理。合同本身是一个正式的符号,表明这些共同的责任和期望。有效的长期合同期限超过一年一般都有明确规定的具体和可衡量的目标,包括定价机制、交货条件、质量标准和改进、生产力改进、成本节约分担、持久条款、风险共担、冲突和争端关系的解决和合作关系的终止等。由于长期合同越来越多地用于工业,因此有必要详细讨论这种方法的属性、优点和风险。

为什么采购组织要考虑与供应商签订长期合同?一般来说,买方通常期望长期合同中涉及的供应商作出更大程度的承诺。长期合同还可以在缔约双方之间创造实现共同价值的机会,联合价值可以通过共享信息、风险、时间表、成本、需求甚至资源来实现。此外,长期合同是买方和供应商之间关系的计划或指南。它通常描述初始价格、价格调整机制、成本降低预期、专利和版权等知识产权,以及货币调整程序等其他职责。

买方和供应商都希望考虑长期合同的原因有很多(见表14-3)。下面将更详细地讨论这些。

表 14-3　长期合同的利弊

潜 在 优 势	潜 在 劣 势
保证供应	供应商投机主义
获得供应商技术	选择错误的供应商
获取成本/价格信息	供应量不确定
利用数量杠杆	供应商放弃其他业务
供应商收到更好的计划信息	买方不合理

1. 保证供应

从买方的角度来看,考虑长期合同最令人信服的原因可能是,如果采用短期合同,此类合同可能会降低风险水平。通过承诺一项明确、简明和互利的长期协议,买方可以合理地确保自己有一个持续的供应来源,特别是如果正在采购的材料、产品、部件或组件受到潜在的严重供应中断或质量、价格、可用性或交付方面的极端变化的影响时,"最优惠客户"条款在承诺这些类型的协议时尤为重要。

2. 获得供应商技术

长期合同可以帮助买方获得专有供应商技术的独家使用权。通过长期排他性合同阻止竞争对手使用供应商的技术,至少可以为买方带来短期竞争优势,在一个新产品或有显著改进的产品的最初介绍阶段把供应商捆绑起来。

技术产品生命周期要么迫使竞争对手花费宝贵的时间和精力在其他地方寻找类似的技术,要么意味着他们必须在内部开发技术。因此,买方公司可以首先进入市场,并建立先发优势。潜在的风险是,买家必须有足够的前瞻性选择那些拥有最有前途或最畅销技术的供应商,避免将自己锁定在错误的技术中,并失去预期的竞争优势。

3. 获取成本/价格信息

达成长期合同通常允许买方从供应商那里获得更详细的成本和价格信息,以换取延长的合同期限。长期合同能够为供应商提供更大的激励,促使他们通过资本投入来改善或扩大其流程,因为这时他们可以把固定成本分在更多的产品上面。长期合同应包括激励或成本分担安排(写进进度表),以奖励供应商改进其流程,同时将部分节省的成本转嫁给买方。这种额外的供应商投资也可以导致更高的产品质量和更低的成本。联合买方-卖方合作团队可以共同工作,以改进供应商的流程,并分配由此产生的节省费用,应明确谈判节省费用的分摊条件并写入合同不要假定节省的费用将自动对半分。

4. 利用数量杠杆

签订长期合同的最后一个好处是,买方可以巩固其地位,推动供应商向更高的性能改进率迈进。利用与供应商签订的长期合同具有更大的附加杠杆作用,买方可以要求供应商提高其在学习曲线上的进度,并以更高的分配比率将节省下来的成本传递给买方。如前所述,可以通过额外的资本投资、加速学习曲线效应和代表供应商的更高层次的承诺来推动这种性能的改进。带有激励措施的长期合同基于这样一种理念:随着购买量的增加,成本结构的变化也随之增加。在采购量增加的情况下达成的长期协议应确定提高生产率的目标和节约成本的分担,在这种情况下,买方和卖方都能分担节约成本。如果供应商没有提供劳动力和材料成本数据,可以利用行业数据库中的材料/劳动力比率来开发一个成本模型来提高买方的谈判地位(见第11章)。

5. 供应商收到更好的计划信息

供应商选择长期合同可能有几个原因。首先,供应商得到更好的生产调度信息,这反过来又帮助供应商的生产部门提高效率和物料计划。在生产计划不确定性较小的情况下,供应商采购部门可以大量采购材料,从而获得批量折扣。其次,对采购量和交货日期的详细预测使供应商能够更好地估计预算资金和投资的流动,这些资金和投资来自对未来持续采购量的预期。反过来,因为固定成本分散在更多数量的产品上,供应商的组织降低了单位成本。最后,供应商可以在合同期内实现较低的管理成本。在长期持续的基础上,又需花费较少的时间及精力就能找到并确定新的数量。

14.7.2 签订长期合同的风险

买方或卖方在评估长期合同是否必要,甚至是否可取时,必须考虑一系列风险。在制定长期合同和考虑风险时,必须提出三个主要问题:

(1) 机会主义存在的潜力可能是什么?换句话说,供应商利用买方的可能性有多大(反之亦然)?

(2) 这是签订长期合同的合适供应商吗?

(3) 各方之间是否公平分配风险和收益?

1. 供应商机会主义

从买方的角度来看,有一个主要的风险是,随着合同的进展,供应商将变得过于自满,失去保持或改进性能的动力。绩效性能恶化可以通过多种方式观察到:更高的价格、恶化的质量和交付、落后的技术和增加的周期时间。买方应在其长期协议中加入适当的激励条款,以激励供应商在协议期限内充分履行预期职责。

2. 选择错误的供应商

与长期合同相关的另一个风险是:可能无法确认或选择最佳的供应商参与长期协议。买方有责任进行充分的研究,证明供应商过去的业绩、能力、财务健康和稳定、技术发展以及对关系的承诺。一旦与某一供应商签订了长期协议,更换供应商就变得困难得多(也昂贵得多)。为了确保未来关系的成功,在签订长期合同之前必须投入足够的时间和精力。

3. 供应量的不确定性

一个好的长期合同要想成功,就要考虑到双方的需要。买方必须从供应商的角度考虑一系列问题。首先也是最重要的是数量不确定性,尤其是在处理新产品或新客户时。尽管潜在的买方可能会向供应商表明某一产品已购买,成交量水平可能在预期之中,但有许多原因可能永远达不到这个成交量。可能的原因包括对需求的过高预测、最终产品缺乏市场、市场竞争激烈以及政府监管等其他环境因素。一个相关的原因是所提供的项目可能处于产品生命周期的成熟期或衰退期。在这种情况下,一份表明成交量增长的长期合约不太可能完全实现。

4. 供应商放弃其他业务

签订长期合同,限制供应商为买方的竞争对手提供服务,因而可能会将供应商排除在几个有利可图的商业机会之外。此外,当公司同意满足特定客户的需求时,现有的能力约束可能会阻止他们以后与其他客户进行利润更大的交易,这点在接近最高产能的行业尤其如此。

5. 不合理的买家

供应商必须考虑的另一个风险是:合同签订之后,买方提出过分要求的可能性。不可预见的客户需求通常会导致供应商在协议条款下可能无法收回的较高成本。

14.7.3　长期合同中的意外情况

有效的长期合同包含若干要素,这些要素考虑到在合同期内可能出现的意外情况。

1. 最初的价格

买方必须专注于确定一个可接受的初始价格,因为在长期合同的过程中,价格调整机制将使用初始价格作为未来调整的基础。初始价格过高将导致后续所有价格都过高。买家需要意识到,一些供应商往往会通过将超额利润包括在内来提高定价,从而推高所有未来的价格。同样,如果初始价格过低,那么供应商可能没有动力按照预期执行,因为所有未来的价格都将过低且无利可图。在长期合同中,双方之间的关系是无关紧要的,除非双方在交换过程中都有所收获。

2. 调价机制

选择合适的价格调整机制也是长期合同的一个重要考虑因素。如果未来的价格调整与外部指数或相关产品的价格挂钩,那么在选择使用哪个指数或相关产品时应谨慎。在协议期限内,选择错误的指数或相关产品也可能导致价格上涨。

3. 供应商的绩效性能改进

买方应使用长期协议,以获得特定的供应商性能改进。同样,这迫使买方对供应商的能力和过去的表现进行广泛的研究和调查,并确定可能与特定长期供应合同相关的风险类型和级别。经理们必须决定:合同是否应该在一个特定的时期(如 3 年或 5 年)内订立,或者合同是否应该是附有一系列持久条款的滚动合同,即在每个时期结束时更新并续签协议。

4. 持久、罚款和免责条款

持久条款假定合同每年续签一次,除非供应商另行通知情况并非如此。有效的持久条款应基于定期的联合审查期,通常为一年或更短的时间,并应包括一个激励制度,以奖励那些达到可接受的业绩供应商。如果没有达到预期,采购经理可能会要求采取具体的纠正措施,甚至可能向供应商收回损失的时间和费用。

与持久条款相关的是免责条款,该条款允许买方(可能还有供应商)在任何一方未能履行合同要求时终止合同。然而,长期合同通常包含要求纠正措施过程的条款和条件:如果供应商持续不能满足其合同规定的绩效性能要求,买方必须首先在特定的时间段内通知供应商,供应商将有一段特定的时间来采取纠正措施,使质量、交货和响应能力提高并达到可接受的水平。如果供应商在规定的履行期限内,还没有达到合同规定的可接受标准,买方可以解除合同而无权追索。长期合同还应包含适当的条款,包括解决冲突、终止协议和处理未预料到的需求。这样的应急计划可能会延长合同谈判的时间,但如果以后出现问题,则可能被证明是非常宝贵的。

14.8 非传统合同

除了长期合同之外,公司还必须与信息系统供应商、顾问、少数企业所有者和服务供应商创建特殊类型的合同,所有这些采购都需要独特的合同制定方式。

14.8.1 IT系统合同

系统合同,也称为系统外包,旨在提供昂贵的计算机网络和软件的接入,而这些是单个公司自己无法负担的。系统承包商的例子包括SAP、Oracle、IBM和EDS。

将信息技术(IT)需求分包给外部服务提供商是公司谈判中的一个主要合同问题。公司的法律和采购主管都应该把他们的专业知识发挥作用,这些知识关系了企业的主要成本和费用。不幸的是,IT部门经常在技术评估的基础上签订此类协议,而没有从采购或法律投入中获益,后来以"细则"中所载的较高成本或较差的服务要求的形式支付。在与该等服务供应商签订外包合同前,系统外包小组应考虑拟议的外包合约的长度、公司发展或缩减规模的状况、服务供应商违约或合同修改、数据安全性、外包成本控制和信息系统运营控制等与IT系统契约相关的其他一些问题。

1. 系统合同风险

导致系统合同失效的一个主要原因是,购买者被锁定在价格结构中,而价格结构不能充分反映自协议最初签署以来发生的变化。这些变化的例子包括用户需求模式的巨大转变、所提供的服务成本大幅降低,以及软件和硬件技术的巨大飞跃等。

2. 服务水平

系统供应商参与采购公司运营的程度取决于三个基本服务水平:总承包、模块化、共享。在总承包方式中,客户公司基本上是在给定的时间点移交整个外包服务。外包服务提供商为采购组织履行100%的职能。在模块化方法中,外包服务提供商使用垫脚石方法,只从客户端承担2~3个小功能。随着服务提供商和客户公司之间的关系变得更加融洽,信任度也越来越高,额外的服务也从客户转移到了服务提供商。在共享方法中,服务提供商和客户公司共享资源并合作管理控制外包服务的运营状况。即使在最佳条件下,由于交易的不确定性,外包系统合同仍然存在风险,买方谈判的重点应放在价格、性能和程序上。

3. 价格

购买者应考虑协商一项固定的、包罗万象的费用,而不是依赖一个可能准确反映或可能不准确反映不断变化的商业条件的灵活定价系统。如果预期未来会发生变化,那么买方应仔细考虑如何确定合同价格以反映这些变化,关键的定价问题包括付款方式和时间安排、工作任务和报告。还应该有一个审计程序,以确保所开展的工作按适当的费率计费,并确保与工作费率相关的适当人员实际完成了工作。

4. 性能标准

系统合同的性能考虑至少应该包括服务提供者所要求的总体业务需求的规范。在签订合同之前,应规定验收测试标准,以便双方完全了解外包系统的预期性能。买方主要关注的是开发一个测量系统,用于在系统开发过程中评估服务提供商。

如今,许多外包系统合同的一个主要问题是,这些工作的大部分将流向印度等海外国家。编程、呼叫中心和软件设计越来越多地由这些国家成本较低的员工来完成。为了确保按照特定的标准来完成工作,许多企业都采用了由软件开发研究院开发的软件能力成熟度模型,这个模型确保了供应商的软件开发工作符合相关因素的特定标准。购买者在为服务提供者提供明确的目标和目的方面阐述得越具体,就越不可能产生误解和冲突。

5. 程序

除验收标准外,系统合同还应提供一份完整的转换计划,详细说明从内部系统转换为外包系统所需采取的步骤。同样,购买者提供的信息越具体,以后出现严重问题的可能性就越小。此外,买方在指定如何处理技术变更时应谨慎。因为系统的更新速度可能经常过多,因此需要在合同中包括规定此类更新成本的语言。采购经理和供应商共同负责确保所提供的技术与未来需求保持同步,各种类型的信息需求规划技术可以在系统规划的早期阶段发挥作用,以确保系统能够真正满足用户的需求。

6. 其他服务外包合同

外包合同的使用并不仅仅限于信息处理,其他潜在应用包括:
- 设施管理服务;
- 研究与开发;
- 物流和配送;
- 订单录入和客户服务运营;
- 会计和审计服务。

14.8.2 与少数民族企业签订合同

自20世纪60年代末以来,美国一直在实施刺激少数民族企业增长的计划。美国政府用"少数民族供应商"一词来表示那些公司51%的所有权属于少数民族的企业(如非裔美国人、西班牙裔美国人和其他少数民族企业),或者美洲原住民、亚太裔美国人(这种地位也适用于女性持股超过50%的企业)。

妇女和残疾人开办的企业是具有独特名称的一类独立的企业。为促进少数民族企业的发展,联邦政府采取了以下行动。

(1) 第11485号行政命令(1969年):由美国商务部少数民族企业办公室设立,目的是调动联邦资源,帮助少数民族经商。

(2) 第11625号行政命令(1971年):授权商务部长执行支持少数民族企业计划的联邦政策,向处境不利的企业提供技术和管理援助,以及协调各联邦部门之间的活动,以帮助促进少数民族企业的发展。

(3) 第 11246 号行政命令(1965 年)：要求所有与联邦政府开展价值超过 5 万美元的业务的承包商必须为少数族裔代表不足的每一类工作制订扶持性行动计划。"任职人数不足"是由第 4/5 条规则定义的，即在相关的劳动力市场中，少数人的任职人数相对于其人口的比率，或者相对于非少数人的任职人数相对于其人口的比率。如果这一比率低于 0.8，那么该公司必须向政府报告其弥补任职人数不足的计划。

14.8.3 咨询合同

知识渊博的顾问通常可以提供客观的观点，并能够不受之前结论的影响对某种具体情况进行分析。聘请外部顾问为公司提供合同服务时，需要考虑的一个重要因素是，此类人员是采购公司的代理人，而不是其雇员。这一区别是至关重要的，因为作为代理人，顾问通常会保持对咨询期间开发的任何知识产权的所有权。因此，合同中必须明确规定，知识产权的共有权归买方所有。讨论的另一个重要内容是关于"剩余收益"，剩余收益是由于企业和咨询公司之间的相互交流过程中而产生的新的知识产权(如工具、方法和知识)。一些公司(如美国银行和其他公司)在合同中有特定的语言表达，要求通过合同产生的任何剩余收益仍然归买方所有，这就阻止了顾问利用这些知识并将其卖给竞争对手，从而消除了竞争优势。

除非顾问和客户公司签订协议，明确将版权转让给客户公司，否则版权所有权自动确定。如果顾问被视为雇员，根据美国版权法的"职务作品"概念，那么公司而不是个人将拥有版权。将独立承包商顾问与雇员区分开来的法律手段是存在一份书面合同，描述顾问的预期服务和产生咨询结果的能力。此外，如果公司不扣缴所得税，顾问通常被视为独立承包商，而不是雇员。

咨询顾问在协商其服务的咨询合同时，通常会考虑以下六个目标：
- 避免误解；
- 维护工作的独立性和自由；
- 工作保证；
- 付款保证；
- 免责；
- 防止诉讼。

也许咨询合同中最重要的条款是保证付款。典型的咨询合同要求支付大笔的定金，可能高达总金额的 1/3。有一系列的选择来支付到期余额，包括根据完成的工作百分比和所花的时间来支付。由于商业世界中广泛的诉讼气氛，咨询顾问所写的合同将尽量减少咨询顾问承担的责任和可能的诉讼。合同中的语言应明确说明咨询顾问的责任和义务，顾问将试图找出那些可能导致项目失败的情况及其无须承担任何责任的情形。

> **专栏文摘**
>
> **中国劳动力成本上升**
>
> 在中国各地，随着本田汽车(Honda Motor Co.)当地员工持续罢工，人们担心在就业市场紧张的情况下，劳动力竞争日益激烈，外国公司正在整顿劳资关系，改善工人福利。本田的罢工和由此带来的加

薪已经蔓延开来,影响了戴姆勒公司及其白领的奖金和劳动率。戴姆勒的一位代表指出:"我们在中国面临着技术工人短缺的问题,而且在中国竞争更加激烈。"其他受影响的公司包括全球最大的笔记本电脑制造商科帕尔电子和为苹果和惠普生产电子产品的鸿海精密工业股份。《华尔街日报》报道,在中国目前爆发的劳工骚乱中,外国公司已经成为容易攻击的目标,尽管它们经常对如何对待工人设定高标准,这也是中国政府欢迎外国投资的原因之一。密歇根大学(University of Michigan)政治学教授玛丽·加拉格(Mary Gallager)说:"对于(在外资工厂工作的)工人来说,获得政府的支持总是比较容易的,特别是如果他们把民族主义作为对工作场所不满的一部分原因。"

资料来源:Shirouzu, N., Chao, L, and Dean, J. (2010, June 15) "Foreign Firms Act on Labor in China," Wall Street Journal.

委托-代理关系引起的诉讼一般有两个原因:第一个问题是买方认为咨询工作没有在合理的时间内或适当的情况下全部完成;第二个问题是,当顾问没有收到他认为应该得到的全部费用时。顾问通常会尽可能避免诉讼,以避免造成负面的公众关系。付款条款、首付款和分期付款通常包括以下条款:

- 交付最终报告时付款。
- 滞纳金。
- 可转让期票或抵押期票。
- 列入仲裁协议,以便迅速和专业地解决争端。仲裁员是专门的,合同可以要求在专家中挑选仲裁员。仲裁协议通常要求保密,并要求作出快速、不可上诉的决定,这有时会挽救客户业务与顾问之间的业务关系,而这种关系不太可能在持久的法院诉讼中存在。

总而言之,采购部必须为所有咨询/专业服务制定标准合同模板/格式,并确保用户遵守该模板的使用。标准合同模板的采用为所有潜在顾问提供了有关公司政策的可见性。有些公司有一种在线格式,可以从公司内部网络下载,这确保了所有服务级别协议都是内置的。项目的整个范围应在这一层次上加以界定,重点是范围内的各个要素作为合同中的独立条款,这些应该包括可交付成果、截止日期、预算等。如果一个公司利用激励机制来奖励或惩罚供应商,它也应该被纳入合同。最后,合同应允许在发生重大范围变化时重新谈判。

14.8.4 承建合同

许多施工合同都涉及业主/买方从大约4~5个承包商那里寻求投标,一般地,一开始,所有者或采购者都要做出确定首选承包商投标人的决定。然后,在分发投标文件包之前与投标人联系,以确定他们是否有兴趣为拟议的建设项目编制竞争性投标。在分发投标申请之后,买方通常会与感兴趣的投标人举行标前会议,回答他们可能对初始投标文件提出的任何问题。以后的所有问题均以书面形式提交给买方,以防止产生任何误解。

所有最终投标书应考虑规定的完工期。买方应要求所有投标文件按类型、阶段或区域将总价分成不同的费用。买方还应就如何使用投标人的间接成本向投标人提供指导。根据所选择的成本分配或回收方法,承包商间接费用可分为若干类别。以下是最常见的类别:

- 工资税和保险费;
- 项目现场间接费用;
- 项目办公室管理费用。

施工安全要求是任何施工合同的一个重要方面。在从一组因过去的项目安全性能而已经合格的投标人中进行选择时,应遵循以下准则:

(1) 对各投标人的书面施工安全计划进行全面审查。

(2) 在进行最终选择之前,参考每个投标人以前的受伤害经历,确定是否当前的,以及是否有区域因同一危害造成的伤害过多而需要改进。请向政府部门查询,看看最近是否有投标人的报价,以及需要采取哪些纠正措施。打电话给国家工人赔偿机构可能是一个很好的检查方法,以确定是否有对承包商未能及时完成工作的任何索赔。

(3) 实地考察当前的项目,在这些项目上,投标人正在努力亲眼看到每个投标人的施工安全计划的日常质量和功能。还应详细研究过去客户的推荐信。

在所有这些情况下,采购商都在寻求确定公司的高级管理人员是否建立了一个问责制度,根据该制度,各级主管应对其下属的事故负责。对于以往关于高层管理对施工安全的影响的研究发现,安全性必须是高层管理的一个目标,企业其他人才能认真对待安全问题。通过使用"无害"条款维持"不干涉"政策的施工服务买方,在发生事故时会大吃一惊,保证减少事故责任的唯一办法是确保发生事故的次数减少。

一旦施工合同完成,就可以通过总结每月的工作成本用于确定承包商的总成本。实际成本系统记录了实际支出的金额,而标准成本系统根据已知参数估计成本。必须仔细审查承包商提出的任何索赔,因为索赔费用可能不是实际发生的费用。

承包商必须能够通过制作在正常业务过程中保持一致的记录来证实其成本。

买方可以通过一些行动将承包商索赔的可能性降到最低。首先,有一个现实的时间表,考虑到由于承包商或买方无法控制的因素而造成的可预见的延误。其次,设置明确的规范,明确定义要完成的工作内容。最后,设计者创建最新的完整的设计文档,反映出发生的任何更改。如果承包商向买方提出索赔,买方应至少坚持以下信息,以帮助确定索赔中承包商实际成本的准确性和适当性:

- 将索赔中的成本细分为尽可能多的组成部分。
- 详细说明所有小时费率、设备成本、管理费用和利润。
- 索赔所依据的基本假设有助于确保索赔不被夸大,建筑项目合同管理人员也希望采用罚金条款,以避免施工进度的长期延误。从技术上讲,罚金条款被称为"违约金条款",如果它们被贴上"罚金"条款的标签,那么有一长串的案例表明它们是不可执行的。例如:违约金,每天延误,要每天支付100美元到1000美元的罚金,可以给施工公司提供强有力的激励,使其能够按时完工。

14.8.5 其他合同类型

买方可能遇到的其他类型的合同包括以下两种。

1. 采购协议

将类似的项目组合在一起进行采购,有助于减少大量重复性小订单的文书工作量。采购协议还通过利用供应商的业务量,增加了买方与供应商的谈判影响力。采购协议有以下多种变体。

- 年度合同:一般为期12个月,可以在年底续签,也可以不续签。
- 国家合同:规定在协议期间,买方将购买一定数量的货物和服务。

- 公司协议：规定公司组织内的业务单位必须在协议期限内从特定供应商处购买。
- 国家采购协议：对采购商或供应商均不具有约束力；通常根据公司整体的总销量向公司采购商提供折扣，而不是针对任何子公司单独提供折扣。
- 总括订单：通常涵盖许多不同的项目，这些项目可以在同一采购订单号下购买，从而最大限度地减少采购部门对相对低成本项目（如办公用品）的重复单具处理工作。
- 定价协议：在合同期内，允许买方所采购的价格清单或列表中的所有产品或服务，以协商好的百分比获得采购价格折扣。
- 扩展式订单：类似于总括订单，但允许包括原不包含在总括订单中的项目产品，也可以允许原采购订单延长更长的期限。

2. 在线目录和电子商务合同

随着长期协议和综合采购协议的日趋增长趋势，许多公司已转向电子商务，以进一步减少其管理费用。MRO 产品的主要供应商（如 Staples、Grainger 和 Officemax）使用自动化在线目录，用户可以从电脑上直接从一揽子订单和国家合同中购买产品。

尽管最近法律确认了合同上电子签名的有效性，但许多公司对使用电子合同和相关文件仍持谨慎态度，因为人们认为电子签名对谁被授权代表公司这方面缺乏控制。关于电子商务合同，买卖双方需要注意四个主要问题：

（1）电子记录和纸质记录之间的对等。除非在线协议得到执行，否则几乎不会进行电子商务。许多团体反对将电子记录等同于纸质记录，"记录"是现在用来代替"文件"或"书写"的法律术语。

（2）收缩包装、点击包装、盒顶协议和许可证的授权覆行。在许多情况下，买方受基本交易（购买货物或转让计算机软件）所附协议的约束，这些协议具有重大的法律效力，而买方在购买时并不明显。

（3）核实程序。对于电子（鼠标点击）采购，供应商需要安全机制来确保收到的订单是合法的。供应商还希望有一个在法律上适用于买方的机制，这样卖方就可以利用买方的信用卡进行转账。如果一个人从网站访问者手中在线收到订单，供应商可以对此人起诉。

（4）电子签名。对于标准的纸质合同，签名的作用是唯一地识别合同的当事人。国会最近的立法试图为电子商务中的传统签名提供几种可接受的替代品，但也存在一些问题。美国《统一商法典》（UCC）第 2 条正在修订，以适应电子商务问题。

14.9 解决合同争议

所有的合同，无论措辞和准备多么谨慎，都可能受到某种形式的争议或分歧。事实上，几乎不可能达成一项合同，该合同预见到了买卖双方可能产生分歧的每一个来源。

一般来说，合同的性质越复杂，涉及的金额越大，将来就条款和条件的解释发生争议的可能性就越大。因此，采购经理必须试图预见此类冲突的潜在性，并准备适当的冲突解决机制，以应对出现的此类问题（见表 14-4）。专栏文摘：在线争议解决还描述了电子商务技术的一个较新应用，公司开始使用在线争议解决网站来管理合同冲突。

表 14-4 解决合同争议的方法

动　作	说　明
法律诉讼	向联邦/州/地方法院提起诉讼
非法律行为	
仲裁	利用公正的第三方解决合同纠纷
调解	由第三方介入,为促进合同纠纷各方之间的和解或妥协而进行的干预
小型审判	来自双方组织的管理者之间交换信息,然后双方组织的管理执行者之间进行协商
聘请法官	中立方在双方之间进行"审判",并对最终判决负责
争端预防	在合同中约定,双方将按谈判、调解、仲裁和法律程序的进度顺序解决可能出现的争端

传统的合同纠纷解决机制是以商法为基础的,商法规定了一种司法管辖权,在这种司法管辖权下,公正的法官可以听取案件的事实,做出有利于一方或另一方的裁决。

由于美国法律体系中解决纠纷所需的不确定性、成本和时间长度,大多数买卖双方更愿意避免与诉讼相关的问题,以其他方式处理这种情况。将争端纳入法理学体系应被视为最后的手段,而不是解决合同争端的自动步骤。

14.9.1　法律

在过去的几年中,解决买卖双方纠纷的新方法不断发展。这些技术虽然形式和性质不同,但有许多相似的特点:

- 它们存在于冲突升级的两种极端选择之间。
- 与严肃的法庭争论相比,它们不那么正式,通常更为私人。
- 与处理冲突的传统方法相比,它们使有争议的人能够更积极地参与和控制解决自己问题的进程。

几乎所有的新方法都是在私人部门制定的,尽管法院和行政机构已经开始采用其中一些比较成功的技术。

也许解决合同分歧的最简单方法是在当事双方之间进行直截了当的面对面谈判。通常,围绕争端的其他因素可以由当事方加以考虑,即使这些因素与目前的争端没有直接关系。例如:如果合同买卖双方对合同中有关交货的条款和条件的解释意见不一致,那么他们也许可以在其他条款和条件上进行合作,例如价格或日程安排表。

当这一备选方案不再奏效时,双方可能会意识到就适当的备选方案达成一致是不可行的。在这种情况下,如果没有外部各方的额外协助,当事方可能实际上不可能本着诚意就达成可接受的争端解决办法进行谈判。

14.9.2　仲裁

在美国和海外其他国家,利用外部仲裁员或第三方帮助解决合同纠纷是缔约方之间冲突解决的最快方法。由于双方无法通过谈判达成解决方案,对问题的情绪反应(沮丧、失望和愤怒)可能会妨碍对分歧根源的真正根本原因进行理性审查。

在这种情况下,唯一的解决办法是仲裁。仲裁的定义是"向一个或多个公正的人提出异议,并理解双方将遵守仲裁员的决定"。如果仲裁的设立和处理得当,仲裁可以保护争议双方的利益,因为它相对便宜,不太费时,比较私密,通常是所有相关方的合理解决方案。

在撰写和谈判采购合同时,许多采购经理在模板条款和条件中加入了仲裁条款。这一条款通常阐明争议各方将如何选择适当的仲裁员以及将考虑仲裁的争议类型。美国仲裁协会(American Arbitration Association)是选择商业仲裁员的一个很好的来源,它也可以从公正的角度处理整个过程中出现的行政负担,必须确保仲裁员的意见对争端双方都有约束力。这里要记住的一个关键点是,对潜在的争议制订充分的预先计划,可以防止不可预见的冲突发生,避免以后会出现问题。此外,最好说明举行仲裁听证会的地点和方法,特别是如果争端涉及来自不同国家的公司或个人。

在编制采购合同或采购订单时,合同经理应考虑两个因素(与组织的法律顾问一起),以确保仲裁员的裁决具有法律约束力:

- 必须审查州法规,以确定该州或有关州是否有允许仲裁的法律规定。
- 仲裁条款的措辞应根据州法律、联邦法律(联邦仲裁法)和美国仲裁协会发布的指南谨慎制定。

在与供应商的交易中,利用这一整个过程的采购经理应了解有关具有约束力的仲裁的几个注意事项。

买方不能依赖其表格中包含的仲裁条款,尤其是如果供应商的表格中不包含此类条款。如果供应商的表格中包含的仲裁条款不在买方的表格中,而买方不希望遵循该条款,则供应商不能依赖该条款的存在。最后,如果买卖双方的形式都包含仲裁条款,仲裁将成为整个协议的可执行部分。

> **专栏文摘**
>
> **在线纠纷解决**
>
> 与互联网的其他方面一样,在线纠纷解决的创新也在迅速发展。Cybersette.com 是一个解决纠纷的在线机制,特别是那些涉及保险公司的公司。毫不奇怪,还有其他在线供应商提供调解和仲裁服务。对于调解,有在线调解(www.onlineresolution.com)和线下调解(www.mediationnow.com)。在线仲裁服务包括在线仲裁(www.onlinesolution.com/index-ow.cfm)。后者的网站称,在线仲裁与传统仲裁类似,执行所有的交流都在网上进行,为你的案件指定的在线仲裁员将是一个经验丰富的专业人士,他了解我们争议的主题领域。在线纠纷解决的一个优点是通过计算机的使用而不是亲自出席,出席谈判、调解和仲裁程序的成本更低。
>
> 然而,重要的是要记住,大多数在线纠纷解决的机制对许多企业来说都是陌生的。为了使在线纠纷解决成为一种有效的机制,双方必须同意使用在线纠纷解决,即使不熟悉这个过程的各方在尝试这样一种新过程时会很谨慎。为了使其具有可执行性,法院必须接受在线解决纠纷结果在至少一个案件中,联邦地区法院拒绝受诉讼结果的约束。
>
> 资料来源:Baumer, D.L., and Poindexter, J.C. (2004), Legal Environment of Business in the Information Age, New York: McGraw-Hill/Irwin.

14.9.3 争端解决的其他方式

随着仲裁在买卖双方之间的日益流行,出现了许多其他不同形式的冲突解决办法。当人们想到仲裁程序时,通常会想到的是调解——冲突各方之间为促进和解、解决方案或妥协而进行的干预。

调解员的职责包括听取双方陈述的事实,裁定文件和其他证据的适当性,并对调和双方合法利益的解决方案作出判决。调解不同于仲裁,因为仲裁对双方都有约束力。然而,在调解过程中,争议双方保留对调解人提出的解决方案作出最终决定的权利。

第二种争端解决机制称为小型审判,实际上根本不是审判。小型审判是一种陈述形式,涉及参与争端的每个组织的管理人员之间的信息交流。

一旦高管们听到了双方的陈述,他们就会试图通过与高管们的谈判来解决争议。由于小型审判通常比其他形式的谈判更为复杂,因此通常在当事方之间的争端重大且高度复杂时才会使用,好处是将潜在的法律冲突转化为一项商业决策,并促进双方之间的持续关系。

另一个相关的冲突解决机制是"聘请法官"(rent-a-judger),这是一个通俗的名字,指的是法院将双方之间悬而未决的诉讼转交给一个私人的第三方的过程。中立党(通常是退休法官)进行"审判",就好像是在真正的法庭上进行的一样。如果一方或双方对聘请法官裁决的结果不满意,那么可以通过正常的上诉渠道对裁决提出上诉。在此过程中,双方同意聘请一名私人法官来审理争议。与有约束力的仲裁程序不同,聘请法官进行审理会受法律先例和证据规则的影响。

争议诉讼和争议解决的最后一种选择是争议预防,这是合作商业关系概念中的一个关键因素,如长期合同、合作伙伴关系和战略联盟。当缔约方最初同意争端预防程序时,可在协议中界定谈判、调解和仲裁的逐步时间表,作为最后手段才会提起诉讼,这种密切的合作关系建立在双方充分承认和商定在某些条件下使用的解决争端机制的基础之上。

在决定使用哪种争端解决机制时,需要考虑许多因素。首先,或许也是最重要的,考虑的是争端各方之间的关系地位。如果双方之间的关系是持续的,并且预计在可预见的将来会继续,则双方将倾向于通过希望能够维持这种关系的手段来解决合同纠纷。

机制的选择也应基于购买者所期望的结果类型,可能需要建立一个适当的先例来管理买方在未来争议中的行动。另一个考虑是,争端各方是否需要直接参与产生结果或解决办法。争端各方的存在对于成功地利用谈判、仲裁、调解、小型审判和聘请法官程序等技术解决争端至关重要,争端各方的积极参与通常会导致更公平和和谐的解决(而不是让第三方如律师参与)。

当事人的情绪是另一个重要的考虑因素。如果愤怒和挫败感等情绪很高,那么从时间、金钱和管理成本等方面来看,诉讼的总成本可能比最初预期的要高。下面的专栏文摘显示了在为商品市场签订期货合约时,可靠的市场情报的重要性,这将消除可能导致争议的任何意见。

专栏文摘

合同的未来

每年,国际商业和合同制造协会(iaccm.com)都会发布一个名为"合同的未来"的更新,其中记录了合同方面的新信息和挑战。iaccm 是一个致力于提高个人、组织和机构在合同和商业管理方面的能力的组织,为全球受众提供研究、学习、认证和基准。在本出版物 2012 年版中,出现了以下几个主要趋势:

- 世界私营和公营部门领导人认为,"复杂性"的迅速升级是他们面临的最大挑战,预计在未来几年内将加速升级。
- 今天的企业没有能力有效应对这种复杂性。
- 创造力是企业在这种复杂性中寻求的唯一最重要的出路。

此外，该研究还预测了未来几年的一些变化：
- 86%的人认为会有更多的国际标准。
- 78%的受访者表示，在签订合同时，将重点关注简单的语言。
- 69%的受访者表示，普通法将保持其作为国际合同框架的主导地位。
- 62%的人表示，合同中会更多地使用图像、图表和流程图等视觉技术。

此外，专家认为，买卖双方的关系将发生一些变化：
- 7/10的专家预计"关系"将与"合同"更紧密地结合在一起。
- 谈判频率最高的条款仍然是责任限制、赔偿和价格变化。
- 在合同执行的授标后阶段，最经常成为索赔或争议对象的前三个条款包括交付/验收、价格变更和变更管理。
- 9/10的人预计技术的影响会迅速增长。
- 71%的人认为绩效承诺和衡量指标将发生重大变化。
- 85%的人认为，承包过程必须更加整体化。

显然，这一愿景承诺从目前的状态提高合同专业化的重要性和水平。订约正迅速成为卓越采购的重要领域之一。

资料来源：IACCM,"The Future of Contracting," www.iaccm.com。

专栏文摘

合作谈判承包之父去世，但会留下持久影响

除非你碰巧在2012年9月25日阅读《纽约时报》的讣告专栏，否则你不会注意到20世纪最伟大的供应链创新者之一杰拉德·I.尼伦伯格(Gerard I. Nierenberg)去世的消息几乎没有受到任何关注。尼伦伯格是一位律师，他对法律纠纷的对抗性感到沮丧，因此他发展了谈判合同的方法，并在培训研讨会和书籍中进行了推广，包括谈判的艺术和如何像读书一样读懂一个人。他在曼哈顿去世，享年89岁。

律师是一个能够避免合同纠纷的人，这在当今的诉讼环境中非常普遍，这一事实最终证明了我们离合作合同的概念已经有多远了。尼伦伯格的独特之处在于他的观点，谈判和合同不是关于"策略"（就像许多谈判研讨会所宣传的那样），而是关于创造共同价值。他的具体信息是，在一次成功的合同谈判中，"每个人都赢"。

正如《泰晤士报》所指出的那样，尼伦伯格在20世纪60年代初在纽约经营一家房地产法律事务所，当时他得出的结论是，他和许多其他人在工作和家庭中花费大量时间谈判协议，但却没有接受过如何谈判的正式培训。他发现，谈判往往意味着不惜一切代价赢得胜利。

"如果你想让和你一起玩的每个人都输，你认为生活就是一场游戏，你认为你能在生活中走多远？"他在1983年的一次采访中说，"每个人都想打败你。"他写了一本关于这个问题的书，并创办了现在由他儿子乔治管理的谈判学院。

尼伦伯格的有趣之处在于他在书中所写的合同谈判成功背后的思考。他对合同谈判的很多想法都源于他对一般语义学的兴趣，这是语言学中的一个领域，他把单词看作是标签，分散了人们对它们所代表的事物的注意力。他感兴趣的是"我们如何知道我们所知道的"，以及"如何把我们自己困在自我限制的选择中"。

在合同供应链纠纷中，有多少根源于"赔偿"和"责任限制"这两个限制性术语，最终导致买卖双方和客户陷入失败主义、妨碍创造价值的行为？有多少谈判是关于"胜利"，而不是真正确定可以识别、分享和讨论的共同风险和回报？合同管理有多少是关于法律定位，而不是解决问题？

我认为杰拉德可能是一个公平的谈判者。正如他的妻子朱丽叶对《泰晤士报》所说,"我可以随时提醒他,或者他会提醒我,关于合同谈判的原则。"

资料来源:Handfield, Robert, "The Father of Collaborative Relationship Management Passes Away," Supply Chain View from the Field, blog, http://scm.ncsu.edu/blog/2012/09/25/the-father-ofcollaborative-relationships-passes-away/

一场持久的争议法庭的艰难经验会使人相信若存在不止一个潜在的诉讼代理人,会是费用较低和普遍争议解决的一个替代办法。

从时间的重要性,快速获得解决方案的重要性可能是决定是否进行诉讼、调解或仲裁的一个因素。在许多情况下,非诉讼解决机制的替代方案比法院诉讼更快。时间压力可能会迫使争端各方在法庭上达成一项适当的决议时更有创造性和理解力,解决纠纷的时间与成本费用有直接关系,时间越快通常费用更低。

达成解决方案所需的信息可能决定了首选的机制。当事方若想让法院解决他们的争端,信息要求就越正式。法庭上严格的证据要求对当事人来说可能并不可取,因为这是公开的。卷入纠纷的公司可能不愿意在公开场合泄露他们的秘密或商业秘密。此外,在审判中,专家和其他证人的可信度可能不高,这里提出的所有解决冲突的机制或解决方案都比在法庭上能获得更大程度的隐私。

 实践范例

曼联应用"无污点模型"洽谈合同

2009年,格蕾丝·彪马(Grace Puma)来到美国联合航空公司(United Airlines)时,她为卡夫食品(Kraft Foods)、摩托罗拉(Motorola)和吉列(Gillette)等公司带来了20多年领导全球战略采购组织的经验。因为像联合航空这样的大型航空公司需要各种来源的产品和服务,跨越许多不同的潜在合同形式,她看到了一个通过类别管理团队实施标准采购流程的机会,这些团队专注于在供应商关系中推动最低的总体拥有成本(TCO),这是通过与战略供应商协作发展关系来改善与战略供应商的协调。彪马解释说:"我们设定的期望是,我们的供应商以透明和基于事实的方式运作。具体来说,我们讨论通过供应链的低效率来提高服务绩效和降低成本的机会,并与关键合作伙伴合作,推动创新解决方案,以增加收入和客户满意度。"在与外部供应商抵消成本方面,一个该部门最有价值的工具是它的Clean Sheet成本分析模型,这是一个财务模型,用于确定某个特定项目的"合理成本"。该团队详细地确定了成本动因,并使用这些成本动因的行业研究来估计该项目的成本水平、管理费用和利润水平的增长。此信息仅供联合公司内部使用,不与供应商共享但用来生成通用模板。一旦收到供应商的投标,战略采购团队就定价的每个组成部分进行详细谈判,并将重点放在无污点模型结果和供应商投标之间存在较大差异的领域。"无污点模型让我们可以和我们的供应商就曼联愿意支付的价格进行非常不同的对话,"彪马说,"它让我们更好地了解了成本的各个组成部分,因为我们可以准确地讨论为什么供应商在成本的特定子类别中要比我们在另一个投标中发现的贵得多。这可能是因为他们的会计部门有一定的程序,或者我们可能正在制定对他们来说成本更高的具体规范。"这些都是基于事实的讨论,远比最终的出价要理智得多。此外,与供应商的协作研讨会也打开了供应商与联合公司之间的沟通和信任。从这些会议中收集的信息有助于战略采购团队制定清洁工作表。这些单独的研讨会在竞争性投标开始之前举行,邀请了两个或三个已知的供应商,要求供应商在会议前两天准备,以便两个小组都做好讨论准备,讨论范围从当前市场动态和趋势到供应商成本结构。通常,供应商参与者仅限于技术、运营和财务/合同代表,这样他们就不会变成销售宣传。"我们的采购方法实际上是围绕着供应商的发展,帮助他们了解我们的成功就是他们的成功,他们有积极的责任感,以确保我们的客户在我们的飞机上有良好的体验。"彪马说。

问题
(1)你认为供应商对谈判中使用"无污点模型"的感觉如何?
(2)你认为"无污点模型"会降低供应商的利润率吗?为什么?在什么情况下利润率会真正增加?
(3)Grace Puma强调了哪些基本要素对使用TCO方法进行合同谈判至关重要?美联航是否在用这个元素吗?

资料来源:Aruseth, L.(2010. January),"Soaring to New Collaborative Heights," Inside Supply Management,18-20。

本章小结

本章概述了买方使用的合同类型、适用的管理程序和解决合同纠纷的方法。尽管不可能涵盖应适用特定合同的所有潜在情况,但此处制定的经验法则应提供一套合理的准则。最后一点,值得注意的是,许多组织正在完全取消合同,并选择在非正式的基础上与供应商做生意,这种安排需要发展良好的供应商关系和双方之间的信任。然而,买卖双方之间的合同不太可能永远消失。

思考讨论

1. 你认为买家把大部分时间花在谈判上的地方是在预付款条款上还是在附加的时间表上?
2. 有哪些价格指数可用于跟踪钢铁或铜等大宗商品价格的例子,如何将其纳入合同,以尽量减少双方的风险?
3. 制定不同类型的合同(固定价格合同、激励性合同和基于成本的合同)对买方有哪些风险?
4. 制定不同类型的合同(固定价格合同、激励合同和基于成本的合同)相关的供应商风险是什么?
5. 哪类公司最适合使用总承包合同进行信息系统开发?
6. 假设你是一个采购经理,他是安装大型企业资源规划系统(如SAP或Oracle)的大型咨询公司的合同管理员。你希望与咨询公司签订的合同中包含哪些关键要素?
7. 为什么咨询人员通常希望避免在合同中包含详细的结果?这合乎道德吗?
8. 在什么条件下,短期合同比长期合同更可取?
9. 某些行业,如计算机行业,面临着不断变化的技术、较短的产品生命周期、许多小部件供应商和苛刻的客户。在这些条件下,你建议关键部件供应商签订哪种类型的合同?在合同中还包括哪些措施?
10. 由于电子签名现在可由法律强制执行,对合同拟定有何影响?
11. 接受一份旧合同,仅仅改变供应商的名称,就在与另一个供应商签订的三年期新合同中使用,会有什么危险?
12. 为什么许多公司在解决合同纠纷时试图避免诉讼?
13. 在利用仲裁机制解决争端时,如何选择不同的仲裁解决地点?
14. 电子商务对合同执行有什么影响?如果发生冲突,你认为应该在哪里解决?

第 5 篇

关键供应链要素

第 15 章　精益供应链管理
第 16 章　采购服务
第 17 章　供应链信息系统和电子采购
第 18 章　供应绩效考核和评估

采购与供应链管理(第 6 版)
Purchasing and Supply Chain Management

第 15 章

精益供应链管理

学习目标

- 识别库存的不同类别;
- 识别与维护供应链库存相关的各种成本;
- 更有效地评估管理库存的财务影响;
- 了解维持库存投资的正确原因;
- 了解创建精益供应链的挑战;
- 确定管理和改进库存投资的方法;
- 认识库存管理与履行最佳的客户订单配送之间的重要关系。

开篇案例

电子商务时代全球物流渠道的碎片化

最近进行的一项研究,涉及对 60 多名供应链首席执行官的采访,以及对美国、德国、中国、印度、巴西和俄罗斯等多个国家 1400 多名供应链高管的调查。研究结果指出了一个不可否认的事实是,企业必须建立网络能力,才能在日益激烈的竞争环境中生存下来,而竞争环境正是由互联网上的采购激增所推动的。随着电子商务的兴起,新渠道与其他渠道相互衔接、迅速融合,例如传统的服装零售渠道。服装零售市场成功的传统形式是直截了当的:在一个销售人员的帮助下,加上具有吸引力的商店环境,用合适的价格为顾客提供具有质量保障的时尚服装。在这种销售形式中,供应商只需把货物送到零售商店。然而,如今实体店只是多种渠道之一,还有诸如销售点位置、电子商务网站、社交和移动网站等种类,比如利用弹出式商店和快速销售来打开季节性或者一次性的销售渠道。有了这些新的渠道,供应链管理人员必须同时适应和预测内部和外部的不同需求,以满足时间窗口,保持低成本,确保库存能够满足渠道销售的需要,并有助于推动增长。

在网络经济中,企业被期望具有极高的灵活性。服装零售商必须努力解决如何完成不同类型的订单,以及如何处理采购背后的库存等诸多问题,因为客户可以选择一系列不同的配送机制(送货上门、在商店提货等)。而电子商务订单的典型特征是成交量较高,但送货上门的订单一般都是以小件商品居多。更为复杂的是,必须建立逆向物流能力,用来处理大量的交易、退货和损坏的货物,因为大多数网站提供零成本退货的政策。

为了应对这种环境,企业正寻求将更多的技术设计、库存管理、营运资本投资和计划执行外包给供应链中的其他合作伙伴。有人警告说,供应链上承担太多的责任可能会导致重大风险和失控,如果供应商决定向上游整合客户,控制渠道可能会出现问题。在这种情况下,所有的总成本(包括运输和库存管理等)对原始设备制造商来说是不透明的,并且如果将整个子系统交给单个供应商,企业就失去了降低成本的杠杆作用。这一趋势被业界的另外一种观点抵消,即物流全都涉及节约成本,并且常常不被人们视为增值能力的来源。

这种趋势的一个分支是产品和物流解决方案的捆绑。客户需要解决他们所面临的问题的解决方案,这意味着不仅要具有产品的实际运动能力,而且还要能够将包装、分配、跟踪和对需求的响应能力结合在一起。多年来,汽车行业一直如此,在这种情况下,基于实时 EDI 传输的 JIT 每小时交付是常态。越来越多的组织不希望管理库存,而是要求供应商提供供应商管理的库存、对库存跟踪软件的实时响应以及技术支持。许多公司无法单独提供这些功能,因此在与解决方案提供商合作,开发组合产品服务供应链解决方案。

我们正在为客户提供更系统解决方案,而不仅仅是化学产品的运输。我们提供包含第三方材料的产品解决方案,在建筑中,我们不出售绝缘材料,我们出售以平方米为单位的隔热墙。我们不出售油漆,我们出售有色底盘。这是供应链管理的一个全新维度,不仅涉及订单运输,还包括你如何与供应链中的其他人员合作,将你的产品功能与他们的功能捆绑在一起,以便按时交付给客户。这是当今我们产品组合的 40%,而且我们正在进一步深入供应链。

许多接受采访的公司认识到他们不能"单独行动",而是需要成为管理全球关系的专家。在销售才刚刚开始的地区尤其如此,在许多情况下,公司需要弄清问题所在以及在区域内开展业务意味着什么。为此,伙伴关系是关键,尤其是对于进口到各区域而言。印度和中国等许多国家/地区对包装、运输和其他需要定制物流流程的进口问题有特定要求。组织需要在这些国家/地区内制定具体的包装要求,以满足政府法律的要求,然后制定流程来进口产品并针对当地市场进行定制。跨边界运输会影响渠道的有效性,因此组织需要谨慎选择分销商和销售地点。供应链战略涉及决策:你如何分配?是本公司仓库还是其他?你选择了多少家经销商?绩效最佳的组织能够确定可以优化和了解当地法律和条件以有效地做出这些决策的合作伙伴。

近 80% 的高管认为,供应链中的协作是为了实现更好的协调和增加信任,以及提高协同效应和增加创新。这些趋势清楚地表明,各组织正在寻求发展新的物流价值和创新形式,而开放和信任的对话是实现这一目标的唯一途径,在这种对话中,各方可以公开分享和完善想法。在为长期网络关系寻找合适的合作伙伴方面仍然存在许多问题,但这项研究显然支持了一个倾向于与更少的合作伙伴建立更具凝聚力和综合性关系的方向。这种关系建立在确定的协同效应基础上,协同效应可以创造新的能力、创新的供应链解决方案以及共享的能力和风险。

资料来源:Handfield, Robert, Straube, Frank, Pfohl, Hans-Christian, and Wieland, Andreas.Trends and Strategies in Logistics and Supply Chain Management,BVL International,2014.

15.1 引言

如果说美国公司在过去 20 年里学到了什么,那就是高效管理库存是保持竞争力的核心。正如本章开篇案例所示,库存对于不同的行业非常重要,包括零售业、物流服务提供商、分销商、制造业和医疗保健业。库存和订单履行流程必须适应通过互联网增加电子商务订单,以及客户对改进准时交货和服务的期望。尽管服务公司不生产制成品,但它们仍然必须管理大量库存,特别是在医院和公用事业等必须对紧急情况作出迅速反应的环境中。

尽管保持高库存水平是多年来公认的做法,但它却导致了较高的库存持有成本,利润减少,市场份额降低。此外,高库存水平往往掩盖了其他问题,如材料质量差、需求预测系统不准确和供应商交货不可靠。为了避免这些问题的发生,提高安全库存水平或增加从供应商订购的数量往往是较为简便的方法。

尽管"精益"的概念通常与"及时"或"零库存"相关联,但该概念的范围更为广泛,并且在最近五年中对供应链的管理思想产生了重大影响。John Shook 在他的《Learning to See》一书中将精益定义为"一种旨在通过消除浪费来缩短从客户订购到向客户发货之间的时间的经营理念。" Womack 和 Jones 在其《Lean Thinking》一书中指出:与精益相关的所有活动都试图实现三个目标——流动、拉动和追求卓越。

流动意味着库存在整个供应链中连续移动,而排队活动或非增值活动最少。拉动意味着客户订单开始了工作流程,并波及整个供应链。除非下游中心直接请求(即拉动)该输出,否则上游工作中心或工序将不会创建输出。下游中心提出需要然后消耗产出,因此不会产生库存或浪费。另外,追求卓越意味着供应链必须具有完美的质量,低于完美质量的任何东西都会导致浪费。

本章的主要目的是了解管理和控制供应链库存在构建精益供应链中的作用。在接下来的章节中,我们将介绍库存的类型和成本,维持库存的原因,以及精益供应链的概念和准时制(JIT)理念之间的紧密联系。我们还提出了管理库存投资的有效方法,并讨论了完美客户订单的概念。本章最后给出了一个很好的实践例子,该示例说明了生物制药公司如何运用精益思维来提高临床试验供应链的绩效,从而通过专利审批获得产品,并占领特定疗法的市场。本章还讨论了精益思想的多个示例,强调了这些方法在任何行业中的通用性。

15.2 理解供应链库存

我们讨论精益供应链的最佳起点是理解库存管理的基本原理。本节讨论的库存不同类型、持有库存相关的成本,以及将库存作为财务资产范畴向负债而非资产的不断变化的观点。

15.2.1 库存类型

对于大多数制造商、批发商和零售商来说,库存是最大的单一资产投资。库存的五个主要类别是:原材料和半成品库存;在制品库存;成品库存;维护、维修和操作物料库存;在途库存。

1. 原材料和半成品库存

该库存包括从供应商处购买或内部生产的直接支持生产要求的物料。原材料包括以散装或未完工状态购买的物品,例如大量的化学品、树脂或石油。半成品库存包括在最终生产过程中用作投入要素的那些部件和产品。每个生产商都某种程度上依赖这些原材料或半成品库存来满足最终的生产要求,这类库存主要由采购、物料计划小组或供应链经理管理。

2. 在制品库存

在制品指的是在任何给定的时间点,所有加工中心内库存的总和。尚未完成的在制品也就是不完整的、尚未转化为可销售的成品。这包括以下材料:

- 等待进入下一个流程工序;
- 目前正在某个车间被加工;
- 因容量瓶颈或机器故障在处理中心排队。

如果在制品库存增加到一定水平,这可能表明出现生产瓶颈或延迟。一项研究发现,在大多数工厂,有 36% 的在制品库存在排队等待进一步的工作或加工;另外 27% 的在制品库存正在等待转移到另一个工作区域或中心;有 4% 正在转移过程中;而实际上只有 24% 在实际处理中。如果在一个工作站上出现了在制品库存,则调度程序可能必须将物料流重新安排到另一个工作中心。

3. 成品库存

成品库存包括可用于装运或未来客户订单的产成品或产品。生产预期客户订单的产品的公司应该密切监控其成品库存,成品高于预期水平可能意味着客户需求正在下降,而较低的预期成品库存水平可能表明客户需求正在增加。这两种情况都表明,对预期客户需求的预测与当前的产出水平不匹配。

当企业在预期未来的客户订单的情况下生产商品时,它们是在按库存生产的环境中运作的。它们预计将保留成品库存,以预测未来的需求。当企业根据客户订单生产商品时,它们是在按订单生产的环境中运作的,准时制企业通常是在这种按订单生产的环境中运作的。

4. 维护、维修和操作物料库存

MRO 物料库存包括用于支持生产和运营的物料,这些对产品实际上不是成品的一部分,但对工厂、设备和办公室的连续运行至关重要,比如办公用品、备件、工具和计算机。

5. 在途库存

此库存正在运送给客户或遍及整个分销渠道。大多数消费品库存要么在卡车上,要么在杂货店的货架上。实际上,杂货店只为产品提供货架,它们没有自己的库存。存货归供应商或分销商所有,当消费者购买产品时,供应商或分销商收到付款。

15.2.2 库存相关的成本

持有过多库存的缺点是对公司营运资本的影响。营运资本是指用于经营企业(包括购买和持有存货)的资金。库存过多会消耗或占用公司可能在其他地方更有效地使用的资金。订货和持有实物库存都会涉及许多成本。

1. 单位成本

最基本和最容易量化和跟踪的库存相关成本是单位成本,我们可以通过几种方式查看单位成本的计算。首先,从供应商或其他内部部门购买的每件物品或货物都有一个相关的单位成本,这是公司支付的价格;其次,成品拥有单位成本。这项费用的计算可能更为复杂。

除了用于制造成品的直接材料外,产品还具有人工成本和管理分摊的间接费用。成本会计师主要负责确定和分配这些成本。

2. 订货成本

订货成本是与物料订单发布相关的成本的总和,这些成本可能包括生产和发送订单核发的成本、运输成本以及与获取商品有关的任何其他成本。如果一家公司自行生产一件产品本身,订货成本可能还包括机器设备安装成本。

3. 库存持有成本

库存持有成本包括三个独立的组成部分:资本成本;存储成本;过时、变质和损失成本。实物库存的投资具有与其相关的机会成本,因为这些投资用于库存的资源不可用于其他经济用途。因此,将这些资金用于持有实物库存会产生库存持有成本。

库存的实际存储会产生一定的成本,包括与存储空间、保险成本或库存维护成本(如进行周期盘点)有关的任何成本。持有成本随着库存水平的变化而变化,这使得持有成本是可变的。固定成本不在持有成本的范围内,因为库存水平通常对固定成本没有影响,至少在短期内是这样。

持有库存还会增加被盗、损坏和过期的风险。例如:在计算机行业,产品过期需要更新是计算机行业的一个主要问题,由于技术的快速变化,库存每周损失约 1.5% 的功能,这使得任何库存的长期持有都有财务风险。

对于大多数行业来说,库存成本通常占库存价值的 15%~25%,这取决于公司的资本成本。如表 15-1 所示,各种成本构成了企业总持有成本。库存持有成本的计算如下:

$$库存持有成本 = 平均库存单位数 \times 单位价格 \times 每年的库存持有成本$$

表 15-1 库存持有成本构成

类别	平均(%)	范围(%)
资本成本	15.00	8~40
税金	1.00	0.5~2
保险	0.05	0~2
折旧	1.20	0.5~2
存储成本	2.00	0~4
总计	19.25	9~50

资料来源:Bowersox, D.J., and Closs, D.J. (1996), Logistical Management, New York: McGraw-Hill, 255.

如果一个公司平均库存 1000 件,单位价格为 1.00 美元/件,年持有成本为 25%,那么每年库存的总持有成本为:1000 × \$1 × 0.25 = 250 美元。

4. 质量成本

质量成本包括与不合格品或货物相关的任何成本。库存所有权的总成本不仅仅是单位成本、订购成本和库存持有成本加总。量化劣质产品的成本可以帮助确定问题的原因。由于次品库存造成的额外成本包括现场故障成本、返工成本,由于产品成品率低而造成的损失、检查成本，生产损失以及保修成本。

通常很难量化与订购和实际持有实物库存成本相关的总成本。造成这种情况的部分原因是历史上忽略了计算总库存成本，以及缺乏能够识别库存相关成本的系统。大多数成本核算系统无法识别和分配与维持实际库存有关的真实成本。然而，基于活动的成本核算系统越来越能够量化与持有库存相关的不同成本，新开发的企业资源计划系统也有助于管理者更准确地衡量现有库存的实际水平，而不是"猜测"。

15.2.3　库存投资：资产还是负债？

通过有效的库存管理实践来改善财务绩效的机会是巨大的，尽管在许多公司，这种机会基本上没有实现。例如，在历史上利润率较高的行业（如能源、公用事业和制药行业）中，许多公司很少关注库存，因为人们总是认为，与库存减少相关的节约超过了客户销售损失的潜在风险。这种观点现在已经开始改变，因为库存对资产负债表和华尔街的金融估值的全面影响，反映出人们对库存周转率的日益关注，这是财务状况的关键指标。

情况并非总是如此。从财务会计的角度来看，存货历来被视为流动资产（见表 15-2）。当存货与现金和有价证券属于同一类别时，人们不禁会感到，持有大量库存实际上是有好处的。多年来，这正是大多数美国经理人对这类特殊资产的看法。直到最近，金融分析师才开始权衡投资于存货的资金对现金流、营运资本要求和盈利能力的影响，并正基于这一因素提出购买股票的建议，突然间，公司的高层领导也开始在分析师的电话中关注这个数字。

表 15-2　合并资产负债表

项　　目	6 月 30 日	
	2012 年（美元，以千计）	2013 年（美元，以千计）
流动资产		
现金及现金等价物	647 595	408 378
有价证券	242 952	421 111
应收款项	638 974	632 870
存货	917 495	771 233
预付费用	84 588	70 211
流动资产总额	2 531 604	2 303 803
投资和其他资产		
对子公司的投资和预付款	205 835	160 455
长期有价证券	770 808	813 631
其他资产	567 350	403 140
	1 033 378	1 014 400
财产、厂房和设备		
农业加工	2 275 016	1 724 460
交通运输	4 206 090	4 073 470
	26 956 250	21 318 070
	62 606 070	54 500 100

任何关于库存管理的讨论都应该着重于库存管理实践对财务指标影响的必要性。当一个工业公司的首席执行官听到由于更好的库存管理而使总库存周转率从 7 增加到 9 时，他

不会太兴奋。传统上,执行经理并不关心与典型供应链经理相同的关键绩效指标。然而,近年来,华尔街分析师认为周转率对财务指标的影响在加大,高管们也开始意识到有效库存管理的重要性。

表 15-3 说明了一种方法来改善库存周转率(这是库存管理周转率的可见结果)对投资回报率这个重要绩效指标的影响。表 15-3 展示的两家公司在各个方面都是相同的,但 B 公司的资产负债表上的存货数量是 A 公司的一半,而 B 公司的利润率略高于 A 公司。有理由假设 B 公司的利润率较高,因为较短的储存期、较少的搬运和减少的库存维护要求导致平均账面费用较低。因为消除了非增值活动,利润率也应该提高。

表 15-3 将库存管理与财务业绩建立联系

项 目	A 公司	B 公司
售价(美元)	200	200
利润率(%)	6	7*
资产		
现金美元	10	10
证券美元	15	15
应收账款美元	8	8
存货美元	20	10
厂房和设备美元	75	75
总资产美元	128	118
财务公式		
库存周转率=销售/库存	\$200/\$20 = 10 转/年	\$200/\$10 = 20 转/年
资产周转率=销售额/总资产	\$200/\$128 = 1.56 转/年	\$200/\$118 = 1.69 转/年
投资回报率=利润率×资产周转率	6%×1.56 = 9.36%	7% 1.69 = 11.55%
通过有效的库存管理,B 公司的投资回报率比 A 公司高出 23%		

注:所有数字均以百万美元计。

* 假设更有效的供应链运作和更少的浪费。

表 15-3 展示了库存管理如何更好地影响投资回报。库存周转率翻番,再加上与库存相关的费用减少,有助于提高利润率,使投资回报率从 9.36% 提高到 11.55%,增幅近 25%。

确定库存管理活动对投资回报率的影响并不是证明这种努力价值的唯一途径。有效的库存管理对于管理资产和控制开支至关重要,供应链和财务经理应共同确定库存管理活动对每股收益、经济增加值、资产回报率、营运资本、现金流和利润率的影响。将库存活动转化为对更高级别绩效指标的影响,对于吸引管理层的注意力至关重要。当亚马逊意识到自己的库存管理做法在华尔街引起了巨大反响,并在两年内扭转了库存系统的局面时,情况确实如此。见专栏文摘:沃尔玛与亚马逊,谁拥有最精简的库存系统?

> **专栏文摘**
>
> **沃尔玛与亚马逊,谁拥有最精益的库存系统?**
>
> 近十年来,沃尔玛一直在吹嘘,它将主导互联网零售业,就像它主导购物中心一样,一举推翻亚马逊公司(Amazon.com Inc.)成为全球最大的在线商家。每年,这些目标都被证明未能成为现实。但在 2009 年这个假日购物季,沃尔玛开始瞄准它认为的亚马逊的致命弱点:向买家运送网购的成本和延迟。在

Walmart.com 上购买了 150 多万件商品中的一部分的顾客可以让他们免费送货到当地的沃尔玛,购物者在当地沃尔玛,商店前面的新服务台更容易取回商品。在芝加哥郊区,它正在测试一个全新的概念:一个类似于药店和快餐店的驾车窗口,顾客可以在那里拿到网上订购的商品。

沃尔玛(Walmart.com)首席执行官 Raul Vazquez 表示:"曾经有一段时间,线上和线下的业务被视为不同的。现在我们意识到,由于我们拥有数千家店铺,实际上拥有了实体优势,我们可以利用它成为在线销售第一的网络营销商。"进入圣诞节前,该公司表示,40% 的在线订单都是通过实体店铺交付的。

根据 com Score Inc. 的追踪服务,沃尔玛目前在流量排名中位列电子商务网站之首。但据商业出版物 Internet Retailer 估计,沃尔玛的年销售额仅为 17 亿美元,严重落后于亚马逊,后者去年的年收入为 191.7 亿美元。

当然,零售实体商店提货并不是一个全新的消费概念,电子零售商在 21 世纪初就已开创了网购商店提货的先例。但沃尔玛和其他传统的零售商正大幅加大将商店和网络销售联系起来的力度,这是在向网络购物进行广泛的转变,在经济不景气的情况下,这一势头正在增强。

尽管电子商务在美国零售支出中所占比例不到 5%,但商家们发现,即使是技术水平不高的消费者,也开始在电脑或手机上购物,开始浏览产品评论和价格对比的网站。

沃尔玛正在整理它的分销渠道,以帮助沃尔玛更好地与在线卖家竞争。亚马逊表示,它并不认为配送是一个弱点。"在亚马逊购物意味着你不必与人群抗争,我们把东西送到你家门口"。发言人克雷格·伯曼(Craig Berman)说:"你不必在车流中挣扎,也不必找停车位。"

亚马逊最近采取措施加快交货时间,利用精益理念改善配送系统。该公司开始在美国 7 个城市提供当天送达服务,这给购物者带来了额外费用。通过与运营商合作并改进自己的内部系统,亚马逊已经开始提供周六隔天送达的送货服务,并将一些订单缩短了两天的时间。伯曼说:"我们知道,顾客不会告诉我们,你把我的东西慢一点送货是情有可原的。"

这些吸引眼球的举措增加了网络和商店的流量,但沃尔玛希望通过"网站到商店"的免费送货计划来增加在线收入。它允许折扣店依靠其供应链运营进行送货,并在商店内吸引在线客户,在那里他们可以进行附加购买。

沃尔玛正在学习如何利用互联网零售业的优势,它在网上提供数千种商品,而这些商品并没有在其庞大的超市中储存。

资料来源:Bustillo, M., and Flowers, G., (2009, December 15), "Wal-Mart Uses Its Stores to Get an Edge Online," Wall Street Journal, A1.

表 15-4 Amazon.com 1997—2006 年财务业绩

年份	净销售额(百万美元)	库存量(百万美元)	库存周转次数(12月31日,百万次)
1997	148	9	16.4
1998	610	30	20.3
1999	1 640	221	7.4
2000	2 762	175	15.8
2001	3 122	143	21.8
2002	3 933	202	19.5
2003	5 264	294	17.9
2004	6 921	480	14.4
2005	8 490	566	15.0
2006	10 711	877	12.2

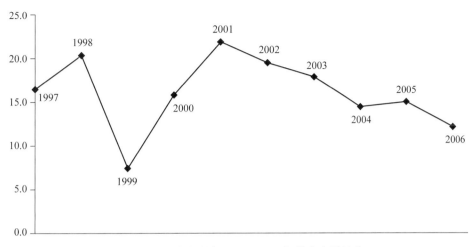

图 15-1 亚马逊网站 1997—2006 年的库存周转率

15.3 投资库存的合理原因

实物库存在所有供应链中都扮演着重要的角色。没有库存，公司就无法生产产品、提供客户服务或运营业务。在决定是否需要进行存货投资时，要遵循的一个重要原则是，只有当持有存货的收益超过持有存货的成本时，才应持有存货。下一节将分析库存的正确原因。投资库存的合理原因具体如下。

1. 避免运营绩效降低

维持库存投资的一个主要原因是支持生产需求，避免任何类型的供应中断。即使是在一个准时制生产的时代，几乎所有的公司都持有一定程度的生产库存，其中可能包括原材料、半成品或支持成品包装和运输的材料的批量供应。

产品库存消耗了库存投资的很大一部分。因此，公司强调在设计开发系统时，注重控制和减少在任何特定时间内维持的与生产相关的库存量。生产（特别是在制品）库存的减少导致库存成本的降低。尽管支持生产需求始终是持有实物库存的主要原因，但这并不是持有过多库存的原因，供应经理需要在避免供应中断和持有过多库存之间取得平衡，这可能会打压公司或业务部门的资产负债表。

2. 保障运营需求

几乎每个企业都拥有 MRO（维护、修理和运营）物料库存，用来维护、维修和运营耗材以支持运作。MRO 物料库存的真实成本常常被忽视，因为企业无法以与生产库存相同的强度跟踪这些物料。如果没有建立适当的跟踪系统，可能会有过多或废弃的项目物品库存，而库存被盗可能会进一步导致库存缩减损失。

大多数公司都在试图控制与订购和维护 MRO 物料相关的成本。一些用于控制 MRO 物料成本的技术包括使用 MRO 中央商店、在线订购系统和全服务的分销商，这些分销商负责管理 MRO 物料库存项目的整个供需，并可能对其服务收取额外费用。

3. 保障客户服务需求

许多产品,如计算机、电器和汽车,需要维修或更换零件,而缺乏足够的零备件库存会增加无法满足客户服务要求的风险。为了避免这种可能性,公司经常保持大量的维修和更换零件库存。

如果保持不正确的库存水平,维修和更换零件可能是库存浪费或客户不满意的主要原因。准确的零件预测和物料控制系统对于保持维修和更换零件的适当库存水平至关重要。

4. 应对市场的不确定因素

供应链对市场的变化非常敏感,包括材料供应和价格变化。当采购商预期材料短缺或价格上涨时,他们通常会增加采购数量,以降低这些不确定性的影响。例如,当供应商可能罢工时,增加物料库存是常见的应对方法。当普通商品(如木材)的潜在短缺迫在眉睫时,预估价格可能会上涨。在这种情况下,买方将通过订购大于正常数量的货物来进行提前购买。

提高库存水平以应对短缺威胁可能是持有额外物料的一个很好的理由,至少在短期内是这样。采购和供应链管理的主要目标之一是支持持续和不间断的运作。如果这需要增加库存,以避免材料短缺,那么买方应考虑这样的行动,前提是额外的供应来源不易获得。然而,企业应避免承担不必要的对冲风险。下面的采购案例和库存情况说明了库存定位的重要性。

5. 利用订购数量折扣

供应商通常会提供数量折扣,以鼓励采购商下更大的订单,这是第 12 章已经讨论的问题。例如:采购商可以考虑订购两个月的供应量,而不是一个月的供应量,以换取单位产品的价格折扣。有一段时间,大多数公司认为这些折扣是值得的,因为它们带来了较低的平均价格。然而,较低的购买价格并不一定意味着较低的总成本。只有当降低订购成本(较大的采购数量意味着订购频率较低)和较低的单价超过持有额外库存的成本时,才会产生较低的总成本。有时,从总成本的角度来看,利用供应商提供的数量折扣并持有更多的库存是有经济效益的。

这里提出的每一个原因都可能导致持有某种程度的实物库存。不管持有库存的原因是什么,供应链管理者必须知道库存的总成本。关键是尽可能减少库存投资,同时满足竞争和客户的要求。

> **专栏文摘**
>
> ### UPS 让圣诞顾客失望
>
> 在 2013 年圣诞节之前的几天里,许多在线零售商都经历了大量的客户订单,这些客户都是等到最后一刻才下单的。订单前一直等到"最后一分钟"的人。尽管 Amazon、Zappos 等零售商的仓库里有存货,但它们依靠联合包裹服务(United Packet Service)和联邦快递(Federal Express)等供应商来应对最后一刻的订单高峰。事实上,在 12 月 22 日至 25 日这段时间里,UPS 并没有将库存从仓库通过物流网络转移到等待包裹的客户手中的实物设备。因此,许多包裹在圣诞节前未能到达目的地,导致许多顾客失望。这个故事说明了在物流过程中定位产成品库存的重要性,并阐述了运输产成品的基础设施中存在的局限性。
>
> 资料来源:Handfield, Robert.Based on executive interview.

15.4 投资库存的错误原因

任何关于存货的讨论都必须区分持有存货的正反两个方面的原因。不必要的库存通常来自不确定性。由于供应链的变化性，不确定性导致无法充分规划库存需求。这可能是预测精度的变化或物流不一致的结果，这通常会导致更多的安全库存。以下讨论维持库存投资的不利原因，在后面"库存投资管理方法"的章节中提出了一些解决问题的方法。

1. 质量缺陷和物料产出

不良的质量和物料产量低历来是不必要的库存投资的主要来源。不幸的是，比起纠正问题的根本原因，增加10%的原料释放量或安全库存来解决供应商的质量问题要容易得多。对于许多公司来说，为了弥补预期的供应商不稳定性，订购数量超过需求数量已成为惯例。一定程度的物料缺陷是交易中可接受的一部分。

变动的物料产出也可能导致不必要的库存水平。物料产出通常是一个与原材料有关的术语。指定某一特定等级原材料的买方期望收到符合该规范的货物。当一部分货物的等级或质量低于规定的等级或质量时，质量差会影响材料的产量，因此提供的产量低于预期。当这种情况发生时，购买者往往增加他们的购买数量，以保证产生适当数量的可用材料。此类型的库存的增加没有为企业带来任何回报。

2. 不可靠的供应商交付

无法满足交货计划的供应商会造成交货不确定性。为了弥补不可靠的交货，供应链管理者通常会提高安全库存水平或延长订货提前期。交货不确定性通常是由于供应商计划或生产系统不佳造成的，当从没有资源或开发复杂计划系统经验的小供应商处采购时，交货不确定性可能是一个问题。这也可能是差异和物流问题的结果，误运、国际海关点延误、恶劣天气和许多其他意想不到的问题都可能导致延迟交货。

购买者还必须承担交货不确定性的部分责任。供应商以合理的生产提前期评估稳定的生产计划。如果采购人员经常向供应商要求对计划进行频繁更改，也会增加了交付不确定性的可能性，消除交付不确定性的一个主要步骤是根据现实的（但不是过分慷慨的）供应商提前期承诺稳定的发布时间表。

3. 由全球采购引发的订货周期延长

目前，商业经营的一个主要业务目标是减少从确认采购要求到从供应商实际收到材料之间的总时间，即采购商和卖方之间的订单周期。由于全球采购协议（可能需要6个月的交货期）导致供应链延长，订单周期延长，因此通常的做法是增加库存，以防范更大的不确定性。随着订单周期的延长，准确计划物料需求的能力降低，三个月的订购周期比两周的订购周期更容易打乱计划。

4. 不精确或不确定的需求预测

不准确或不确定的需求预测是影响库存水平的一个常见不确定性来源，特别是对于那些根据未来订单生产预期进行生产产品的公司。公司通常使用增加的安全库存水平来补偿需求不确定性或不准确的预测。有些公司的预测系统很差。以东海岸的一家糖果公司为例，该公司进行库存生产每月都会进行需求预测。该公司的供应链小组最近分析了成品预测误差,以便能更有效地管理库存投资。该公司采用平均绝对偏差法进行误差评定发现其库存单位(SKU)在比较实际需求和预测的月需求时平均误差为45%。更仔细的调查有一些令人不安的发现。物料规划师认为,所有物料的安全库存为四周,可以减轻预测不佳的影响。此外,对预测的完整性不是由一个经理或小组负责。从技术上讲,市场营销部负责月度预测,它承认预测是一种"麻烦"。最后,通过对该公司900个SKU的分析发现,库存有时在地理位置和产品线之间严重分配不当,在满足关键客户订单的交货日期方面造成问题。因此,该公司创建了一个跨职能部门的销售和运营计划规划团队,以解决产品预测和成品配送问题。

公司应定期通过比较预测需求和实际需求来评估其预测系统的准确性。预测系统的目标应该是使得预测需求和实际需求之间的差异最小化,以避免不得不持有更高的库存水平作为保护。

5. 标准应用中的特定产品

为标准应用程序指定特定产品是采购部和工程部之间的一个争论领域。在满足工程质量和设计要求的前提下,采购商希望尽可能购买工业标准件。当标准化零件可用时,因为定制零件通常更昂贵,指定定制零件会对材料库存产生不利影响。供应商通常为每个定制项目设计和创建特定的工具。此外,供应商通常会因其定制规格而生产小批量的产品,小批量生产增加了零件成本,定制零件由于设计和生产成本较高,增加了总单位成本和库存成本。

6. 延伸的物料运输路线

供应链成员之间的距离较长,可能导致更高的库存水平和成本。距离增加了交货的不确定性,通常是由于供应商或买方无法控制的原因。海外货运在海关可能会遇到各种各样的延误,更长的运输距离也会增加运输途中损坏、被盗或报废的可能性。此外,供应链中的某个人(供应商、买方或最终客户)在远距离运输时拥有库存。如果库存受损、被盗或只是消失在全球供应链中分布点、港口、货运码头、铁路节点和其他地点的众多"黑洞"中,这就增加了风险和财务损失。在比较国内和国际采购成本时,延长的物流环节是一个主要考虑因素。许多公司在将供应链外包到亚洲时,没有考虑到库存成本较高的问题,也没有考虑到较长的计划时间、库存过时以及与较长的全球供应提前期相关的客户反应较慢的影响。

7. 低效的制造流程

一个生产系统效率不高的生产商必须持有高于必要的库存水平,以弥补质量差或生产过程中的产量。低效调度或生产系统效率低下的一个迹象是位于每个工作中心后面的大量在制品库存。当库存在生产中心累积时,低效的调度和生产通常会造成工作区拥挤,这会增加总库存的账面成本,因为较长的生产时间会增加在制品库存。低效的生产过程通过较低的产量或质量,也会导致更高的成本。

专栏文摘

RFID 和精益思想在某高校医院的应用

在 Jon Stegner 走进他在芝加哥大学医学中心的第一周时,他首先参观的地方是急诊室和附近的供应室。用他的话说,他在那里看到的"令人反感"。

医疗用品放在散落成堆的箱子里,许多箱子里装着过期的药品或过期的供应品,垃圾箱里有小兔子,底部有"粘乎乎的东西",医院其他地方的其他供应室也同样糟糕。

Jon Stegner 德尔福(具有 Delphi)和本田(Honda)的分销、采购和物流背景,他知道这是构建精益供应系统的完美方法,他还想知道是否有可能将精益生产和准时制生产的原则应用到医疗环境中。

Jon Stegner 和他的团队工作从为每个部分制订计划开始,并致力于创建标准类别。对于每一类零件,团队都会列出供应室中有哪些类目,以及哪些类目是最常用到的。相似的类目也被组合在一个标准的布局工具中。然后,每个储藏室应用相同的功能布局,在第一列的箱子中有供应物资,然后是矫形用品等。这样,走进任何供应室的临床医生都会知道在哪里可以找到这些用品,就像走进 Lowes 商店一样!

接下来,团队检查了零件的平均使用量,确定了每个零件的再订购数量,以及每个箱子中应包含的平均库存,目标是每个箱子中的供应量不超过 4 天,并保持 1 天的再补给水平。这似乎是合理的,并根据使用量可能意味着不同的供应量。

最后,Jon Stegner 的团队试图建立一个看板系统,该系统将使用两仓系统。两仓系统相当简单,每个料斗有两个部分,中间有一个分离器。当箱子的一边是空的时,临床医生会把"低库存"卡片拉出来,放在门边的卡片夹里。该卡实际上是一个包含零件号、再补给级别、箱子位置等的 RFID 卡,卡夹上有一个 RFID 读卡器,可以自动接收再补给信号。当使用箱子中的最后一件物品时,"缺货"卡被放在卡片夹中。

所有在上午 11 点之前放在卡片夹的卡都将以电子方式更新到库存再补给系统中,并向批发商 Cardinal Health(位于 45 分钟外的 Waukegan)发送一个信号。员工为医院的所有供应室挑选和运送所需的物品,并将这些物品组合在一个袋子中,放在为每个供应室指定的手提袋中。当天下午,当手提袋到达时,库存计划员会把手提袋带到房间,再给箱子补给,然后把低库存的 RFID 卡换回到箱子里。

每个卡片夹也有一个电子面板,显示缺货数量、抽卡数量等,这允许定期监测卡。缺货指示器还提供了哪些零件缺货。在大多数情况下,这是因为临床医生(通常是护士)在取出材料时并没有把卡片拿出来。Jon 通过护士跟踪缺货情况,还可以确定抽料与抽卡是否有偏差。Jon Stegner 拿着这张单子,带着同样的信息走到每个护士跟前:"如果你拉材料,就拉卡片。我保证,我们会确保它在那里。但如果你不抽牌,你总是会缺货。所以抽牌吧!"现在 3.5 万件物品都在 RFID 双仓系统上。

这项工作的实施并不简单,它需要清理每个房间、整理零件、扔掉大量过期产品(前 9 个月价值 50 多万美元,前 18 个月价值 100 多万美元),其中大部分是无人使用的材料或是积压的退货。

今天采取了一项措施,将 RFID 标签贴在高价值的物品上,像支架一样吸住。这些物品将被放入专门的橱柜中,并由医生在手术室附近拉动。这将增加很大的可见性。

低价值的物品存放在抽屉、柜子等中,临床医生可以在店里使用。这些项目也使用看板的形式。仓库管理员用一辆装满材料的手推车到每一层,并在每一个有标准配置和数量的物品(棉球、一次性礼服、手套、棉签和其他一次性物品等)的位置进行填充。当他补充完这些物品后,推车被带到供应室,并使用可用库存补充。这会将库存分配到该楼层的库存记录中,而看板卡则使用两仓系统来提取仓库中的这些项目。

医院搬到了一个具有最先进的新设施的院区,那里有 30% 以上的储藏室。以前只有一个手术室可以取病例,现在有两个。在 2300 万美元的库存中,库存减少了 100 万美元,而且随着高价值的库存项目进入 RFID,这一数字将增加。花费了 5 亿美元,这种改进不仅在财务上是有益的,而且在护士、管理人员和员工中创造了重大的胜利,他们现在拥有一个更好的操作环境。现在,储藏室也有 5S 布局,用于地板上使用的较大物品,也用于床单和医院中使用的其他物品。精益、RFID 和常识性变革管理的应用使芝加哥大学成为医疗领域精益部署的典范,这表明精益不再只是针对汽车行业。

资料来源:Robert Handfield,"Supply Chain View from the Field," http://scm.ncsu.edu/blog.

大多数库存浪费是由于管理层未能纠正的潜在问题造成的。当库存掩盖了运营效率低下的事实时，这就接受了低效率作为经营业务的一部分。如果不能纠正这些根本问题，效率低下的生产商很容易受到成本效益高的生产商的挑战。尽管在资产负债表中将库存列为一项资产，但经验丰富的供应链管理者认识到，库存是一项值得控制的资产，在必要时甚至可以消除的资产。

15.5 打造精益供应链

精益供应链起源于准时制理念，20世纪80年代末被许多美国和欧洲公司采用。这一理念在早期出现，主要用于制造业环境时被称为"准时制"。但已经发展到"精益思维"，涵盖了制造业以外的许多不同类型的供应链功能。

精益思想是从客户的角度来理解价值，并消除不增加价值的浪费过程的一种方法。从顾客的角度看，这是一种消除浪费的过程改进方法。

精益思想是建立在"准时"的基本概念基础上的，它是由许多早期日本制造技术发展而来的，这些技术是由丰田、本田和其他公司开发的。精益理念专注于减少交付周期、库存，消除瓶颈和消除非增值过程，精益制造（或精益生产）涉及将许多核心原则应用到生产领域，以解决诸如过长的内部交付周期、过长的运行转换时间、过多的库存、关键流程的瓶颈等问题。精益中使用的一些工具包括一些要素，如员工参与、5S可视化管理、拉动系统、连续流程和灵活制造，以及供应商伙伴关系。

专栏文摘

John Deere 正在寻找精益供应商

John Deere 是一家农业设备和草坪护理产品的全球供应商，致力于为"与土地相关"的人打造强大的产品组合。其2014年的主要增长目标包括实现盈利增长，提高资产绩效，严格执行企业产品交付流程。后一个要素非常强调提供高质量的产品、按时交付、有效管理成本和资产，以及高度一致的团队形式运作。

这一战略的一个重要组成部分是与产品的主要供应商建立伙伴关系。John Deere 开始与主要供应商合作，不仅生产零部件，而且扩展其现有产品线。这种伙伴关系不是轻易建立的，因为它们涉及部署伙伴关系进程。这一过程涉及对供应商运营、文化和理念的广泛调查，并确定其是否符合 John Deere 未来的发展道路。此评估的一个重要元素包括检查供应商过去的绩效和当前关于部署精益计划的计划。

与灵活和可预测的交付相关的供应商综合合作伙伴的理想特征包括：

- 精益制造文化；
- 持续改善文化；
- 电子集成ERP系统；
- 优化生产线流程和库存控制；
- 满足需求的可用容量。

典型措施和绩效水平如下：

- 电子商务能力；
- 原材料和在制品库存；

- 废料和材料报废；
- 周期时间缩短。

随着 John Deere 与供应商合作关系的发展，他们要求供应商在持续改进、有效库存管理和可靠、可预测的交付能力方面体现并采用自己的思想和原则。

资料来源：Simpson, G. R. (2005, November 22), "In Year of Disasters, Lean Emergency Materials Management Brings Order to the Chaos of Relief Operations," Wall Street Journal A1.

15.6 六西格玛原则

六西格玛的重点是消除过程差异，同时改进不受控制的过程。六西格玛依赖于与这些要素相关的统计问题解决工具，并在全面质量管理更广泛的原则基础上提供了一套核心的原则基础，这些原则是由质量大师 William Deming 和 Joseph Juran 的思想演变而来的。六西格玛方法通常被用来解决一些问题，如过程偏差过大、返工过多、质量缺陷、不可靠和失控的过程、产品规格结果中无法解释的变化，或过分依赖检验作为质量控制的一种形式。

一般来说，今天人们把这些技术归为"精益六西格玛"或"精益西格玛"的范畴，把这些组成部分称为一套广泛的持续改进过程，重点是提高质量和消除浪费。遵循精益理念的公司通常会改善生产力（产出/投入）、库存水平和质量。要想了解为什么精益理念（当时称为 JIT）在 20 世纪 80 年代末产生了如此大的影响，我们给出了 1986 年的一些统计数据，这些数据比较了丰田的 Takaoka 工厂和通用的 Framingham 工厂的设备性能（表 15-5），并且很好地解释了 80 年代末 90 年代初美国汽车工业的 JIT 革命。

表 15-5　1986 年前后 JIT 工厂的性能优势

	通用 Framingham 工厂	丰田 Takaoka 工厂
每辆车的装配时间	40.7 小时	16 小时
每 100 辆车的缺陷	130 个缺陷	45 个缺陷
平均库存水平	2 周	2 小时

请注意到丰田工厂是如何减少工作时间和库存来完成等量的工作。这种少花钱多办事的能力使得许多人把 JIT 称为精益生产。同样，"准时"一词反映了库存和生产活动的时间和水平与需求密切匹配的想法。由于平均库存水平只有两个小时，丰田工厂显然"只是"刚刚在需要时收到零部件和材料。

无论使用何种具体的计划和控制工具，精益的根本点是，消除所有形式的不确定性和浪费，这点都与所有组织相关。其次，即使某些技术（如准时制）不适合某些生产和服务环境，组织完全有可能遵循精益理念。情况如下：

- 精益理念可以应用于一系列广泛的生产和服务领域中。事实上，人们必须承认在应用精益理念之后，他们都会受益。
- 遵循精益理念的公司确实能够使用广泛的计划和控制技术，而不仅仅是及时的库存管理。
- 精益理念与全面质量管理和供应商管理计划紧密结合。

精益理念基于以下几个关键原则：
- 人被认为是富有成效的、有用的创新来源，最大限度地利用人力资源。传统的制造方法更多地依赖于 Frederick Taylor 的方法，即对人们的行为进行计时，并通过强迫他们做重复性的工作来促使他们变得更有效率。精益方法强调，工人是改进流程的最佳想法来源。因为工人整天围绕着设备和流程工作，他们自然会非常熟悉当前系统的优缺点。因此，精益方法在每天安排时间，让人们试验新的工作方法、新的材料处理方法和新的过程，以不断改进工艺过程，使其更有效和高效。
- 首先简化，然后再应用新技术，这是一个简单但重要的教训。在引进新技术之前，最好先研究现有的工艺并学习改进它们。新技术不仅需要时间来实现和学习，而且可能会提出一整套新的复杂问题来处理。一旦现有的工艺已经完全优化，并且确定它们仍不能满足工艺要求，那么看看不同的、新的技术改进是有意义的。
- 专注于渐进但持续的改善。渐进的改进意味着微小的、渐进的改进，但随着时间的推移，这些改进将产生很大的影响。"罗马不是一天建成的"，这句话在这里很适用。持续的改进包括微小的改进。确保该流程正在向前推进的小的每天的日常改进，这也被称为"改善"。
- 尽量减少浪费（包括低质量的浪费）。浪费是指没有创造价值的任何类型的活动，包括浪费的时间、浪费的精力、浪费的行动或其他任何活动。劣质是浪费的一种形式。但精益生产的关键是要打击任何形式的浪费，并时刻警惕浪费。

要将这些形式的浪费放在上下文中加以叙述，假设在一个制造厂，一个检查员需要 15 分钟来检查一批来料。传统的观点是，这样的检查是一项必要而审慎的业务开支。但根据精益思想，这是缺陷造成的时间和人员浪费。服务的例子也比比皆是。如果你在医生办公室等了五分钟才能就医，那么浪费就发生了。如果这个定义看起来很苛刻，那就是注定的本该如此严格。关键是让公司对他们用来提供产品和服务的过程，以及这些过程的结果进行批判性思考。就精益思想而言，如果有浪费，就有改进的余地。

15.6.1 精益库存

精益理念的特点是在整个系统中大力强调减少原材料、在制品和成品库存。这是因为库存本身不仅被视为一种浪费，而且还因为库存可以掩盖浪费的商业行为。在精益理念下，降低库存水平迫使企业解决这些问题。

为了说明库存如何隐藏问题，考虑一个由三个工作中心（A、B 和 C）组成的简单系统，如图 15-2 所示。

图中的三角形表示库存。另外，在每个工作中心之间都有足够的库存空间，以其中一个工作中心为例，比如中心 B，如果它的设备出现故障导致产量下降。结果就是，在短期内，只有中心 B 受到影响。因为中心 A 和 B 之间有足够的库存空间，所以中心 A 可以继续工作。而且由于中心 B 和 C 之间存在库存，因此中心 C 可以继续工作，只要库存持续。最重要的是，顾客可以继续得到服务。无论中心 B 出现

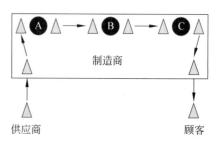

图 15-2　整个供应链中的库存

任何中断的原因是什么,包括工人旷工、质量水平低下等,都会出现同样的结果。不管是什么问题,库存都会隐藏它(但要付出代价)。

现在,在一个成功的精益计划实施后,采取同样的设施。工作中心之间的距离越来越近,消除了移动浪费和库存可能堆积的空间。设施启动时间也减少了,使得工作中心只在需要时制作所需的内容。如果我们假设该计划已经实施了一段时间,我们也可以假设库存水平已经显著降低,从而为我们提供了一个实施精益库存后的修订图(见图15-3)。

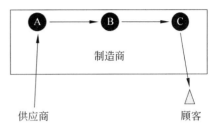

图 15-3　消除过剩库存后的供应链

现在,库存已经减少到只出现在客户设施中的程度,在这种情况下,如果中心 B 的设备出现故障,短期内会发生什么情况?这一次的答案就是,一切都停止了,包括对客户的发货。中心 A 必须停止,因为没有库存,也没有对库存的需求。中心 C 必须停止,因为没有库存可供工作。

供应链中的库存常常被比作河水。如果"水"足够高,它将覆盖所有的"岩石"(质量问题、旷工、设备故障等),一切都将看起来运行顺利。

在精益环境中,所使用的方法是逐步清除"水",直到第一块"石头"暴露出来,从而确定优先处理最重要的工作障碍。在解决这个问题之后,库存水平会进一步降低,直到出现另一个问题(以及消除浪费的机会)。这一过程将无限期地持续下去,直至消除所有形式的浪费和不确定性(见图 15-4)。

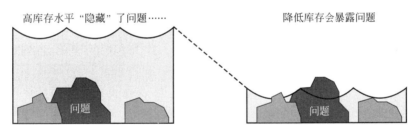

图 15-4　库存如何隐藏问题

这不是一个容易实现的方法。即每当一个流程顺利运行时,可能会有过多的库存,更多的库存应该被移除,直到击中另一块"石头"。这对大多数人来说肯定不是自然的行为,而绩效评估体系需要改变,以反映这类活动的绩效。

15.6.2　精益供应链的三个主要元素

接下来,让我们详细说明精益供应链的三个主要元素:精益供应、精益运输和精益看板系统。

1. 精益供应

实施精益供应系统是精益供应链的第一要素。精益供应系统经常收到来自供应商的物料,以满足即时需求。精益供应系统的特性定义如下:

- 买卖双方对零缺陷的承诺;

- 根据严格的质量和交货性能标准频繁装运小批量货物;
- 买卖双方关系更密切,甚至合作;
- 定期向供应商发送稳定的生产计划安排;
- 供应链成员之间广泛共享电子信息;
- 与供应商的电子数据交换能力。

在创建精益价值链的过程中,有效而详细的供应计划是必不可少的。一个持续的要求是建立所有参与者的财务状况、他们与公司成长的能力,并且最重要的是持续改进的能力。供应管理部门必须意识到需要将供应商工程师和材料经理安排在一起——尽管许多公司对管理第二层不感兴趣,但他们必须选择能够有效地做到这一点的第一层!这一点在大多数公司中常常被忽视。

一个有效的供应计划功能始于彻底和发展良好的商品战略。事实上,我们已经开发了一个完整的学习模块。每个主要支出领域都应该有一个文件战略,提供目标和战略行动,并对其进行持续监测。最后,通过建立关键成本驱动因素,在整个供应链中持续改进成本的计划是确定供应管理对组织利润目标贡献的基础。与客户/供应商合作以消除非增值活动的组织对关系的双方都有利。

西方企业的精益供应已经放缓,甚至被各种各样的壁垒所禁止,这些壁垒是西方商业体系和文化的一部分,尽管行业受到的影响不同。幸运的是,其中一些障碍不像 JIT/Lean 在 20 世纪 80 年代早期和中期最先流行的时候那么严重。主要的障碍包括:

- 分散的供应基地。大多数买方的地理位置分散。由于精益供应依赖于来自供应商的小批量频繁交货,因此距离 800 英里甚至 8000 英里的供应商可能很难达到一致的交货可靠性水平。买方和卖方之间的距离越大,交货时间的可变性越大。
- 历史悠久的买卖关系。买卖双方往往缺乏追求精益供应所需的合作关系,一个真正的精益系统需要各方之间的相互信任和尊重。从历史上看,美国买家和卖家之间的关系更接近于对抗而非合作。
- 供应商数量。一些供应链仍然有太多的供应商,无法支持高效的精益系统的运行。与其他渐进式采购策略一样,精益供应也要求大幅度减少供应量,以最大限度地减少相互交流的成本。几乎不可能与成千上万的供应商建立更密切的合作关系。
- 供应商的质量绩效。有些卖家根本没有达到精益供应所要求的近乎完美的质量水平,对产品和交付质量的全面承诺是建立完善的精益系统的前提。

2. 精益运输

精益运输是精益供应链的第二要素,是指买方和卖方之间货物的有效流动。这包括频繁地将少量货物直接运送到买方的使用地点。一个精益运输网络依赖于公司拥有或承包的车辆,根据定期和可重复的时间表接收和交付。这种可重复的时间表,也称为闭环系统,将货物从供应商转移到采购商,然后再从采购商带着退货材料(如集装箱)返回供应商。长期专用合同运输代替了商业运输,成为闭环运输系统中的主要运输方式。

图 15-5 比较了传统的交付系统和准时交付系统。在传统系统中,供应商和采购商不协调其材料要求或生产计划。供应商生产材料,然后储存材料,等待买方的订单;在精益系统中,供应商将生产计划与客户的计划进行协调。生产从供应商的工作中心转移到承运人,直接运输至采购方。

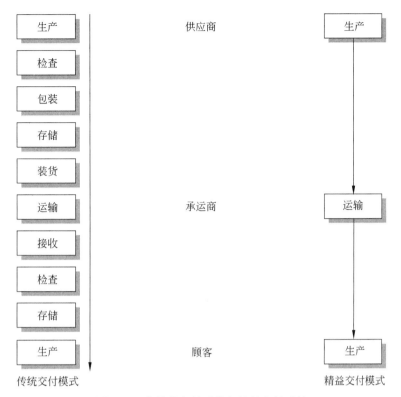

图 15-5　传统的交付系统与精益交付系统

- 减少运输载体数量,减少承运商的数量,甚至可能是每个区域只拥有一个。
- 使用长期合同,与运输公司的承运人谈判长期协议,正式确定专用的运输网络。
- 建立电子联系。与供应商和承运人建立 GPS 链接和车载移动技术,通过网络的移动协调和控制材料。GPS 系统与移动技术的结合使得运输规划者和驾驶员能够更好地协调、重新运输货物,并避免主要的交通问题,从而提高交付性能。
- 实行闭环系统,从供应商那里提取所有货物,并按时交货。使用可回收的容器来消除浪费。甚至一些小事情,比如计划一个非周末到达的窗口,可以节省驾驶时间(从而消除浪费)。
- 有效处理原料。使用最先进的原料处理设备和技术。精益运输系统具有某些创新,可以进一步消除供应链浪费。第一项创新包括专用运输车辆,允许简单的装载和卸载较小的数量。这些卡车体积更小,效率更高,用途更广。第二项创新包括广泛使用可回收塑料或铁质容器。当司机从供应商那里提货时,他们会留下空容器以备再次使用。第三项创新涉及生产设备的使用地。由于过量的物料搬运和设施内的运输会导致浪费,因此送货目的地会发生在需要材料的地方。

3. 精益看板系统

JIT 看板系统是随着精益理念的发展而发展起来的一种生产控制方法,它使用容器、看板或可视化信息来控制供应链中的货物生产和物料移动。这些系统具有几个关键特性:

- 看板系统使用简单的信号机制,例如卡片,甚至是一个空白的空间或容器,来指示何时应该生产或移动特定的物品。实际上,大多数看板系统不需要计算机控制。
- 看板系统可用于同步工厂内或不同供应链合作伙伴之间的活动。因此,看板系统可以是生产活动控制和供应商订单管理系统的重要组成部分。
- 看板系统不是计划工具,而是根据下游需求通过供应链拉动零部件或货物的控制机制。因此,许多公司使用诸如物料需求计划(MRP)等技术来预测需求,但依赖于看板系统来控制生产和配送的实际执行过程。

如前所述,卡片并不是看板系统中使用的唯一信令方法,其他方法包括:
- 单卡系统。单卡是生产看板,空的容器作为移动信号。
- 容器的颜色编码。
- 指定的存储空间。
- 计算机条码系统。

精益供应是一种行之有效的方法,可以提高企业的利润。通过关注影响客户的制造系统的属性,可以确保减少产品和过程缺陷,并提供了工具和方法来识别和修复问题的根本原因。它消除了客户在产品和服务方面的过程浪费、变化和缺陷。然而,它不能凭空发生。

首先,管理层领导必须致力于并参与实施精益。如果没有专门的管理层通过专门的资源支持,把以绩效为基础的指标与薪酬和激励挂钩,并推动整个公司的愿景支持,精益工作总是失败的。领导者需要相信精益的实施会起作用,并激励全体员工参与这一不可避免的变革。

其次,改进活动必须关注直接影响业务目标的过程要素,如盈利能力、市场份额、客户满意度等。如果精益生产只是因为它是"当今的时尚",或者因为公司高层的人突然喜欢这个概念,那么它注定就会失败。

再次,精益方法需要时间、规则和精力。管理层必须致力于将这一任务指派给高层管理人员,他们不会放弃精力并努力持续改进。随着新方法的实施,需要充满改革动力的人来推动整个组织的新变化。

精益生产要求人们首先应用规范的方法来推动改进,然后将其维持到未来。这些方法中的一些包括价值流映射、系统测量、改进行动计划、实施变化以及测量和持续改进过程改进。从某种意义上说,改进永远不会结束,而是成为组织内管理文化的固有部分。

最后,决策必须基于事实和数据,而不是有影响力的个人的意见或偏好。人们可能常常想隐藏事实,因为他们不愿意承认当前的过程被破坏,并没有按照他们的意愿工作。这是所需更改的一部分。人们必须愿意接受事实,而不是否认事实,一旦他们接受了这些事实,就决心改变现状,推动对当前进程的改进。

15.7 库存投资管理

在寻求成本管理、提高盈利能力和提高股东价值的方法时,有效的库存投资管理是首要目标。管理者如何看待库存可能会有所不同,这取决于库存管理者在供应链中的位置。尽管财务规划者根据资产负债表上的数据来看待存货,但供应链策划者通常以单位的形式查看存货。如果我们希望管理这项投资,正确的观点是什么?事实上,假设从多个角度看待库存是一种值得探讨的方法。

第 15 章 精益供应链管理

认真管理库存的公司必须了解他们的实践和方法如何影响存货管理的 3V,即:存货的数量、速度和价值。图 15-6 突出了"3V 库存管理模式",包括与每个维度相关的活动的关键目标、措施和实例。

数量是指企业在任何给定时间内通过供应链所拥有的实际库存量。
关键问题:我们拥有多少库存和什么类型的库存?
关键指标:总单位数,总重量。
影响库存量的活动:改进的预测技术;供应商提供的寄售库存。

速度是指原材料和在制品在多快的时间内成为成品,并由客户接受和支付。
关键问题:我们向客户转移库存的速度有多快?
关键指标:库存周转率、物料生产率、订单到现金周期时间。
影响库存量的活动:精益供应链实践;按订单生产。

价值是指存货的单位成本和总价值。
关键问题:我们拥有的不同类型存货的单位成本和总价值是多少?
主要考核指标:总金额、逐期单位价值变动、销售占流动资金比例。
影响库存量的活动:产品简化和标准化;杠杆购买协议。

图 15-6　库存管理的 3V 模型

数量是指一家企业在任何给定时间拥有的库存量。数量指标将与库存总量有关,包括安全库存水平。速度指的是原料和在制品库存转化为顾客接受的成品的速度。当库存从供应商到客户的转移速度加速时,给定的时间内平均库存量减少。更快的周转率需要更低的营运资金投入,并改善现金流。速度指标包括物料吞吐率、库存周转率和订单现金周转周期。价值与库存的单位成本有关,关键措施包括标准成本和库存总值,包括原材料、部件、组件和成品。

尽管某些行为主要影响特定变量(速度、数量或者价值),这些变量之间往往是相互依赖的。这里的重点是,企业必须追求积极有效地影响供应链的库存量、价值和速度的活动和方法。以下部分介绍了一些管理库存投资的有效方法。

15.7.1　实现最佳的记录一致性

管理存货投资的一个合理的起点是确保实物和电子库存之间达成一致。企业通常是以安全库存或安全提前期的形式,来预防供应链的过剩和错误,这也适用于记录完整性系统中存在过多错误的情况。记录完整性必须成为重要的库存管理目标。记录完整性是各种活动和程序的结果,这些活动和程序旨在确保在持实物物料(POH)与计算机化在持物料记录(ROH)保持一致。

简而言之,当实物库存与在持电子记录(POH=ROH)相等时,不管库存量如何,记录完整性就存在。POH 和 ROH 之间的任何差异都表示存在错误,这个错误可能是操作上库存管理不当的结果,这会影响记录完整性的实物(POH)方面。只有在建立了对库存记录完整性之后,才应关注库存的实际数量、速度和价值的管理。

记录完整性差对供应链运作的影响可能是严重的。当实际库存超过计算机系统认为可用的数量时(POH>ROH),实物库存不能出售或用于满足客户需求。当手头的记录大于实际可用的记录(ROH>POH)时,存在这样的风险,即项目将被安排生产,甚至在事实上不可用时出售给客户,这会不可避免地导致缺货情况和顾客的不满意。

当记录完整性不足(即实物数量和电子记录之间存在差异)时,必须采取措施,以确定错误的来源,并采取预期的纠正措施,这需要提出和回答一系列的问题。例如:SKU错误是随机误差还是系统误差?实物库存和电子记录之间的差异有多大?是否有适当的收货、保管和退货程序和系统?是否存在偷窃问题?供应商的运输数量是否符合单据要求?是否使用有效的循环计数程序?存货报废和过期是否正确核算?员工是否以合理的方式对物料进行了正确移动、处理和分配?

记录完整性是库存管理的一个重要但往往被忽视的部分。当我们对自己或手头的东西缺乏信心时,很难管理库存。

15.7.2 改进生产预测

也许,贯穿供应链的最重要的信息是对终端客户需求的预测。不幸的是,许多公司没有认识到不准确的预测对库存流向客户的数量和速度的影响。由于库存在不同地点和产品之间分配不当以及过高的安全库存水平,预测不准确的后果包括较高的库存量和运输费用。对于那些认真考虑改善库存管理的公司来说,提高产品预测的质量,就像提高记录的完整性一样,是一个理想的开始。

Longs药店展示了改进预测和产品配置所带来的好处。这家公司已经提高了识别处方药的最佳组合的可能性,以及如何在任何一天内在零售店销售。该公司与第三方合作开发了一个系统,每天从数百个商店的销售点终端收集数据。然后,使用两年的历史数据和预测算法,包括每个产品的150个变量,有效地预测消费者91天的需求,确定该公司零售店每天的成品需求,该系统还确定从上游供应商(制药公司)订购的数量。

提高预测准确度对库存和资本要求有什么影响?Longs的高管表示,新系统允许减少26%的库存需求,从而节省3000万美元。该系统还腾出了6000万美元的营运资金,该公司已利用这些资金收购了20家连锁药店。结果是令人鼓舞的,Longs与它的第三方预测商的合约延长了五年,并希望将该系统进一步用于包括非处方药品在内的产品中。这个例子说明了更好的预测、减少库存需求和提高财务绩效之间的联系。

15.7.3 标准化并简化产品设计

为什么要关注标准化和设计的简化?简化的设计通常需要更少的零件,从而减少供应商数量,减少支持库存的交易,并降低库存管理成本。消除不必要的组件还可以降低产品成本,从而降低支持客户需求和服务需求所需的库存价值。在某些情况下,这种提高标准化的方法可能需要公司的重大文化转变,以及在特定方向上的战略决策。在许多情况下,产品复杂性取决于每家公司的特性,并且需要由高层领导来推动增强复杂性和增加库存这样的根本性转变。例如,一家领先的卡车制造商正在经历公司理念的重大转变,整个产品线和产品供应正在经历重大变革:

我们的设计主要是为了根据历史的订单来订购产品,但正在朝着标准化的选择迈进。我们正在制定一些标准,并正在从13个降低到3个或4个,并由高级管理人员推动并且做到这一点。从历史上看,如果顾客想要,我们会生产它。走向标准化是高级管理层的决定。

我们有一些工具来衡量复杂性与收入,从而能够建立一个价值的选择,可以轻松地确定客户想要的部分和我们收取的费用,在这种情况下可以获得很好的利润。

产品设计阶段是考虑简化和标准化的恰当时机,尽管之后持续改进的努力可以改变现有的设计。许多公司在产品设计过程中使用价值工程技术来减少零部件数量和成本。用于改进设计简化和降低复杂性的一些其他策略如下。

(1) 为定制产品实施加价。

许多公司不愿意开发溢价定价选项。然而,这种做法可以帮助塑造客户的需求,甚至在某些情况下,也可以额外驱动客户的需求。如有需要,将客户的需求纳入经营范围。许多公司现在认识到,复杂性是有成本的,客户应该愿意付出更多的代价来抵消这些成本。

(2) 建立特定地理位置的选项和标准。

各公司也在努力根据地区客户偏好和围绕这些区域需求设计供应链配置。这种方法必须与工厂和供应商进行协调,以确保成功和准时送货。例如,一家制造公司注意到以下情况:

我们还在工厂所在的某些地区对某些配置进行标准化。工厂分布在西雅图、蒙特利尔、加拿大西南部、墨西哥东南部,区域之间偏好不同非常明显。德克萨斯卡车司机喜欢闪亮的东西,而中西部的司机不喜欢太亮的,所以我们按工厂和地区进行配置。如果有人想在某区域获得这一区域不生产的产品,他们必须去另一个工厂。这是由我们的订单履行小组管理的,它使我们可以保持工厂专门化生产。

(3) 维护选项需求数据库。

一家公司采用正式的方法来维持产品复杂性,并将其视为核心要素,即使它承认以这种方式管理业务的问题和供应链上的困难。订单履行经理描述了他们被收购后高层内部发生的冲突和幕后战争,买方试图规范他们的产品生产线,而这一转变被认为是公司的转折点。

我们跟踪活动选项和自定义未发布选项。我们跟踪使用,如果我们有一组选项,没有使用时间,我们将尝试消除他们从可用的产品提供,并使他们走出维修模式。另一方面,如果我们有一些定制的选项显示越来越多地使用,我们将促进他们实施批量生产,因为它正在成为一个流行的项目。在这种情况下,我们将密切关注它们的设计,看它是否适合大量生产,以便从生产过程中获得减少一些成本。

(4) 不要剔除经常请求的选项。

在产品设计中维护公司商标要求的重要性可以成为标准化论证的一个重要方面。一个组织需要仔细评估标准化的决策,并确保它不会在设计时忘记其对产品品牌和定位至关重要的元素。

(5) 利用商业建模和 TCO 工具支持降低复杂度决策。

许多公司正在开发更正式的管理复杂性的方法,并开发了商业模型和 TCO(total cost of ownership,总拥有成本)方法来开发与决策相关的工具的商业案例。例如,戴尔计算机利用一个决策标准模板,产品设计决策的基础是:

① 这件商品是单件的,还是多件的?
② 新产品是否涉及新的技术风险项目(这可能意味着潜在的质量收益风险)?
③ 谁是制造商,谁是零件的装配商?
④ 所有的供应商都在哪里,物流计划是什么?

⑤ 这些行业在今天和将来使用的哪些地方会影响总体需求?
⑥ 预期的成本降低率是多少?
⑦ 就可能的产品替代品而言,产品路线图是什么样子的?
⑧ 有没有关键的联盟需要从关键供应商/竞争者考虑?
⑨ 在其他产品线中使用特定部件的灵活性是什么,或者这部分是从另一个产品中使用的吗?
⑩ 这些零件可以作为售后服务选择或售后服务吗?

15.7.4 调控全公司的采购量

在过去的 10 年中,包括在全球范围内的各个部门,在各个购买地点进行的公共项目和服务的整合或利用已大大增加。因为杠杆协议导致材料成本降低,这带来了成本的大量节省,较低的材料成本可以显著减少在协议的生命期内对库存的资本投入。

除了在杠杆协议中寻求更低的单位成本之外,购买者还常常追求影响库存投资的其他非价格问题。其中一个是委托,APICS(American Production and Inventory Control Society, Inc.,美国生产与库存管理协会)词典定义为供应商在客户位置放置货物的过程,而不在买方使用货物之前收到付款。寄售给买方的好处是能够推迟所有权,避免投入运营资金和产生运输费用,这减少了买家拥有的平均库存量,同时提高了周转率速度。

15.7.5 利用供应商进行现场库存管理

几乎所有的组织都要求分销商来承担他们的至少一部分的库存需求,特别是维护、维修和运营供应品。分销商可能存储和销售来自不同的制造商的大量产品。如果购买者有足够的采购数量,那么经销商可能愿意安排一名员工到买方的工厂去管理库存。

购买者越来越多地与现场支持的分销商建立合作关系或正式协议。除了现场支持外,这些协议规定,供应商/分销商将储备更广泛的项目,并提供商定的服务水平。买方仅从经销商处购买,不再为合同项下的物品储存库存。

现场代表根据需要订购订单,订单往往直接进入分销商的订单处理系统,这减少了提交订单所需的文书工作量。采购公司避免库存或管理此库存,而分销商从采购商总采购要求的较高份额中获益,不储存物品可以减轻购买者的存货负担。

MRO(maintenance, repair & operations, 维护、维修、运行)项目的购买大多数比较麻烦,因为 MRO 项目的购买需要占用买方的大量时间,这也往往涉及低价值产品。提供现场供应商支持的正式协议可以减少 MRO 订货问题,这些安排为那些过去没有得到足够重视的库存类别提供了得到管理的机会。

15.7.6 缩短供应商的订货周期

根据供应商和买方之间的时间缩短物料运输时间,可以减少系统中库存的平均数量。其中的一个重点是支持供应商缩短订货周期。缩短(且可靠)的订单周期可以使频繁收到的小批量订单对库存投资产生积极影响。计划时间也更短,这就减少了持有安全库存的需要。

以下几种做法有利于供应商缩短订货周期:
- 扩展电子化交换能力。供应链中信息的电子交换支持无纸采购、更快的数据移动和提高信息准确性。电子数据交换有可能将订单周期时间从目前的水平降低15%到40%。
- 供应商开发支持。供应商开发是指直接与供应商合作以提高绩效。这种支持可以包括直接在供应商的工厂内工作，通过消除浪费来加快订单的录入、生产和配送。
- 订单周期考核。跟踪订单周期时间有助于确定改进的区域。我们期望看到更注重以时间为导向的绩效衡量标准的发展。
- 关注二级和三级供应商。全面供应链管理需要企业与第一、第二甚至第三级供应商合作。购买者与其直接供应商减少订单周期时间和库存的能力部分地是供应商能够与供应商合作的功能。二级和三级的供应商将越来越吸引供应链管理者的兴趣。

这里描述的活动并不是供应链管理者管理库存投资能够或希望完成的全部活动。然而，这一讨论指出，在全系统控制和管理库存投资方面有一些创新的方法。

15.8 最佳客户订单交付

管理库存投资不仅从财务角度来看很重要。如果一家公司能够平衡整个供应链上库存的供应和需求，它可以增加向客户提供完美订单的可能性。简而言之，完美的客户订单是准时、准确、完美地交付订单。"完美的订单指标是特别有价值的，因为它是满足需求能力的综合衡量标准，是公司运营中所有缺陷的避雷针。"波士顿的 Debra Hoffman 说。尽管大多数公司衡量完美订单的标准中包含不同的要素，但只有40%的公司拥有完美的客户订单衡量标准。

有很多因素会导致订单不完美，其中一些因素与库存有关。因为供应商交付问题，导致缺货或制造延误，运输或交付的延误，到达客户的订单可能会因为数量不准确，成品质量差，在运输途中损坏，资料错误或丢失，导致订单到达客户可能不符合规格要求。这些条件中的任何一个都可能导致订单的不完美。

下面列出了各种计划系统和方法，先进的公司将供应链的所有部分结合在一起，以追求完美的客户订单。

15.8.1 物资需求规划系统

当我们讨论预测销售的产品或服务未来需求的系统时，指的是独立的需求系统。这意味着对一个产品的需求并不直接依赖于对生产的任何其他产品的需求。在独立需求层次上计划的系统对于实现完美的客户订单至关重要。

然而，物料经理的主要任务是管理那些需要依赖于其他物料生产的物料的库存。马厂的割草机是独立需求项目的一个例子。对最终零件的需求是独立的，预期订单决定最终的生产量。例如：对割草机上的方向盘或轮胎的需求取决于对割草机的需求。组件或子组件需求和最终零件号生产计划需求存在函数关系。

物料需求计划系统是一种广泛使用在控制管理非独立需求库存中的系统。MRP系统采用周期性的主生产计划（预期或已预订的客户订单），并按时间分段生成一组材料、组件和子装配需求，以支持预期的建造进度。该系统依赖于在主生产计划中为最终零件开发的生产计划，以确定零件或组件所需的材料的时间和数量。如果供货商的质量和交货期是可靠的,则计划人员可以在最终零件生产之前安排零部件的到达时间。

生产或组装最终零件所需的部件要求和数量出现在物料清单文件中。物料清单文件详细说明了零部件和生产最终零件或最终产品所需的数量。在某些系统中,物料清单还指示是否有一些部件需要部件本身。这样的部件是最终零件的子组件。MRP 系统直接链接到物料清单文件,并识别哪些组件或子部件必须进入最终产品或包装环节。系统还将识别每个部件的可能数目。

15.8.2 配送资源计划系统

配送资源计划(DRP)系统试图最有效地利用成品库存。这些系统和库存有关,使库存处于工作状态,并通过分配给客户的渠道工作,执行多种功能:
- 预测成品库存需求;
- 在每个库存地点建立正确的库存水平;
- 确定成品库存的补货时间;
- 分配短缺物品;
- 制定交通规划与车辆调度安排。

一个 DRP 系统,结合上游供应链计划系统,可以提供一个总的供应链上的信息流和物料流,如 MRP。

15.8.3 供应链库存规划师

建立一个负责供应链规划和执行系统的供应链或物流规划师职位来追求完美客户订单,这种方式越来越受欢迎。供应链规划师的职位通常是按产品线设定,负责管理从供应商到最终客户之间的库存和信息流,这一职位将采购或物料管理、生产需求管理、库存控制和产品配送的要求联系在一起。

规划师在整个供应、生产和分销渠道中协调库存的移动和分配。这个职位还充当供应链中各个群体之间的联络人。其他任务包括制订平稳的生产计划,根据市场预测建立生产目标,确定现场仓库的库存部署,并持续评估安全库存水平。供应链规划师与采购密切合作,协调物料需求,以支持生产目标,并通过市场和销售来满足客户订单要求。规划师的绩效通常是根据其确保顾客收到完美订单的能力来衡量的。

15.8.4 库存自动跟踪系统

库存自动化控制系统包括计算机化的物料和电子数据交换系统,该系统跟踪整个供应链的库存流动。这种方法以电子方式连接供应商、生产工厂、现场配送中心,甚至客户。客户可以是零售店或独立分销商。

集成系统方法依赖于新形式的信息技术,如 VPN 条形码和 RFID,以电子方式连接整个供应链。例如:沃尔玛从自动化库存跟踪系统中获益匪浅,利用条形码技术在销售点获取数据并向供应链发送。跟踪销售情况可以让沃尔玛识别正在销售的商品,并迅速补充货架。自动化跟踪系统为控制整个供应链的库存投资提供了机会。越来越多的生产商和分销商使用射频识别标签追踪物料供应链上的物料流动。通过供应链对库存的实时可见性,使得对完美客户订单的规划更加容易。

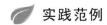 实践范例

精益思想在临床试验供应链中的应用

　　临床试验材料(CTM)的全球化使得临床试验材料供应链的有效管理成为药物开发过程中越来越重要的组成部分。随着全球化程度的加深,外包水平的提高,供应 CTM 的赞助公司与合同制造商的 CTM 供应公司在供应和运营绩效方面受到了更大的限制。

　　由于多种因素的影响,临床试验材料供应外包水平不断提高。制药和生物制药公司不愿增加内部员工数量,而将增加外包作为降低和管理成本的手段。面对未来两年增加的临床计划,企业评估和解决临床操作和供应链中的问题以避免药物开发过程中的延迟是很重要的。

　　Robert Handfield 的最新著作记录了一个临床供应链成熟度评估,以检查临床试验材料供应中的当前的挑战和关键成功因素。临床操作人员和供应链管理者之间的协调是至关重要的,并且这项评估分析了来自临床操作人员和供应链管理者的总输入,以了解临床试验材料供应中的问题以及药物开发过程中造成延迟的因素。

　　供应链管理者指出了临床操作中的几个问题。这些问题包括:未能通过临床操作提供准确的患者登记预测;缺乏临床操作和配送的资源和能力;缺乏为新国家分销的流程和渠道;较差的临床可见性和交互式语音应答系统(IVRS)性能。

　　反过来,临床操作人员指出了供应链的几个弱点。一个关键问题涉及临床试验的日益全球化和世界其他分销管理的问题,这些问题导致了临床试验材料接受的延误,涉及海关清关过程的延误、缺乏分销能力和分销渠道不完善。供应链中的其他问题还包括临床合同承包商生产过程中由于规划流程不当,可能会导致采购的延误以及较长的交货时间。

　　临床操作和供应链管理者也指出了一些常见的问题。其中包括必须重新订购活性药物成分(API)的生产量,从而导致临床试验延迟;内部的计划没有得到很好的改进并导致试验延误;控制运输温度偏移的问题。随着生物制药在临床发展水平的提高,冷链管理中的问题越来越重要。

　　临床研究、临床物流和供应链管理者之间交接不好是导致延误的主要原因。有效地管理临床操作和供应链管理者之间的衔接,无论是公司内部的还是通过第三方供应商,都是取得成功的关键。

　　为了避免这些问题,Handfield 建议定期进行战略性预测和计划规划会议,来更新临床试验信息并确保计划、合同制造和物流之间的协调。计划是临床供应链中的关键环节,依赖于有效的预测、沟通和能力分析。使用诸如国家风险分析等工具来优化临床试验的计划要求和提前期,更重要的是,在制药操作、技术和临床操作中建立人员配置的职责和职责是至关重要的。需要有一种由指标和行为变化以及与规划不符的后果驱动的纪律规范。

　　临床试验材料供应延迟与确保采购和合同制造安排的内部审批有关。缺乏审批规则和政策的框架和方向可能导致不适当的延误。为了解决这些问题,企业必须通过改进的文件、合同制造和采购批准协调员的使用以及批准过程的自动化来更明确地定义审批流程。

　　改善临床物流规划和实施的工具也非常重要。一个常见的问题是漏诊。时间花在试图确定一批货出了什么问题,定位一批货,然后设法把材料送到。IVRS 库存和订单跟踪能力

的有限使用,通知物流的时间表或试行地点的变化的协调性差,缺乏物流的绩效指标,以及后勤人员配备和培训不足的资源是临床后勤中遇到的一些常见问题。设计和建立一个物流跟踪和规划系统,有效地利用库存控制和补货系统的IVRS能力是至关重要的。另一个重要的战略是建立当地的物流规划协调员,可以监控市场和政府的发展,管理当地仓库和供应商的关系,并解决发货和监督仓库问题。

资料来源:Handfield, Robert, Patient-Focused Network Integration in BioPharma: Strategic Imperatives for the Years Ahead, Boca Raton, FL: Taylor & Francis, June, 2013.

本章小结

库存投资是企业投资中的一项重大投资。与任何投资一样,谨慎的管理将有助于确保投资提供足够的回报。精益供应链管理要求组织内的多方参与,包括高级领导、业务主管和直属经理、供应链经理、物流、运输、财务等其他关键参与者,他们在库存投资管理中起着重要的作用。本章的目的是认识:库存的功能;影响企业提高库存水平的运营问题;管理库存投资的主要方法;精益思想在库存管理中的作用。随着企业继续外包更多的业务和制造需求,在总拥有成本等式中加入存货成本也将是一个挑战,这将导致供应链管理者根据不同的需求来继续更新他们的策略,以权衡供应链风险、库存投资、客户响应性和财务表现。

思考讨论

1. 过高的库存水平往往掩盖了潜在的问题,这意味着什么?这说明了哪些的问题?
2. 采购是如何直接和间接地参与控制一个公司的库存投资的?
3. 在制品库存过多可能带来哪些操作问题?
4. 讨论管理者经常忽略实际库存的真实成本的几个原因。什么改变了我们对持有实物库存的观点?
5. 为什么对大多数公司来说,维护、维修和操作库存的控制通常是一项困难的任务?
6. 计算与实际库存相关的总拥有成本有什么好处?
7. 在实物库存的下列功能中,选择最有可能直接参与采购的功能:(a)支持生产需求,(b)支持运营需求,或(c)支持客户服务需求。解释你的选择。
8. 描述采购部门可以采取的降低与下述几项有关的不确定性的措施:(a)供应商质量;(b)供应商交付;(c)较长的订货周期;(d)延长的物料运输距离;(e)不准确的需求预测。
9. 在供应链中过度预测需求会产生什么问题?预测不足会产生什么问题?公司如何解决预测不准确的问题?
10. 本章介绍了控制存货投资的不同方法。试另外列举三种可能涉及供应链管理者的方法。
11. 什么是精益供应链?解释精益系统的三个基本要素。
12. 精益供应系统的主要特点是什么?精益供应体系的障碍是什么?
13. 什么是闭环运输系统?为什么这样一个系统需要专门的或签约的运输公司?
14. 当建立精益供应体系时,买方和卖方之间的订货和运输系统通常会发生什么变化?
15. 讨论采用全系统方法控制库存投资的优势。有什么缺点吗?如果有,讨论缺点。
16. 最完美的订单是什么?为什么很少有公司衡量完美的订单?

第 16 章

采购服务

学习目标

- 了解间接支出对公司绩效的财务和运营影响；
- 了解运输管理的基本原理，以及如何高效地提供这些服务；
- 理解第三方物流供应商在高效供应链管理中的作用；
- 讨论管理间接支出和购买服务的最佳做法。

开篇案例

采购车队管理服务

据康涅狄格州联合技术公司哈特福德总采购部供应管理主任鲍勃·斯通（Bob Stone）说，"没有哪一类支出比车队管理服务更受当前经济的影响。"他指出，当前经济使有效的车队管理出现问题的因素包括：金融信贷危机、汽车行业面临的挑战、燃料价格迅速上涨以及与环境有关的担忧。许多供应管理部门过去从未管理过车队运营采购，现在却被要求这样做。他还表示，一般情况下，一辆车在路上行驶的费用在每月 600～1000 美元之间。

车队管理问题包括车辆本身的采购（无论是购买的还是租赁的）、保险、燃料、维护和维修、通行费以及税收、所有权、许可证和登记费，这些费用因车辆的使用地点不同可能有很大的差异。各种各样的操作复杂性会影响车队的运行。车队车辆的使用周期通常在 3 年到 5 年之间，因此车队中车辆数量会维持动态平衡的，每月都会发生变化。此外，供应商通常包括数百家汽车修理厂、拖车公司以及分布在众多地区的加油站和服务站。车队车辆包括汽车、运输和维护货车、轻型皮卡车以及大型货车。

通用电气车队服务战略咨询服务主管马克·史密斯（Mark Smith）表示，"采购永远视成本为大敌。"这是因为供应管理部门在管理其他类别（包括直接材料、间接材料和专业服务）的开支方面已经采取了严格的措施。一些买家决定在内部管理车队运营，而另一些买家则认为车队管理不是企业战略核心，决定将车队管理服务外包给合格的服务供应商。这些服务供应商可以管理整个过程的所有阶段，包括租赁、需求识别、融资、再销售和车辆报废。

供应管理公司可以直接与车辆制造商就所需车辆进行谈判，然后通过车队管理供应商实际租赁车辆，为公司车队管理业务增加价值。除租赁成本外，车队管理公司还为所提供的管理服务增加 2%～5% 的费用。这些租赁协议应该注明车队管理公司的费用在整个合同期内不会增加。

以下是广泛采用的车队管理服务采购行业最佳实践：
- 车队管理服务是一个独特的间接支出类别，需要一个单独的建议书代表其特性。
- 与内部用户和利益相关者合作，确定具体的需求。
- 使用总拥有成本模型来识别相关可控成本。
- 关注长期的成本要素，如燃料、维护、事故和折旧等费用。
- 建立并执行季度或年度服务供应商绩效评估。
- 选择更小、更轻、发动机排量更小但仍能满足用户要求的车辆。
- 采用全球定位系统和导航系统等提高驾驶员劳动效率的工具。

资料来源：Adapted from Avery, S. (2009, June), "Purchasing Takes the Wheel to Control Fleet Costs," Purchasing, 54-56.

16.1 引言

　　无论是大公司还是小公司，间接支出都受到高层管理人员越来越多的关注。该支出类别可以定义为所有购买的商品和服务的总和，这些商品和服务不是交付给客户的产品或服务的直接可识别的一部分。在许多情况下，间接支出占公司总采购额的50%左右，特别是对于非制造业组织。不幸的是，大量的间接支出通常不是通过组织的正式采购结构或使用成熟的供应管理流程购买的。然而，许多公司现在都在积极地采取措施来考核和降低间接服务采购的成本。高级管理层现在意识到，减少或最小化公司的间接服务支出，可从根本上降低公司的成本结构。间接支出的常见例子包括运输和物流服务、专业咨询服务、公用事业、旅行和娱乐、维护、维修、运营（MRO）用品、广告支出以及员工福利等。然而，请注意，由于广泛的行业差异，一家公司的间接支出可能被视为另一家公司的直接支出。

　　从历史上看，针对实体或服务的间接性支出并没有受到与直接开支相同的管理审查。间接支出通常被划分在供应管理体系之外，尽管此类支出实际在采购总额中占相当大的比例。因此，许多组织忽视了有效降低服务供应链成本的重大机会。

　　最终影响客户的一个相当大的间接支出领域是运输和物流服务的采购。公司越来越多地使用第三方物流（3PL）公司来创造竞争性的市场优势，使其客户从中受益。如果没有有效的运输在正确的时间、在正确的条件下将正确的产品运到正确的地点，并获得正确的成本就成了问题。选择合适的运输和第三方物流供应商与其他供应商评估和选择决策一样重要，甚至可能更重要。

　　在本章中，我们首先描述供应管理在组织和管理组织的间接支出中所起的作用。我们讨论了运输管理中的角色，然后描述了其他间接支出领域（如专业服务），在这些领域中，供应管理也会对当今各类组织的成本结构和绩效产生重大影响。

16.2 运输管理

　　供应链管理专业委员会将物流管理定义为"供应链管理的一部分，它计划、实施和控制货物、服务和相关信息在原产地和消费地之间有效地正向和反向流动和存储，以满足客户的需求。"运输是物流配送管理的中心环节，物流管理又是供应链管理的关键环节。

运输服务提供商支持图 16-1 所示的典型供应链中的四个主要联系：入站物流，企业内移动，出站物流以及回收利用（或逆向物流）。第一个链接包括从供应商到买方的所有入站装运。这一要素通常包括在采购谈判中，可以成为前面讨论第 14 章的适当合同条款的重要部分。

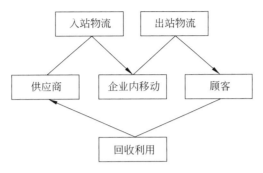

图 16-1　物流/运输环节类型

拥有多个生产和仓库地点的公司通常有第二个主要的运输环节——企业内移动。该要素包括在同一企业内的各个生产部门之间移动和处理材料，以及进出中间储存仓库。存储仓库可能与生产部门位于同一生产园区中，也可能位于另一家公司实际控制的其他地理位置。一些公司通过使用公司拥有或租赁的运输车辆，例如其私人卡车车队，直接控制货物在这一环节的移动。其他公司越来越多地绕过这一环节，只在有固定客户订单的情况下才进行生产，这就允许直接向客户发货，从而减少了通过昂贵的仓库和分销网络进行多次搬运配送的需要，节省了时间和金钱。

第三个环节是出站物流，建立了企业与客户之间的联系。从历史上看，运输部门控制着出库货物的运输，而供应商则安排了入库货物给买方。自 20 世纪 70 年代末开始并持续到 80 年代的美国运输业放松管制以来，供应管理部门对所有三个运输环节的控制力度大大增加。

第四个环节是公司在设计和运营可持续供应链时越来越关注的一个环节：回收、转售、再制造或回收过时产品、可修复物品、旧包装和可重复使用的集装箱。这种逆向物流流程要求企业寻找产品回收和再循环的创新方法，以尽量减少对自然环境的潜在负面影响。这项活动还可能包括将可维修物品运回维修部进行翻新，并最终恢复到可用或可销售状态。公司发现，在设计和运营其供应链网络时，他们现在必须考虑产品、包装和其他辅助材料的双向流通。

随着各组织越来越注重其内部核心竞争能力，并将非核心活动外包出去，它们认识到，许多必要的运输和物流服务可以而且应该外包给专门从事运输和物流服务的公司。当这些服务外包给合格的第三方时，供应管理层现在必须承担管理这些外部关系的责任。没有有效和高效的运输和物流服务的采购和管理，世界级的供应链管理是不可能实现的。为了描述这些过程，我们首先简要地讨论了美国运输业解除管制的简史，供应管理在运输和物流服务中的作用越来越大。接下来介绍在采购运输和物流服务，为制定有效的运输战略提供有效的决策大纲。然后，我们将特别关注如何管理第三方物流供应商。

16.2.1　放松运输管制及供应管理部门的新作用

1. 放松运输管制

美国在 20 世纪 70 年代末和 80 年代通过了旨在开放运输供应商之间经济竞争的联邦

立法，也鼓励供应管理部门参与运输和物流服务的采购和管理。国会于1977年通过了《航空货运放松管制法案》，1978年通过了《航空旅客放松管制法案》，1993年通过了《谈判费率法案》。此外，1980年的《汽车运输法案》和1980年的《交错铁路法案》相继颁布。美国其他主要的放松管制立法包括1994年的《运输业管制改革法案》、1995年的《国际商会终止法案》（成立水陆运输委员会）和1998年的《远洋运输改革法案》，这些法案削弱了联邦海事委员会的权力。

美国放松管制的主要目的是通过大幅增加运输和物流业的市场竞争，减少繁重的经济管制，提高国内运输系统的效率。从买方的角度来看，这些法律为与个别承运人和物流服务提供商谈判降低运输费率和提高服务水平提供了新的机会。从承运人的角度来看，这些法律剥夺了政府的全面保护，并大大降低了几乎所有货运合同的利润率。运营商必须学会如何在放松管制的市场中进行日常竞争，同时在这一过程中提高成本效益。许多长期以来以各种模式运营的航空公司，如果无法做到这一点，就干脆停业或与其他效率更高的航空公司合并，以在这个新的、开放的、高度竞争的、以市场为基础的全球经济体制中生存。

这些运输公司和物流服务提供商现在必须公开和积极地与新进入者、现有的运输公司和其他运输方式进行竞争。尽管不再需要向联邦政府提交已公布的关税税率，但它们还必须处理客户要求从已公布的关税税率中大幅折扣的请求。这些立法改革极大地改变了美国的交通格局。供应和运输经理发现他们现在有能力影响运输成本和相应的服务水平。买家越来越多地参与到运输服务的购买中，这在美国运输业受到高度经济监管时并不常见。

如果国会没有解除对运输业的管制，那么供应管理很可能不会对运输和物流服务提供商的识别、评估、选择和控制产生如此大的兴趣。尽管每一项新的联邦立法都给托运人和承运人带来了更多的不确定性，但放松管制的立法也为创新型买家创造了巨大的经济机会，通过专业采购运输和物流服务来增加新的价值。

有效的运输和物流服务采购之所以很重要的几个原因。首先，运输是大多数制造业和许多服务业公司的一项主要成本。平均而言，运输成本很容易占到产品总成本的10%或更多。对许多公司来说，物流费用对整个商品销售成本的影响仅次于物料费用，而物流费用是国际贸易中最大的成本支出之一。

也许比节约成本更重要的是运输对企业运营的直接影响，运输绩效显著影响生产和调度系统、库存水平和运输成本、仓储、包装和材料处理以及客户订单管理。没有有效管理运输和物流活动的公司将面临更多的浪费、更高的成本和较低的竞争力。虽然运输和物流活动往往被认为是理所当然的，但如果管理不当，可能会造成严重后果。然而，如果管理得当，世界级的运输系统可以更快更低的成本满足最终客户的需求。

2. 供应管理的新角色

随着越来越多的供应管理专业人员在运输和物流采购中发挥积极作用，他们现在具体承担什么职责呢？供应管理可以有效地支持进、出境和辅助运输服务的采购，就像它支持其他货物、材料和服务的采购一样。随着供应经理在整体运输决策中发挥更积极的作用，他们经常密切参与识别、评估和选择入境运输公司和物流服务提供商，尽管在一流公司中，更多参与出境运输的提供商越来越多。

供应管理也可以谈判有利的长期货运合同，并评估承运人的业绩，类似于评估采购货物的供应商（更多信息见第7章和第9章）。传统的运输部门，如果还存在的话，现在通常会涉及整个运输系统的日常管理,或者不需要涉及供应管理的运输战略的制定。这些与采购无关的活动可能包括安排提货和交货、处理损坏和损失索赔、追踪和加快发货、协调进港、厂间和出境运输、审核货运单以及确定工厂和仓库位置。

供应管理部门和运输部门在制定运输战略时都需要结合各自的专业知识。与运输有关的决定不应在脱离组织的其他无关部门做出。典型的运输和物流管理活动和流程是外包的潜在候选活动,包括:

- 合同管理;
- 装运和路线优化;
- 运输模式选择;
- 发货执行;
- 运费付款;
- 船坞管理;
- 货物跟踪服务;
- 物流供应商和承运人管理;
- 逆向物流;
- 货物损失与损害索赔管理;
- 服务级别报告;
- 运营商和第三方物流服务供应商绩效管理。

16.2.2 制定运输战略的决策框架

有效运输战略的制定通常涉及一系列相关的战术和战略决策。图 16-2 概述了供应经理在帮助制定组织的运输和物流战略时面临的一般决策和问题的总体框架。公司运输网络的设计和组织方式可能因商品或材料以及服务地点的不同而有很大差异。例如:运输散装原材料通常需要铁路或驳船运输,而小型、昂贵、对时间敏感的部件可能使用更快但更昂贵的方式,如空运和包裹递送服务。没有一种单一的方法或策略能满足公司的整体运输需求。

1. 确定何时何地控制运输

关于运输服务要求的最初决定涉及确定如何、何时和何地控制装运。例如:大量入境的国内材料仍以离岸价格运往目的地,这意味着供应商保留对货物的所有权并控制货物,直到货物在收货人码头实际接收和卸载。除非另有协议,这也意味着供应商有责任安排货物的移动,支付承运人的运费,并向承运人提出任何损失和损害索赔。货物在最终目的地卸货之前,其所有权不转移给买方或收货人。在这种情况下,运费包含在向采购公司开具的发票单价中。为了更有效地控制入站运输成本,通常需要购买 FOB(free on board,离岸价)原产地的货物。在这里,买方或收货人现在负责选择承运人,安排货物的实际移动,支付运费,并提出损失和损害索赔。当货物在装货地点交给承运人时,货物的所有权转移。精明的买家会希望在内部控制这些成本,而不是简单地允许发货人以交货价格的形式传递这些成本。FOB 原产地比购买 FOB 交货价格的货物更复杂,但买方可以更有效地监控其运费和交货性能,并根据需要采取纠正措施。请注意,国际货运的运输条款要复杂得多,《国际贸易术语解释通则》中有涉及,这在第 10 章中讨论得更充分。

当供应商将运输费用作为货物单位成本(即 FOB 目的地)的一部分时,买方往往失去跟

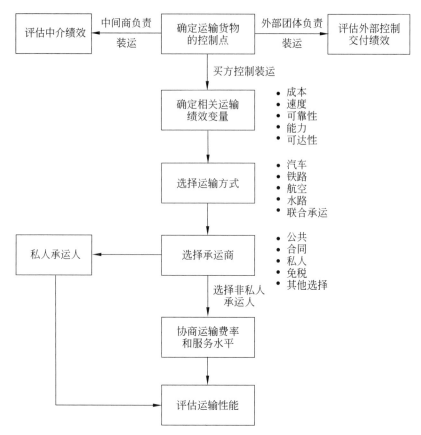

图 16-2 交通战略发展决策的制定过程

踪或控制其入境运输费用的能力。因为入境运输成本隐藏在采购价格内,这可能涉及税收和其他相关的财务问题,这也人为地增加了买方存货的价值。即使供应商承担控制其运输成本的责任,买方也可以要求供应商在发票上分别注明和逐项列出运输相关成本和材料成本。

图 16-3 比较了两种主要的国内 FOB 贸易方式,并列出了适用于美国国内运输活动的《统一商法典》(UCC)章节。

内包或外包运输服务的选择类似于制造业中典型的制造或购买决策,选择由外部一方(如供应商或第三方物流供应商)安排和控制其装运的买方基本上丧失了控制有关货物移动的进一步决定的能力。对于一些货物,例如小批量、不经常装运,买方可能会认为不值得花费必要的时间和精力来进行运输安排。在这种情况下,一种选择是向供应商提供一份预先批准或以其他形式可接受的承运人、货物服务商或第三方物流的清单。买方甚至可以与特定的承运人签订合同,根据总运量计算运费折扣。如果买方放弃对供应商或第三方物流的入境运输控制的,仍应定期评估外部安排货物的交货性能。

另一种选择是使用第三方运输经纪人或中间人,如货运代理或中间商。尽管这也意味着放弃对装运的直接控制,但买方可能会获得额外的好处。首选的经纪人或中介必须考虑到买方的最大利益,因为买方是中介的直接客户。实际上,经纪人或中间人在安排运输时充当买方的代理人。中介还可以将买方的发货与那些来自其他客户的货物拼在一起进行运输,

承运者	
托运人工厂 FOB 装船地点	收货人工厂 FOB 目的地
FOB 装船地点是什么意思？ • 买方控制或指导装运 • 除非另有约定（UCC 第 2-401 节），否则买方在卖方装运地点承担货物所有权和损失风险 • 卖方有一定责任（UCC 第 2-504 节）： 　◆ 把货物交给承运人负责 　◆ 根据货物的性质和其他情况，订立适当的货物运输合同 　◆ 获取并及时向买方交付买方接管货物所需的任何文件 　◆ 立即通知买方装运情况	FOB 目的地是什么意思？ • 卖方须自担风险和费用将货物运罕该地点并存该地点交货（UCC 第 2-319 节） • 除非另有约定（UCC 第 2-401 节），否则卖方承担货物所有权和损失风险，直至满意地交付给买方工厂

图 16-3　国内运输相关术语的界定

以实现较低的总运输成本。中介机构还可以提供其他增值服务，例如直接与承运人谈判订立一个令人满意的运费、提供临时储存、装配或执行轻装配和制造服务。对于缺乏内部资源或经验来密切管理自己的运输系统的中小型组织来说，这种选择很受欢迎。对于小批量或不频繁装运，这也是一个合适的选择。

2. 确定关键运输绩效变量

在制定有效的运输策略时，必须仔细考虑和评估不同的承运人或第三方物流绩效变量。在比较不同的运输方式或同一运输方式内不同的承运人时，应收集和分析如表 16-1 所示的一组性能变量的数据，当做典型标准来测量和评估运输性能。买方应制定一份具体的关键绩效指标清单，以衡量和跟踪相关的实际承运人或第三方物流绩效。一些典型的运输和物流关键绩效指标包括运费（按线路、承运人或所运商品）、提货和交货卡车数量（按线路、起点或目的地）、准时交货百分比、无投诉率、承运人接受的投标货物百分比以及丢失和破损投诉的平均受理时间。

表 16-1　用于测量运输性能的指标

绩效考核	描述
总成本	除了运输费用外，总成本还包括额外的库存、仓储、缓冲库存，以及国际运输的经纪人费用、海关费用等。还需考虑其他成本因素，如额外的管理时间。
运输速度	从杠供应商工厂发货到买方在、接收区域收货所用的时间。
可靠性	有时被描述为完成率。指准时交货的能力。可以用不同的方式来测量，但通常是一个交货时间窗口。因此，衡量标准是在指定时间内完成交货的百分比。
能力	指承运商运输物料的能力，包括特殊物料、危险物料等。
可达性	指承运人是否有能力提货并送货上门。

（1）总成本

总成本在运输决策框架中起着重要作用。如果成本不重要，更多的货物将通过空运而不是卡车或铁路送达。然而,成本只是几个关键变量之一。仅仅根据最低运费来选择运输方式或承运商,会忽略决策的总成本和对客户服务的影响,更不用说运输货物的潜在损失和损坏。运输成本最低的运输模式、运营商或第三方物流可能无法提供可靠的交付或其他增值服务,这些服务将边际物流服务与特殊物流服务提供商分开。成本变量虽然很重要,但不应是用于选择、衡量或评估运输和服务提供商的唯一变量。此外,任何成本评估必须始终在总成本的背景下进行,而不仅仅是使用运费单上的费用。当确定并计算出总的相关成本时,一个表面上低成本的航空公司最终的成本可能远高于表面上高成本的航空公司。但是请注意,典型的成本会计系统,特别是在中小型公司,可能无法完全确定所有成本的来源。随着市场环境的变化,成本也可能随着时间而变化。例如,在2008年经济衰退期间,运输能力、集装箱量和燃料成本的变化极大地改变了承运人的经营方式,迫使供应经理适应这些不利的条件。

(2) 运输速度

此变量指的是一种运输模式或承运人的交付货物在途时间。对于一些项目,如散装原材料,运输速度可能不是一个重要因素。对于在时间敏感或准时制环境中运营的生产商来说,速度可能是供应商或客户出发货的关键因素。接到订单后直接向客户发货的公司更可能将速度作为关键性能变量。

必须尽快从供应商处运抵或快速送达客户处的关键物品可能需要选择与其他类似商品的物品不同的运输方式。例如,高价值或对时间敏感的物品,如药品、半导体芯片等,就需要通过速度更高的承运人优先运输。它们对买方的关键价值在于,在运输途中延迟交货在经济层面上是不明智的。由于某些物品的物理性质,例如煤炭、铁矿石、化肥、水泥或乙醇的铁路运输,它们总是以相同的运输方式到达。在这种情况下对于速度变量缺乏运输灵活性是买方必须处理的问题。

(3) 可靠性

任何运输方式或承运人的一个关键性能变量是服务可靠性,它是指所提供的运输服务的准确性和准时性,既不迟也不早到达。它还涉及承运人在未损坏货物的情况下交付货物的能力。

例如,如果承运人承诺货物将在星期一上午9:00到达,则收货人应预计货物将在一个小的时间窗口内实际到达承诺的日期和时间。注意:可靠性与速度不同,它是对比实际到达量与计划到达量的度量。特别是从运营计划的角度来看,一个需要更长的在途时间的可靠承运人往往比一个平均在途时间更快、变化更大的不可靠承运人更可取。买方需要较少的库存和安全库存,以满足来自更可靠的承运人的较低交付变化。

(4) 能力

这个变量是指一个运输模式或承运人为物料的移动提供适当的设备和适当的服务的能力。这个变量有多个维度。首先,该模式或载体是否具有运输物品的实际能力?例如,承运人能否合法、安全地运输危险品,如核废料或腐蚀性产品,或处理和运输散装产品,如农业联合收割机或风力涡轮机叶片和塔架?其次,承运人是否在正确的时间在正确的地点有必要的设备来执行所要求的移动?拥有正确的设备,但在需要的时候却放错了地方,并不能提高能力。最后,承运人是否有足够的设备和资源来为特定的交通路线频繁多次的运输货物?承运人通常会考虑回程的可用性,如果空载返航,回程运费或初始运费往往就会较高,因为承运人需要承担空载的运输成本。能力之所以重要,是因为它影响到运输方式或承运人以合理的价格提供所要求的运输或其他服务的能力。

(5) 可达性

运输可达性是指一种交通方式或承运人在特定地理区域提供运输服务的能力。完全无障碍运输方式或承运人能够从任何地方提取货物,并将其直接运送到最终目的地。然而,地理条件限制了一些模式。例如:对于大多数托运人来说,内陆水运公司通常是无法进入的,因为除非托运人和/或收货人位于附近,否则湖泊、河流和运河是不容易进入的。使用这种模式通常需要另一种模式来辅助,如汽车运输或管道,才能将货物进行装运并运送至水路。请注意,不能为客户提供完全可访问性的运营商并不一定都是坏的。但是,每次货物易手时,都会发生额外的搬运时间。此外,货物损失和损坏的风险也增加了。

承运人可能没有适当的管理权限,或也没有在两点之间运输货物或在特定地理区域内经营所需的实际运输路线。这些没有法律授权在两个地点之间直接运输货物的承运人不具备很高的可达性,汽车承运人有时根据其在 48 个州的经营权来推销其服务。一家全方位服务的航空公司可能能够满足一个企业全部的总运输要求,即"一站式服务",而不是在全国各地使用不同的运输公司进行不同的运输。

3. 选择运输方式

前一节中确定的关键运输性能变量必须与不同运输方式或承运人满足这些变量的能力密切匹配。对于某些项目,选择运输模式并不困难。例如,海外货物通常通过海运集装箱运输;数量有限的产品,通过航空承运人运输;散装的干燥或液态商品,如煤或化学品通常通过铁路运输。最常见的运输模式决策涉及铁路和汽车运输公司、铁路和内陆水运公司或汽车和航空运输公司之间的比较、成本和服务权衡。国际货运最常见的方式是在远洋轮船运输和航空运输之间进行抉择。

有五种主要的运输方式可供运输服务的买家使用:汽车、铁路、空运、水运和管道。表 16-2 总结了每种运输方法的主要优缺点。

(1) 汽车

国内运输方式之间最大的竞争涉及铁路和汽车运输。现代卡车运输设备的可用性、二战后美国州级公路系统的出现以及汽车运输固有的灵活性,导致了汽车运输的快速发展,这大大牺牲了铁路运输公司的利益。然而,劳动力和燃料成本的增加、道路拥堵的加剧以及对汽车运输公司对环境的不利影响的担忧,导致了铁路运输公司的使用最近重新兴起。美国铁路协会提供的统计数据表明,一个传统的货运列车可以将 280 辆或更多的卡车从公路上运走。

毫无疑问,公路上的汽车运输是一种受欢迎的运输方式。它们提供独特地直接上门服务,使之成为最灵活的运输方式。此外,汽车运输公司非常适合运输体积较小或少于卡车容量的货物,包括多个托运人和多个收货人。美国国内建有一个完善的汽车运输网络,用于零担货物运输,而铁路承运人更难容纳少于载重汽车(LCL)的货物。与其他运输方式相比,汽车运输在速度和可靠性方面也有其固有的优势,特别是对于整车货物运输。

表 16-2 各种运输方式的利弊

运输方式	优势	缺点
汽车	• 高度灵活性 • 速度快 • 可靠性高 • 有利于准时交货 • 可以协商价格	• 成本高 • 仅限于国内或地区运输 • 不能用于大容量
铁路	• 成本更低 • 可处理多种物品 • 驼背式服务可以增加灵活性 • 直达主要城市 • 更大的联运服务 • 危险品运输安全	• 限制进入铁路线或支线 • 运输提前期更长 • 不太灵活,铁路并不能到达所有地方
空运	• 快速可靠 • 适合轻型/小型、价值高的货物运输(如电子产品) • 适合催交,紧急情况	• 成本很高 • 大型机场的位置限制了装运节点 • 不能用于大型、数量多或危险货物
水运	• 适用于大宗商品(内陆)和重型大件商品(国际) • 可处理大多数类型的货运 • 低成本	• 有限的灵活性 • 季节性供应 • 交货期很长 • 可靠性差(可能在港口等处遇到延误)
管道	• 适用于大体积液体和气体运输 • 安装后成本低	• 前期安装成本高 • 仅限于某些特定物品的运输

  汽车运输最显著的缺点是其相对较高的可变成本。平均而言,汽车运输比铁路运输更贵,远比内河运输贵。此外,与铁路、内水和管道运输相比,汽车运输大量大宗商品的能力有限。汽车运输的规模经济性很小;由于重量、宽度、长度和基础设施的限制,不能简单地增加额外的载货能力。

  由于劳动力、燃料、维护、过路费、运营费等原因和遵守规章制度所造成的其他费用,汽车运输公司的特点是可变成本高(占总成本的 70%~90%),一个承运人一次运输的重量限额也会使可变成本更高。由于季节性天气条件和道路基础设施的状况,这些限制经常会减少。此外,每辆拖车或一组拖车组合需要单独的动力装置(牵引车)和操作员。因此,在装载量的灵活度上,汽车运输不及铁路运输。

  (2) 铁路

  铁路运输公司的一个主要优势是能够运输的货物种类繁多。虽然目前大多数铁路货运都是由大宗商品(如煤炭、乙醇和农产品)组成,但火车几乎可以处理任何类型的货物,包括制成品。铁路的另一个优势,也许也是它的主要优势,是它相对较低的成本。以低于其他运输方式的成本将大量货物进行长途运输,是铁路仍然在所有城际货运中占据很大份额的主要原因。托运人对同一批货物(如煤炭、铁矿石,甚至汽车)通常不会使用整辆火车运送同一种商品。

  与拥有和运营自己的设备、铁路场地和线路相关的成本意味着铁路运营商与汽车运营商相比具有较高的固定成本。然而,它们相对较低的可变成本允许铁路运输公司以相对较低的运价运输货物。如前所述,只需增加一台发动机就可以多拉动一节车厢,其增加的总可变成本是很少的。

依赖铁路运输的公司必须有铁路线或支线的使用权力,除非它们愿意使用汽车承运人执行往返于铁路的接送功能。在许多情况下,这种权限上的约束限制了铁路的使用,并突出了铁路运营商有限的可达性的主要缺点。铁路运输公司试图通过联运来克服这一固有限制,联运涉及直接在火车平台上运输卡车拖车(TOFC)或集装箱(TOFC),这也被称为驮背运输(一种联运形式)。

铁路运输公司的另一个缺点是运输和装卸时间较长且多变,这一点在汽车运输中已经被成功地克服。卡车的两天装运往往需要一个星期或更多的铁路运输。少数几辆火车作为一个整体单元在长距离上完成运输。铁路运输公司通过将装载的车辆连接到沿收货人工厂大致方向行驶的出境列车上,在城市之间运输。因此,跨国运输可能需要在不同的轨道转换站对客户的轨道车进行多次转换。每次转换都增加了总的运输和装卸时间和成本。在目的地城市,一辆本地火车一次只能移动几节车厢,最终将货物交给收货人,然后在未来某个时间返回取空的轨道车。

近年来,铁路行业进行了重大的合并和兼并活动,这一过程已经从铁路基础设施系统中消除了数千英里的重复轨道。此外,竞争力较弱的铁路公司也合并在一起,共享基础设施,改善运营和财务状况。寻求只为有限区域和车道服务的小型短距离铁路数量也有所增加。

铁路运输将永远是某些商品的首选方式。铁路运输对于运输农产品、采掘业(如煤炭或化学品)的产品或重型制造业(如钢铁、农业设备和汽车)的产品特别经济合适。

(3) 空运

航空运输机运载的商业货运量最少,因为航空运输成本相对较高,飞机运载的货物数量有限,尺寸和种类要求也不一样。历史上,使用空运的一个主要原因是满足短交货期和紧急情况的要求。例如,海外采矿机故障可能需要尽快交付替换零件,以使设备恢复生产性使用。当一台昂贵的采矿机因为一个损坏或有缺陷的零件而闲置时,买方对空运的高成本远没有那么计较。在这种情况下,航空可能是唯一能够满足速度性能要求的选择。另外,飞机机身的形状极大地限制了所用集装箱的尺寸和重量。

许多公司正在根据它们的即时库存和制造系统来评估航空运输。空运高价值零部件实际上可能是一种成本效益高的选择,特别是如果材料不需要很大的空间,而库存运输成本高。一些公司实际上是通过航空运输活龙虾或鲜花来保持新鲜。如今,航空公司之间存在着对大多数航线的大量竞争,这有利于实现更低的费率和更高的服务水平。航空公司基本上采取的应对措施是,通过降低旅客运送能力以稳定价格和盈利能力,不过由于一些航空公司更看重盈利,2010年客运量略有增加。

运费较高是使用空运的主要不利因素。航空公司的可变成本与固定成本比率很高,这是因为航空公司的运营成本很高,例如燃油和人工成本。由于需要支付大量的可变成本,空运费率远高于其他运输方式。飞机本身的尺寸限制了货物的尺寸、形状和重量,航运也受到容量和灵活性的限制。此外,如果航空公司必须决定是运送货物还是接送另一位支付票价的乘客,货物通常会卸下,以便日后飞行。此外,大型机场的位置限制了航空公司可用的装运点,除非使用了本地的汽车运输公司。即便如此,大多数机场都位于交通拥挤的地区,增加了总中转时间,也抵消了其时间优势。一旦空运货物到达,最后总是汽车承运人把货物交给收货人。

(4) 水运

这种运输方式包括内陆水运(河流、运河和湖泊)和远洋航运。内河运输通常运输价值低、数量大的物品,例如大宗商品和原材料(例如矿石、化学品、沙子、岩石、水泥和农产品)。

例如,经常看到货船将钢铁生产所需的焦炭和铁矿石等原材料从明尼苏达州运到印第安纳州西北部的钢厂,这些物资途经五大湖内陆水运系统。但是,这种运输模式需要承运方在冬季湖水结冰时停运,或使用更昂贵的运输替代模式。

因为运输时间很长,内河水上运输公司很少运输成品或半成品。水上运输的主要优点是一艘大型驳船或越洋船运载容量很大,而且每磅运费相对较低。主要的缺点包括运输和接收点的灵活性有限,在国内一些内陆地区只能季节性装运,水运速度慢,也存在潜在的自然灾害风险,如石油泄漏,这可能对自然环境产生毁灭性的影响。

国际贸易的拓展增加了远洋船只的货运量。如果买方从国际供应商处购买货物,通常可以直接作出模式决定。海运公司几乎可以处理任何类型的货物或原材料,大多数全球货物通过深水集装箱船或油轮横渡大洋,较少通过航空公司。尽管模式选择通常不是国际海运的问题,但在所有战略供应商选择决策中,模式内的承运人选择仍然至关重要。由于海运港口的安全检查和文件要求增加,可能会遇到海关延误,这是海运承运人另一个迫在眉睫的不利因素(见专栏文摘:海上供应链安全)。

> **专栏文摘**
>
> ### 海上供应链安全
>
> 　　政府和行业已经采取了几项举措,以提高供应链部门的安全性,该部门负责处理全球范围内集装箱运输。世界上 2700 艘集装箱船中的很多船每天都要经过美国港口,卸下 17 000 多个集装箱。这些集装箱承载着美国 80% 以上的进口货物。必须保护这些集装箱和港口,以确保国家安全。对美国港口的安全攻击将造成整个经济付出数个数量级(数十亿美元)的代价,远超对防范安全攻击花费的金额。由于海运的规模和范围之大,对海运供应链的任何攻击都将有效地暂停国际贸易,同时阻止或减缓世界各地的航运利益。
>
> 　　最重要的安全倡议计划之一是集装箱安全倡议(CSI)。CSI 是一项美国海关和边境保护倡议,鼓励外国政府在出港前检查和筛选集装箱货运,以发现可能存在的安全问题。这项计划建立了各国海关官员之间的联系,以便该国海关官员检查出境货物。CSI 关注全球 20 个港口,这些港口是大多数进口产品的原产地。一旦船舶离开始发港,就必须采取安全措施,防止在运输途中篡改集装箱。其目的是降低船只安全问题的风险,防止船只在卸货前发生爆炸或其他事故。此外,正在建立一个自动瞄准系统(ATS),根据该系统,美国海关要求托运人至少在装货前 24 小时将货物装载在运往美国的船只上。未经事先通知,船只不得进入美国港口。美国海关和边境保护局使用安非他明类兴奋剂作为一种先进的筛选工具,以确定哪些可能可疑的货物在抵达时需要检查。
>
> 　　最后,为了加强安全性和改善供应链,美国政府还鼓励企业通过海关反恐贸易伙伴关系(C-TPAT)计划来简化它们的文件和材料处理流程。C-TPAT 是一个程序,供制造商、供应商、进口商和运营商分析自己的供应链安全过程,鼓励其改进供应链安全计划,与贸易伙伴和供应商交流安全计划,并定期监测和改进安全措施。一旦这些公司获得美国政府的 C-TPAT 认证,它们的产品将能够更快地通过港口和边境口岸。它们还将与美国海关和边境保护局以及其他 C-TPAT 认证公司建立更密切的工作关系。美国 C-TPAT 计划使公司能够避免与边境延误相关的运输成本增加;通过建立安全可靠的供应链减少库存需求;改善供应链关系以及供应商和客户之间的沟通。500 多家公司加入了 C-TPAT 计划,以改善其供应链安全流程。
>
> 资料来源:Edmonson, R.G. (2003, August 25), "Beyond Calculation," Journal of Commerce, 18-22. Lee, H. L, and Wolfe, M. (2003, January/February), "Supply Chain Security without Tears," Supply Chain Management Review, 23-35. McGuire, M., Cousineau, H., and Stephanou, M. (2002, November), "The New Era of International Supply Chain Security," World Trade, and Securing the Global Supply Chain (2004), Washington, D.C.: U.S. Customs and Border Protection.

（5）管道

管道通常不是运输方式之间不被权衡的一种运输方式。管道主要运输原油、精炼石油产品、天然气或煤。即使买方购买了这些产品，单个供应经理也不太可能决定使用管道运输这些商品。由于涉及的数量巨大，决定管道的使用很少是买方需要考虑的。个人买家可以从火车或卡车购买这些产品，但不能直接从管道购买。讨论中提到管道只是因为它是一种合法的运输方式。

管道的总成本结构类似于铁路运输，因为设备、路权和物理管道具有较高的固定成本和较低的可变运营成本，人工和直接运营成本相对较低。虽然管道运动是低成本和可靠的，它是非常缓慢的，并且只能在一个方向上使用，例如，没有回程可用。

（6）多式联运

如前所述，单一运输方式可能被证明不适合特定的装运。例如，一个典型的从中国到美国的材料表面运输可能需要多种方式和承运人来完成。一旦材料在中国生产，就需要装进集装箱，然后由汽车承运人或铁路运输到出港口。从那里，它将被装载到一艘深水集装箱船上。一旦集装箱船停靠在美国抵达港，它将被卸下装载到另一个汽车运输公司或铁路公司的设备上，运往最终目的地。请注意，此复杂移动中的每个步骤可以由不同的承运人来完成。

如果托运人或收货人单独就每一种运输方式与承运人进行交流，费用和精力将令人望而却步，且效率低下。为了解决这一复杂性并提供更好的服务，许多全球承运人现在提供一站式服务，即托运人或收货人与一家承运人签订合同，然后由一家承运人协调和管理整个联运货物，而不论承运人或方式如何，并提供单一的联络点和统一的货运单。多式联运的基本思想是利用每种运输方式的固有优势，同时尽量减少其相对劣势，从而实现向客户的无缝运输。

图16-4给出了不同运输方式相对于五个性能标准的相对排名。从图中查看相对排名，很容易看出为什么汽车运输公司的受欢迎程度随着国内运输服务买家的增加而增加。总的来说，当采用系统方法来处理这些性能变量时，汽车运营商通常比其他运输模式拥有明显的优势。

	最低单位成本	速度	可靠性	能力	可达性
空运	5	1	4	3	3
铁路	3	3	3	1	2
管道	1	4	1	5	5
汽车	4	2	2	2	1
水运	2	5	5	4	4

1=与其他模式相比的最高额定值
5=与其他模式相比的最低额定值

图16-4 国内运输方式相对排名

4. 选择承运商

一旦买方确定哪种运输方式最适合运输某一特定产品或商品,下一步就涉及评估和选择将提供实物运输的承运人。供应经理除了简单地联系运输服务公司和安排发货外,还有多种选择。托运人可以选择一个共同的(或公共)承运人,可以与一个合同或免责承运人谈判服务,也可以安排货物使用公司拥有的车辆(私人承运人)设备运输,或使用第三方物流供应商的设备。最常见的决定是使用公共承运人、合同承运人还是免责承运人(见图 16-5)。

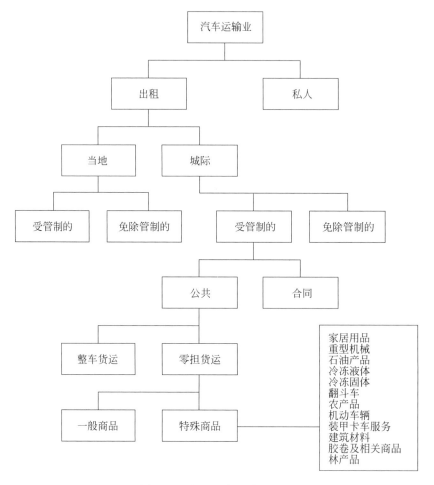

图 16-5 州际汽车运输业概述

(1) 公共承运人

根据法律规定,公共承运人必须根据公布的特定货物费率,不带任何歧视地为公众服务。公共承运人的部分经营权来自其以公平和非歧视的方式为运输用户服务的义务。除了不歧视的义务外,共同承运人必须提供合理的费率,尽管费率的公布方式与经济管制时期不同。此外,"合理"的税率并不总是显而易见的。一个买家决定使用共同承运人,特别是汽车承运人,在一个地理区域内往往有多种承运人可供选择。美国典型的共同承运商有 YRC Worldwide 公司、J. B. Hunt 公司和以鲜明的橘黄色汽车为标志的 Schneider National 公司。注意,一些普通承运人也可以作为合同承运人或第三方物流公司。

（2）合同承运人

严重依赖精确和频繁运输的托运人可以考虑使用合同承运人。合同承运人不像普通承运人那样坚持为公众服务，合同承运人根据具体的协商的合同条款为托运人（即买方）提供服务。合同承运人，有时称为专用承运人，服务于与之订立法律协议的当事方的运输要求，只提供以双方商定的价格与托运人谈判的服务。

合同承运人可以为运输买主提供许多好处。除了根据运输频率、运量协商出一个优惠运价，买方通常可以得到比预期的更高的服务水平，因为承运人和托运人具有连续的合同关系。

（3）私人承运人

私人承运人是指直接控制和管理其自有或租赁的运输设备的制造商或经销商。通常，私人承运人在供应商、内部设施或客户之间运送货物。私人承运人回程运输可能包括进港制成品、包装、组件和原材料，通过提供回程运输机会，更好地利用运输资产。除了对进出港货物进行更大的控制，私人承运人可以提高公司自有资产的利用率。一些公司经营自己的私人车队，以保持交货可靠性，或更有效地了解和管理外部承运人产生的费用，从而使它们成为运输服务的更知情的买家。私人承运商也可能负责日常的"循环取货"式运输业务，从附近的一系列供应商那里提取少量的货物加以集中统一配送，用于准时或精益生产环境。

使用私人车队进行入站运输的最大缺点可能是缺乏规模或对这项任务的投入。例如，使用公司控制的车辆从供应商工厂定期安排发货可能会很困难。一些公司的实践经验表明，使用私人承运人进行入库运输通常是个例，而不是普遍规则，尽管随着更先进的运输管理系统（TMS）的安装，这种情况开始发生变化。当公司使用私人承运人接收购买的物品时，通常是采购商和供应商之间地理上便利地安排的结果，如前面所述的循环取货式运输。经营私人船队的公司必须确保其设备在进出港运输中的使用平衡。否则，高水平的空车里程水平会降低运营私人车队的成本效益。

（4）免责承运人

免责承运人不受地面运输委员会（STB）的任何法规经济监管。他们之所以获得这种地位，是因为他们运输的商品类型和经营性质。这些运输工具通常运输季节性的农产品、报纸、牲畜或鱼类，而且找到回程运输的可能性很低。免税船主要是本地散装货物水运船。免税承运人的存在确保了在只有单向运输的市场（例如在收获季节从农业区）提供可用的运输。货物往一个方向移动，而不往回程方向移动。

（5）协商运输费率和服务水平

在整个供应链中有大量运输需求的买方可能会直接与单一承运人或少数首选承运人就专用或合同服务进行谈判。这并不意味着买方只能与合同承运人谈判。谈判也可以发生在一个共同的承运人身上，特别是关于运输费率和服务要求。

解除交通管制的一个主要结果是，定价信息从公布的关税和费率管理机构手中转移到谈判桌上。买方可以利用谈判会议详细说明自己所需要的特定的服务和所需的服务水平，而承运人也可以说明所要求的货运量，以支持特定的服务水平或费率。这个谈判过程可以解决许多问题：

- 承运人的服务性能保证，并根据实际性能给予处罚和奖励；

- 托运人承诺在合同有效期内装运最低数量的货物；
- 双方如何处理运费损失和损害索赔；
- 承运人使用的设备类型和数量；
- 运输频率和时间；
- 建立信息共享系统；
- 运费和折扣；
- 共同寻求创造性联合降低成本的活动。

托运人不一定与其使用的每一个承运人谈判合同，特别是如果他被视为小托运人或不经常托运人的话。然而，一个聪明的买家可以利用在今天的运输环境中提供的各种机会，通过整合其运输量与较少的运营商，以实现更大的航运规模经济。

16.2.3 现存的运输问题

目前存在的几个运输问题，可能会对供应链的效率和有效性产生负面影响。也许目前最紧迫的运输问题与供应链安全有关。应对"9·11"事件后恐怖主义的威胁和潜在后果仍然是一个有争议的问题，世界各地的政府监督和管理水平不断提高。《运输与货物安全：威胁与解决方案》一书的作者凯瑟琳·斯威特这样描述了恐怖主义的潜在影响，"可以说，保证乘客和货物的安全是各国政府的全部责任；然而，安全运输涉及许多参与者，包括制造商、托运人、货运代理、卡车司机、设施运营商、邮轮公司和航空公司。"为应对恐怖活动构成的重大威胁，许多国家的政府颁布了大量的货物和乘客检查要求，包括美国政府的认证货物检查计划（CCSP）和 2006 年的安全港口法等。

对于在客机上运输的空运货物，CCSP 要求不迟于 2010 年 8 月对所有美国发出的货物进行 100% 的单件检查。然而，这一联邦授权尚未得到满足。美国运输安全管理局（TSA）的任务是确保认证货物安检设施（CCSF）符合以下标准，这些标准规定了货物检查地点必须遵守的活动：

- 必须建立物理访问控制程序和机制，以防止未经授权进入经过筛选、准备和储存认证货物的设施；保持对员工、承包商和访客的控制；保护公司资产。
- 必须制定人员安全流程，以根据 TSA（transportation standardzation agency，运输标准化局）标准筛选潜在员工和承包商，并定期检查现有员工以确保他们不得随意接近客运航空货物。
- 必须制定程序性安全措施，以确保整个供应链中与货物运输、装卸和储存相关的流程的完整性和安全性。
- 物理安全货物装卸和储存设施必须有物理屏障，防止未经授权进入。
- 信息技术安全流程必须到位，为用户账户提供密码保护，并识别自动系统上的不当访问或数据更改。
- 设施验证允许 TSA 或 TSA 批准的组织进行初始和后续反复验证。

此外，经认证的空运货物供应链的参与者必须遵守一定的监管链标准，如下所示：

- 文件信息必须记录在案，并且必须随货物一起运输。
- 在货物离岸前，必须采取措施确认货物运输工具。
- 认证文件必须在监管链中的每个受监管方和处理点收到时进行认证。

2006年的港口安全和责任法案使美国海关和边境保护局(CBP)制定了所谓的"10+2"规则,更正式的称谓是进口商安全申报("10")和附加承运人要求("2")规则,仅影响海运集装箱运费。"10"是指进口商必须在将任何集装箱装上运往美国的船舶之前至少24小时以电子方式向美国海关与边境保护局传送的10个数据元素,而"2"是指远洋船舶必须向美国海关与边境保护局提交的两个数据文件,包括船舶积载图,指示给定集装箱在船上的积载位置,以及提供集装箱本身状态变化的附加详细信息的集装箱状态信息。

这些与安全有关的各种立法和行政规则对供应管理人员的累积影响是,文件和处理要求大幅度增加,增加了国际商务中本已复杂的证明文件和安全活动。如果未及时提供所需的文件,或者未完成某些安全活动,则装运可能会严重延迟。此外,国际运输的成本也增加了。有关全球采购的更多信息,请参见第10章。

影响供应经理的第二个当前交通问题是基础设施状况和交通拥挤状况。例如:许多海港无法处理正在建造的新的巨型集装箱船,因为它们吃水更深,总宽度更大。巴拿马运河和苏伊士运河也仅限于较老和较小的货船,因为它们的规模有限,尽管巴拿马运河目前正在升级,以处理较大的船只。在航空公司方面,如前所述的地面交通拥挤和额外的货物筛选可以大大增加空运货物的交付时间,从而减少最初选择空运货物的时间优势。由于最近的经济衰退,许多航空公司开始减少运力,不再使用较老、效率较低的飞机。此外,美国现有的空中交通管制系统过时和过度工作,这往往要求飞机飞行效率低下的航线,向更有效的GPS辅助的空中交通管制系统的转变在获得认可方面进展缓慢。对于汽车运输公司来说,崩塌的公路和桥梁迫使更多的公共投资用于维修。在美国许多大城市地区,交通拥挤已经造成了客车和卡车的过度延误。铁路货运公司必须与现有和拟建的高速和常规客运铁路线路竞争现有铁路线路的空间。许多海港的集装箱处理能力跟不上集装箱运输量。内河驳船运输必须与过时的船闸和水坝系统相抗衡,该系统不允许较长的船通过,并将船分成多个较短的组,这些组必须一次通过船闸,然后在船闸的另一侧重新连接。尽管这是对这些挑战的不完全回应,但2009年《美国复苏与再投资法》试图通过在所有交通方式的基础设施相关项目上投资超过1050亿美元来解决其中许多关键问题。然而,未来的大量公共投资仍必须致力于继续维护、改善和扩大老化的美国交通基础设施。

16.2.4 绩效保证物流

绩效保证物流(performance-based logistics, PBL)是一种新兴的商务协同模式,旨在从传统的基于交易的模式转向满足买方和物流服务提供商双方的共同利益的模式。在传统的基于交易的模式下,物流服务提供商通常会对每一笔交易进行补偿。因此,物流服务提供商提高效率的动力很小,因为任何运营改进支出都会对其收入流产生负面影响。这种商业模式通常会使每一笔交易的成本最低,但不会促进一个高效、低总成本的物流系统。因此,买方和物流服务商的根本利益是不一致的。此外,任何成本和效率改进的责任都严格地落在买方身上,买方必须与物流服务提供商协商性能改进和修改定价。

相比之下,一个基于绩效的物流系统试图通过明确界定买方的偏好结果(不是按交易,而是按供应商的增值和总体系统成本)来推动物流服务提供商的绩效。在PBL中,物流服务提供商的报酬取决于它使买方能够实现这些结果的程度。薪酬的结构是以长期合同和绩效激励奖励物流服务提供商,从而提高盈利能力。为了使 PBL 发挥作用,买方和物流服务提供商必须明确同意买方期望的结果、目标和目的是什么,以及物流服务提供商如何帮助实现这些目标。

在确定并同意买方的目标和目的后,这里要考虑的一个关键因素是制定及时、准确和成本效益高的指标,以衡量关键的绩效变量,例如,谁衡量物流服务提供商的绩效,如何测量、在何处测量、多久测量一次以及如何利用数据。

PBL 的使用并非没有它的问题。例如,性能度量通常很难定义,更不用说完成了。对于买方对物流服务提供商绩效的看法以及用于确定其绩效水平的指标的有效性,可能存在分歧。田纳西大学(The University of Tennessee)的研究表明,通过 PBL 的合作,买方和物流服务商的物流系统风险实际上都可以降低。

迄今为止,PBL 的最大支持者是美国国防部(DOD),它使用 PBL 合同为其各种主要大宗军火买卖进行后勤物流支持。从 2006 年开始,国防部根据其在 PBL 方面的成功经验,开始在其所有主要采购类别中强制使用 PBL。绩效保证物流在私营部门中具有极大的潜力,但尚未被广泛采用。

然而,服务水平协议(Service Level Agreement,SLA)这一采购策略已被用于许多支出类别,包括旅行和娱乐、软件和技术以及后台操作。SLA 的应用允许买方指定目标或最低性能和服务水平,期望供应商提供的费用。与 PBL 一样,关键是制定关键绩效指标(key perfomance indicator,KPI),概述供应商应达到的具体绩效标准。

一个有效的 PBL 系统要求物流服务提供商在与买方的互动中发挥更积极的作用,共同管理买方的供应链。成功实施 PBL 项目的要求包括:

- 致力于相互协作和利益一致;
- 为买方和物流服务提供商创造双赢的环境,重点是物流服务提供商的增值;
- 制定合理的采购战略,包括将买方的目标与物流服务提供商的薪酬和激励结构紧密结合起来;
- 应用有效的制衡系统,利用及时准确的数据收集和多种指标,包括正式的报告和审查过程。

16.3 将物流外包给第三方物流服务供应商

买方可以采取各种行动,以改善整个供应链的运输服务和交付绩效。最常见的做法之一是将物流外包给一家综合性的第三方物流供应商,该供应商负责管理买方的所有进出口运输,并提供其他物流、材料处理和存储服务,如仓储和配送。使用第三方物流正日益成为小批量货物装运的可行选择。第三方物流供应商可以提供方便、低成本和可靠的运输和物流服务,而托运人可能没有足够的数量来实现规模经济,也没有足够的专业人员在内部提供这些服务。这些服务提供商还提供链接在一起的信息系统,为其服务提供容易访问的可见性,从而提供实质性的竞争优势。由于这个原因,许多分销商和承接电子订单的公司使用联邦快递和 UPS 作为他们的主要运输服务供应商。

1. 选择供应商

供应经理在选择第三方物流时应该非常谨慎,因为第三方物流可能会自己定位为"全球综合物流服务提供商",声称可以提供完整的端到端的供应链服务。在全球市场中,第三方物流可以管理许多不同的运输和物流要素,包括:

- 报关员;
- 货运(包括空运和水运);
- 仓储和配送中心运营;
- 包装和出口文件;
- 交付服务;
- 本地采购;
- 国际贸易管理;
- 全球运输优化;
- 供应链规划;
- 出口包装服务。

在实践中,很少有一家第三方物流公司能够同时在所有这些领域提供世界一流的服务。因此,供应管理部门应该警惕那些声称自己在所有这些领域都是世界级综合供应商的公司。为避免选择无法满足发货人要求的第三方物流供应商,精明的买家应考虑采用以下方法。

(1)计划
- 确定具体的物流服务要求,以及如何对其进行测量和评估。
- 确认选择过程。
- 让关键利益相关者参与,确保内部收购。
- 消除障碍,实现成功。

(2)选择
- 锁定一流的物流服务提供商。
- 选择第三方物流或承包商。
- 谈判,达成互利协议。

(3)实施
- 共享供应链信息以实现卓越价值。
- 建立关系。
- 共同解决启动问题。

(4)改进
- 交流绩效指标,以确定改进机会。
- 鼓励跨企业培训和项目活动。

(5)合作伙伴
- 发展供应链联盟,达成交易协议,分担风险。
- 让第三方物流合作伙伴参与联合战略规划和决策。

考虑第三方物流供应商的一些优缺点,如图16-6所示。

在识别、选择和确认第三方物流时,买方应考虑以下绩效要素,并确定给定的供应商是否能够有效地执行这些要素。再次回顾第7章之前关于供应商选择和评估的讨论。

优　势	缺　点
• 具有规模经济和灵活性增强 • 提高服务性能水平 • 从资产出售中释放资本 • 释放运行成本 • 专注于核心业务活动	• 放弃控制权、所有权和专业技能 • 失去了销售和供应之间的整合 • 转换成本和操作问题 • 失去敬业的内部管理人员 • 牺牲了关键业务服务的差异化
货物	交叉转运	供应商管理库存
集装箱前方堆场	运输	出口包装
延期	成品拉催	备件(退货和维修)
测试设备	库存控制	逆流
共享资源还是专用资源？		

图 16-6　第三方物流

2. 获取关键、及时的数据

获得准确及时的信息是决策者的权力。如果没有识别、收集和分析与运输相关的关键成本和性能数据的能力，很难管理物料运输。理想情况下，以下物流信息应随时可用，并由第三方物流向买方报告，无法以可用格式快速准确地提供以下这些信息可能表明第三方物流无法有效地管理买方的供应网络。

- 提供入境、组织内和出境运输服务的承运人数量；
- 按特定承运人和运输方式开列的运输总支出；
- 装运材料的供应商数量(例如：装运点数量)；
- 与供应商发货相关的数量和运输成本；
- 按商品或材料类型分列的数量；
- 各运营商的绩效统计和评级；
- 供应商与买方安排的装运百分比(例如：FOB 目的地与 FOB 来源地)。

3. 开发物料装运的可视化追踪系统

有关装运状态和位置的实时信息至少可以提供有效材料控制所需的部分可见性。对可见性和控制的需求支持了承运人和买方之间电子数据和通信系统的发展。无论是通过全球定位系统与托运人电子连接的汽车承运人，还是船舶、飞机或海关所在地，第三方物流公司应能立即获得有关装运状态的信息。

许多第三方物流提供详细的发货跟踪系统，以提供当前状态的更新信息。在这些系统中存在多个层次的复杂性。单向信息系统允许买方实时获取有关装运地点的信息，买家只需直接从运营商的信息系统请求数据，现在通常通过运营商的网站获取。

然而，许多第三方物流现在使用基于事件的系统。它们通过电子邮件、文本消息、传真、寻呼机等向买方或销售人员提供状态警报，表明某一特定货物已被延迟，并且这可能会影响供应链中的其他实体(例如：制造工厂、仓库地点和客户)。尽管问题事件并非总能预防，但预警信号和使用事件管理系统可以帮助采购公司更及时地处理问题。

4. 与精选供应商建立更为密切的合作关系

贯穿本书的一个共同主题是，买家和供应商往往从更密切、更协作的关系中获益，这种逻辑也适用于第三方物流关系。运输业买家正越来越多地减少在全公司范围内与之开展业务的第三方物流公司的数量，以期与剩余的第三方物流公司进行更多的合作。这一战略使买方能够实现改进的服务和更大的利益，而这在传统的公平交易的业务关系中是不可能实现的。例如：买方可能会得到保证，在需要时可以提供特定的承运人设备。当买方只选择满足其特定需求的最佳第三方物流，并与之建立更密切的工作关系时，控制和管理货物的流动就更容易、更有效。

5. 签订全公司范围的合同

如果将各个运输节点、分公司、业务部门所有的货物运输量联合起来进行采购，并将其置于少数能力较强的第三方物流或第四方物流的管辖范围内时，就有可能实现真正的、实质性的服务改进。

一个明显的趋势是，许多承运商已经不再仅仅把自己作为实体运输服务的提供者来推销。复杂的货物运输涉及多方合作或共同处理，许多承运人现在履行合同责任时需要提前利用专门的内部人员或第三方的合作。除了提货和送货外，全方位服务提供商还可以整合发货、提供简化的账单、从本地存储点准时发货、处理复杂的海外发货、与其他承运人或模式协调发货或配置最终产品，以便直接发货给最终客户，这使得买家能够专注于战略制定，而全方位服务的运营商则负责管理运输网络的日常细节。

有许多例子表明，使用服务提供商不仅仅是为了运输。例如：UPS 为 Allison Engine 处理所有全球售后备件运输业务，运营商提供的基于互联网的服务也在不断扩展。大多数快递公司通过互联网提供包裹的完整追踪，允许用户通过互联网追踪和完成整个运输交易。

16.4　服务和非生产性物料的采购

在过去的几年里，拥有高绩效的一流公司供应管理部门在降低直接材料投入价格方面取得了很大的进步。由于直接材料的采购通常与不同的战略业务部门（strategic business unit，SBU）相关联，因此通常通过集中的商业团队来管理这些支出，在 SBU 层面进行采购决策和合同管理。然而，越来越多的公司现在意识到，除非他们能够在公司整体采购战略的保护伞下获得包括间接支出在内的好处，否则很大一部分间接支出将无法得到有效管理。

我们可以将间接支出定义为任何购买的商品或服务，而这些商品或服务不会以交付给客户的产品或服务而告终，这一部分可能占公司支出的很大一部分。对《财富》500 强企业的研究发现，服务支出占总收入的 11%，占总购买支出的 30%。间接支出平均占收入的 9%，占总购买量的 23%。相比之下，直接支出（供应管理的注意力最集中的地方）占总收入的 18%，占总支出的 44%。另一个重要指标是，参与者预计未来 5 年服务支出将增长 13%，这表明西方世界正将越来越多的活动外包给外部服务组织。表 16-3 按类别列出了总采购支出的平均百分比。

随着非核心能力外包的持续增长、服务业的扩张和成本压力的增加，有效管理一个组织的间接支出的重要性日益增加。然而，从管理和监督的角度来看，由于在大多数间接支出类别的商品和服务的分散性这一问题更为严重。在不同职能和预算领域之间分配间接支出时，经常会出现问题。另一个常见的问题是，间接支出往往隐藏在直接材料的价格中（例如，POB 目的地）。例如，如果供应商支付运费，运输成本（间接服务）通常包含在直接材料的发票价格中。

表 16-3 服务平均支出活动

服务消费类别	占总采购支出的百分比(标准比)
制造业	20.24
库存	7.93
专业服务	7.61
工程	6.04
信息技术	5.24
市场营销	5.13
后勤	4.94
房地产	4.25
广告	3
基于项目的服务	2.81
人力资源	2.04
电信	2
行程	1.79
设施管理	1.86
复印	1.51
法律	1.45
行政服务	1.15
临时人员编制	0.97
研发	0.78
呼叫中心	0.76
会计服务	0.4
财务	0.29
仓库管理	0.14
其他	8.49

资料来源：CAPS Research, 2003.

上述 CAPS 研究关键问题报告发现，公司已经开始使用两种不同的方法来识别、管理和减少间接支出：内部和外部方法，这些结果的概述如下。

16.4.1 管理间接性开支的内部方法

1. 数据收集和整合

在许多情况下，同一个组织内的一些部门会在不知情的情况下从不同的供应商（甚至是同一供应商以不同的价格）购买相同的货物或服务。例如：美国约翰迪尔公司发现它每年在工作手套上花费 140 万美元，由 20 个不同的供应商供货。在某些情况下，同一个供应商以完全不同的价格向不同的迪尔生产和分销部门供应同一种手套。研究表明，仅与少数几家精选供应商合作并标准化这一间接采购行为，每年可给公司节省 50 万美元。在这种情况下，迪尔因没有充分利用其企业范围内的总产量而承担了更高的间接成本。

如果要利用间接支出进行调控，供应管理部门必须清楚地了解各个 SBU 究竟购买了哪些间接商品和服务。正如上面迪尔的工作手套示例所示，在一个典型的组织中，有许多间接购买通常不被认为具有数量杠杆机会。全面的数据收集和有针对性的分析使公司能够最大限度地利用其间接支出，并确认可标准化和汇总的可比商品或服务。

例如：联邦快递与一家专门从事用电审计的公司签订合同，从其 2000 个设施中收集每一个设施的计费信息，并审查每个设施是否使用了正确的费率。这些设施的规模从 2 名到 1 万多名雇员不等，分布在各州。仅以这种方法为基础，在支付了所有咨询费后，清除不当使用的公用事业费率造成的过度计费错误，可节省 4%～5% 的能源开支。这一战略最重要的组成部分不是前期成本节约，而是决定了整个设施网络的总体耗电模式和电量。一旦这种消费模式得到确认和理解，联邦快递可以根据各州不同的放松管制模式，启动一项合理化能源支出的战略。此外，联邦快递能够修改其站点和中心枢纽的业务流程，以提高用电效率。

2. 重组以建立问责制

建立一个有能力的供应管理结构和建立间接采购的问责制与数据收集、合并和分析密切相关。通过清楚地了解谁在花、花什么、在什么地方、什么时候，供应管理可以实施程序和保障措施，以阻止和控制不规范的支出。随意化采购可以定义为通过未经授权的来源购买的组织总采购预算的金额。这就是供应管理组织将节约成本的责任下放的地方：必须建立一个与适当的采购权限相匹配的指挥链，并确保遵循正确的协议。

3. 申请/采购流程自动化

公司通过使用电子申请、路径选择、批准和采购订单或发布创建来改进其采购流程。这种电子采购自动化通常使用扫描或 RFID 技术，还通过自动核对供应商发票和买方采购订单的收据来促进货物接收。最后，一旦供应或服务已经交付或提供，并且被认为是完整的，自动化过程也授权付款，通常是电子资金转移交易，这节省了买方和供应商的时间和金钱。一位米勒酿酒公司的高管曾指出，"这让采购经理有更多的时间专注于采购的战略领域，而不必担心与各种采购程序相关的日常任务。"

4. 标准化

通过电子目录支持自动化采购系统有助于促进项目标准化和间接支出的大数据整合。通过限制内部申购人与预先选定和核准的供应商达成的合同中先前核准的已签约货物和服务目录，可以更好地实现对核准供应商的数量承诺，并减少单独支出。一些公司甚至制定了相关政策，要求每一个从目录中购买的间接商品都必须提交给主管部门审批，这最大限度地减少了未经授权的购买行为的次数。

16.4.2　管理间接性开支的外部方法

1. 逆向拍卖

在线逆向拍卖使买家和供应商能够更容易地通过互联网从世界任何地方进行实时交流，逆向拍卖的使用可以极大地影响间接购买过程。买家表示，他们在最初的逆向拍卖中看到平均价格节省了 10% 到 20%。然而，随着条款的重新谈判，许多买家开始质疑这种成本节约随着时间的推移能否持续下去，而过度使用逆向拍卖往往会对买卖双方关系产生负面影响。

2. 采购联盟

提高买家杠杆率的另一个日益增长的趋势是利用来自不同企业的买家创建的采购联

盟，以集中购买力降低价格。一些公司在建立和管理他们的采购联盟方面非常成功，他们通过向其他企业收取使用费来创造收入，如雷声公司。然而，采购联盟面临的一个挑战是让各个成员国就集体采购的具体内容达成一致。由于协调困难，采购联盟往往由一个独立的第三方管理，该第三方接受所有不同规格的产品，并制定一份联合产品清单，认为最符合所有参与者的需要。

3. 供应管理外包

一些公司已决定将间接支出全部外包。例如：哈雷-戴维森公司希望更好地管理其间接支出，但它决定将所有间接采购外包给三家可靠的供应商，而不是在内部管理这一过程。为了做到这一点，哈雷-戴维森公司的供应管理部门对那些被认为能够处理这项任务的优秀供应商进行了长时间的搜索。随后，无论是内部采购还是外部采购，这三个供应商负责确保所有间接采购需求都得到满足，这为哈雷-戴维森公司在实施这一举措的第一年就节省了400多万美元。

16.4.3 落实采购战略和策略

前面提到的 CAPS 研究报告指出，要成功实施间接支出采购战略，有几个促进因素是必要的。下文将讨论这些问题。

1. 零基预算

在大多数组织中，跟踪和获取供应管理所实现的间接节约是非常困难的，因为间接支出的责任通常分散在整个组织中。此外，传统的成本会计系统可能无法系统地跟踪和合并整个组织的间接支出。这种方法迫使业务部门开始并证明其在上一个计划周期中的间接预算是正确的。准备好后，供应管理部门将检查支出类别并寻找成本节约机会。如果发现成本较低的购买机会，业务部门必须向首席财务官开具支票，说明节省的金额。

2. 预算前节省

另一种在间接支出中获取协商节省的方法是使用强制预算削减。有几家公司表示，它们强迫所有间接项目削减 5% 至 10% 的预算。然后，业务部门有以下选择：

- 在现有采购量基础上就降价进行谈判；
- 汇总业务部门内部或跨业务部门的支出，以获得额外的批量价格优惠；
- 减少对非生产性物料的需求；
- 结合使用各种上述方法。

3. 组织结构

关于供应管理组织中集中、分散和集中领导在第 5 章中进行了讨论。然而，在许多情况下，似乎一个混合型组织将允许不同区域或业务单位有必要的灵活性来作出自己的本地化采购决策，同时也很适合大多数大型组织的间接采购需求。

将应付账款纳入供应管理。有几家公司已将其应付账款流程整合到供应管理组织中，以应对与间接支出相关的一个更紧迫的挑战，即遵守合同。这一安排赋予供应管理层权力，不支付从合同中购买的间接物品。为了付账单，不合规的业务部门被迫与首席财务官交谈，这是一个尴尬且很少重复的过程，从而有效地控制了不规范的支出。

4. 开支大头

这一类是指那些控制大量间接支出的关键个人或单位，通常在本组织内具有重大责任。由于他们的权限级别和他们控制的间接开支的绝对数量，供应管理部门通常很难让这些权利消耗者遵守组织范围内的供应管理政策。一些公司表示，对这些电力用户进行适当培训是控制其间接支出的关键。培训通常包括一般战略采购战略的信息，以及供应管理部门为有效控制间接支出而采用的战略和工具的具体信息。受过培训、开明的权利消耗者通常更愿意遵守预先制定的供应管理合同，并在管理其间接支出方面发挥适当作用。

5. 供应商管理的电子目录

电子目录，再加上本章前面所述的自动申请和供应管理系统结合在一起，有助于各企业确保更好地遵守现有合同。然而，大多数公司都表示，创建和维护最新的内部电子目录可能会非常昂贵和具有挑战性。一般来说，供应商应提供和管理电子目录，因为他们有既得利益这样做，以创造额外的销售量。

6. 间接支出的商品编码

间接货物通常可以按逻辑编码为多个费用类别，从而导致各单位、个别采购的编码不一致，甚至可能根本没有编码（例如，间接费用被放入通用的综合账户，如运费或一般服务）。供应商编码也是一个挑战。多个间接物料的供应商可以有多个收货方和收货地址，从而为每个物料将多个代码分配给同一个供应商。许多供应商只需使用相同的会计信息对这些不同的采购物品进行编码，就可以有效地使它们不受间接买家的详细分析和有效成本管理的影响。这也掩盖了与特定供应商的间接支出总额，并阻碍了买方充分衡量采购数量。为了帮助解决这些问题，公司应该将商品编码系统限制在几个细节级别，这样最终用户就可以更容易地正确识别商品购买，并减少确定完美编码的时间。

7. 分配给大型供应商的一个商品团队

当从具有广泛和多样化产品供应的大型供应商采购时，可能会有许多挑战，其中包括商品编码以及标准化产品、定价、条款和条件。一个有效的解决方案是指派一个指定的商品团队与每个大型供应商合作。当另一个内部买方考虑使用该供应商时，将咨询已分配给该供应商的商品团队成员，以确保使用与标准化产品、定价、条款和条件相关的现有合同。这种协作方法有助于采购公司对抗大型供应商常用的分而治之战略。

8. 外包间接采购

尽管外包供应管理组织的任何部分都可能引起争议，但它通常可以带来显著的效益。例如，一家公司决定将其非战略性间接支出外包出去。这一大胆的举动有许多好处。第一个好处是开发了一个快速实现的最新电子目录。第二个是通过实时数据更严格地控制本组织的间接支出。第三是间接商品和服务的成本大幅度降低。第四，该公司得以减少员工人数。

16.5 采购专业服务

本节中，我们将回顾在服务采购领域面临日益严格审查的做法：专业服务的采购，包括顾问和软件开发。在购买专业服务方面，采取一些基本的措施如优化供应基地、与主要供应商合作、在各业务部门之间调控交易量、实施更好的成本节约控制系统等，可以为公司节省大量资金。

尽管在任何典型的采购方案中,实施这些战略都是至关重要的,但由于各部门或业务单位对专业服务的使用往往大相径庭,这些战略在以成本效益采购专业服务方面的重要性需要进一步增强。与供应管理的许多其他领域一样,第一步应该是进行内部审计或支出分析,以确定公司目前在专业服务方面的支出以及这些资金实际用于何处。一个有效的审计程序应该检查支出记录,以获得对这些服务的总价值的大致估计。然后,审计团队应根据描述、供应商和内部用户重新分类这些支出。它还应审查以前签订的专业服务的最近采购历史记录,这将确定专业服务采购流程的当前状态,并允许公司决定是否需要更改。此外,对于购买专业服务,如外部咨询,建议执行以下步骤。

16.5.1 明确界定范围

每个项目都必须有一个简洁定义项目的范围,以避免买方和服务提供商之间的误解。范围或工作说明书(statement of work,SOW)至少应向服务提供商提供详细的指导,包括项目交付成果、绩效指标、里程碑和截止日期以及预算,范围还应包括奖励和惩罚是否适当,以及如何在各方之间分配风险,以及详细说明如何处理项目范围的重大变更,以确保实际完成合同规定的工作,以及避免"范围蔓延"。在某些情况下,如果协议内容的变更太大,并且实质上改变了原始协议的意图,则可能建议重新谈判协议。该范围还需要包括保密声明(nondisclosure statement,NDAS),以保护购买公司的利益,买方可能希望加入条款指定实际工作人员。最后,范围还需要包括一旦合同签订,谁对内部和外部项目人员有控制权的声明。

在使用新的专业服务供应商时,买方最好制定一个非常详细的项目范围。但是,如果买方使用的是以前建立的或首选的供应商,则新项目的范围可能不太详细,因为买方已经与服务提供商建立了长期关系并有过经验,这种关系允许仅通过电话或电子邮件就可以完成工作。然而,即使是与一个已建立关系的服务提供商,也需要一个书面的确认项目概述的文件,虽然可能不是一个非常详细的文件。

16.5.2 向集中采购结构转变

向集中采购专业服务的流程转变,使采购公司能够利用其公司购买力,确保他们以最具成本效益的价格采购最优质的服务。据安妮·米伦·波特(Anne Millen Porter)所说,"成本降低是让市场承受巨大购买力的主要原因。"例如,Dial通过转向集中采购,在5年内节省了1亿美元,其中2001年节省了1000万美元。在圣地亚哥天然气和电力公司集中采购过程后,它发现了许多积极的成果,包括客观、更好的谈判和更好的定价。

企业专业服务采购的集中化加强了对所提供服务的监测和审计,增加了咨询人员对买方的责任感。集中采购往往导致买方有能力减少专业服务供应商的数量,从而获得额外的杠杆效益。此外,集中化还可以减少服务提供商的冗余和降低不必要收费的可能性。专业服务集中采购的另一个优势是,它降低了业务单位购买冗余或重复服务的风险。

尽管使用集中采购流程具有上述所有优点,但它也确实有缺点。一个主要的缺点是,没有任何一个顾问或公司是各种咨询项目的合格专家,因此采用分散的方法可能有助于定制专业服务的来源,以更好地满足特定需求。因此,许多公司认为,分散采购专业服务对业务单元众多、高度多元化的公司更有利。

16.5.3 开发专业服务数据库

为了使专业服务数据库解决方案有效，它应该包含以下两个数据库元素。

1. 知识累积数据库

知识累积数据库对于防止跨不同部门或业务单位提供重复或冗余的专业服务至关重要。一般而言，该数据库应包含有一份从过去项目中获得的结果的有序清单，包括但不限于用户满意度水平、项目及时完成、交付工作的准确性和可承受性。因为它允许员工搜索过去的项目，看看是否已经交付了类似的解决方案，这个数据库很有用。如果数据库上有类似的解决方案，则可能不需要冗余服务，除非条件发生重大变化。这种增加的项目记录保存最终可以为公司节省大量的专业服务开支。

2. 首选供应商列表数据库

这个数据库，包括供应商绩效记录和相关的用户评论，对于考虑多个专业服务提供商的公司来说非常有用。通过访问首选供应商列表，员工可以了解公司推荐的专业服务提供商以及提供的专业服务。这些建议可以由用户满意度评分、是否存在长期合同或价格折扣来确定。在任何情况下，当员工在新项目中搜索潜在供应商时，他们都必须容易地访问首选供应商列表。

还应建立数据库，以便根据以前的项目绩效标准生成首选供应商列表。例如：美林（Merrill Lynch）的 Intelli-Gage 系统就是这样设计的，招聘经理可以从一系列选项中选择所需的技能。搜索请求完成后，数据库将提供适当或首选候选人的优先顺序列表。系统还应显示供应商最新的小时费率和费用结构，以及其他有用的信息，如绩效评级和以前的项目用户评论。根据美林的说法，"跟踪顾问业绩的能力对于在全球拥有多个地点和多个信息技术组织的公司来说是一个巨大的好处。此外，该系统能够跟踪单个供应商的表现以及总体供应商的表现，这使我们能够防止聘用表现不佳的人，这些人只会让一家供应商公司在另一家公司的保护伞下重新露面。"

只要精心维护首选供应商数据库，鼓励或要求员工使用首选供应商列表，公司就应该在专业服务的采购方面看到改进。此外，随着新改进的搜索标准的出现，将这些标准添加到数据库也非常重要，这将允许采购经理轻松浏览菜单，以填充未来的供应商搜索。绩效记录、供应商评估和项目评论也需要及时更新，以便数据库保持有效性，这些要素共同提高了供应管理部门的组织和效率。

16.5.4 制定健全的咨询顾问评估和选择流程

采购中最重要的职能之一是初步评估和选择顾问和其他专业服务提供者，如保安和门卫公司。因此，买家通常会投入大量资源来进行初步的供应商评估。尽管对每个绩效领域都有不同的要求，但通常会创建评估这些领域的指标，如供应商质量、成本竞争力、潜在交付绩效和技术能力。为了帮助减少潜在的偏见，跨职能团队进行这一分析是至关重要的。公司报告说，通过使用跨职能团队，成本节约在 15%～25% 之间。

16.5.5　优化供应基地

一旦第一次削减淘汰了那些没有能力执行所需项目的专业服务供应商,买方必须决定如何评估剩余的供应商,其中一些供应商表面上看起来同样有能力。该程序包括从供应商访谈和对话中得出的评估,以及使用之前讨论过的首选供应商名单。首选供应商列表可以指定专业服务提供商的能力和质量是否符合用户定义的最高性能和服务标准。此列表还可以考虑专业服务供应商提供的任何价格折扣或数量杠杆机会。这样的清单有助于密切监测选定供应商的业绩,从长远来看有助于提高组织的知名度,并避免重复评估供应商的工作。这些信息是知识数据库的关键构成部分。买方和供应商应进行详细谈判,以商定可纳入工作范围的协议的具体细节。

尽管建立合理的供应基地以便适当地利用购买力很重要,但单一来源的战略很少能使专业服务的价值最大化。通常,由于竞争的加剧,新的单个供应商的加入将大大提高以前供应商的业绩,使用多种来源的产品可以鼓励专业服务提供商采取更有竞争力的行动。尽管没有一个供应商可以被视为所有领域的专家,但使用各种信息源可以让管理者找到并挖掘任何给定项目的特定和适当的专业知识。使用多种来源也增加了新思想和信息的流动,减少了对任何单一供应商的依赖。此外,应尽一切努力避免一站式购物,大多数服务公司在其核心业务之外都是二流的,仅使用专业服务提供商的核心专业知识。

16.5.6　制定标准化合同

对供应经理来说,培养定期理解和管理专业服务合同的技能和能力至关重要。与组织的法律部门一起开发标准合同模板也很重要。一些公司已经创建了一个在线合同模板,其中内置了所有标准的专业服务条款。项目的整个范围和工作说明书应在这一层次上明确和简洁地加以界定,重点是将项目范围的各个部分作为合同中的附加条款,这些应包括项目指标、可交付成果、截止日期和预算。如果一家公司利用激励机制奖励或惩罚其专业服务提供商,这也应成为最终协议的一部分。最后,合同应包含一个条款,允许在发生重大变化时重新谈判或终止。

16.5.7　监控结果

公司应该有一个预先确定的方法来衡量其专业服务提供商在项目各个阶段的表现。评估供应商的参数应包括但不限于质量、成本管理、交付、技术支持。工作波长可以定义为专业服务提供商与之开展业务的容易程度。服务供应商绩效评估结果应及时输入知识库,以便在供应商评估时和供应商选择后检索。

任何签约专业服务的内部客户(即直接受影响的用户)应在采购和评估过程中发挥积极作用。在项目的整个生命周期内,他们参与确定项目的详细范围,并就服务提供者提供的服务提供相关反馈,应在知识数据库中不断更新。最后,公司应利用现有的信息系统工具监控其费用。

16.5.8　制定政策

为了将最佳做法落实到系统的专业服务采购过程中,上述先决条件已经提到。这一过程的实施和持续管理的成功程度不仅取决于这些实践和政策对特定公司的全面和详尽程度,还取决于是否从受影响的员工和其他内部人员那里获得了充分的认可。在确定采购项目的最终范围之前,最高管理层应充分考虑这一点。由于最佳做法的维护是一个动态过程,应检查组织的信息系统和知识数据库是否有最新的更新。

Allstate 公司的采购治理团队将一种专业服务的供应商数量从 300 家减少到 11 家,从而降低了 20% 的成本。采购团队从头到尾处理整个采购流程,让员工专注于自己的核心职责。这也使本组织能够更有效地运作,并获得更大的利益。副总裁兼采购治理主管表示,专业服务的有效需求管理取决于制定明确的使用政策,然后监测和报告这些政策的遵守情况。实现实际的节约需要遵守整个公司的政策规定或要求。

> **专栏文摘**
>
> ### 差旅服务外包
>
> 最近的经济衰退迫使许多公司认真审视各种支出类别,寻找短期内可以减少的可自由支配支出领域。对一些人来说,这需要认真考虑旅行和娱乐费用。泰科国际有限公司成立了四个地区旅游委员会,由全球旅游总监 Rose Speckmann 领导。她负责向地区委员会提供有关公司旅行政策和程序的最新视频会议,以及有关首选供应商的供应基地的情况。实际的自付旅行费用只是全球旅行者最重要的考虑因素之一。泰科还认为服务是另一个关键因素,是泰科旅行供应商绩效考核体系的主要组成部分,该公司还将服务水平协议纳入其旅游供应商合同。这种集中监管向泰科的业务部门表明,该公司在考虑为旅行者提供服务和安全保障的同时,认真控制全球旅行成本。供应经理可以在以下方面更有效地采购旅行服务。
>
> - 审查、修订和完善旅行政策。
> - 鼓励和预先确定的优先供应商继续合作。
> - 鼓励更多地使用视频会议。
> - 采用总成本法,查看旅行总成本,包括费用,而不仅仅是个别成本构成。
> - 鼓励旅行者在旅行前在家吃饭,并尽可能与朋友和家人待在一起。
> - 限制不需要收据的费用。
> - 在意想不到的地方寻找折扣,如豪华酒店和豪华轿车服务。
> - 与航空公司、租车公司和连锁酒店协商谈判以获得折扣。
> - 寻找愿意降价以吸引更多游客的会议场所。
>
> 资料来源:Avery, S. (2009, September), "Travel Procurement Gets a Bigger Role at Tyco," Purchasing, 41-42. and "How to Source Travel for 2010" (2009, September), Purchasing, 32-33.

16.5.9 服务供应链面临的挑战

研究表明,有效管理一个组织的服务供应链充满了挑战。许多服务采购协议的特点是工作说明书中的规格不精确、不确定和不明确。第一,如果没有清晰、简明的规范和工作说明,买方就不太可能正确地确定某项服务是否真正得到内部客户的满意。没有经过深思熟虑和彻底定义的一组性能和结果预期可能会导致客户对用户的满意度降低。第二,在试图编写具体的服务需求时,许多买家和用户发现,清晰、准确的服务规范很难描绘出来;例如,对软件程序开发、咨询报告编写来说,怎样才算取得了令人满意的进展。

同样,当服务性能规范不明确或定义不明确时,专业服务提供商往往可以利用毫无戒心的买家。不止一家服务提供商试图通过改变订单来扩大合同的范围(及其相应的费用)。无一例外,需求渐变也有利于服务提供商,而不是买方。完成所提供的服务往往也很难明确界定,什么构成了服务"完成"或"努力程度"?

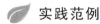

实践范例

利乐对其全球运输网络的战略管理

利乐包装(Tetra Pak)——利乐拉瓦尔(Tetra Laval)的食品加工设备和包装部门,总部位于瑞士洛桑,面临着一项艰巨的任务,即如何有效地管理跨多个国际市场的货运,同时认识到地方和区域运输网络之间的巨大差异。2008年,利乐决定安装一个全球运输管理系统(transportation management system,TMS),该系统旨在通过万维网将其供应链的更大可见性和对其在165个国家实时开展业务的交通流的控制结合起来。利乐选择的TMS是由C. H. Robinson公司芝加哥分部的运输管理中心(transportation management center,TMC)提供的,该分部是世界上最大的非资产型第三方物流公司之一,2009年初开始实施。

TMS基于"控制塔"的概念,它提供了一个定制的软件包,旨在适应利乐独特的全球运营环境。创建这一TMS所涉及的步骤与瑞典公司总部管理的现有货运采购流程相似。利乐的标准货运采购流程包括一个资格认证阶段,在该阶段,潜在的承运人对信息索取书RFI(Request for information)评估做出响应,并在五个性能领域对其进行了评估:健康、安全、环境性能、质量和服务。一旦合格,利乐将发布其资格邀请RFQ(Request for Qualification),其中包含数量、路线和费率等参数。随后,瑞典总部与各工厂航运部门进行了与潜在承运人的谈判。在这一阶段的评估之后,要求承运人提交第二份报价。瑞典总部在当地工厂的合作下,选择了运输公司,并谈判了适当的合同。与供应商的关系由瑞典当地工厂和集中采购办公室共同管理。在TMC提供TMS的情况下,利乐还为所需的第三方物流服务规定了目标价格。

利乐和TMC为TMS创造了两个超级目标:①规范其各个工厂和地区管理其运输网络的方式,以及②提高供应链的可见性。在旧系统下,没有办法将系统与其载体集成。此外,利乐或其运营商对某些关键事件(如交付性能、延迟原因和其他服务中断)的了解程度不够。利乐认为,没有任何一家第三方物流能够在全球范围内提高性能。然而,它与TMC合作,扩大其现有能力,以包括更多的世界市场,例如,TMC从芝加哥总部管理利乐北美运输系统,同时在荷兰建立另一个控制塔,覆盖欧洲。根据需要,将额外的控制塔添加到TMS中。外包其TMS的一个固有的主要优势是利乐不必在改善和扩展其IT资源方面进行大量的前期投资,而且由于TMC的专业知识,学习曲线也缩短了。报告每天更新,而信息可以通过万维网实时访问。尽管利乐、TMC和运营商系统之间流动,最终利乐的客户将通过利乐现有的电子商务系统进入信息循环。

利乐的运输供应商供应基地由大约130家运营商组成,这些运营商过去以不同的方式提供性能和运营数据。通过整合一个基于网络的门户,TMS使利乐能够更一致地收集和分析其数据,并以新的方式使利乐能够更有效地管理其交通支出。未来的计划包括在国家、地区和运营商之间分享最佳实践。利乐公司全球采购公路运输部门的克里斯蒂安·玛莱姆表示利乐将能够通过TMC合并承运人发票,以及提供运费合并。此外,控制塔的概念使利乐能够更好地识别和评估来自本地化服务中断的系统风险。

资料来源:"Tetra Pak Takes Control of Global Transportation"(2009,January),MIT-CTL Supply Chain Strategy,5(1),1-4.

本章小结

在研究采购运输和物流服务、间接支出和其他专业服务采用的最佳做法时,有几个共同的主题贯穿讨论。其中包括:

- 将运输、物流和其他服务活动直接与公司战略联系起来。
- 如果可能的话,在一个执行级经理的领导下组织运输、物流和间接支出活动,如果间接支出分散在几个不同的业务部门,则采用集中化管理的举措。
- 扩大并利用信息和信息处理技术来捕捉支出行为、与采购运输和服务相关的成本以及独立的支出。
- 从高级执行管理层,特别是从首席财务官,建立对战略的认可,首席财务官在监督战略的遵守方面发挥了重要作用。
- 将成本节约直接与业务部门的实际支出挂钩,并确保通过零基础预算或其他适当手段实现节约。
- 与较少的专业服务、运输和物流供应商结成伙伴关系或联盟,以改善协作和成本节约机会,同时对整个组织的间接支出进行调控。
- 衡量运输、物流和服务供应商的绩效,以推动和保持卓越的绩效。
- 建立供应商预期执行的基准,并根据预定目标定期审查供应商的绩效。
- 预先确定详细的项目范围,并定期跟进,以确保以合理和成本效益高的方式满足该范围要求。
- 定期审查和重新评估间接采购策略,以确保满足用户需求和期望,以及成本目标。

供应管理部门越来越多地参与到运输和专业服务的采购中,尽管这是最近才开始的,但预计这种情况还会继续下去。供应管理专业人员在这一重要但往往被忽视的领域中做出重大贡献的绝佳机会是存在的。负责采购间接材料和服务的供应管理专业人员必须努力成为这些类别的专家,以便有效地管理和控制这些材料和服务。此外,供应管理专业人员必须考虑到用户需求,并调整采购流程,以充分适应他们。美国高级采购研究中心和科尔尼管理咨询公司最近的一份联合研究论文总结了采购服务的重要性:"随着企业寻求将更多非战略性、非核心活动外包出去,除了签订初始合同外,外包商还必须学习如何服务和增值。"

思考讨论

1. 讨论导致对运输和物流活动来源的认识提高的业务和立法变化。
2. 保持运输货物的控制和可见性有什么好处?
3. 讨论当前运输问题对供应经理的影响。
4. 在谈判过程中,应该计划与运输或物流服务提供商审查哪些关键项目?
5. 给出第三方物流供应商的定义。它有什么功能?
6. 讨论买方可能希望第三方物流供应商安排和控制采购物品的运输和储存的条件。
7. 比较空运、汽运、水运、管道运输、铁路运输的相对成本和服务优缺点。

8. 普通承运人和合同承运人之间的主要区别是什么？买方能否与共同承运人谈判？为什么？

9. 间接买方如何有效地利用基于绩效的物流或服务水平协议来控制采购服务的成本？

10. 衡量运输供应商的绩效指标有哪些不同类型？同样的清单是否可以用于第三方物流供应商？为什么？

11. 第三方物流供应商经常提到的一个好处是他们能够提供关键性能和运营数据的访问，解释一下这句话的意思。

12. 提供一些属于服务与间接支出范畴的支出示例。两者有什么区别？

13. 供应管理主管在管理间接支出时提到的最大问题之一是确定支出发生在何处以及如何发生。你认为这是为什么？间接买家如何收集和使用这些数据？

14. 为什么在实施间接支出采购战略时获得高管支持如此重要？

15. 讨论在采购专业服务时定义期望和使用标准化合同的重要性。为什么这与采购直接材料和零件不同？

16. 你能提供一些间接支出和服务的开支大头的例子吗？培训如何有助于实施间接支出战略？

第 17 章

供应链信息系统和电子采购

学习目标

- 了解电子供应链系统的演变；
- 识别在采购与供应链中所需信息的类型；
- 理解电子化供应链管理中越来越多的应用系统的潜在驱动因素；
- 理解企业资源规划、采购数据库的主要要素；
- 确是以 SRM 为中心的电子采购套件的组件；
- 扩展关于社交网络博客和云计算的知识；
- 了解大数据对商业模式的影响。

开篇案例

"我的佛罗里达市场"（MFMP）：通过电子采购简化购买和销售

Shireen Sackreiter 女士拥有适合职位的独特而理想的技能，她的技能跨越了信息技术和采购领域。Shireen 于 1996 年毕业于佛罗里达州立大学计算机科学与管理信息系统专业。在过去的 9 年里，她一直在"我的佛罗里达市场"（My Florida Market Place, MFMP）工作，目前担任该计划的常务董事。以下是对 Sackreiter 女士的访谈，详细介绍了她负责管理的这个国家第三大州的大型电子市场的范围和活动。

1. 什么是 MFMP

"我的佛罗里达市场"（My Florida Market place, MFMP）是佛罗里达州政府机构购买的货物和服务的采购工具，以及为有兴趣与国家做生意的供应商提供中央供应商登记系统。该计划使国家的申请、订单、批准、开票和支付流程自动化，使采购周期比传统的纸质系统更具成本效益和时间效率。此外，MFMP 还提供电子工具，以简化招标的开发和执行，以及合同的授予和管理。少数族裔供应商的在线认证，在线目录购物和在线报价也是该系统的主要功能。

这个基于网络的电子采购系统包含以下模块：①战略采购（支出分析、商品细分和采购精选商品）；②供应商信息门户；③采购申请。除了模块之外，还有一个支持买家和供应商的服务台。

2. 你能提供一些关于 MFMP 的重要事实吗？

佛罗里达州政府支持 1 932 万居民，估计有 102 000 名州雇员，年度预算约为 710 亿美元。通过MFMP进行的购买活动持续增长。我们的最新数据显示以下有关MFMP业务的信息：

- 创建的采购订单为114亿美元；
- 92 000个注册供应商；
- 370 000个客户互动；
- 17 000名系统用户；
- 已加载495个目录；
- 93 000件库存。

3. 实施MFMP时面临的一些挑战是什么？

在我们最初的实施和推出过程中面临着许多挑战。首先，我们无法直接与软件提供商提供的现有供应商网络相关联。鉴于佛罗里达州独特的公共部门采购要求，我们必须建立我们自己的供应商注册和绩效的独立门户。一旦建立了这个门户，我们就可以链接到其他软件提供商网络。目前，我们与Ariba网络紧密相连。

除了系统挑战之外，我们还必须制定变更管理和重新设计业务流程。此外，我们必须说服用户从旧的手动纸质系统转移到电子平台。在改变思维方式的同时，我们必须标准化不同州政府机构的不一致程序和政策。直到今天，有32个州机构仍然存在一些自治机构的政策差异，我们将继续努力使其流程标准化。通常，这些"代理商独特流程"将产生不同的审批规则，这增加从申请到采购订单到收到货物或服务的周期时间。这仍然是我们与代理商合作并推动真正商业价值的时机。

在组织上，中央采购小组进行了重组，以更加灵活和迅速反应的方式支持并加强采购业务。重要的是要提高与其他州机构的协作能力。最后，支出可见性受到限制，并且很难监控大多数采购的合规性和强制执行以上采购。

4. 用户在与MFMP交互时经历的过程是什么？

我们举一个简单的例子。假设用户需要一个百人办公室的年度计划日历，他们可以从多个供应商在线目录中获取此需求。该系统设置为模仿一流的在线购物体验，利用互联网上用户体验的许多相同功能。用户可以使用搜索过滤器，显示并排比较，并接收定价总计。一旦用户选择了所需的项目，系统就会用项目信息和用户定义的预算信息填充请购单。然后，请购单将通过审批流程，该流程因州代理机构而异，审批流程的长度仍然是一个组织采购流程的效率的关键指标。

5. MFMP是如何付费的？

该项目是自筹资金，由向州出售产品的供应商支付1%的费用。该费用为州采购部门、供应商多样化业务办公室、其他采购相关职能部门和MFMP项目提供资金。项目剩余资金返还给州政府采购监督运营信托基金。

6. 使用MFMP门户获得了哪些好处？

首先，有多种交易和战略采购优惠。从交易角度来看，我们发现订单准确性显著提高。其次，获取和满足客户需求时间已经减少，平均周期从大于7天下降到三四天。再次，供应商及时获得报酬，因此愿意提供更优惠的条款，在某些情况下还可以降低价格。最后，提供的审计跟踪是全面的，并且随时可用于每笔交易。

战略利益确实为采购转型提供了基础。收集数据并将其分组为支出类别的可见性提供了一种新的视角,使采购能够开发更多的协作关系并利用支出,这是通过支出分析工具完成的。此外,这种可见性使购买能够快速适应不断变化的市场需求和用户需求。例如,如果用户偏好从纸质笔记本切换到笔记本电脑,这一趋势就会被发现,并与相应的供应商启动合同谈判。这种可视性还允许采购部门查看合同使用量急剧下降甚至可能会导致合同终止的地方。可视性还提高了采购能力,提高了其需求管理能力。

另一个战略优势是供应商绩效数据,提供了有关性能的实际实时数据,这使得采购部门能够监控供应商交货时间、质量和价格的变化。它还为即将进行的谈判提供了另一种投入,并为评估价格-成本权衡提供了工具。服务级别协议也是 MFMP 衡量标准的基础,包括:①99%的系统可用性;②服务台在 60~90 秒内响应用户电话。最后,对交易的阶段和周期时间的可视性使管理人员能够识别系统和人员的改进空间。例如,他们可以查看特定申请单在个人桌面上的批准时间。如果一个雇员的申请批准的平均周期时间是 10 天,而另一个是 4 天,那么可以进行进一步调查以分析根本原因。

MFMP 计划绩效由一系列综合服务级别协议衡量,这些协议涵盖各种计划职能,包括系统和业务指标。例如,支持程序的底层应用程序必须在 99% 的时间内可用,并且必须在一定时间内回答对服务台的呼叫。这些指标有助于将重点放在运营的关键战略领域,并为计划绩效的可衡量结果提供指导。

7. MFMP 迁移到云端的概率是多少?

我们一直在关注这一举措的经济学意义。通常,如果你具有标准化流程并且不需要大量自定义,则云端会提供巨大的好处。但是,在需要进行大量自定义以满足业务需求的情况下,云环境通常不是有利的。软件提供商通常会限制或禁止对云端的应用程序进行自定义。考虑到佛罗里达州购买实体和流程的多样性,此时将 MFMP 的核心采购功能迁移到云端是不经济的。此外,由于许多云计算服务器的位置在美国之外,因此该州数据的安全性令人担忧。但是,我们会持续监控云计算的环境和经济效益。

资料来源:Interview with Ms. Shireen Sackreiter February, 2014.

17.1 引言

电子行业的革新持续影响着供应链。我们可以从本章的开篇和全文得知,将会出现新的软件来帮助供应链管理人员。以网络为基础的供应链的前景从来没有如此光明过。电子化供应链管理(Web-based supply chain manangement, e-SCM)得到了许多竞争力极强的供应商的青睐。对买方来说,在利用 e-SCM 系统做投资决定时,公司变得更加专注及成熟。商业案例可以为这些系统提供坚实的后盾。现在,软件服务提供商的能力越来越强,从系统设计到投入使用的周时间也越来越短。如今的客户要求移动性,并希望全天候无限制访问。因此,软件提供商正在改变其业务模式,以提供软件即服务(SaaS),在某些情况下,这些服务是托管在云端的。

正如本章开篇所说,这些系统不再是私营部门的专属领域。这增加了用户的接受度和竞争压力,创造了一个市场供应商为其客户提供更好定价和条款的环境,这些因素使 e-SCM 系统的经济合理性更加有利。总体而言,e-SCM 软件的应用越来越广泛,越来越复杂。

结合这些先进的采购解决方案,产生了用于商业目的的社交网络软件,社交网络最初的意思是将个体联系起来或与朋友保持联系,现在正在进入商业世界。B2B 企业把这一方式作为开始、建立与保持与买方联系的一种方式。加入专业网络的供应经理不仅可以在其组织内部,而且可以在一般购买社区中扩展他们的关系,并通过这种新媒体与销售组织建立关系。最后,管理所有这些数据的挑战中产生了一个术语——大数据,需要在组织内部和跨组织进行管理。

本章并没有对计算机信息系统进行大量技术性的介绍,而是将重点放在供应链管理者需要注意的一系列问题上,以帮助管理者准确领会信息系统在采购中的作用。许多企业客户正越来越多地、不同程度地参与到各种采购信息系统的开发中来,而有关信息系统应用的知识对于未来管理者实现采购绩效的目标是十分必要的,以便未来的管理者实现他们的购买绩效目标。

本章开篇,我们首先讨论了 e-SCM 系统的发展,对供应链信息系统进行概括性介绍,并讨论实施这些系统和应用软件的商业驱动因素。在详细地讨论企业系统后,将描述采购数据库和数据存储的基本要素。接下来讨论外部信息系统,重点关注用于管理整个供应周期的基于 Web 的电子采购套件,包括对集成系统以及传统 EDI 的讨论。接下来,我们将探讨社交媒体、博客和云环境的影响,并介绍大数据的概念。最后,讨论了通过这些技术实现信息可视性和协作的相关概念。

17.2 电子化供应链管理(E-SCM)系统的发展过程

如今,供应链管理人员希望能找到他们面临的商业问题的有效解决方案。然而,并不是每个机构都能使用复杂的系统。表 17-1 说明了电子化供应链系统发展的历史进程。在早期,信息系统主要应用在会计与金融领域。20 世纪 70 年代以来,采购、运营与配送领域也开始越来越多地应用信息资源与软件来解决问题。公司开始利用物料需求计划(material requirement planning,MRP)与配送需求计划(distribution requirement planning,DRP)在生产与配送领域改进库存计划和库存控制。

表 17-1 E-SCM 系统的演变

解决方案	时间段	焦点	主要使用系统
MRP-DRP	20 世纪 70 年代	内部/管理库存	库存规划、库存控制、配送效率
EDI	20 世纪 80 年代	企业外部	采购订单的电子传输
ERP	20 世纪 90 年代	企业内部	集成流程和报告的所有业务功能
SRM 和 CRM	21 世纪初	企业外部	管理和控制买方和供应商、顾客之间的界面
合作	21 世纪初	企业内外部结合	CPFR 系统允许在供应链内部通过 RFID 和销售点数据进行密切联系
高级采购分析和社交网络	2010 年及以后	企业内外部结合	社交网络帮助建立商业联系

由于 MRP 和 DRP 系统为公司内部系统,因此有必要建立供应商与客户之间的电子联系。随着铁路与零售业的发展,出现了 EDI,以解决 20 世纪 80 年代到 90 年代的客户与供应商之间电子信息传输问题。现在的 EDI 主要以网络为基础,许多公司仍在使用。

这些改进措施提高了供应链的效率,但20世纪最后20年更激烈的竞争迫使企业再次改进运营过程以使其更精益化。在这一时期,《财富》500强的主要企业几乎都经历了各种形式的重组。为了提高生产率、降低成本,数以千计的员工和管理人员被解雇。与此同时,企业采用计算机和信息系统来完成之前由员工完成的任务。另一方面,各大公司又进一步改进信息系统,ERP在20世纪90年代盛极一时,现在也在广泛使用。ERP系统的目标是集成所有业务功能的规划和处理防止数据错误,最终达到更好决策、更有效经营。最理想的情况是,公司中所有职能部门都能得到这些数据,同时以数据为基础进行决策。供应管理人员是这一趋势的核心,其负责建立准确的数据库来提高决策的准确程度。

电子商务发展的下一个纪元就是以互联网为基础的系统的使用。企业资源规划(enterprise resource planning,ERP)系统之前是企业的内部系统,供应商与客户之间缺乏联系,而网络起到桥梁性作用。由于成本低,软件提供商发明了能将供应商与客户联系起来的ERP系统。这些电子采购系统通常被称为供应商关系管理(supplier relationship management,SRM)系统或客户关系管理(customer relationship management,CRM)系统。

如今,软件解决方案的目标变为通过销售点数据、RFID技术或其他信息分享系统,在供应链合作商之间进行协调。并发明了更新的类似产品生命周期、投标优化以及计算机化的协商模型,这些技术将会为未来的采购者所用。这些越来越强的工具将会与较小的手提电脑、移动设备(如iPad、iPod等)及手机(苹果的iPhone、三星的Andriod)联系起来,形成电子移动环境,允许供应链管理人员不分地理位置全天候访问数据。社交网络、博客与云操作系统未来将会提高信息可视程度,同时还能改善买卖关系和效率。最后,管理所有这些数据是一项挑战,因为公司正在努力解决如何管理这种"大数据"扩散问题。

17.3 电子供应链概述

17.3.1 供应链信息流

在这一部分,我们将对电子供应链进行概述,介绍一些在快速变化的市场中处于领先地位的软件供应商。尽管这个行业中的参与者正在或说将继续不断地变化,但其职能和相互之间的链接却不会改变。

供应链信息流(和包含这些信息流的信息系统)主要有以下6项职能。
- 记录和检索关键数据;
- 管理和控制实物流和资金流;
- 自动做出常规决策;
- 支持计划活动;
- 支持高层次的战术和战略决策的制定;
- 在企业和用户间传递共享信息。

1. 功能水平

从上述功能项目中,我们可以了解到信息流动是如何从低水平功能(记录和恢复数据),覆盖到包括先进功能的所有领域的。另外,这些信息流动的发生没有或很少有人为因素的干扰,并且其中的某些信息为更高级别的规划和决策提供了更多的辅助。

在最基本的层面上，信息流记录和检索关键数据，然后执行和控制物理流和资金流。这有时被称为交易流程化。例如，你的信用卡公司有关于你的地址、信用额度、支付记录和最近收支状况等的记录。随着时间的推移，你会按月支付账单（也可能没付），此时相关记录也会自动更新。另一个交易流程化的实例是条形码系统，用于跟踪分销网络中包装的实际位置。

在更高的功能级别上，信息系统通常用于支持日常决策。在大多数情况下，除了某些人工操作外，这些决策都是自动完成的。例如，假设你是一个管理6万个产品的零售商，你是否愿意亲自进行预测，亲自计算正确订单数量，亲自为所有项目建立再订货点，亲自在需要的时候开始下单？当然不愿意。像这种情况，企业通常会借助自动化库存管理系统来制定决策。当然，在理由充分的情况下，企业也常会否决信息系统做出的决策。

除了这些交易和常规决策，信息系统在供应链计划和采购与供应战略决策中也起着至关重要的作用。例如，当某公司在决定新一代产品或服务需要哪些技术，或者识别来自供应基地、需求预测、生产决策、计划现金流动的要求时，这个战略规划体系就可以提供相应的重要信息，并以一种对市场部、运营部、采购部和财务部都有意义的方式提供。

在这种情形下，信息系统还能支持战略决策。此时，先进的分析工具常常被用来研究数据的形式或联系，如客户细化分析、产品生命周期预测以及有关长期产品或产能决策的"如果……怎样"分析。由于战略问题的关注焦点总是从一点换到另一点，所以在如何操纵和呈现数据方面，这些信息系统必须具有高度的灵活性，这样的信息系统通常也被称为决策支持系统(decision support system, DSS)，该名称强调了这些系统只是支持而非决策的事实。

2. 信息链接方向

为了深入理解供应链上信息流动的作用，我们不仅要考虑功能水平，还要考虑信息流方向。例如，信息流动将企业和它的客户联系起来，即广义上的客户关系管理(CRM)，而将企业和供应商链接起来的称为供应商关系管理(SRM)（表17-2）。同时，还有一些流程将公司内部的高层规划和决策与低层活动联系起来。接下来，我们将讨论在CRM和SRM领域内建立起来的特殊信息系统(information system, IS)应用软件。

表17-2 决策的制定

客户关系管理	内部供应链管理	供应商关系管理
←	制定战略决策	→
←	制订供应链计划	→
←	制定对策决策	→
←	制定常规决策	→
←	处理交易	→

3. 供应链管理(SCM)系统计划图

SCM系统计划图最早由史蒂文·卡尔于1999年提出，紧接着Piper Jaffray公司的行业软件分析师也对此进行了研究。后来，卡尔计划图又被卡普兰和门德尔重新修订，他们将CRM、SRM和内部供应链管理(internal supply chain management, ISCM)应用到计划图的各个领域。高水平的决策是战略性的，而低水平的决策涉及具体的交易。

在图 17-1 中，我们可以根据功能区分不同的应用软件（战略、规划或战术、执行），以及它们的链接方向（供应商、内部供应链和客户）。这里我们增加另一个额外的栏目，并标为"物流"。物流应用软件主要用于处理仓储和运输问题，如确定仓库位置、优化运输系统，以及控制供应链各方之间的物料移动。许多企业在将这些应用软件与其他软件整合的过程中做得并不是很好。

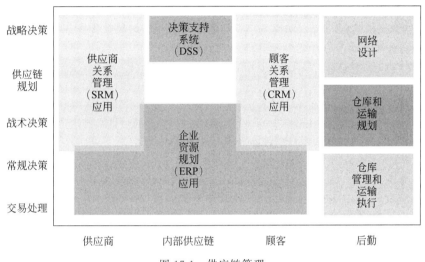

图 17-1 供应链管理

17.3.2 ERP 系统

ERP 系统是一个大规模的、整合的商业交易处理和报告系统。使用 ERP 系统的主要优势在于它将诸如会计、财务、销售、运营等所有典型业务部门集合到一起，合并为使用相同数据库的单一的、紧凑的套装软件（见图 17-2）。

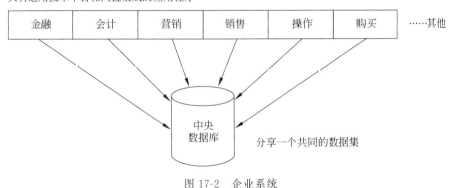

图 17-2 企业系统

为了理解为什么这是一个大规模的协定，我们可以回顾一下过去的状况。首先，每个职能领域都有自己的一套应用软件，常常在不同的系统中运作。系统之间的信息共享（如进行预测或客户信息）简直就是噩梦。更糟糕的是，相同的信息常以不同的方式重复出现，而 ERP 系统就把所有这些分离的系统整合在一处。

专栏文摘

顶级供应链管理软件提供商及发展趋势

供应链管理软件及维护与服务市场在 2012 年继续保持上升趋势,创造了 83 亿美元的收入,包括采购软件应用程序的销售。根据研究公司 Gartner 供应链副总裁 Chad Eschinger 的说法,这比 2011 年的收入增加了 7.1%。

在采购市场创造了 55.28 亿美元的收入,比 2011 年的收入高出 3.33 亿美元,涉及了供应链计划和供应链执行应用程序,如仓库管理(WMS)和运输管理(TMS)。

"我们看到了人们对提高可见度、更深入了解需求变化以及满足最终客户的需求产生了兴趣。这些都是供应链软件发挥关键作用的领域。"Eschinger 说。展望未来,Gartner 预测未来五年 SCM 软件(不包括采购)的复合年增长率(compound annual growth rate,CAGR)为 9.9%。2012 年 SCM 领域的前五大软件供应商是 SAP(17.21 亿美元)和 Oracle(14.53 亿美元),紧随两家市场领导者其后的是 JDA Software(4.26 亿美元)和 Manhattan Associates(1.6 亿美元),Epicor 以 1.38 亿美元位居第五。SAP、Oracle 和 JDA 三巨头占整个供应链管理软件市场的 48.5%。值得注意的是,排名基于 Gartner 对供应商 2012 年年度销售额的估计。Gartner 的估算基于与供应链管理软件相关的收入,不包括供应商生成的服务和硬件,而不是公司的总收入。例如,这就是为什么 Gartner 将 1.6 亿美元归功于曼哈顿联合公司,该公司的总收入是这一数字的两倍以上。该研究主要关注以下领域的供应链应用:ERP 和供应链计划(SCP);仓库管理(WMS);运输管理(TMS);制造执行系统(MES)。它展示了没有采购的供应链的良好图景。

下面总结了 Gartner 未来对 SCM 软件的看法。

供应链执行与供应链计划提供商之间的界限已不再明确。ERP 供应商为 WMS 和供应链执行提供商提供供应计划和优化解决方案。

软件提供商的数量继续缩减。根据 Gartner 的 Dwight Klappich 的说法,"不久之前,至少有 75 家独立的 WMS 供应商,包括 RedPrairie 和 Manhattan Associates。""合并后,曼哈顿是最后一家大型独立的 WMS 供应商。"

ERP 供应商正在进入 WMS 和供应链执行应用程序。"当我们查看这些数字时,我们估计 SAP、Oracle 和 Infor(Gartner 排行榜上排名第 7 位)的客户数量将超过市场的 50%,"Klappich 说,"他们的收入与曼哈顿和 RedPrairie 等最佳供应商的收入水平不同,因为许多 ERP 供应商都将 WMS 作为更广泛协议的一部分。"Klappich 说,北美大约有 25 万个仓库可以从 WMS 系统中受益,其中 200 000 个 ERP 功能是适用的。

供应链协作年复一年受到越来越多的关注。"几乎每次与客户的谈话中,都有兴趣进行合作。"Eschinger 说。允许贸易伙伴共享计划和流程的供应链软件平台将实现这一趋势。

销售和运营计划应用程序每年以 20% 的速度成长。这是一个软件应用程序,它将供应链活动与营销和销售工作紧密联系在一起。最重要的趋势是添加分析,允许用户在计划活动中创建假设情景。

供应链计划软件的市场在日益增长,特别是库存优化软件以每年约 6% 的速度增长。"组织正在努力满足客户需求并改善服务,同时简化供应链节点的复杂性。"Eschinger 说。

运输管理软件(transportation management software,TMS)中端市场的增长:中型托运人由每年花费 2 500 万至 1 亿美元运费的人组成。Klappich 说:"软件提供商正在为那些不具备每年运送 2 亿美元的条件,但又想控制运费的公司提供解决方案。"运输管理软件市场在 2011 年增长了 14%,收入约为 7.35 亿美元。

云计算持续受到关注,然而,在许多情况下,它是基于地理位置的。"我们看到云应用在拉丁美洲起航,"Eschinger 说。一个原因是新兴市场还没有处理内部设备安装的遗留问题。

> 对云应用软件的服务(SaaS)越来越感兴趣,正如 Eschinger 所指出的那样,人们对 SCM 领域的云应用程序感兴趣,WMS 也不例外,阻碍部署的因素一直是关注系统性能是否会受到云的影响。这些担忧似乎没有人想象得那么严重。
>
> 供应链执行融合与独立流程。公司经常在仓库内优化流程,例如仓库或运输部门。相反,真正的节省来自以跨孤岛优化它们的方式编排这些流程。"我们还没有,但在未来五年左右的时间里,我们相信您将能够优化仓储和运输作为一个端到端的流程。"Klappich 说。
>
> 资料来源:Bob Trebilcock, Executive Editor, Summarized from "Top 20 SCM Software Suppliers, 2013"Modern Material Handling July 1, 2013.

如图 17-2 所建议的那样,ERP 系统的传统优势集中体现在常规决策制定和交易处理方面。就 ERP 系统对高水平计划和决策制定的支持程度而言,这些系统更趋向于关注内部运营,ERP 还可以获得辅助高水平支持系统的原始数据。

相比之下,CRM 和 SRM 应用软件更直接关注计划和管理企业的外部联系。如图 17-3 所示,卡普兰(Chopra)和门德尔(Meindl)给出了这些软件提供的功能类型实例。

SRM 应用程序	CRM 应用程序
设计合作	市场分析
采购决策	销售流程
谈判	订单管理
购买流程	电话/服务中心管理
供应合作	

图 17-3　SRM/CRM 应用程序

相对于 ERP 供应商而言,致力于 CRM 和 SRM 的供应商一般更倾向于在它们自己选择的领域里提供高水平的功能服务。于是,许多企业会选择标准 ERP 套装软件来制定常规决策和交易流程,并"联合"使用 CRM 和 SRM 应用软件来管理外部关系。

然而,随着诸如 SAP、Oracle 和 PeopleSoft 这些主要 ERP 供应商不断探究增加自身系统 CRM 和 SRM 的功能,该情况开始逐渐改变。CRM 和 SRM 专业供应商能否保持足够的功能优势以适应一个单独系统还需要拭目以待。

我们将讨论的最新的一套供应链信息系统应用软件,是直接进行物流决策的。这些软件可分为三个种类:网络设计、运输和仓储规划系统以及执行系统。

网络设计软件将解决一些长期的、战略性的问题,如在哪里设置仓库、运输队伍有多大规模等。这些应用软件通常使用仿真和模型优化。

运输和仓储规划系统试图在既定业务需求下,以最好的可行方式分派"固定的"物流能力。例如,这样的系统可以帮助你确定从每个仓库到每个需求点的发货数量。为了找到最优化的方案,系统允许你利用厂库能力、需求水平、货运成本的数据来建立一个最优化模型,生成最低成本下的解决方案。

执行系统启动并控制供应链各方之间的物料流动。例如,在一个仓库中,先进的执行系统会告诉工作人员将产品存储在哪里,从哪里拣货,拣多少产品等。同样地,条形码系统和 GPS 显著地提高了企业在分销系统中管理实际物料的能力。如今,卡车公司可以告诉客户货物的精确位置以及精确的以小时计算的到达时间(如果不需要以分钟计算的话)。

与这些物流应用程序一样重要的是,可以提高物流应用程序与其他应用程序之间的集成级别。例如,在许多供应链决策中,如何时订购物料、何时装运客户订单,常常没有考虑其对物流的影响。让我们来看一个企业案例。

在某企业中,只要有需求,买方可以随时从供应商处订购物料,而无须考虑货运成本。于是出现了许多小批量、昂贵的货运。虽然库存成本很低,但运输成本却在飞涨。于是企业决定实行订单"批量化",以便向供应商下更大数量的订单。而供应商可以进行更大规模的、更便宜的货运,货运成本因此消减70%。无论是10个还是100个项目,供应商对每次货运都要发送一份发票,自采用新订购方式之后,企业可以处理更少的发票,这无疑是一个意外的收获。

在公司的采购人员不断提高物流软件和其他SCM应用软件的整合水平过程中,也发现了许多技术上和组织上的障碍。在技术方面,由于在销售、运营和分销领域实行整合决策,这使物流管理人员正在使用的优化和仿真模型变得更加复杂。而在组织方面,公司将不得不习惯将物流专家及早纳入决策制定过程中,而不是在咨询何时才召集他们。

17.4 新的供应链系统及应用的驱动因素

由于企业继续面临着越来越大的成本压力,它们开始更加依赖系统来完成之前由员工完成的工作,这样,就能提高这些员工的生产率。生产率是考核绩效的一个至关重要的指标,它促使企业应用新的信息系统。与前几代网络公司不同,管理人员如今在建立可靠的商业案例及证明在新供应链系统中的投资所带来的收益和回报时非常谨慎。新的E-SCM系统的主要驱动因素如下:①内部和外部战略的整合;②全球化和通信;③数据信息管理;④新的业务流程;⑤替换陈旧的系统;⑥战略成本管理。

17.4.1 内部和外部战略的整合

随着供应链成员之间的合作关系日益密切,各个职能部门间必然要进行整合,包括企业内部部门(采购、工程、生产制造、营销、物流、财务等)之间和企业外部团体(终端客户、第三方物流、零售商、分销商、仓储、运输供应商、代理商、金融机构等)之间的整合。上述两种形式的整合分别面临着不同的挑战。内部战略整合需要企业内所有成员都使用相同的、跨区域、跨部门的信息系统,这通常由公司范围内的ERP系统来实现,它通过一套完整的主记录将企业内部的这些部门连接到一起。外部整合指连接企业外部的供应商、分销商与本企业的系统,这种整合需要对供应链上下不同节点处的需求进行预测,以及对其供给和需求水平进行调整。用以整合供应链成员的信息系统包括互联网链接、网络通信和电子采购应用软件。

17.4.2 全球化和通信

虽然很容易想象"环球市场"这一概念,但在不同文化环境和地理条件下开展业务也是一件极具挑战的事情。企业需要这样的系统,能够帮助它们管理世界各地的供应商和客户,计算全球范围内的物流成本,在世界范围内提高杠杆效益和零部件的标准化程度,并增强全球业务部门和供应链合作者之间有关战略的交流。

17.4.3 数据信息管理

新形式的服务器、电子通信、无线应用程序及软件使企业可以完成一些过去根本无法想象的事情。这些系统提高了供应商和客户之间,以及内部用户之间信息交流的准确性、频率和速度。信息系统必须能够有效地过滤、分析并挖掘大量的数据以有效地制定决策。用户必须可以进入数据库,往往通过数据仓库和相关的决策支持系统,提取所需要的信息来更好地制定供应链决策。

17.4.4 新的业务流程

外部环境的日新月异,也促使企业不断地改变自己的业务流程。这些流程包括供应商评估和选择、谈判、合同的签订、协同设计和库存管理,都将被绘制成图表进行研究和完善,以消除冗余,减少延迟和浪费。这样,企业可以获得"快速反应"能力来应对客户不断变化的需求及在任何可能的时候对成本进行控制。像计算机网络和ERP这样的信息系统使得企业能够以更有效的方式将这些流程连接起来。

17.4.5 替换陈旧的系统

随着企业原有信息系统使用时间的增长,人们对其业务流程变得非常熟悉。但是,企业在使用这些系统时往往会采用"分散"的方式,这样每个部门(财务、采购、工程等)都使用自己的信息系统,且这些系统与其他部门的系统之间没有建立联结。这样陈旧的信息系统(通常称之为"遗留系统")如今已经被整合为一个全企业范围内的系统,并为供应链上各个环节及人员所用。为了解决先前存在的硬件不兼容问题及减少过高的维修和编程成本,系统还应利用当前在计算机网络、电子通信和基于网络的应用程序等领域出现的新的硬件技术。

17.4.6 战略成本管理

在整个供应链周期中,从订单确认到采购到订单支付,不同成员间进行了成千上万笔交易。过去,这些交易都是在纸上完成的。为了确定不同业务流程背后具体的成本驱动因素,企业往往以过时的成本核算系统为基础来估算成本。在新的信息系统下,可以确保供应链体系中的数据实现自动化采集,从而使传统采购周期中发生的交易也实现了自动化。这不仅可以减少采购部门和物流部门的运营成本,还可以实现资源的有效配置和大幅度地缩减整个供应链上仓库和储藏室所持有的存货总量。

本章随后内容将讨论ERP的内部信息系统、采购数据库、数据存储技术和外部信息系统,包括EDI和电子采购软件。最后,还会讨论利用社交网络和博客、云计算等实现供应链管理信息的可视性。尽管无法用一个章节对上述领域做彻底的详尽阐述,但却对每个领域做了大致的介绍,同时可以明白在这些系统中,需要不断学习和深入了解用户的需求。

17.5 内部信息系统——企业资源规划(ERP)

企业资源规划(ERP)系统是一个综合交易处理和报告系统。ERP不同的软件应用程序和形式为业务流程重组提供了支持。简单地说,ERP系统提供了跟踪员工、流程和技术等企业资源的方法。在为企业提供决策需要的信息和支持方面,该系统相当于企业的中枢。

ERP 系统在组织信息系统中加入了"流程逻辑",并对业务流程设定了基本要求,尽管在过去管理者和员工都能够独立于其他部门自主地在本部门进行决策,但 ERP 系统成功地实现了"迫使"公司员工及管理人员在同一个系统中开展工作,即使他们并不希望如此。如图 17-4 所示,ERP 系统还在客户订单管理、生产计划及实施、采购流程、财务管理和核算等紧密相关的领域之间创建了流程逻辑。

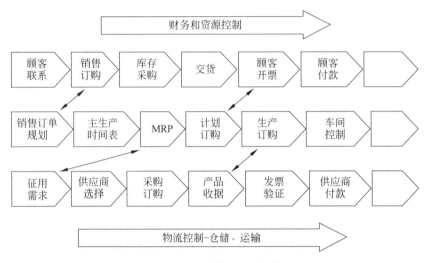

图 17-4 企业资源规划系统

实际上,ERP 系统使企业中这些非常不同的部门的员工能够相互交流。在供应链信息流动的理想状态下,销售代表通过笔记本电脑或其他移动设备直接将客户订单输入企业的 ERP 系统。销售代表可以获取客户订单计划和主生产计划。一旦订单被输入系统中,销售代表就可以提供一份"可承诺量"报告,并将交付时间通知客户。主生产计划是物料需求系统的驱动因素,物料需求系统能够自动生成采购订单,以保证供应商能够及时交付零件、部件和服务,以满足客户的订单需求。

MRP 系统将物料需求转换为采购通知单,向选定的供应商进行采购。当供应商交付零件时,信息就会传输至计划系统,这个系统能够确保这些组件与车间具体的生产订单相一致。一旦开始生产,相关的销售人员就会知道不久即可交付订单。而一旦完成交付,客户账单和支付也会由 ERP 系统自动生成。

一个典型的 ERP 系统围绕 4 个主要业务流程来进行设计(见图 17-4)。

- 产品或服务销售:客户订单管理流程。
- 产品生产制造:生产计划和执行流程。
- 产品购买:采购流程。
- 成本计算、账单支付、收款:财务或管理和核算及报告流程(与前 3 个流程相结合)。

ERP 系统通过采用单一的客户、产品和供应商数据库来促进这些过程的集成。整家企业使用同一个有多个视角的主记录,所有流程都共享一个共同的数据库,统一一次性采集信息,这从根本上消除了不精确数据进入数据库的可能性。信息实时进入各个相关业务流程,避免了信息共享的延误。通过这些操作,每个流程中发生的具体交易具备了可视性,或者说透明度,从而使得企业中的每个人都可以获得相关信息。从理论上讲,每个人都可以通过信息系统(而不是通过打电话等方式)来获得自己想要的信息,如订单现在处于流程中的什么位置或是否已对供应商进行了支付。这些信息都会及时进行更新。此外,通过把每一阶段的交易信息输入模板,可以将所有的业务流程和生产流程联系起来。

许多企业已习惯使用自己熟悉的遗留系统,事实已经证明,在这样的环境下实施新的ERP系统将是一项非常艰巨的任务。很多系统的实施工作已经转化成一个上百万美元的项目,其中涉及留守现场驻留数月甚至数年的咨询专家。那么,为什么ERP系统的实施工作如此困难和昂贵呢?

当企业实施ERP系统时,必须遵循一套更为严格的业务流程。在第12章中,我们讨论了如何利用绘制流程图来识别在某个特定的业务流程中所具体发生的活动。在企业真正实施ERP系统之前,必须首先绘制一张流程图,涵盖图17-4所示的所有流程。当企业真正把自己所理解的东西绘制出来时,就会发现实际流程和它们想象中的会有很大的不同。在一些情况下,由于各个职能部门的每个人都以自己独特的方式来做事,因此不存在正式的流程模式。当需要以业务流程为核心创建信息系统时,许多企业才发现在围绕流程建立这样一个信息系统之前必须先对自己原有的业务流程进行重组或改造。尽管ERP专家可以有效地为那些明确定义的业务流程建立信息系统,但无法依据尚未明确定义的或尚未向员工解释清楚的流程建立信息系统。

为了有效地实施ERP系统,企业必须遵循以下4个步骤,以确保业务流程能够有效地得到重组和改进:

(1) 阐明现有流程的"真实情况"。ERP系统实施团队由相关领域的专业人士组成,他们可以确定当前的业务流程究竟是什么样的。

(2) 阐明"一流"的业务流程应该是怎样的。在这一点上,团队必须对流程的最终目标有一个清晰明确的理解。此外,还必须了解ERP系统将要替代什么,又将带来怎样的收益。

(3) 开发系统。这是一个反复的过程,在这个过程中,中小企业与那些最熟悉相关业务流程的管理者协同工作。

(4) 清楚所有的程序缺陷,然后进行系统转换。在将旧系统转换到新系统的过程中,通常会存在一种危险:企业可能还没有为这样的转变做好准备,或者系统的当前配置还无法处理维持企业运作的一些具体活动。

在这里,我们引入下列专栏文摘,从ERP咨询公司的角度,由咨询师详尽地说明ERP系统的执行战略。其中的七大步骤是执行这些复杂系统的前提条件。

专栏文摘

从咨询师的角度看ERP系统的实施

Abide Consulting是一家总部位于佛罗里达的咨询公司,它帮助几家公司将若干不同的子系统整合为统一的ERP系统。目前,Abide正帮助一家生产快消产品的公司整合其全球ERP系统。接下来详细介绍一种ERP实施策略。

典型的ERP实施过程是一个七阶段过程:①发现;②设计;③建立系统;④测试;⑤用户端培训;⑥转换;⑦转换后的支持。详见图17-5。

在发现阶段,需要集合一批包括内外部系统专家在内的核心队伍,他们根据 ERP 系统的要求分为几个职能部门(如运营、库存管理、融资、采购),培训的过程旨在使这些团队中的成员熟悉下列内容:①项目的战略目标;②执行过程的时间规划;③项目执行部门及过程;④新软件的功能。然后,这一核心队伍开始对现有的商业流程进行详尽的分析与评估。

图 17-5　ERP 实施生命周期

在实施规模更大、更为复杂的 ERP 系统时,应该多关注支持 ERP 系统的数据。数据的一致性(系统内部及系统之间数据的一致性)和数据质量(数据的准确性和完整性)是实施 ERP 系统的关键,而这经常被忽视。例如:之前在某家公司,新的 ERP 系统在运行的第一天就发现产成品的重量数据不准确,有些数据缺失。因此,无法计算出准确的清单中标示的重量,这一状况使得运输过程处于停滞状态。在问题解决之前,卡车和产品在码头被搁置数天。

在设计阶段,开发并支持 ERP 系统所需的新流程,并创建了流程图。任何需要信息技术的过程都会以功能规格文本进行描述,其中包括报告、整合、转换、加强(report、integrations、conversions and enhancements,RICE)流程。接下来是一致性分析,包括将现有的系统与新的 ERP 系统中的具体差异分离出来。最后,一旦核心专家组发现并解决了一致性问题,就可以定义、描述商业过程所需要的 ERP 解决方案。

第三是建立系统阶段。在这一阶段,信息技术人员在系统运营中越来越重要。在 ERP 系统设置功能指标及个性化的商业数据(如公司分厂、资金账户、采购订单)。信息技术人员会对之前设计阶段的 RICE 各要素进行补充完善。

第四是测试阶段,包括对新 ERP 系统中的业务流程及 RICE 各要素进行多次重复测试。单元测试、质量保证测试包括对与某一特定的商业运营过程或 RICE 各要素相关的执行脚本进行测试。如果各项测试都通过了,就完成了一项整体性的质量保证测试过程,包括在业务流程及工作流之间执行首尾相连的脚本。例如,一个脚本包括从产品的规划到实际制造该产品的过程,然后从产品生产到产品运输。最后,系统的关键用户有权在新系统中测试其业务流程,即用户验收测试(user acceptance testing,UAT)。关键用户包括供应链中的职能部门,如采购、库存管理、生产计划、售后服务。

最终用户培训阶段可以通过单独利用外部咨询人员,或者咨询人员与内部人员并用,或全部使用内部人员来进行。决定培训方法的关键是 ERP 系统在其他的业务单元的执行程度,以及是否有内部人员愿意接受培训。通常,为解决这一问题,咨询人员会首先对培训人员进行培训来建立公司内部培训人员组织基础。

在转换阶段,公司开始更多地使用 ERP 系统,在系统的执行过程中,公司必须拥有内部支持者,这些人支持高级管理执行系统的专家。随着改变的发生,ERP 系统改变人们的行为方式,保证类似改变发生在高级管理者支持的领域。在转换阶段,用户和供应商相互沟通以保证解决所有明显问题。在转换阶段过后,公司内部或在供应商和客户端会立即出现意料之外的问题。在转换实际发生之前需做好各项预防措施,以防止业务流程中的风险。供应商、客户和合伙人应该熟悉这些行动,从而为各种可能发生的问题做好准备,可以增加零部件和原材料的安全库存。另外,某些公司选择在正常的需求之外有目的性地提前进行产成品库存,这样可以缓解由于数据不一致或其他系统性问题带来的意料之外的变动。

最后一个阶段是转换后的支持阶段,核心执行人员解决了执行后期的问题和软件错误,完成系统升级。公司需明确咨询人员扮演的角色,以及转换后阶段合同协商过程中软件提供商的角色。

总而言之,ERP 系统的成功实施是一个过程,而并不是目的。在这一过程中有几个关键因素可以完善体验,降低成本和风险,包括:

- 很好地理解现有业务流程；
- 完善未来业务的流程设计；
- 寻找现有数据中不一致性的现象、质量问题；
- 保证业务流程与 ERP 系统参数一致；
- 坚持由用户替代冗杂的遗留系统；
- 在区域与业务点之间交错执行 ERP 系统；
- 在非高峰时段实施转换；
- 确定需要多少额外的安全库存；
- 发展并培训核心内部人员作人才储备；
- 执行严格的、有组织的测试。

资料来源：Interview with Matthew Giunipero, President, Abide Consulting, and Karina Jarzec, Vice President Sales, Operations, and Planning, January 2014 and July 2010.

17.6 采购数据库和数据仓库

企业引进任何类型的处理数据的 ERP 系统前应具备的前提条件是建立一个可靠的数据库——这个数据库是计算机文件的整合，而这些计算机文件可以存储那些部门管理所必需的运营数据中去。

利用数据库可以高效地存储和检索数据，因为文件之间几乎很少出现信息重复的情况。文件之间信息冗余的减少使得不同的用户可以相互参照并有效地利用所有文件中包含的数据。过去，不同的用户群体可以按照各自的需求共享文件中的数据，但是他们只能获得支持自己系统所需要的部分信息。而新的 ERP 系统不仅允许采购部门的工作人员使用这些文件，还允许其他更多部门共同使用。

尽管定义有不同，但人们通常都把数据仓库看作一种支持决策的工具。数据仓库从不同的来源收集信息，并确保最终用户能够持续稳定地获得信息。数据仓库并不是试图去开发一个单一的系统，或者依据流程把所有系统各环节连接起来，而是提供了一种整合数据并将其传输到整个系统中的方法。

在大多数情况下，数据仓库是一个独立于企业生产系统信息数据库的整合数据库。许多企业都有许多数据库，通常包括很多重复数据。从理论上讲，数据仓库是以信息主题为核心，而不是围绕具体业务流程来组织的。数据仓库用最终用户都可获得信息的方法将来自多个生产数据库的数据储存起来。数据仓库中的数据与时间有关，历史数据也可能包括在内。例如，单独的生产系统可能会追踪产品的销售和优惠券邮寄的情况。将不同系统的数据集合到一起或许可以反映出优惠券促销的效果，却无法立即从各个单独系统显示的数据中看到此效果。有了数据仓库对这些信息的整合就可以很容易提取这些信息。

采购过程需要来自不同数据库的多种信息，这就使得数据仓库变得非常有用。采购系统必须能在主数据文件中提取和存储信息。如果拟构造的采购系统需要尚不存在的数据，那么就必须有一个新的数据库来收集和存储这些信息。

一个基本的购买系统至少需要相当数量的数据库和文件。文件可能是确切数据的合集，这些数据依字母或数字分类顺序，或者依据用户选择的标准进行存储。其中一些文件的示例包括以下内容。
- 零件文件：记录料号或库存标示。所有公司都依靠它们来识别系统内采购的成千上万种产品。零件文件的作用，实质上是作为企业特定信息需求的一部分。获取料号信息及它们输入数据库所要求的时间都非常重要。
- 供应商名单和地址文件：包含与企业有业务往来的每家供应商的名称和地址（包括邮件地址）。
- 历史使用记录文件：通过记录料号和使用地点存储历史信息。该信息有助于进行库存分析，并可以利用真实的历史数据更新对物料的预测。
- 未结订单和过期订单文件：在公司实际接收到按计划发放的物料前，物料发放情况和存储的订单都被视为未履行状态。所有没有在规定的日期接收到的订单都将成为过期订单。该文件提供采购人员和物料计划人员维护物料供应链的可视性和对其进行管理所需要的数据。
- 物料清单文件：详细记录了所有料号的部件的需求情况及它们之间的联系，这是物料需求计划系统的一个必要组成部分。如果物料系统生成了对最终产品或某个料号装配组件的需求，那么该系统也必须生成对所有部件的需求。通过该文件还可以得知由部件构成的新零件的采购需求情况。
- 工程要求文件：提供了某个料号产品的具体工程要求和规格要求。该文件可能还包括及时更新或"工程变更单"，它们详述了具体的库存量单位或需求随之变化的情况。
- 需求预测文件：计算零件文件中各种料号产品的预期需求。通过使用历史使用记录文件来更新和计算预期的未来需求。

这些数据库能够支持基本的甚至复杂的采购和物料信息系统的开发。虽然采购部门并不需要负责对这些文件中所有的数据进行直接的维护，但他们必须能够获得支持采购活动运作所需要的数据信息。

17.7 电子数据交换（EDI）——开拓外部电子通信

到现在为止，我们已经讨论过主要存在于企业中的采购信息和数据流动的各个要素。早期的电子化交易是在电子数据交换的协助下实现的。EDI 是一种通信标准，为企业间共同的业务单据和信息的电子交换提供支持。20 世纪 80 年代，EDI 技术被首次应用。通过消除传统信息流动中所包含的许多步骤简化了通信流程，这样，EDI 实际上就代表了买卖双方为提升竞争力一起做出的努力。EDI 系统的基本组成部分包括以下几部分。
- 标准形式（EDI 标准）：包括网络用户认可的格式和句法的基本规则。美国国家标准协会（American National Standards Institute，ANSI）的 EDI 标准——ACS X12 系列是被许多企业接受的第一批标准之一。
- 转换能力（EDI 软件）：将企业的特定数据库信息转换为用于传输的 EDI 标准格式。
- 邮件服务（EDI 网络）：通常以直接的网络形式或通过第三方供应商进行单据的传输。这种增值网络（value-added network，VAN）相当于系统中间的邮局。

17.7.1 电子订单处理

无论基于网络的还是基于 EDI 格式的电子采购订单,都遵循以下流程。

(1) 采购方的计算机系统利用诸如条形码扫描等技术对购入产品的存货状态进行实时监控。

(2) 根据事先制定的再订货标准,如果确定需要订购更多产品,应用程序会通知转换软件。

(3) 按照提前商定的总数量生成和核发 EDI 采购订单,并将其发送给供应商。

(4) 供应商的计算机接收到订单,EDI 软件将订单信息转换为供应商所要求的格式。

(5) 自动生成确认接收到订单的有效回执,并将其回发给采购方。

(6) 当生成最初的 EDI 订单时,可能会发生一些额外的电子交易。桥接软件将相关数据传送至采购方的应付账款应用软件、采购方的接收文件、供应商的仓库或工厂文件,以及供应商的发票文件。

(7) 一旦从供应商仓库或工厂完成了订货,就会生成发货通知单并将其传送给采购方。发货通知单可能需要托运人手工输入一些数据。这也是整个过程中第一次需要手工输入。

(8) 一旦接收到货物,发货通知单信息就被系统录入到接收文件中。尽管这里可能需要一些手工录入,但技术上可以解决这一问题。

(9) 接收通知单通过桥接软件传输到应付账款应用软件和供应商的发票应用软件中。在那里自动生成电子发票并传送至采购方。

(10) 一旦采购方的计算机接收到发票,发票将被转换为采购方所需的数据格式;然后,发票、接收通知单和采购订单都进行相应的电子调整(消除了对核算审计的需求)。

(11) 电子生成支付授权书,并通过电子方式传输到应付账款;接收应用软件会被实时更新以表明未支付的应收账款;账款以电子方式从采购方银行传送至供应商银行。

(12) 电子汇款通知单被传送到供应商处,一旦接收到通知单,这一信息将被转换录入应收账款,买方由于及时支付而获得信用称赞。

在这个过程中,只有 3 个场合需要手工输入。而在传统的信息流中,每个步骤都需要职员来完成书面工作。由此可见,EDI 节省了大量的时间和书面工作,也减小了误差概率,不再存在由于邮递或实物传送发生的延误,同时也降低了人力资源成本。

17.7.2 EDI 和互联网

EDI 是一项需要企业大量投资才能实施的技术。EDI 技术需要对特定用途的硬件进行投资,而这些硬件不能用于不同的目的。小规模供应商很难决定其是否在 EDI 技术方面进行投资,而来自不同企业的需求又迫使它们采用不同的 EDI 系统。最后,EDI 系统从未被看作一种"交互式"通信模式。信息每被传送一次,就意味着制定了一项"决策":下了一份包含一定数量产品的订单、预测的固定的未来需求,以及固定的交付提前期等。从来没有任何一种方式使得买方和供应方之间可以通过共同的、双方的交流来实现互动、合作和决策的制定。

互联网 EDI 的确是一种大有益处的重要的应用软件,这种方式比传统的"硬件"EDI 系统要便宜得多,并且拥有较少的标准问题。但是,它一般也要求两端都具备共同的平台(如相同的 ERP 系统等)。EDI 系统现在仍为许多公司所使用。例如,RailInc.com 为铁路、设备所有者,即铁路行业供应链各环节的供应商提供软件服务,它利用 EDI 系统每天传送超过 900 万条信息,包括运输运单、组成列车的汽车预先列表、对汽车分组和铁路旅行计划的请求和响应。尽管 EDI 仍然很流行,但是由于网络服务提供商越来越多,使得电子采购成为供应管理人员与供应商进行网络联系的另一种方式。

17.8 电子采购基础模型

由于 EDI 系统需要一定规模的投资与管理,最初仅限于大公司使用。以网络为基础的 EDI 系统将范围扩展到中型企业。然而,在许多公司,特别是第一次利用电子信息技术来沟通的公司,电子采购模式的发展超过了 EDI 系统的发展。这就正如一个从来没有用过电话的人直接买了一部手机一样。自 21 世纪以来,出现了(也消失了)许多电子采购系统服务商,这就使得供应管理人员在动用资源之前会尽职调查。好消息是,有很多公司提供能为运营过程增值的电子采购工具。本节中,我们会首先讨论电子采购模型,然后讨论电子采购程序,以及这些程序所需的零件。

17.8.1 电子采购模型

一般来说,存在 3 个主要的电子采购业务模型:①卖方系统;②买方系统;③第三方市场。接下来我们对这些模型一一进行简单介绍。

1. 卖方系统

卖方系统包括一家或多家供应商的产品或服务。在卖方网站进行登录是免费的,且由卖方保证网站的安全性。现在大部分的供应商都有网站,在许多卖方网站都能直接下订单。卖方系统的优点是:买方无须投资,方便使用,存在大量供应商。缺点包括:买方无法跟踪或者控制成本购买,安全程度各异。MRO 地区一个常用的卖方网站是 www.grainger.com。许多卖方系统提供"协议"或"惯例"的几个名称之一,允许销售公司将其产品目录直接链接到买方的电子采购系统。

2. 买方系统

买方系统由买方进行控制,并且与企业内部网和外联网相连。买方系统既可以自行开发,也可以由电子采购程序中的第三方软件提供。买方系统允许供应管理人员在安全的环境下管理采购周期、跟踪成本、控制合同管理过程。这一系统确实需要买方投资,且需要定期进行更新,对用户进行培训。买方系统是运用电子采购系统的主要形式。

3. 第三方市场

第三方市场是独立于买卖双方的公司,它通过提升价值来寻求使电子采购过程更便捷的方法。这些公司是在 1999—2000 年间随着网络的发展而兴起的。从本质上来说,这一系统是为公司采购人员而设的电子交易市场,其理念就是利用亚马逊消费者市场所使用的方式,将买卖双方在网络上联系起来。以一组专营化学物品或钢铁的公司作为纵轴,它们被称为垂直门户网站;另一组提供了广泛的服务,例如办公用品或 MRO 项目,它们被称为水平门户网站。虽然其中一些门户仍然存在,但随着传统商业公司通过卖方网站(例如 grainger.com、officedepot.com 和 mcmastercarr.com)开发网站,它们的价值在逐渐降低。

17.8.2 电子采购程序——综合介绍

采购人员所使用的电子工具可以应用于组织内外交流之中,正如我们在之前的章节中所学到的采购的主要目标是与外部供应商进行有效沟通,以搜索物料来源、分享信息、进行预测及信息更新、支付等。传统的买卖双方信息流通常指服务和订单所需要的一系列连续的步骤。这些信息流包括:①产品说明信息由卖方转移至买方;②报价;③收盘;④审核与接收与运输相关的单据;⑤账户审核;⑥接收货款。传统信息流中会出现一些问题,如交易时间过长、由数据误差导致的准确性低、工人工作时间长、资源过度使用、由邮件或业务流程延迟导致不确定性。

电子采购工具被定义为由供应管理人员应用的简化流程和技术,目的是满足公司的需求。供应商关系管理软件包括电子采购工具,这些工具允许采购人员管理与外部供应商的联系。早期电子采购工具更多以效率为目标(简化采购流程),而供应商关系管理工具揭示了合同管理与供应商评估的重要性,主要关注对整个采购链的管理。

17.9 电子采购程序组——供应商关系管理(SRM)

SRM系统一般都围绕某些特殊模块,与采购数据库、ERP系统之间有信息交流,将取自外部EDI系统或与供应商、客户的数据进行整合。SAP、Oracle的ERP系统一般管理的是发生在处理单据或采购订单的内部交易过程中,而电子采购系统专注于对某些具体业务更广泛的交易给予决策支持。

SRM系统能使采购方做出更好的决策,决策支持系统使用数据和结构化模型来支持决策过程。一系列SRM采购模型组成相互联系的系统,为采购人员有效决策(包括供应商选择、合同管理、合同执行等)提供支持。

本节介绍SRM驱动的电子采购程序组的几个典型特征。图17-6,展示的是英国电子服务提供商所提出的一系列电子采购解决方案。我们将SRM电子采购程序组分为以下几

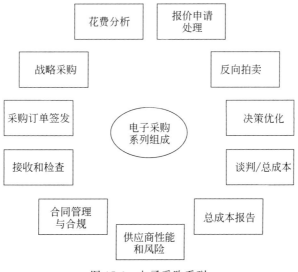

图17-6 电子采购系列

个主要组成部分。

17.9.1 支出分析

支出分析决定公司为生产产品、提供服务、支撑运营过程所需开支的金额。支出分析的目标是决定应采购哪些产品与服务、选择供应商及公司哪些部门需要这些产品与服务。一旦开支的理由成立,公司就应寻求降低成本的机会。这可以通过多种策略来实现。例如,合并相似的采购,减少供应商数量,降低成本,减少人力资源、市场、财务部门支出,更多使用有效协议方法,改进合同管理,降低风险,增加供应的可靠性。

进行支出分析的数据通常来自采购订单和支出记录。一般来说,公司会:①收集至少一年的开支数据;②改进类似开支;③将成本归为几类;④实施不同的策略。一旦数据收集完毕,就会被送入成本分析模型中,以无限种方法进行分析。

支出分析最终是为了应用于实际。大多数情况下,支出分析应用于发现成本节约的机会,同时也会应用于保证公司在合同范围内进行采购。这是为了找出合同外开支,也就是说使用者并未购买在合同中明确说明的项目,而是购买了另一种品牌或产品,这样就会降低合同交易量,通常也会增加成本。另一项就是要审核供应商是否以合同价格来计价。

17.9.2 采购

当与支出分析平台结合使用时,该软件允许购买者构建由数据分析驱动的战略采购计划。一旦制订了该战略计划,采购模块就为该计划提供了实施工具。采购模型通常包括以下几个阶段:报价申请处理、逆向拍卖、电子竞标优化、电子采购订单发布、收货与检验。这些活动能帮助公司缩短采购周期、提高与订单处理相关的效率。他们还提供反回路,以将战略采购计划与实际结果进行比较。

1. 报价申请处理

该模块是采购部门的主要职责,大部分软件服务提供商称这一模块为 eRFx 模块,它包括对信息、建议、报价申请的处理。由于不同企业所使用术语并不相同,我们在这里将报价申请处理模块称为 RFQ(request for quotation processing)。

RFQ 是根据买方提供的一组规范提交提案的请求。该模块有助于识别合格的供应商以接收 RFQ 请求。该模块自动生成,发布和跟踪整个系统中 RFQ 的进度。通常,买方有一个 RFQ 基础的策略,将由软件提供便利。此电子采购组件下的合规程序涉及检查组织是否遵循其竞争性投标的政策和程序。

2. 决策优化

决策优化是一种软件工具,它扩展了传统的投标流程,允许供应商以任何其他的替代方式配置其投标。优化允许买方评估解决价格和非价格因素的多种因素和约束。非价格因素可以包括风险、产品质量、内部业务规则(例如,每个业务部门必须有两个来源)、供应商资格成本、转换成本等。决策优化使购买者能够更快地做出更好的供应商奖励决策和揭示采购决策的实际成本影响。

这一灵活的竞标方式被称为表达式招标,供应商可以通过强调优势来竞标。过去,供应商必须按照买方的要求出价,否则就会被认为出价无效。电子竞标优化是一种高级的采购解决方案,它可以增强买方在审核出价、找到最佳解决方案时的分析能力。这一软件模型使用一系列基本的数学算法来帮助买方评估不同的供应商和成本方案。

使用这一技术的公司获得了很大的成功,特别是在运输采购领域。由于每个承运人在不同的大洋航线提供服务,各承运人的运输能力不同,因而对运输服务的采购变得非常复杂。例如,买方公司选定 600 条海运航线。其中每条航线有 3 种不同的集装箱规格可以选择(20 英尺、40 英尺和 60 英尺),这就相当于 1 800 种选择。有 18 家运输服务供应商应邀参加竞标,供应商可以任意选择其偏好的航线。优化软件可以允许供应商在这样的规模下进行表达性竞标。它允许购买者快速分析这种规模的问题并响应供应商,创建动态反馈循环,允许改进采购解决方案。有关此优化技术的其他信息,鼓励读者访问 SciQuest 网站 (www.sciquest.com)、IBM / Emptoris(www.ibm.com)和 Iasta(www.iasta.com)。总体而言,决策优化软件允许买方考虑更多的采购备选方案,同时允许供应商竞标其优势。

3. 逆向拍卖

在影响电子采购的所有技术中,逆向拍卖最具普遍性和矛盾性。供应商声称买家仅以价格评判供应商,忽略了它们所提供的其他非价格服务,然而情况并不总是如此。接下来的"专栏文摘:逆向拍卖和买卖双方的关系"就可以很好地证明买方可以利用逆向拍卖与供应商建立良好关系。在逆向拍卖中,产品的多个卖家为了与一个买家进行交易而展开角逐,价格因此被迫下降。报价继续进行,直到一个预先设定的报价截止期,或者是没有卖家的报价比前面的更低,以先出现的情况为准。

逆向拍卖有两种基本类型:常规和排名。在常规的逆向拍卖中,价格完全可见,并向所有卖家透露。只有竞争对手的身份对卖家来说仍然是匿名的。在排名逆向拍卖中,卖家只被告知他们的相对等级,因此不知道他们的竞争对手的价格。随着卖家改变价格,他们只能看到价格变化如何或是否影响他们的整体排名。在买方希望保持竞争对手价格更加机密的情况下,排名拍卖会比较合适。

买家普遍认为,逆向拍卖可以为各种购买需求节省大量成本。逆向拍卖的支持者表示该工具:①价格低廉;②连接全球买家和卖家;③支持更有效的竞标方式;④将物品的价格推向其真实的市场价值。

将逆向拍卖工具和战略采购流程紧密结合是非常重要的,这样才能充分发挥它的全部潜力。采购流程的功能应该很强劲,以适应各种变化,同时也应包括财务管理、消减成本和消除浪费。成功的电子拍卖需要制定拍卖前战略,定制目标,找到具体的潜在合作伙伴,明确表明接下来将贯穿始终的适用原则。通常情况下,该流程由以下几个步骤构成。

(1) 采购企业决定哪些合同(产品、物料、服务等)可以从逆向拍卖中获益。

(2) 首先评估供应商,邀请供应商参与报价流程。这份名单包括通过质量和绩效标准筛选供应商,搜索和核准潜在供应商。通常情况下,市场调查是通过逆向拍卖网站来完成的。企业起草报价请求,并通过电子邮件发送给所有合格的供应商。和报价请求一起的还有其他相关信息,如何时、何地进行投标及拍卖规则和礼仪等。

(3) 投标流程在特定时间开始,一般最长持续 30 分钟。这部分可以是公开的,所有竞争者都可以看到其他公司的报价;也可以是封闭式的,买方无法看到其他公司的报价。在报价过程中,供应商的身份通常是保密的。

(4) 最后,企业分析拍卖,将业务授予选定的供应商,而该供应商并不一定是拍价最低的报价方。

逆向拍卖技术现在可以通过多种方式进行,既可以是自我服务模式,也可以是完全服务模式。自我服务模式即由软件服务提供商提供技术,买方对供应商进行培训,并拍卖。而在完全服务模式下,软件服务提供商帮助公司选择产品、审核供应商、进行培训以及拍卖。逆向拍卖的相对经验水平是决定选择自我服务模式或完全服务模式的最重要的因素。

> **专栏文摘**
>
> ### 逆向拍卖和买卖双方的关系
>
> 逆向拍卖自20世纪90年代中期开始被应用于采购管理,它由一家总部在匹兹堡的风险投资公司Free Markets首先使用,并随之流行开来。转瞬之间,买方开始使用新的工具在投标有效期设定价格。从本质上来说,逆向拍卖是一种由买方发起的竞价,买方利用电子软件使得价格与排序透明化。这一过程是在安全条件下,在特殊的时间框架、网络环境下实施的,目的是为其所采购的产品或服务取得合理的价格。
>
> 逆向拍卖被视为缩短供应商选择和评估时间的一种方法。与逆向拍卖相关的好处是:供应管理专家能将更多的精力放在策略性采购活动中。这些活动包括做出内包或外包的决定、战略成本管理、标杆管理、供应商开发。另外,众所周知,逆向拍卖的使用会降低企业为产品或服务所支付的价格。
>
> 尽管逆向拍卖技术有很多优点,但管理人员和学者关注的是逆向拍卖的使用会如何影响买卖双方的关系,以及买卖双方的关系又是如何影响逆向拍卖的。一些人担心逆向拍卖的使用会给供应商传达这样的信息:买方公司不考虑买卖双方的长期合作关系,仅寻求低价格,这就可能导致双方之间的不信任和缺乏合作。
>
> 我们对142家公司有经验的采购管理人员(平均从业年数为12年)进行了调查,评估逆向拍卖对买卖双方关系的影响。被调查公司的年销售额从450万美元到450亿美元,年总采购支出从100万美元到170亿美元。应答者给出了30多种不同的商业模式。样本中41%的人员为管理人员,说明经验丰富。其余59%并非管理人员,但他们都有使用逆向拍卖的经验——平均每人使用过22次逆向拍卖。受调查者多次使用逆向拍卖采购标准化的直接原材料和间接原材料(MRO、服务等)。
>
> 这一研究提供了一些积极的研究结果,与逆向拍卖威胁到买卖双方的关系这一问题有关。调查结果显示,那些更加重视与供应商关系的公司会选择关系型结构来管理合同。这与之前的观点一致,即逆向拍卖的出价与执行过程应该是独立的。在逆向拍卖过程中的出价阶段,向参与者准确地解释规则比实际执行拍卖过程更加重要,这样才能增加逆向拍卖成功的可能性。一旦逆向拍卖结束,合理选择合同形式来管理买卖双方关系就成为独立决策。因此,采购方应更加重视评估其现有的供应商关系的战略重要性,而不是实际执行逆向拍卖,另外,采购方还应清楚地解释规则,在逆向拍卖结束之后建立合适的合同形式,选择期望的供应商。
>
> 价格应该是逆向拍卖中的重要因素,但并不是唯一因素。这一研究给出了重要战略关系中使用逆向拍卖应采取的方法。当使用逆向拍卖时,供应商合作与关系型契约结构显著相关。看来,供应商的合作程度取决于,至少部分取决于其对与采购公司继续互动的期望。当商业关系中的双方都希望这种关系持续很长一段时间时,这种关系的特点就是合作模式。
>
> 在逆向拍卖中,价格是最矛盾的因素。研究表明,关系型合同结构与采购价格的降低程度负相关。公司寻求一种更加市场化的方法(竞价)是为了降低采购价格,而不是为了发展及维持与供应商的关系。因此,在设计合理的逆向拍卖结构时,公司不得不在较低的价格(并不确定是否能维持这一较低的价格)与机会成本之间进行权衡,其中因未选择能在非价格因素(如产品设计)提供支持的供应商而导致机会成本增加。

使用逆向拍卖可以为采购方节约时间。这样买方就有更多的时间来实施有更高附加值或更具策略性的行动。然而，这些额外节约的时间将与因建立和维持与供应商关系而增加的时间抵消。由于追求更高的附加值，采购方必须谨慎选择能进入关系管理的供应商。采购方所选择活动非常重要，这些应该是能通过逆向拍卖节省时间的活动，因为管理结构中使用关系管理是非常耗时的。并不是所有的供应商都能利用关系方法来进行管理。许多逆向拍卖将继续单纯地以获得较低价格为目的，并且仍会以交易模式来进行管理。

综上所述，研究表明，采购方既可以执行关系管理，又可以使用逆向拍卖。这些关系管理将会保证并加强供应商关系。然而，加强这一关系是有代价的：采购结果和时间节省的程度降低。如果按逆向拍卖节省的时间来建立与提升与供应商的关系，最终会降低成本、获得更好的服务，双方都获利。相反，如果采购方利用逆向拍卖追求更加市场化的竞标，公司由于采购价格降低、时间节省而获利，但这是以损害与供应商的关系为代价的。因此，节省的大部分时间可能会用于监督供应商绩效，以保证较低采购价格带来的节约能最终实现。总之，对买方来说，逆向拍卖的大部分利益来自价格的降低。模型显示，建立与维持与供应商的关系所带来的利益可能会超过采购价格暂时降低的收益。

资料来源：Pearcy, D., Giunipero, L, and Wilson, A. (2007, Winter), A Model of Relational Governance in Reverse Auctions, Journal of Supply Chain Management, 4-15.

4. 谈判和总成本支持模型

不同电子采购系统可以帮助采购人员对产品和服务的总拥有成本进行估价。这些模型涉及装货成本、运费、进口税和关税、库存成本及质量成本等。然后，购买者可以凭借此数据以基于事实的形式与供应商协商。

5. 采购订单的发布

如第 2 章所述，采购到付款系统包含整个采购流程。该过程从内部用户的请求开始，通过购买转换为采购订单，然后供应商在完成装运或承接任务后接受货物或服务。接下来，该流程需要发票对账、供应商管理以及最终付款。采购到付款软件全面自动化所有这些流程，从而实现流程的高效处理、接收、支付和管理。

这个模块支持采购订单的生成，这涉及为选定产品的订单序号进行自动分配，同时将采购订单信息传送到相应的数据库中。该模块使采购部门对当前文件中的采购订单信息有直观的把握。

6. 接收和检验

该模块在接收到产品后就会更新系统相关记录。大多数系统在完成所有的入库处理之前，一直都让接收到的产品属于受保护状态，即不可使用状态。复杂的系统可以通过条形码读取器来完成这一操作，读取器可以将所有必要信息自动传送至数据库。这个处理过程包括检验（在需要的时候）、物料转移和库存保管。当存在潜在的断货或将出现的短缺时，系统也可以向主要利益相关者及时发出警告。

17.9.3 合同管理与执行

合同管理与执行部门监督采购流程的后端。一旦选定了供应商，合同形式也确定了，这时候就需要对合同绩效进行管理，以保证供应商和用户的行为与合同内容一致。其他与合同管理系统相关的是价格、术语更改、数量折扣、支付计划、截止日期及不履约相关的附加条件。可靠的合同管理系统能保证这些问题与实时数据收集能力一致。这些实时功能能够保证买方公司能最大限度地执行合同内容。

软件服务提供商 Eptoris 将合同管理工具描述为，以方便用户使用的界面将合同编写、协商、批准过程与合同执行、公司报告、审核控制结合起来的工具。它能在管理支付、利用获利机会的同时优化公司的合同管理过程，保证供应商管理策略被完全发挥出来。

17.9.4　风险管理与供应商绩效考核

Forrester 最近的一项研究表明，供应商风险和绩效管理（supplier risk and performance management，SRPM）是所有电子采购应用程序中增长最快的领域之一，2009—2014 年复合增长率为 16%，而所有电子采购应用程序的增长率为 11%。大多数软件提供商处理风险管理，但他们的风险计划往往侧重于所确定的四个领域中的其中一个方面。例如，Ariba 强调采购风险，Bravo Solutions 强调管理风险，Citicus 强调供应链风险，Aravo 强调治理风险和合规性。所有这些软件提供商以及在 Forrester 研究中采访的其他人都已经填写了他们的功能，以开发一个能够解决所有四种风险的完整组件。供应商表示，他们未来的产品将把四个风险领域合并为更加统一的供应商风险和绩效管理模块。

这个模块可以使产品状态透明化，而且能够考核和分析供应商绩效。供应商的电子计分卡也会被系统实时更新，主要包括产品状态的自动查询、订单到期日监控，以及供应商绩效分析。该模块应当能够监控计划接收日与到期日的关系，提供到期未交付产品的相关信息，对可能过期的产品做标记。这个系统应当依据事先制定的绩效标准，生成有关供应商绩效的总结报告。事先制定的标准可能包括按期交费、质量等级、价格变动、数量差异和总运输费用等。

我们设立了一些关键绩效指标，强调由低质量、配送和服务问题而导致的隐藏成本。供应商绩效模型有以下四个优点：①在进行供应商选择时考虑的是总成本而不仅仅是价格；②将低效率供应商分离出来；③缩短总的订单周期；④为供应商的历史绩效提供可靠的回馈。

17.9.5　总成本报告

设计完善的电子采购系统能够及时生成管理报告，为整个物料流程提供可视性。在创建总成本报告时，越来越多的企业开始使用数据仓库。

假设数据可用或可以由其他数据生成所需要的数据，那么大多数企业都有能力生成新的报告。设计完善的系统还具备另一功能，即可以使数据报告频率和系统更新频率与用户的运营需求相匹配。在实时环境中运作的系统可以提供最新的数据。实时更新（real-time updating）是指含具体地址的所有数据文件都在系统中都能自动更新。与实时更新相反的是数据桶（data bucket），它将每次的交易信息都存储在临时文件中，并按每天或每周预定的次数对系统进行更新。批量更新则是指根据通常计划安排，将所有数据桶都下载到主系统中。

价格预测是总成本报告中的一个重要领域。价格预测需要建立一个模型来识别影响产品价格的多方面因素，包括产品生命周期长度、产品所处的生命周期阶段和产品的历史价格。生命周期成本曲线可以预测预期价格绩效。采购部门可以利用这些曲线来绘制预算曲线来制定预算预测以及定期管理报告。

17.10 内外部系统的整合

如前所述,集成程度将是选择未来电子采购套件的一个因素。ERP 系统将不再能够独立于管理人员使用 e-Sourcing 套件订购材料和传输预测所做出的决策。ERP 系统、SRM 驱动的电子采购套件以及在客户与采购组织及其供应商之间沿供应链传递信息的系统之间的集成度将提高。这种融合将在供应链的上游延伸到客户关系管理(CRM)系统和内部 ERP 生产计划,然后将需求转化为供应商关系管理系统(SRM)。这些集成系统将有助于确保未来的供应商能力要求到位,以满足未来对新产品和服务的需求。实际上,这些链接系统将实现整个供应链的单一视图。

该领域的销售代表将能够使用可承诺模块向客户承诺确切的交付日期,该模块允许销售人员访问工厂计划并确定是否有足够的产能可供客户生产产品,以及确定供应商是否能够及时交付原料投入生产。配送计划模块将帮助及时识别运输要求和配送中心库存水平,以满足客户的交付要求。需求计划模块将帮助确定长期容量需求是否足以满足新产品的需求。接下来,我们将讨论通过社交和专业网络以及博客、推特和云计算系统等新工具提供的一般信息可见性。然后我们将讨论供应链信息的可见性。

17.10.1 SCM 中的社交网络软件——提高信息的可视化程度

可能没有任何其他以网络为基础的应用程序比社交网络的影响力更大。大部分应用程序是以个人为基础的,而采购和供应链专家将会越来越受这些网络的影响。社交网络是由许多具有共同特征的个人组成的。这些共同特征包括:友情、关系(如亲戚)、地理区域、共同的爱好(如购物)、政治倾向、信仰等。社交网络一直都存在着,只是方式不同。加入或属于某个组织(如教会、专业协会、俱乐部)是与其他有共同爱好或价值观的人产生关系的一种方式。然而,大部分组织需要成员出席聚会或者活动,如每年都会举行的供应链管理协会(ISM)国际会议。

随着网络应用程序复杂化,社交服务提供者开始出现,它们的网站成为个人在虚拟世界分享经历的主要空间。用户现在可以通过互联网、电子邮件或即时消息在电脑或其他移动设备上的各种平台上进行交流。可能在这些社交服务提供商中,最出名的是 Facebook.com。2004 年马克·扎克伯格(Mark Zuckerberg)在哈佛发明了 Facebook,以更加私密的方式将校内的学生联系起来。扎克伯格希望学生能表达自己,而且与校内其他学生分享信息。这一网站的会员在一个月内从哈佛一个宿舍的 6 名学生发展到了 1 万名学生,之后延伸到其他学校。截至 2007 年 2 月,这个网站拥有超过 1 700 万用户。2010 年 7 月中旬,据 CBS 晚间新闻报道,Facebook 已经有超过 10 亿名用户,覆盖了全世界大部分国家。其他的报道称 Facebook 现状拥有 5 亿~6 亿用户,并预计会在 2011 年或 2012 年达到 10 亿。尽管用户数量可能有争议,但是 Facebook 扩张的速度引人注目。公司声称,它是在除俄罗斯、日本、中国、朝鲜以外的所有国家的主流社交工具。

可能有人认为 Facebook 是仅为个人所用的工具,事实并非如此。例如,HubSpot 是一家 B2B 公司,主要向其他 B2B 营销人员提供软件(见专栏文摘)。HubSpot 的 Facebook 页面拥有超过 35 万用户,该页面链接到一个博客,这是 HubSpot 的潜在客户 B2B 营销人员的一个重要汇集地。HubSpot 网站提供了 Facebook 追随者电子书、营销指南和白皮书,用户可以直接进入一个潜在客户捕获表单。一旦他们获得了一个电子邮件地址,他们就可以使用他们的营销自动化软件来培育潜在客户。HubSpot 还通过利用 Facebook 的广告来扩大他们帖子的传播范围,以达到更广泛的受众。

> **专栏文摘**
>
> ### 计算社交媒体粉丝的价值
>
> 随着社交媒体更多地进入商业环境领域,衡量变得越来越重要。以下是 B2B Hub Spot 计算社交媒体粉丝价值的公式的简要说明。
>
> HubSpot 开发和营销软件作为服务产品,用于 B2B 的入站营销。该软件平台可帮助客户吸引访客,转换潜在客户并接近客户。HubSpot 认为入站营销是当今 B2B 世界的必需品。入站营销通过社交媒体营销、博客、播客、电子新闻稿、白皮书和其他形式的内容营销推广公司,这有助于使客户更接近品牌。相比之下,出站或传统营销人员通过直接销售电话、印刷小册子、商业期刊广告、贸易展览,甚至电视和广播广告来吸引注意力。HubSpot 网站声明 44% 的直接邮件从未打开过,86% 的人跳过商业广告,并且有超过 2 亿人没有呼叫列表,这说明某些出站营销技术效率低下。
>
> Hub Spot 的 Dan Zarrella 提出了一个公式来计算他称之为 VOAL 或喜爱值。Zarrella 认为,一旦组织了解 VOAL,社交媒体的努力就可以充满信心,它们将产生积极的投资回报。
>
> 以下是公式及其如何分解:
>
> $$L/UpM \cdot (LpD \cdot 30) \cdot (C/L) \cdot CR \cdot ACV = 喜爱值$$
>
> L(总喜欢人数),连接到组织或个人社交媒体账户的受众成员总数。例如,这些是你 Facebook 上或 Twitter 上的粉丝。
>
> UpM(每月脱粉人数),每个月与你的社交网络账户"不同"的粉丝平均数。在 Facebook 上,这是一个"不同",在 Twitter 上,这是一个"取消关注"。
>
> LpD(每日链接),你发布链接的平均次数,以及可能来自你社交媒体账户的链接次数。在 Facebook 上,这是你每天制作的帖子数量,这些帖子会在你的网站上显示一个页面。在 Twitter 上,这是每天发送这类链接的次数。
>
> C(平均点击次数),你在社交媒体账户上发布的指向你网站的链接的平均点击次数。
>
> CR(转换率),你网站的平均转化率,从访问到销售或访问到潜在客户。这可以是整体平均值,但为了提高准确性,请使用来自你正在计算的社交网络的流量衡量的转化率。
>
> ACV(平均转化价值),每次转化的平均值。在此上下文中,转化是用来衡量 CR 的操作。它可以是平均销售价格或平均潜在价值。为了提高准确性,请使用来自特定社交网络的流量的平均转化价值。
>
> 位于网站上的 Zarrella 公式上面印有一个计算器,可以轻松地让组织、团体或个人计算其 VOAL。我强烈建议你试一试!
>
> 只需访问以下 URL 地址即可访问计算器并找出你的 VOAL。
>
> http://blog.hubspot.com/blog/tabid/6307/bid/33871/How-to-Calculate-the-Value-of-Your-Social-Media-Followers-CALCULATOR.aspx
>
> 资料来源:www.hubspot.com Dan Zarrella,"How to Calculate the Value of your Social Media Followers (Calculator)" at www.hubspot.com.

据 The Facebook Era 的作者 Clara Shih 所说,B2B 营销人员正在使用 Facebook 和其他社交网络提供商(如 LinkedIn)来促进销售流程。Shih 讨论了 B2B 销售代表如何通过使用社交网站来加速建立信任的过程：①传达他们的资格；②了解理想目标前景的概况；③在第一次了解潜在客户的主要职责、成就和过去的经验来定制联系方式，而不是做出一般性的宣传。

Salesforce.com 有一个基于云的应用程序交换页面，允许成员直接链接到 LinkedIn，并在销售人员的账户信息旁边显示从 LinkIn 购买的个人资料。LinkedIn（www.linkedin.com）是一个非常受欢迎的网站，许多组织销售和购买方面的专业人士都加入了这个网站。卖方可以使用 LinkedIn 进行预测并进行初步联系。Twitter 和 Facebook 是另一个应用程序，它是 Salesforce.com 的一部分，允许直接链接到 Twitter 和 Facebook，提供有关联系人的更详细信息，如所上学的学校、过去的雇主、最喜欢的书籍、兴趣等。这些信息有助于使销售电话更具个性化和相关性。

Salesforce.com 的另一个受欢迎的应用程序是"内部视图"。支持者称这些信息有助于目标客户塑造营销策略和执行力。该工具提供有关公司的关键信息，包括最新消息，以及包括 C 级管理人员和副总裁。"内部视图"应用程序数据无缝集成到 Salesforce.com 平台中。

供应管理人员意识到使用类似社交网络和 CRM 工具的 B2B 参与者能更好地达到其特定目标，使得买卖双方的交流更为高效。在未来，供应管理人员可能会将其采购的产品列在 Facebook 上，这样卖方就能判断买方需求与卖方能力是否匹配。

17.10.2 SCM 中的专业网络软件

目前的 Facebook 应用程序更多地面向 B2B 营销人员，而 LinkedIn 是一家社交网络提供商，其目标是帮助商务专业人士建立网络。依托网络，LinkedIn 于 2003 年 5 月开始运营，到 2014 年 2 月，已有超过 2.77 亿注册用户，其中 8 400 万人居住在美国。LinkedIn 用户遍布全球 200 多个国家和地区，内容包含 20 种不同语言。LinkedIn 公司页面显示 120 万个产品/服务，成员可以加入的 LinkedIn 群组超过 210 万个。

供应管理人员能够通过网络上"我的联系人"这一栏在公司内外部与其他的供应管理人员联系，问题和建议能发表在某人的主页上，人们可以通过输入"采购""供应管理"或"供应链管理"等关键词来寻求晋升和新的机会。

通过加入各种团体，可以获得专业发展机会。例如，在采购下列出了 1 874 个组，在供应链管理下列出了 1 166 个，在供应管理下列出了 206 个熟悉的国家组织，如供应管理协会（ISM）、美国采购协会（APS）、国际采购与供应链管理协会（IPSCMI）、波士顿采购管理协会（PMA Boston）、ISM-Philadelphia、ISM Connecticut 等。根据行业类别，分别列有公用事业采购经理、时尚买家和设计师、旅游采购专业人士等网站。最后，还有专业小组论坛。例如：在全球采购类别下，供应经理可以选择加入 135 个团体，包括全球采购委员会、全球采购和外包贸易委员会以及全球和纺织服装采购。该组的列表是一个统计信息，其中包含当前属于该组的成员数以及该组中的网络成员。

要想找到合适的团队可能会耗费一些时间，但这些团队最大的优点就是供应管理人员可以找到满足其特殊需求的利益团体。例如，全球采购委员会是一个非营利团体，专注采购的社会和经济效益。全球采购委员会的使命就是增强企业、贸易组织、政府机构、学术团体之间思想与信息的交流。在全球采购中讨论和定义实践活动，鼓励经济快速增长以促进贸易、投资和社会公益活动，其目的都是增长知识、加深贸易关系、拓展国家之间的商业和文化联系。

17.10.3 博客、推特和云操作系统

除了社交网络，还有数以百万计的博客与采购有关。博客是独立的或与其他网站相关的网站。博客属于一个组织或个人，他们经常会发布一些文章、评论、问题、预告活动等。博客的参与者可以无限制地进行回复，个人博客还可以对其他人的回复进行反馈。博客是互联网上非常流行的一部分，几乎可以找到任何话题。对于采购者而言，这是一种了解当前与其工作相关的不同主题的好方法。

这里介绍了两个电子采购博客的例子。可以从电子软件提供商处找到许多博客的来源。其中一个由 Iasta(www.iasta.com) 管理，可以在 www.esourcing forum.com 上找到。电子采购论坛旨在通过向供应经理发布感兴趣的文章，使采购和供应链专业人员就趋势、最佳实践和行业新闻的协作讨论保持最新。这些文章然后按主题分类，例如项目管理、全球采购、电子采购市场、访谈等。还有一个与其他博客有关系的部分。

另一个致力于供应管理的热门博客网站是 www.spendmatters.com。它侧重于供应管理和以下领域内公司的广泛解决方案领域。该领域包括：电子采购、集团采购组织(group purchasing organization, GPO)、杠杆购买/杠杆合同、供应商支持、供应商网络、供应商信息管理、库存管理、供应链风险、服务采购(一般)、服务采购(特定类别)、战略采购等。除报告外，总经理 Jason Busch 和首席研究官 Pierre Mitchell 提供有关整体采购环境、贸易和经济问题的一般意见和更广泛的社论。该博客面向所有人，从初级分析师到最资深的 CPO、首席运营官和首席财务官。

推特(Twitter)是一个由 Hack Dorsey 于 2006 年创立的社交网络服务平台。推特允许用户收发消息。这些消息被称为推特，推特的格式是文本形式，最长输入限制在 140 个字以内。推特在 B2B 中的应用程序仍处于开发阶段，但是大部分博客都会链接到推特，并能在推特发布提醒，由于推特的最长输入限制是 140 个字，因此在上面发表的文章被称为"微博"。像 spendmatters.com 这样的博客可以用推特来回复。

云计算以网络为基础，用户在电脑和移动设备之间分享软件和其他信息。在云计算中，用户不需要精通或控制技术基础设施。像谷歌、惠普和微软这样的云计算系统提供商将普通的应用程序放到网上，并可以通过网络服务或软件获得被存储在他们的服务器上的数据。从本质上来说，云操作系统包括任何实时的和网络中的订阅模式或以次数计费的服务。

正如我们在良好实践示例中所解释的那样，基于云的模型为软件提供商提供了一种更经济的方式来提供服务。在较旧的应用程序服务提供商模型下，用户需要支付预付许可费和运行软件的托管费，然后支付 18%～20% 的维护费。通常，软件是一次性的，意味着服务提供商已经为客户端做了一些定制。借助云或"软件即服务(SaaS)"，服务提供商为许多客户使用一种软件解决方案，从而降低模型成本，而软件解决方案中的这些共性使云提供商能够实现规模效率并降低客户的价格。

与传统服务相比，云服务有三大特点。其一，按需销售，一般以分钟或小时来计价；其二，有弹性，用户能在任何时间消费任何数量；其三，服务完全由供应商管理，消费者只需要一台电脑和网络。虚拟化和分布式计算方面的重大创新，以及高速互联网接入的改善，以及降低软件、存储和检索成本的需要，将继续推动云计算的增长。

云既可以是私人的，也可以是公共的。公共云为任何互联网上的用户提供服务。目前，

亚马逊网络服务是最大的公共云服务提供商。私有云是一个为有限的人群提供服务的专有网络或数据中心。当服务提供商使用公共云资源来创建私有云时,结果就会出现虚拟私有云。无论公有还是私有,云操作系统的目的都是提供决策、易得的网络资源和信息技术服务。

与任何系统一样,潜在用户需要权衡潜在的挑战。首先,公司失去了一定程度的控制权,因为他们没有托管云环境的设备的所有权。其次,最具争议的是安全问题,云提供商声称他们拥有安全的数据环境并经过了安全审计。苹果联合创始人史蒂夫·沃兹尼亚克表示,因为用户可以控制他们的数据给服务提供商,他担心云计算可能导致的可怕问题。

"我们越是将所有内容转移到网络上,转移到云上,我们就越不能控制它,"Wozniak 说,公共云服务的用户还必须与云提供商定义的架构集成,使用云组件的特定参数。但在正常运行时间、可靠性和容量方面遭到批评。

供应经理应该要求云提供商实施的安全规定或认证。两个标准是审计标准声明(SAS 70)和 ISO 27001,其中涉及信息安全管理,但此时并非特定于云。考虑到成本优势和灵活性,将软件应用程序转移到防火墙之外并提供更多按使用付费服务的趋势将继续下去。

17.11 SCM 中的信息可视化

供应链中的信息可见性是在供应商和客户之间实时共享管理产品、服务和信息流所需的关键数据的过程。如果信息可获得,但那些对具体情况最能做出反应的各方却无法得到,那么它的价值将成倍地降低。供应链上各参与方之间日益提高的信息可视化有助于各方实现它们的整体目标,包括通过收入增长、资产利用、成本消减来提高股东价值。为了提高供应链上的反应度,企业正在探索一种协作模型的使用。在这个模型中,供应链各层参与者之间共享信息,从供应商的供应商到客户的客户。这些交易伙伴需要共享预测、管理库存、计划工作和优化配送,从而消减成本,提高生产率,并为供应链上的最终客户创造更高的价值,用于业务流程优化(business process optimization,BPO)、协作计划、预测和补货(collaborative planning, forecasting and replenishment,CPFR)的软件正帮助企业通过协作在合作方之间进行预测与制订计划,管理客户关系,并改进产品生命周期。

在执行信息可视化系统时必须考虑以下问题:共享信息供应基础与消费基础的大小、执行标准、共享信息的内容、共享信息时所使用的技术。将这些问题进行分类可以更好地保证所有参与者都能获得所需信息来有效控制原材料的流动、管理库存水平、履行服务水平协议、满足关系绩效度量中约定的质量要求。

17.11.1 信息可视化的好处

可视化系统最重要的好处,不是该系统能够纠正供应链的问题,而是它可以让人们及早认识到问题的存在,因而可以更快地采取纠错行动。信息可视化的好处包括缩短提前期、改善约束管理、更好地制定决策、降低成本和提高利润。虽然像短缺、客户订单更改、设计变动、过期库存和设备故障等问题在使用可视化系统时依然存在,但与之前供应链的各个参与方在问题出现后一段时间才会意识到相比,这些问题的影响远远减小了。也就是说,可视化系统也许可以将一个潜在的 50 万美元损失的问题转化为一个 5 000 美元的损失。

相反，供应链流程执行不力的危险包括增加的潜在客户和周期时间、更高的成本以及不太明智的决策制定。例如，当可视化系统合理地实施时，将带来一系列额外的好处，从而促进供应链绩效的提升。

- 打破企业间的壁垒：能够共享有关业务活动的重要任务信息，且能够促进供应链成员间进行接近实时的交流。
- 在供应链中实现可视性：为人们提供供应链考核标准的实时快照。
- 依据考核标准进行管理：使绩效考核标准与跨组织业务流程相一致，将流程和绩效考核标准分配给具体的各个组织。
- 减少决策周期流程：允许上游或下游的参与方在几小时或几天内对市场或客户需求做出反应，而不是几周或几个月。
- 鼓励协作制定决策：增强在网络上通过协作制定决策的能力，让相关的内部和外部利益相关者参与到流程中来。
- 减少机会和问题解决的延迟：重复考核和监督供应链活动，从而使得人们在事件发生的时候就能做出快速反应。

相反，供应链执行的不良状况也会带来很多危险，包括提前期和周期的延长、高成本、缺乏决策制定的公开等。例如：在服装行业，为减少流行时尚带来的风险，许多零售商和服装企业迫使供应商按小额订单快速供货（使它们能够评估店里的时尚风潮）并更快地满足再次订货要求。这一战略也称为需求追逐战略，要求供应链某种程度的可视性，但在服装行业这种可视性并不存在，结果是加剧了零售商和其供应商之间的紧张关系。日益增加的压力使得工厂对某段时间愿意承接的工作设定限制，要求提前下订单。

17.11.2 云技术中的信息可视化

如上例所示，在服装行业中，时间延迟是与预测相关的核心问题之一。如服装行业所希望的那样，不准确也会影响基于需求的规划。但是，云计算可以通过减少供应链各层的延迟来提高可视性。例如，设备的关键部件损坏，在获得特殊订购部件之前无法维修。许多方面都受此问题的影响，在手动通知之前不会或不能调整。供应商继续发送材料来维修损坏的机器，等待产品的客户必须找到替代品。在可逆的价值链中，客户和供应商可以了解流程，因为他们了解流程，并可以立即开始响应活动。理想情况下，机器本身具有嵌入式技术，可自动将信息传输给供应链参与者。云还可以允许价值链参与者监控一系列预测信号，例如订单级别和频率、天气问题等，以减少延迟并改善供应商响应和最终客户服务。当然，云计算需要价值链各方之间的信任和开放程度，以及改变和修改流程。

17.12 协作和大数据

在本章中，我们已经看到了电子采购、信息可见性以及通过博客、社交媒体和云计算不断扩大对这些信息的访问的重要性。越来越多的组织将努力应对这种增长的信息负载，这种负载呈指数级增长。我们所有人都经历信息过载，并且需要管理数据以做出有效决策。从供应管理的角度来看，我们需要在外部扩展这些信息链接，使信息可见需要各方之间进行一定程度的合作。今天，由于敏感性或竞争对手的关注，必须对这种交换信息的合作进行管理,并在某些情况下进行划分。

技术极大地影响了供应经理在组织间协作,共享信息和界面的方式。以下是对一个拟议模型(SMAC)的简要讨论,该模型总结了将影响我们工作未来的四种强大力量的趋同。这四种技术的融合在很大程度上导致了所有这些现在称为大数据的信息的产生。

SMAC 是当今电子世界正在发生的事情的首字母缩略词。SMAC 代表了我们网络驱动世界的四个方面,包括社交、移动、分析、云,这四个要素将对我们的工作和娱乐方式产生重大影响。SMAC 是 IT 部署的第五阶段,从大型机时代开始,然后是小型机、分布式 PC、Internet PC,到现在的 SMAC。SMAC 技术为组织的业务模式增添了新的维度,使我们能够进一步提高生产力。一位消息人士称,SMAC 是一种新的企业 IT 模型,可以提供更具连接性、协作性、实时性和高效性的组织。本章的最后一个实践范例讨论了这些技术时代的协作。

它肯定会影响供应管理。电子提供商 Cognizant 估计,到 2020 年,将有多达 1 000 亿台计算设备连接到网络。同时,全球市场情报公司 IDC 表示,世界信息每一个半年都会翻倍。

虽然术语大数据似乎是最近发明的,但它在 2001 年被 Meta Group 分析师认可。Doug Laney 将数据增长挑战和机遇定义为三维,即增加数量(数据量)、速度、数据输入和输出和多样性(数据类型和来源的范围)。随后 Gartner Group 收购了 Meta,并在 2012 年将其定义更新为:"大数据是高容量、高速度或高品种的信息资产,需要新的处理形式,以实现决策的增强和流程优化。"

随着越来越多的组织开始收集和分析这些数据,供应管理部门可以开始使用它来提高效率。当然,首先想到的是我们需要分析这些大型数据集以做出更好的决策。因此,对未来的供应经理来说,需要使用定量和预测建模的分析技能。此数据的一种用途可用于预测分析。例如,沃尔玛不断从 18 个国家的 18 000 家供应商处收集信息,以便深入挖掘和分析客户需求。它知道在飓风之前客户购买不需要烹饪的便利物品。数据显示 Pop Tarts 是最受欢迎的产品之一,其中 Pop Tarts 草莓味最受欢迎。这些信息使沃尔玛能够与供应商合作,在飓风易发地区的货架上放置适量的货物。当供应链的成员链接他们的信息系统时,它会提高可见性。这种可视性提供数据以确定交货时间、库存需求、运输成本和其他关键信息。

公司正在开发定量模型以利用并理解这些大数据。然而,一位研究人员发现,在不稳定时期,管理者的"直觉"优于定量模型,但这种模型在更稳定的环境中表现良好。大数据可以从众多来源收集,有几家公司使用外部资源或其他管理提供者数据(D&B、LexisNexis 等),可以集成和增强从企业系统提供的数据。无论什么用途,专家都认为大数据不是独立的,而是应该与整个组织目标相结合。

 实践范例

未来:协作的演变——转向网络

Chris Sawchuk 是 Hackett 集团的负责人,并担任全球采购咨询业务负责人。Chris 在采购领域拥有多年的经验,现在他花费大量时间为采购负责人提供如何有效定位业务以实现其全球目标的建议。Patrick Connaughton 是 Hackett 集团全球研究和技术总监。Patrick 领导 Hackett 的研究和技术领域,曾担任 Forrester Research 的首席行业分析师。

鉴于他们在采购、技术和研究方面的丰富经验,他们是讨论合作的理想人选。

1. 协作概述

在第4章中,我们将协作定义为双方或更多方通过高级别有目的的合作来维持贸易关系的过程。协作的特点是公开交换信息。这些信息可能包括新产品、成本数据、预测、生产数据等。实质上,协作的特点是交换互利信息,以便与利益相关者建立更深层次的关系。我们的两位受访者都看到了客户对改善协作的极大兴趣。接下来是对协作的讨论以及企业用于实施协作努力的电子工具样本。

2. 协作中的新趋势是什么?

从顺序一对一的关系转移到网络。传统上,供应管理中的协作是通过买卖双方之间的一对一接口顺序进行的。在未来,它将更加复杂并涉及网络。这方面的一个例子是运输采购领域。供应经理发现,交通网络可以帮助他们节省运输总支出。这些网络由通常是直接竞争对手的运输公司组成。这些组织自愿联合起来,为客户提供更好的服务,同时填补更多的剩余产能。例如,在波士顿到亚特兰大航线上可能优选一个航空公司,但目前没有多余的运力。竞争对手的运营商确实具有容量,并且能够在该特定的运输通道中为客户提供服务。通过合作,客户得到了服务,并通过网络获得了收入,各个运营商增加了发货量,提高了产能利用率。

协作网络也可以在购买方形成。例如,一家运送面巾纸和纸巾的消费品公司面临着装运拖车的问题,但由于重量轻而面临高关税。换句话说,尽管产品填满了拖车空间,但它很轻,因此运输起来很昂贵。该公司在他们的地理区域找到了一家从事饮料业务的托运人。这家公司有相反的问题。它的产品重量很高,但没有充分利用拖车的空间容量。现在饮料分层放在拖车底部,纸制品放在上面。这两家公司现在在可行的情况下合作并协调运输时间表,并且两者都实现了较低的费率,超越买方-卖方与客户之间的协作。双方在协作安排中交换的传统文件包括规格、生产计划和预测。大多数合作的人都对此非常擅长。在未来,协作将横向扩展到供应链的更多层和客户的下游。我们的研究表明,公司有兴趣增加未来的合作。新的合作机会不仅会扩展到客户,还会面临处理其业务环境的公司面临的共同挑战。例如,一组公司在应对监管问题方面面临类似的挑战。他们自愿合作寻找符合规定的最佳方法。他们能够找到一种最佳方法并将其全面应用,而不是15种不同的方法来满足法规的要求。

虽然每个人都是供应链中的客户,但最终客户会触发供应链其余部分的订单,了解客户的需求以及与这些需求相关的时机至关重要。在这里,供应链与客户的协作将使链中的所有参与者受益。各种类型的联盟也是公司之间合作的另一个领域。

3. 哪些应用程序和提供者可帮助组织执行允许协作的任务?

虽然合作领域有许多合格的供应商,但首先需要对主要应用领域进行分类。我们将其分解为下面列出的主要区域。

(1)新产品设计。产品生命周期管理(product life cycle management, PLM)软件适合此类别,包括用于促进许多组织中的全球产品开发的软件。

(2)采购/供应管理。支持买卖双方不同程度协作的软件。Hubwoo是这个领域的一家提供商。根据其网站,Hubwoo商业网络为买家和卖家提供了一种搜索、连接和协作的有效方式。它推动了合规性和发票自动化,使用户能够访问超过 100 万家企业的社区。

（3）物流采购。这个非常专业的采购领域允许公司分析各种方式来协作和优化运输采购并确定最佳费率。

（4）供应链计划。重点关注库存优化、预测和需求调度信息的传统协作。这个领域的长期供应商是 JDA-I2 技术。如他们的网站所述,他们的高级计划应用程序允许通过考虑实际生产限制来协作,以改善工厂内的材料流,并提供更复杂的监控、决策支持和执行能力。应用技术和最佳实践会消除业务流程中的低效率。

（5）资本和维护修理和操作项目。这些企业资产管理(enterprise asset management, EAM)软件程序允许用户识别：他们在运营中拥有的资产、资产所在地、设备的配置和连接方式、修复历史。

（6）内部协作。虽然大多数人都想到组织之间的协作,但有效的外部协作需要内部协作。Share Point 和 Intranets 等解决方案一直在协助内部协作。

4. 云计算运动对协作有什么影响？

云现在正在托管许多软件解决方案。这一发展创造了"软件即服务"(SaaS)模型。云模型不同于传统的应用服务提供商(ASP)模型。在 ASP 模型下,组织可以定制他们的软件以满足他们的确切需求。但是,这种定制产生了昂贵的解决方案。公司需要支付预付许可费、ASP 运行软件的托管费,然后是年度维护协议、运行许可费的 $18\% \sim 20\%$。

在基于云的解决方案中,软件提供商提供通用解决方案,该解决方案以合同形式出租给用户。软件价格较低,采用该解决方案的每家公司都会收到类似的解决方案。关键的区别在于,在 ASP 模型下,客户有一个由软件提供商托管的自己(通常是定制的)软件的实例。在 SaaS 中,客户会收到一个应用程序(多租户),这会降低软件提供商的成本模型。

理想情况下,SaaS 模型降低了客户的转换成本。然而,这些较低的转换成本取决于公司将数据从系统中取出的能力。这意味着公司必须就如何将这些数据转换为买方的合同前条款进行谈判。如果组织决定切换提供程序,则组织必须可使用整个数据集。虽然许多公司对基于云的提供商存储的数据的安全性持保留态度,但大多数软件提供商都要接受安全审计。其中最受欢迎的是 SAS 70,它确保组织具有必要的内部控制以确保安全。云将成为向客户提供协作软件的首选方式。

5. 社交网络对协作有什么影响？

社交网络通常被认为是 LinkedIn、Facebook 和 Twitter,但我们将企业社交网络视为建立内部协作并最终将其扩展到外部协作的一种方式。内部公司可以通过内部网或 Yammer 等网站提供改进的协作。

例如,在一个组织中,对主要供应商感兴趣的每个人都可以订阅供应商组,允许个人查看有关特定供应商的帖子。这些重点网站允许内部利益相关者直接针对他们的特定利益,并及时了解直接影响其工作绩效的供应商所发生的事情。发布信息可包括合同细节、数量承诺和关键供应商人员的变更。这些信息对于试图协调世界各地采购战略的全球组织尤为重要。

在这方面特别有前途的一个应用是由 CVM Solutions (www.cvmsolutions.com)提供的 force.com 应用程序。force.com 是一个公司可以用来开发软件工具的平台。该解决方案包括收集缺失或不完整的数据、删除重复的供应商、标准化的类别以及映射企业家庭联系。它允许组织跨不同的操作单元整合数据，建立企业家庭联系并计算供应商依赖性。提供更多利用全球支出的机会。这些信息与内部利益相关者共享，为他们提供有关供应管理和供应策略的更多信息。

问题

（1）你认为未来可以用来帮助供应经理的社交媒体或应用程序的哪些领域？

（2）讨论协作存在哪些障碍，以及如何实施变更管理计划以获得对此技术的接受。

资料来源：Interview Chris Sawchuk and Patrick Connaughton of the Hackett Group, February, 2014.

本章小结

采购经理必须加强他们对信息技术的使用以提高个人和职能部门的绩效。采用以互联网为基础的应用软件、ERP系统和电子采购系统有助于采购专业人员将其注意力从常规任务转移到战略性任务上来。例如，支持供应商做出更好的选择决策——企业的主要战略性任务之一——可以减少或消除未来的供应基地问题。同时，监测供应商绩效的系统能够及时提供有关潜在供应商问题的信息。

订购和实施新的ERP系统需要系统规划以及流程和行为变化。关于任何系统的最终决定通常代表对所选软件和设备的长期承诺。云计算应用程序的开发将允许未来的供应经理使用软件即服务（SaaS），将他们的需求与软件系统要求相匹配。如果云计算的性能与宣传的一样，那么它将以更低的总体成本实现更高效的IT运营。但注意必须确保云提供商正确地保护数据。

供应经理可以访问广泛的电子采购解决方案，并且必须广泛研究可用的工具和软件提供商，并建立案例研究以支持获取这些系统的理由。重要的是识别不仅满足当前操作要求而且还具有满足未来需求的能力的系统。新兴技术正在补充并在某些情况下取代现有技术。供应链组织中的许多策略都依赖于端到端供应链解决方案：

- 整合供应商和分销商；
- 外包低接触/大批量交易购买；
- 在整个供应链中共享信息；
- 链接CRM、ERP和SRM系统以提高可见性；
- 使组织中的所有功能组都易于使用；
- 促进供应商关系、合同和绩效管理。

这些策略将要求电子商务应用程序实现信息共享，最重要的是，通过快速交付提供有效的订单履行流程。许多公司缺乏能够在多层客户和供应商中应用这些技术所需的基础供应链基础设施。

在学会走之前先学会爬，再学会跑。组织必须解决现有供应链中有缺陷的设计，然后才能围绕其重新设计的网络构建这些应用程序。电子采购应用程序无法解决与不受管理或性能不佳的供应基础相关的问题，其特点是对抗关系、缺乏信任以及不愿意共享信息。电子采购的成功需要管理层承诺、培养战略采购能力的供应管理技能、关键关系管理，以及改变已嵌入组织文化中的过时流程。

有进步意识的供应经理应始终提前五年确定未来趋势，以更低的成本改进其技术应用，并提供新的合作方式以获得竞争优势。供应经理现在正越来越多地使用社交媒体进行专业应用。社交网络和博客的使用是另一种定位信息的方式,使供应经理能够对有助于公司目标的技术做出明智的决策。管理所有这些数据是一项挑战,随着供应经理变得更加舒适、有效和高效,他们将回顾并了解他们的工作方式发生了巨大变化。关键是以这样的方式管理和使用这些信息,以说服上层管理人员提供物理和人力资源,以开发由顶端技术支持的世界级网络系统。

思考讨论

1. 为什么说在过去的 20 年里,采购交易的信息系统得到了重视?
2. 采购人员如何利用社交网络软件来提升其日常工作绩效?
3. 为什么通常情况下不把 ERP 系统看作提高外部整合的方法?
4. 讨论 ERP 实施模型的 7 个步骤。哪些障碍会阻碍或延长 ERP 实施的实际时间?
5. 列举出至少 3 个能够帮助采购人员管理开支、全球采购,使用电子采购、外包、离岸外包的博客网络。
6. 一位主管评论:"我们的大多数供应商规模都太小,无法实施 ERP 系统。"你认为这种情况在将来会得到改善吗?
7. 为什么逆向拍卖有争议性?卖方为什么要参与其中?买方为什么要举行逆向拍卖?
8. 第 2 章讨论的电子采购工具和本章讨论的电子采购工具有什么不同?每种类型系统的目的是什么?
9. 讨论主要的新兴电子采购工具及其对未来供应链管理作用的影响。
10. 讨论本章所讲的几种主要的电子采购工具的优缺点。
11. 想象一下走进未来的采购办公室,你将如何利用未来的信息技术完成一天的采购工作?

第 18 章

供应绩效考核和评估

学习目标

- 建立采购和供应考核框架；
- 审查并深入了解关键采购和供应指标；
- 概述审查基准及其重要性；
- 识别有效评估系统的主要特征。

开篇案例

采购与供应绩效考核——以某自动化零件生产商为例

1. 概述

这家价值数十亿美元的多元化生产商主要生产电器、机电零件及系统。该公司的分支机构、市场和供应商遍布全球各地,采购活动在公司、部门或不同业务和地区之间展开。位于美国的总部负责全球性协调工作,主要运营商则分布于北美、欧洲、亚太地区和南美洲。

采购的组织形式是,负责公司范围内的产品采购与非产品采购的主管向负责全球采购的副总裁提交报告。同时,在公司总部也有许多部门,包括精益管理部、组织与员工发展部、供应商发展部、供应商质检部、少数供应商发展部、战略策划部、财务部、沟通部、电子系统部、战略发展部、风险管理部等。

数百名员工分布在世界各地,每年的支出高达数十亿美元。全球采购部的副总裁在公司中负责向执行副总裁报告。整个全球采购计划的战略目标为：显著提高公司供应链效益,为公司创造竞争优势。要想成功地在全球范围内提高供应链效益,公司就必须进行横向和纵向的整合,制订具体的业务计划,创造系统驱动机制和行为考核机制。

通过战略性全球采购计划,公司的考核体系应该在横向和纵向都与公司的目标和功能、与其他业务单位协调一致。通过公司的执行委员会,公司计划应当与关键竞争要求相结合。关键的动力有成本、质量和可用性。另外,少数采购支出、有效产品发布、有竞争力的采购基础也同样重要。

全球采购计划的制订是以全球采购战略为核心展开的,主要的贡献因素包括供应商发展、成本控制、战略性采购、质量监控、电子系统管理、人员管理、供应商关系及加剧的变数。根据横向链接可以设定多年的长久战略及每年的业务计划。这些战略和计划聚焦于公司当前的状态和预期的发展,并且将公司、商品、地区和业务单位的战略和计划联系起来。

显然,制定战略和计划的过程给公司提供了有效的沟通、项目策划及目标与结果考核横向与纵向的结合。一系列整合的财务与非财务措施都可以指导行为和检验绩效。接下来我们将讨论其中最重要的措施。

2. 成本管理

这里有两种考核最为重要:以合同价格为基础对相同或相似产品进行逐年的价格绩效考查;通过多种不同方法,如改变设计、过程管理、包装等来增加材料成本优势。

另外,公司的整体财务计划,包括成本降低水平等,都需要通过采购来实现。由于需要保护利润率,公司收入增长或减少的同时也影响采购成本。财务部门就是否进行采购成本消减计划做出最后决定。其他一些考核措施如下:

- 基于百万分率(parts per million,PPM)缺陷率基础上提高产品质量;
- 如期交货与可用性;
- 新产品无缺陷准时投产;
- 少数供应商支出目标;
- 通过客观考查供应商的确切数量来确定供应基地规模;
- 环境的可持续性;
- 通过计分卡来发展和衡量供应商关系;
- 根据每年的培训时数来考核人员发展;
- 成本管理模型;
- 电子系统的应用;
- 精益管理。

该公司定期审查以上所有考核结果。公司一般指标和特定指标会根据业务需要进行定期调整。例如,强调增强成本优势及产品的无缺陷准时投产,以确保产品能够及时进入市场。

当公司业务需要变化时,这些指标可以随时调整和重设。审查每月至少进行一次。成本优势的提高是其中的重点。这些指标通常是比较激进的,超出了正常所能达到的范围,并且在所有的采购环节和业务单位都是适用的。

采购绩效考核机制主要是围绕8个主要元素来建立,这8个因素是之前提到的全球采购计划的组成部分,这些战略和衡量方法制定的策略适用于当前和未来的公司状况。全球采购业务计划要求公司内部的各部分之间联系起来,包括各不同部门、商品团队及地区采购团队等。

考核后的绩效结果定期汇报给全公司内部所有应当知情的部门。整家公司中绩效考核包括项目计划中适合衡量的所有层次。例如,供应商发展的绩效考核包括项目步骤的考核、成本节约的衡量、供应商工程师的发展水平,以及供应商委员会的执行程度。

个人业务优异对绩效的影响主要是对团队的认可,而不是个人奖励。然而,表彰行为是以个人为基础的,因此,员工应尽最大努力取得最高绩效以获得财务或非财务上的奖励。激励性奖金发放是以公司的整体业务表现为基础的,主要针对执行级别人员发放。

重要资源由全球采购计划流程和相关考核措施部门负责。公司中负责战略和流程的人员在制订计划的过程中起主导作用。

公司中的采购人员负责执行,并派遣专员负责管理考核系统投入、数据整合、提高系统发展。财务部门负责确保成本节约的准确性和有效性。成本管理人员负责建立成本模型来评估采购与供应商绩效。

公司当前的系统为考核工作提供了大量支持,系统对成本管理和节约的发展过程及产品的细节情况进行跟踪,并向整家公司的组织内部及各部门进行汇报。财务部门负责直接和非直接采购的财务计划,确认成本节约和采购绩效表现。SAP和内部系统模型为考查绩效提供了多种方法。

此外,电子系统升级将包括高级供应商分析和计分卡、供应商建议系统和成本管理系统。

采购(包括直接与非直接)绩效表现对公司财务上的成功至关重要。高层领导者们定期对采购和供应基地的绩效进行审查,他们关注的焦点是成本、质量、可用性。全公司采购主管们广泛运用考核机制和重点衡量机制来引导企业行为,发放奖励。

资料来源:Adapted from "Strategic Performance Measurement for Purchasing and Supply"(2005),CAPS Research,42-44。

18.1 介绍

本章第一部分概述了绩效考核与评估,包括绩效考核的原因和一些与绩效考核和评估相关联的问题。第二部分通过一些绩效考核的具体方案来探讨普通采购和供应链考核指标的种类。第三部分将讨论绩效考核与评估系统的开发。第四部分将讨论绩效标杆问题,这是一个涉及与先进企业进行比较以制订绩效计划和目标的流程。第五部分将主要探讨平衡计分卡的作用。本章以对绩效考核与评估系统的调研总结结束。

18.2 采购与供应链绩效考核和评估

采购和供应链绩效评估系统代表了一种正式的、系统的方法来监控、评估和改进采购绩效。尽管听起来很容易,但是,往往很难制定能够指导员工按预期目标履行职责的考核方法。一些企业仍然依赖那些不是支持,甚至还是破坏长期绩效目标的考核指标。例如,从供应商那里获取较低的价格仍然是一些成本的绩效考核指标的重要目标。然而,如果采购商持续通过各种方法在供应商那里得到短期的价格消减,那么该供应商是否有财政来源或是否愿意就长期绩效改善进行投资?

现代采购与供应链绩效考核和评估系统包括许多考核指标。大多数方法都可以分为两大类:效力标准和效率标准。效力是指通过选择一系列活动流程,企业能满足之前预定的目标或标准的程度;效率则是指实现预期制定的目标计划与实际成本之间的关系,效率度量通常将一些输入与绩效输出相关联。

几乎所有的方法都会包括关于评估绩效结果或成果的标准或目标。例如,"考核指标用来追踪供应商质量改进情况"这种说法是不全面的。我们还需要将实际改进情况与之前制定的目标进行比较。这一假定建立于世界级绩效水平基础上的目标的实现将为企业带来很大的价值。每种绩效指标都应包括实际绩效水平和目标绩效水平。

18.2.1 为什么要进行绩效考核

有很多原因可以解释为什么要对采购和供应链活动与绩效进行考核和评估。

（1）衡量对公司竞争绩效的贡献。采购和供应链管理越来越被要求为公司的整体发展做出贡献，首席执行官、首席运营官和首席财务官正在寻找在成本、资产利用率、现金流量、创新和收入改善方面的重大贡献，适当的度量可以确定对公司竞争力和财务绩效的贡献水平。

（2）有助于更好地进行决策。绩效考核能够使绩效和成果具有可见性，因而企业可以做出更好的决策。如果不明白是哪些领域的绩效比较差，制订绩效提高计划将会很困难。绩效考核可以为一段时间内的采购绩效提供追踪记录，并对管理层的决策制定提供直接支持。

（3）有助于更好地交流。绩效考核活动可以使供应链成员间进行更好的交流，包括采购部门内部、部门之间、与供应商之间，以及与行政管理层之间。例如，采购人员必须向供应商清楚表达其所期望的绩效水平，将供应商绩效进行量化的考核指标反映了采购人员的期望。

（4）提供绩效反馈。绩效考核提供了绩效反馈的机会，从而有利于阻止出现或及时纠正绩效考核过程中发现的问题。反馈也有利于深入考察采购方、部门、团队及供应商是否在不同时间内达到了绩效目标。

（5）激励和指导行为。绩效考核能够激励并指导企业活动向所期望的结果方向发展。一种考核系统可以通过多种方式来完成这一任务。首先，绩效种类和目标的选择能够向采购人员表明哪些行为是公司重点关注的；其次，通过绩效目标的完成情况与公司的奖励机制（如工资的增长）挂钩，管理层可以激励和影响员工的行为。

18.2.2 采购与供应链绩效考核和评估中存在的问题

采购与供应链绩效考核和评估一直存在一些问题和局限性。绩效考核专家马克·布朗（Mark Brown）认为，目前大多数管理者和专业人士就像那些飞行员，他们只拥有一半必需工具及许多用来考核无关数据的额外工具。他说，实际上，每家企业的考核系统都存在着某种类型的问题。

（1）过多或错误的数据。数据过多是企业考核系统中存在的最常见的问题。第二个同时也是更严重的问题是管理者往往会关注那些错误的数据。管理者根据经验或感觉可能会认为所选择的考核指标与成功相关，而实际上可能根本不是这样。事实上，管理层所采用的考核指标有时可能与其他部门或职能领域运用的方法相冲突。员工最多能监控的指标不超过十二种，而且其中有一半的指标是极其重要。

（2）关注短期的考核指标。许多中小型企业存在依赖关注短期的考核指标和数据。通常，这些企业收集的数据都是财务和运营数据。而在采购中，这就意味着关注短期工作量及供应链活动，而忽略了长期的或战略性考核指标。

（3）缺乏细节。有时，测评报告过于简短以至于信息变得毫无意义。一个关于月度供应商质量单一考核报告的考核指标就缺少详细信息。供应经理期望知道供应商目前存在的具体缺陷类型是什么，哪些缺陷使得买方公司付出什么代价，还希望知道每段时间供应商的绩效质量。

一家汽车零部件的分销工厂的运营经理收到一份按客户索赔要求对配送工厂质量进行的月度考核报告。此外,他还收到了关于如下细节的报告:

- 出现的错误类型(零部件分拣错误、损坏、缺货和丢失等);
- 哪些客户提出了质量索赔要求;
- 哪些员工应对质量问题负责;
- 该中心处理质量问题的索赔的总成本;
- 出现索赔问题的零部件数量。

利用这些信息,经理可以采取行动及措施,以解决工厂质量问题。

(4)导致错误的绩效行为。遗憾的是,很多指标都会导致一些不是预期或需要的行为的发生。例如,如果以采购订单的数量来考核采购人员的绩效,那么他们肯定会将供应商之间的订单都分割开来,以尽可能得到更多采购订单。之所以这样做,部分原因是因为智力工作很难考核。然而,企业仍然希望能够找到一些可以对此进行考核和报告的因素。但是这些因素可能并不总是正确的。

(5)行为考核指标及成果。实施行为考核指标的问题在于,不能保证该行为一定能实现所期望的结果。例如,对整家企业的所有合同所涵盖的采购总量进行追踪的行为考核指标如今已经变得越来越普遍。但追查通过使用企业范围合同所带来的总成本节约是更好的考核指标。

行为考核指标另一个示例是商品团队每季度举行的会议数量,更好的考核的指标是考察由团队的行为而产生的绩效结果。尽管存在很多行为考核指标,但只有能取得最终成果的考核指标才有意义。

18.3 采购与供应链绩效考核的分类

作为企业采购和供应链考核方式的一部分,企业应该采用一种系统流程来最大化成果和实现纵向和横向的联盟。图18-1阐明了这种流程。企业目标促进了企业具体战略的制定,如作为低成本制造商或技术领先者等。这些企业战略应推动制定适当的和优先的采购和供应链具体目标和具体战略。

战略、措施和行动的协调将自上而下的方向和自下而上的目标结合起来,产生积极的贡献。在单个企业中,这可以带来竞争优势。集成的采购和供应链管理也能为点对点供应链水平提供竞争优势,同时还可以提高效力和减少管理成本。

现实中存在着成百上千种采购与供应链考核指标。总结大量单独的考核指标的方法可能就是制定如图18-1所示的绩效考核分类。在每种种类中,都有许多与这一类型相关的单独的考核指标。大多数采购和供应链考核指标都属于以下分类的一种:

- 价格绩效;
- 成本效力;
- 收入;
- 质量;
- 时间、交付、反映;

第18章 供应绩效考核和评估

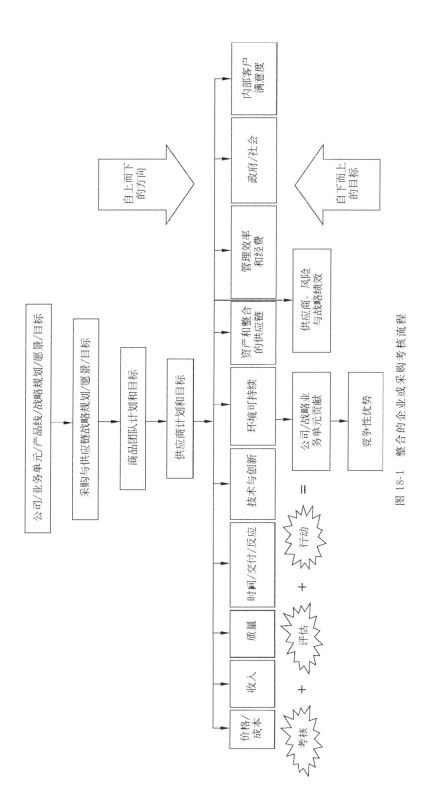

图 18-1 整合的企业或采购考核流程

- 技术或创新；
- 物理环境与安全；
- 资产管理和整合供应链；
- 管理和效率；
- 政府或社会；
- 内部客户满意度；
- 供应商绩效；
- 战略绩效。

接下来的部分将分别讨论每种类别。

18.3.1 价格绩效考核指标

采购部门使用不同指标对价格绩效考核进行评估。换句话说，就是评估采购经费的有效利用程度。最常见的价格绩效考核指标包括实际采购价格与计划采购价格的比较、实际采购价格与市场指数的比较、实际采购价格与公司运营工厂或部门单个产品或总产品之间的比较，以及所实现的目标价格等。两种重要的价格绩效考核指标是取得的目标价格和价格与市场指数之间的比较。

1. 实际采购价格与计划采购价格的比较

常见的价格绩效的考核指标是实际采购价格与计划采购价格之间的差异。不同的计划采购价格的考核指标用于不同组织层次的考核中。一种层次包括总物料预算的实际采购价格与计划采购价格对比，这是一种总的价格绩效考核指标。其他层次则提供了更多细节上的比较。例如，采购部门可能针对每种采购的产品计算其实际采购价格与计划采购价格之间的差异。图18-2阐述了计算采购价格与计划价格之间差异的不同方法。

衡量采购价格差异的各种格式
1. 采购价格差异＝实际价格－计划价格
2. 采购价格差异百分比＝实际价格/计划价格
3. 总购买价格差异＝(实际价格－计划价格)×购买数量或估计的年度数量
4. 采购价格差异对当年资金的影响＝(实际价格－计划价格)×(估计的年度数量×剩余需求百分比)

计量单位
美元或百分比

绩效报告
- 购买物品
- 商品或家庭团体
- 成品
- 项目
- 购买地点或部门
- 买家
- 管理小组
- 供应商

图18-2　计划的购买价格差异

2. 实际采购价格与市场指数的比较

采购价格与市场指数的考核指标提供了实际价格和公开市场价格之间关系的信息。这些方法适合于由市场供求决定价格的产品，也适用于标准化产品和易得产品。指数考核指标将一定时间内（如一个季度）公开指数数量与实际支付价格变化之间的差异都考虑了进来。下面的例子就阐明了这一概念：

1a. 产品 X 基于市场的指数 2013/03/31＝125

1b. 产品 X 基于市场的指数 2013/06/30＝128

1c. 市场指数变化＝(128－125)/125＝2.4％（增加）

2a. 产品 X 的实际支付价格 2013/03/31＝150 美元

2b. 产品 X 的实际支付价格 2013/06/30＝152 美元

2c. 支付价格变化率＝(152－150)/150＝1.3％（增加）

与市场指数的比较 2.4％－1.3％＝超出 1.1％

3. 不同运营部门之间的价格比较

生产相似产品的工厂、部门或企业单位之间也可以进行实际价格的对比。这类比较可以识别企业内采购购买价格的差异，也可以得知哪个部门通过谈判得到了或已获得最优采购价格。比较活动也有助于识别各个部门间最经常进行采购的产品以进行统一采购。企业之间实际的价格对比也被很多企业用来判定实际价格的竞争性如何。

虽然企业越来越关注成本与价格之间的比较，但价格绩效考核指标仍然很受欢迎，尤其是对于缺乏详细成本数据的企业来说。在采购物料、其他商品或标准化产品、零部件、系统和企业合同服务时通常也使用价格绩效考核指标。

4. 实现的目标价格

目标定价是这样一个过程：确定外部客户对产品或服务的支付意愿，然后为组成产品或服务的零部件、组装和系统制定具体成本目标。目标成本计算利用下列计算公式来确定允许成本：

$$目标价格－目标利润＝允许成本$$

随后可允许成本将被分配到组成最终产品或服务的各个部分中。

专栏文摘

克莱斯勒缩短向供应商的支付周期

克莱斯勒集团正在加快向供应商支付某些工程、设计和开发工作的费用，并采取其他行动措施改善与供应商的关系。

2010 年 1 月底开始实施的新政策首先用于对中小型企业的配件供应商。

公司还将该政策用于其他新的项目。

在新的菲亚特（Fiat）管理层的领导下，克莱斯勒公司正在逐步扭转其北美汽车行业对待供应商最刻薄的坏名声。

"在与供应商争利的企业中工作没意思，"克莱斯勒采购部负责人丹·诺特（Dan Knott）告诉《汽车新闻》（*Automotive News*）记者："我们需要更强健的供应基地。"

> 克莱斯勒与其咨询委员做出的改变包括以下几个方面:
> - 在某些新项目中,提前向选定的供应商付款,以补偿他们对工程、设计和开发研究方面昂贵的支出。
> - 加快偿付未付款项。未支付款项对供应商来说成本很高,可能影响其他项目。等待付款的某一项目供应商可能不愿承担未来的工作。
> - 在项目周期的预定里程碑时间向供应商支付一定比例的货款。诺特的计划是在某些里程碑向供应商支付一定比例的欠款,这与过去的计件支付方式截然不同。
>
> 资料来源: Wernie, B., and Sherefkin, R. (January 18, 2010) "Chrysler Speeds Supplier Payday," Automotive News, 1, 29.

18.3.2 成本效力考核指标

这种类别的考核指标主要关注为降低采购成本所做的努力。成本考核指标可分为两大类:成本变动和成本规避。在使用成本考核指标时需要非常谨慎,消减成本的方法至关重要。相互合作带来的成本降低与供应商施加压力导致的成本降低,在账面上看起来是一样的。虽然最终结果(即降低成本)看起来是相同的,但用于实现该结果的过程却能产生较长期的影响。双方合作可以通过共同进步来降低成本,而向供应商施加压力可能迫使其偷工减料,从而导致产品质量低劣。

1. 成本变动

成本变动考核指标将一段时间内一种产品或一系列产品的实际成本的变动情况进行对比。这里,成本变动指的是由个人或团体采购战略或实践的变化导致的成本增加或减少情况。

企业关注的主要考核指标是其所实现的成本降低程度,其计算方法是通过(新价格-先前价格)×估计数量。例如,如果新价格为每单位9美元,而先前价格为每单位10美元,下一个预算期的估计数量为1万单位,则预计成本减少为1万美元。实际应用可以确定最终实现的成本降低总额。

2. 成本规避

成本规避表明了支付的价格与潜在的更高价格之间的差异(如果未通过特别的努力或行动,采购部门就无法获得较低的价格,这时就会出现潜在的更高的价格)。例如,假设过去采购部门为某商品支付的价格为每单位5美元,供应商现在的报价为每单位5.5美元。如果买方与之协商的价格为每单位5.25美元,那么可以达到每单位0.25美元的成本规避。然而,财务部门认为这样的成本规避带来的节约很少出现在公司的利润表中。

成本变动和成本规避这两种考核指标存在明显的差异。成本变动表示实际的价格变化,而成本规避则是指可能支付的金额减去实际支付的金额。采购部门若想大幅度地降低成本,就应更多地关注成本变动方法,这代表能够影响公司整体盈利能力的实际变化。

成本规避数字几乎总是需要手工计算,有时会被夸大。结果,一些观察家也用"柔性的""通货膨胀""易于操纵的"等词语来形容成本规避考核指标和数字。

18.3.3 收入考核指标

收入考核指标能够表明采购与供应战略以及行动对公司收入的影响。例如,通过采购与供应管理能够使公司在其他公司之前发现新的供应商策略,然后采取行动,取得独有优势,给企业带来价格优惠,提高市场占有率。

此外,企业还可以与供应商协商,通过将联合开发的技术出售给其他客户而获得技术使用费,提高收益。技术使用费收益来自专利授权和其他可以评估并公告的技术。

凭借出色的供应商绩效满足新产品推出日期的需求,以高价位实现首创市场地位,这也与收入增长息息相关。完美的发布在许多公司中至关重要,并受供应商绩效的影响。

在供应商表现完美的情况下,及时推出新产品,使该产品在第一时间以高利润的价位抢占市场,为公司带来收入增长。及时的无缺陷投产给公司带来的收入至关重要。同时也受供应商绩效的影响。

对采购与供应收入绩效进行考核之所以重要,是因为它将采购和供应战略与收入因素相关联。然而,实际使用收入绩效指标的相对较少。显然,很多公司还没有完全认识到采购与供应绩效能给收入增加带来什么样的贡献。现状,在直接商品方面的情况是这样,在非直接商品方面更是如此,因为在非直接商品方面,采购和供应绩效与收入之间的联系更加不明显,甚至可能根本不存在。

收入考核指标示例如下:
- 因采购行为引起的,由供应商、买方或更高技术及专利带来的专有使用收入。
- 供应商由于新业务而做出的贡献,比如新业务的发展,通过采购发现的独有技术,为实现高收益或高利润而采取改变产品产出或服务的组合的措施,创造消费者需求。
- 由采购或寻购带来的专利技术回报。
- 获得专利使用权的专利数量。
- 已被公开的发明数量。
- 授予专利的数量。
- 供应商提供的免费样品的价值。

18.3.4 质量考核指标

质量考核指标具体如下。

1. 次品百万分率(PPM)

该考核指标表示任何特定产品、组件或服务所允许出现次品的最大数量(以绝对数或百分比表示)或水平。这可以通过下面某个具体的定义来表示,或者用工厂或设备产品失败的平均时间来考核。当用于产品、部件、组件或系统时,传统的指标"百万分之几"不符合规范。随着质量管理的提高以及制造商要求的提高,这一指标也会提高。在确定PPM结果时,需要考核(通过实际检查、测量或可靠样品统计)次品或不符合规定的部件的发生率。该考核指标需要一个参考基本点,如生产、接收、入库检验或装运等情况。另外,也制定了可以用于服务的质量考核指标。

2. 每家供应商提供给客户的次品数量

这是考核每家供应商缺陷数量的考核指标,可以用来比较竞争供应商之间的相对质量绩效,也可以作为供应商要实现或超越的绝对目标,常常作为评估、资产认证和嘉奖考核的方法。通过检验或抽样调查供应商所交付的所有部件、组件或系统中可接收部分所占的比例来进行考核。

可以通过加总供应商供应的所有不同产品的考核指标来得到供应商次品的平均数量。不过,这里没有考虑项目战略重要性。

3. 采购产品和供应商的现场故障率

该指标用来考核当部件、组件和系统或服务组成最终产品或服务并供给外部客户时所出现的故障发生率。作为一种考核指标,它反映了售后保障率。企业会努力实现零故障。不过,在一些行业(例如设备租赁行业)中,该考核指标是衡量客户满意度的关键指标。

该指标是通过计算故障数量占总数的比例得到。它用于监视售后的产品绩效,管理售后支持成本,并通过跟踪故障率及出现故障的根源为改善供应商绩效、改进产品设计和寻求新设计方法提供支持。

18.3.5 与时间相关的考核指标

与时间相关的考核指标具体如下。

1. 产品从概念形成到投入市场所需时间的目标——新产品/服务

该指标是指从概念形成到产品或服务首次运送或提供给外部客户的时间(周、月)。目的是持续缩短时间,以缩短实现投资平衡的时间及成为产品或服务的首家供应商。

2. 及时交付或反应

这些考核指标用来说明供应商能够满足客户计划需求的程度。其中关键要素包括:
- 预定或承诺的截止日期;
- 交货时间;
- 可接受的比到期日提前或延迟到达(如少两天或不迟于两天)。

这些指标通过计算在货运、服务中准时交付或延迟交付(有时会提前),或者单个产品准时或延迟交付所占的百分比来得到。这些指标可以用于服务或制造企业。供应商和采购绩效可以通过上述考核指标为基础的指标来考核,这些指标也可以进一步由商品或采购系列得到。这个百分比可以通过计算企业总的准时交付占全部交付的比例得到,然后由采购群体或供应链进行进一步的汇报。

3. 加快新产品引进计划和日期

这些指标用来考核采购及供应链管理或战略流程和供应在重要时期及产品或服务进入市场时能否实现可获得所需数量的目标。

4. 缩短周期:订单输入、制造或运营、配送和物流

这些考核指标用来识别总的周期和它的关键组成。指标通过消除延迟及持续改进交付以实现目标来缩短周期。相关的例子包括供应商制造周期、订单输入、内部运营、运输等。

5. 对计划改变、产品组合改变和设计或服务改变的反应

这些考核指标用来说明供应商对需求或使用变化的反应速度。例如,以 50% 的浮动幅度为期两周的交付计划的能力。另一个考核指标是实现设计变化符合允许目标的时间。这些考核指标表明了灵活性的必要性。

18.3.6 技术或创新考核指标

技术或创新考核指标具体如下。

1. 第一洞察力或供应商技术的产品产出

该考核指标一般与合同协议相关联。根据合同,对于新技术,你的公司在与其他公司共享新技术开发之前的一段时间可能获得一些见解。在企业与所选的关键技术供应商进行合作时,这可能是需要关注的一个点。一种具体的指标可能是与关键供应商就重要技术达成的类似协议的数量。任何目标都应针对具体的某家公司而定。

这种考核指标的潜在缺陷在于没有考虑到由这样的技术洞察所带来的成功或造成的失败。

2. 新创新纳入产品或服务

该度量确定产品/服务的数量或比率,可以确定供应商的创新和收入影响。

专栏文摘

福特统一业务框架

在《汽车新闻》(*Automotive News*)的一篇文章中,福特强调了为生产零件提供更大价值所需的更小的供应商网络。实际上,近年来供应商的数量缩水了约2/3。统一业务框架(ABF)的目标是将重要业务集中在少数优秀供应商上,从而成为"首选客户",获得供应商创新和技术,并改善福特和供应商的整体绩效。作为协调一致的业务框架的一部分,福特汽车强调了在聆听和快速响应供应商创新方面的改进,并着重于与ABF供应商的业务往来。因此,据第三方分析师称,它在供应商中的声誉得到了改善。一位供应商表示,现在他可以更好地与福特高级管理人员接触,可以提供更多信息和了解福特未来计划的洞察力,并且只要质量和可用性继续达到预期性能,就对保留福特业务更有信心。

资料来源:"Ford strengthens bonds with its elite suppliers," Automotive News Insight,August 5,2013,p. 24.

---

3. 标准化和使用行业标准以降低复杂性

这些措施的重点是实现组件、系统和服务的标准化以及当前使用的已购买商品的应用,或者使用行业标准商品和独特商品。具体措施包括减少使用的不同物品、由当前购买的物品构成的新产品或服务的百分比以及在新产品或服务中使用的行业独特物品的数量。公司将建立这些和类似的措施,并链接到针对特定产品或服务的目标。

18.3.7 物理环境与安全考核指标

企业对环境和安全目标的实现情况进行跟踪,同时还对与承诺相关的成本进行跟踪。这些承诺既有自愿的,也有法定强制的,目的是推动绩效改善,以实现自愿达成或规定的目标。例如,根据《国际安全管理章程》中"可持续性、社会责任与可持续性社会责任的性能指标"一文的定义,可持续性是指在经济、环境和社会挑战方面,在能够满足人们当前需求的同时,而又不损害未来人们的利益,也能保证满足后代需求的能力。这些考核指标包括:

- 在采购决策中,采用可持续性指标;

- 将可持续性和社会责任作为供应商资格和认证决策的一部分;
- 将可持续性和社会责任加入产品设计和再次设计流程,并写入工作说明书;
- 开发工序/知识以确保对寻购、回收利用和其他决策的理解;
- 通过风险管理或从内部发展、量化并在考量财务或其他风险的基础上做决定,这些风险涉及违背可持续性和社会责任的指标,或者没有达到可持续性和社会责任的要求;
- 保持公司内良好的可持续性和社会责任记录以便报告。

18.3.8　资产管理和整合供应链考核指标

将库存作为一家企业的资产进行考核时,可能会包括若干典型单位指标或总库存考核指标,例如:

- 库存投资的总价值(遵循合适的核算原则);
- 存货周转率;
- 库存供应时期,日/周/月。

考核目标是通过提高周转率或降低库存持有成本来降低库存成本。这些指标更独特的应用是被用于公司供应链中各个阶段的库存中,更重要的是被应用于公司间的总体供应链(本公司外部)中,并有其具体的未来目标。

另外,运用考核指标来追踪企业库存投资的不同方面也很常见。这样的例子包括流动存货对非流动存货的比例、总的部件序号的数量、营运资金储备和不同采购产品(如生产产品、维修产品、包装物料等)的库存投资。

随着存货在供应链中的流动,追踪存货流动速度或库存周转率考核指标也很常见,这包括原材料、在制品和成品的库存周转。安全库存持有的库存量也是一种经常运用的考核指标,作为库存定位系统一部分,其在计算机中被记录的准确性也同样得到了密切关注。

1. 运输成本消减

运输考核指标包括追踪实际运输成本和根据预先设定的目标在逾期、滞留费用和额外费用等方面的对比,还包括运输承运商的质量、交付绩效水平和运输提前期等。

成本消减考核指标关注每项业务在计划阶段所产生的总运输成本及那些额外的运输成本。快速发送要求使用非标准运输方法来满足内部或外部需求时会产生额外运输成本。例如,在卡车运输可能为首选运输方式时使用空运。

运输成本可以通过总的金额或销售商品成本占销售收入的百分比来衡量。运输的额外开支也可以用金额或其占总的运输成本的比例来考核。这些成本可以按照入库运输、内部成本和出库运输来考核。

2. 客户订单

这些考核指标评估一家企业如何满足下游客户的需求。考核指标多种多样,其中包括及时交付比例、从客户订货到交货的总时间跨度、被退还的订单,以及商品质量保证声明等。我们一直关注的主要是采购和上游供应链活动,而采购和物料计划人员逐渐从整个供应链的角度出发管理库存,这可能也会包括供应链的下游活动。

3. 电子交易（供应商、金额、订单的数量和百分比）

这些考核指标表明企业之间的一些联系。例如，电子数据交换或以网络为基础的连接买卖双方的系统的使用情况，可以通过下面的指标来考核：

- 供应商的数量；
- 供应商的占比；
- 订单价值及其百分比；
- 提前货运通知的百分比；
- 电汇付款和电子发票；
- 客户要求的满足程度；
- 贯穿整个供应链的库存；
- 电子反向竞标和电子报价的价值或数量；
- 其他。

4. 推动式系统、共享计划表、供应商管理库存（SMI）

这些指标能够确定供应商数量或在推动式系统环境下共享计划表及运营的供应商所占百分比。它们也可以考核正在共享计划的供应商占共享计划表所有供应商的比例。供应商管理库存考核指标能够确定供应商的数量以及由供应商管理库存的情况。同时，供应商对这些库存要负经济责任。

18.3.9 管理和绩效考核指标

管理层通过管理和绩效考核对采购管理预算进行规划，从而有利于在预算期内控制管理费用。预算支出项目通常包括工资、差旅和生活费用、培训费用、办公用品开支以及其他杂项支出，其中工资通常占采购管理预算的最大份额。两种最常用的制动采购管理预算的方法是当前预算加调整和使用控制比率。

1. 当前预算加调整

制定预算的最常用方法是，以当前的管理预算为起点，管理部门自下而上或自上而下地调整下阶段的预算。调整方式由预期的企业经营状况和其他部门的要求所决定。预算调整反映了管理层对采购工作量和公司盈利能力的看法。减少工作量或利润可以带来预算的减少；相反，增加工作量或利润可能导致预算的增加。

2. 控制比率

与控制比率方法一起，采购管理预算是另一种能够反映采购工作量的考核指标。生产物料的计划经费支出通常被用来考核工作量。

根据采购部门与更高管理层之间的协商谈判和控制比率的历史数据往往可以确定预算过程中的控制率百分比。对下一阶段生产物料采购需求的预测会影响管理预算。一般认为，采购工作量与生产物料的计划开支成比例。采购预算的计算公式如下：

$$采购预算 = 生产物料的预计开支 \times 控制率$$

采购经理使用总的预算数字在不同部门之间分配资源。管理层必须确定所需的采购人员数量、文职部门员工规模以及其他与预算有关的问题。

3. 其他方法

当前预算加上调整和控制比率并不是考核采购管理预算或效率水平唯一的方法。对内对外采购工作量,如采购订单的处理量、单项产品处理量和职员人数也同样被用来进行效率考核。必须再次强调的是,应该把采购效率而不是采购效力作为考核绩效的一个严格指标。

18.3.10 政府或社会考核指标

政府或社会考核指标具体如下。

1. 少数民族、妇女和小型企业目标

在美国,存在这样的社会、州和国家要求:公有的和私有组织必须与少数民族和妇女拥有的有商业企业(minority-and-women-owned business enterprises,MWBE)有一定比例的业务来往。这些开支通常指在达到特定的绩效水平的情况下,企业对这些开支进行跟踪和报告。同时,这些开支还能促使采购战略的制定。小规模的业务采购也包括在内。具体的考核指标可能包括以下几种。

- 支出比例:对 MWBE 供应商的采购业务支出的比例占全年采购支出的百分比,计算如下:

  每年从 MWBE 供应商处采购的金额/每年从外部采购的金额×100%
- 每个 MWBE 目录下的供应商数量;
- MWBE 支出的增长率。

2. 安全措施

这些措施侧重于整个供应链中供应商员工的安全。供应商安全记录将影响采购决策。例如,在新兴国家中具有不良和不安全工作条件的历史的供应商可能不会被授予新业务。

18.3.11 内部客户满意度考核指标

企业还会采用一些考核指标来表明对采购部门为增值所做贡献的满意度。一般通过调查内部客户,让其回答一系列问题来得知他们对采购部门的满意程度。同时也会采用供应商满意度调查和考核指标。

18.3.12 供应商绩效考核指标

此外,很多企业在供应商绩效考核方面已经取得了很大的进步。供应商计分卡通常包括大部分上述论述的考核指标。采购商常常追踪考察供应商的质量、成本、交货情况以及其他绩效领域。另外,企业开始将与供应商无绩效行为相关的成本进行量化,计算出的成本数量代表与供应商进行交易的总成本。供应商总成本考核指标可以在供应商间进行直接比较。

由惠普公司开发的供应商绩效评估模型代表了评估供应商的一种方法,该模型考察评估了供应商(包括管理这些供应商的团队)在 T(技术)、Q(质量)、R(供应商反应能力)、D(交付绩效)、C(成本)和 E(环境)等领域的绩效水平。这些供应商计分卡对于供应商的选择、激励和开发起着日益重要的作用。

风险是采购决策中考虑的重要因素,它遍及影响公司绩效的许多领域。许多公司已经实施或计划实施风险规避措施,其中包括新技术开发风险、供应商财务风险、物流中断风险、基于地理位置(台风、地震等)的供应商自然灾害风险。先前提到的区域风险衡量通常被评定为高、中或低,需要采取缓解措施。

18.3.13 战略绩效考核指标

采购部门需要那些反映其为整家公司和部门目标提供支持的考核指标。这意味着减少对纯粹的效率考核指标(如发出采购订单或当前工作量状态的成本)的关注,而更重视效力考核指标(那些反映采购部门战略贡献的方法)。有关后者的例子包括跟踪供应商在产品设计过程的早期的参与工作、从供应商直接开发努力中获得的绩效成果或供应商提供的改进建议。在多数行业中,采购部门必须将自身的定位从提供管理支持的职能部门转向为企业提供战略价值的贡献的部门。

图 18-3 列举了主要战略采购考核指标的例子。注意这些方法都是以行动和以结果为导向的考核指标的结合,所关注的重点也从严格的人员绩效或效率指标转移到了采购职能部门是否很好地为以供应链基地为基础的战略性管理目标和任务提供了资金支持。为了完成采购部门从运营层向战略层的转变,采购考核和评估系统也必须随之相应转变。

- 承诺用于现场供应商访问的采购业务预算的百分比
- 经过质量认证的供应商在总供应商中的比例
- 无检验和材料缺陷的收货百分比
- 供应商总数,具有战略意义
- 参与早期产品设计或其他联合活动的供应商的比例
- 供应商提供的使终端产品与客户脱颖而出的技术带来的收入增长
- 分配给供应商开发和培训的运营预算百分比
- 总成本供应商的选择和评估措施
- 供应商的环境可持续性
- 供应商的提前期指标
- 购买对资产回报率、投资回报率和经济增值公司措施的贡献
- 通过降低第 2 层和第 3 层供应商的成本实现采购成功
- 签订长期合同的购买金额百分比
- 通过使用公司范围内的协议节省的费用
- 采购对缩短产品开发周期时间的贡献
- 从单一来源购买的商品百分比
- 承诺向表现最好的供应商提供的采购金额的百分比
- 以电子方式处理的购买交易的百分比
- 准时制带来的收入占总收入的百分比
- 与世界一流的绩效目标相比,供应商的质量水平、成本绩效和交付绩效
- 供应商开发成本和收益
- 持续的供应商绩效改进措施
- 由于采购和供应链方面的努力而减少了营运资金
- 通过战略外包工作为投资回报和资产实现的贡献
- 通过减少零件数量而节省的成本
- 通过零件标准化实现的节省
- 风险识别和减少

图 18-3 战略性采购衡量指标示例

图 18-3 中的绩效指标比传统绩效指标更具战略性和外部重点。根据更广泛的购买目标而不是特定活动来制定它们。例如,买方可能要对一个绩效目标负责,该目标表明买方的 75% 的供应商将在 2014 年第三季度之前获得质量认证。这不同于一项规定买方平均每天必须处理 10 个报价请求的措施。

18.4 开发绩效考核和评估系统

评估系统的开发需要管理层的领导、支持和承诺,他们必须提供系统开发所需的财务资源。管理层也必须要求所有的采购地点都使用相同的系统结构,这可以减少重复性工作,并能节约开发和培训成本。但这并不意味着每个采购点都必须使用相同的绩效目标或绩效标准,只是说系统的基本设计是相似的。执行管理层的支持本身同时也传递了一条信息,即追踪和改进绩效是非常重要的。

开发有效的考核和评估系统伴随着一系列的活动,其中包括确定要考核的绩效类型、制定具体的绩效考核指标、为每种考核指标制定绩效目标、系统细节定案以及实施并审核系统绩效与考核指标。图 18-4 概述了采购和供应链绩效评估系统的开发。

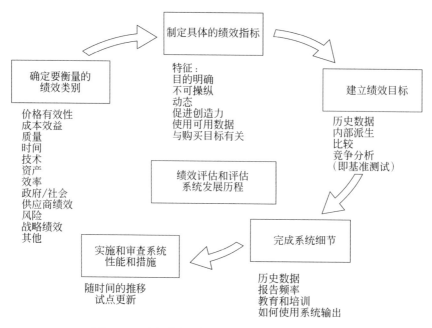

图 18-4 开发采购和供应链绩效评估与评估系统

18.4.1 确定需要考核的绩效类型

之前我们讨论了不同绩效管理的类型。开发过程的第一步需要确定公司所需考核的绩效类型。同时,企业也可以赋予绩效考核指标及其分类不同的重要程度。

在系统开发这一阶段,管理层并不关心绩效考核指标。但选取的绩效类型必须与组织、采购部门和供应链的最终目标和具体目标有着广泛的联系。

选择绩效考核类型是在开发具体绩效考核指标之前的关键一步。

18.4.2 制定具体的绩效考核指标

一旦管理层确定了所需侧重的考核类别，便开始制定具体的绩效考核指标。成功的采购和供应链考核系统拥有自己的特征。

（1）客观。每种考核指标都应尽可能客观。考核系统应依靠定量数据而不是定性感受或评价，主观评价会使评价人与负责绩效目标的个人或团队之间产生分歧。

（2）清晰。员工必须明白绩效标准的要求，以便引导绩效行为达到要求，并使误解最小化。企业内部所有部门都必须清楚每种绩效考核指标的含义，认同与绩效考核指标相关的绩效目标，并懂得如何达到这种考核目标。只有直接的、清楚明确的考核指标才能得到很好的理解。

（3）使用准确并可获得的数据。定义明确的考核指标使用准确并可获得的数据。如果一种考核指标需要的数据难以生成或不可靠，那么若持续地使用这一方法，收益率将会下降。生成和收集所需数据的成本不应超过使用该方法的潜在收益。

（4）创造性。关于绩效评估系统有一个理解的误区，就是认为系统应该对每项可能的活动都进行考核，如果这样会抑制个人创造力的发挥。如果考核指标对个人行为的控制过于紧密，系统会消除个人发挥创造能力的空间。成功的系统只考核最重要的方面，还要鼓励个体发挥主动性和创造力。这可能意味着，系统要关注 5 种或 6 种重要的定义清晰的考核指标，而不是 25 种模糊的指标。

（5）直接与企业目标相关。图 18-5 说明了企业的最终目标和具体目标如何影响采购部门的最终目标和具体目标。其他职能目标也对采购部门产生影响。例如，制造部门的目标能够直接影响采购部门，因为采购部门支持制造流程。为了实现公司最终目标和具体目标，采购部门执行人员会制定战略和行动计划，制定产出或绩效的考核指标，这些方法也会成为采购过程中的指标。

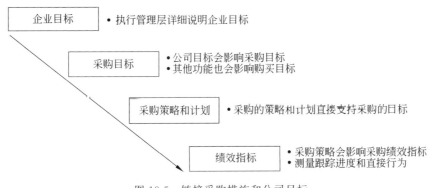

图 18-5　链接采购措施和公司目标

（6）联合参与。联合参与是指负责每个指标的人员都应该参与考核指标的制定和考核指标绩效目标的制定。联合参与有助于从负责考核指标的人员那里获得支持。

（7）实时变化。实时变化的动态系统是一种管理层用来定期回顾的系统，以确定现存考核指标是否仍支持采购部门的最终目标和具体目标，是否需要新的考核指标，或者是否需要更新绩效标准或具体目标。

(8) 不可操纵性。考核指标的不可操纵性意味着员工不能随意影响绩效考核结果(即考核指标是防欺诈的)。理想情况下,负责绩效考核指标的工作人员不能同时负责向汇报系统提供数据,这关系到责任和诚信的问题。考核指标的结果应该是对实际活动或绩效水平的真实反映。一般地,通过自动化或计算机化的系统输入数据的系统可以减少对数据的操纵。

18.4.3 为每种考核指标制定绩效目标

为每个考核指标制定相应的绩效目标至关重要。明确的目标可以将期望的绩效最终目标和具体目标进行量化。管理层不应详述过于容易实现的目标。太容易实现的目标可能在部门内部被当作绩效标准。

绩效标准或目标必须现实,这意味考核指标的实现具有挑战性,但又是可以通过努力实现的。目标不应通过最少的努力就能实现,但同时也不用困难到打击员工对实现目标进行尝试的积极性。目标还应能反映企业竞争环境的现实状况。那些在企业内部有挑战性却不能反映竞争环境的目标不能作为定义明确的考核指标的一部分。

企业在制定绩效考核指标目标时通常会采用3种方式:①历史数据;②内部衍生的最终目标和具体目标;③外部分析。

(1) 历史数据。这种方法将某一活动的历史数据作为制定正式绩效目标的基础。企业往往会利用绩效完善因子对历史绩效进行修正以得到现在的目标。采购和供应链经理通常会采用与效率相关的考核指标的历史方法。

依靠历史数据也可能会产生一些问题,过去的绩效有可能并不是最理想的状态。在这次优的基础上制定目标,即使运用完善因子进行修正,企业依然承担着维持次优绩效的风险。同时,历史数据也无法提供竞争者和其他领先企业的绩效能力状况。另外,公司的目标、战略和财务目标将引导采购和供应目标。如果没有通过完成目标来为公司作出贡献,采购无法为公司创造价值。

(2) 内部比较。企业可以在部门之间或业务单元之间进行内部比较。最好的内部绩效水平可以成为整家企业范围内的绩效目标基础。有多个业务单元的企业通常可以跨越不同的绩效类别来进行内部绩效的比较和等级划分。

这种方法比起历史数据法而言具有一定的优势,但也存在一定的劣势。企业在强调内部部门间相互比较的同时,可能会忽略其外部竞争。企业内部业务单元部门或部门之间也可能产生不良竞争。而且,内部衍生的目标并不能保证内部最优的绩效水平一定可以赶上竞争对手的最优绩效。

(3) 外部分析。这种方法需要审视竞争对手或领先企业的实践和绩效目标。这种方法的优点是,它需要一个非常详细具体的外部评估。

本章接下来的部分将讨论在绩效目标制定中实行标杆管理的竞争分析方法。

(1) 系统细节定案。接下来的实施的阶段要求管理层考虑以下问题,诸如绩效报告的频率、系统用户的教育和培训,以及如何使用系统结果进行最终决策等。

(2) 绩效报告频率。完善的考核和评估系统可以定期提供绩效结果报告,具体的报告频率根据考核指标的不同而有所差异。管理层必须确定什么样的频率有利于最高效率地运用各种考核系统。例如,追踪入库运输状况的考核指标必须频繁地(每天或实时地)进行报告,而对所有供应商绩效进行的总的评估则可以按周或按月进行汇报。

(3) 教育和培训。企业必须就如何使用绩效考核和评估系统对员工和供应商进行培训。每个参与者都必须明白自己在系统中的义务和责任,以及如何利用系统结果来提高绩效。考核和评估系统是一种工具,和其他所有工具一样,需就其如何使用进行适当的教育和培训。

(4) 利用系统结果。管理者可以通过不同的方式使用绩效考核和评估系统所得出的结果。有的管理者利用系统结果直接评估采购人员或供应商的绩效。管理者也可以利用该系统来跟踪个别采购人员的效力。通过系统结果也可以识别突出的供应商,这些供应商可以得到未来的采购合同。

所以,管理层必须认真考虑如何最好地利用系统结果。

18.4.4 实施和审查系统绩效与考核

所有系统都有一个实施阶段,可能包括试运行或实验以确保系统按计划要求运作。考核和评估系统以及各种绩效考核指标都必须进行定期审查,过时或不适合考核指标的系统比根本没有正式系统的危害更大。

18.5 绩效标杆管理:与最佳绩效进行比较

如今,一种正日益流行的,用于制定绩效标准、流程、考核和目标的方法就是标杆管理。标杆管理本身并不是一种专门用于采购和供应链管理的方法,而是企业管理层或职能执行部门的管理者使用的方法。在制订采购和管理绩效目标和行动计划时,标杆管理得到了明确的应用。在讨论标杆管理具体的应用之前,我们首先必须了解标杆管理的流程。

18.5.1 标杆管理概述

标杆管理是将企业的产品、服务、流程、活动和实践,与该企业最大的竞争对手或行业内被公认的龙头企业进行连续比较的指标。正式说来,标杆管理过程或活动需要跟一流企业进行对比,判定这些企业是如何达到其绩效水平的,并且把这些信息作为制定公司绩效目标、战略和行动计划的基础。

标杆管理并不总是需要与竞争对手进行比较。企业通常依赖与非竞争者对手比较来获取信息资源,尤其是跨行业企业(如供应链管理)在确定流程或部门活动的标杆时。从合作的非竞争者那里可以更容易获得标杆管理的数据和信息。

对行业中的非领导企业而言,有必要进行标杆管理。可惜的是,很多美国企业直到外国竞争对手抢夺了大量的全球市场份额后,才意识到绩效标杆管理的必要性。行业的领导者也应该定期进行标杆管理。如果企业不了解竞争对手的行为和能力,则可能无法保证其市场领导地位。

1. 标杆管理的类型

绩效标杆管理一般有3种基本类型。第一种类型是战略标杆管理,要求将公司的市场策略与其他公司的市场策略进行比较。战略标杆管理通常包括与领先的竞争对手的比较,并且要求企业对领先的市场竞争者的战略有深入的理解。在这些知识的基础上,企业可以制定战略和行动计划来加强竞争并在竞争中占有主导地位。

第二种是运营标杆管理,指采购部门在进行标杆管理比较时所遵循的流程。运营标杆管理侧重于职能活动的不同方面,以及识别获得最佳绩效的方法。在部门内选择标杆管理的职能和活动是成功地运营标杆管理的关键。企业应该将那些能创造最高收益率的职能活动作为标杆。

第三种是标杆管理支持活动,在这个过程中,企业内部的支持部门通过与企业外部提供具有相同支持性活动或服务的供应商进行对比,证明自己的成本效用水平。越来越多的企业开始将标杆管理支持活动作为控制内部管理开支和正在增长的成本开支的方法。

2. 标杆管理的好处

积极实行标杆管理的企业都希望能以一系列的方式从流程中获益。标杆管理过程能帮助企业识别公司商业计划中应包括的最好的业务或职能活动,这可以直接促进绩效的改进。标杆管理可以打破因循守旧的状况,管理层开始关注企业外面的世界并开始明白如何才能实现和保持公司的领先地位。标杆管理还可以用于获取市场信息。例如,竞争性标杆管理可以发现一些无法识别的技术突破。最后,企业之间制定价值大的专业合同,也可以通过标杆管理流程来实现。

3. 标杆管理成功的重要因素

成功的标杆管理需要很多因素来发挥作用。绩效标杆管理必须成为一项企业和部门都接受的流程,而不仅仅是一种一时的时尚或狂热。员工个人也应该把绩效标杆管理看作企业制定目标和竞争性战略系统的一个长期组成部分。与此同时,管理层也应对标杆管理提供支持,这点非常重要。

企业还必须愿意安排人员去做一些数据信息收集的必要的跑腿工作。同时,企业必须识别行业内某一项活动中哪家企业做得最好,为什么能够做得最好,并将作为标杆的绩效考核指标进行量化。成功的标杆管理流程依赖详细而准确的标杆管理数据和信息,这些也是企业行为计划和绩效目标的一部分。

管理者必须把标杆管理当作向外部企业学习的途径,也是不断改善内部运营的方法。但也有人反对标杆管理,因为他们不愿承认竞争对手经营方式的价值——"非我发明"综合征。拥有这种症状的企业通常要求与非竞争对手的活动和绩效对比进行标杆管理。显然,战略性标杆管理要求企业和直接竞争对手进行比较。然而,对于职能活动,企业可以向非竞争对手学习。

4. 信息和数据资源

商业杂志、其他商业图书馆资源和互联网等都是可靠的标杆管理的数据来源。商业杂志和其他行业出版物经常会刊登在某方面非常突出的企业。如果这些资料还不够,企业可以与选定的标杆管理目标的企业进行接触来获得进一步的信息。

行业会议和专家研讨会也是很好的信息来源,特别是那种具有专业水准的会议。这类会议往往可以作为就不同话题交流观点和想法的论坛。行业内的龙头企业通常会在行业交易会议上做陈述演讲。这些会议还为了解特定行业或具体领域内表现最好的企业提供了线索。

供应商是信息来源的另一种途径。采购人员可以要求供应商评判他们认为在各个标杆绩效领域表现最好的企业。公司还可以依靠专业咨询人员或其他行业专家来选择标杆候选企业。

CAPS研究项目（由供应管理协会和亚利桑那州立大学W.P. Carey商学院联合赞助）正在进行的一项主要采购基准测试计划是另一个重要的信息来源。

这项工作包括具体的行业绩效基准和对前沿供应策略的持续研究。CAPS战略采购和卓越模型为供应战略和实践研究提供了框架。数据是通过重点小组的愿景会议、现场研究以及基于互联网的调查和评估来收集的。由CAPS Research（http://www.capsresearch.org）赞助的在线数据库Knowledge Central提供了有关行业基准以及当前和未来供应链策略与实践的研究结果。

18.5.2 标杆管理流程

罗伯特·坎普（Robert Camp）指出企业在从绩效标杆管理过程获益之前，需要经历不同的阶段和过程，图18-6表明了管理流程的五个步骤。

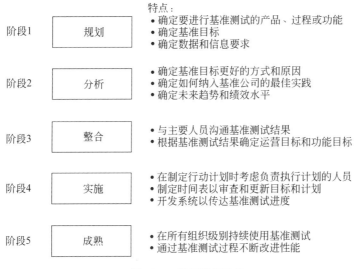

图18-6 标杆实施阶段

（1）规划。这是标杆管理的流程的初始阶段。此时，企业需要考虑一些问题，如哪些产品或职能部门需要设立标杆，选择什么样的企业作为标杆目标（竞争对手、非竞争对手，还是两者都有）以及如何识别数据和信息资源。标杆管理计划应该关注流程和方法，而不仅是定量的绩效结果。流程和方法决定了最终的定量结果。

（2）分析。第二阶段主要进行的是数据和信息收集及分析。企业必须明确标杆企业为什么做得更好，究竟好在哪里。这里，需要提出一系列问题：
- 标杆公司在哪些产品和职能领域做得比较好？
- 为什么标杆企业能做得更好？
- 本公司和标杆企业之间的差距有多大？
- 我们能否在公司运营计划中直接运用标杆企业的最优做法？
- 我们能否设计出更好的绩效水平和绩效变化率？

这个过程非常重要,因为它需要管理层清楚解释并理解标杆企业的流程、方法和活动。

(3) 整合。整合是在整个组织范围内沟通并获得基准测试结果接受的过程。在此阶段,管理层根据标杆管理的结果制定运营目标和职能目标。

(4) 实施。实施阶段要求将标杆管理的各项标杆管理结果落实到具体的实施计划中。本阶段包括的关键问题有:让直接负责计划实施的人员参与计划制订过程,制定时间表,及时更新各个时间的计划和目标,以及建立一个报告系统以得知朝标杆管理目标进展的情况。

(5) 成熟。当标杆管理成为绩效计划和目标的流程并被广泛接受时,就可以说企业进入了成熟阶段。如果企业由于绩效标杆管理而实现了持续的绩效改进也可以说明公司达到了标杆管理的成熟阶段。

像标杆管理这样的正式流程,对企业制定绩效目标和行动计划是至关重要的,而目标和计划也是外部关注的焦点。没有外部比较,大多数企业都会面临这样的风险:不明白什么是最佳做法及竞争对手在采取什么措施。采购部和供应链管理者在制定能够代表行业内一流绩效的计划、考核指标和目标时都必须认可这种做法。

18.5.3 采购和供应的平衡计分卡

平衡计分卡系统是在 1992 年由罗伯特·S.卡普兰和大卫·P.诺顿首次提出的。提出该主张的背景是:完全依赖财务手段的考核导致组织内部无法做出正确的决定。卡普兰(Kaplan)和诺顿(Norton)主张公司一定要突破财务手段考核的范围,因为它已经使公司决策滞后,他们还主张新采取的考核手段要能够显示出绩效水平。

之后,他们提出:能够引导公司做出正确决定的最合适的手段,应该是那些能够在公司战略方面、功能性活动及流程上给予考量的系统。

根据卡普兰和诺顿的说法,平衡计分卡包括 4 个方面的绩效考核:

- 顾客如何看待我们?(顾客满意角度)
- 在哪方面我们必须优秀?(卓越运营角度)
- 我们能够继续增长和创造价值吗?(创新角度)
- 股东如何看待我们?(财务角度)

此外,卡普兰和诺顿强调考核本身并不是目的。考核结果与评价指标提供了清晰的综合性说明,使我们公司可以提供绩效认可的奖励战略。

平衡计分卡及与其相关的思想已经在很多公司得到了应用,并且将其应用延伸到采购和供应领域。

图 18-7 是公司中采购与供应部门运用平衡计分卡进行考核的例子,其中包括的考量标准与以下问题相关:

- 股东如何看待我们?(财务角度)
- 我们的顾客如何看待我们?(内部和外部角度)
- 在哪方面我们必须优秀?(卓越运营角度)
- 我们需要做什么来提高自身?(创新角度)

以公司的采购和供应战略为基础,平衡计分卡将成为特有的合理考核绩效的方法。结果将表现为部门或员工用以衡量主要绩效表现的计分卡。

```
金融                                    消费者满意度
• 收入                                  • 内部
• 基于流程改进的供应商收入              • 工厂停工数
• 专利使用费收入                        • 单源风险缓解
• 费用                                  • 内部利益相关者调查
• 直接材料、间接支出和资本支出的成本    • 工厂质量事故
• 物料清单成本与目标                    • 供应商业务连续性
• 节省合同制造商使用的直接材料          • 工具性能
• 人事行政费用                          • 准时交货
• 标新立异的花费                        • 准备就绪
• 非正当支出                            • 首选供应商支出所占百分比
                                        • 外部
卓越运营                                • 客户质量事件
• 合同价格执行
• 审核结果和错误严重性                  创新
• 合同中的付款条件                      • 新产品开发
• 合同中最喜欢的客户条款                • 新产品创新(NPI)流程中的性能与数据里程碑
• 不超过合同定价                        • 当前估计成本与 NPI 程中的目标相比
• 保持 ERP 数据库中当前的定价           • 通过 NPI 流程中的购买/供应节省成本
• 战略采购计划到位                      • 人的发展
                                        • 培训时间
                                        • 领导力发展通道
                                        • 员工士气
```

图 18-7　战略绩效衡量的案例示例——半导体制造商

18.6　采购考核及评估的特征总结

通过概述采购和供应链绩效考核与评估系统可以得到一系列结论。这些结论主要分为两类：系统特征和人力资源特征。

18.6.1　系统特征

系统特征具体如下。

（1）绩效考核并不是无成本的。使用评估系统必须将与考核相关的成本和其收益进行比较。此外，考核次数的增加并不意味着绩效的提高。考核的次数和类型应足够达到预期结果但不至于造成负面影响或障碍。

（2）并非绩效的所有方面都可以进行定量考核。谈判技巧及获得供应商的合作就是两种很难进行量化的绩效类型。

（3）采购与供应链管理者最好采用较少但界定明确和理解透彻的考核指标，这样将好于采用很多定义模糊的方法。

（4）有效的考核系统需要能提供一致且可靠数据的数据库。所有员工在计算或报告采购绩效指标时必须能够获得相同的数据。

（5）应对采购和供应链考核系统进行定期审查，以消除那些不重要的或不必要的绩效考核指标，根据需要增加新的考核指标，并重新评估绩效考核指标目标。

（6）不存在最好的绩效考核指标。绩效考核指标因行业或企业的不同而不同。当前，没有一个行业拥有固定的绩效标准。但是，向绩效标杆管理发展的趋势确实有利于制定不止适用于一家公司的绩效指标。

（7）绩效考核报告的要求和内容根据其在企业内部的地位和水平的不同而有所差异。详细的计划有助于保证企业各个水平层次上的绩效考核系统都能得到有效应用。

（8）采用能够代表采购和供应链绩效的单一的、考核整体生产率的指标是不可行的。

（9）许多行业应将侧重点从关注行为的运营考核指标转向对最终期望结果进行评估的战略性考核指标（如新产品开发时期参与供应商数目的增加）。

（10）用于达到绩效考核指标结果的战略和计划可能比最终绩效结果本身更为重要。

（11）平衡计分卡是考核和评估采购与供应的有效方法。

18.6.2 人力资源特征

以下特征主要为当绩效评估系统应用到采购部门人员时所需考虑的关键因素。

（1）绩效考核和评估系统不能取代有效的管理。这种系统是一种工具，可以用于协助采购与供应链职能部门有效地和高效地运作。

（2）有效的系统需要沟通交流。负责任的企业员工必须清楚明白绩效评估方法、绩效预期结果，以及绩效考核指标在绩效评估过程中所起的作用。

（3）考核指标必须能够促进积极的行为，且与企业的奖励制度建立真正的联系，而不是作为惩罚的工具。如果管理层只是把考核指标作为识别不称职员工的方法，那么可能会出现负面的、产生障碍的或与系统对抗的行为。

实践范例

Accent Industries——用考核推动供应链的持续改进

Accent Industries（以下简称 Accent）是一家总部位于美国的消费品公司，其生产的产品直接运输到世界各地的零售商手中。这家公司的战略是通过在价格、服务和便利性方面处于行业领先地位，在服务的各个运营方面取得卓越成就。Accent 已制定了一套组织目标，这对其在全球范围内取得成功至关重要。这些目标包括成为低成本生产者、为客户提供高质量的产品，提供本行业内最优的服务、交货水平和反应度。公司相信考核指标能为履行组织指令提供直接的支持。

运行采购与供应链考核系统的时候，Accent 遵循一系列规定的步骤。

第一步：进行跨部门讨论，进行标杆管理以确定考核指标，制定考核目标和绩效目标。

第二步：将考核目标规范化为书面的政策和程序。

第三步：将考核指标和目标正式传达给供应基地。

第四步：接收来自供应商的反馈信息。

第五步：如果有必要，对绩效考核指标和目标进行修订。

第六步：公布并实施最终的考核目标和流程。

第七步：收集和维护绩效数据。

Accent 的管理正是依赖一个这样范围广泛、与企业目标直接相关的采购与供应链考核系统。以下是Accent主要的考核指标。

1. 质量
- 每100万件零件中供应商出现的缺陷；
- 每100万件零件中内部制造的质量缺陷；
- 内部流程能力；
- 损坏；
- 担保赔偿金的金额和成本。

2. 价格或成本
- 实际价格与市场价格的比较；
- 价格或成本降低；
- 加工成本管理；
- 运输成本管理。

3. 生命周期
- 新产品开发周期。

4. 交货和服务
- 供应商及时交货。

5. 库存或预测
- 各个时间库存的总价值；
- 原材料、在制品和制成品的库存周转；
- 预测精确度。

供应商质量绩效是在对供应企业的实地拜访和产品收据的数据统计基础上确定的。计算的频率随着供应商现有质量水平的不同而不同。那些有着已知的质量问题或缺陷很高的供应商会被定位为高频率考核的对象。

Accent利用绩效考核系统制定和传达绩效目标，追踪流程，并促进绩效的持续改进。公司对各家供应商提供清晰、全面的目标和适时的反馈。制定高远但能够实现的目标、供应商一致认同的可达到的目标，高级管理层的支持及精确的考核和定期反馈等，都是进行有效考核所应包括的至关重要的因素。

Accent计划在将来扩展其所拥有的供应商评估与选择模型的使用范围，使其物有所值。此外，公司还打算进行公开考核并与供应商共同承担成本。

资料来源：根据对公司经理的采访。公司名称已应公司要求更改。

🎯 本章小结

采购和供应链绩效考核与评估系统应该为企业目标和任务的完成提供直接的支持。指引企业活动偏离这些目标和任务的考核系统会降低生产率，并导致出现的负面结果大于正面影响。

企业需要制定能够对变化做出反应的绩效考核系统。同时，企业也越来越要求考核指标将关注的焦点从具体的行为转移到最终的结果上，侧重点也日益从效率向效力转移。另外,高层管理者必须具备辨别采购策略和结果优劣的能力。完善的绩效考核和评估系统可以帮助管理者做出判断。平衡计分卡是考核采购与供应的有效手段。

思考讨论

1. 什么是采购绩效考核和评估系统?企业为什么希望进行采购绩效考核?
2. 企业为什么希望考核供应商绩效?请描述可以用于考核供应商绩效的考核指标。
3. 什么是绩效标杆管理?为什么在制定采购绩效最终目标和具体目标时,会越来越多地运用绩效标杆管理?
4. 绩效标杆管理有哪3种类型?采购部门最常用的是哪种?
5. 效率考核指标和效力考核指标间的差别是什么?企业什么时候应该关注效力考核指标?什么时候应该关注效率考核指标?
6. 讨论采购绩效考核和评估中一直存在问题和局限性的原因。你认为采购部门应该增加还是减少为绩效考核所付出的努力?为什么?
7. 思考下面这句话:一些企业依然依赖那些对采购的长期绩效目标有害而不提供支持的考核系统。这是什么意思?请举例说明可能会对采购绩效产生长期负面影响的绩效考核指标。
8. 制定以成本和采购价格为核心的绩效考核指标有什么好处?
9. 讨论成本降低和成本规避考核指标的主要差别。为什么有人把在成本规避考核指标中得到的节约称为"柔性的""通货膨胀"和"易于操纵的"?什么时候采购部门能够因实现合理的成本消减或成本规避而受到好评?
10. 假定你负责开发一个标杆管理项目,请描述你将如何制定标杆管理流程。为确保讨论,你必须提出的关键性问题是什么?
11. 讨论以下各句陈述的含义:
 (1) 采购考核不是无成本的。
 (2) 不存在最好的采购绩效考核方法。
 (3) 许多行业应将侧重点从专注行为的运营考核指标转向对最终期望结果进行评估的战略性考核指标。
 (4) 采购考核和评估系统不能取代有效的管理。
12. 为什么有时候通过与非竞争对手对比进行的标杆管理存在优越性?
13. 有效的绩效考核系统有一定的特征,请选择其中3种特点并讨论为什么考核指标需要具备这些特征。
14. 讨论采购与供应链绩效数据在管理者使用时有什么不同。
15. 如何建立考核采购与供应的平衡计分卡?

第6篇

未来展望

第19章　采购与供应链战略发展趋势

第 19 章

采购与供应链战略发展趋势

学习目标

- 了解关键的采购和供应战略的发展方向;
- 认识对战略影响最大的领域;
- 理解关键战略的关键特征。

开篇案例

供应链整合成为现实

以客户为中心的供应链能够更好地匹配和连接构成供应链的各种公司,并使得供应链越来越有可能获得竞争优势,如沃尔玛(Walmart)、戴尔(Dell)和 IBM 的例子。在目标、商业战略、信息透明度方面整合的供应链对产能投资、库存、设计、响应和支持公司的全球产品/服务开发、运营/制造和采购都有深远影响。这里详细讨论的是摩托罗拉(Motorola)供应链整合的例子。2005 年,摩托罗拉承担了连接供应链各个部分的任务,目标是满足成本、资金和客户服务各方面的要求。成本竞争力将使价格具有竞争力,资金可以保证商业投资,而客户服务将有助于留住客户。因为摩托罗拉销售遍及全球所有地区,而采购则来自世界各地 47 个国家的供应商,所以挑战很大。过去,这六个业务部门都不涉及资源和设备。为了实现向一体化供应链的转型,摩托罗拉的重点是将产品设计、采购、制造、物流和客户服务联系起来。此外,以下 6 个关键步骤提供了实现更改的先进流程方法:

(1) 收集一流流程,在公司进行复制。
(2) 建立一个规模合适的供应基础,并改善与关键供应商的工作关系。
(3) 建立明确的供应商质量预期,并通过绩效计分卡提供绩效反馈。
(4) 建立最有成效、最高效的生产和物流运作体系。
(5) 关注信息技术改善项目,将所有业务部门的影响力最大化。
(6) 创建一种以行动为导向和以结果为导向的公司文化。

到 2007 年,转型的结果是惊人的。示例如下:

- 不同的团队确定了最佳实践,并已经在全球范围内实施最重要的实践。
- 业务部门协同工作,以征求报价和奖励业务。
- 供应商被要求制订"质量更新计划"以继续开展工作,摩托罗拉向供应商提供了性能数据。
- 通过检查其在全球的足迹和整合设施,摩托罗拉的制造和分销业务的建筑面积减少了40%。
- 摩托罗拉90%的信息技术开发已经形成完整系统,该系统相当普遍并支持所有业务单元。

此外,截至2006年底,摩托罗拉所取得的成就还包括:将供应商提供的零部件废品率降低了50%;在某些业务部门,客户准时配送率由原来的30%~40%上升到85%~92%;产品质量和生产效率提高了40%,存货周转率提高了18%。

总之,该示例表明,将垂直的或功能性的仓库和流程整合为一体化的供应链,可产生绩效。供应链整合是一个重大的持续性挑战,将是今后努力的重点。

资料来源:Adapted from Cook, J.A. (2007), "Metamorphosis of a Supply Chain," CSCMP's Supply Chain Quarterly, 34-38.

贯穿本书的一个共同主题是,采购的职能领域以及支持供应链管理的活动,正在经历着巨大的变化。这些曾经被认为是应对活动,基本上对企业没有什么贡献,但是现在,采购和供应链经理必须站在响应客户和创造变革的前沿。一家运输行业大型制造公司的副总裁说:"我们60%以上的收入都花在了外部供应商以及有效的采购上,而且世界级的供应商对我们未来的成功绝对是非常关键的。"

本章概述了影响并将继续影响采购和供应链专业人员的实际情况和预测变化趋势。这些变化和趋势出现在八个领域,这些领域被确定为对有效供应管理至关重要的领域,这是根据CAPS研究的一个联合研究倡议,即供应管理研究所提出的。尽管这项研究是在七年前完成的,但研究结果仍然为今天的讨论提供了一个相关的框架。这些领域包括:①扩大采购和供应的任务、目标和业绩预期;②制定类别战略;③开发和管理供应商;④设计和运营多种供应网络;⑤利用技术手段;⑥内部和外部合作;⑦吸引和留住供应管理人才;⑧管理和支持未来的供应管理组织和计量系统。本章是从本研究和其他的研究中,结合与供应链领导者的讨论,提出了一系列有重大影响的策略。

19.1 拓展业务、提升目标和提高绩效预期

在不久的过去,公司主管一直在提升采购和供应所需的使命、目标和业绩贡献的要求,该趋势还将继续发展。全世界各公司都要求采购与供应管理在成本压缩、有效资产管理和创收方面做出更大的贡献。

此外,外部力量不断变化,可能影响采购和供应管理的作用,并为公司的成功做出必要的贡献。这些外部力量包括:

- 全球竞争和宏观经济变化;
- 全球竞争和新兴市场增长;
- 兼并、收购和供应市场集成;
- 技术变革;
- 客户和供货渠道力量;
- 增加政府管制和社会责任;
- 环境责任。

这些因素可以单独或者共同影响采购和供应战略和实践,并增加供应的复杂性。未来商业模式与采购供应的转变也可能会影响采购和供应的使命和目标。

总体来说,未来采购和供应任务及目标的范围会更广泛,也会更契合公司的战略目标。未来的中心将会集中在若干供应链绩效上,具体如下:

- 扩大成本管理工作的广度和深度;例如,外包/内包、成本建模和价值链绘图,以确定成本改进的机会、项目标准化和复杂度降低的程度。
- 查明和减轻任何类型的供应风险,以确保业务连续性;例如,价格波动、潜在的供应中断、财政困难的供应商、对可持续性和环境的负面影响、知识产权的保护等。
- 充分利用供应商的能力和业绩和建立新的收入来源;例如,利用与供应商联合开发的技术,通过先上市来提高收入。
- 增加全球和区域(与当地)采购的规模,这些公司必须在世界任何地方找到并建立高性能供应商,以提供产品/服务和满足客户的要求。
- 加速从供应商那里获得更多的创新。

综上,创新产品、服务和流程将在未来提供更高的竞争优势。例如:在波音787中使用复合材料;苹果公司的iPod和iPhone;惠而浦公司生产平台上并排前置彩色洗涤器和烘干机;以及P&G产品创新推动了所有的市场优势。此外,公司承认,仅仅利用内部资源不能完全实现创新,还必须利用供应商在开发创新方面的专门技能。

采购和供应也将在公司的可持续性方面发挥越来越大的作用,其中许多公司与供应商密切相关。例如,沃尔玛战略和业务可持续性公司副总裁兼高级总监Tyler Elm认识到,与早期的活动相比,他们的新可持续性战略已经深深植根于沃尔玛的各项操作中,而且供应链管理需要达到2005年制定的宏伟目标。Elm这样说:"我们很早就认识到,我们必须审视整个价值链。如果我们把注意力集中在我们自己的业务,我们会把我们对环境的影响限制在10%以内,并错失90%的机会。"购买者必然充分了解可持续性问题,并在考虑到日益重要的可持续性的基础上作出适当的决定。

另外,A. T. Kearney研究显示,随着企业更加关注价值,采购与供应的总预期也在不断提升,具体见图19-1。

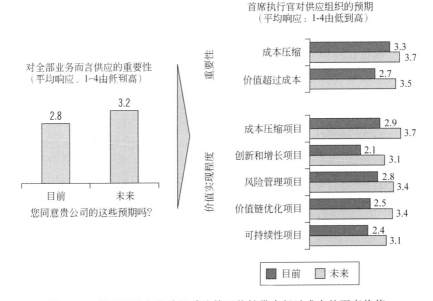

图 19-1　管理层越来越希望采购管理能够带来超过成本的更高价值

资料来源:2008 A.T.Kearney AEP Study

供应管理的作用不断扩大,不会降低对成本改善的要求,而且会要求对其他重要的采购目标作出贡献,如图 19-1、图 19-2 所示。

评估问题:在过去 12 个月中,针对最重要的采购(80/20 规则),估计可测量的绩效改善程度,以及在你的业务单元采购和供应链战略对业务部门的贡献。

绩效领域	平均改善结果/%
单位采购价格	3.8
运输和物流成本	3.0
总拥有成本	3.0
执行购买价格/成本	3.8
总库存投资成本	1.4
供应商质量	5.0
供应商准时配送	2.3
供应商响应能力、灵活度	2.3
供应商多样性	3.5

图 19-2　2013 年采购供应绩效结果

资料来源:R.M.Monczka and K.J.Petersen(2013),Supply Stategy Implementation:Current State and Future Opportunities,Tempe,AZ:CAPS Research.

(1)采购单位成本、质量和交货性能需要不断提高。

CAPS 的一个项目研究侧重于供应评估,根据 74 家公司对表 20-1 所示评估问题的回答,评估了 2013 年各个重要绩效领域的供应绩效成就程度。绩效结果显示了成本、库存、质量、执行、响应能力和供应商多样性。

采购和供应对维持目前的采购价格、成本降低、改善质量和运输绩效没有什么贡献。这些方面需要改进来提高竞争力。

(2)减少时间,在产品和工艺开发期间尤其重要。

虽然高质量、低成本一直都被认为很重要,但是,缩短时间的能力已经迅速成为客户眼中的另一个重要制胜因素。尤其是以较短的前置期提供产品支持和最优客户服务,以及以最短的时间将新产品从虚幻的概念转变为现实的产品送到客户手中等,这些将与成本、质量一起成为争夺市场的关键因素。

大多数经理都认为,减少的周期时间对于市场的成功至关重要。竞争不再是大型企业和小型企业之间的,而是在快速和敏捷的公司和反应缓慢的公司之间。采购在基于时间的竞争中扮演着重要的角色,因为它能够影响与时间相关的过程和活动。例如,减少与供应商的材料交付周期时间也可以帮助减少内部制造周期。

因为生产计划的时间不断缩短及不确定性的增强,供应商的快速反应可以使企业有能力满足客户所要求的快速反应。除了这些,关于物料订购周期时间就有四个因素会直接影响供应链实践:①将需求传递给供应商;②供应商的订购和生产周期时间;③从供应商处交货;④进货验收。

企业集中精力减少时间的最明显的领域可能是在新产品和过程开发以及实现创新的过程中。在过去的十年中,开发产品过程所需的方法和时间发生了重大变化,例如使用产品开发团队、样品技术以及与供应商共享的计算机辅助设计系统。因此,企业的平均产品开发周期有所下降,并受到高级管理层的重视。

19.2 制定商品战略会变得更广泛、更复杂

19.2.1 战略制定和选择

在未来的十年中,公司将执行不同的采购商品策略。采购商品策略的总体目的是通过利用公司内部和外部供应商的资源和能力来实现买方和供应商的价值最大化。未来,业务模式、外包程度、行业结构、技术、客户需求、环境法规以及其他因素的变化将改变价值的定义方式以及外部资源如何实现价值的方式。

> **专栏文摘**
>
> **全球采购:轮到泰国了吗?**
>
> 随着企业在全球范围内的竞争不断加强,新兴市场正在成为越来越多的客户和生产能力的来源。例如,泰国已开始向美国出口汽车,并希望成为全球出口中心,扩大其市场范围。三菱汽车计划于 2013 年 8 月首次向美国出口汽车。福特、通用汽车、丰田、日产和宝马等其他汽车正在利用泰国的生产能力。如果泰国与包括美国在内的其他国家/地区实施免关税贸易协定,则泰国生产的车辆可能会因其低成本和政府激励措施而更多地流向世界各国。出口量从不到 10 000 辆增加到超过 100 万辆。最终,其产品和零件的全球采购可能会增加,竞争力会增强。但是,与质量、响应能力和售后相关的问题必须进行仔细评估和监控。
>
> 资料来源:Adapted from Greimel, H. (October 14, 2013), "Thailand's turn?" Automotive News.

将来,公司将超越成本、质量和交付作为购买类别策略目标。他们将越来越多地寻求其他贡献,例如创新、降低风险、可持续性和缩短周期时间。例如,一家食品制造商利用调味料供应商的专业知识,将其自身的原料合理化为具有特定口味或质地的调味料和添加剂模块,为制造商节省了大笔费用,为供应商增加了销售量,还缩短了产品上市时间,这对于在竞争激烈的市场中取得业务成功至关重要。

> **专栏文摘**
>
> **中 国 采 购**
>
> General Motors 公司正在增加在中国的采购人员,预计将在中国发展供应商。现在已经有与上海供应商合作的 200 名采购员,北京和广州的办事处人员也将增加。General Motors 目前在中国有 198 家供应商,并与 300 多家中国供应商合作,协助他们成为通用汽车的全球供应商。
>
> 资料来源:Adapted from "GM's on the Hunt for China Suppliers," (December 17, 2007), Automotive News, 45.

公司将越来越多地使用以价值为中心的采购方法来评估如何利用一个供应商或一组供应商来获得具有较高业务影响力的竞争优势。"价值"的定义将会更完善,总成本来源决策将得到更大的应用,还将越来越多地使用价值链映射、数据分析来更好地了解行业趋势、成本建模和方案规划技术,以开发、评估和选择商品策略的替代方案。商品策略的开发将持续至少三到五年,并将从新产品/服务的开发开始,建立广泛的目标,例如,创新、降低风险、成

本、新兴市场采购、可持续性、协作、标准化等。最后,供应网络(供应商组)将成为商品策略的越来越多的关注焦点。战略考虑的是如何最大限度地利用供应商的能力,不仅是个人,而且是供应网络的一部分。

> **专栏文摘**
>
> ### 零部件标准
>
> Bosch 要求零部件标准化,因为对汽车制造商和零部件供应商的投资要求很高。Bosch 进一步指出,该公司为 ABS 速度传感器制造了 44 种不同的探头。所有传感器的功能基本相同,多样性幅度大大降低,从而产生规模经济并可能降低成本。如果对零件进行标准化,则某些产品成本可降低 5%~10%,甚至可能降低 30%。原始设备制造商和供应商之间的团队合作减少成本是一个重要的考虑因素。在未来,采购与供应商合作方面的有效程度将是一个竞争优势。
>
> 资料来源:Adapted from Shreifkin, R. (January 28, 2008) "Bosch Standardized Parts Can Cut Costs,"Automotive News, 41.

建立核心竞争力和能力已经影响了大多数公司的战略规划过程和商品战略的制定,并将在未来几年继续如此。由于采购部门与外部资源进行了广泛的交易,因此参与外包决策。外包可能会继续,尽管公司将仔细检查并在一段时间内重新平衡其内包/外包模式。随着物流成本、主要客户位置和自动化机会(劳动力含量降低)的变化,改进的机会以及偶尔的内包作还会存在。但是,外包的趋势不可阻挡。下面是企业仍然十分重视外包的原因。

(1) 降低成本的压力将继续存在,并迫使组织最有效地使用其生产资源。结果,执行管理层将依靠合理的理由(使用计算机模拟、预测软件、方案规划和"假设分析")和数据驱动的内包/外包决定来提供一种管理和降低成本的方法。通常会将劳动力成本较高的产品/服务外包到劳动力成本较低的地区。

(2) 公司将越来越多地专注于他们擅长的能够获得竞争优势的业务,以及外包与生产和管理有关的非竞争性活动。公司正在更有效地定义其核心竞争力,以帮助指导内包/外包决策,并将继续这样做。

(3) 对客户响应能力的需求正日益促使公司决定(内包/外包)如何在运营和新产品开发方面最好地实现更大的灵活性和更短的交货时间。通常,更短的周期时间鼓励更多的外包业务外包给更灵活、更能响应客户要求的公司。

(4) 华尔街对获得更高投资回报的公司予以表彰和奖励。由于内包通常需要固定投资和人力资本,因此财务压力使管理人员必须仔细检查内包/外包决策,避免增加固定成本。许多公司依靠外部而不是内部的有形资产和人力资产。

(5) 新兴国家的全球化和低成本供应商继续推动外包。

> **专栏文摘**
>
> ### 汽车制造商将电动车转为内部生产激怒供应商
>
> 北美对混合动力车和电动汽车的兴趣日益增长,汽车供应商 John Weber 现在应该坐拥一座金矿。但是,一件奇怪的事情正在发生,他的潜在客户正在进入他的业务。

1. 核心技术

迄今为止，混合动力市场的领先者，最畅销的 Prius 的制造商丰田汽车公司依靠的是丰田自己生产的电动机，而不是其值得信赖的供应商 Keiretsu。Remy 在一个多世纪以来一直致力于各种产品的生产，最终决定将其雪佛兰 Volt 插电式混合动力汽车的开发和生产留在内部。1994 年，GM 脱离了 Remy 和 DelcoRemy。

2. 可复制的努力？

但是，为什么要为一个已经成为商品的部件经历这么多麻烦，为从吊扇、洗碗机和挡风玻璃刮水器的所有部件提供支持，John Weber 在想同样的事情。他说："通用汽车走这条路是否让我烦恼？这惹恼了我。"Weber 听说汽车制造商的论点是，在新的电动汽车世界中，电动机本身已上升到一项核心技术水平，但这事令他很生气。他说，即使包括他自己的公司在内的任何人都没有真正的实质创新，可汽车制造商宣称汽车开发是最重要的。他说："推动它发展的战略是，我们需要拥有这项技术。这是没有道理的。"在该论点下，他们还应该涉及雨刷电机和窗户电机，因为它们也是车辆体验的一部分。他们从不同的人那里购买喷油器和轮胎，但它们仍属于驾驶体验的一部分。

3. 控制成本

日产的 Mark Perry 为汽车制造商在电动机上的投资提供了合理的解释。Perry 负责 2010 年下半年全电动绿叶汽车的发布，承诺该车型充满电时可以行驶 100 英里。"电动机关系到对我们重要的一切。"产品规划总监 Perry 说对于汽车性能而言，这是至关重要的，对于系统集成更重要，这是成本控制的问题。我们希望控制价值链的所有关键要素，而如果不生产电机，您将如何做到这一点呢？

资料来源：Adapted from Chappell, L.（June 21, 2010），"Supplier Fumes as Carmakers Take Electric Motors In-House," Automotive News，4，18。

19.2.2 结语

商品战略需要明确供应基地（内部和外部）、采购源分配协商方式、供应商发展、产品服务设计和供应链实体方案。商品战略团队由下至上设计采购战略来满足业务和客户的要求。这些战略现在和未来都不会仅限于合并数量和降低单价。未来，价值要素会很大程度上影响商品战略，其发展对公司战略将会越来越重要。未来还需要更高效的团队，团队中有更高级的管理人员、覆盖全球且跨职能部门的代表。

商品策略将变得更加复杂，由于条件的变化，可以根据需要进行修改，并且需要内部职能部门和高层管理人员的参与，包括审查和批准，战略制定将变得更加积极主动，并将影响供应市场的定价和投资决策。作为策略制定的一部分，将使用预测性方法更加强调风险识别和缓解。

19.3 供应链延展部分中的供应商管理

在未来十年中，发展具有竞争力的全球供应基地和供应商以协作方式共同创造价值以支持买方公司的业务模式，这将成为常态。全球竞争、持续外包以及为创新产品和服务开发供应链以满足全球独特客户需求的需要将推动这一重点的发展。此外，供应基地将不仅被视为第一级供应商，而且还将被视为超越第一级供应商的供应网络。

19.3.1 改善供应商关系

如上所述,在未来几年中,对供应商的管理以及与扩展供应链中关键供应商之间的工作关系的重大改进对于获得供应商创新和优惠待遇将越来越关键。供应基础的构建、细分和跨扩展供应链的关系管理,包括确定战略供应商都将逐渐规范。

为加强今后与重要供应链供应商的工作关系,需要采取以下措施:
- 根据公司需求和供应商能力对供应商进行细分;
- 供应商计分卡和反馈;
- 与供应商分担风险/回报;
- 供应商理事会和会议;
- 流程改进和创新研讨会;
- 双向绩效评估和满意度调查;
- 供应商建议系统;
- 行政参与;
- 信任。

此外,将基于对以下问题的答案,认真建立供应基础:
- 当前和将来需要哪些供应商能力?
- 需要多少供应商来满足公司需求?
- 我们应该与哪些供应商合作,以及他们应该位于何处?
- 我们是否应该领导和管理二级、三级的供应商网络?
- 我们希望与哪些供应商建立合作关系?

这些供应基地的结构将使商业和采购类别战略得以实施。

此外,公司将越来越多地进行供应商调查,以确立其"最佳客户"的地位,并找出改善供应商/买方、流程和绩效的方法。行业也可能会进行由独立第三方进行的买方/供应商调查,以建立买方/供应商关系水平以及领先公司。例如,在汽车行业,德勤有限公司对北美汽车制造商进行了调查,以确定汽车制造商的采购业务排名。Planning Perspectives Inc.也进行了类似的供应商调查。

供应商在可持续发展方面的努力也将越来越重要。IBM 最近建立了全球供应商社会和环境管理系统,并将该策略推广到全球 IBM 供应商。在 IBM 首席采购官 John Patterson 的信中,IBM 供应商必须:
- 定义、部署和维持一个应对企业责任的管理系统,包括供应商行为和环境保护;
- 衡量绩效并建立可以量化的自愿性环境目标;
- 公开披露与这些自愿性环境目标和管理系统其他环境方面相关的结果。

专栏文摘

可持续性与领导力

领导内部以及与供应商的可持续工作,需要在采购和供应方面的重大转型,以确保竞争力。客户的购买决策可能越来越关注其供应商的"绿色"程度。强生的方法为这种转变提供了一个例子。

该公司致力于改善所购买原材料对环境的影响。供应商和强生致力于通过生产更环保的成分,并慎重选择生产绿色产品的原料选择来改善环境。

为了支持绿色环保工作,强生开发了"绿色清单",这是一种环境分类系统,可以根据生物降解性和水生生物毒性等 4~7 个标准对成分进行评分。评分范围从 3(最佳)到 0 表示该材料仅在获得特殊许可的情况下使用,并且必须找到该原料的替代品。

这些做法非常成功,成效包括:
- 大量增加使用得分优秀和良好的原料,超过 1 300 万千克;
- 放弃了数百万千克得分为 0 的原料;
- 在全球逐步淘汰含氯的外部包装材料;
- 逐步淘汰使用氯作为漂白剂的纸板。

强生公司认为,在过去的 120 年的经营中都制定了有利于环境的理念和原则,它仍然必须与许多具有时间规划和优先理念的组织密切合作。但是,在与其完全不同的供应商中,他们普遍接受名单及其目标——帮助实现目标的绿色的热忱。没有供应商的积极合作,没有明确的流程,强生的近期成功规模是不可能的,也不可能很好地指导合作。

资料来源:Adapted from S. Johnson and D. Long,"The Greening of the Supply Chain," Supply Chain Management Review,May-June 2006,pp. 36-40.

IBM 提出一个关键点,即公司常常无法开发、集成和维护强大的员工和环境计划,这是因为缺乏强大的管理系统来确保公司(及其供应商)能够正确应对责任,例如工作场所安全、提高能源效率和减少浪费。

IBM 还要求其一级供应商将这套新的要求传达给他们的供应商,以执行对提供给 IBM 的产品、零件或服务至关重要的工作。该计划与 IBM 的可持续发展和社会责任工作及计划高度吻合。

> **专栏文摘**
>
> ## Ford 结盟业务框架
>
> 2005 年,Ford 汽车公司建立了结盟业务框架,以改善 Ford 的供应商关系。该计划包括将供应商数量减少一半,并与那些企业保持长期合作关系,使其极早获得新产品计划。
>
> 但是,与此同时,公司的财务状况恶化了,许多采购重心都放在降低价格上。尽管没有充分实现所需的合作程度,并且供应商关系仍然紧张,但供应商调查的受访者表示,"统一商业框架"计划已达到或超出预期。与 Ford 高级管理人员的接触很容易,采购商和工程师开始进行协作,成绩还是相当显著的。
>
> 在 2005 年实施"统一商业框架"之后,Ford 在 2013 年将采购预算的 65% 用于 104 个首选供应商。此外,Ford 全球计划和采购业务副总裁 Bridget Behrendt 表示:"如果您是首选客户,那么供应商将竭尽全力与您合作并为您提供支持。"据 Behrendt 说在实施结盟业务框架之前,由于 Ford 在实施新技术创新方面进展缓慢,研发创新产品的供应商通常会向其他汽车制造商推销其创新产品。但是,由于实施了 ABF,声誉已变得越来越好。
>
> 资料来源:Adapted from "Ford Suppliers' Plan Is Still Just a Work in Progress",(2007,September 10) Automotive News and "Ford Strengthens Bonds with its Elite Suppliers," by Neil Bunkley (August 5,2013),Automotive News Insight.

> **专栏文摘**
>
> **更早地使供应商融入产品/服务设计和标准化中**
>
> Chrysler LLC 认为,近年来汽车内饰不够精致。为了改变这种状况,Chrysler 开始更早地将供应商带入设计流程,一些供应商甚至在设计成型两年之前就参与进来,目的是选择正确的材料。过去他们认为,选择供应商为时过晚,无法全面评估设计方案。现在,管理人员可以做出更好的设计决策,并决定要使用什么材料。为了真正实施扩展型企业的这种转变,将要求采购部门和供应商寻找创新的供应商并建立业务交易,以加速供应商的创新,从而使采购公司受益。
>
> 资料来源:Adapted from Wernie, B. (September 17, 2007), "To Aid Interiors, Chrysler Brings in Suppliers Earlier," Automotive News.

19.3.2 结论性意见

未来出现三个趋势。第一,采购管理职能部门必须建立超越一级供应商的供应基地和网络,并具有满足采购公司竞争要求的能力。全球范围内不断增加的信息可用性将有助于这一工作。第二,买家和供应商之间的战略工作关系必须改善,以创造更多的价值。第三,未来将需要更加关注扩展的供应链或价值链,以通过增强对整个供应链供应商功能的利用来改善以客户为中心的绩效。以上重点的扩展将要求贸易伙伴之间增加信息透明度和合作。

19.4 设计并运行多个供应网络满足客户要求

为了满足特定需求,将需要建立以客户为中心的供应链,以有效竞争并实现利润增长和盈利。为了最大限度地创造收入,将需要供应链创新和以客户为中心的供应链,以满足不同的客户群。例如,消费电子公司的产品生命周期较短的产品(手机)与产品生命周期较长的产品(电视)需要不同的供应链。

此外,Dell 和 Walmart 等公司的供应链不仅在成本和质量上都在竞争,而且在灵活性和响应能力上也有竞争力。

未来,应对变化的敏捷性将是一大竞争优势,卓越的供应链将由以下能力来定义:

- 预测全球范围内客户需求、产品供应、供应条件、法规和竞争对手行为的变化;
- 通过重新配置现有供应链或创造性地组装新供应链来适应变化;
- 加快实施转型的供应链,以在竞争之前抓住新的机遇。

按订单生产的产品/服务功能将变得更加重要。公司将需要多个全球的供应链,以满足世界不同地方客户的需求。例如,家电制造商针对大型零售商和建筑/商业客户的供应链有所不同。此外,第一级、二级甚至三级供应商将对供应链绩效变得更加关键,因为质量、成本、可用性和其他供应链中任何地方的风险都可能导致绩效问题。

19.4.1 风险考量

随着供应链的全球化和逐渐细分,风险的识别和缓解变得更加关键。实际上,风险考虑必须渗透到新产品/服务开发、生产/运营和分销的决策中。新产品开发过程中的技术和供应商的选择会影响成本、质量和产品/服务发布以及未来的生产。供应商的选择及其全球位置会影响供应质量和成本的连续性,也会影响物流配送。

> **专栏文摘**
>
> ### 全球供应链的风险
>
> 由于安全气囊故障,四家日本汽车制造商大规模召回汽车,这凸显了全球庞大的供应链的危险,因为公司越来越依赖于少数供应商提供通用或相似零件。Toyota、Nissan、Honda 和 Mazda 在全球范围内召回了约 340 万辆汽车,这是因为 Takata Corp 提供的安全气囊有引发火灾或伤害乘客的危险。
>
> 越来越多的汽车制造商的关键零部件依赖全球单一来源供应商,这是很危险的。这对汽车行业来说是一个巨大的问题。高级汽车分析师 George Magliano 说,"今天的问题是我们无法改变业务方式,因为不维持现状我们就无法盈利。"他说,"我们不允许供应链出现故障。"
>
> 资料来源:Adapted from "Airbag recall shows risk of global supply chains,"(April 15, 2013),*Automotive News*, 6.

> **专栏文摘**
>
> ### 扭 转 态 势
>
> Detroit 3 与供应商之间的传统对抗性关系可能会转向合作关系,尤其是 Ford 公司。与此同时,供应商不像过去那样,将 Toyota 汽车公司和其他日本汽车制造商视为供应商。调查显示,如果 Detroit 3 能够继续加强这些伙伴关系,他们将能够降低成本,提高效率并更快地将新技术推向市场。
>
> 从事这项调查的是 Detroit 3 首席执行官 John Henke,他说,对日本公司和美国汽车制造商而言,这令人震惊。他说:"Ford 正在做正确的一切。如果福特继续以相同的速度增长,而丰田继续下滑,那么 Ford 可能会在不久的将来超过丰田。"
>
> Ford 集团全球采购副总裁 Tony Brown 对《汽车新闻》(*Automotive News*)表示:"我们对取得的进步感到高兴,我们正在逐年改善。但需要明确的是,我们还有更多工作要做。我们在技术上严重依赖我们的供应基地,因此,保持良好的供应商关系非常重要。"
>
> 大约六年前,Ford 开始彻底改变其方式。它寻求的供应商减少了,但与其保持的联系更加紧密。Ford 汽车已从四年前的最后一位稳步上升到今年的第三位,超过日产汽车公司。
>
> 资料来源:Adapted from Shreifkin, R, (2010, May), "Turning the Tide," *Automotive News*.

因此,风险管理必须是供应链管理的组成部分,必须建立正确的系统方法并将其应用于产品/服务生命周期。

19.4.2 结论性意见

供应链不是企业竞争。因此,要使公司成功并最大化整体绩效,他们必须从新产品/服务开发开始,认真开发并定制以客户为中心的多个细分供应链,以满足不断变化的市场和特定客户的需求。这些公司的供应链必须具有竞争力,并且必须通过整体风险管理方法进行监控。

19.5 更多关注电子系统技术的应用

未来几年,供应管理电子系统应用程序将不断改进。这些改进,再加上越来越先进的应用程序、云计算和数据技术的应用,应该可以提高效率。除了基本的支出管理、电子采购、拍卖、合同管理、采购交易处理和供应商管理之外,大数据分析将在采购和供应链管理中发挥越来越重要的作用。大数据通常是指大量数据,这些数据的特征是"可用"的数据量,在该速度下可以处理数据并将其转换为可以分析的可用信息,以及各种可以纳入战术和战略分析的数据和数据源,从而改善竞争绩效。

大数据与分析工具(描述性统计分析、回归、预测模型、建模等)的功能相结合,再加上高素质的人才,将进一步改善许多领域的供应分析和决策。例如,采购和供应链应用程序可能包括以下方面的改进(见表19-1)。

表 19-1 人的改进

采购/供应应用	供应链应用
支出分析	需求预测
风险分析	存货管理
绩效评价	运输/物流设计
合同合规	绩效追踪
供应商绩效	环境监测
价格/成本管理	价值链与供应商映射
供应商合并	
财务分析	

此外,采购将更充分地转移到数字化和无纸化的世界,战略活动将变得更加自动化。同样,支出管理将基于数据和数据分析继续提高其灵活性。

电子系统集成将增强供应绩效。合同管理软件将与支出管理更加集成,特别是在合规性方面。诸如思科网真(Cisco's Tele Presence)之类的协作软件还将增强简化合同管理流程的能力。性能监控和功能映射将继续挖掘供应管理的潜力。用户定义和基于角色的访问提供的灵活性将充分挖掘出供应管理的潜力。电子系统将越来越多地提供跨企业的可见性和透明度,并链接到公司范围内的企业资源计划系统。

> **专栏文摘**
>
> ### 在 Harris 采购电子工具
>
> Harris 最近在收集信息来决定可以以最低的总体成本提供最合适的产品的供应商。公司已经建立了公司范围内的数据库基础结构,以捕获和存储数据,增强自动化流程和电子系统应用程序。
>
> 电子系统的转型花了两到 3 年时间。现在,Harris 能够查看整个业务并通过适当的功能来推动协作决策。
>
> Harris 使用了许多购买工具,包括内部开发的名为 EXPO 的程序。这是一个企业范围的门户网站,它连接 Harris 的四个部门、ERP 项目和公司工程师。该系统提供内部协作和记账,并实现与供应商的直接电子系统通信。借助 EXPO,Harris 可以确定零件的质量性能,评估零件是否对环境安全,查看库

存记录,确定采购物料来源的供应商类型,等等。

此外,Harris 使用基于 Oracle 数据库的产品生命周期制定软件来帮助制定整个公司的产品生命周期决策。Harris 还使用 Indecka 的搜索引擎技术来帮助产品开发工程师找到满足特定技术要求的零件。这使工程师可以指定在产品生命周期中处于早期状态且符合 Harris 成本目标的零件。Harris 还使用 Dun&Bradstreet 的财务预警来确定供应商的财务状况和了解其他个人资料信息。

资料来源:Adapted from Forest,W.(March 2008) "Center-Led Collaboration Powers Harris Sourcing Initiatives," Purchasing,137(3),14-16.

总体而言,技术将从独立的应用程序转变为集成的、基于协作的灵活系统,这些系统强调合作、自定义分析和知识管理。报告将按需进行,采购/供应链功能将变得更加数字化、无纸化。企业的透明度将提高,技术将促进协作。最后,其他数据和应用程序将由云计算提供。

19.6 内外合作会更具战略意义

与供应商的合作经常被认为是获得竞争力的重要成功因素。然而,要取得成功,就需要一种整体方法。CAPS、APS、ISM 和 A. T. Kearney 的研究讨论了未来 10 年围绕合作的四大主题:

- 必须加强内部协作和集成,以满足未来公司的需求;
- 外部协作将标志着公司供应基础中某些部分的竞争从单纯的竞争转变为合作;
- 需要技术来增强协作和提供内部和外部信息透明性;
- 风险管理和知识产权保护可能会限制与供应商的合作(必须解决)。

采购和供应管理与其他职能领导层和公司高管一起制定公司战略和政策管理与供应商(和客户)之间的合作,在态度、战略、实践和工作关系方面做出重大变化。

19.6.1 实现创新

供应商的产品和服务创新对竞争成功将越来越重要。最近的经济下滑导致裁员,非核心能力外包增加了对外部供应商的依赖。此外,全球化和新兴市场的增长非常重要。两种趋势都将重点放在供应商创新上,这是公司整体创新战略的一部分。为了进一步促进供应商的创新,CAPS 进行了一项针对"创新采购"的研究,该研究为采购公司为加速供应商的创新所需采取的措施提供了指导。这些关键准则具体如下:

- 拥有知识产权;
- 项目管理;
- 信任和沟通;
- 战略同盟和风险/回报;
- 评估创新、供应商能力和绩效考核;
- 客户和供应商的反馈;
- 成本和创新;
- 公司创新文化;
- 供应管理的角色;
- 全面观察对创新发展有负面影响的关键问题。

19.6.2 结论性意见

过去,供应管理一直专注于在供应商之间建立竞争环境。在接下来的五年中,将越来越需要系统的方法有来建立和运作与战略供应商的合作关系。供应商和供应人员必须确信,在真正协作环境中所需的开放性和信任将产生积极的绩效结果。此外,通过激励和获取供应商创新的新方法以及使公司能够进行电子协作的技术,将促进跨企业的协作。

专栏文摘

Chrysler 的无投标采购方法

Chrysler 集团正在试行一种协作、不招标的采购方法,为少数首选供应商提供利润,但需要披露所供应的零部件的全部财务状况。但是,Chrysler 与供应商之间尚未签订任何合同,并且需要财务方面的信任。

但是,具有长期无投标合同的预采购为供应商提供了更多可预测的收入和利润流。这可以减少对供应商的投资风险,并提高他们向其最佳客户提供新技术见解的意愿。总体而言,该方法是一个正在进行的工作。一些供应商不愿分享他们的开发和生产成本。其他人则更愿意抓住机会参加竞标。Chrysler 采购与供应商高级副总裁 Scott Kunselman 倡导这种创新方法,他专注于与现有供应商合作,并进一步发展与这些供应商之间的信任。

资料来源:Adapted from Vellequette, L.P., "Chrysler Pilots No Bid Contracts on New Mini Van," (August 5, 2013) Automotive News Insights.

19.7 吸引、开发和留住供应管理人才会成为成功的关键

未来对采购和供应管理专业人士的要求将会很高,因为他们将负责制定和执行价值合并策略,这些策略在供应基地中找到新的价值,并在需求市场定义成本参数,尽快交付价值,最大限度地回报公司。为此,他们将需要找到并利用外部创新资源,为创收做出贡献,努力控制成本,并确保业务连续性和可持续性。图 19-3 概述了供应管理专业人员取得成功所需的许多技能和能力。

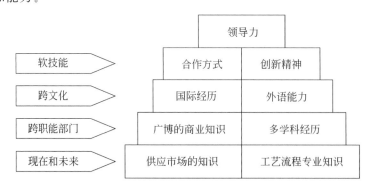

图 19-3 供应管理专业人员未来所需的技能

资料来源:Succeeding in a Dynamic World: Supply Management in the Decade Ahead(2007),Tempe,AZ:CAPS Research.

19.7.1 目前和未来供应管理的技能

供应管理人员的关键技能仍是需要具备专业的供应市场知识，包括管理供应行业、竞争性市场结构以及价格和成本分析的能力。还需要具备根据供应市场不确定性和风险（例如：自然灾害、新兴市场动态、可持续性要求、新供应商和技术趋势）进行方案规划的能力。总体而言，将要求供应商人员使用更多的数据进行更复杂的分析，以识别和纠正问题，预测未来问题和趋势并建立领先和创新的供应策略。这将需要更全面和前瞻性的采购类别策略。

19.7.2 跨职能和跨文化团队协作

供应管理专业人员越来越需要更广泛的一般业务知识和多学科技能。具有业务基础知识的工作知识，包括财务、会计和商业法以及项目管理技能，以及对运营、项目、产品和服务开发、市场营销和销售以及业务计划的了解/经验，将有助于供应专业人士跨职能、组织和文化边界有效地工作。

跨职能团队对于供应管理策略将继续发挥重要作用，因为它们为决策提供了广泛的知识基础，认识到组织中主要利益相关者的需求并提供了实施支持。采购团队的内部用户可以运用他们在特定领域的专业知识，促进更好的合作，这反过来又带来了更好的供应商协议，在协议中保护内部用户的既得利益。跨职能团队将越来越多地用于采购和供应商战略的开发和实施，从而带来产品和流程的创新。

专栏文摘

职能部门之间的团队合作与协作变得迟缓

公司正在采取措施使不同部门有效合作，但仍未达到目标。而且，尽管大多数采购专家都认为团队合作是最好的机制，可以使不同的公司职能部门协同工作。但他们也指出，在公司环境中，这种情况不是自然存在的。

最近的一项调查结果表明，尽管某些公司的部门之间存在良好的合作迹象，但许多公司在促进采购和其他职能部门之间的合作方面做得不够。更糟糕的是，许多这样的努力实际上适得其反。"各部门之间存在太多竞争。"马萨诸塞州吉尔福德铁路系统的物料管理员 Ronald Blizzard 这样说。他的回答代表了许多买方，他们说，各部门之间长期存在的竞争不会轻易或迅速消失。

大多数调查参与者表示，他们的公司并未采取最有效的方法来促进团队合作。

一些接受调查的受访者说，员工本身就是问题的根源，员工拒绝与他人合作。但是大多数被调查者将责任归咎于管理层。他们说，无论采用哪种程序，都必须得到上级管理层的赞同和支持。生产、计划、设计、质量和采购部门常常有不同的负责人。成功的企业表示他们的采购部门已与运营管理、物流和计划、物料以及仓库接收/运输部门成功建立了联系。

管理层必须不断加强团队合作的共同目标，提醒员工他们是公司的一部分，而不仅仅是部门的一部分。

资料来源：Adapted from Milligan, B. (November 4, 1999), "Despite Attempts to Break Them, Functional Silos Live On," Purchasing, 24-26. See also Avery, S. "Rockwell Collins Takes Off," (February 20, 2003), Purchasing, 25-28.

此外，随着世界经济的萎缩和海外市场的全球扩张，公司将越来越重视供应部门人员对

外国的了解和适应外国文化的能力。供应部门人员会多种语言也很重要,并需要拥有更广泛的全球视野和有效理解不同文化的能力。

19.7.3　软技能

强大的软技能以及分析能力将是成功的关键因素,包括协作的工作风格、创新的供应方式以及领导能力。为了领导供应工作并取得成果,有必要建立一个更狭隘的过程观。此外,领导虚拟的、地理上分散的团队(包括来自不同国家和文化的成员)的能力至关重要。这些团队可能包括来自多个职能部门和地区的成员。

19.7.4　学习、发展和保持

全球化将要求公司开发特定的方法来识别和雇用外国人,需要按国家和地区来确定潜在员工需求的差异。供应人员的知识和技能发展计划将需要根据国家和地区制订有针对性的计划,因为全球范围内的技能是可变的。高技能人才的保留计划也必须因地制宜,要认识到对于特定地区的人员提供至关重要的地区因素。

19.7.5　结论性意见

那些能够吸引、发展和保留人才的公司可能是最具竞争力的。为了获得人才的这种差异优势,必须加强更广泛的全球招聘活动,员工在需要时独立工作,也要可以小组协作,以实现发展目标。保留最优秀的专业人员也将变得越来越重要,这要求公司在供应领域成为"最佳""有趣"或"令人兴奋"的雇主。

专栏文摘

Intel 培养供应链大师

Intel 公司是技术领先者,并且在 20 世纪八九十年代,它还是世界上最大的微电子零件制造商。为了在全球范围内有效竞争,供应链管理对其成功至关重要。但是,直到最近,Intel 还没有正式的项目和渠道来发展和提升其供应链专家技能。现有的管理和技术职业升迁途径不足以满足供应链管理专业人员的长期需求。

作为回应,Intel 制订了一项计划,以吸引和留住可以解决复杂棘手的供应链问题的专业人员。它根据其工作阶段开发了一条供应链职业道路。满足特定条件后,候选人将获得"供应链主管"或"高级供应链主管"的头衔。

为了获得这些称号,候选人必须证明一定水平的供应链知识和专长。这些广泛提及的专业领域包括:

- 客户/供应商合作与开发;
- 谈判;
- 风险管理和数据分析;
- 规划(可能会包括各种类型,如商品战略规划、交通网络规划等);
- 供应链评估、建模与开发;
- 公司资源规划/合作规划和预期;
- 业务战略和资金分析;

- 产业和质量工程与包装；
- 物流/配送。

制定了四个标准来判断候选人对指定头衔的准备情况。标准包括：①知识深度，包括前沿思想的发展和运用；②对其他内部人员和职能部门的影响程度，以实施创新思想；③影响 Intel 外部的组织和公司（例如供应商）的能力；④榜样和指导者，它将候选人确立为思想领袖和分享知识的人，要求"高级供应链主管"表现出更大的内部和外部影响力。

高级供应链主管也能受到认可，得到机会，这些措施包括参加 Intel 的季度业务会议、额外的指导和安排的时间来发展其专业领域，以及参与 Intel 内部的"实践社区"（community of practice，COP）。COP 提供了与其他供应链主管会面、交流信息并确定供应链和计划的机会。

供应链主管计划的结果是显著的，其中包括通过 COP 项目实现的成本降低，以及对 Intel 提供的供应链机会和职业升迁途径感到满足。

资料来源：Adapted from Kellso，J.R.（2009，Q2），"The Making of a Supply Chain Master," CSCMP's Supply Chain Quarterly 3(2)，36-41.

19.8 管理并保证未来供应管理组织和测量系统

19.8.1 组织方法

当前以供应管理为中心的主导模式将继续成为关键战略，并且在可预见的未来可能成为规范。随着公司能更好地平衡来自采购规模、专业人员意见、业务单元、产品服务（如持续供应、上市产品/服务的快速发展）的优势，这一观点更可信。此外，以中心为主导的模型很可能将重点放在利用整个公司的通用采购规模以及系统、流程和人才开发的职能领导力上。但是，特有的业务部门技术、敏捷性、供应需求的连续性将导致 SBU 级别的选定决策和活动。此外，对于快速开发新产品和满足客户独特需求的压力越来越大，这将导致采购与工程技术的进一步集成，以及在以中心为主导的方法中选择各业务部门之间的平衡。

另一个重要的问题是如何更好地整合采购和供应管理与组织的其余部分。图 19-4 显示了最可能的情况。

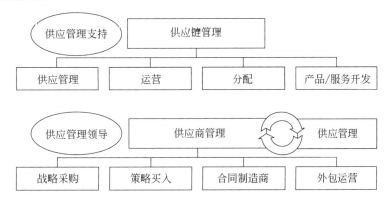

图 19-4　组织备选项

资料来源：Succeeding in a Dynamic World：Supply Management in the Decade Ahead (2007)，Tempe，AZ：CAPS Research.

在第一种情况下,采购/供应将成为更大的供应链功能的一部分,该功能将负责满足公司需求和供应的所有职能部门的要求,还需要满足客户需求。

在第二种情况下,供应管理将会在管理外部和内部供应链方面发挥领导作用。最高供应管理职位与今天的首席运营官职位的工作非常相似。在这种组织结构中,供应部门将管理所有外部供应基地,这样做需要运营、工程和内部客户紧密结合,以确保对新产品的引入进行适当的管理,并不断改进正在进行的产品生产和流程分配。供应管理负责人也将担任首席成本管理官。图 19-5 着重描述了整合水平结构不同的职能部门的情况。为了在未来十年保持竞争力,公司将需要更多的跨职能部门和与以客户为中心的战略相结合。

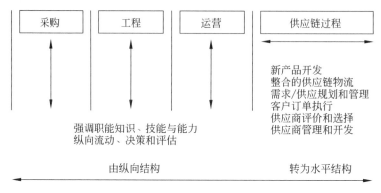

图 19-5 过程组织结构

19.8.2 评估供应管理绩效

过去二十年来,供应管理绩效的主要衡量指标包括供应商质量、成本、交付和响应能力。在某些公司中,还采用了供应商技术能力和贡献度的衡量标准,并选择了诸如 MWBE 之类的社会责任措施。将来,其他关键措施将包括供应商创新、风险和可持续性。将广泛实施衡量供应商创新贡献的度量标准,例如,新产品/工艺创新数量、可带来创收的产品创新以及使买方受益的新专利数量。

此外,将从新产品/服务开发开始实施风险措施,并通过持续的运营/生产和服务启动风险措施。例如,公司将在产品开发过程中对采用新技术的风险进行识别和分类,其中包括对公司/产品性能的高、中和低风险。高层管理团队将对最关键的指标进行审查并根据结果采取行动。此外,还将跨一级供应商建立关键产品和服务的风险度量标准。

可持续性措施的重要性也将日益提高。采购公司和至少一级供应商将负责实现可持续性目标。此外,今天的公司是根据道琼斯可持续发展指数来衡量的,该指数可能会成为衡量公司实现可持续发展能力的更重要指标。

此外,未来供应链中跨贸易伙伴的通用指标将变得更加关键,需要改进。供应措施也将以客户为中心。例如,衡量公司满足客户日程安排或需求变化的能力、快速的产品重新设计需求和性能可靠性。此外,随着公司规模的扩大和在全球范围内的广泛分布,将在业务部门实施相关有效的指标,以提供对全球业务的持续观察、控制和改进。此外,将实施供应管理绩效与公司整体财务和市场绩效明确关联的指标,使用将采购和供应与公司的经济增值或投资资本回报更直接地联系起来的测量系统。平衡计分卡方法通常用于衡量供应管理对公司成功的贡献。

19.8.3 结论性意见

传统观念认为，以中心为主导的模型为公司提供了最佳的机会，基于批量机会制定总体供应策略和有效的采购类别策略。但是，考虑到某些业务的全球性，特别是在新兴市场和客户增长的情况下，越来越需要以业务部门为中心的模式来满足独特的客户需求。公司需要更好地平衡规模效益和达到业务部门需求的敏捷度。战略业务单位（strategic business units，SBU）或区域组织可能会成为主要组织级别，在最大组织中围绕该组织级别管理供应活动。在这些级别上，无论是在公司级别还是在 SBU 级别，中心主导的模型都将继续存在。

此外，采购和供应将与其他公司职能（如工程、运营和财务）更加融合。绩效指标将更加以客户为中心，并与平衡计分卡和公司的财务绩效紧密相关。

19.9　12 项关键采购和供应链战略

由 CAPS 进行的供应商行政评估研究与动态世界中的成功案例，列出了 12 个关键的采购和供应战略，在将来，这些战略可能影响公司竞争力。他们还为优秀的公司提供特定途径使其变得更加卓越：

（1）由于全球化以及不断变化的产品和物流成本结构，持续进行外包/内包分析和两者之间的平衡；

（2）由于最近自然灾害导致大量供应中断，加上经济、工业和供应商（尤其是财务）的不确定性，因此更加重视风险管理；

（3）加强供应链的整合和与战略供应商的合作，包括增加信息共享和透明度；

（4）采购与其他功能、流程和客户融为一体；

（5）提高采购商品/供应商战略的质量、数量和执行力，重点是可以在整个供应网络中实现的价值；

（6）加强全球采购和供应战略，以最大限度地提高竞争力；

（7）要求供应商通过在研发、制造/运营、客户订单履行和系统整合方面提供增值服务，在成本管理中承担更大的职责；

（8）在整个供应链中提供以客户为中心的通用度量和指标；

（9）开发一个电子采购和供应应用组合的程序，包括数字化和无纸化的供应商发票、电子采购（以互联网和全球数据仓库为主要方式）、知识管理系统以及将"大数据"与创新相结合的应用分析；

（10）供应商在可持续性和创新中起主导作用；

（11）战略性采购和供应链活动主要是中心模式，但在全球的 SBU 站点均制定适当的战略，以满足独特的客户需求，并在全球范围内进行分散交易；

（12）人才资源战略，重点在于筛选、聘用和培养高素质、具有全球导向型的人才，他们可以立即对公司做出贡献，这是成功的关键因素。

实践范例

Cessna 飞行器公司为有效改造成领先采购及供应战略企业树立了榜样

Cessna 总裁兼首席运营官 Charles B. Johnson 指出:"由于我们的供应链流程占用了我们的大部分成本,因此有必要建立更具战略意义的统一供应链,以获取最具竞争力的质量、配送、灵活性和可靠性。"这是 Cessna 转型过程的主要原因。在 Cessna 供应链管理高级副总裁 Michael R. Katzorke 的领导下,Cessna 制订了长期的战略计划,并建立跨职能的商品团队,目的是合理化公司的供应商基地。此外,Cessna 还开发了一个成熟路径的开发工具,该工具可以使供应商和 Cessna 的战略保持一致。他们还修订了公司的销售、库存和运营计划,旨在提高绩效以达到客户期望并减少库存周转率。公司还引入了价值分析/价值工程方法,鼓励供应商参与消除供应链中的成本。

Katzorke 和供应链管理团队让供应商参与到 Cessna 公司"五高"目标中,即总体客户满意度高、世界航空质量标准、突破性的运营绩效、排名前十的公司以及出色的财务业绩。显然,Cessna 的采购和供应战略转型旨在为公司整体目标做贡献。

Johnson 说:"也许 Katzorke 和他的团队最大的成就是实现简单的相互采购到一体化供应链流程的转变。"Katzorke 说:"要实现突破性变革,我们需要在整个企业中将目标、技能、激励措施、资源和行动计划相关联。"

跨职能的商品团队是实现一体化供应链的关键转型要素之一。这些团队包括供应链管理、制造工程、质量工程、产品设计工程、可靠性工程、产品支持和财务方面的代表。这些团队致力于推动供应商的改进以及将供应商整合到 Cessna 的设计和制造流程中,从而整合供应链的关键组成部分。有六个商品小组负责直接物料,一个小组负责间接物料和服务。每个团队都有一份与首席执行官的战略目标相同的战略计划,并且每年都需要完善。

商品团队的一项关键任务是合理化供应基地。Cessna 的确将供应商数量从 3 000 家缩减到 132 家,然后将其余的供应商归类为成长型、临时型和逐渐停止型。其中成长型供应商和 Cessna 的业务将会逐渐发展起来,临时型供应商的未来情况还不确定,逐渐停止型供应商与 Cessna 的业务将面临终止。然后,这些团队与成长型供应商建立了长期合作伙伴关系,通过合同与供应基地中的供应商在目标、战略、流程和数据以及供应链整合方面保持紧密合作。如今,成长型供应商获得了 Cessna 77% 的业务。这些团队还将供应商进一步整合到 Cessna 的设计、制造和其他关键流程中,以便将其整合到 Cessna 的业务中。

Cessna 还开发了一个新流程,其中包括需求、供给、销售、库存及运用计划等。供应商对以最终客户的需求为目标的生产计划和产能计划有清晰的认识。Cessna 的高水平成果证明了,公司对发展成为领先的采购与供给战略公司的重视程度,以及公司对那些对公司财务绩效做出贡献的方法的强调。

资料来源:Adapted from Avery, S. (2003, September 4), "Cessna Soars," Purchasing, 25-35.

本章小结

本章以及本书都将采购和供应链管理作为一个充满活力的研究领域。公司要在商业模式快速变化、竞争激烈的时代中生存,就必须做出以下改变:①开发采购/供应专业人员的知识和技能;②在整个供应链中积极使用信息技术;③充分利用世界一流供应基地的全部优势;④创建响应迅速的新组织结构;⑤建立最有效的采购和供应链衡量系统。当今的竞争要求采购和供应链经理在帮助实现公司的成本、质量、时间、敏捷性、风险、技术、创新和可持续性目标方面发挥积极作用,否则可能会失去市场份额,并转到那些获得世界级供应链管理的竞争对手手中。

思考讨论

1. 鉴于本章所述的趋势,你认为未来的采购组织会是什么样的?
2. 采购和供应链经理要在未来取得成功,需要具备哪些基本技能?
3. 互联网、电子系统、大数据和分析在支持采购和供应链管理活动中将扮演什么角色?
4. 为什么越来越多的企业为其产品和加工技术寻找供应商?
5. 为什么全球数据库会进一步发展?全球数据库应提供什么样的信息?
6. 为什么要发展全球采购?
7. 你相信典型公司的供应基地中的供应商总数会增加还是减少?为什么?
8. 减少周期时间很重要,购买过程中如何解决该问题?
9. 就关键要素而言,整合的供应链将是什么样的?
10. 如何实现供应商的更多创新?需要什么?
11. 在引导可持续性方面,采购扮演什么角色?

案　例

案例1　阿维恩公司的问题

阿维恩（Avion）公司的采购经理苏珊·戴伊（Susan Dey）和比尔·米弗林（Bill Mifflin）正在交谈，一同审阅关键供应商——福斯特（Foster）公司的绩效评估报告。该报告详细记录了该公司在用料质量和按时送货方面的表现越来越差。

苏珊：我不敢相信自己所看到的。在授予新的安罗德（Amrod）产品线合同之前，我们进行了供应商访问，该供应商显然是最好的。

比尔：我很不愉快。我当时在执行审核和现场访问的团队中。福斯特的管理非常稳定，公司表示可以满足我们的所有要求。我觉得我们已经被这个供应商误导了。

苏珊：你们没有检查公司的生产流程和质量体系吗？

比尔：当然检查了，所有的流程和质量都没有问题。但是现在每批货物都有问题，而且还延期交货，我们不能按时把产品给客户了。真正令我们震惊的是这家供应商的创新能力。福斯特最大的缺点是其规模，关键生产职位上有欠缺。也许这就是它遇到问题的原因，可能是有人离职了。

苏珊：我们必须马上解决这个问题。

比尔：我会告诉你我推荐的其他公司。我们应该立即开始寻找其他供应商。我从来不支持单一来源采购合同，这使我们面临太多风险。

苏珊：那样是否需要很长时间？

比尔：是的，我们不得不再次考察，调查另一家供应商、新工具的成本也很高。这可能需要几个月的时间。

苏珊：有人和供应商反馈过这些问题吗？

比尔：凯文（Kevin）今天去了供应商那里，和生产经理交流过了。凯文没太多时间解释，但是他在电话里说福斯特的生产经理认为我们也要负很大的责任。

苏珊：为什么？我觉得他们是想转嫁责任。

此时，采购经理凯文进入房间。

比尔：凯文，很高兴你来了。我们在讨论福斯特是如何把问题的责任推给我们的。我想我们应该快点停止与他们的合作。

凯文：嗯，我刚想告诉你们。我认为福斯特的生产经理是正确的。我想我也对我们的公司感到失望。

苏珊：你这是什么意思？

凯文：我在福斯特待了很长时间，看到了一些有趣的东西。例如，你们还记得我们告诉福斯特每月的产品数量要求吗？

比尔：我清楚记得每个月的产量是 2 500 件。这有什么问题吗？

凯文：我们需要更频繁地与我们的生产团队沟通。现在每月的销售量已经超过 4 000 件了！不仅如此，我们的生产组现在要求材料在 10 天内获得而不是两个星期。我们有时还在交货前的最后一分钟改变原材料数量。

比尔：我记得我们上次考察时，Foster 大部分生产线只能完成每个月 3 500 件的量，而且需要至少提前两周预定。

苏珊：但是他们为什么不告诉我们这些变化带来了问题呢？他们可以解释啊。

凯文：显然他们试过了。在完成合同谈判后，您的团队告诉该供应商要如何与我们沟通的？

比尔：我们说过，任何操作问题都必须由我们的材料管理人员来解决。该团队负责评估和选择供应商，然后谈判协议。

凯文：福斯特的生产经理做了一份详尽的记录，其中包含 7 份备忘录和信件，记录了我们的生产和计划变更对其操作的影响。他还给我们打过几次电话，没有回应。这些请求都很少受到我们原材料部门的关注。我不确定福斯特会怎么评价我们。我认为他们急于结束这份合同，从而终止和我们的合作。

苏珊：那我们现在该怎么办？

【案例分析】

1. 供应链的哪些部分与本案例的情况密切相关？为了保持原材料的正常交付，每个部门的责任是什么？
2. 最初看起来是什么问题？在这种情况下，真正的问题是什么？
3. 更换供应商难度如何？更换供应商的复杂性体现在哪些方面？
4. 找到问题的根本原因意味着什么？
5. 成为好客户意味着什么？为什么一家采购公司希望被供应商视为良好客户？举例说明企业要成为良好的供应链客户必须做的事情。
6. 解释绩效评估在管理供应链活动中的作用。
7. 为什么供应链中的变化会扰乱供应链中商品和服务的正常流通？
8. 阿维恩公司为什么要缩短其购买的原材料和零件的交货时间？
9. 为什么企业采用单一来源采购合同？
10. 为阿维恩公司制订一项行动计划，以解决本案例中提出的问题，并充分解释你的建议。

案例2　全球线圈采购决策

希拉·奥斯汀(Sheila Austin)是汽车市场组件生产商Autolink公司的采购员，该公司位于底特律，她已向四家潜在的供应商发出了线圈报价请求。四个供应商中只有两个表示有兴趣报价该业务：密歇根州的Original Wire(Auburn Hills, MI)和中国广东省的Happy Lucky(HLA)。据估算，线圈的估计需求为每月5 000个，包装在24×12×6英寸的纸箱中，每个包装约重10磅。

报价单1：

收到的第一份报价来自Original Wire，该公司位于密歇根州奥本山，距Autolink公司总部约20英里，因此报价是亲自递交的。当希拉下到大厅时，她受到了销售代表和工程代表的欢迎。报价提交后，销售代理指出，工程部门很乐意与Autolink合作开发，并且对将来共同降低成本也很感兴趣。销售代理商还指出，他们迫切希望开展业务，因为他们大量客户流向中国的公司。该报价包括单价、工具和包装。报价单价不包括运输费用。Original Wire不需要特殊的库存仓库，并且可以每天从其制造站点直接将货物交付给Autolink的组装业务。

(1) 单价为30美元。
(2) 包装成本为每件0.75美元。
(3) 工具费为6 000美元(一次性固定收费)。
(4) 运输成本为每100磅5.2美元。

报价单2：

收到的第二份报价是来自中国广东省的Happy Lucky公司。供应商必须将线圈包装在集装箱中，然后通过内陆运输到中国的上海港，将货物转移到集装箱船，再将材料运输到西雅图，然后再将材料内陆运输到底特律。报价单价不包括国际运费，这是买方承担的。

(1) 单价为19.5美元。
(2) 交货期为8周。
(3) 工具费为3 000美元。

除报价单外，希拉在比较中国供应商的报价前还要考虑其他成本和信息。
(1) 每月运输需要3个40英尺规格的集装箱。
(2) 集装箱的包装成本为每件2美元。
(3) 到出口港的内陆运输成本为每个集装箱200美元。
(4) 货运代理人费用为每批货100美元。
(5) 海运成本为每个集装箱4 000美元。由于今年来海运运力不足，该费用价格上涨很多。
(6) 海运保险为每100美元货物付0.5美元。
(7) 美国港口手续费为每个集装箱1 200美元，由于增加了安保措施，今年以来该费用也大幅上涨，港口还表示未来可能继续上涨。
(8) 海关关税为每件成本的5%。

(9) 每批货海关佣金费为 300 美元。

(10) 西雅图到底特律的运费为每 100 磅 18.6 美元。

(11) 在底特律需要至少 4 周的库存,费用为每月每立方英尺 1 美元,来补偿交货期的不确定性。

希拉必须计算公司在库存方面需要支付的成本,与多个会计谈过后,确定公司的资本成本率以 15% 计算。

(12) 中介费用为每批货 400 美元。

(13) 预计因国际运输产生的额外管理时间成本为每批货 4 小时×25 美元/小时。

(14) 每年至少去中国 2 次,每次 5 天,和供应商见面并提供绩效及运输更新信息,预计费用每年 2 000 美元。

国际采购成本必须由公司承担,因为供应商以后不会负担任何额外的估计成本,不会在之后给她开具发票,也不能将其计入订正的单价中。希拉认为,尽管美国供应商报价更高,但价格可能更低。希拉还知道这是一项标准技术,在未来三年内不太可能改变,这可能是一项延续多年的合同。在大堂里,工程师们在讨论下一代汽车电子产品可能完全消除对线圈的需求,而线圈将被更小、更轻、更可靠的电子元件取代。她不确定如何计算每个选项的总成本,甚至不确定如何将这些其他变量纳入决策。

【案例分析】

1. 计算从 Original Wire 公司采购的每单位总成本。
2. 计算从 Happy Lucky 公司采购的每单位总成本。
3. 根据单位总成本,希拉应该推荐哪个供应商?
4. 除费用外,希拉还应该评估其他问题吗?
5. 基于这种情况,你是否认为国际采购比国内采购更为复杂?为什么?值得付出额外的努力吗?

案例 3　管理供应商质量：集成设备公司

比尔·爱德华兹(Bill Edwards)是集成设备公司注塑产品团队的质量工程师。商品团队负责评估、筛选注塑成型产品供应商并与之签订协议，该团队还负责提高服务质量。在选择供应商后，比尔的任务是直接与供应商合作，进行质量管理、改进方面的培训和技术支持。

该公司将销售额的约 70% 花费在商品和服务采购上，因此供应商对产品质量产生重大影响。

比尔刚刚接到电话，说集成设备公司的 3 号工厂反复出现生产问题。该工厂的采购员说，该工厂在使用 Trexler 塑料公司提供的关键注塑成型部件时遇到质量不一的问题。部件不是太短就是太长，无法与成品中的其他组件匹配。有时，还因为支架折断导致最终产品报废。尽管注塑成型部件的单价仅为 1.55 美元，但这些质量问题（长度不准和折断）导致了远超部件购买价格的生产问题。

当地采购员宣称他难以解决问题，并向公司商品团队寻求支持。采购员说："我们都要用你们选择的这家供应商的产品。"尽管比尔很快明白工厂的工作人员对不能自主选择供应商不满，但采购员的话使比尔感到惊讶。

在与 3 号工厂召开紧急会议调查问题之后，比尔确定他必须直接拜访供应商。他将与 Trexler 的工艺工程师一起解决不合格组件引起的生产问题。比尔回顾了他的团队选择单一供应商的过程。

Trexler 是所有竞争供应商中价格最低的，并提供了通过集成设备公司工程测试的样品。

比尔到达供应商处后获悉 Trexler 没有专门的流程工程师。仅由工程师史蒂夫·史密斯(Steve Smith)负责工厂布局、过程、质量和工业工程。这名仅两个月前才被录用的人仍然在熟悉 Trexler 的程序。当比尔要求审查供应商的质量控制流程时，史蒂夫问了几个人才找到 Trexler 的流程手册。

比尔决定，他首先应该了解生产不合格部件的过程中哪一环节出现了问题。在一个下午的会议上，比尔要求史蒂夫提供 Trexler 的实际产量。史蒂夫解释说，他们没有收集数据去研究生产能力或连续生产中的数据控制图。但是，他的确发现有时生产零件的设备"情况似乎不太好"。Trexler 安排了检查员检查每个成品。

在向史蒂夫解释了加工能力的基本知识之后，比尔让他收集生产组件的数据。比尔要求史蒂夫在生产过程中周期性地做出精确计量，以便得出统计结论。比尔说，他将在 3 天后回来检查数据。

3 天之后，史蒂夫向比尔出具了数据收集结果，如表 1 所示。

表 1　过程产品数据（♯03217666 组件规格）							
4.01	4.02	4.00	3.99	3.98	4.00	4.00	4.03
4.04	4.02	4.07	3.95	3.98	4.01	4.03	4.00
4.00	3.96	3.94	3.98	3.99	4.02	4.01	4.00
4.05	3.98	3.97	4.03	4.07	4.04	4.02	4.01
3.99	3.96	4.00	4.00	4.01	4.02	4.02	4.01
3.98	3.99	3.94	3.93	4.00	4.02	4.02	3.97
3.99	4.02	4.04	4.00	3.96	3.97	4.00	4.01

组件：#03217666

描述：折断

设计规格：4±0.06 英寸

比尔从这些数据计算出初步的工艺能力，并检查了 Trexler 的培训和质量控制程序，他意识到自己还有很多工作要做。

【案例分析】

1. 计算集成设备公司购买组件的生产过程中的精密程度 C_p 和满足规格能力 C_{pk}，工艺宽度＝样本的六西格玛（样品标准差的 6 倍）。这样的工艺是否可以满足设计要求？满足规格能力的目标水平是多少？

2. 为什么在制定统计控制限值（即 SPC 图表）之前证明流程是重要的？

3. 集成设备公司在管理供应商质量方面是被动还是主动的？为什么？

4. 讨论将质量要求直接协商写入供应商合同的可能优势。

5. 选择供应商时依赖产品样本的风险是什么？在做出选择决策时过于依赖单位成本的风险是什么？

6. 为什么比尔在拜访 Trexler 之前与 3 号工厂的人员合作如此重要？

7. 集成设备公司的本地员工似乎不满意公司团队选择了本地工厂必须使用的供应商。为什么企业要使用公司产品团队来选择供应商？公司如何从工厂人员那里获得公司范围内供应商的支持？

8. 质量是该供应商的问题重点吗？为什么或者为什么不？

9. 如果 Trexler 的检查员批准了不合格而应拒绝的待装运部件（Ⅱ型错误），可能会有什么影响？如果 Trexler 的检查员拒绝了符合规格的待装运组件（Ⅰ类错误），可能会有什么影响？我们如何控制测量误差？

10. 在评估供应商质量时，为什么重点放在生产物料或服务的过程而非物料或服务本身很重要？集成设备公司依赖什么？

11. 讨论比尔解决此组件问题的可能性。

12. 如果集成设备公司决定继续使用 Trexler 作为供应商，两家公司必须做什么才能提高 Trexler 的组件质量？

13. 请设计集成设备的供应商质量管理流程，该流程重点在于防止供应商缺陷。提示：在供应商评估和选择过程中执行的活动应该是此过程的一部分，过程能力分析也可能是你的供应商质量管理过程的一部分。

案例 4　谈判——波尔图公司

由于竞争压力，计算机行业的公司一直在寻求降低成本的方法。电脑制造商会满足客户的技术、质量和价格的要求，为拿下合同而激烈竞争。利润率和投资回报率目标总是面临压力。戴尔(Dell)电脑公司最近的营业利润率下滑至 7%。

大多数电脑制造商都有提高质量并降低与其产品相关的成本的程序。许多生产商使用的一种策略是仅与高质量的供应商签约并发展长期的买卖关系。一家大型电脑公司——波尔图(Porto)公司也发起了一项计划，要求供应商不断提高生产率，借此降低成本。该计划的目标是在未来降低采购成本。波尔图还希望其供应商能为节约成本作出贡献。

由于对工厂和设备的大量投资，高科技行业具有较高的固定成本。这些公司还投入巨资用于研发。

波尔图目前对新产品的电子组件有要求，这是最近设计的产品的配件。估计新产品的需求量为 200 000 件，可能还会有其他后续订单。对于新产品组件，波尔图认为有 5~8 家极具竞争力的供应商能够生产该配件。这些供应商主要位于美国的东海岸和西海岸。经过报价和初步分析后，波尔图的采购员决定继续与 Technotronics 公司进行谈判。

【谈判会议要求】

在进行谈判之前，每个谈判者必须制订计划并做好准备。组长需要为买方和卖方准备信息资料，提供进行协商所需的信息和任务。买卖双方可以在实际谈判中根据自己的意愿共享信息。

谈判策略应在谈判会议之前制定。如果以小组形式工作，则所有小组成员都应参与研究计划以及实际的谈判。请记住，价格不是唯一需要协商的变量。例如，在高度波动的行业(如电脑行业)中，供应商的生产能力通常至关重要，因此在制定采购协议时，应具有创造性。

案例 5　内包/外包：FlexCon 活塞决策

该案例涉及内包/外包决策的许多问题。当今企业面临的一个复杂而重要的话题是在内部生产部件、组件或服务（内包），还是从外部供应商那里购买相同的部件、组件或服务（外包）。

由于内包/外包与竞争力之间的重要关系，企业在考虑内包/外包决策时必须考虑许多变量。这可能包括对公司能力和成本以及质量、交付、技术、响应能力和持续改进的要求。由于许多内包/外包决策的重要性，跨职能团队通常负责决策过程。一个职能部门通常没有有效的内包/外包决策所需的数据、见解和知识。

1. FlexCon 的活塞内包/外包

FlexCon 是小型工业发动机制造商，规模达 30 亿美元，正在接受内部审查，决定公司产品发展和战略投资应该集中在哪里。行政管理人员认为，公司将太多的人力、物力用于生产样本、商品型产品，这些商品在市场上的差异很小。FlexCon 得出结论，公司应该自己生产那些容易生产的产品，而将那些复杂或具有挑战性的产品外包出去。用成熟的技术生产类似商品的组件，对 FlexCon 客户的重要意义几乎没有增加。该公司越来越依赖于供应商来提供关键组件和子组件，这些组件将对成品的性能和成本产生重大影响。

FlexCon 也在重新审视自身，包括在经理和员工之间培训对采购/外包的知识和理解。该公司准备投资举办研讨会和讲座来传达高级管理层的想法和目标，培训教育那些直接提供详细内包/外包建议的员工。

一位战略采购专家的演讲着重于市场鼓励外包的变化。专家指出了影响内包/外包决策的 6 个主要趋势和变化。

（1）降低成本的压力很大，而且还将继续增加。降低成本的压力迫使组织更有效地使用其生产资源。最近的一项研究发现，超过 70% 接受调查的公司的材料采购成本将保持稳定或增加。因此，管理层将越来越依赖于内/外购决策来管理成本。

（2）企业在各产品和工艺技术方面更加专业。专业化程度的提高意味着对流程或技术的集中投资，这将导致企业之间的成本差异更大。

（3）企业将越来越专注于自己擅长的领域，将非专业知识领域外包。一些机构正式定义其核心竞争力，以帮助指导内包/外包工作。这影响了有关公司应从事哪些业务的决策。

（4）市场对响应能力的需求正日益影响内包/外包决策。例如，更短的交付周期可以鼓励较少的垂直整合，从而增加外包量。开发生产能力的时间可能超过进入新市场的可用时间。

（5）市场认可并奖励具有较高投资回报率或资产回报率的公司。由于内购通常需要消耗固定资产（和增加的人力资本），因此财务压力正促使管理人员仔细检查采购决策，避免产生固定成本和资产，这促使许多公司依赖供应商资产。

（6）改进的计算机仿真工具和预测软件使公司能够更精确地进行内/外包比较。这些工具允许用户执行敏感性分析（假设分析），从而可以比较不同的采购战略。

FlexCon 经理感兴趣的一个话题是讨论核心竞争力如何与外包决策相关。FlexCon 管理层普遍接受核心竞争力是公司擅长的东西。然而,这种观点并不正确。核心能力是指一家公司区别于其他公司的技能、流程或资源。核心竞争力还指公司的长期战略能力,以建立一套占主导地位的技术或技能,使其能够迅速适应不断变化的市场机会。专家认为,以下三个关键点与核心能力的概念及其与内包/外包决策的关系有关。

(1) 公司应在内部集中精力于对最终产品至关重要的部件、组件、系统或服务,并且该公司应具有客户所重视的独特优势。

(2) 当供应商有优势时,考虑外包部件、组件、系统或服务。由于规模经济、特定于工艺的投资、更高的质量、对技术的熟悉或有利的成本结构,可能会出现供应商优势。

(3) 认识到公司将项目或服务外包,则通常会失去在不投入大量投资的情况下将生产能力或技术引入内部的能力。

负责制定内包/外包决策的经理或团队必须真正了解组织的核心竞争力是什么,以及所考虑的产品或服务是否为该核心竞争力的组成部分。

各种研讨会和讲座使大多数与会者更加了解在评估内包/外包机会时需要考虑成本以外的因素。某分会场专门讨论了可能影响 FlexCon 内向/外包分析的关键因素清单,详见表 2。

表 2 支持内包/外包决定的关键因素

支持内包的因素	支持外包的因素
有利于买方的成本因素	有利于供应商的成本因素
整合内部运行的需要或期望	供应商具备专业的技能和知识,在成本和质量上有差别
有剩余的生产能力,可以分摊固定开支	采购公司缺乏生产产品的技术能力
需要对生产和质量进行直接管控	采购公司购买金额较小
生产涉及机密,重要	采购公司有能力限制,卖家没有
在供应市场上缺乏可信赖的供应商	采购商不愿意增加永久员工
在不断下滑的市场,公司希望维持稳定的职工总数	未来的采购量不是很确定——采购方想将风险转嫁给供应商
产品或服务是公司核心竞争力的一部分,或者直接与公司战略计划相关联	产品或服务属于常规品,或者可从多个竞争渠道获得
制造该物品背后的物品或技术对公司具有战略意义,该物品可增加客户看重的品质	较短的周期要求阻碍买方的新投资——使用现有供应商资产是合理的
工会或其他限制不鼓励甚至禁止外包	采购方增加产能需要较高的启动成本
外包可能创造或鼓励新的竞争者	工艺技术成熟,不会在未来给买方创造竞争优势

2. 活塞内包/外包决策

FlexCon 正在考虑将 R 系列发动机中所有活塞的生产进行外包。FlexCon 长期加工各种型号的活塞。实际上,该公司成立于 50 年前,最初是生产高质量活塞的公司。随着客户要求 FlexCon 生产更广泛的产品,公司得以发展壮大。这种外包分析引起了 FlexCon 工程师、经理和员工极大的兴趣和热情。

FlexCon 在三个独立的车间中生产不同种类的活塞。每个车间都有 6 台数控机床,呈 U 形布局。在每个车间中分配了一名主管、一名工艺工程师、一名物料搬运工以及 12 名员工,每位员工都接受过交叉训练,以便能够在车间每 4 人一组工作。公司进行调整后,原来的以相同功能分组调整为后来的以支持某一特殊系列产品来划分组别,这使得 FlexCon 的质量提高了 30%,生产率提高了 20%。如果 FlexCon 决定将活塞外包,则该公司可能会将当前车间占用的面积分配给新产品或现有产品的扩展。FlexCon 会将车间设备应用于其他应用程序,因此外包分析不需要考虑超出正常折旧的设备报废。

尽管对于外包活塞有不同的看法,但 FlexCon 工程师一致认为,用于生产该系列零件的工艺技术已经成熟,通过新技术获得未来的竞争优势可能不及 FlexCon 其他的生产过程那么出色。但是,这并不意味着如果仍然生产活塞,FlexCon 可以避免在工艺技术上进行新的投资,也不意味着无法进行工艺创新。

外包对 FlexCon 最终产品的性能至关重要的组件可能会影响外包决策。一名工程师甚至威胁,如果 FlexCon 将这个万一质量有问题会导致整个发动机"报废"的组件外包,他就会辞职。他还坚持说:"我们的活塞在业内被誉为一流。"另一位工程师建议,如果得到工程师的支持,FlexCon 可以避免供应商的质量风险。但是,第三位工程师指出:"如果有机会,投机的供应商将会利用 FlexCon。这种事情以前也发生过!"这位工程师还提醒道,有些供应商加入活塞生产业务只是为了强制提高价格。几名经验丰富的工程师表达了他们的看法,他们无法想象 FlexCon 竟然要将成就自己的组件外包出去。工程小组的几位新成员建议,他们应该等到外包成本分析完成后再做出最终判断。

管理层已经创建了一个跨职能团队,由过程工程师、成本分析师、质量工程师、采购专家、主管和车间员工组成,以进行外包分析。该团队面临的主要问题是确定哪些内部成本适用于分析。纳入全部总可变成本的方法很直接,因为这些成本很容易识别,并且随生产水平而直接变化。可变成本包括材料、直接人工和运输费用。

团队正在确定是否应该(或在什么水平上)纳入工厂和行政总成本(即固定成本和半可变成本的固定部分)。工厂和管理费用包括公用事业、间接劳动、流程支持、折旧、公司行政管理、维护和产品设计费用。正确分配开销是一项困难的任务,有时是主观的。团队分配总工厂成本和运营成本的方法会极大地改变分析结果。

在接下来的几年中,活塞的总量对于该分析至关重要。表 3 提供了未来两年内预期活塞的月需求量。第一年的总预测量为 300 000 件,第二年的总预测量为 345 000 件。该团队通过预测 FlexCon R 系列发动机而做出总量预测。活塞是非独立需求物料,依赖对成品的需求。

尽管这是一个可能会超过十年的长期决策,但团队对未来两年的预测(包括供应商定价)充满信心。尽管在内部保持活塞的生产需要在第三年至第十年进行一定程度的工艺投资,但该团队认为,超过两年的预测都不确定。如果存在外包预期节省的净现值,则超出了此项工作的范围。

表3 两年活塞总需求		
时间	第一年预测需求	第二年预测需求
1月	30 000	34 000
2月	30 000	34 000
3月	30 000	34 000
4月	27 000	31 000
5月	25 000	28 000
6月	25 000	28 000
7月	23 000	27 000
8月	21 000	25 000
9月	22 000	25 000
10月	23 000	27 000
11月	23 000	27 000
12月	21 000	25 000
总计	300 000	345 000

3. 内包成本

该团队认为全面的总成本分析应包括为支持活塞生产而产生的所有直接和间接成本。FlexCon追踪其材料和人工的使用。该团队收集了上一年的数据,该数据显示这三个车间生产了288 369个活塞。

(1) 直接原材料

FlexCon使用直接从钢铁厂购买的半成品合金加工活塞。钢铁厂将每块22.5千克的合金运输到FlexCon,每块价格为195美元。每个活塞平均需要0.5千克的半成品原材料。该数字包括损耗和浪费。

该团队预计,未来两年半成品原材料价格将保持不变。尽管FlexCon预计与当前需求相比,第一年和第二年的活塞需求量会更大,但该团队并不认为购买材料的资金充足。

(2) 直接车间劳动力

去年,三个车间总共工作了2.7万小时,直接人工的工资为47.25万美元,其中包括加班费。平均直接劳动成本是每小时17.50美元(47.25万美元/2.7万总小时=17.50美元/小时)。根据经验,团队希望将直接人工成本增加40%,以计入福利(健康、牙科、养老金等)。该团队还预计,未来两年直接劳动率每年将增长3%,但每小时的生产率不会有太大变化。流程已经搭建完毕,FlexCon已经抓住了所有经验带来的好处。

车间员工负责机器设置,因此团队决定不将机器设置作为额外的成本类别。

(3) 间接车间劳动力

FlexCon为这三个车间分配了一名专职主管、物料搬运员和工程师。去年,主管工资为

5.2万美元,物料搬运员工资为3.7万美元,工程师工资为6.3万美元。同样,该团队预计将此数据增加40%,以反映附带福利的影响。该团队预计这些薪水每年将增加3%。

(4) 工厂日常和行政开支

毫无疑问,这类费用是最难分配的费用类别。例如,团队是否应该将工厂经理薪水按比例分配给活塞车间?一位团队成员认为,无论是否生产活塞,这些成本都是存在的,因此不应作为内含计算的一部分。另一位成员坚持认为,工厂的开销支撑了工厂的运营,这三个车间是工厂的主要部分,不包括这些成本会扭曲内含计算。她指出,供应商在报价活塞合同时考虑了这些成本。另一位成员建议做两份内包成本分析,一个将包括工厂间接费用和管理费用,另一个将不包括这些费用。

根据整个工厂执行的功能,团队将工厂划分为6个区域。活塞车间占工厂占地面积的25%,占直接人工总工时的28%,占工厂产量的23%。根据此分析,团队决定将工厂间接费用和管理费用的25%分配给活塞车间。表4列出了上一年的相关费用数据。该团队预计这些成本每年将增加3%。

表4 总工厂日常和行政开支

成 本 种 类	去年开支(美元)
行政人员	1 200 000
主管工程师	900 000
税款	120 000
公共设备	1 500 000
保险	500 000
工厂维护	800 000
总计	5 020 000

(5) 预防性维护成本

FlexCon去年在3个车间中的18台机器上花费了4.025万美元用于预防性维修,并且由于设备寿命的延长,预计在接下来的两年中,这部分成本每年将增加10%。

(6) 机器维修成本

检查维修工作订单后发现,去年18台车间机器的使用时间为5~7年,计划外维修费用总共需要3.7万美元。维护主管预计由于使用时间的增加,该数字在第一年将增加8%,第二年将增加12%。

(7) 订购成本

尽管FlexCon内部生产活塞,但该公司仍承担直接材料的订购成本。该团队估计,每月向钢铁厂和其他供应商下的订单要支付1 500美元的直接费用和与交易相关的费用。

(8) 半成品原材料的库存成本

FlexCon通常会保留一个月的半成品库存,作为安全和缓冲库存。分摊的年库存费用率为18%。

(9) 内向运输

FlexCon 每月接收一次半成品合金装运，车间将其用于加工活塞。上一年的总运输成本为 3.15 万美元（可以生产 288 369 个活塞）。

研究团队预计，第一年和第二年生产中使用的其他直接材料的运输费用为每件 0.01 美元。

(10) 消耗性加工成本

按上一年实现的消耗性加工成本，团队估计第一年的额外加工费用为 5.6 万美元，第二年为 6.5 万美元。

(11) 折旧

该团队决定将 18 个工作单元机器的正常折旧费用纳入其成本计算中。设备的折旧费用为每年 15 万美元。

(12) 成品活塞库存成本

因为 FlexCon 将活塞的生产与 R 系列发动机的生产整合在一起，所以成品活塞的任何存储费用都是成品发动机成本的一部分，因此不计入此计算。

(13) 机会成本

团队认识到可能存在机会，以便在用于活塞生产的空间和设备上获得更好的回报。不幸的是，如果 FlexCon 外包活塞生产，团队无法确定管理层会如何处理生产活塞的占地面积和设备。但是，团队有信心管理层会找到使用空间的办法。如果工厂不再从事活塞生产，那么 FlexCon 必须在较低的生产产量上分配固定的工厂成本和间接成本。这将增加工厂中其他产品的平均成本，可能使其与外部供应商相比时没有竞争力。

4. 外包成本

以下内容提供了团队收集的将活塞系列外包给外部供应商的相关信息。尽管这超出了本案例的范围，但是团队还是对供应市场进行了严格的评估，如果进行外包，他们将在选择哪家外部供应商方面达成一致。这对于获得可靠的外包成本数据是必要的。

(1) 单价

外包分析中最明显的成本是供应商的报价。很多情况下，外包是供应商评估和选择的过程。内包、外包都需要深入评估供应商，包括内部供应商（FlexCon）和外部供应商（在市场中）。如果 FlexCon 外包活塞，团队青睐的供应商报价中的平均单价为每件 12.20 美元（该外包决定中，不同的活塞零件数量单价不尽相同）。该团队认为，如果 FlexCon 选择外包，将会进行谈判，这可能会拉低报价。由于团队尚不知道最终的议定价格，因此一些成员认为需要进行几项外包分析以反映可能的价格。付款条件为 30 天付款，10 天内付款可享 2% 折扣（2/10，net30）。供应商表示，将在未来两年内维持该价格。

(2) 安全存储要求

如果团队决定外包，FlexCon 将持有供应商提供的相当于一个月需求量的库存，会产生库存存储费用，团队必须计算该费用，并将其包括在总成本分析中。尽管 FlexCon 在未来两年内可能会依赖或引入安全库存水平，但是出于成本估算的目的，团队决定不估计何时会发生这种情况。库存账面费用包括为库存提供资金的营运资金，以及物料搬运、仓储、保险和税收的费用，以及贬值和损坏的风险。FlexCon 的年库存费用为库存物品价值的 18%。

(3) 行政支持成本

FlexCon 预计将花费采购员 1/3 的时间来参加与外包活塞系列有关的商业活动。团队估计采购员的薪水为 5.4 万美元,其中 40% 为附带福利。该小组预计,采购员的薪水每年将增加 3%。

(4) 订购费用

该团队预计 FlexCon 将每月订购 1 次,即每年订购 12 次。但是,该行业的供应商并不能保证及时运输,也不能使用电子数据互换。尽管 FlexCon 希望采用 JIT 运输模式,但团队认为频繁地进行少量运输是不合适的。该公司希望供应商在每个月初交付一个月的库存。团队估计发布和接收订单的成本为每单 1 500 美元。

(5) 与质量相关的成本

团队已决定在外包计算中包括与质量相关的成本。在对供应商进行调查的期间,成员收集了 FlexCon 活塞的工艺数据。该团队估计,基于工艺测量数据,供应商的缺陷水平将为百万分之 1500。FlexCon 的质量保证部门估计,每个供应商缺陷将使公司平均耗费 250 美元的不合格成本。

(6) 库存费用

FlexCon 必须承担在月初接受的活塞所产生的库存费用,然后在该月中以稳定的比率消耗。为了计算供应商提供的成品活塞的库存成本,团队希望使用平均库存方法。确定每月平均库存单位数的公式如下:

(每月月初的起始库存 + 每月月末的期末库存)/2 × 每月持有成本

为了进行计算,团队假定每个月的期末存货为 0(不包括安全库存,需要单独计算)。该团队希望每月月初收到的所有活塞都被用于生产。每年用于库存的账面费用为库存物品价值的 14%[①]。表 5 和表 6 有助于计算供应商提供活塞库存的相关费用。

(7) 运输费用

尽管 FlexCon 的政策是供应商装运货物按离岸价格计算,在装运点之前,公司不接受货物所有权,直到采购员在码头收到为止。但是,公司承担所有与运输有关的费用。该团队估计,活塞运输每辆卡车的费用为 2 100 美元,第一年预计需 14 辆卡车,第二年预计需 16 辆卡车。外包供应商在美国,这意味着该团队不必考虑与国际采购有关的额外费用。

(8) 工具费用

该供应商表示,满足 FlexCon 生产要求的新模具费用为 30 万美元。团队决定在两年内折旧工具费,每年降低 15 万美元。

(9) 供应商生产能力

研究团队得出结论,供应商有能力满足 FlexCon 对活塞的总需求。

表 7 有助于进行内包/外包成本分析。

---

① 14% 比 18% 的安全库存持有成本低。供应商直到 FlexCon 收到活塞后至少 4 个星期才收到付款,这使得 FlexCon 用于生产库存融资的营运资金少于用于安全库存融资的资金。

表 5 第一年外包的库存费用				
时间	期初库存	期末库存	平均库存	库 存 费 用
1月	30 000	0		$
2月	30 000	0		$
3月	30 000	0		$
4月	27 000	0		$
5月	25 000	0		$
6月	25 000	0		$
7月	23 000	0		$
8月	21 000	0		$
9月	22 000	0		$
10月	23 000	0		$
11月	23 000	0		$
12月	21 000	0		$
总库存费用				

表 6 第二年外包的库存费用				
	期初库存	期末库存	平均库存	库 存 费 用
1月	34 000	0		$
2月	34 000	0		$
3月	34 000	0		$
4月	31 000	0		$
5月	28 000	0		$
6月	28 000	0		$
7月	27 000	0		$
8月	25 000	0		$
9月	25 000	0		$
10月	27 000	0		$
11月	27 000	0		$
12月	25 000	0		$
总库存费用				

表7　内包/外包成本因素

内包成本(每件)	第一年	第二年	外包成本(每件)	第一年	第二年
直接材料			采购成本		
半成品					
其他					
直接人工			运输		
间接人工			新工具		
工厂日常开支和行政			行政支持		
预防性维护			库存		
机器维修			安全库存		
订购成本			与质量相关的成本		
折旧			订购成本		
库存			其他成本		
内向运输			**每件总外包成本**		
消耗性加工			总成本节约		
其他成本			节约的税收(40%)		
每件总内包成本			**外包的成本净节约**		

总节约＝(每件总内包成本－每件总外包成本)×总数量

注：如果分析显示外包成本大于内包成本，那么总节约金额可能为负值。

【案例分析】

1. 使用本案例提供的数据进行定量的内包/外包分析，哪些定性问题可能会影响最终决定？你对FlexCon处理其活塞系列有何建议？运用分析过程中收集的证据支持你的论点。

2. 假设你的小组决定将活塞外包给外部供应商，请制订一个使FlexCon能够执行此建议的计划。

3. 讨论内包/外包决策在此时此景发生的主要原因。

4. 在进行内包/外包分析时，主要的挑战是收集可靠的数据。讨论进行内包/外包分析时，哪些团队应该参与进来，可以本案例中出现的团队为参考。每个团队可以提供哪些信息？

5. 讨论与内包/外包分析和决策相关的主要事项。

案例6　电子邮件练习

请考虑以下情况，这是位于新德里的一家全球采购办公室代表发送给你的电子邮件，该代表将供应商发生的新信息转发给你。根据其提供的事实，完成供应风险评估，并估算与此供应商相关的影响。

收件人：维克多·克里奥西斯（Victor Kliossis）
发件人：安尼尔·帕特尔（Anil Patel）

维克多：

我一直在按照您的要求跟进，以寻求位于印度的铸件供应商的采购。我已经确定了一个合适的候选人——金象（Golden Elephant）铸造公司。正如您所说，这是一个重要的决定，因为该供应商将是您唯一的供应商，为您的C系列新产品提供铸件。如您所知，C系列预测第一年的收入为5 000万美元，第二年将增长到7 500万美元。根据您的工艺规格，这是我们供应基地中唯一能够满足您的规格以及您指定的成本和价格目标的热处理炉的铸件供应商。事实上，该供应商已经锁定C系列的这项业务，他似乎知道这一点。

我们参观了供应商的公司，并受到该公司的欢迎。该供应商老板对我们谈判团队提出的条件感到非常满意，之后还提到这对金象公司来说将是一笔非常有利可图的商业交易。他提到公司新的管理层刚上任半年，他也正从公司原来所有者手中接管公司的管理工作，原持有者卖掉了公司，已经退休了。参观工厂时，我们发现工厂光线充足，而且工人知道自己该做什么。老板私下告诉我们，这些工人的薪水过高，但他试图将人工成本保持在新德里的平均水平以下。我们没有看到任何统计质量控制图，但老板向我们保证，工人都训练有素。老板还指出，他们对这项业务感到焦虑，因为这将使他们的现有营业额翻一番。我们会见了他们的部分技术工程师，他们似乎很年轻。实际上，其中一个说他是昨天来这里工作，接替一名担任该职位仅两个月的人员。

我们会见了他们的采购团队。他们的办公室里堆满文件，他们强调这是因为忙于处理供应商的订单。当我们问到他们的主要钢材供应商是谁时，他们说供应商不固定，主要看谁的报价低。他们还指出，除非通过激励磋商，以现货价格买入，否则很少购买任何钢材。

然后，我们又询问了货物如何运输到内布拉斯加州奥马哈的工厂。金象公司将安排内陆运输，因为老板的姐夫有一家货运公司，会将货物运到港口。有传言说码头工人与工会之间存在问题，但我们认为这只是谣言。货物到达洛杉矶港口后，将被卸下并装上拖车，然后运至奥马哈所在地。我们仍在等待装运时间的报价，因为最近燃油价格的上涨意味着运输公司将不会承诺跨洋运输成本。这是该供应商第一次将产品出口到美国，但是老板向我保证，他的行政助理曾在以前的工作中做过运输文件的处理，因此这不成问题。

请您告知，我们是否还需要继续考察。

安尼尔

教 学 支 持 服 务

圣智学习出版公司（Cengage Learning）作为为终身教育提供全方位信息服务的全球知名教育出版公司，为秉承其在全球对教材产品的一贯教学支持服务，对采用其教材的每位老师提供教学辅助资料。任何一位通过 Cengage Learning 北京代表处注册的老师都可直接下载所有在线提供的、最为丰富的教学辅助资料，包括教师用书、PPT、习题库等。

鉴于部分资源仅适用于老师教学使用，烦请索取的老师配合填写如下情况说明表。

--✂--

教学辅助资料索取证明

兹证明 _____ 大学 _____ 系/院 ____ 学年（学期）开设的 _____ 名学生□主修 □选修的 _____ 课程，采用如下教材作为□主要教材或□参考教材：

书　名：_____
作　者：_____　　□英文影印版　　□中文翻译版
出版社：_____
学生类型：　□本科 1/2 年级　□本科 3/4 年级　□研究生　□MBA　□EMBA　□在职培训
任课教师姓名：_____　　通信地址：_____
职称/职务：_____　　E-mail：_____
电话：_____　　邮编：_____

对本教材建议：_____
_____
_____

系/院主任：_____（签字）
（系/院办公室章）
_____年____月____日

--✂--

* 相关教辅资源事宜敬请联络圣智学习出版公司北京代表处。

Tsinghua University Press
清华大学出版社
北京市海淀区清华园学研大厦 B 座 509 室
邮编：100084
Tel：8610-83470332 / 83470142
Fax：8610-83470107
E-mail：yuanyang_xu@qq.com

Cengage Learning Beijing Office
圣智学习出版公司北京代表处
北京市海淀区科学院南路 2 号融科资讯中心 C 座南楼 12 层 1201 室　邮编：100190
Tel：(8610)8286 2095/96/97　Fax：(8610)8286 2089
E-mail：asia.infochina@cengage.com
www.cengageasia.com

教师样书申请

尊敬的老师：

您好！感谢您选用清华大学出版社的教材！为方便教师选用教材，我们为您提供免费赠送样书服务。授课教师扫描下方二维码即可获取清华大学出版社教材电子书目。在线填写个人信息，经审核认证后即可获取所选教材。我们会第一时间为您寄送样书。

任课教师扫描二维码
可获取教材电子书目

清华大学出版社

E-mail：tupfuwu@163.com　　　　　　网址：http://www.tup.com.cn/
电话：010-83470332/83470142　　　　传真：8610-83470107
地址：北京市海淀区双清路学研大厦B座509室　　邮编：100084